武安2017年鉴

WUAN YEARBOOK

武安市人民政府 主办

武安市地方志编纂委员会 编

方志出版社

Publishing House of Local Records

图书在版编目（CIP）数据

武安年鉴．2017/武安市地方志编纂委员会编．--北京：方志出版社，2017.12
ISBN 978-7-5144-2877-3

Ⅰ．①武… Ⅱ．①武… Ⅲ．①武安－2017－年鉴 Ⅳ．①Z522.24

中国版本图书馆CIP数据核字（2017）第321382号

武安年鉴（2017）

编　　者：武安市地方志编纂委员会
责任编辑：宁　芳

出 版 人：冀祥德
出 版 者：方志出版社
地址　北京市朝阳区潘家园东里9号（国家方志馆4层）
邮编　100021
网址　http://www.fzph.org
发　　行：方志出版社图书经销中心
电话（010）67110500
经　　销：各地新华书店
印　　刷：河南瑞之光印刷股份有限公司

开　　本：899×1194　　1/16
印　　张：22.5
字　　数：634千字
版　　次：2017年12月第1版　　2017年12月第1次印刷
印　　数：0001～1000册

ISBN 978-7-5144-2877-3　　定价：148.00元

武安年鉴编纂委员会

名 誉 主 任：魏雪生

主　　　任：强延峰

常务副主任：麻增礼

副　主　任：高守刚　张江海　李卫峰　李海顺

委　　　员：郭向军　胡存喜　赵宏伟　郭宇晓　冀彦军
王来斌　田爱平　贾文军　尹长兴　谷改兰
李江云　黄利斌　王慈娴　白学昌　尹文哲
王铁军　刘培铖　孙占文

《武安年鉴》编纂成员

主　　编：孙占文

副 主 编：武序增

编　　辑：张亚滨　裴维宪　周双泉　刘重萱

编　　务：张　瑜　贾　佳　李子强　杜晨宇　李泽江

编辑说明

一、本年鉴以马克思列宁主义、毛泽东思想、邓小平理论、“三个代表”重要思想、科学发展观、习近平新时代中国特色社会主义思想为指导，坚持辩证唯物主义和历史唯物主义的立场、观点和方法。坚持实事求是的原则。

二、本年鉴2016年创刊，逐年编纂出版，全面系统地记述上一年度武安市经济社会发展的历史进程，全面汇集武安市各方面重要资料，客观反映新变化、新成就及经验教训，为武安市发展提供借鉴，为国内外读者了解武安提供全方位信息，为编史修志积累资料。

三、本卷为《武安年鉴》2017年卷，主要记述全市2016年度的基本情况和突出特点，以综合反映为主，注重宏观概述与重点记述相结合。主要事件、活动作为专辑记载。

四、本年鉴基本采用分类编辑法，个别相关或相近部类合并立目。大致分类目、分目、条目三个层次。

五、本年鉴所用数字一般以市统计局数字为准。

六、本年鉴所用稿件大部分由各承编单位撰写，并经单位负责人审定。部分稿件参考了《新武安》和市委、市政府及有关部门简报、网站等方面信息。

为建设宜居宜业宜游的
经济强市、美丽武安而努力奋斗

山水如画

秋染太行

朝阳沟

京娘湖

七步沟

古武当山

东太行

群众文化活动

武安平调落子

群众文化活动

文化灿烂

武安工业展厅

产业转型

新能源产业园一角

城市魅力

高架桥

白鹤公园

体育中心

美丽乡村

兰村

磁山二街

伯延古镇

白沙村

民生福祉

武安市水利、交通及市政基础设施建设PPP项目开工活动

武安市第一人民医院

武安市第一中学

目　录

特载

大事记

武安概况

中国共产党武安市委员会

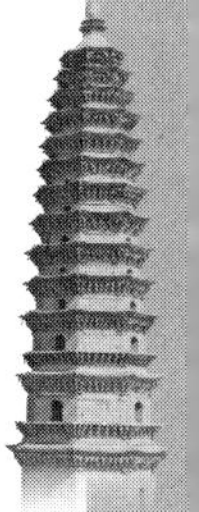

武安市人民代表大会常务委员会

武安市人民政府

政协武安市委员会

群众团体

法治·军事

武安年鉴

WUAN YEARBOOK

综合管理

农 业

工 业

园区建设

商 贸

交通·邮电

旅 游

城乡建设·环境保护

财政·税务

金融·保险

科技

文化

教育

卫生·计划生育

社 会

乡 镇

特辑

特载

政府工作报告

——2017年2月26日在武安市
第八届人民代表大会第一次会议上

武安市人民政府代理市长　强延峰

各位代表：

现在，我代表市人民政府向大会报告工作，请予审议，并请市政协委员和列席同志提出意见。

一、过去五年工作回顾

市七届人大一次会议以来的五年，是武安发展经受前所未有考验挑战的五年。一钢独大的县域经济在新常态下承受多方重压，历史积累的老问题和转型时期的新矛盾交织凸显，各种大事难事集中显现，百年不遇特大暴雨洪灾突如其来，去产能、稳增长、调结构、转方式、治污染、惠民生、保稳定等各方压力叠加，武安发展处在新世纪以来最复杂最艰难的时期。

市七届人大一次会议以来的五年，是武安干部群众奋发作为、砥砺进取的五年。市政府在上级党委、政府和武安市委的坚强领导下，在市人大、市政协的监督支持下，深入贯彻落实习近平总书记系列重要讲话精神，团结带领广大干部群众，攻坚克难、埋头苦干，推动经济建设、城乡建设、生态建设、文化建设、民生建设、平安建设等方面持续向好，奋力开创了经济社会发展新局面。

五年来，我们全力以赴保运行、扩总量，保持了经济平稳增长的好势头。生产总值由528.3亿元增至601亿元，年均增长8.7%；财政总收入在增收困难情况下稳定在60亿元左右，去年一般公共预算收入达到37.3亿元，首次超过迁安，比2011年增长32.2%；规上工业增加值达到294亿元，年均增长8.9%；固投和社会消费品零售总额分别累计达1456.6亿元、687亿元，较前五年分别增长120%和100.4%；实际利用外资、出口总值分别累计达12.1亿美元、12.2亿美元，较前五年分别增长151%和60.4%；金融机构存、贷款余额分别达562.4亿元、285.2亿元，较2011年分别增长72.2%和80.8%；市场主体、科技型中小企业分别增至3.2万个、407家，规上工业企业达到98家，6家跻身“中国500强”、8家跻身“中国制造业500强”、9家跻身“中国民营500强”，在经济下行、压减产能情况下，县域基本竞争力重返“全国百强”。

五年来，我们坚定不移去产能、增动能，开创了工业转型升级的好局面。坚持加法减法一起做、传统新兴两手抓，实施重点项目224个、建成投运88个，三大园区入驻企业超200家、主营业务收入突破1500亿元，与格力电器、中冶国际、碧桂园、颐高、盾安等一批大企业、大集团展开战略合作。钢铁行业化解过剩产能铁679万吨、钢542万吨，企业由18家整合至15家，组建太行、冀南钢铁集团，启动实施企业退城进园，建成万利冷轧薄板、龙凤山高纯生铁等一批优势项目，荣获省级以上名优产品37项；焦化行业化解过剩产能203万吨，产业链条延伸，下游产品增多；建材行业淘汰全部机立窑、完成产品换代，建成全国首家数字水泥企业。新兴产业从无到有、从小到大，累计投资超200亿元，新能源产业园成为全国首家“材料、电池、储能、整车”全产业链生产基地，科沃轨道交通成为全国第三家高铁配件供应商，诺恩水净化设备达到世界领先水平，创业服务中心吸引一批中小企业入驻、正在形成集群，工业调转呈现“新老并进、多业并举、竞相发展”的良好局面。

五年来，我们积极主动挖潜力、激活力，形成了农业三产发展的好态势。现代农业发展明显提速，瘦肉型猪、小米、林果、蔬菜四大龙型产业日益壮大，智寿源等十大农业园区特色凸显，培育仓盛兴等国家级龙头企业40多家，农业产业化经营率增至69.8%，跻身“国家现代农业示范区”和“国家农业综合开发县（市）”。旅游景区完成投资25亿元，打破行政区划组建管委会，引入中景信战略投资开发东太行景区，连续三年举办全国划骑跑、全民马拉松大型体育赛事，全面展示了武安“有山有水有文化”的良好形象，五年接待游客突破1500万人次、综合收入115亿元，被评为“国家全域旅游示范区创建县”。商贸物流、城乡电商蓬勃发展，建成中原商贸物流园、团城农贸市场等一批骨干项目，第三方钢铁电商交易和跨境电商加快发展，农村电子商务实现全覆盖，三次产业结构由2.8:68.2:29调整优化为3.7:60.7:35.6。

五年来，我们多措并举抓建设、促提升，构建了城乡统筹发展的好格局。本着“东部新区抓提升、南部新区抓拓展、西部新区抓完善”，全面规范土地市场，建成东南二环等20余条主次干道，逐步解决国道穿城、大车进城问题，东部产业新区形成“四纵五横”便捷路网，水、电、气、排污等设施日趋完善，新兴产业板块基本成型；南部洺湖新区建成“四纵三横”主干路网，引入重大战略投资即将高水平开发；西苑新区建成“七纵六横”骨干路网，一大批新地标建筑拔地而起，城市建成区面积扩展到34.5平方公里、人口增至24.6万，常住人口城镇化率达到50.55%。围绕宜居宜业、便民惠民，持续完善功能，建成第二水厂、新能源污水处理厂和天然气入市工程，集中供热增至932万平方米，完成东山、西苑森林公园提档升级，启建全长45公里、总面积3.5万亩的环城防护林带，连续多年荣获“河北省人居环境奖”。深入实施美丽乡村12个专项行动，打造出4个省级精品村、38个达标村，阳邑、磁山、伯延跻身“全国重点镇”，冶陶、伯延列入“中国历史文化名镇”，固义、安子岭等9个村被评为“中国传统村落”。一批重大基础设施竣工投用，引漳入洺全线通水，涉武500千伏变电站开工建设，供电能力实现翻番、电网规模居全省县级第一，新改建干线及地方道路1400多公里，城乡综合承载力明显提升。

五年来，我们持续用力治污染、增绿量，取得了生态环境改善的好成效。累计投资50多亿元，完成四大行业治理工程1600多项，实现钢铁烧结机脱硫及旁路拆除、水泥窑炉脱硝、燃煤电厂脱硫脱硝“三个全覆盖”。先后取缔污染小企业超1000家、非法加油站178家、拆除烟囱123根、淘汰黄标车1.3万辆、推广使用新能源公交车200多辆、削减煤炭消费量274.9万吨，健全空气质量联防联控长效机制，圆满完成北京APEC、9·3阅兵、杭州G20等重大活动空气质量保障任务。累计造林66.7万亩，森林覆盖率提高13.1个百分点、达到40.7%，在全省率先实现“一人一亩林”，被评为“全省造林大县（市）”。连续三年清明节期间组织万名干部群众驻村包山，实现高火险期零火情。关闭、复垦尾矿库227座，治理小流域水土流失155平方公里。与2014年相比，去年PM2.5浓度下降45.3%、AQI指数下降34.8%，五级以上重污染天数减少84天、降至24天，二级以上优良天数增加114天、达到159天。

五年来，我们多方筹资增投入、解民忧，办成了许多惠及民生的好事情。累计投入174.8亿元保障改善民生，实施42项实事工程，帮助150个村、6.4万人整体脱贫，解决了146个村、17.8万人饮水困难，完成116个村街道硬化和连村路建设，如期建成2315套保障性住房，全面完成邯邢、邯矿两大棚户区改造，多渠道新增就业5.8万人，持续扩大社会保险覆盖面，低保实现动态管理下应保尽保等。加快发展社会事业，开发省级以上新产品、新技术50项，连续两次荣获“全国科技进步先进县（市）”；新改扩建标准化学校24所、公办幼儿园64所，完成129所校舍“校安工程”加固改造，公开招聘教师1063名，高考成绩连续7年稳居邯郸各县第一，职教对口升学连续16年蝉联全省第一，荣膺“全国首批义务教育基本均衡县（市）”；持续深化医药卫生体制改革，建成投用市第一人民医院并纳入三级医院管理，完成市中医院、妇幼保健院搬迁改造，被评为“全国基层中医药工作先进单位”，市乡村三级卫生计生服务水平不断提升；建成开放体育中心、磁山文化遗址博物馆、晋冀鲁豫中央局军区旧址纪念馆、周恩来纪念馆；市文化馆和图书馆跻身国家一级馆，市气象局被评为“全国气象部门文明台站标兵”，编纂出版首部市志，在伯延拍摄的电影《周恩来的四个昼夜》荣获金鸡、华表大奖，武安“六大文化”进一步弘扬彰显，群众的幸福感和获得感明显提升。

五年来，我们坚持不懈重监管、促和谐，营造了安全稳定发展的好氛围。持续健全安全生产监管长效机制，不断提高重点行业安全管理水平，深入开展隐患排查、打非治违、专项整治“三项行动”，关停铁矿33家，事故起数、死亡人数明显下降，安全生产形势稳中向好。食品药品监管进一步加强。大力推进依法治访，积极化解疑难案件，从严规范信访秩序，信访总量、进京非访、越级集体访大幅下降，重大敏感期实现进京零非访。扎实创建“平安武安”，投资1300多万元建成“天网”工程，常态化开展打黑除恶、护企惠商、打击“盗抢骗”和非法集资等专项行动，公安防控、管理、服务能力进一步提升，实现命案必破目标，刑事发案量下降38.2%，群众的安全感明显增强。

五年来，我们主动作为强服务、转职能，建起了许多提质增效的好机制。围绕转作风、提效能，深入开展党的群众路线教育实践活动和“三严三实”“两学一做”专题教育，持续狠抓政府系统作风转变和发展环境优化，削减行政审批事项110项，不断深化信息公开。自觉接受人大法律监督、政协民主监督，每年面对面征求市人大、政协常委会班子及基层代表、委员意见建议，代表议案、建议和委员提案全部办复。围绕破瓶颈、谋发展，用市场办法破解资金制约，建成“城投、交投、美投、水投、旅投”等融资平台，连续三年市场化运作举办大型体育赛事，通过“大户包山、一企绿化一荒山”加快植树造林，对市政公共设施实行特许经营，用PPP模式引进域外战略投资加快基础设施建设。围绕扬清风、树正气，认真落实党风廉政建设“两个责任”，严格执行中央“八项规定”和省、市正风肃纪要求，切实加大审计监察力度，严抓专项治理，持续削减“三公”经费，政府执行力、公信力明显提升。同时，统计、物价、质监、粮食、供销、档案、人防、老龄、人民武装、民族宗教、邮政通讯、防震减灾、妇女儿童、扶残助残等事业均取得新成绩。

各位代表！过去的2016年，我们走过的道路很不平坦，不仅去产能进入“深水区”、攻坚期，而且遭遇了百年不遇的特大暴雨洪灾，加之其他重点、难点问题交织叠加，政府工作面临前所未有的考验挑战。对此，我们始终迎难而上打硬仗、创新举措求突破，奋力夺取了“十三五”的良好开局：这一年，我们在市场环境复杂多变的情况下千方百计稳增长。从要素供应、产需对接、争取资金、技改挖潜等方面入手，创优生产经营环境，推动经济运行稳中有进，全市生产总值增长6.9%、财政总收入增长6.4%、一般公共预算收入增长8%等，力促经济向好的态势越来越稳健。这一年，我们在转型任务异常艰巨的情况下全力以赴抓项目。40个重点项目完成投资162亿元、建成投运16个，全面开建温州新材料产业园和创业服务中心二期等项目，市工业园区跻身全省五大“创新型特色示范园区”；太行、冀南钢铁退城进园加快前期准备，文安成为全省首家“一带一路”走出去的民营钢铁企业，新能源产业园总投资超100亿元，投资84.4亿元的电池、储能、专用车改装“三大项目”全面启动，银隆新能源跻身全国行业前五，格力电器董事长董明珠和万达、京东等战略投资注入银隆，转型升级的活力日益强劲。这一年，我们在力保社会大局平稳的情况下积极稳妥去产能。本着上符合国家政策、下结合武安实际、公平公正接地气，创造性建起全国首个县级产能交易互助平台，走出一条具有武安特色的去产能路子，当年压减产能铁243万吨、钢384万吨，实现了企业与社会两个层面的大局稳定，企业与政府、与部门之间进一步深化了互信共信，得到国务院、省、邯郸市充分肯定，《焦点访谈》三期播出我市做法，新华社、《中国改革报》等主流媒体集中报道，省委赵克志书记召开深改组会议专题听取我市汇报。这一年，我们在环保治理初见成效的情况下再增措施治污染。认真落实中央环保督察组反馈意见，投入12.1亿元完成四大行业治理工程550项，取缔非法污染小企业217家，治理商砼企业10家，升级改造环保节能型竖窑白灰企业50家，淘汰或改造燃煤锅炉105台，立案查处环境违法案件332起，常态化治理面源污染，强化重污染天气应急响应，新增造林20.2万亩，完成环城防护林1.2万亩，大气环境改善率位居全省各县第一。这一年，我们在城乡面貌亟待提升的情况下多方筹资搞建设。坚持拉开城市框架、建设美丽乡村、提升基础设施三管齐下，建成东环南延、洺湖北路东段，加快曹公大街、新华大街南延，东部产业新区产城融合提速，南部洺湖新区整体开发起步，西苑新区配套功能日益完善。白沙、兰村成为全国“美丽宜居村庄”，后临河、万谷城、没口峪列入第四批“中国传统村落”，太行山高速武安段和旅游专线全面开建，以PPP模式谋划了总投资63.3亿元的4大类27项基础设施工程，为下步城乡大建设打下坚实基础。这一年，我们在收支矛盾异常突出的情况下优先投入惠民生。拿出27.3亿元保障改善民生，承诺的8项实事全部完成，确保公教人员工资按时发放，初步完成35条农村道路改造，解决了15个村、2.6万人饮水困难，新建4所标准化学校，完成妇幼保健院整体搬迁，建成102个“健康小屋”，扎实开展精准扶贫、推动社保扩面提标等，让群众共享了更多的发展红利。这一年，我们在遭遇特大暴雨洪灾的情况下众志成城建家园。面对全域受灾的严峻考验，第一时间转移群众2.8万多人、解救被困群众3100多人、营救落水群众650多人。徒步挺进孤岛乡、失联村，昼夜奋战一周抢通路电讯，及时建立失联人员核查平台、主动上门采集DNA，组织多轮卫生防疫和千人会战，自力更生、动员全民生产自救，快速完成55家企业、10家A级景区、177所学校、160个卫生机构恢复重建，加快公路、桥梁、河道等设施修复，帮助2000多户群众建成新房或完成修缮，确保了社会大局稳定，夺取了抗洪抢险救灾和灾后重建的重大胜利，涌现出许多可歌可泣的感人事迹，凝聚了强大的社会正能量！

各位代表！回顾过去五年，特别是2013年以来创业发展的生动实践，武安经历的大事难事之“多”前所未有、面对的考验挑战之“大”前所未有。我们始终牢记使命、提振士气，坚持不偷懒、不耍滑，咬紧牙关、真抓实干，一个硬仗接着一个硬仗打、一个难题接着一个难题破、一个项目接着一个项目抓，力促转型升级的步伐越来越快、绿色发展的动能越来越足、跨越提升的态势越来越强，武安即将走出爬坡过坎的艰难期、迎来蓄势待发的新拐点、步入加速崛起的快车道！这是上级党委、政府和武安市委正确领导的结果，是市人大、市政协监督支持的结果，是全市上下团结奋斗的结果。在此，我代表市人民政府，向全市广大干部群众，向各位人大代表和政协委员，向各民主党派、工商联、无党派人士和人民团体，向驻武部队、武警官兵和政法干警、民兵预备役，向所有企业和驻武企业广大员工，向各位老领导，向关注武安发展的各位同乡、各界人士，向7·19特大暴雨洪灾中提供援助、无私奉献的兄弟单位和社会各界，致以崇高的敬意和衷心的感谢！

各位代表！回顾过去五年，特别是2013年以来创业发展的生动实践，成绩值得点赞，但问题也不容回避：一是经济转型升级形势严峻。钢铁去产能、退城进园任务艰巨繁重，新兴产业尚未形成强劲支撑，发展新旧动能转换不快，影响经济增长的不确定因素仍然存在。二是防治大气污染任重道远。重点行业排放总量较大，污染小企业仍有反弹，冬季雾霾防控效果还不明显，不少群众反映的环境问题没有彻底解决。

三是城乡建设还有一些短板。城区面貌仍需提升，城市框架尚未舒展，功能品位有待完善，围城企业亟待搬迁，大车进城、交通拥堵等热点问题尚未根本解决。四是服务发展能力有待提高。新常态下主动破解难题的办法还不多，少数同志缺乏担当进取意识，个别单位中梗阻、下梗阻问题突出，企业和群众反映强烈等等。对此，必须高度重视、认真解决。

各位代表！回顾过去五年，特别是2013年以来创业发展的生动实践，我们越来越深刻感受到：武安，不仅是我们美丽的家乡，而且承载了更深更多的内涵。“武安”二字，代表着自信与力量。灿烂的历史人文、丰富的资源禀赋、完备的产业基础、壮美的太行山水，诸多优势集于一县，全省屈指可数。特别是改革开放以来，取得了令人瞩目的发展成就，锤炼了一支优秀的民营企业家队伍和基层干部队伍，作为工作、生活、成长在这里的干部群众，我们没有理由不骄傲自豪、没有理由不斗志昂扬、没有理由不奋发作为！“武安”二字，代表着责任与担当。今天，武安正处在重要的发展关口，建设宜居宜业宜游的经济强市、美丽武安，走好“转型升级、绿色发展、跨越提升”发展新路，率先全面建成小康社会、率先开启现代化建设新征程，是神圣的历史使命，我们一定接好这一棒、干好这一届，绝不辜负历史重托、绝不辜负组织信任、绝不辜负群众期盼！“武安”二字，代表着拼搏与自强。武安昨天的成就，是一代又一代武安人艰苦创业“拼”出来、负重奋进“闯”出来、前赴后继“干”出来的；武安明天的腾飞，尤需今天的我们撸起袖子加油干、扑下身子用心干、甩开膀子拼命干，只要直面挑战不退缩、咬定发展不放松、埋头苦干不折腾，就一定能攻坚克难、继往开来，在新起点上不断实现新跨越、再铸武安新辉煌！

二、今后五年主要任务

今后五年，是武安发展历程最关键、发展任务最艰巨、发展动能最强劲的时期。刚刚闭幕的市第七次党代会，研判了武安所处的历史方位，分析了前进路上的机遇挑战，明确了今后五年的指导思想：深入学习贯彻习近平总书记系列重要讲话精神，坚持创新、协调、绿色、开放、共享的发展理念，按照中央、省、邯郸市决策部署，围绕加快转型、统筹城乡、做美生态、普惠民生工作主基调，在营造公平正义的社会环境中凝聚正能量，在营造亲商清商的发展环境中促进调结构，在营造良好生产生活环境中全面惠民生，在营造风清气正的用人环境中树立新导向，在营造清正廉洁的干事创业环境中塑造新形象，坚定走转型升级、绿色发展、跨越提升新路，率先全面建成小康社会，率先开启现代化建设新征程，建设宜居宜业宜游的经济强市、美丽武安。

今后五年，政府工作要按照上述思路，扭住事关改革发展稳定的重点和关键，全力打好“五大攻坚战”：

（一）全力打好转型升级攻坚战。深入推进供给侧结构性改革，加快构建现代产业体系，致力实现新旧动能转换。做强工业。着力打造三大千亿元主导产业：一是坚决化解钢铁过剩产能，加快企业整合重组退城进园，大力发展精品钢、特种钢、优质钢，延伸发展铁后精密铸造、材后装备制造，实现钢铁“产能压减、产值翻番”。加快焦化业化产链条延伸，大力发展新型水泥建材，打造以精品钢材为主，精细焦化、新型建材相配套的产值超1000亿元的基础原材料深加工基地；二是通过新能源产业园“扩张再造”、吸引配套关联企业入驻等，实现“材料高端化、部件精品化、整车系列化、产业链条化、生产现代化、发展集群化”，打造产值超1000亿元的新能源产业基地；三是通过引进战略投资、突出“高精尖”产品，建设世界一流的中原智能装备制造基础件产业园，打造产值超1000亿元的装备制造产业基地。做优农业。本着“区域化布局、规模化种养、标准化生产、产业化经营”，加快土地流转，抓好粮食生产，壮大龙型产业，扶持龙头企业，结合西部山区、中部丘陵、东部平原特点，打造一批“休闲观光型、精深加工型、特色种养型、综合发展型”农业新亮点。做大现代服务业。以保税物流中心为龙头，大力发展工业配套的生产性服务业，引进一批大型电商、跨境电商和来料加工企业，打造区域性配送中心、集散中心、交易中心、结算中心，积极培育健康养老、创意设计等各类服务新业态，力促服务业比重提高到40%以上。

（二）全力打好城乡建设攻坚战。拉开城市发展大框架。开建一批重点道路，完善城市路网结构，建成二环闭合圈，谋划启建新华大街至青兰高速迎宾大道，对接邯郸规划建设邯武城际轨道交通，加快开发东部南部两大新区，力争“三年成型、五年成城”，2022年城市建成区面积扩至50平方公里、人口增至40万，常住人口城镇化率增至60%以上，构建东至永峰线、南至青兰高速、西至西三环、北至新邯沙线的城市发展大框架。推动功能品位大提升。强化规划管控和执法，坚决制止私搭乱建、违章建筑，建设历史文化街区，实施玉带河、南洺河下游综合治理，建成环城防护林带，打造一批新地标建筑，治理交通堵、停车难等“城市病”，争创国家生态园林城市和国家智慧城市、海绵城市试点。实现农村面貌大变样。以古城遗址、风情小镇、美丽乡村、新型社区为方向，加快撤乡建镇，分步推进污水处理、厕所改造、能源利用等功能提升，实现全市城乡垃圾一体化处理，因地制宜建设一批有“历史记忆、地域风貌、人文特色、产业优势”的美丽乡村。开展基础设施大建设。实施总投资72.6亿元的6大类12条重点道路建设，对60余条500多公里农村道路实施大修，构建“外环绕城、客货分流、高速直通、便捷顺畅”的城乡路网，同步完善水、电、讯等功能，力争3—5年使全市基础设施实现大提升。

（三）全力打好生态治理攻坚战。牢树“生态优先、绿色发展”理念，突出问题导向，坚持常抓不懈。健全污染源头长效管控机制。严守资源消耗上限、环境质量底线和生态保护红线，坚持新上不符合环保项目“零审批”、环保不达标企业“零容忍”。健全大气环境长效改善机制。抓好四大行业减排设施提标改造，对“小散乱污”企业坚持“关停取缔、规范发展”两端发力，常态化开展“减煤、降耗、抑尘、控车、煤改气”行动，建立网格化环境管理在线信息平台，全面强化大气污染联防联控、应急响应和联合执法，形成“全民抓环保”的浓厚氛围。健全生态修复长效保护机制。深入实施区域生态系统治理，加强青崖寨国家级自然保护区管理，扎实推进绿色矿山建设，抓好洺河源和水源区生态涵养，继续在太行山绿化中当先锋，力争森林覆盖率再提高10个百分点，努力让更多地方绿起来、让蓝天白云多起来、让武安城乡美起来。

（四）全力打好旅游提升攻坚战。围绕创建国家级全域旅游示范区，加快发展大旅游、实现旅游大发展。推动旅游资源的一体化管理。成立旅发委，编制《全域旅游规划》，加强旅游资源保护和顶层设计，加快西部500平方公里“大景区”的统一规划开发、统一管理运营。抓好旅游景区的精品化开发。以创建东太行5A级景区为龙头，带动七步沟、京娘湖、朝阳沟、长寿村等重点景区上档升级，构建“龙头引领、众星拱月、雁阵发展”格局，引入战略投资打造“花海绿廊”，实现点线面结合、立体式开发，“车在路中走、人在花中游”。力促旅游功能的整体化提升。实施“高速联络线连通域外、旅游快速线直达景区、内部小环线串联景点”，打造快旅慢游的旅游交通网；实施食宿接待、医疗卫生、通讯服务、厕所改造、河道治理美化、垃圾污水处理六大提升工程，构建便捷舒适的游客服务网；借力新媒体、整合大数据、提升软硬件，开拓互联互通的智慧旅游网。实现旅游产业的多元化发展。在现有“绿色、红色、古色”精品线路基础上，立足避暑避霾、养生养老，探索“旅游+文化+体育+体验”模式，发展一批休闲型、体验型、康养型新业态，开发一批太行小院、历史村落、温泉小镇新产品，打造“候鸟式”度假基地。力争五年内年接待游客超1000万人次、旅游业总收入超100亿元，实现旅游资源大市向旅游产业强市的跨越提升。

（五）全力打好改善民生攻坚战。把人民对美好生活的向往作为奋斗目标，让群众共享更多的发展成果。健全民生财政体系。积极推动公共投入向基层延伸、向农村覆盖、向弱势群体倾斜，以“政府的紧日子”换“群众的好日子”。优化公共服务体系。加快科技与经济融合，推动教育高位均衡发展，深化医药卫生体制改革，大力发展文化体育事业，积极培育医养结合产业，更加关注残疾人和弱势群体，坚决打赢精准扶贫脱贫攻坚战。完善社会保障体系。深化养老保险、医疗保险改革，健全社会救助福利机制，努力构建全覆盖、均等化、可持续的社保服务，最大限度保障群众基本生活。夯实公共安全体系。持之以恒抓好安全生产、信访稳定、社会综合治理，进一步健全区域安全稳定长效机制，持续营造安定和谐的社会环境。

各位代表！美好蓝图已经绘就，崭新征程催人奋进！我们坚信：勤劳智慧的武安人民，一定能用心血和汗水、激情与梦想，创造新的更大辉煌，一个宜居宜业宜游的经济强市、美丽武安，必将以崭新姿态屹立于冀南大地！

三、2017年重点工作

今年是党的十九大胜利召开之年，是供给侧结构性改革的深化之年，是新一届政府的开局之年，做好今年工作意义重大、影响深远。今年经济社会发展的主要预期目标是：全市生产总值增长7%，财政总收入增长9.9%，一般公共预算收入增长8.5%，固定资产投资增长8%，规上工业和高新技术产业增加值分别增长4.7%和16%，服务业增加值增长9.5%，社会消费品零售总额增长10%，出口总值和实际利用外资分别增长5%和12%，城镇、农村居民人均可支配收入分别增长7.5%和8%，PM2.5平均浓度下降率、单位生产总值能耗和化学需氧量、二氧化硫、氨氮、氮氧化物减排完成下达任务。重点抓好以下十方面工作：

（一）以项目建设为重点，增强县域经济发展新支撑。现在的武安，比以往任何时候都需要大上项目、上大项目。要以更大力度开展招商引资。围绕让更多的产业项目在武安落地开建、投产达效，进一步完善招商政策，突出“新兴产业、品牌市场技术成熟、单体投资超百亿、域外投资”4大类项目，深化与央企国企、知名民企对接合作，全面开展精准招商、专业队伍招商、上下游产业链招商，引进一批重大产业项目。要以更大力度加快园区开发。本着市场化开发、企业化运营、产业化发展，全面推进“三区合一”体制改革，健全园区财税管理体制，设立产业基金，用好投融资平台，撬动更多社会资本、域外资金参与开发，全面提升路、水、电、污、铁路专用线等配套设施，吸引更多项目向园区聚集。要以更大力度抓好重点项目。实施好总投资1200亿元、当年投资175亿元的40个重点项目，对新能源产业园、中原智能装备制造基础件产业基地、温州新材料产业园、保税物流中心等带动力强的项目，坚持一个项目、一套班子、专项推进，力争建成一个、带动一批、拉动一片。要以更大力度深化全民创业。从市场准入、创业补贴、技能培训、税费减免等方面，支持鼓励大众创业、万众创新，激励一批电商、小微企业加快发展创大业，引导一批“矿老板、钢老板”跳出老路创新业，动员一批“武安新商帮”返回家乡再创业，只要政策允许的都要真正放开，只要勇于创业的都要大力支持，真正让创业创新成为武安发展最强音。

（二）以动能转换为重点，增创工业转型升级新优势。一手抓升级，推动传统产业焕发新活力；一手抓转型，壮大新兴产业增添新动力。坚定不移化解过剩产能。按照“一个全面、两个突破”总体思路，健全完善县级产能交易互助平台，确保五年压减任务交总账。严格落实“月双巡查”制度，严防新增产能、封停设备复产和生产销售“地条钢”，确保钢铁产能不增一斤一两。坚定不移加快退城进园。按照既定“时间表、路线图”，加快4个钢铁退城进园项目前期，力争太行、冀南钢铁退城进园项目早日开建，文安钢铁“走出去”迈出实质步伐，新金钢铁退城进园项目具备开工条件。坚定不移升级传统产业。大力实施精钢战略，瞄准“高优特”、发展“精深专”，依托高校院所技术力量，加快中高端板材、线材、型材研发，延伸发展钢结构、金属制品等下游产品；支持焦化企业利用煤焦油、煤气延伸发展化工产品；发挥新峰数字化生产线优势，以循环经济产业示范园为载体，加快发展各类新型建材。坚定不移壮大新兴产业。力争新能源产业园总投资84.4亿元的“三大项目”建成投产，年内产值翻番、突破300亿元；推动中原智能装备制造基础件产业基地列入国家部委示范工程和省重点，一期投资20.5亿元的3个项目落地开建；支持保税物流中心与河北港口集团、郑州保税中心等合作，打造全省外贸经济新平台；依托创业服务中心，引进一批新型科技项目，建好新兴产业的"四大平台"。坚定不移深化科技创新。实施新一轮科技型中小企业成长计划，推动质量品牌建设，开展国家知识产权强市示范工程，力促20%的规上企业建立研发机构、科技型中小企业增至450家，靠技术创新带动产品创新、产业创新。

（三）以农民增收为重点，开创农业农村工作新局面。武安是工业大县（市），农业发展同样有基础、有优势、有潜力，大有可为、大有作为。围绕"粮食增产、农业增效、农民增收"，全面落实强农惠农政策，深入推进农村土地承包经营确权登记，及时足额发放农机购置等涉农补贴，将小麦、玉米、棉花等主要农作物纳入种植保险。大力开展返乡知识青年技术培训，持续壮大四大龙型产业，抓好仓盛兴小米、晶品核桃深加工等13个投资超亿元的农业产业化项目。支持智寿源与大北农集团共建生态养猪示范基地，创建午汲田奥、西寺庄金泉2个现代农业示范区，依托"磁山粟文化"，建设全国绿色谷子标准化生产基地，依托武安"药商文化"，建设现代中药种植和中医养生特色园，全面提升农业现代化、产业化、特色化水平。

（四）以整合提升为重点，推动全域旅游发展新跨越。抢抓全省旅游大发展有利机遇，放大武安得天独厚的山水文化资源优势。更加注重理顺体制机制。进一步完善充实旅游管委会职能，突出抓好旅游环境综合整治，坚决制止私搭乱建，规范旅游开发有限公司运行，撬动更多社会资本投向旅游业。更加注重创建精品景区。深入开展景区质量提升年活动，从"环境卫生、设施维护、秩序规范、服务质量"入手，持续加强A级景区提档升级，确保东太行景区10月份试营业、启动5A创建。更加注重提升服务功能。加快旅游专线、环线建设，启建景区道路"花海绿廊"景观带、东太行污水处理厂，推动重点景区"智慧旅游"创建，打造一批避暑养老、户外运动、休闲度假等优势产品，让游客乘兴而来、满意而归。更加注重美丽乡村建设。探索"旅游+美丽乡村"模式，以"四美五改"为目标，以民居改造等12件实事为抓手，深化与秦森园林战略合作，建好伯延、贺进"两大古镇"和磁二白沙、兰村、朝阳沟、京娘湖"四大片区"，创建36个省级重点村、64个市级重点村和精品示范村。全面推行农村环卫公司化运作，支持省级历史文化名村晋升国家级，建设更多的美丽宜居小镇和特色风情村庄。更加注重对外宣传推介。支持景区特色节庆活动做大做强，举办第二届全民马拉松，喊响叫亮"春赏花、夏避暑、秋采摘、冬滑雪"的旅游品牌，让更多人传颂"武安是个好地方、有山有水有文化"。

（五）以拉开框架为重点，推动城市建设迈上新台阶。本着"圈内抓改造、圈外拉框架"，力促整体上水平。以更大力度建设城市新区。启动中兴路两延、曹公大街、洺湖北路西段等道路建设，加快东部产业新区产城融合、以产兴城，全面抓好西苑新区配套设施提升，积极深化与战略投资集团合作，突出"湿地公园、住宅开发、公共服务、市政设施、古城遗址和城中村改造"六方面重点，启动总投资243亿元、当年投资51.1亿元的洺湖新区13平方公里核心区开发，带动主城区战略性南移。以更大力度加强管理执法。强化规划刚性约束，从严规范建筑手续审批，严厉打击各类非法占地和建设行为，开展私搭乱建、违章建筑清理专项行动，加大园林绿化、环境卫生、市政设施等管理力度，进一步提升城市环境容貌整治水平。以更大力度提升功能品位。建成大唐电厂集中供热、污水源热泵集中供热工程和西苑森林公园污水处理厂，开展城市供水供暖、燃气等管网联网改造，建设一批停车场。以创建"洁净城市"为抓手，加快环城林带、玉带河整治两条生态链建设，打造主要出入市口等迎宾景观，探索旧城区、城中村改造新路径，进一步提升城市综合承载力。

（六）以防治污染为重点，力求生态环境改善新成效。突出抓好四大行业深度治理。本着"提标改造、动态升级、达标排放"，抓好46座高炉、44台烧结机、44台转炉脱硫除尘改造，完成7家焦化企业烟气脱硫治理，严格在线监测、驻企监控，确保达标排放、杜绝偷排偷放。突出抓好中小企业规范提升。本着“全域覆盖、疏堵结合、标本兼治”，保持“小散乱污”企业取缔高压态势，全面启动铸造、白灰、制砖、保温耐火材料等行业整治，规范改造一批符合政策的小行业、小企业。突出抓好面源污染长效监管。深入实施散煤、露天矿山、道路车辆污染整治等专项行动，全面推广洁净型煤，淘汰10蒸吨及以下燃煤锅炉，普及新能源公交车，完善重污染天气联防联控和应急响应机制。突出抓好环境保护执法。严格执行新的《大气污染防治法》，对环境违法行为、依法高限处罚、停业整顿，涉嫌犯罪的坚决追究刑事责任，让非法排污付出更大代价，让保护环境成为社会自觉。突出抓好生态环境修复。实施“清水、净土、增绿”行动，建立地表水源地定期监测机制，整治南鼓山水源地周边环境，抓好青兰高速、太行山高速沿线矿山地质环境恢复治理，实施好九大绿化工程，常态化抓好森林防火，年内新增造林19万亩以上，让武安增添更多绿色。

（七）以重大工程为重点，掀起基础设施建设新高潮。以打捆实施PPP项目为契机，围绕完善城乡路网，加快西三环南延、新华大街南延至南二环等一批在建、新建工程，力促刘西线、矿宋线升级和35条农村道路改造竣工通车。围绕解决大车进城，打通一批“断头路、卡脖子路”，谋划启动西二环、东三环、南二环东延至邯郸西环工程，有序分流过境车辆，尽快解决大车进城问题。围绕实现高速直通，加快推进中兴路至太行山高速、新华大街南延至青兰高速两条“快速连接线”，结束主城区无高速直达历史。围绕打造畅通旅游，加快建设旅游专线、环线，推进太行山高速至京港澳高速联络线，从根本上解决旅游拥堵问题。围绕加快灾后重建，全面加快水毁道路、桥梁和水利设施重建进度，抓好没梁殿、磁山镇两个集中安置项目，确保年底前受灾乡村基础设施建设达到或超过灾前水平。

（八）以精准扶贫为重点，实现脱贫攻坚行动新突破。围绕到2018年10745人、今年2210人贫困群众脱贫，坚持精准扶贫，本着“家庭信息全面、致贫原因准确、扶贫办法适宜、脱贫成效明显”，坚持一户一台账、一户一计划、一户一措施，做到真脱贫、早脱贫、不返贫。突出产业扶贫，大力开展特色种养、电子商务、农家乐、光伏发电、家庭手工业“五大产业扶贫”，每个扶贫户至少参与1项稳定增收项目。创新机制扶贫，推广“政银企户保”金融扶贫模式，规范发展股份制合作经济，鼓励贫困家庭以到户扶贫资金、土地、劳务等方式入股，通过“龙头+农户”深入开展“一对一”帮扶，引导更多社会力量参与扶贫。强化兜底扶贫，对没有劳动能力、患有重大疾病、低保五保、因灾致贫等困难群众，全部纳入救助范围，推动住房、就业、医疗、教育、保险等政策落地生效，真正让贫困群众“两不愁、三保障”。

（九）以民生实事为重点，提升群众生产生活新水平。从事关群众切身利益的问题出发，全力办好十大实事工程：1. 民生水利工程。完成270个村、27.52万人的人饮工程灾后重建，修复南北洺河、马会河82公里水毁河道防护堤坝，完成崔炉河、冶陶河等重点乡村河道治理，加固口上、四里岩、大洺远等6座水库，打造“平安水利、民生水利”。2. 交通惠农工程。完成35条农村道路改造，完成152.5公里水毁农村公路修复重建，完成169座损毁桥涵维修加固，更好方便群众出行。3. 教育优化工程。新建向阳路、育英小学及河渠、康宿等5所公办幼儿园，改造5所薄弱学校，完成52万平方米校舍安全鉴定，发挥市一中、职教中心办学优势，进一步优化城乡教育资源，办好人民满意的教育。4. 医疗提升工程。在活水、矿山、伯延推行医养结合试点，推动新农合与城镇居民医保并轨运行，免费开展农村育龄妇女“两癌”筛查，以市一院为龙头，深化与一流医院协作，让患者不出市就能享受高水平医疗服务，有效解决群众看病难、看病贵、大病致贫问题。5. 就业便民工程。新增城镇就业5000人，下岗人员实现再就业1500人，转移农村劳动力5000人，为困难家庭高校毕业生发放就业补助金，为困难企业申报稳岗补贴，让更多群众有稳定收入。6. 供暖扩面工程。完成大唐武安发电向城区集中供热工程，实施城市东部污水源热泵技术供热项目，新增城区供热能力1245万平方米。7. 社会保障工程。持续开展社会保险扩面，各项社保发放率达到100%，稳步推进养老保险制度并轨，建立低保、建档立卡贫困户信息平台，统筹开展住房、医疗、就业等社会救助，加强对优秀和贫困大学生资助救助，让每一名孩子都上得起学、享受九年义务教育。8. 养老关爱工程。推行政府购买养老服务，强化公办敬老院改革，新改建2～3所养老机构，建设5～10所精品农村幸福院，扩大居家养老服务领域，让1400多名五保老人安享晚年。9. 智慧城市工程。6月份前实现主城区行政服务场所、主干道路、公园广场、主要景点等公共区域免费无线网络全覆盖。10. 文体惠民工程。启建洺湖新区10公里健身绿道，抓好人民日报社旧址等红色革命遗存和省重点文物修缮，实现农家书屋全域覆盖，广泛开展文艺下乡，创建全省公共文化服务体系示范区。同时，扎实做好人口计生工作，深入开展“双拥共建”和省级文明城市创建，支持工会、共青团、妇联等群团组织开展工作，推动人防、供销、档案、气象、老龄、残疾人、地方志、民族宗教、邮政通讯、工商质监、广电出版、红十字会等各项事业全面进步。

（十）以强化防范为重点，构建社会和谐稳定新格局。认真开展“安全生产专项整治年”，突出抓好非煤矿山、冶金危化、烟花爆竹、道路交通、外包施工等重点领域，从严落实各级监管和企业主体责任，持续不断开展隐患排查、打非治违、专项整治行动，坚决遏制重特大事故发生。狠抓食药品安全监督。加大依法治访力度，保障群众合法权益，对各类涉访违法行为保持“零容忍”。深入开展“平安武安”创建，推进综治视联网、“天网”工程二期和智能交通设施建设，严厉打击“两抢一盗”、涉黑涉恶等违法犯罪行为，努力营造和谐稳定的社会环境。

四、全面加强政府自身建设

站在新起点、开启新征程，政府系统一班人必须要有新作风、新状态。我们一定勇担发展重任、恪守为民之责，提振精气神、弘扬正能量，增强政府执行力、公信力，奋力开创各项工作新局面。

（一）认真履职尽责，让热爱武安、担当奉献成为政府人员的价值追求。武安是我们每天生活的地方，武安的发展是我们为之奋斗的事业。必须始终把使命记在心上、把职责扛在肩上、把工作抓在手上，全身心投入到干事创业上来，面对困难不说“不能干”，多想“如何干”，要在解放思想中开拓创新、在夙兴夜寐中奋发作为，善于跳出武安谋发展、勇于走出老路闯新路，真正把对武安的无限热爱、把对事业的执着追求，转化成看得见、摸得着的工作实绩。

（二）狠抓工作落实，让一步上前、埋头苦干成为政府作风的具体体现。空谈误事、实干兴市。要从政府班子带头，动员各条战线、各个层面行动起来、紧张起来，不喊空口号、不提虚指标，凡是认准的就要一抓到底，凡是定下的就要按期交账，凡是承诺的就要办成办好。对重点项目、重大事项、重要工作，要早谋划、勤上手、快实施，只要有利于武安发展、只要有利于百姓福祉，就要一竿子插到底、一股劲抓到底，用工作成效让群众评判打分。

（三）转变服务职能，让高效工作、创先争优成为政府系统的行动自觉。对每项工作干成什么样、什么时候干成、干不成怎么办等，都要细化、量化、具体化，有部署就要有落实、有督导就要有说法。特别是把群众所盼、企业所需作为第一信号，从反映最强烈的问题抓起，从问题最集中的领域抓起，坚决整治不作为、乱作为、中梗阻、下梗阻等顽疾，狠抓一批反面典型、形成一种高压态势，让群众和企业少为办事跑腿、多给服务点赞。

（四）恪守原则底线，让依法行政、廉洁从政成为政府工作的基本准则。坚决执行市委决策部署，自觉接受人大法律监督、政协民主监督和社会舆论监督，认真办理人大代表议案、建议和政协委员提案，广泛听取各民主党派、工商联和无党派人士意见建议。坚决把纪律和规矩挺在前面，严格执行“八项规定”，认真遵守《廉洁自律准则》和《纪律处分条例》，全面落实“两个责任”、强化“一岗双责”、厉行勤俭节约，把有限资金用在谋发展、惠民生上，严肃查处违法违纪案件，严格执行廉洁自律各项规定，让人民赋予的权力真正服务人民，打造清廉、务实、勤勉、为民的服务型政府。

各位代表！奋斗成就梦想，实干铸就辉煌。让我们紧密团结在以习近平同志为核心的党中央周围，在上级党委、政府和武安市委的坚强领导下，以更加饱满的热情、更加扎实的工作，夙夜在公、激情工作，为建设宜居宜业宜游的经济强市、美丽武安而努力奋斗！

武安市2016年国民经济和社会发展统计公报

武安市统计局 武安调查队

2017年2月26日

2016年，面对错综复杂的经济形势和艰巨繁重的改革调整发展任务以及“7·19”特大暴雨洪灾，全市上下在市委、市政府的坚强领导下，全面贯彻落实党的十八大和十八届三中、四中、五中、六中全会精神，坚持稳中求进工作总基调，主动构建新思路、积极应对新变化，着力推进供给侧结构性改革，紧紧围绕建设活力武安、美丽武安、幸福武安，深入解放思想、深化二次创业，攻坚克难、开拓进取，推动各项事业取得了来之不易的新成绩，全市经济发展缓中趋稳，经济转型升级步伐加快，实现了“十三五”良好开局。

一、综合

初步测算，全年生产总值完成601亿元，按可比价比上年增长6.9%，其中：第一产业增加值22.4亿元，增长3.5%；第二产业增加值364.5亿元，增长4.3%；第三产业增加值214.1亿元，增长12%。人均生产总值7.2万元，增长6.1%。三次产业结构为3.7:60.7:35.6，第一产业比重上升0.1个百分点，第二产业下降1.8个百分点，第三产业提高1.7个百分点。民营经济完成增加值490.4亿元，可比增长7.9%，占GDP的比重为81.6%；实缴税金36.9亿元。2016年，武安市在全国第十六届县域经济基本竞争力与县域发展指数“百强”县（市）评价中，位居第96位，时隔2年，实现了再进全国“百强”目标。

全年居民消费价格总水平比上年上涨1.8%，其中：食品烟酒类上涨1.8%；衣着类上涨1.7%；居住类上涨5.6%；生活用品及服务类下降0.2%；交通和通信类下降3.1%；教育文化和娱乐类上涨0.3%；医疗保健类上涨3.2%；其他用品和服务类下降0.2%。

年末全市从业人员61.5万人，其中城镇从业人员22.4万人。全年城镇新增就业人员9400人，下岗失业人员实现再就业3020人。城镇登记失业率为1.23%。农村劳动力向非农产业转移8100人。

二、农业

全年农林牧渔业总产值完成40亿元，比上年增长2.06%；增加值22.5亿元，增长3.54%；农业产业化经营率69.8%。全市粮食种植面积84.37万亩，其中：小麦种植面积19.62万亩；棉花种植面积3万亩；油料种植面积3.2万亩。

全年粮食产量29.1万吨，增产1.6万吨；棉花产量2259吨，减产302吨；油料产量4025吨，增产236吨，增长6.2%；蔬菜产量12.7万吨，增产0.4万吨，增长3.3%；水果总产量2.6万吨，下降10.6%；其中苹果1.81万吨，下降9%；柿子0.6万吨，下降13.5%；干果总产量1.7万吨，下降13.9%；其中核桃1.47万吨，下降10.9%；板栗0.18万吨，下降33.3%；花椒0.18万吨，与去年持平。全年生猪饲养量131.16万头，下降5.4%；羊饲养量7.86万只，增长3%。肉类总产量7万吨，下降4.3%；禽蛋产量2.8万吨，增长2%；奶产量0.39万吨，增长1.3%。

2016年全市有效灌溉面积56.45万亩，年末农村机井总数1094眼，全年化肥施用量1.8万吨（折纯）。年末农业机械总动力189.3万千瓦；农用拖拉机1.25万台。

三、工业和建筑业

全年全部工业企业完成总产值1346.5亿

元，同比增长5.6%；其中规模以上工业企业1236.4亿元，增长5.9%。实现工业增加值320.9亿元，增长4.5%；其中规模以上工业增加值294亿元，增长4.6%。规模以上工业实现利税79.2亿元，增长43.2%；实现利润52亿元，增长74.2%；产品销售率97.2%。

全年钢铁工业完成增加值246.1亿元，占工业比重达83.7%，纳税15.8亿元，其中普阳钢铁、文丰钢铁、新金钢铁、裕华钢铁4家企业纳税超亿元。6家企业入围中国企业500强，分别为普阳钢铁、冀南钢铁、文安钢铁、新金钢铁、裕华钢铁、明芳钢铁；8家企业入围中国制造500强，分别是冀南钢铁、普阳钢铁、新金钢铁、裕华钢铁、文安钢铁、明芳钢铁、冠丰冶金、广耀钢铁；9家跻身中国民营500强，分别是冀南钢铁、普阳钢铁、裕华钢铁、新金钢铁、文安钢铁、烘熔钢铁、明芳钢铁、鑫汇钢铁、冠丰冶金。

主要工业（规模以上工业）产品产量中，生铁2269.1万吨，比上年增长4.6%；粗钢2379.4万吨，增长10.2%；钢材2571.6万吨，增长4.4%。

全社会建筑业增加值10.9亿元，比上年增长7%。具有资质等级的建筑业企业22家，实现利润总额9024万元，上缴税金5310万元。

四、固定资产投资

全年全社会固定资产投资362.4亿元，比上年增长10.1%，其中：固定资产投资355亿元，增长11.2%；农户投资7.4亿元，下降26.2%。

分三次产业看：第一产业投资13.3亿元，增长1.9%；第二产业投资209.5亿元，增长15.6%；第三产业投资139.6亿元，增长3.4%。

全年房地产开发投资11.9亿元，比上年下降21.4%。商品房施工面积141.5万平方米，同比增长5.4%；商品房销售面积21.3万平方米，同比下降9.5%。

全年全市着力推进40个重点项目建设，其中争列省重点建设项目2个，省重大前期项目1个，邯郸市重点建设项目8个。全年全市重点项目共完成投资162亿元，占年计划的102.8%。新能源产业园、武安保税物流中心等重大战略项目已经对武安经济形成新的支撑，东太行旅游开发、温州新材料产业园等多个项目启动建设。

五、国内贸易

全年批发和零售业增加值60亿元，比上年增长13%；住宿和餐饮业增加值15.1亿元，增长7.6%。

社会消费品零售总额167.3亿元，比上年增长10.2%。分城乡看，城镇消费品零售额101.8亿元，增长7.4%；乡村零售额65.5亿元，增长15%。按规模分，限额以上零售额完成36.4亿元，增长4.8%；限额以下企业和个体零售额完成130.9亿元，增长11.9%。

年末全市各类商品市场16个，其中成交额超亿元的市场5个，实现成交额35.9亿元。

六、对外经济

全年进出口总额505553万元，同比增长18.7%，其中直接出口总额178924万元，同比增长32.4%。全市外贸备案企业达101家，其中有出口实绩的企业25家。全年实际利用外资50948万美元。引进国内到位资金85.5亿元，增长0.1%；其中省外资金82.3亿元，增长0.1%。

七、交通、邮电和旅游

全年交通运输、仓储和邮政业增加值68.2亿元，比上年增长10%。

年末全市公路通车里程1485.7公里，按公路等级分：其中一级公路143.9公里，二级公路189.6公里，三级公路218.6公里；按隶属关系分：其中国道88.2公里，省道155.9公里，县道144.7公里。公路货运量22025万吨，货物周转量502794万吨公里，分别比上年增长7.2%、7.7%；公路客运量4762万人次，客运周转量136290万人公里，分别增长7.2%、7.3%。

全年邮电业务总收入4亿元，同比下降2%，其中：邮政业务0.32亿元，增长33%；电信业务3.68亿元，下降4.6%。年末电话机总数78.84万部，增长3%，其中：固定电话3.52万部，下降39%；移动电话75.32万部，增长6%。电话普及率为112部/百人。年末计算机互联网用户11.15万户。

全年共接待海内外游客680万人次，比上

年增长7.35%；旅游综合收入51亿元，增长50%。年末共有A级旅游景区10处，其中，4A级以上景区6处，3A级以上景区3处，2A级以上景区1处；旅行社17家；星级宾馆5家，其中，五星级1家，四星级1家，三星级3家。

八、财政、金融和保险业

2016年，全市财政总收入61.48亿元，同比增长6.4%；其中税收收入47.17亿元，占财政收入比重为76.7%。分部门看：国税系统完成31.1亿元，增长12.6%；地税系统15.07亿元，下降7.4%；财政部门15.31亿元，增长10.1%。地方公共财政预算收入37.31亿元，比上年增长8%；其中税收收入21.99亿元，占地方财政一般预算收入的比重为58.9%。地方财政一般预算支出57.89亿元。

年末金融机构各项存款余额562.4亿元，比上年末增长7.6%；其中，城乡居民储蓄存款余额406.6亿元，增长9.4%。各项贷款余额285.2亿元，增长7%。

全年保费收入3.9亿元，比上年增长18.1%，其中：财产险保费收入1.4亿元，人身险保费收入2.5亿元。理赔及各项保费支出4.7亿元，其中：财产险赔款支出0.9亿元，人身险赔付3.8亿元。

九、教育和科学技术

2016年，高中阶段招生5213人，高中入学率达99.9%，初中招生10794人。年末，全市普通中学33所，职业中学1所，小学129所。普通中学在校生47129人，比上年增长0.8%；职业中学10504人，增长1%；小学80157人，增长4.1%。高考创下39年来最高历史水平，连续7年稳居邯郸市各县（区）第一。本科上线4484人，其中普通类本科上线4053人。本科万人口上线率54.9%，全邯郸第一。纯文理一本上线1072人，是2009年的9.4倍，是邯郸市唯一突破千人的市（县）。5名学生进入邯郸市文科前十名。1名学生被清华大学录取，239名学生被“985”“211”大学录取。职教对口升学本科上线431人，蝉联全省“十六连冠”。中考成绩500分以上2137人。武安市被评为邯郸市高考和中考优秀单位、“第一批国家级农村职业教育和成人教育示范县”。

全年开发新产品、新技术10项，专利申请量、授权量分别达到428件和320件，推广转化重点科技成果15项，建成企业研发中心12家，全市高新技术企业新增3家，达到15家（新兴铸管、新峰、龙凤山、新兴冶金、晶天工贸、永兴实业、诺恩水净化、兆宏机械泵、越佳冶金配件、邯武棉机、科力型钢、永盛机械泵）（新增：万利新材料、永天铸业、银隆新能源），研发经费比重1.23%。

十、文化、卫生和体育

年末全市共有文化馆1个，公共图书馆1个，全国重点文物保护单位7个，国家级非物质遗产3项。全年，全市文化新品、精品不断涌现，共创作83幅作品，75件作品展览（展出），特别是16件作品参加了“7·19”赈灾义卖书画美术作品。筹办了丛台酒中秋夜慈善晚会，此次晚会规模之大、阵容之强，是继2011年中华磁山文化节文艺晚会之后，体育场承办的又一文化盛事。磁山博物馆被省委宣传部授予爱国主义教育基地，同时又被邯郸市科协授予邯郸市科普教育基地。市图书馆藏书27万册。《新武安》报全年共出版110期，总印数110万份。广播和电视人口覆盖率达到100%。

年末共有各类卫生机构707个，病床总数3088张，各类医务人员5960人，其中卫生技术人员3253人。2016年6月1日，武安市城镇居民和新农合进行了整合，城乡居民医保实行并轨，并轨后参保人数达到68万人。

社会体育工作取得新进展。全年共组队参加上级比赛3项9次，获得奖牌47枚。其中金牌15枚、银牌14枚、铜牌18枚。国家级金牌5枚，银牌1枚，铜牌2枚；省级金牌2枚，银牌2枚，铜牌1枚。成功举办了“普阳钢铁杯”2016邯郸·武安第二届全国划骑跑铁人三项挑战赛。举行了元旦环文体中心慢步走活动；全国业余自行车联赛暨河北捷安特自行车联赛邯邢站环武安洺湖自行车赛；组织武安市“郎牌特曲杯”职工乒乓球锦标赛、武安市第十二届“师德杯”教职工乒乓球赛等16次大型体育活动，参加人数达到4000余人。

十一、人口、人民生活和社会保障

年末全市总户数225941户，总人口838813人，比上年增加1768人。在总人口中：城镇人口295273人，乡村人口543540人；男性429039人，女性409774人。人口出生率15.15‰，死亡率6.97‰，自然增长率8.18‰。

全年农村居民人均可支配收入13438元，比上年增长8.8%；城镇居民人均可支配收入31739元，增长8.7%。农村居民家庭恩格尔系数为33.2%，城镇居民家庭恩格尔系数为26.8%。城镇在岗职工年平均工资47628元，增长6.9%。年末，全市企业养老保险新增参保3678人，覆盖人数达到112581人；机关事业养老保险新增参保244人，覆盖人数达到11228人；工伤保险新增参保6005人，覆盖人数达到110851人。全年城乡居民参保人数234172人，参保率达到99.2%。为全市94759名60周岁以上待遇人员按时发放了养老保险金1.1亿元。

全市城乡低保对象13757户、25848人，发放城乡低保资金5690.6万元。其中：城镇低保对象1274户2548人，发放低保金738.2万元；农村低保对象12483户23300人，发放低保金4952.4万元。农村五保户供养1477人，支出1052万元；医疗直接救助1435人次，支出920.5万元；临时救助15259户家庭。

十二、资源、环境与城乡建设

全市平均水资源总量为2.05亿立方米，人均水资源占有量244立方米。全年总用水量0.88亿立方米，人均用水量21.4立方米。年降水量1104.3毫米。

年末，全市常用耕地面积83.35万亩，其中有效灌溉面积56.45万亩。

全市大气污染防治工作取得一定成效，全年环境空气质量综合指数为8.22，较去年同期下降29%，全省和邯郸市改善率排名均为第1位。六级严重污染9天比上年20天减少11天，五级重度污染15天比上年61天减少46天，四级中度污染43天比上年80天减少31天，三级轻度污染135天比上年134天增加1天，二级良150天比上年56天增加94天，一级优9天比上年4天增加5天，PM2.5下降36.4%，PM10下降26.6%，大气污染指标下降趋势明显，大气环境质量明显改善。初步测算万元生产总值能耗比上年下降4.1%；化学需氧量削减6.5%，氨氮削减5.7%，二氧化硫削减13.2%，氮氧化物削减7.9%。

城乡建设步伐加快。牢牢抓住国家加快推进城镇化和全省县城建设的重大机遇，以建设“活力武安、美丽武安、幸福武安”为统领，以“两大新区”建设为突破，坚定不移推动城市向东向南发展，不断推动城市建设上规模、上档次、上水平，城乡规划体系日趋完善，城市框架逐步拉开，基础功能更加完备，城区环境显著改善，管理水平大幅提升。东部新区，启动实施了投资约2亿元、全长2.6公里的曹公大街工程，目前玉带河桥梁工程正在加紧施工；洺湖北路东段道路工程基本建成，东部新区“四纵七横”路网框架逐渐形成。南部洺湖新区，与碧桂园集团达成洺湖新区开发合作意向，洺湖北岸一期项目全面启动建设，洺湖新区整体开发正式拉开序幕。与此同时，加快完善城区西部基础设施，目前西苑大街、向阳路西延正在扫尾工程建设，中兴路西延、新兴大街南延、新华大街南延等道路延伸工程正在按法定程序推进，西苑森林污水处理厂正在进行主体工程建设。城市基础功能不断增强。日供水能力3万立方米的城市第二水厂及配水管网工程正式投用，城市日供水能力由4万吨提高到7万吨。新增燃气用户5100户，天然气西部南部榆济线管线工程基本完工。城市整体形象显著提升。以提升城市品位、提升城市现代魅力为主线，大力推进了总投资60亿元的18项工程，其中二十一世纪大厦、光明书香苑、光明新城、永丰嘉苑等精品工程建成投用，银达城市广场、宏泰新城、天鸿国际广场等工程正在加紧推进，金融大厦、锦源大厦、花语城、银河湾、银河华府等开工建设，银河御府、幸福城、翡翠城正在抓紧办理前期手续，城市现代魅力日益彰显。园林绿化水平不断提升。西苑和东山两个森林公园提档升级工程全部完工，投资318万元建成了首座钢结构过街天桥，完成洺湖西侧、南环路玉带桥南侧植树增绿和道路绿带、公园绿地补植等春季绿化工程，北环路、西环路640余亩景观绿化移交绿化公司进行管护，城市四条环路绿化管护全部实现市场化。全市新增绿化面积36.4公顷。年末全市城镇化率达到50.55%，城市建成区面积34.5平方公里，城区绿化覆盖率48.6%，绿地率42.7%，人均公园绿地面积15.3平方米。积极推进城乡统筹发展。完成了20个省级重点美丽乡村和洺河湾湿地片区规划编制工作；伯延、冶陶、阳邑3个历史文化名镇修缮与保护工程规划设计方案通过专家评审，并经省政府批复；制定了《武安市传统村落保护工作实施方案》，完成了安子岭、固义、冶陶、伯延、朝阳沟5个传统古村落的规划设计、建筑设计、整体设计和环境整治方案，传承与保护工作正在有序推进，农村面貌持续改观。

注：

1. 本公报2016年部分数据为快报数。

2. 地区生产总值、各产业增加值绝对数按现行价格计算，增长速度按可比价格计算。

3. 纳入规模以上工业统计范围的工业企业起点标准为年主营业务收入2000万元。

4. 固定资产投资统计的起点标准为计划总投资500万元。

5. 人口资料取自公安户籍年报。

6. 部分数据合计数或相对数由于单位取舍不同而产生的计算误差，均未作机械调整。

大事记

1月

4日

中央人民广播电台记者白宇，到武安市连续采访，1月9日中国之声《新闻纵横》报道《河北武安——棚顶下的希望与挑战》。

5日

河北太行钢铁集团重组搬迁改造项目举行开工仪式。太行钢铁集团重组搬迁改造项目位于南洺河工业园区，主要通过企业退城进区、联合重组、装备升级、环保升级，最终推动环保化、精品化、清洁化生产。

6日

省民政厅厅长赵风楼到武安市，先后实地察看市民政事业服务中心（老年公寓）、市第一养老院项目建设现场、市烈士陵园、伯延镇先进街、伯延镇便民服务中心，调研指导民政工作。

13日

全市经济工作暨扶贫开发工作会议召开。会议认真贯彻落实习近平总书记系列重要讲话和中央、省、邯郸市经济工作会议精神，安排2016年全市经济工作，动员全市上下抓住供给侧结构性改革机遇，加快结构调整、推动发展转型，努力实现"十三五"强势开局。市四套班子领导出席会议。

同日

财政部驻河北省专员牛江涛到武安市检查指导县级基本财力保障情况。

18日

环保部副部长翟青到武安市工业园区新能源产业园参观调研。

18日～19日

中央环保督察组副组长、环保部副部长翟青到武安市对新能源产业园、国家级青崖寨自然保护区、普阳钢铁公司、广耀钢铁公司和新峰水泥公司进行督导检查。

20日～21日

中央环保督查组第二组（邯郸市）组长曹立平、副组长马国林到武安市对武安市重点钢铁企业逐一进行检查。

21日

国家海关总署党组成员、国家口岸办主任黄胜强在邯郸市市长王会勇等的陪同下，来武安市考察调研保税物流中心建设项目。武安市相关市领导陪同调研。

26日

省政协主席付志方来武安市看望慰问武警邯郸支队直属大队四中队全体官兵。邯郸市委书记高宏志，邯郸市政协主席冯连生，邯郸市委常委、秘书长刘德明及武安市相关市领导陪同。

同日

国家发改委产业司巡视员夏农一行到武安市就钢铁产业化解过剩产能、结构调整情况进行专题调研。省发改委副巡视员高俊钊和邯郸市委常委、常务副市长曹子玉及武安市相关市领导陪同调研。

2月

2月

大同镇中心卫生院获国家卫计生委授予的"2015～2016年度群众满意的乡镇卫生院"称号，邑城镇卫生院获河北省卫生计生委授予的"2015～2016年度群众满意的乡镇卫生院"称号。

4 日

保税物流中心管委会和河北武安保税物流有限公司举行揭牌仪式。

5 日

全市领导干部大会在武安宾馆召开。会议简要总结市过去一年工作，并对当前招商引资、安全生产、信访稳定、党风廉政建设等各项重点工作进行安排部署。市四套班子领导出席会议，法、检、公“三长”，各乡镇党委书记、乡镇长，市直各单位主要负责同志参加会议。

14 日

市组织收听收看河北省省级机关作风整顿动员大会和邯郸市学后池整作风动员会议电视电话会。市四套班子领导在市分会场参加会议。在省、邯郸市作风整顿电视电话会结束后，市召开全市机关作风整顿会议，市长魏雪生主持会议。这标志着为期一年的全市机关作风整顿正式拉开帷幕。

26 日

由省编办副主任刘修起带队的省优化营商环境专题督查组到武安市督导检查优化营商环境“市场准入”及“两个清单”两项工作。

28 日

市与颐高集团合作建设跨境电商产业园项目在武安宾馆签约。邯郸市委常委、副市长王进江，颐高集团董事长翁南道，武安市相关市领导出席签约仪式。市委常委、常务副市长强延峰主持签约仪式。

3 月

1 日～3 日

政协武安市第七届委员会第六次会议在蓝天宾馆召开。市政协领导路铭、郝伟、孟庆宇、祁有山、郭全生、韩俊义在主席台前排就坐。市领导魏雪生、杨万春、齐林顺、张亚明、王玉书、王伟、韩保魁、强延峰、麻增礼、李树明、王建霞等在主席台就坐，祝贺大会召开。郝伟受政协武安市第七届委员会常务委员会委托，向大会作工作报告。大会通过《政协武安市第七届委员会第六次会议政治决议》等决议。会议举行选举大会，选举路铭为市政协主席。新当选的市政协主席路铭在闭幕式上分别作重要讲话。

2 日～4 日

武安市第七届人民代表大会第六次会议在武安宾馆隆重举行。来自全市各条战线的 269 名人大代表出席大会。市长魏雪生代表市人民政府向大会作政府工作报告。大会通过《关于武安市人民政府工作报告的决议》《关于武安市国民经济和社会发展第十三个五年规划纲要的决议》《关于武安市 2015 年国民经济和社会发展计划执行情况与 2016 年国民经济和社会发展计划的决议》等七项决议。

19 日

武安市委、市政府印发《武安市 2016 年化解钢铁过剩产能实施方案》，拉开武安市钢铁企业化解过剩产能攻坚战的序幕。

20 日

全市钢铁企业化解过剩产能工作安排部署会在武安宾馆召开。会议深入贯彻落实中央、省、邯郸市关于推进供给侧结构性改革、化解钢铁过剩产能的一系列重要部署，对市钢铁“去产能”工作进行全面安排部署，动员全市上下以壮士断腕、破釜沉舟的决心和态势，坚决打赢钢铁“去产能”这场攻坚硬仗。市四套班子领导出席会议。

中旬

河北省政府通报表彰 19 个 2015 年度教育工作“成绩突出县（市）”，武安名列其中。

28 日

省政协财政经济委员会主任卢瑞卿来武安市就“古村落保护与发展”进行专题调研。

31 日

工信部装备司副司长翟国春到武安市工业园区新能源产业园参观调研。

4 月

1 日

全市乡镇党委书记基层党建述职评议会议在武安宾馆召开。市领导杨万春、路铭、张亚明、王玉书、王伟、韩保魁、强延峰、麻增礼、李树明、王建霞等出席会议。邯郸市委组织部部务会成员、正县级组织员赵建军到会指导。

8日

由国家煤矿安全监察局副局长桂来保带队的国家安监总局督查组到武安市检查督导春季安全生产工作。市长魏雪生和市委常委、副市长麻增礼就武安市安全生产工作进行情况汇报。

同日

省政府研究室副主任薛志敏到武安市就钢铁去产能工作进行调研。

国家安监总局第三督导组组长吴少杰到武安市现场检查建筑领域安全生产工作。

11日

邯郸市委书记高宏志带领有关部门负责同到武安市考察调研旅游开发工作。邯郸市委常委、常务副市长曹子玉，邯郸市委常委、秘书长刘德明，武安市领导魏雪生、杨万春、李树明、马晓斌等陪同调研。

18日

邯郸市农村党支部书记示范培训班在白沙村开班。邯郸市委副书记崔永斌，邯郸市委常委、组织部长李志刚，以及武安市市委相关领导出席开班仪式。此次农村党支部书记培训，从4月17日开始至6月上旬结束，举办7期，安排来自邯郸市各县（市、区）农村党支部书记1335人参加培训。

19日

由国家煤矿安监局安全监察司巡视员刘志军带队的国家淘汰落后和过剩产能考核组到武安市检查2015年化解钢铁过剩产能企业拆除现场情况。

同日

武安市石灰协会第一届全体代表大会暨第一次理事会议隆重召开，武安市石灰协会正式成立。

22日

市召开“两学一做”学习教育动员会议。魏雪生、杨万春、路铭等市四套班子领导和市法、检、公“三长”出席会议。

27日

市正式启动保留公务用车车辆标识涂装工作。市委、市人大常委会、市政府、市政协四套班子带头集中对保留公务用车实施标识涂装，方便接受社会公众监督。

4月底

武安消防大队代表邯郸消防支队，参加河北消防总队举办的“河北省公安消防部队2016年春季体能对抗赛”，荣获全省政府专职队团体第一，并分别荣获个人第5名、第7名、第12名、第17名、第22名的佳绩。

5月

4日

省人大常委会副主任王雪峰到武安市调研钢铁行业化解过剩产能工作。

7日

全市化解过剩产能工作第二阶安排部署会召开。

9日

全省民营经济发展大会召开。认定武安市普阳钢铁、裕华钢铁、冀南钢铁、明芳钢铁四家企业为“2015年度河北省百强民营企业”，其中，普阳钢铁为“2015年度河北省民营经济铜牌企业”；认定武安市普阳钢铁董事长郭恩元、裕华钢铁董事长王树华、冀南钢铁总裁王建军、明芳钢铁董事长姚明芳为“2015年度河北省优秀民营企业家”；认定河北龙凤山铸业有限公司董事长白居秉、武安市新峰水泥有限公司董事长田海奎为“2015年度河北省创业功臣”。

10日～14日

市长魏雪生带队赴碧桂园集团、葛洲坝集团、杭萧钢构公司和华西村进行对接考察。市领导麻增礼、李海顺和政府办、住建局、国土局、财政局、发改局、青龙山园区、武安镇、淑村镇负责人陪同。

16日

邯郸市重点合作项目集中签约仪式暨邯郸市主导产业对接洽谈活动成功举办。相关市领导出席。保税物流中心、龙凤山铸业、康农豆制品、恒通阀门等企业参加。市有4个项目参加集中签约仪式，总投资120亿元人民币。

17日

邯郸市委书记高宏志到武安市徘徊镇桃花山看望修路群众，共谋山乡发展。邯郸市领导范国珍、刘德明和武安市委主要领导参加调研。高宏志调研时强调要努力把绿水青山变成金山银山。

23日

全市脱贫攻坚暨“一帮一”表彰推进会在武安宾馆召开。

6月

6月

住建部、文化部、财政部等七部委联合发布通知，决定将河北省12个传统村落列入2016年中央财政支持范围，武安市邑城镇白府村位列其中。

武安市被省委组织部、省委宣传部、省人力资源和社会保障厅、省司法厅、省总工会、省法制宣传教育领导小组办公室评为“2011～2015年全省法治宣传教育先进县（市、区）”。

6日

河北省首家B型保税物流中心——河北武安保税物流中心，经由石家庄海关、省财政厅、省国税局和国家外汇管理局河北省分局组成的联合预验收组的综合评审，顺利通过预验收。

同日

省委第六督导组到武安市工业园区新能源产业园参观调研。

10日

武安市体校代表队参加“2016年河北省国际象棋锦标赛”，并获得2金2银1铜的好成绩。

14日

省政协调研组到武安市工业园区新能源产业园参观调研。

17日

新华社河北分社社长张百新、常务副总编辑杨守勇等到武安市就钢铁企业化解过剩产能、产业转型升级进行调研。邯郸市领导范国珍、武金良陪同调研。

20日

太行三峡旅游区管委会揭牌成立。市委常委、常务副市长强延峰主持会议。市委常委、组织部长董江力和副市长、太行三峡旅游区管委会党工委书记、主任马晓斌共同为中共武安市太行三峡旅游区工作委员会和武安市太行三峡旅游区管理委员会揭牌。

下旬

2016年高考成绩揭晓，武安市实现历史性跨越。普通类本科上线4053人，上线率81.8%，一本纯文理上线1072人，上线率27.7%，是邯郸市唯一突破千人的县（市）。有5人进入邯郸市文科前10名。600分以上高分段人数达181人。

7月

1日

武安市在邯郸范围内首家启用“失业人员自助申报签到一体机”。“一体机”是一种采用人脸识别和指纹认证相结合，利用视频设备采集失业人员面部或指纹信息，对失业者进行身份认证的高科技智能识别方式，具有认证快捷，识别高效等优点。失业人员每月申报就业状况签到认证，随到随签，不用排队等待，只需站到“一体机”前，就可以很快速的完成整个申报认证过程。

同日

武安市成为邯郸地区第一个启用医保智能审核软件系统的县（市）。医保智能审核软件系统在医保大厅业务经办人员的电脑上可随时查看，参保人员就医、购药产生的每一笔费用、医生用药明细都在监控系统中显示，并智能审核出各定点单位上传数据的疑点，稽核人员再根据数据疑点进行现场稽核和病历审核，随时可以发现、跟踪、核查违规行为，提高监管效率，使医保监管实现从人工抽查到系统筛查，从粗放稽核到精细核查的转变。

5日

武安市全面开启全市石灰行业标准化建设。

8日

全市换届纪律工作会议在武安宾馆召开。会议深入贯彻习近平总书记系列重要讲话精神，认真落实中央、省和邯郸市关于县（市）乡换届工作的要求，对市县乡两级换届工作进行安排和部署。市四套班子领导以及法检公“三长”出席会议。

19日

武安市遭遇特大暴雨，超过市自有气象记录以来单日最大降雨量。截至20日5时，全市26个雨情监测站中7个站雨量检测超过400毫米，最大马家庄438.5毫米，西土山431.9毫米，市区426.4毫米，城区及各乡镇均发生严重洪涝灾害，倒塌房屋3222间，被淹村庄170多个，农田受灾20余万亩，山体滑坡10多处。

20日

市召开抗洪救灾紧急工作会。市四套班子领导出席会议。会议通报“7·19特大暴雨灾害”情况，并部署下步抗洪抢险和救灾工作。

21日

民政部救灾司副司长杨晓东在省民政厅副厅长许祯柯、邯郸市副市长宋仁堂等的陪同下，到武安市察看洪涝灾害情况。市委常委、常务副市长强延峰等陪同察看。

23日

邯郸市市长王会勇带领邯郸市有关部门负责同志，深入市马家庄乡、磁山镇、徘徊镇等重灾区一线，检查指导防汛救灾工作。

25日

邯郸市委书记高宏志带领邯郸市有关部门负责同志，到武安市受灾严重的马家庄乡检查指导抢险救灾和灾后重建工作。

26日

副省长姜德果深入市马家庄乡查看指导抢险救灾和灾后重建工作。邯郸市委常委、副市长王进江陪同。

同日

副省长姜德果到武安市马家庄乡救灾现场慰问指导。

28日

省委常委、组织部部长梁田庚深入武安市马家庄乡没梁店村，实地察看指导抢险救灾和灾后重建工作。邯郸市委常委、秘书长刘德明，邯郸市委常委、组织部长李志刚陪同。

29日

邯郸市委书记高宏志，专程深入武安市部分企业调研指导灾后恢复生产工作。邯郸市委常委、秘书长刘德明参加调研。

同日

省交通运输厅厅长高金浩、邯郸市市长王会勇深入武安市马家庄乡调研指导灾后道路工程重建工作。武安市领导魏雪生、麻增礼等陪同。

同日

武安市召开全市洪涝灾害损毁农民住房调查核实和安全鉴定工作动员培训会。省专家组会同邯郸市及武安市住建局，结合乡镇村人员，组成25个工作小组，具体负责因灾农户住房的调查核实和安全鉴定工作。

29日

省交通运输厅派驻以承德市交通运输局牵头的调查组到武安市，对口支援协助开展公路水毁评估调查。武安市灾后道路进入高标准恢复重建阶段。

30日

省专家组、邯郸工作组赴各受灾乡镇调研鉴定受灾农房。

7月

武安市成功申报“国家谷子绿色高产高效创建示范行动县”。

8月

1日

省水利厅副厅长刘凯军率队到武安市视察“7·19”暴雨洪灾中水利设施受损情况。

同日

市公安局首支“水上应急救援队”正式成立。

同日

交通运输部总工程师周伟带领省交通运输厅有关负责同志，深入武安市检查指导灾后道路重建工作。邯郸市领导高宏志、王进江、刘德明陪同。

2日

省长张庆伟到武安市指导灾后重建工作，听取基层干部对灾后重建的意见和建议。副省长姜德果，邯郸市领导高宏志、王会勇、刘德明陪同调研。

同日

截至8月4日，“7•19”洪涝灾害武安市累计收到捐款1613余万元。其中兄弟县区捐款合计410万元，民政局接收捐款合计739.1万余元，乡镇和工业园区接受捐款合计463.8万元。

同日

省国土资源厅厅长潘爱良、副厅长张国军、副巡视员李秋喜等到武安市检查指导汛期地质灾害防治和灾后重建工作。

同日

武安市启动全市免费Wi-Fi项目建设。

6日

邯郸市委书记高宏志到武安市调研指导灾后重建工作，强调要在充分尊重群众意愿的基础上，科学搞好规划，全力打好灾后重建攻坚战。邯郸市委常委、秘书长刘德明参加调研。

7日

副省长王晓东、省旅游发展委员会主任那书晨到武安市七步沟、朝阳沟景区查看灾情，检查旅游安全生产工作，并指导灾后重建。

同日

全市洪涝灾害毁损农房鉴定工作全面完成，走访22个乡镇、324个行政村，入户调查4506户，鉴定户数2137户8887.5间，其中B级750户2554间，C级857户3408间，D级530户2925.5间。

10日

全市“7•19”特大洪水灾害灾后重建工作动员大会在武安宾馆召开。会议深入学习贯彻习近平总书记视察唐山时的重要讲话精神，认真贯彻省和邯郸市灾后重建动员大会精神，全面总结市“7•19”特大洪灾抗洪抢险救灾工作，全面安排部署灾后重建任务，动员全市上下以更大决心更大力度打赢灾后重建攻坚战。市四套班子领导出席会议。

14日

武安市体校代表队参加由中国国际象棋协会主办的第二届“中孚杯”国际象棋公开赛，获得7金5银1铜。

18日

格力集团董事长董明珠在邯郸市领导高宏志、王会勇、刘德明、孟广军等的陪同下，到武安市考察投资项目。

23日

珠海格力电器对外宣布，公司以发行股份方式正式收购珠海银隆新能源100%股权，交易价格为130亿元。

25日

武安市体校代表队参加由中国国际象棋协会主办第八届“北方棋王棋后”全国国际象棋赛，斩获2金1银1铜。

同日

中央农业广播电视学校副校长齐国、河北省农广校校长何建斌、邯郸市农广校校长王顺红、副校长周瑾到武安市调研新型职业农民培育等相关工作。

26日

工信部副部长辛国斌带领国家钢铁煤炭化解过剩产能专项督导组一行12人，在省发改委主任陈永久、工信厅厅长邹平和邯郸市市长王会勇、副市长孟广军等的陪同下，到武安市督导化解过剩产能工作。

27日

河北新武安钢铁集团文安钢铁有限公司、马来西亚沙捞越州政府和中冶海外工程有限公司在邯郸市赵都大酒店签署合作备忘录，三方将在马来西亚沙捞越州合作建设综合钢铁厂项目。邯郸市市长王会勇会见马来西亚沙捞越州工业企业发展、贸易和投资部部长阿旺•登雅拿督一行。邯郸市副市长孟广军、中冶集团副总裁张孟星及武安市相关领导参加会见和签约活动。这是河北省首家落地“一带一路”民营钢企。

31日

全市受损房屋B、C、D级补助金额完成认定，其中D级中优抚11户，低保、五保和“三孤”

（孤老、孤残、孤儿）100户。

下旬

全国工商联在京发布“2016中国民营企业500强”榜单，武安市有冀南钢铁（119），普阳钢铁(149)，裕华钢铁(151)，新金钢铁(179)，文安钢铁（181），烘熔钢铁（208），明芳钢铁（228），鑫汇冶金（275）八家民企入围“中国民企500强”。

9月

“武安小米”被评为河北省十大区域公用品牌。

2日

中国企业联合会、中国企业家协会联合发布“2016中国企业500强”“2016中国制造业企业500强”排行榜。武安市6家民营企业入围“2016中国企业500强”，分别为冀南钢铁、普阳钢铁、新金钢铁、裕华钢铁、文安钢铁、明芳钢铁；8家民营企业入围“2016中国制造业企业500强”，分别为冀南钢铁、普阳钢铁、新金钢铁、裕华钢铁、文安钢铁、明芳钢铁、冠丰冶金、广耀钢铁。

9日

武安市首家钢铁电商平台——中联钢信正式上线。市相关市领导参加上线仪式。中联钢信电商是由兴华财富集团、新兴铸管、普阳钢铁、新金钢铁、兴华钢铁5家优质企业联合出资建设，多家金融机构作为战略合作银行。中联钢信在北大首届中国行业互联网大会上被评为“中国新一代IT产业推进联盟示范工程”。

上旬

住建部、国家发改委、财政部、国土部、农业部、民政部、科技部联合发布严格评估认定后的“全国重点镇”名单，全国有3675个镇入选，武安市磁山镇、伯延镇、阳邑镇榜上有名。

上旬

国家工信部所属中国信息通信研究院近日在北京发布《2016年中国工业百强县（市）发展报告》。《报告》显示，“2016年中国工业百强县（市）”，武安市是邯郸市唯一入围的县（市），位列第89位。

21日

河北港口集团董事长曹子玉到武安市保税物流中心参观考察。

22日～25日

武安市体校代表队参加由中国乒乓球协会主办的“第十届全国历史名城乒乓球锦标赛”，勇夺女子单打冠军和团体亚军。

23日

省交通运输厅副厅长刘中林到武安市调研指导太行山高速公路武安段建设征迁工作。

25日

由国家发展改革委基础司副司长任虹、国家发展改革委财金司副司长潘洁、国家发展改革委基础司副司长薛敏、河北省发展改革委副主任王立忠、河北省发展改革委投资处副处长赵占雄、河北省发展改革委基础处调研员马信昌组成的国务院督察组，到武安市保税物流中心了解项目建设及预算内资金使用情况。

25日

由国土资源部部长、国家土地总督察姜大明任组长的国务院第七督察组，在省政府有关部门负责人和邯郸市委书记高宏志、市长王会勇等的陪同下，到武安市开展督查工作。市有关市领导陪同视察。

28日

河北银隆新能源公司领到编号为冀[2016]武安市不动产权第0000001号不动产登记证，这是武安市颁发的第一个不动产登记证，武安市不动产登记工作全面展开。

30日

武安市召开“7·19”特大洪水灾害抗洪抢险救灾总结表彰大会。市四套班子领导出席会议。肥乡县委常委、副县长任高发，广平县委常委、副县长崔玉民等对口援建县领导应邀出席会议。与会人员观看武安市“7·19”抗洪抢险救灾电视专题片。市委副书记杨万春宣读《中共武安市委、武安市人民政府关于表彰“7·19”特大洪水灾害抗洪抢险救灾先进单位和先进个人的决定》。4名先进代表作典型发言。

10月

10日

武安市“暖阳居家老人服务中心”举办揭牌仪式，武安首家居家养老服务中心建成投用。

12日

新疆巴音郭楞蒙古族自治州30名法制干部来武安市观摩学习市政府法制工作。

15日～16日

“普阳钢铁杯”2016邯郸·武安第二届全国划骑跑铁人三项挑战赛在“太行三峡”景区隆重举行。来自国内外的600余名户外运动高手在武安展开激烈角逐。

21日

银隆新能源产业园四期工程开工仪式在武安工业园区隆重举行。当日举行第四代高能量密度钛酸锂纳米材料建成投产仪式、第四代高能量电池建成投产仪式以及快充客车、物流车建成投产（广通汽车）的剪彩及奥钛4期奠基仪式和中美合作纳米材料研究院成立揭牌仪式，标志世界上最大的钛酸锂材料与电池生产基地在银隆新能源建成。国务院原参事、中国可再生能源学会理事长石定寰，中国公路协会客车分会理事长王奇英，格力集团董事长董明珠，珠海银隆集团董事长魏银仓，格力集团北京分公司总经理周天宇以及参加“银隆钛行动力量”高峰论坛的300多名嘉宾出席仪式。

21日

武安市荣获“第二批国家全域旅游示范区创建单位”称号。

25日

安徽省政府参事室党组书记周庆到武安市磁山文化遗址调研考察。

26日

武安市召开太行三峡旅游区管委会成立动员会。

28日

温州新材料产业园等7个项目在武安工业园区举行集中开工仪式。这次集中开工的7个项目总投资159.1亿元，其中年度计划投资24.5亿元。邯郸市委书记高宏志出席并宣布开工。邯郸市人大常委会副主任李永科和武安市主要领导出席开工仪式。

同日

旅游专线、西三环南延工程PPP项目签约仪式在武安宾馆举行。市主要领导以及北京市政路桥有限公司总经理李军等出席仪式。

同日

工业园区创业服务中心二期项目开工建设。

28日～30日

第八届中国国际商标品牌博览会在江苏省昆山市举办。该会展是国内外规格高、规模大、影响广的商标品牌盛会，龙仓集团作为武安市首家获得中国驰名商标的企业参加此次博览会。

10月

武安市环卫职工郭彦昌获“美丽河北·最美环卫工人暨第二届河北省环卫行业最佳城市美容师”称号。

11月

上旬

2016全国综合实力千强镇榜单日前发布，市磁山镇（196位）、武安镇（228位）、午汲镇（375位）、阳邑镇（421位）。

上旬

武安市获称国家知识产权试点工作先进县（市）。

24日

国家防办正司级督察专员王磊、国家防办主任科员柴增凯和省水利厅副厅长罗少军到武安市检查山洪灾害防治非工程措施建设情况。

29日

武安市被国家教育部、科学技术部、水利部、农业部、国家林业局、国家粮食局等六部委命名为“第一批国家级农村职业教育和成人教育示范县”。

12月

1日

团城农贸市场经营者取得武安市首张“两证整合”个体工商户营业执照。武安市“两证整合”改革的正式实施，武安市证照体制改革实现对各类市场主体的全覆盖。

14日～15日

中央电视台综合频道《焦点访谈》栏目连续两天报道了武安市压减钢铁产能经验做法，对武安市去产能工作给予充分肯定。

16日

第十六届中国县域经济基本竞争力与县域发展指数评价结果揭晓，武安排名第96位，实现再进全国“百强”目标。这是继2014年、2015年落选两届“百强”之后，武安再度跻身全国“百强”县（市）。

12月16日

中央电视台驻河北记者站站长钱江及中央电视台美洲分台、英语频道记者到武安市文安钢铁有限公司实地调研，进一步了解武安市在去产能工作中的经验做法。

18日

全市领导干部大会在武安宾馆召开，会议宣布省委、邯郸市委关于武安市委、市政府主要领导调整的决定。经省委、邯郸市委常委会研究决定，魏雪生任武安市委书记，免去其武安市委副书记职务，不再担任武安市市长职务；强延峰任武安市委副书记，提名为武安市市长候选人，不再担任武安市常务副市长职务。邯郸市委副书记崔永斌主持会议并讲话。

中旬

省旅发委公布45个县域、81个乡域全域旅游示范区创建名单，武安市及活水乡榜上有名。

23日

五矿邯邢矿业四家企业厂区整体移交暨武安市灾后重建磁山镇居民集中安置项目开工仪式在磁山镇举行。市领导魏雪生、强延峰、麻增礼、李树明、郭全生出席。市直相关部门、乡镇、涉及村主要负责人及受灾群众代表和工程施工方负责人等200余人参加。

26日

武安工业园区成立具有独立法人资格的投融资平台公司——武安市远隆工业园区建设投资有限公司。

27日

武安市召开“第一届质量强市暨市长质量奖”表彰大会。3家企业获市长质量奖，5家企业获市长质量奖提名奖，8人获市长质量奖贡献奖。

28日

保税物流中心顺利通过由石家庄海关，财政部驻河北省财政监察专员办事处、省国税局、国家外汇管理局河北分局等四部门组成的联合验收组的正式验收。邯郸市委常委、副市长王进江，邯郸市委常委、副市长陈军，邯郸海关关长王学义和武安市领导魏雪生、强延峰、李树明、马晓斌参加活动。

12月底

武安市成功创建“河北省食品药品安全县”。

武安概况

概　况

武安位于河北省南部，太行山东麓，晋冀豫三省交界地带，总面积1806平方千米，人口83.9万人，为河北省首批扩权县（市）、邯郸唯一的县级市，是全国百强县（市）、国家园林城市、中国优秀旅游城市、全国发展改革试点城市，还是著名的地方戏曲之乡、古代冶炼之乡、中国小米之乡，素有“冀南宝地”“太行明珠”之称。2016年生产总值完成601亿元，财政总收入61.48亿元。

【山水如画】　八百里太行山水风景如画，大自然的神奇造化赋予武安别样美丽。西部500平方千米“太行三峡”，分布有朝阳沟、京娘湖、长寿村、七步沟4家AAAA级景区，国家地质公园、国家级森林公园、国家级水利风景区、国家矿山公园、清崖寨国家级自然保护区等5个“国字头”品牌，共同组成“中原都市后花园”。东太行景区集雄、奇、险、峻于一体，修建在海拔千米的绝壁栈道上，堪称人工奇观。“春踏青、夏避暑、秋采摘、冬滑雪”，三川竞秀、四季有景，每年吸引着数百万海内外游客慕名而来、流连忘返。

【文化灿烂】　“武安”意为凭借武力获取安定之意，春秋属晋，战国归赵，汉初置县，战国时期声名显赫的苏秦、李牧、白起都曾先后受封武安君。上万年的文明史和2200多年的建县史，厚重的历史积淀孕育了武安磁山文化、冶铁文化、商帮文化、戏曲文化、红色文化、民俗文化“六大文化脉系”。文化活动、文艺创作、文化名片犹如明珠串串，熠熠生辉。“底蕴深厚”是这座城市独具格调的气质使然，“千年古县”让这里充满着历久弥香的古朴韵味。

【产业转型】　资源之丰富、产业之完备、民营之发达，共同孕育这座现代产业新城，精品钢材、精细煤化工、新型建材等传统产业相互支撑，新能源、新装备、新材料、现代物流等战略性新兴产业竞相发展，一县拥有6家“中国500强”、10家“中国民营500强”、11家“中国民营制造业500强”企业，作为河北的传统老工业和基础原材料基地的武安，正在谱写着转型发展的新篇章。

【城市魅力】　作为河北重点培育的新兴中等城市，武安正致力打造框架舒展的大气之城，东部产业新区、南部洺湖新区正成为新的城市名片。致力打造环境优美的园林之城，风格迥异的公园游园、2万余亩的城市绿地、9个环城千亩片林和3.5万亩的环城林带，共同绘就国家园林城市的“绿色画卷”；致力打造功能完备的宜居之城，连续多年荣获“河北省人居环境奖”；致力打造现代时尚的精品之城，与碧桂园集团合作打造“城市会客厅”，财富大厦、国贸中心等一批地标性建筑建成投运，城区西部百余栋高楼拔地而起。

【美丽乡村】　一石一水成美景，一草一木成文章。按照“乡村风情，城市品质”“传统村落，现代生活”“太行风韵，武安特色”的总体建设思路，采取“生态+、文化+、产业+、旅游+、互联网+”等实现路径和EPC的建设模式，打造“三大古镇、六大片区”（伯延古镇、冶陶古镇、贺进古镇，太行长寿川片区、朝阳沟片区、白沙片村、兰村片区、洺湖片区、磁山片区），深入推进美丽乡村建设。徜徉在武安美丽乡村中，栈桥流水，蛙声蝉鸣，欣赏绝佳美景，让人感受到生活就是这么的自在怡人。

【民生福祉】 始终把人民对美好生活的向往作为奋斗目标，营造“五个环境”，矢志干事创业，倾力打造“民生财政”，针对群众关心关注的热点问题，坚持每年开出一张“民生大单”，建成华北地区闻名的县级中学——市第一中学、河北最大的县办医院——市第一人民医院、高标准的保障性住房——安泰小区等，“学有所教、劳有所得、病有所医、老有所养、住有所居”的民生理想正一一成为现实。以与葛洲坝集团合作实施的总投资63亿元的27个重大基础设施工程为带动，全面启动总投资192.8亿元的水利、交通、市政等40项重大工程，城乡基础设施正在发生翻天覆地的变化。

【气候】 武安市地处中纬度地带，属暖温带半湿润大陆性季风气候，全年总的气候特点是：气候温和，雨量适中，冬寒夏热，四季分明，光照充足，无霜期较长，干湿分布不均。春季冷暖气团活动频繁，气温回升快，降水量少，干燥多风，蒸发量大，土壤失墒严重，经常发生春旱；夏季受热带海洋气团影响，炎热多雨；秋季北方冷气团开始南下控制本地，副热带高压迅速南撤，降温迅速，昼暖夜凉，天高气爽；冬季受变性极地大陆气团影响，气候寒冷，雨雪稀少。

春季（3～5月）为冬夏季风环流过度时期，夏季风初步取代冬季季风，形成气候多变、风大雨少、回暖迅速、气候干燥的特点。气温回升快，平均气温14.0℃，平均降水量为73.4毫米。

夏季（6～8月）在太平洋副热带高压的影响下，产生闷热潮湿天气和雷雨天气，气候要素变化大，形成地方性高温、高湿、低压和雨量集中、雨量大的气候特点，季平均气温25.6℃，平均降水量354.9毫米，尤以7月下旬和八月上旬最为集中。降水多产生暴雨、大风、冰雹等自然灾害。

秋季（9～11月）由于蒙古冷高压南移，太平洋副高压南撤，大气垂直结构稳定，气温渐降，雨量减少，秋高气爽，气候宜人。季平均温度为13.0℃，平均降水量100.7毫米，季日照时数平均523.0小时。

冬季（12～2月）由于受冷而强盛的蒙古高压控制，形成雨雪稀少，偏北风较多的气候特点。季平均降水量14.6毫米，占全年降水量的2.7%，为全年最少；相对变化率全年最大；季日照时数平均450.0小时，为四季最小。土壤稳定结冰日期平均在12月18日。

【2016年气候概况】 2016年武安市年平均气温为14.8℃，比常年值（13.3℃）偏高1.5℃，属温度偏高年份；年平均降水量为1104.1毫米，较常年值（530.7毫米）偏多108%，属降水偏多年份。

2016年武安市气象灾害特点为：暴雨日数多、强度大、致灾性强，特别是“7•19”特大暴雨给武安市造成重大损失。春季出现阶段性气象干旱，整体旱情不大。年降雪日数偏少。寒潮日数偏少，但1月下旬出现极端低温事件。风雹灾害总体偏多，局地灾害损失较重。大雾天气多发频发。高温、沙尘、干热风天气偏少。总体而言，2016年武安市气象灾害损失程度明显高于20世纪90年代以来的平均水平，属于气候年景“偏差”年份。

1. 气温　2016年，武安市年平均气温14.8℃，比历年平均气温13.3℃偏高1.5℃，属温度显著偏高年份；年极端最高气温是37.1℃，出现在6月17日，年极端最低气温是-13.2℃，出现在1月23日。1月份为最冷月份，平均气温-1.9℃，7月份为最热月份，平均气温达26.1℃。

2. 降水　2016年全市平均降水量为1104.1毫米，与历年平均值（530.7毫米）相比偏多108%，属降水显著偏多年份，严重影响农业生产发展。与2015年降水量（388.7毫米）相比，偏多715.4毫米，偏多率为184%。

3. 日照　2016年日照总时数2012.7小时，年日照百分率45%，较历年日照时数（2124.7小时）偏少112小时。10月，武安市日照时间显著偏少，与历史同期相比偏少24.3%。尤其是20～28日，长时间(9天)维持低温寡照天气。这期间，各地日照极少，低温寡照，严重影响农业生产、出行等。

【2016年气象灾害】　据统计，2016年武安市因气象灾害造成488176人次受灾，农作物受灾面积21104.91公顷，成灾面积10423.981公顷，绝收面积3131.08公顷，直接经济损失约983348.9万元。经总体评估分析，2016年全市气象灾害造成的损失非常严重，与近10年相比属于灾害偏重年份。

2016年，武安市先后出现一些具有显著影响性的天气气候事件，其中不乏极端天气事件，特别是“7·19”特大暴雨、6月的风雹等强对流天气，全市因气象灾害遭受到重大经济损失和人员伤亡。

1. 暴雨·强降水　2016年夏季武安市暴雨强降水天气时常出现，据不完全统计，6～8月，全市暴雨过程达9次，其中最重要的当属7月中旬末的“7·19”特大暴雨过程。

受低涡和低层偏东风共同影响，从7月18日午后开始，武安市出现大范围的高强度降雨天气，最强降雨区主要位于市中东部地区，普降大暴雨和特大暴雨；主要降雨时段在18～19日。据统计，此次降雨过程武安市国家级气象站降雨量达到420.4毫米，武安市24个站点达到特大暴雨（250毫米以上），其中有8个站点超过400毫米。全市平均降水量330.7毫米，市区428.5毫米，最大马家庄441.2毫米。邯郸市区降雨量为338毫米。

2. 强对流天气　2016年，武安市先后遭受到雷电、大风、短历时强降雨和局地冰雹等强对流天气的袭击，雷雨天气多，局地性强，短时雨强大，冰雹天气呈现明显的多发态势，部分地区出现了较大灾情。

冰雹灾害：6月雹天气出现频次高，而且面广点多，为武安市近些年来罕见。

①受华北低涡影响，6月10日午后，市西部山区（阳邑镇、活水乡、管陶乡、石洞乡）出现冰雹天气，冰雹最大直径为2厘米左右。

②受强对流影响，6月28日傍晚，市部分地区出现冰雹，最大冰雹直径为3～4厘米左右。

③受强对流影响，6月29日午后，西部山区庙上—京娘湖一带出现冰雹、短时大风等强对流天气，冰雹持续时间约20分钟，最大直径2～3厘米。

3. 春季降水异常　2016年春季，武安市降水具有明显的时间分布极度不均，降水显著偏少的特点。

2016年武安市春季首场透雨出现在5月13～14日，比2015年春季的首场透雨（3月31日～4月1日）偏晚将近一个半月。

受高空暖湿气流和地面冷空气的共同影响，13日午后到14日，武安市出现较大降雨过程，全市降水量为18.3毫米。这是全市入春后的首场透雨。

这场较强降雨过程给全市带来极大的好处，主要体现在：一是有效地缓解或解除气象干旱；二是有利于净化空气改善生态环境；三是有利于降低春季风干物燥的高火险等级。

4. 寒潮·强降温　2016年1月22～24日受贝加尔湖南下强冷空气影响，武安市出现寒潮天气。22日白天，全市降小雪或零星小雪；23日白天，全市出现5～7级的偏北大风，国家观测站最大风力达到8级（19.8m/s）；23～24日，全市气温大幅下降，其中，23日全市日最低气温下降到-13.2℃，较21日下降了6℃。受严寒天气影响，有不少居民住户的自来水被冻住，许多小区住户的水表、供水管道被冻坏。

5. 大雾　2016年，大雾天气在武安市频发，严重影响全市的交通运输、工农业生产和公众出行安全。

据不完全统计，2016年武安市出现大范围的大雾天气约为23次，多出现在上半年的1～2月和下半年的10～12月。大雾影响范围少则数个乡镇，多则全市，东部地区出现频数较高。能见度一般在500米左右，部分地区和时段小于200米甚至不足50米，连续性的大雾天气对社会经济生活、农业生产、交通道路安全带来严重影响。

6.12月份全市气候异常　2016年12月，武安市天气气候有诸多反常表现，主要体现在以下几方面。低温寡照持续时间长。受多阴雨、大雾等因素影响，12月，全市日照时间显著偏少，据统计，全市日照时数为118.7小时，较常年同期值（141.7小时）显著偏少。尤其是11～14日、20～21日、24～26日，全市长时间维持低温寡照天气。

【2016年主要天气事件】

1、年平均气温相比历年偏高。2016年武安市年平均气温为14.8℃，比常年值（13.3℃）偏高1.5℃，属温度偏高年份。7月为最热月份，平均气温达26.1℃。

2、年平均降水偏多。武安市2016年年降水量1104.1毫米，比历年平均降水量530.7毫米偏多573.4毫米，降水量是历年的近一倍。

3、强对流性天气频繁。2016年夏季武安市暴雨强降水天气时常出现，据不完全统计，6～8月，全市暴雨过程达9次，其中最重要的当属7月中旬末的“7•19”特大暴雨过程。从7月18日午后开始，全市出现大范围的高强度降雨天气，最强降雨区主要位于市中东部地区，普降大暴雨和特大暴雨；主要降雨时段在18～19日。

4、持续性雾、霾影响严重。2016年全年出现雾霾79天，特别是1～4月，雾、霾天气明显偏多。

中国共产党武安市委员会

市委工作

2016年是武安发展历程中极不容易、极不寻常的一年。面对复杂多变的经济形势、化解钢铁过剩产能的艰巨任务和“7·19”特大洪水灾害，在省委和邯郸市委的坚强领导下，团结带领全市各级党组织和广大党员干部群众，加快经济转型，坚持绿色发展，推动跨越提升，有效化解各种风险和挑战，统筹推进“稳增长、调结构、治污染、保稳定、惠民生”等各项工作，推动全市经济社会发展和党的建设迈出新步伐。全年生产总值完成605亿元，比上年增长7%；全部财政收入完成61.5亿元，比上年增长6.4%，其中公共预算收入完成37.4亿元，增长8.2%；规上工业增加值294亿元，利润52亿元，比上年分别增长4.6%、74.2%；全年固定资产预计完成355亿元，比上年增长11%，时隔两年武安重返“全国百强”。

一、增强政治意识，用习近平总书记系列重要讲话精神引领航向。

一年来，市委理论学习中心组先后26次组织集中学习，深入学习习近平总书记系列重要讲话精神，及时传达中央和省委、邯郸市委的新精神、新部署，把思想和行动统一到中央和省、市的各项决策部署上来。按照中央和省委部署，精心组织开展“两学一做”学习教育，从市委常委做起，带动各级党组织书记讲党课，组织党员手抄党章和“七一”讲话，认认真真学，扎扎实实做，引导党员干部不忘初心、继续前进。组织全市党员亮身份、明职责，深入学习和争做合格党员，提高理论水平，强化宗旨观念，推动本职工作，在全市凝聚强大的正能量。深入开展市级机关作风整顿、“学后池、整作风”等活动，组织开展党的十八届五中、六中全会精神、党风廉政建设等专题重大理论宣讲活动20多场次，有效地推动党的理论创新成果宣传和普及，在全市形成深厚的讲政治、守规矩、干事业氛围。

二、推动转型升级，着力提升发展的质量和效益

市委常委会深入贯彻新发展理念，坚持以去产能为“当头炮”，坚定不移推进供给侧结构性改革；坚持以结构调整为重点，坚定不移推进经济转型发展。突出去产能，促进钢铁产业健康发展。确立“一个全面、两个突破”的总体思路，以搭建县级钢铁产能交易互助平台为核心，通过市场化方式去产能。全面分解任务，确定压减装备。将五年任务统筹考虑，让武安区域内的所有钢铁企业都承担去产能任务，形成“去产能共同体”，使几家企业承担的损失变成全市所有钢铁企业共同承担。同时按照省产业政策，确定2016年压减装备。其次，确定产能交易互助金标准，建立政策奖补机制。按每万吨铁、钢产能各100万元标准，组织所有企业按承担任务，缴纳“钢铁产能指标置换交易互助金”，专项全部用于补偿压减装备企业。4月组织企业缴纳2013～2015年交易互助金2.3亿元，当月对不能缴纳的3家企业3座高炉进行了封存，由交易互助平台出资垫付调剂，将前三年的“旧账结清”。5月缴纳2016年度交易互助金5.14亿元。6月，压减装备的企业全部按时递交封存压减装备承诺书。强化组织推动，建立倒逼机制。专门成立16个工作组分包钢铁企业，从8个方面一包到底。市委对各工作组实行每周“一对一”过堂调度。同时建立差别水电价和最严环保政策等倒逼机制，保障各个阶段工作按时间表推进。2016年，压减炼铁产能243万吨，炼钢产能384万吨，超额完成全年目标任务，《焦点访谈》对武安的做法作了专期报道，省委深改组专门听取武安的工作汇报，并给予充分肯定。文安钢铁与中冶集团、马来西亚沙捞越州签订投资建厂协议，迈出走出去参与国际产能合作的步伐。大力上项目，增强经济社会发展后劲。继续深入推进“项目建设年”活动，实施40个重点建设项目，当年完成投资162亿元，占年计划的102.8%。新能源汽车产业园加速成长，东区汽车整装车间建成投产，与多个城市签订200亿元11000多辆纯电动客车订单，当年销售量位居全国第5位。东太行旅游开发、温州新材料产业园、康农豆制品等多个项目启动建设，为武安转型发展增添新的动力。在邯郸市年中重点项目建设集中观摩评比活动中，武安市再创佳绩，名列第一。积极调结构，推动一产三产同步发展。三产以提高流通效率和服务水平为重点，建设物流产业园区，打造现代商贸物流基地。其中河北武安保税物流中心，通过国家验收并封关运行。成立东太行旅游管委会，强化统一规划、统一管理、统一开发，全年接待游客680万人次，综合收入51亿元，跻身“国家全域旅游创建示范县”。第三产业增加值216亿元，比上年增长10%。着力推进农业产业化发展，实施11个超亿元项目、17个超千万元以上的农业产业化大项目，总投资达82亿元，2016年完成投资3.1亿元。四是坚持走新路，加快释放发展活力。抓好双创平台建设，建成工业园区创业服务中心（一期），谋划启动投资5.8亿元的二期建设；充分发挥企业主体作用，培育省级认定企业技术中心3家、省级工程实验室1家，高新技术企业达到13家，规模以上高新技术产业增加值增长5倍以上。紧紧围绕打造“京津转移项目承接地、科技成果转化地”，主动对接，优化服务，大力开展点对点招商，积极与中国招商网平台、招商快车平台等开展专业招商合作，与葛州坝集团、天津港等进行对接，分别就河道治理、主城区雨水排放设施升级改造工程、保税物流中心建设等达成合作意向。

三、统筹城乡发展，全面加快新型城镇化步伐

坚持城镇化与工业化“双轮驱动”，把新型城镇化作为扩投资的主战场、稳增长的主阵地，进一步创造需求拉动增长。在城市发展上，坚持“向东向南”不动摇，加快东部和洺湖“两大新区”开发建设步伐。东部新区，积极引进邢台市政集团采用“PPP模式”破解资金“瓶颈”，总投资2亿元的曹公大街工程开工建设，新能源污水处理厂建成并具备运行条件。南部新区，总投资2.5亿元的洺湖北路东段建成通车条件。全球上市公司500强企业碧桂园投资2.6亿元在洺湖新区建设翡翠湾项目。城市第二水厂及配水管网工程正式投用，城市集中供暖基本实现全覆盖。在乡村发展上，重点围绕“两环、三线、五大片区”101个重点村，高标准建设美丽乡村，磁山二街、白沙2个村顺利通过省验收。深入推进“十二个专项行动”，突出“五改四美”，累计投资1亿多元，实施1200多个项目。积极破解农村建设融资难题，从省农发行争取改善农村人居环境中长期贷款7.9亿元，用于武安2016年、2017年美丽乡村建设。在基础设施建设上，启动邯沙旅游专线、贺青旅游环线和平涉线等西部旅游路网建设，推进西三环南延、新华大街南延和永峰南段养护改造，太行山高速完成征迁，主线控制性工程全面开工。加快农村道路建设，投资2.3亿元，对129公里35条农村公里打捆改造，农村道路基础设施更加完善。实施涉及13个乡镇20个重点移民村的水库后期扶持工程，完成移民扶持项目14个，受益群众6000多人。

四、积极应对洪灾，全力投入灾后恢复重建

“7·19”特大暴雨洪灾雨量大、来势急、范围广，历史罕见，突如其来，给人民群众生命财产安全，造成重大损失。面对百年不遇的洪灾侵袭，迅速启动抢险救援。19日突降特大暴雨后，全市立即进入“非常工作状态”，当日下午动员公安干警、武警消防、驻武部队等一切力量，通宵抢险排险、搜寻失联人员。随后，又组织106个单位1100余名干部职工，徒步进入活水、马家庄、贺进、徘徊、冶陶等乡镇的失联村，开展抢险救援工作。全市累计转移群众2.8万人，解救被洪水围困群众3100多人，从洪水中营救650人。仅用一周时间，所有受灾村庄路电讯全部恢复。持续进行救灾保障。为保障群众基本生活，灾情发生后24小时内，就将首批生活保障物资发到各乡镇。协调解放军出动救援直升机13架次，空运救灾物资20余吨。市财政先后拿出2600多万元用于抢险救灾，组织并接受各类社会捐助1957余万元，全部用于受灾群众基本生活保障。及早安排灾后卫生防疫工作，确保大灾之后没有疫情发生。全面开展灾后重建。组织水利、交运、市政、农牧、教育及卫生等部门打包灾后重建项目，按照全市灾后重建统一安排部署，全力服务灾后重建项目建设、帮助受灾企业尽快复产。9月份，受灾学校如期正常开学，10月底前，受灾企业全部恢复生产，年底前，因洪灾出现饮水问题的210个村25.6万口人应急饮水恢复全部完成。春节前，530户D级损毁农房中，已完成360户，正在施工106户，放弃重建的64户全部按时补助到位。

五、深化污染治理，推动生态环境持续改善

始终把生态建设作为最大的民生，牢牢把握绿色发展的底线，坚持多管齐下，持续推进环境治理攻坚战。抓好大气污染综合防治，深化钢铁、水泥、火电等重点行业治理，继续扩大在线监测安装范围，狠抓主要污染物减排，邯郸市下达的工业治理161项任务已全部完成。严格环境执法，加大燃煤锅炉和黄标车淘汰力度，对主要交通干线道路扬尘进行了专项整治，关停取缔21家违法企业，罚款27万元，移送公安4件，行政拘留6人，刑事拘留2人，有效震慑环境违法犯罪。启动开展水污染防治百日攻坚行动，洺河出境断面水质稳定达到邯郸市要求，饮用水源地水质达到二级标准。抓好植树造林，通过开展全民义务植树、推行企业大户包山等措施，春季和雨季完成造林面积20.2万亩，全市森林覆盖率稳步提升。下大力气开展护林防火，确保“零火情”。2016年，市大气环境质量改善率在全省、邯郸市各县市区中，均位列第一。

六、保障改善民生，促进发展成果惠及全民

在经济增长困难时期，自觉把保障和改善民生放在更加重要的位置。大力发展社会事业。坚持教育优先发展，在财力吃紧的情况下继续加大教育投入，高考成绩再创新高。全面深化医疗卫生体制改革，市乡村三级医疗卫生机构的服务能力稳步提高。进一步扩大城镇职工养老、医疗、工伤等各类保险征缴面，新农合参合率达到99%。一批保障性住房竣工入住，部分低收入家庭实现了住有所居。扎实推进文化建设和精神文明建设，组织开展了2016邯郸•武安第二届全国划骑跑铁人三项挑战赛，进一步提升了武安的知名度和美誉度。启动开展扶贫攻坚。积极开展“1+1”帮扶，抽选4844名优秀公职人员与建档立卡的4844户10967贫困对象结对儿，开展精准脱贫工作，全年扶持扶贫项目27个，带动2034个建档立卡贫困户开展光伏发电、养殖、种植和手工纺织等项目，实现稳定增收；同时，对贫困户实施教育救助、医疗救助、送温暖献爱心等多种帮扶救助措施，推进“精准扶贫攻坚”工作的深入开展。全力维护社会稳定。坚持解决问题和依法治访“两手抓”，进京“非访”数量明显下降。紧紧扭住非煤矿山、冶金危化、爆炸物品等重点行业、企业和部位，全面开展隐患排查整治，持续实施打非治违，有效防止了各类安全事故的发生。高度重视社会治安综合治理工作，全面推进“三网”工程，坚持不懈开展各类严打整治专项行动。2016年全市刑事案件比上年下降36.8%，现行命案全部及时破获，进一步巩固“平安武安”的创建成效。

七、加强党的建设，营造风清气正的政治生态

市委常委会坚决落实党中央全面从严治党的重大部署，认真履行管党治党主体责任和监督责任，努力促进党风政风和社会风气的继续好转。牢记管党治党职责，始终把加强党建作为攻坚克难的根本保障。基层组织建设上，组织98名支部书记参加在白沙举行的第一期全省村支部书记特色专题示范培训班，取得较好效果。制定《农村基层组织建设责任管理细则》，软弱涣散党组织基本得到整治，村务管理更加规范。干部队伍建设上，全年调整干部214人，其中提拔28人，交流转任103人，免职83人，消化正科5名、副科18名、非领导职数22名，按上级要求时限消化到位。与此同时，不断强化干部监督考核，严格执行任前领导干部个人有关事项报告核查、廉政谈话、出国（境）管理等监督制度，确保选任干部想干事、能干事、干成事、不出事。作风建设上，各位常委自觉带头转变工作作风，加快工作节奏，节假日基本不休，加班加点干事，有力地带动各级干部担当奉献。党风廉政建设上，带头落实主体责任，严格落实中央“八项规定”和省委、邯郸市委“一问责八清理”的有关要求，加强对党员干部的日常监管和教育。2016年，全市立案查处各类违纪违规案件373件，给予党政纪处分366人，涉及乡科级干部67人，挽回经济损失903.2万余元。

2016年，充分发挥领导核心作用，统揽全局、协调各方，促进四套班子步调一致、干事创业。积极支持市人大及其常委会依法履行职责，支持政协开展政治协商、民主监督、参政议政，支持审判和检察机关依法独立行使职权，支持工、青、妇等人民团体创造性地开展工作，不断加强统一战线工作，依法管理民族宗教事务，认真做好党管武装工作，充分调动社会各方面的积极性和主动性，凝聚推动转型发展、促进和谐稳定的强大合力。

【中共武安市委员会】

书　记：张臣良（12月免）
　　　　魏雪生（12月任）
副书记：魏雪生（12月免）
　　　　杨万春（9月免）
　　　　马洪涛（挂职一年4月免）
　　　　强延峰（12月任）
常　委：张亚明
　　　　王玉书（5月免）
　　　　王　伟
　　　　韩保魁
　　　　强延峰
　　　　麻增礼
　　　　李树明
　　　　王建霞
　　　　董江力（5月任）
常委秘书长：李树明
副 秘 书 长：李江云（10月免）
　　　　　　田海兴
　　　　　　陈彦学

市委办公室工作

2016年，在市委的正确领导下，市委办坚持以党的十八届六中全会和省委、邯郸市委会议精神为指引，深入学习贯彻习近平总书记系列重要讲话精神，扎实开展“两学一做”学习教育活动，紧紧围绕全市重点工作，积极发挥参谋助手、综合协调、督促检查和后勤保障作用，各项工作均取得新的成绩。

一、围绕中心，突出重点，全面提高参谋服务水平

坚持围绕市委中心工作，贴近领导思路，把握工作全局，突出工作重点，大力发挥办公室“参谋部”“督导部”的作用，努力为市委和市委领导开展工作提供高质量的服务。

（一）以文辅政成效明显。先后圆满组织完成对中央环保督察、“7•19”特大洪水灾害抢险救援、灾后重建、省市重点项目观摩及张庆伟、高宏志、王会勇等省市领导调研视察工作汇报，高质量完成市委主要领导在全省县委书记经验交流会上的发言提纲，以及市委主要领导、主管领导在市委六届九次、十次全会和“两学一做”学习教育活动、党风廉政建设、财税工作、环保攻坚、美丽乡村建设、重点项目建设、钢铁整合重组、信访稳定、安全生产等20余次大型会议讲话稿起草和修改工作。组织起草领导新闻采访稿、署名文章等10多篇，分别在中央电视台、《河北发展》《邯郸日报》等媒体报道、刊发。及早开展市第七次党代会报告筹备工作，组织有关单位、部门参加的座谈会20

余次，为起草高质量党代会报告积累第一手资料。完成起草、修改、审核、印发市委及市委办公室各类文件133件，上呈文58件，编发《办公室通报》17期、明传电报39期、《会议纪要》11期，全部做到规范、准确、及时、无差错。

（二）调查研究精益求精。坚持围绕全市经济社会发展的战略性问题、领导关注的重点和群众反映的热点问题搞调研，形成一批有价值的调研报告。其中，以武安市钢铁去产能调研报告为蓝本综合整理的《分散风险平衡分配公平竞争优胜劣汰——解码压减钢铁产能的“武安方式”》在《中国改革报》上刊发，《关于武安市钢铁产业去产能的调研》《关于武安市加快新型工业化的调研》等长篇调研信息，得到副省长张杰辉批示，并作为典型经验在全省推广学习。

（三）信息工作再攀新高。坚持抓住重点、关注热点、剖析难点，及时、准确、全面地为各级领导提供情况和决策依据。全年上报省、邯郸市信息3000多条，编发《武安快报》113期。其中，《武安市抓行业治理强执法问责力推大气污染整治见成效》《武安市打出“组合拳”多角度化解信访积案》等多条信息被省委办公厅《信息摘报》采用。在邯郸市委信息处《每日快讯》《办公厅简报》等刊物上刊登信息近百篇，多篇信息得到邯郸市领导的关注，尤其是救灾重建、去产能、项目建设等方面的经验，受到邯郸市领导的高度肯定。同时立足变中求新，结合工作实际，特创刊《信息专报》《乡镇书记工作动态》，其中《武安市国税局奋力冲刺“双过半”》等多篇专报得到市主要领导的批示，并在全市范围内下发至各乡镇和市直各单位主要领导参阅，起到很好的选树典型、经验推广的作用。

（四）督导检查扎实有效。紧紧围绕全市重点工作部署，突出上级领导批办件和市委领导关注工作，对项目建设、灾后重建、钢铁压减产能、城市和美丽乡村建设、“两学一做”学习教育、会风会纪等进行大力度、高频率的督查，有力推动市委重大决策部署的贯彻落实。全年牵头组织和参与各类督查活动90多次，向上级督查部门报送《督查专报》12期，编发《督查通报》16期；承办省、邯郸市领导批办件8件，全部按时办结；承办省、邯郸市以《内部明电》等形式交办事项17件，全部按要求进行反馈；承办政协提案17件，全部办结。

（五）网络舆情监管有力。全天候加强对网络舆情的关注和监管，第一时间采集涉武信息达14万余条，编发《网络舆情预警》信息312期，累计下基层督办落实舆情案件20余次，有效处置网民反映强烈的民生、民情，为群众解决一批热、难点问题。同时，当年新开通“武安新视线”微信平台，并取得实质性进展，全年多次对全市重点工作开展主题宣传活动，转发、评论量达200万人次，发挥正面宣传鼓舞人、激励人的作用，进一步凝聚网上正能量，形成网上正面舆论强势。

（六）深化改革稳步推进。积极协助市委推进深化改革工作，年初研究出台《中共武安市委全面深化改革领导小组2016年工作要点及责任分工》《武安市全面深化改革工作考核办法》和《武安市全面深化改革督察办法》，全年安排改革任务50项，其中重大改革2项（钢铁去产能、旅游管理体制改革），国家级和省级改革试点5项，自主改革43项。先后6次协助召开市委全面深化改革领导小组会议，审议通过12项改革文件，听取3次改革工作汇报。对承担改革任务的34个部门和乡镇进行专项督察和考核，50项年内改革事项，都已达到或超额完成年初进度计划要求。

（七）做好抗击“7·19”特大洪灾相关工作。“7·19”特大洪灾发生后，市委办立即进入紧急状态，按照市委主要负责领导要求和全市工作安排，积极展开各类救援、协调工作，参与省、邯郸市及武安市领导督导慰问50余次，并圆满完成统计和发布全市各界人士和单位的捐款捐物情况。在7·19特大洪灾抢险救灾工作告一段落后，积极协调防汛指挥部、宣传部等单位，牵头组织编印《洪灾伤痛　百年一劫》抗洪救灾图册和《英雄谱》感人事迹汇编，高效完成7·19特大洪灾抗洪抢险救灾表彰总结大会各项筹备工作，得到市领导的一致肯定。

二、履职尽责，务实奉献，不断提升事务服务水平

牢固树立“办公室工作无小事”的理念，立足于当好全市的中枢，按照高效、严谨、规范的要求，结合上级要求和市委办工作实际，起草完善《办公室工作制度手册》，进一步优化办文、办会、办事各项工作流程，使上传下达、文件流转、接待服务、会务安排等工作效率明显提高、失误率大幅降低，事务服务工作水平不断提升。

（一）务实高效做好日常事务工作。在值班工作上，按照上级有关值班工作的各项要求，严格执行乡科级领导带班、“双人双岗”24小时值班制度，努力在细节上下功夫，确保全市高效运转。加强文件管理，全年办理各类公文1400多件，严格文件收、发、传等环节的承办标准，做到程序化、制度化、科学化。严格印信管理，坚持严把程序关，从严审批，全年开出各类介绍信17份，加盖印章400余次。细化财务物资管理，进一步建立健全办公用品采购、车辆维修、财务审批和报销等制度，严格做到手续齐全、程序规范、层层把关、账实相符。

（二）严谨细致办好会务和接待工作，会务工作，对每次会议和活动都高度重视，精心组织，合理安排，认真协调。全年组织会议115次，其中全市性会议56次，全部圆满完成了会议组织任务。特别是对上级观摩会、现场会等大型活动和市委重要会议，从会议通知、会场布置到食宿安排、车辆调度等都精心谋划、周密部署，受到各级领导和与会人员的高度好评。接待工作，本着热情、周到、满意、节俭的原则，详细制定接待预案，严格接待标准，规范接待程序，特别是接待省委主要领导、邯郸市主要领导到武安调研工作，服务周到细致，受到市委领导的高度评价。

（三）慎之又慎抓好机要保密工作。机要工作，加强硬件建设，提高电报传输、阅办质量，严格执行相关收发制度。全年收发明传电报1262份、1063页，加密传输578份、4185页，复印文件1500多份、6000多页，全部按程序及时办理到位。保密工作，进一步健全工作机制和制度，构建人防、物防、技防三位一体的保密防范体系，规范了电子政务内网保密管理。扎实开展五类专项保密检查，累计发现安全隐患24处，全部整改到位，收缴秘密载体1000余公斤。

三、强化教育，严格管理，着力加强机关干部队伍建设

坚持一手抓硬件建设，一手抓队伍建设，强化学习、从严管理，着力提高工作人员的综合素质，提高机关的运行效率，树立市委办公室的良好形象。

（一）加强后勤服务工作。进一步加强机关大院美化、绿化、亮化，做到保洁工作常态化；加强基础设施维护，保障机关供电、给排水、供暖、通讯等设施的通畅，为各单位提供良好的办公环境。同时，按照国家、省、邯郸市关于公务用车改革的总体部署，在保障运行、促进工作的前提下，承担武安市公车改革领导小组办公室主要工作任务，认真贯彻执行上级关于汽车配备和使用的各项规定，力抓公车改革，按时完成全市公车改革各项工作。

（二）加强办公室队伍建设。每次上级党委和市委重要会议后，都及时组织全体干部职工集中学习，努力使办公室全体干部职工在思想上、政治上与党中央保持高度一致，在工作节奏上与市委合心合拍。组织市委办公室“两学一做”专题教育活动，推动市委办每名党员干部完成2万字以上的学习笔记，并撰写相关心得体会。各位分管领导精心准备、轮流授课。通过抓学习、提素质、转作风、比奉献，打造了一支高素质干部队伍。

（三）加强机关安保和稳定工作。牢固树立“安全第一”的理念，更新完善电子监控系统，定期检查消防设施，建立突发事件应急预案，提高应对突发事件的能力；增加夜间巡查次数，确保市委机关安全保卫事故“零发生”。坚持把信访接待作为重中之重，坚持依法行政和依法治访相结合，全年接待群众来访1800余人次，访量比上年下降了57%，信访形势大幅改观，有效维护了市委机关正常秩序和良好形象。

四、廉洁自律，从严要求，切实抓好党风

廉政建设工作

认真贯彻落实中央“八项规定”和上级正风肃纪要求，着力抓好干部职工的守法教育监督和廉洁从政，营造遵法守法、风清气正的工作环境。坚持民主集中制，提高班子凝聚力。始终坚持集体领导和分工负责相结合的制度以及重大事项集体研究决定的原则，对办公室重大事项都要经过秘书长、办公室主任会讨论，进行集体决策，提高决策的科学性和透明度。落实好廉政各项规定。按照上级具体规定，全面规范和整顿公务用车、公务接待、办公用房等，严控办公室“三公”经费开支，进一步树立艰苦奋斗、清正为民的优良作风，促进“干部清正、政府清廉、政治清明”。强化党风廉政建设责任制。坚持“一岗双责”“谁主管、谁负责”的原则，领导班子成员对分管科室党风廉政建设负责，开展经常提醒和告诫，严禁打着领导旗号办私事、谋私利。办公室的同志们均没有出现违法违纪违规行为。

纪检·监察工作

【概况】 中共武安市纪律检查委员会在中共武安市委和中共邯郸市纪律检查委员会双重领导下进行工作。市纪律检查委员会和市监察局实行合署办公。内设12个职能室：办公室、党风廉政建设室、第一纪检监察室、第二纪检监察室、案件审理室、执法监察室、信访室、纠风室、监察综合室、教育研究室、案件信息室、电子公务监察室，在编人员56人。派驻11个纪工委、监察分局，在编人员39人。2016年，全市各级纪检监察组织在邯郸市纪委和武安市委的坚强领导下，主动适应全面从严治党新形势，坚持挺纪在前，持续加大监督执纪问责力度，全市党员干部遵规守纪意识明显增强，“四风”问题得到有效整治，反腐败斗争压倒性态势已经形成，维护风清气正的政治生态，推动全面从严治党各项工作取得新的阶段性成效。

【市纪委·监察局】

书　　　记：王　伟
副书记、局长：袁鸿亮
副　书　记：刘何锁
常　　　委：温淑平
　　　　　　孔根昌（6月免）
　　　　　　马广铭
　　　　　　冀隽方（6月任）
　　　　　　魏俊芳
监察局副局长：冀隽方（6月任）
　　　　　　杨　艳
办公室主任：申学军

【纪律建设】 坚持把政治纪律和政治规矩放在首位，重点围绕项目建设、安全生产、信访稳定、环境保护等全市中心工作，开展“为官不为”专项整治行动，严查工作责任心不强、落实不到位等失职失责问题，全年追责问责107人，涉及乡科级干部21人。特别是“7·19”特大暴雨后，坚持深入一线，开展值班工作纪律、救灾物资发放、灾后重建资金管理使用的监督检查，有力保障抗洪救灾工作顺利进行。紧紧围绕市乡两级换届工作，按照“九个严禁、九个一律”要求，全面加强换届风气监督，严把“党风廉政意见回复关”，梳理干部廉情信息4900余条，廉政审核“两代表一委员”候选人资格1533人次，其中52人次因党风廉政问题被取消候选人资格，确保市乡两级班子换届圆满完成。坚持纪律教育在前，结合“两学一做”专题教育，广泛开展《准则》《条例》的学习宣传，探索开展“体验式”警示教育，组织党员干部集中参观纪委执纪审查场所、看守所、检察院警示教育基地，从灵魂深处增强纪律的底线意识。《河北日报》、省纪委监察厅官网分别予以报道。

【全面从严治党】 市委、市纪委以高度的政治自觉，勇于担当管党治党的主体责任和监督责任。年初，具体明确党委、纪委《责任清单》，细化分解《年度任务分工方案》。市委主要领导围绕全面从严治党，带头讲廉政党课，专题研究党风廉政建设和反腐败工作，直接批办督办党员干部涉纪问题线索，带动市乡两级党员领导干部落实“一岗双责”。市委准确把握问题导向，集中开展为期半年的“一问责八清理”专项行动。市纪委以问责追究为抓手，组织协调11个牵头部门和28个责任单位，认真查纠管党治党不力、招标投标不规范、乱收费乱摊派、挤占挪用专项资金等突出问题，清理整改各类问题1196个，纪律处分129人，完善制度311项，问责清理工作位列邯郸市各县（市）区第一，在邯郸市“一问责八清理”总结会议上做了经验介绍。同时，扎实推进“两个责任”向基层延伸，113个乡科级党组织和29个纪检监察组织分别向市委、市纪委递交《承诺书》，定期报告“两个责任”落实情况。坚持试点先行、以点带面、整体推进，在乡镇和农村开展“两延伸两提高”活动，“四议两公开”议事决策程序逐步规范，“议政议廉日”活动全面开展，淑村镇白沙村、武安镇古楼街、午汲镇温村、上团城乡崇义三街等试点村发挥较好的辐射带动作用。

【作风建设】 坚持经常抓、抓经常，聚焦值班空岗脱岗、公款吃喝招待、婚丧事大操大办、滥发奖金福利、超占办公用房、公车私用等突出问题，紧盯元旦、春节、中秋、国庆等关键时间节点，深入机关大院、宾馆饭店、住宅小区、旅游景点等重要场所，采取巡回检查、专项督查、上下联查、蹲点暗查等多种形式，持续保持明察暗访的频次和力度，坚决防止“四风”问题反弹回潮。年内，查处违反中央八项规定精神案件42件，给予党政纪处分59人，警示谈话和组织处理13人，通报曝光18件典型案件，机关单位相关管理制度进一步规范，党风政风显著改善，民风社风为之一新，干部群众对此感受明显。

【执纪审查工作】 坚持有腐必反、有案必查，把减存量、遏增量作为目标，认真开展“清仓”行动和整治“微腐败”专项行动，突出查办失职失责、违反中央八项规定精神、损害群众利益等方面的问题，反腐败压倒性态势已经形成。年内，全市纪检监察机关受理群众反映党员干部问题线索591件，立案查处各类违纪违规案件366件，给予党纪处分258人，政纪处分108人，涉及乡科级干部67人，挽回经济损失903.21万元，比2015年分别提高93.3%、80.4%、86.2%、191.3%和129.8%，案件查办数量在邯郸市各县区位居前列。工作中，注重创新运用监督执纪“四种形态”，探索建立了思想唤醒、组织点醒、查咎警醒、重拳震醒的工作机制。特别是在“第一种形态”上，不断加大谈话函询措施的使用力度，起到了红脸出汗的效果。“四醒”机制探索实践“四种形态”做法，得到省纪委副书记、监察厅厅长董云鹏，副书记吕永志等领导的批示肯定，并在中央纪委推进实践“四种形态”座谈会上作了交流发言。

【纪检干部队伍建设】 认真按照上级要求，积极推进县级纪检监察机关内设机构改革和党委巡察机构建设，切实加强市纪委对乡镇纪委的领导，实行日常管理、工作考核、经费保障“三统一管理”，配齐配强乡镇纪委书记、副书记、纪委委员队伍。坚持把提高纪检干部队伍执纪能力作为基础工程，建立“竞赛式”学习培训机制，定期组织业务骨干开展讲课比赛，开展“学党规、知党纪，做党的忠诚卫士”知识竞赛，举行业务知识测试，开展线索排查、执纪审查业务技能竞赛，纪检干部队伍整体业务素质有了较大提升。注重加强纪检监察干部的日常教育管理，从严规范线索处置、执纪审查、执纪审理程序，坚决防止执纪不严、执纪违纪等“灯下黑”问题，树立纪检监察干部队伍的良好形象。

（王现立）

组织工作

【概况】 2016年，全市组织工作在邯郸市委组织部和武安市委的正确领导下，突出从严治党，坚持问题导向，自觉服务全局，切实抓好“两学一做”学习教育、乡镇领导班子换届、党建典型示范带区创建、推动人才集聚创业等重点工作，带动和引领各项党建和组织工作整体推进，为全市“十三五”开好局、起好步提供了坚强的政治和组织保证。

【市委组织部】

市委常委、组织部长（5月任）：董江力
市委常委、组织部长（5月免）：王玉书
常务副部长：赵宏伟
副部长（正乡科级）：杨书君
副部长、党建办主任（6月免）：王中山
副部长、企业工委书记（10月免）、非公经济和社会组织工委书记（10月任）：白卫东
部务会成员（5月任）、正乡科级组织员：张承军
部务会成员（5月任）、正乡科级组织员：连洪涛
部务会成员（5月任）、正乡科级组织员（5月免）：郑　文
部务会成员（5月任）、正乡科级组织员：刘立涛
主任科员（5月任）：王有生
党建办副主任：王深广
王孟旗
副主任科员：戴普照
副乡科级组织员：郭治江
郭智彬
专家咨询中心主任：张德胜

【开展“两学一做”学习教育】　活动以来，真正把“两学一做”学习教育抓在日常、严在经常。规定动作严格执行。活动中，对照省、市要求，细化量化学习标准和争做合格党员的要求，逐周制定学习台账，逐人建立学习记录，抓实各项学习教育要求的落实。先后完成手抄《党章》、学习《习近平总书记系列重要讲话读本（2016年版）》《习近平治国理政》等规定篇目章节。同时，针对农村党员存在集中学习难、争做量化难的问题，采取小分散大集中，分层分类派指导员，一对一辅导形式，保证每名党员学习全覆盖。典型培树强化引领。以李保国、刘瑞君同志为榜样，深度挖掘武安市可圈可学可点的先进典型，选树李石门村李子林、高庄村田现奎、马会村卢现术等一批无私奉献、带领群众致富的农村党支部书记典型；总结磁山二街、白沙村、东寺庄村党组织党员定职化管理，培树华丰煤化、奥钛新能源等民营企业党组织促进企业转型发展上的典型。其中，徘徊镇“桃花山新愚公”集体典型在《河北经济日报》专刊报道，为全市各行业党组织、党员确立了学做标杆。解决问题惠及民心。活动中，把解决问题放在首位，特别是“7·19”特大洪灾后，要求全市各级党组织全力以赴做好抗洪救灾工作，真正把“两学一做”学习教育融入抗洪救灾全过程，投身到抗灾救灾最前沿。对在抗洪抢险救灾中表现突出、一贯表现好、符合党员条件的，火线突击发展入党。受灾期间，全市涌现出阳邑镇、活水乡、国税磁山分局等一大批先进典型，有力地凝聚正能量，营造浓厚氛围，使全市党员干部思想得到升华。

【县、乡党委换届】　县、乡党委换届工作启动以来，积极配合邯郸市委考察组，完成市级领导班子换届考察工作。乡镇党委换届工作中，把严肃换届纪律挺在前面，对照省、市换届要求，严格程序、严明责任、严肃纪律、严密组织，全市乡镇党委换届工作圆满完成。乡镇党委换届主要做法是：严把程序，稳妥做好考察工作。根据市委安排部署，11月21日至2017年1月4日对全市22个乡镇进行了换届考察。采取先个别谈话推荐后大会推荐的方式，对乡镇领导班子换届人选进行全额定向推荐，民主推荐拟提拔人选，对原乡镇班子成员进行民主测评、民主评议。市委在综合研判、酝酿沟通、审核审查等基础上，研究确定104名拟提拔人选考察对象（含差额）。并采取个别谈话、发放征求意见表、民主测评、实地走访、集体面谈等方式，对正科级、副科级拟提拔人选考察对象进行深入考察，确定93名拟提拔人选。创新方式，择优选配“三类人员”。根据省委、邯郸市委关于“三类人员”选配工作精神，坚持把公开、透明、公正贯穿到选配的全过程，探索实施量化积分+面试得分的方式择优选配“三类人员”。采取政策宣传、调查摸底、政策公示、党委推荐、资格审查、量化积分、公

开面试、深入考察、确定人选9个步骤组织实施。22个乡镇在集体研究基础上，推荐1名乡镇事业编制人员、1名优秀村干部、1名大学生村官，安排纪检、组织、综治、编办、法院、检察院、公安、信访、计生等部门对推荐人选进行综合审查。同时，对照《乡镇“三类人员”量化积分标准》，逐人量化积分，按照1：1.5比例确定面试人员34名。聘请外地评委，纪委全程监督，全程纪实，开展面试工作，面试成绩当场公布。根据各类人选的综合成绩和考察情况，结合各乡镇班子功能结构、换届人事安排等因素，通盘考虑、综合研判，确定“三类人员”拟提拔人选21名（乡镇事业编制人员11名，优秀村干部4名，大学生村官6名）。在此基础上，组织开展从市直部门选派优秀年轻干部到乡镇任职锻炼工作。通过宣传发动，组织考察、民主测评和征求意见，确定7名下乡镇任职干部人选，全部配备到位。严明纪律，将规矩意识贯穿换届始终。按照“教育在先、警示在先、预防在先”的工作要求，高度重视换届风气纪律宣传教育，从思想源头消除违纪隐患。换届工作启动后，按照“四必看”“四必训”要求，市委常委会带头，自上而下深入开展学习换届纪律有关文件，观看了《镜鉴》《警钟》警示教育片，签订严肃换届纪律承诺书，全市换届纪律知晓率实现100%。强化换届纪律宣传，在武安电视台多次播放严肃换届纪律工作信息，武安党建网公布《换届纪律“九严禁”》要求和12380换届纪律监督举报电话。同时，利用会议、宣传栏、宣传标语等，大力宣传换届政策规定和纪律要求，营造良好的换届舆论氛围。换届过程中，明确民主推荐、干部考察、换届选举三个关键环节的监督工作，提升监督实效和全覆盖。在责任追究上，研究制定违反换届纪律查核专办制度，实行换届纪律举报案件专人负责、专门登记、专项查办，限时办结制度。特别是针对网络舆情，专门制定工作预案和应急处理机制，实行网络监控专人负责制，及时收集反馈信息，确保正确舆情导向。换届期间，全市没有发生一起违反换届纪律的行为和案件。县、乡党委换届工作圆满结束，换届中调整239名。提拔121名（正科36人，副科85人），平职调整114名，免职4名。

【干部管理】 稳妥做好超职数消化干部。按照邯郸市委组织部要求，综合运用中共中央组织部提出的13项整改消化措施，逐班子分析情况，逐干部对症施策，将消化任务分解落实到各分管市级领导，发动相关市级领导和各单位主要领导共同参与，市委主要领导亲自安排、亲自调度，消化冲刺阶段亲自介入，多次与涉及消化的干部谈话，消除超配干部的思想顾虑。常委会研究决定后，召集相关单位一把手谈话，传达市委精神，妥善安置消化干部的工作和生活，实现干部队伍整体思想稳定。5月底前，按邯郸市委组织部要求全部消化到位。改进教育培训方式方法。印制下发《武安市干部教育培训实施方案》，采取市委党校主题班次轮训，省委党校、省行政学院和省内外干部教育培训高校基地调训，外出学习考察以及到基层锻炼等方式方法，有针对性地抓好科级干部、年轻后备干部、青年干部三个层次的培训，着力提升干事创业、服务发展的本领，解决问题、推动落实的能力。全年，举办科级领导干部培训班3期，培训1000余人，选派15名县处级干部、12名乡科级干部参加省市以上干部调训。同时，为提升部机关干部综合素质，依托河北干部网络教育培训平台，完成开通、注册、学习工作，顺利通过省、市验收检查。规范干部队伍日常管理。年内，开展离任审计项目7项，任中审计3项。完成因公（私）出国（境）、赴台备案人员政审及护照收缴管理等工作，杜绝了部分领导干部私自出国（境）的行为。7·19洪灾期间，抽调100余个单位的1700余名干部，奔赴抗洪一线开展防洪救灾、分包重灾户及灾后重建等工作，完成市委安排各项任务。以规范档案管理为契机，做好干部档案专项审核，1917名干部档案审核全部完成，并对干部档案转递的原则、时限、途径和具体要求作了详细的规定。加大对干部的监督力度。严格执行“12380”管理制度，规范受理案件批转制度，全年处理电话及来人来访8件，及时给予答复。

完成领导干部个人有关事项报告工作，收集县级干部个人有关事项报告表 33 份，及时上报市委组织部；1 月对全市被列入填报范围 254 名正乡（科）级实职领导干部，7 月对 22 个乡镇 281 名现职副乡科级及以上领导干部开展个人有关事项报告填报工作，进行整理存档。联合市纪委开展换届风气巡回督查，会同市纪委、市检察院、市公安局等相关单位，建立违反换届纪律快查快办机制，对反映违反组织原则和换届纪律的问题，快速反应，及时查处。扭住考核指标抓好攻坚。一方面是做好乡科级领导班子和领导干部考核评价工作。围绕省、邯郸市考核指标和武安市中心工作，编制 2016 年度乡镇和市直单位考核目标；结合省、市干部考核新精神，印发《武安市乡科级领导班子和领导干部考核工作办法》。年底，乡镇已全部考核结束，适时开展市直单位年度考核。落实省委对县（市、区）委书记的各项考核目标抓实攻坚任务。采取不定时督导调度，力促主导部门高限落实各项指标，同时，多次赴省积极沟通、汇报，在县委书记考核晋级排名上取得良好效果。

【基层党建工作】 狠抓党建责任制建设落实。以“两学一做”为引领，严肃党内生活，规范“三会一课”、民主生活会等基本制度，促进基层党员干部树立规矩意识、大局意识。继续强化“两规范五服务”等机制运行，通过宣讲培训、选树典型、督导检查等措施，鼓励督促各村严格落实“两规范五服务”“四议两公开”等运行机制，保障村级管理规范化。抓实党组织书记第一责任人责任，年初与各乡镇签订党建工作责任状，细化管理目标及措施，促进党委书记公开承诺。出台《关于加强乡镇抓党建工作责任管理的暂行规定》《连续任职 15 年以上党支部书记、村主任离任补贴发放办法》，对农村“两委”干部补贴发放实施绩效考核，多管齐下，压实责任。切实抓好农村干部素质提升。投入 300 多万元，全力打造邯郸市区域内唯一的省级示范培训基地——白沙基地。2016 年省委农村党组织书记“万人示范培训”中，承办和实施组织了 12 期培训班（包括省级班 7 期、邯郸市级班 5 期），培训各县、市（区）农村支部书记学员 2335 名，开展专题讲座和案例教学 120 余场、播放视频资料及专题影片 3320 分钟，打造现场观摩点 8 个，组织集中讨论 21 场次。邀请省直部门 7 名、邯郸市直部门 10 名、各县区 20 名，共计 37 名来自不同行业、不同层面的领导和业务骨干进行了现场授课，累计授课 85 场次。强力整顿软弱涣散党组织。按照不低于 15% 的比例，排查 76 个基层党组织，年底全部整顿转化到位。整治过程中，对历史遗留问题，派性矛盾突出村，通过入户摸排、逐个党员见面，完成 3 个党支部换届任务，村情稳定，各项工作能够顺利开展；对村务运行制度不落实的村，通过全面清理核算历史账目，解决遗留问题，规范村民理财小组运作方式，切实把党务村务公开做实，开展集中培训 2 次，使 7 个村村务财务管理步入规范化轨道。对公益事业落后的村，通过整合帮扶资源，强化整顿责任，32 个村累计化解信访矛盾 67 件，解决群众关心的修路、打井、亮化等难点问题 165 件。对村级组织活动场所亟待改善的村，采取市委组织部、市财政、帮扶部门和乡镇、村共同筹措资金的举措，新建场所 9 个、改扩建 18 个。年底，27 个村的活动场所全部建成并投入使用，投入建设资金 670 多万元，建筑面积 2200 多平方米。加快党建示范带建设。年内，结合美丽乡村建设，提出重点建设沿青兰高速、磁阳线党建示范带和上团城乡党建示范区。根据各个党建示范点实际，突出特色创建，细化示范点建设实施方案，使各项工作做到有的放矢、有序开展。全年投入 760 多万元，打造 10 个示范点创建工作（大同镇兰村、淑村镇白沙村、伯延镇先进街、磁山二街、活水乡井峪村、团城三街、东寺庄村、华丰煤化公司、裕华钢铁和银隆新能源），在省万人示范培训活动中作为观摩点，受到培训学员的一致好评。强化督导压责，实行一周一调度，两周一排位一通报，并将示范点建设情况作为基层党建考核的重要依据。规范党建信访、大学生村官等工作。切实加大党建信访工作，在制定基层党建年度目标规划时，将党建信访作为一项重要内容进行量化和细化；强化主要领导亲自抓，分管领导具体抓的责任体系畅通信访渠道，形成严格有效的管理机制。年内，接转党建信访7件，未发生一起因处理不当激化成民事案件。在大学生村官管理上，全面推行大学生村官“集中管理、分散工作”模式，严格考勤请假制度和履职查访制度，每月按出勤和查访情况发放工资。确保大学生村官管理在乡镇，工作在农村。强化考核力度，按照《河北省大学生村官综合量化年度考核办法(试行)》要求，对2010、2013届大学生村官进行聘期考核。

【人才队伍建设】 做好联系、申报、培训等日常工作。按照《关于建立市级党政领导干部联系优秀人才工作制度的通知》要求，落实好市级党政领导干部联系优秀人才“四个一”活动安排。8月，按要求申报田海奎、孙学兵、李建军等7人为邯郸市第二批优秀专家申报工作；对符合条件的2家人才开发平台、4项创新成果及2位高层次创新创业人才争取省委、省政府“人才资源资金支持项目”申报工作。组织9名企业家赴北京大学专题培训班进行学习。开展丰富多彩的人才宣传活动。5月，按照邯郸市“人才工作宣传月”活动通知要求，在全市开展各行各业人才宣传活动，开辟“人才工作宣传月”活动专栏，在各单位设立“人才工作宣传月”活动专题橱窗，利用文字、图片等形式，对本单位业务骨干和在活动中表现突出的人才进行宣传表彰。扎实开展人才工作调研。配合省社科院人力资源研究所，就全省人才流失情况，开展问卷调查工作，圆满完成调研任务；积极做好邯郸人才调研座谈会筹备工作，组织教育、人社、科技、卫计委等六个单位开展典型发言，并受到邯郸调研组肯定。

（高亚州）

宣传思想工作

【概况】 2016年，宣传思想文化战线深入学习贯彻习近平总书记系列重要讲话精神，坚持围绕中心、服务大局，扎实推进理论武装、社会宣传、新闻报道、精神文明创建、文化建设、舆情调研等重点工作，为武安市经济社会发展提供强大精神动力和舆论支持。

【市委宣传部】

市委常委、宣传部长：王建霞
常务副部长：郭宇晓
副部长（正乡科级）：宋明玉
新闻中心主任：杜风斌（6月免）
文明办主任：赵莉莉
主任科员：杨　静
新闻中心副主任：申增元
新闻中心副主任：秦晓红

【理论武装建设】 以学习贯彻中共十八大、十八届四中、五中、六中全会精神和习近平系列重要讲话精神为主线，结合“两学一做”学习教育的开展，切实加强理论学习和理论宣传，全面推进理论武装工作。加强中心组学习。市委中心学习组先后系统学习习近平系列重要讲话精神、十八届六中全会公报等内容共计26次。加强对全市各级党委（党组）中心组的指导监督，在全市形成以市委中心组学习为示范，各级中心组和广大党员干部注重学习、积极学习的良好学风。省委宣传部对此予以充分肯定，要求全省总结学习。加强思想理论建设。组织重大理论的宣讲活动20多场次，有效推动党的理论创新成果在广大干部群众中的学习宣传和推广普及。制定下发《关于在全市党员中开展“学党章党规、学系列讲话、做合格党员”宣讲工作安排意见》，组成市委宣讲团，深入全市22个乡镇及市直各单位开展理论宣讲报告会30余场。在全市组织开展纪念中共成立95周年知识竞赛活动，以赛促学，进一步提升全市党员干部的综合素质。提高思想政治工作水平。深入开展“弘扬企业精神，助力转型升级”主题宣讲活动，结合市企业工委、市工商联开展企业文化精神征集、邀请专家授课等活动，培育企业价值观，增强企业的核心竞争力。认真做好2016年度政工师专业职务评聘工作。

【宣传文化活动】 坚持服务大局，扎实开展成就宣传、典型宣传、主题宣传和形势政策宣传活动，加大文化建设力度，在全市营造良好的文化氛围和团结和谐的社会环境。扎实开展主题宣传教育活动。深入开展纪念红军长征80周年活动，组织全市各乡镇和市直各单位开展演讲比赛、征文大赛、歌咏比赛等纪念活动。“7·19”洪灾发生后，及时开展抗洪救灾社会宣传工作，整理下发“武安人民心连心，众志成城抗洪灾”“洪水无情人有情，干群同心度难关”等抗洪抢险救灾宣传标语，大力宣传在抗洪救灾和灾后重建中涌现出的先进典型，有力提振干部群众抗洪救灾、生产自救的信心和士气。市电力公司职工刘晓强被评为“最美河北人”和河北省“见义勇为先进个人”。大力培育和践行社会主义核心价值观，加大先进典型选树力度，弘扬以爱国主义为核心的民族精神、以改革创新为核心的时代精神。推荐的市医院泌尿外科主任胡现斌被评为河北省“学雷锋标兵”。开展丰富多彩的群众文化活动。春节期间开展拔河比赛、歌咏比赛、健身操比赛等群众广泛参与的文体活动，全市近200个村上演自编自演的春节联欢晚会，非物质文化遗产项目平调落子、傩戏、赛戏等也在春节期间进行了展演。深入开展“欢乐乡村·美丽家园”农民才艺大赛、“欢乐乡村·百花竞艳”农民团队才艺大赛等活动，推荐的冶陶镇红色老区舞蹈队舞蹈情景剧《十送红军》在邯郸市的比赛中荣获三等奖。深入开展“三下乡”活动。年内，组织开展集中下乡活动4次，各单位下乡小分队分散下乡100余次，提供各种技术资料8万余份，图书1万余册，送戏下乡100余场，接受法律咨询5000余人次。积极推进文化产业发展。对全市文化企业各方面情况进行了摸底和汇总，为文化产业的进一步发展壮大提供可靠详实的数据和资料。围绕完善文化管理体制、文化生产经营机制、公共文化服务体系建设等方面内容扎实开展文化体制改革专题调研。

【新闻舆论引导能力建设】 年内，新闻报道工作紧紧围绕全市中心工作，展开全方位、大力度的宣传报道，为全市经济社会发展起到造势聚力的良好作用。对外宣传成效显著。全年在上级媒体中刊播各类新闻稿件500余篇（条）。《河北武安抗灾减灾底气何来》《河北武安：转型对路、发展出彩》等重头稿件在新华社、《人民日报》《河北日报》《河北经济日报》等媒体刊播，全面展示武安经济社会和各行业各领域的良好发展势头，多角度呈现出深入解放思想，深化二次创业的新局面，有力提升外在知名度和美誉度。对内宣传精彩纷呈。紧扣“两学一做”学习教育、产业转型升级、钢铁企业去产能、美丽乡村、第二届划骑跑赛事、“7·19”抗洪救灾、灾后重建典型宣传等重点工作，细致谋划新闻选题，深入基层一线抓活鱼。特别是在抗洪救灾中，认真做好舆论引导和宣传工作，武安手机台、《新武安》公众号等新媒体推出新闻报道3000多篇（条），新媒体宣传点击量超600万次，挖掘宣传典型140多个，向社会各界传递出抗洪救灾、灾后重建的巨大正能量。媒体来访妥善处理。认真做好媒体接待工作，接待化解媒体来函来电来访近300人次。积极努力，全面完成2017年度党报党刊征订任务。

【精神文明创建活动】 加强公民思想道德建设。在邯郸市级以上文明单位中开设“道德讲堂”，大力倡导道德文化和善行义举，唱响道德教育主旋律。建立道德模范推荐评选工作机制，做好“中国好人”“邯郸好人”等各类道德模范推荐工作。充分发挥志愿者队伍战斗力，全年组织3000多人次参加各类“学雷锋志愿者”活动，使全市的志愿服务活动走向日常化、规范化，受到邯郸市文明办的好评。开展系列主题活动。深入开展“善行河北·温暖邯郸”主体道德实践活动，弘扬助人为乐的良好社会风尚，取得了较好的社会效果。组织开展“打造诚信平台，建设诚信武安”主题活动，构建政府、企业、个人信用信息体系，完善诚信档案，加强诚信教育。年内，为3万农户（居民）建立诚信档案，在全市评选和表彰了150家个体私营企业和150名个体商户。制定新的美德少年评选标准，举办道德模范校园行、美德少年校园行等活动，建立网吧监控平台，向全市中小学生推荐一批适合青少年浏览的优秀网站，切实加强未成年人思想道德建设。广泛开展精神文明创建活动。大力开展省级文明城市创建工作，印发《关于成立武安市创建省级文明城市工作指挥部的通知》和《关于开展省级文明城市创建工作实施意见》等文件，在生态环境综合整治、提高市民素质、提升城市品位等方面下功夫，不断提升市城市文明水平。深入开展文明单位（村镇）创建活动，年底，全市有43个单位（村镇）获邯郸市级以上文明单位（村镇）称号，其中有13个单位被推荐为河北省级文明单位（村镇），武安镇、白沙村被授予“全国文明村镇”荣誉称号。

【舆情信息调研和干部队伍建设】 做好舆情信息工作。认真组织开展舆情信息报送工作，其中《武安市“三个坚持”推进“两学一做”学习教育》《全国首家“商务印书馆乡村阅读中心”在武安揭牌》等一批信息在省市宣传刊物上刊登，有效发挥宣传信息服务大局、服务决策的重要作用。不断加大舆情报送力度，通过设立武安镇、午汲镇等乡镇舆情直报点、组织舆情写作培训等方式，不断提高报送舆情的数量和质量。《舆论关注2016年中央一号文件公布》《北京国际电影节成为电影产业风向标》等一大批舆情被中央、省委宣传部采用，邯郸市委宣传部对武安市的舆情信息工作给予高度评价，并多次通报表扬。加强干部队伍思想教育。深入开展“两学一做”学习教育，通过组织党员干部集中学习理论知识和专题学习讨论，深入开展“戴党徽、亮身份”“纪念建党95周年”等活动，不断强化党员干部教育，引导党员干部更加自觉地增强政治意识、大局意识、核心意识、看齐意识。努力做好抗洪救灾等重点工作。“7·19”洪灾发生后，市委宣传部第一时间派出抗洪救灾工作队，克服道路被冲断等困难抵达受灾严重的活水乡，帮助解救被困游客、组织当地群众开展生产自救、宣传灾后防疫知识，解决受灾群众生产生活困难。积极完成后进支部转化工作，对2016年分包的活水乡大会庄村，坚持真帮实扶的原则，和村两委一起谋划，夯实党建基础，发展农村休闲旅游，先后协调帮扶资金7万元，帮助建设农家乐示范点5处，完成村民休闲广场建设，深入开展灾后重建各项工作，提前完成后进支部转化工作。认真开展“一帮一”帮扶工作，全年开展集中帮扶5次，为联系的大同镇东马项村困难群众送去生活必需品和脱贫致富信息，解决群众实际困难，受到干部群众一致好评。

（闫兆亮）

市农村工作

【概况】 2016年，市委农工委紧紧围绕市委、市政府的决策部署，以打造“看得见山水、记得见乡愁”的美丽乡村为目标，本着抓巩固、求提高、促完善的原则，突出重点、狠抓各项工作突破，使美丽乡村建设、农村环境卫生整治、农业产业化经营、农村基层民主政治建设、减轻农民负担等各项工作取得新成绩。

【市委农工委】

市委副书记、农工委书记：杨万春（10月免）
常务副书记：王来斌
副书记、小康办主任：侯延平
（6月免小康办主任）
副主任科员：高献民

【“美丽乡村”建设】 全市美丽乡村建设围绕“两环三线”，即环主城区、环旅游景区，延青兰高速、309国道、邯沙线，筛选出101个乡村，规划白沙片区、磁山片区、伯延片区、兰村片区、洺河湾湿地片区五大片区的28个村（其中有20个省级重点村）作为第一梯队，通过深挖历史、深挖文化、结合产业、创新思路，打造有文化、有故事、有风景的美丽乡村，争创省级精品美丽乡村。另外，按照达标村的建设标准，进行绿化、主街道硬化、临路墙体和主街道墙体整治，在“三线”重要节点的72个村庄，打造美丽乡村建设第二梯队，有序开展美丽乡村建设。按照“三结合两突出”（即结合人文历史、结合优势产业、结合优美生态，突出发展乡村旅游、突出发展特色小镇）的思路，因地制宜、因村施策，尽可能展现出每个村庄的特色风貌。依托“太行三峡”风景区，以建设农宅合作社发展民宿为切入点，大力发展餐饮、住宿、养生、养老等旅游服务业、旅游服务业主导的美丽乡村；依托伯延古镇、冶陶镇冶陶村、安子岭村等36个重点村的历史遗存和传统文化，建设民俗风情游主导的美丽乡村，发展民俗旅游业；依托现代农业科技示范园，建设观光、采摘、农事体验为主导的美丽乡村。其中，白沙村的现代农业科技示范园年接待游客3万人次，实现旅游收入500多万元。积极探索乡村建设向绿色环保方向发展。积极推广清洁能源。在东万年村、午汲镇店头、上泉，上团城乡南庄等村庄，推广使用轻烃燃气。积极探索垃圾无害化处理。与清峰再生资源有限公司合作，利用该公司的专利技术，将垃圾分类后，可燃物用于制作燃料棒，不可燃物制作水泥填充料，对农村垃圾进行资源化、无害化处理。扎实开展村庄美化绿化。全市101个重点村共投资1200万元，植树25万棵，绿化3600多亩，村庄绿化率达到了35%。多贷、快贷、巧贷，落实农发行7.9亿元美丽乡村贷款，为美丽乡村建设提供资金保障。年初以来，紧抓美丽乡村建设融资平台建设，主要领导亲自挂帅、主管领导直接上手、难点问题现场办公、重点环节持续督促，在一周内完成公司注册，一月内完成项目立项，两月内完成担保资金筹集（2.6亿），一季度内完成农发行逐级审核，历时5个月，最终省农发行审议通过武安市美投公司7.9亿改善农村人居环境中长期贷款。7.9亿元贷款为武安美丽乡村建设注入一针强有力的兴奋剂，使美丽乡村建设得到资金保障。年内共有磁山二街、白沙等4村顺利通过省美丽乡村建设精品村验收组验收。

【农村环境综合整治】 扎实开展“两改一清一拆”。采取建立台账、倒排工期、不间断督查和限时整改等方式，狠抓了“两改一清一拆”的深入推进。全市改造村庄44个，改造危旧房1686户。清理杂物158.6万立方米，清理庭院12.65万户，整治清理残垣断壁和路障3426处。拆除违章建筑1744处，治理空闲宅基地2192处，利用空闲宅基地1714处。探索推行第三方保洁模式。在贺进镇、午汲镇、淑村镇等由第三方环卫保洁公司成功运行的基础上，进一步完善管理措施，理顺监管机制，在全市推行第三方保洁模式，22个乡镇和工业园区全部实现环卫保洁公司化管理，解决了陈年垃圾堆、垃圾填埋池不科学、环卫人员不足等遗留问题，逐步使农村环境整治达到规范化、标准化。增强资金使用效益。积极落实每人每月1元卫生保洁费制度，增强群众主人翁意识，提高群众的积极性、主动性。将农村每人每年30元的专项资金使用情况进行调整。分为保障性补贴和奖励性补贴两部分，按标准每季度向乡镇拨付保障性补贴资金，奖励性补贴资金主要用于对成果优秀的乡镇村进行奖励，对基础较差的乡镇村进行补贴，提高乡村的工作积极性和减轻区域发展不衡的问题，增强资金的使用效益。

【农业产业化经营】 提升服务水平，创优农业产业化发展环境。积极提供各类优质服务，不断强化服务功能，加强与上级部门的沟通力度，积极为龙头企业和农业产业重点项目提供政策支持。帮助河北仓盛兴粮油工贸有限公司积极申报2016年河北省农业产业化“品牌奖”专项资金30万元。积极在银行与龙头企业之间搭建合作平台，大力推进银企对接工作，帮助智寿源等龙头企业代表与有关银行签订了贷款协议，有效缓解了全市农业产业化龙头企业资金困难问题。积极组织项目业主参与各类招商引资活动，帮助邯郸市康农豆制品有限公司与上海马太资产管理集团有限公司达成合作框架协议，项目总投资达50亿元。狠抓农业项目建设，抓实产业发展载体。年内狠抓11个超亿元项目、17个总投资1000万元以上的农业产业化大项目。其中，康农豆制品年产2.5万吨膳食纤维及食品生产线项目和仓盛兴小米深加工项目被确定为“河北省2016年农业重点项目”，这两个项目与金鼎林牧生态农业综合开发示范区续建项目等7个项目被邯郸市确定为“邯郸市2016年重点项目”。全市28个农业项目总投资达82.1亿元，累计完成10.95亿元，其中当年完成投资3.1亿元。规范建设龙头企业，推动产业发展升级。在农业产业化重点龙头企业的监测和认定上，实行培育一批、淘汰一批的“动态管理、适时淘汰”为一体的竞争淘汰机制。全市市级以上农业产业化龙头企业44家，其中邯郸市级以上33家、省级以上6家、国家级龙头企业1家。加强农产品品牌创建，提升龙头企业带动引领作用。培育组织仓盛兴、晶品、大鹏、康农、来兴醋业、活水一枝刘等一大批知名农产品品牌。“武安小米”被被省农业厅、省政府办公室授予“河北省十佳农产品区域公用品牌”；来兴香醋等4家企业产品荣获邯郸市十大名优特产评选活动“百姓喜爱的农产品”称号。企业品牌创建工作有效提高全市农业产业化重点龙头企业的市场竞争力和农产品的市场占有率。以园带园，加强农业综合开发建设。先后引导一批民营企业家建起了智寿源、金鼎、中寨佳森、金鹏等十个推行山区农业综合开发的生态庄园。十个生态庄园累计完成投资9亿多元。其中智寿源先后被评为“河北省现代农业科技示范园区”“国家可持续发展试验区——智寿源无公害万亩核桃种植园”。

【农村基层民主政治建设】 加强乡镇自查。要求各乡镇组织开展自我检查，逐村逐项检查，查漏补缺，切实保障各村村务公开工作的顺利开展。上报自查报告和辖区内所有村的公开资料。要求乡镇自查报告加盖党委公章，并将各村的电子图片档案分类整理后上报。各村的电子图片档案主要指公开栏放置位置、公开栏整体情况、公开栏中公开事项、公开档案和会议记录等工作的图片展示。对图片的取景和档案管理提出具体要求。更新考评方式。对每乡镇抽查5个村的上报档案，依据村务公开考评方法进行考评打分。对于少村的档案直接按照未公开对待。上报档案不整理的直接扣乡镇总得分3分；村庄自查照片内容达不到要求的扣该村得分2分。

【减轻农民负担】 年内，在农民负担监管上，重点狠抓源头治理，严格开展专项检查。6月和11月先后两次，组织市直相关部门和乡镇，采取“纵横结合，市乡结合，交叉开展，相互印证”的检查办法，开展农民负担专项检查。“纵横结合”，即纵向以市直惠农政策落实部门为主体，对本系统、本行业惠农政策落实情况进行全面检查；横向以各乡镇为责任主体，对所辖村各项惠农政策的落实进行自查；“市乡结合”，即先由乡镇和相关部门开展自查，然后由市里组织力量开展联合抽查，确保检查效果，堵住涉负源头，农民负担实现稳定低位运行。

（王海）

统战工作

【概况】 2016年度，在市委的正确领导下，认真贯彻落实《中国共产党统一战线工作条例》和中央、省委、邯郸市委统战工作会议精神，紧紧围绕中心、服务大局、主动作为，为武安市经济社会科学发展、和谐发展做出应有贡献。民族宗教、非公有制经济、民主政治、海外统战等各项工作取得新成效。

【市委统战部】

部　　长：韩保魁
常务副部长：张建中
副部长、工商联党组书记：韩孔其（5月任）
主任科员：王俊环（5月任）
魏国增（5月免）

【夯实大统战的工作基础】 为切实加强党对统一战线工作的领导，市委成立以市委书记任组长的统一战线工作领导小组。3月，根据省和邯郸市关于县级统战力量整合工作的统一部署，印发《中共武安市委、武安市人民政府关于印发〈武安市推进整合统战力量工作方案〉的通知》。按照“五个统一”和“两增三不变”

的原则，相关部门共同参与、强力推进，圆满完成县级统战力量整合工作任务，实现了统战部与工商联、民宗局、台办、707 办公室“1+4”合署办公。4 月 14 日，高标准通过省现场会观摩，受到省、市领导的高度肯定。通过整合，全市统战系统优化资源配置，规范运行机制、完善各项制度，改善办公条件，配强统战力量，形成工作合力，初步实现“大统战”的工作格局，为做好新时期统战工作提供坚强组织保障。

【政协委员提名和工商联换届】 以市委名义出台《中共武安市委关于批转市委统战部〈关于武安市第八届政协委员、常委推荐提名、考察的工作方案〉的通知》通过上下沟通、多方协商、推荐提名、组织考察、审核把关、文件公示等一系列严格的程序，推荐提名市八届政协委员建议人选 275 名，政协委员的政治素质明显提高、参政议政能力明显增强、年龄明显降低、结构比例更加合理。以市委办公室名义转发市委统战部《关于武安市工商联（总商会）2016 换届工作的意见》，将 142 名非公有制经济代表人士安排为市工商联执委，其中 52 名行业领军人物安排为副主席或副会长。按照中央统战部和省委统战部的通知精神，市委统战部联合市委组织部等 15 家部门印发《关于加强和改进非公有制经济代表人士综合评价工作的意见》，先后开展 3 批 400 多名非公有制经济人士参与的非公有制经济综合评价，评价合格 300 余人，并及时与全国联网，信息共享，为广大非公有制经济人士在各级人大、政协和工商联的政治安排开展“政治体检”和政治把关。

【力促非公有制经济健康发展】 积极引导民营企业创新转型。召开专题会议安排部署，通过深入调研、对标先进，培树典型，大力推广。邀请中央党校国际战略研究所教授孙建杭就武安市工业企业创新转型举办讲座；将“武安钢铁企业创新转型问题”列入中央党校专题研究课题；将 20 家民营企业列入“全国工商联企业企业转型监测示范点”。深入开展全方位服务。主动与清华大学、北京科技大学等 20 多家科研院就企业环保、转型升级、军民融合等方面进行多次沟通联系，中国航天集团与裕华钢铁、龙凤山铸业，就军转民项目深度合作达成初步意项。积极推动“静杰刺绣”与“淑芳家纺”联合开发传统刺绣工艺，其产品参加“义乌国际商品博览会”，深受日本、韩国客商的欢迎。华丰煤化、裕华钢铁 2 个会员企业被评为省党建工作、企业文化建设先进典型。继续组织民营企业参与 500 强评选，武安市的普阳、明芳等 9 家钢铁企业连续 5 年入选“中国民营企业 500 强”，10 家民企连续 5 年入选“中国民营企业制造业 500 强”。大力非公有制经济人士队伍建设。对于工作中涌现出来的先进典型，予以大力表彰，民营企业家王树华、朱文斌等一批优秀代表荣获邯郸市和武安市的多项荣誉。先后有 130 多人被协商安排或当选省、邯郸市和武安市的人大代表、政协委员。52 名被安排为工商联领导班子成员和会员。

【维护宗教领域的和谐稳定】 按照省、市要求，联合市民宗局在武安宗教领域开展以“大调研、大检查、大整改、大提升”为主要内容的“四大活动”。全员行动大调研。通过制定方案、建立台账，全员行动走遍五大宗教团体，231 处宗教活动场所；召开专题调度会、座谈会等 8 次，汇总意见建议 60 多条。不留死角大检查。将全市五大宗教 200 多个场所进行了划片分区，落实到人，对场所组织建设、制度建设、活动开展、财务管理、人才培养、安全保卫等六个方面的情况，开展了不漏一所、不落一人的全方位大检查，发现了一些宗教活动场所在组织建设、财务制度落实、安全隐患防范、民主管理等方面存在问题和隐患。不遗余力大整改。对摸排出的各类问题，进行认真的汇总和梳理，并分门别类进行登记造册，限期整改，成功解决宗教领域突出问题 10 多件，妥善处置信访案件 4 起，取缔基督教非法聚会点 2 处，制止非法宗教活动 8 起，制止未批先建宗教活动场所 2 处。建章立制大提升。先后制定《宗教团体规范化建设与管理制度》《宗教教职人员管理规定》《宗教活动场所建设与管理制度》

《宗教活动安全管理制度》《宗教工作形势研判机制》《重要工作检查考核机制》六项规范化规章制度，进一步规范宗教活动，为依法执教，促进和谐提供了制度保障。宗教事务严监管。按照“就地、从简、安全、有序”的原则和“事前审批、事中监督、事后总结”的要求，强化对宗教活动的监管力度。年内，从严审批宗教活动 17 次，使宗教活动规模得到压缩，人员有所减少，安全管理措施得到进一步加强。在全年的宗教敏感期和国家、省市的重要会议、重大活动的关键时间节点，全市宗教领域未发生任何问题。

【统战成员社会化服务】 把广大统战成员中的代表性人士纳入到党员领导干部联谊交友的范围之中，建立定期联系制度。利用节假日，深入基层、深入群众、沟通思想、交流信息，理顺情绪、化解矛盾。对广大统战成员中的代表性人士生活上关心，建立“五必访”制度。通过对他们的生日祝福、生病探望、红白喜事、帮困解忧等，增进了解，加深感情，赢得信任。在日常工作中，注重培养一批“思想上同心同德、目标上同心同向、行动上同心同行”的代表性人士队伍。为理顺思想、化解矛盾，更好地把他们团结在党和政府周围奠定基础。通过开展非公有制经济人士理想信念教育、民主党派社会主义核心价值体系教育、民族宗教和谐寺观教堂创建等活动，组织召开不同形式的座谈会、通报会、茶话会等形式，强化思想教育和政治引领。全市各民主党派、工商联、民族宗教界人士在抗洪救灾、扶贫济困、兴办公益等方面的捐赠达 30 多批次、2000 多万元，为全市的抗洪救灾、弘扬正能量，做出突出贡献。

（魏金海）

老干部工作

【概况】 2016 年，市委老干部局认真学习贯彻党的十八届三中、四中、五中、六中全会和习近平总书记重要指示精神，认真贯彻落实党的老干部工作方针政策和省、市老干部工作会议精神，以深入开展“两学一做”学习教育为契机，以为党的事业增添正能量和主动服务管理老干部为重点，进一步增强老干部的满意度幸福感，老干部待遇落实、开展文体活动、思想政治工作及老干部工作队伍建设等方面取得了新的成绩。2016 年老干部局被评为邯郸市老干部工作先进集体。

【市委老干部局】

局　长：赵俊明

副局长：李国强

【认真落实老干部两项待遇】 做好离退休干部生活待遇落实工作。结合老干部津补贴调整，护理费标准提高，遗属补助标准调整等几项工作，仔细收集老干部反馈的信息，及时掌握各项待遇落实情况。通过建立与财政局、人社局、卫生局等部门的沟通协调机制，做到优先为老干部落实离退休金、医疗费和活动经费，使老干部的各项待遇不折不扣地得到落实。重阳节到来之际，9 月 28 日老干部局组织县级离退休干部到中医院进行健康体检。体检内容包括血压、血脂、血糖、彩超、胸透等项目，让老干部及时了解自己的身体状况。体检结束后中医院领导同老干部进行座谈，院领导详细汇报医院发展概况并听取老干部对医院各项工作的意见和建议。通过体检，让老干部对自己的身体情况做到早诊断、早预防、早治疗，增强了老干部的身体保健意识，同时体现市委、市政府对老干部的关心和照顾，深受老干部们的好评。落实好老干部政治待遇。年内，全市重大会议邀请老干部参加，使他们全面了解武安的发展情况；春节、老人节等重要节日，均组织全市性的走访慰问活动；每月 10 日老干部活动中心组织县级老干部阅读文件，及时传达上级会议精神；每逢县级老干部过生日，局领导都带着鲜花和蛋糕登门祝寿；全市各单位为离退休干部订阅《人民日报》《河北日报》《邯郸日报》《老人世界》等报刊，让老干部及时了解掌握党和国家的方针政策；9 月上旬组织县级离退休干部到天慈风林进行健康疗养；9 月下旬，组织13名县级离退休干部到保税物流园区进行观摩学习，老领导先后参观保税物流中心卡口、大宗原料库、保税仓库、查验平台等基础设施，参观了保税物流园区沙盘，详细了解园区规划建设。在监控视频中心观看现场演示，观看保税物流汇报宣传片。到贺进西街参观投资近2亿元的光伏发电项目，到北继城村参观投资50亿元的温泉小镇项目。老领导们对物流中心、光伏发电项目、温泉小镇项目建设取得成果赞不绝口，并对三个项目进一步发展提出意见和建议。

【加强和改进离退休干部党支部和“两个阵地”建设】 加强离退休干部党支部队伍建设。离退休干部党支部是老干部参加政治学习的主要阵地。老干部局根据离退休干部党员身体、年龄和居住地等情况，不断加强和改进离退休干部党组织建设。在离退休干部党员人数相对较多的单位，单独建立老干部党支部，对离退休干部党员人数较少或居住分散的，联合组建党支部或党小组。年底，全市建有离退休党支部37个，党小组73个。全市各离退休干部党组织通过“集中学、个人学、结对学”等形式，组织离退休干部深入学习中共十八届三中、四中、五中、六中全会和习近平总书记系列重要讲话精神，使老同志们在思想上、政治上和行动上，紧紧跟上了发展的新形势。老干部活动中心开展丰富多彩活动。根据老干部的兴趣爱好，经常组织和安排一些竞技比赛和各种展览活动。9月28日至10月15日举办2016·重阳节全市老干部书画展，展出60幅作品，主要以书法、国画为主，内容涉及诗词、山水、花鸟等多种题材，内容丰富、表现手法多样、展品种类齐全。全市老干部书画爱好者踊跃参与，精心构思，大胆用笔，创作一批书画精品。每一幅作品在赞美武安市巨大变化和自然风光的同时，展现书画爱好者热爱家乡、眷恋家乡之情，展示武安良好形象，促进全市文化艺术繁荣与发展起到积极作用。重阳节组织老干部开展了象棋、门球比赛和套圈、猜谜语等趣味活动，80余名老干部踊跃参加。办好老年大学，提升武安市老年教育水平。2016年老年大学开办了春季秋季班两个班，开设书法、按摩、舞蹈、太极拳、中医保健5个课程，学员200余人。老年大学每周一至周五上午开课，聘请的授课老师均具有多年的教学经验，在市知名度较高，书法班由武安市书法协会主席韩增富授课；中医保健班和舞蹈班分别由具有多年行医经验的退休老军医马卯廷和资深交际舞老师张居禄担任授课教师。老年大学完善各项规章制度，形成良好的教风、学风。年馁，加大教学设备的投资，改善教学条件。为老年大学添置投影仪、桌椅、电脑和教学用具，逐步实行电化教学。在传统的课堂教学基础上，教师利用多媒体和影视画面的表现形式，充分展示教学内容的魅力和趣味性，增强学员的新鲜感，加深学员对课程的理解和记忆。

【积极支援受灾群众抗洪救灾】 7月19日武安市遭遇百年不遇的特大暴雨，这场罕见的暴雨造成多个村庄道路冲毁、房屋垮塌、人员失联，群众的生命财产安全遭受巨大损失。为积极支援受灾群众抗洪救灾、恢复生产、重建家园，老干部局积极捐款。7月22日，老干部局在全局发起“7·19抗洪救灾捐款”活动。局领导班子带头捐款，全局干部职工积极响应，踊跃捐款，共筹集善款3100元，全部上交武安市防汛抗旱指挥部。帮扶群众。为使受灾困难群众家庭得到实实在在的帮助，多次深入矿山镇郭二庄、张二庄两村进行慰问群众。详细询问帮扶对象受灾情况，查看日常生活用品有无短缺，积极帮助他们恢复日常生活；查找和消除水灾安全隐患，对存在问题进行分析，研究解决方案，制定帮扶计划，鼓励村民树立勇气和信心，并向郭二庄、张二庄两村带去蚊香、杀虫剂、洗衣粉、84消毒液等防蚊、防疫、消毒、清洁用品等价值2000元的物品。走访慰问。7月31日，和邯郸市委老干部局一同到贺进镇东街、西街，走访慰问受灾离退休老干部13人。送去慰问金及物品，帮助老干部渡过难关，送上党组织的关怀和温暖。8月9日和省关工委一起先后深入马家庄乡没梁殿村、山根村和没口峪小学，看望慰问灾区贫困学生，详细询问灾区贫困学生的家庭情况、学习情况、勉励他们要树立战胜灾害的信心和勇气。活动中，为贫困学生送去羽绒服、棉被、生活必需品、慰问金共计12000元。9月6日，为了让受灾乡镇学校学生感受到市委、政府的关爱，市关工委走访慰问活水小学、管陶中心小学、固义中心小学学生。关工委领导每到一处都详细了解学生们的学习和生活情况，并为学生送上书包、铅笔盒、篮球、足球、羽毛球等价值3万元的学习体育用品。四是严格值班。制定防汛值班制度，在汛期，坚持24小时值班制度，值班期间，带班领导和值班人员准时到岗、在岗，并认真做好值班记录。

【关心下一代工作取得新成效】 关工委认真贯彻落实省委常委会纪要精神，突出青少年社会主义核心价值观教育，开展"两史"和听党话、跟党走教育活动。结合中国共产党成立95周年、红军长征胜利80周年，组织开展了一系列主题教育活动。活动包括：中国共产党成立95周年东关小学开展在国旗下进行演讲活动，并利用音乐课，学唱爱国革命歌曲；红军长征胜利80周年，矿山小学联合镇文化馆让青少年看一部长征题材的教育影片，举办"追寻红色痕迹，争做红军传人"主题演讲。通过开展党史国史教育，使广大青少年了解中国现代史和党的奋斗史，激发对党对祖国的热爱，树立坚持"听党话、跟党走"的政治信念。清明节前夕，关工委组织老党员、老教师对学生进行革命传统教育，讲述抗日战争、革命烈士故事，组织在校学生到烈士陵园祭扫革命烈士墓，增强青少年爱党、爱国、爱社会主义的深厚感情。

【积极开展"两学一做"学习教育】 "两学一做"学习教育开展以来，严格按照规定程序、步骤制订实施方案，强化各项措施，深入进行思想发动，认真进行组织安排，"两学一做"学习教育得到顺利开展。制定《方案》。根据《中共武安市委关于在全市党员中开展"学党章党规、学系列讲话，做合格党员"学习教育实施方案》，制定相应实施方案。明确了目标要求、学习内容、研讨主题等事项。认真组织学习。4月～6月专题学习坚定信仰信念，保持党员本色主题。4月27日召开"两学一做"学习教育动员会；5月9日集中学习《中办通报》、刘云山在中央"两学一做"座谈会上的讲话、毛泽东《党委会的工作方法》、习近平总书记重要讲话文章选编；5月13日赵局长上专题党课；5月19日观看"李保国同志先进事迹"；5月23日观看"后池村集体的先进事迹"；5月25日集中交流。6月14日集中学习《中国共产党廉洁自律准则》《中国共产党党员权利保障条例》；6月21日集中学习《中国共产党纪律处分条例》；6月21日集中讨论，每名党员公开一句话承诺。7月～9月专题学习强化看齐意识，严守纪律规矩主题。7月1日全体党员收听收看95周年大会直播；7月8日集中学习习近平《在庆祝中国共产党成立95周年大会上的讲话》，张文心同志授党课；7月22日集中学习，讨论。8月1日集中学习《习近平总书记系列重要讲话读本》《习近平总书记关于党风廉政建设和反腐败斗争论述摘编》；8月2日围绕"四个意识"展开讨论、交流。9月12日集中学习《关于抓好当前几项重点工作的通知》；9月20日集中学习，发放七一手抄本，全员抄写；9月27日围绕"强化看齐意识、严守纪律规矩"主题展开讨论。10月～12月专题学习勇于担当作为，发挥党员作用。10月8日开展"严明政治纪律和政治规矩严格组织纪律和换届纪律"专题讨论；10月18日围绕"用于担当作为，发挥党员作用"召开专题学习研讨会；10月25日召开党组织换届动员会。11月11日召开"中共武安市委老干部局支部委员会换届选举大会"，会后集中学习中共十八届六中全会精神，集中观看《榜样》专题节目；11月21日集中收听收看中国共产党河北省第九次代表大会开幕式。全员撰写学习心得体会。集中学习之余，党员干部通过网络媒体、读书看报等方式积极主动进行自学，写下自己独到的心得体会。局选取优秀"心得体会"在学习交流园地进行展示，方便大家学习交流。

【加强法治和党风廉政建设】 认真落实党风廉政建设责任制，自觉遵守中央八项规定和廉洁从政各项规定，加强廉政教育，尤其是在教育内容上要与老干部工作实际联系起来，切实增强党员干部的风险防范意识，严格执行《中国共产党廉洁自律准则》等相关法律法规，时刻把自己置于各项法律法规、党内制度的约束之下，始终做到警钟长鸣，廉洁自律。切实履行党风廉政建设第一责任人职责，层层落实党风廉政建设责任制，强化党员廉政教育，组织开展专题学习活动，提升党员修养，强化纪律意识。认真学习相关法律法规，全体党员按时参加市司法考试，牢固树立法律至上的理念，教育引导全体党员干部不仅要遵守国家法律，而且要按照党纪党规以更高标准要求自己，努力在老干部工作中形成办事依法，解决问题用法的良好氛围。

（田春雷）

信访和群众工作

【概况】 武安市信访局是党和政府联系人民群众的纽带和桥梁。现有8名行政编制，其中局长1名，副局长2名，下设办公室、信访办案科、民生办公室3个中层科室。2011年6月市委组建群众工作部，与信访局一个机构，两块牌子，归口市委管理。部长由市委常委兼任，常务副部长由信访局长兼任，在信访局原3名领导职数的基础上，再增加1名副部长。信访局办公室增挂综合调研室牌子，信访局信访办案科增挂督查督办室牌子，原信访接待室，更名为民生办公室，属事业编制，编制数达到11名。

2016年，在市委、市政府和市信访联席会议的正确领导下，紧紧围绕全市中心工作，按照“明职责、营氛围、建机制、两手抓”的工作思路，从严从细抓好排查、接访、化访、稳控等工作，圆满完成全国、省和邯郸市“两会”、六中全会、省党代会等重大敏感期信访稳定任务，全市总体信访形势呈现趋稳向好态势。认真谋划并实施民生工作，民生实事全面完成，群众和信访工作受到省和邯郸市的充分肯定。

【市信访局（群工部）】

群工部常务副部长、信访局长、书记：张宏海（5月免）

群工部常务副部长、信访局长、书记：袁占魁（5月任）

信访局副局长、副书记：袁占魁（5月免）
张冠明

信访局主任科员：连利恒

群工部副部长：杜伟刚

信访局副局长：杨海秀（5月任）

副主任科员：杨海秀（5月免）
王振军

【推进“一委三中心”建设】 积极落实邯郸市的统一部署，研究制定具体方案，在全市市、乡镇、村三级建立群众工作委员会和群众工作中心、综治中心、民调中心，实行“三块牌子、一套人马，合署办公”。市级群众工作委员会主任由市委副书记兼任，群众工作中心、综治中心和民调中心主任由常委政法委书记兼任，常务副主任由信访局局长、综治办主任、司法局局长兼任。法院、公安、民政、信访等重点部门副职担任副主任，每个部门配备专职人员1～2名，形成强大工作合力。乡级群众工作委员会由乡镇党委书记兼任，中心主任由党委副书记兼任，综治办、司法所、信访办人员全部入驻，法庭、派出所、国土所、计生站等与群众工作相关的站所全部派人常驻中心办公，设置窗口，统一受理、集体会诊，为群众提供“一站式”便民服务。村级群众工作委员会和中心主任均由村支部书记兼任，整合治保会、民调会、治安巡防队、社区矫正工作站和警务室等力量，形成一支情况熟、反应快、效果好的群众工作队伍。到年底，三级群众工作平台总体运行良好，累计排查矛盾纠纷908起，成功调解708起，调解成功率达到78%以上，基本实现事出即调、妥善化解。

【做好信访案件化解工作】 始终把解决问题

作为做好信访工作的出发点和落脚点，创新解决问题机制，努力做到“三转变一复审”。转变解决问题方式。坚决摒弃花钱买稳定的做法，更加注重用法律主导问题解决，让信访工作回归理性轨道，信访局常年聘请2名律师参与重点案件解决。转变接访方式。变被动接访为主动下访约访，更加注重解决问题的针对性。如对重点访、集体访，按照市级领导分包乡镇和分管战线的原则，给来访人开具约访单，约定到对口市级领导接待日接访，提高了案件化解效果。转变初访处理方式。进一步明确乡镇、村和市直部门的解决问题责任，凡是初访没有经过村和乡镇而直接到市上访的，坚决追究村、乡镇责任。年内先后有4个乡镇、1个市直单位一把手被严肃约谈，有9个乡镇党委书记和4个市直单位一把手公开作出检查，12个乡镇和6个市直单位受到全市通报批评。做好信访案件复审。对质疑办案不公的上访老户，启动案件复审程序，每一步都邀请上访户本人参加，直至开完听证会，进入依法终结程序。全年排查交办的464件信访案件，息诉380件，息诉率为81.90%；邯郸市联席办交办351件，息诉283件，息诉率为80.63%。信访积案化解工作在邯郸市列第三名，受到邯郸市联席办通报表扬。在做好案件化解工作的同时，继续把“阳光信访”作为夯实基础工作的有力抓手，紧紧围绕提高信访事项及时受理率、按期办结率和群众满意率，规范信访事项办理程序，完善案件档案资料，做到应录尽录、规范录入，最大限度地提高“三率”指标，最大限度地减少未依法逐级走访案件。

【抓好正风肃纪】 始终坚持党风廉政建设工作与信访工作同部署、同落实、同检查、同考核，坚持任务要求、责任领导、牵头科室“三落实”，责任、标准、人员、时限“四到位”，形成主要领导总负责、分管领导具体抓、科室各负其责的工作运行机制。从强化廉政教育入手，持续开展多形式的宣传教育，全面提高全体干部职工的思想觉悟，从思想上筑牢拒腐防变的思想意识。进一步完善各项规章制度，对机关公车管理制度、财务制度、请销假制度、值班制度、加班制度等多项制度进行完善，用好的、管用的制度管人管事。进一步健全完善廉政风险防控体系，进一步明确领导干部、干部职工的工作职责、廉政风险防控点，强化监督管理。坚持以身作则，带头执行党风廉政建设责任制，管好队伍、带好风气、廉洁自律，没有出现违反“52个不准”规定的行为；认真贯彻落实领导干部报告个人事项的有关规定；没有出现收受礼金和各种有价证券、支付凭证，公款旅游、婚丧大操大办并借机敛财，超标准配备小汽车，及其它各种违反廉洁自律规定的问题。年内，始终坚持以机关作风整顿为总抓手，全力做好抗洪抢险和灾后重建、“1+1”帮扶、局领导分包化解老访户等各项工作。特别是“7·19”特大暴雨灾害发生后，全局紧急动员，迅速投入到一线，搞四清、搞慰问、搞帮扶，与受灾群众共渡难关。在灾后重建工作中，根据邯郸市要求，群工部负责所有驻村工作队的管理工作，制定印发加强灾后重建驻村工作队管理工作的紧急通知，抽调专人每天做好面上情况汇总、督导反馈、驻村帮扶等各项工作，受到市领导的充分肯定。

（韩利波）

市直工委工作

【概况】 市直工委是市委派出机构，代表市委行使职权，统一领导市直党政群机关、事业单位党的工作。按照《三定方案》（定职责、定机构、定编制）规定，市直工委下设办公室、组织科两个职能科室和市直人民武装部，在职人员13人。市直工委对口62个市直机关党组织（其中：机关党委4个、机关党总支18个、机关党支部40个），3460名党员。2016年，市直机关党的建设工作在市委的正确领导下，认真贯彻落实中共十八大、十八届五中、六中全会精神和市委决策部署，紧紧围绕服务中心、建设队伍两大任务，以建设学习型、服务型、创新型党组织为目标，全面加强机关党的思想建设、组织建设、作风建设、反腐倡廉建设和制度建设，市直机关党的建设科学化水平得到进一步提高。

【市直工委】

书　　记：王　瑜
副 书 记：靳海庆
副 书 记：暴慧敏
武装部长：张振华
副主任科员：袁增年

【理论武装工作】　积极引导市直机关各级党组织和党员干部进一步深刻领会、准确把握中共十八届五中、六中全会提出的目标任务和重要举措，认真学习贯彻习近平总书记系列重要讲话精神，把思想和行动统一到中央对加强和改进新形势下党的建设的重大战略部署上来，切实增强“四个意识”。同时，把学习贯彻武安市重大决策部署紧密结合起来，使机关党员干部对当前全市经济社会发展的主题主线、目标任务和重大举措有了进一步理解和掌握，切实增强贯彻落实的自觉性和坚定性。

【认真学习贯彻《条例》】　要求各对口机关党组织认真学习《中国共产党党和国家机关基层组织工作条例》，并把《条例》列入党员特别是党员领导干部和党务干部教育培训的重要内容。组织机关全体干部认真学习邯郸市委《关于贯彻〈中国共产党党和国家机关基层组织工作条例〉的实施细则》，并结合实际认真查找不足，严格按照《细则》规定的各项要求工作。

【发展党员工作】　按照“控制总量、优化结构、提高质量、发挥作用”的总要求，加大在工作一线和优秀青年、妇女中发展党员的力度，大力推进发展党员工作程序规范化、材料标准化、结构合理化、责任制度化。年内研究发展党员70人，转正50人。针对异地发展党员现象，坚持关口前移，在预审材料的同时，到申报单位座谈了解情况，和本人见面，有效杜绝该现象的发生。

【党费收缴工作】　要求各对口机关党组织及时足额收缴党费，并认真填写党员党费证。全年收缴党费120余万元。同时，针对市直机关个别困难党员实际，结合党费收缴有关规定和党性原则，市直工委召开专门会议，决定对确实困难的党员，经调查核实后，可以对其每月收缴5元党费。核实5名困难党员，其中冶金局2名、司法局3名。

【机关党组织建设】　机关党组织换届选举工作。市直工委组织编印《市直机关党组织换届选举工作手册》，对换届选举的基本程序、选举办法等各环节都作了明确要求。年内，58个单位完成换届选举任务，配齐配强党务干部320人，机关党务干部队伍得到不断优化。党组织撤销合并工作。全年撤销3个机关党支部，合并1个机关党支部。

【党员组织关系集中排查】　对下辖62个单位的党员进行逐个排查，并建立台账。人事和组织关系分离情况，排查出18名党员组织关系没有在本单位。处置不合格党员情况，排查出15名，其中失联党员（连续半年不参加组织活动、不交党费）5名、档案材料不齐全的10名。除1名党员继续失联外，其他4名补交党费，档案材料不齐全的党员弥补完善。

【党员干部违纪违法处理工作】　年内，切实抓好党员违纪违法处理工作。经排查，财政局郭X、发改局马XX、食药监局李X3名党员有不同程度的违纪违法行为，被追究刑事责任。按照《党章》和有关规定，市直工委召开党委会，研究决定给予郭X留党察看两年、马XX开除党籍、李X严重警告的处分。通过对违纪违法党员的处理，使广大党员干部受到深刻的教育，进一步增强党员遵纪守法意识。

【市委机关计划生育管理工作】　搞好统计。坚持每月5日前将上月所发生的新婚、现孕、出生和四术落实情况，及时填写月报表上报到市计生局，做到帐卡齐全，档案健全。搞好普查。按照市直单位计划生育管理范围的界定要求，市直工委积极帮助市委各部门已婚育龄妇女办理各种卡证，切实履行计生管理职责。认真搞好育龄妇女的季度普查工作，上站率达到100%。

【民兵组织建设和民兵队伍建设】 4月，市直武装部完成一年一度的民兵整组工作，并在100人以上的市直单位建立民兵连，选配民兵干部，建立健全各项制度。按照市武装部要求，市直武装部认真完成森林防火、矿难救援、抗洪抢险、卫生防疫、担架护理、电子侦察、油料保障、道路抢修、电力设施抢修、燃气设施抢修、供热设施抢修和供水设施抢修等12个民兵应急分队的组建工作，为应对各种突发事件做好准备。

【帮扶工作】 继续开展“1+1”帮扶活动。帮扶干部定期到帮扶对象家中，了解他们的生产生活情况，有针对性的开展帮扶。年内7•19特大洪灾过后，帮扶干部迅速行动，及时到帮扶对象家中了解受灾情况，并向每户送去价值300元的大米、白面和食用油等慰问品，使他们感受到大灾面前党和政府对人民群众的关怀。扎实开展“两学一做”学习教育。从5月开始，市直工委组织机关全体党员扎实开展“两学一做”学习教育，按要求做好各项工作，取得了明显成效。做好抗洪救灾工作。按照全市统一安排，市直工委迅速行动，先后分包西寺庄乡东梁庄村和伯延镇南文章村。为东梁庄村送去50袋面粉，大大缓解村里受灾群众和困难家庭的燃眉之急。组织市直工委全体干部自发组织捐款2300元，交由市民政部门统筹安排使用。积极协调邯郸市直工委为伯延镇送去价值2万元的救灾物资，包括大米、白面、食用油、蔬菜、矿泉水、方便面、毛巾被等，为灾区群众送去了浓浓爱心。

【“六一”庆祝活动】 组织开展“六一”儿童节庆祝活动。市直工委和市妇联在磁山二街文化中心联合举办以“红领巾相约中国梦”为主题的武安市2016年“六一”儿童节庆祝活动，展示新时期少年儿童积极向上的精神风貌。部分市直机关党员合唱《没有共产党就没有新中国》，表达广大党员干部永远跟党走的信心和决心。

（程树海）

党史研究工作

【概况】 2016年，在武安市委的正确领导下，不断深化“两学一做”学习教育，深入贯彻落实中央、省、市党史工作会议精神，切实增强政治意识、大局意识、核心意识、看齐意识，紧紧围绕全市工作大局，牢牢把握党史工作正确方向，坚持把以史鉴今、资政育人作为根本任务，主动作为，扎实工作，不断深化党史研究，认真推进党史征编和宣传教育等各项工作。

【党史研究室】

主　任：韩增富（5月免）
　　　　吴继宏（5月任）
副主任：江　涛（5月免）

【《中国共产党武安历史》第二卷出版】 年内，根据省委、市委党史研究室的统一安排部署，编辑出版《中国共产党武安历史》第二卷（1949—1978）一书，真实客观记述中共武安地方组织中华人民共和国成立29年的历史，通过反思历史，汲取经验和教训，探索其中的客观规律，对立党为公，执政为民起到深刻的借鉴作用，进一步深化党史研究工作。

【党史宣教工作】 在中国共产党成立95周年之际，党史研究室与文体局在磁山文化博物馆联合举办纪念中国共产党成立95周年的“‘徽’煌历程，太行记忆”图片展；配合邯郸市委党史研究室在武安广场举办为期7天的反映中国共产党成立95年来邯郸社会、经济、民生等建设成就的大型图片展；参与编辑反映2016年抗洪救灾英雄事迹的《抗洪英雄谱》一书；完成磁山镇明峪村“农业学大寨”展览馆的布展设计工作。通过多种形式，宣传党史，普及党史，扩大和深化了党史宣传教育的广度和深度。此外，在每年七一期间为全市入党积极分子宣讲党史知识。

【党史资料征编工作】 圆满完成《中共邯郸年鉴》2015卷资料征集工作；《中共武安年鉴》（2015卷）资料征集、编辑完成，即将付印出版（截至2016年编写出版《中共武安年鉴》9卷）；2016年《中共武安年鉴》征编方案完成并下发到各单位；采访征集相关资料在省《党史博采》第10期以“五炮打下美军四辆坦克的英雄王宗重”为题报道了武安市老八路王宗重的英雄事迹。此外，协助兄弟县市查阅档案资料2万多字，接待来信来访2人次，利用党史档案资料1万字，解决党史有关问题2个。

（党史研究室）

编办工作

【概况】 2016年，市编办在市委、市政府和市编委的坚强领导下，在邯郸市编办的业务指导下，围绕全市经济和社会发展大局，立足机构编制工作实际，以“两学一做”学习教育为契机，切实加强政治理论和业务学习，始终坚守行政规范和职业操守，着力提升管理水平和工作成效，行政审批制度改革、机构编制日常管理、事业单位法人登记以及机关干部队伍自身建设等各项工作取得新进展，实现新突破。

【编办】

主　任：张新建

副主任：李向华

　　　　韩　佩

【稳步推进行政管理体制和机构改革工作】

按时完成上级下放行政审批事项的承接落实工作。年内，衔接国务院、省和邯郸市政府取消事项37项，承接下放事项10项，衔接省政府取消行政许可中介服务事项5项，衔接保留市政府行政许可中介服务事项2项，衔接纳入市政府审批程序的服务事项5项，全部在规定的时限内承接落实到位。积极稳妥地推进磁山镇行政管理体制改革试点工作。按照上级部署，结合市实际，制定印发《武安市磁山镇行政管理体制改革试点工作实施方案》，涉及市直部门下放给磁山镇的管理权限54项，其中直接下放35项，委托9项，授权1项，驻镇机构办理9项，磁山镇衔接落实51项，剩余3项与部门商议制定衔接落实措施。配合相关部门扎实做好重点领域专项体制改革工作。根据上级要求，结合武安市实际，研究制定纪检监察机构改革方案，呈报邯郸市批准后，及时制定印发纪委监察局的三定规定；协调卫计、人社、财政、审计等部门按时将市卫计局所属的“新型农村合作医疗管理中心”和22个乡镇的“新型农村合作医疗管理办公室”整体划转市人社局；将市国土、住建、农牧、林业部门承担的土地登记、房屋登记、林地登记等不动产登记职责、机构编制和人员进行整合划转。

【机构编制规范化管理工作】 适应工作需要积极向上级争取机构编制。树立围绕中心服务大局的意识，对一些重点和涉及全局亟需解决的机构编制请示事项，积极主动向省和邯郸市编办请示沟通，尽最大努力向上级争取机构编制。从服务保障全市重点工作出发，加大工作力度，加快工作进度，保税物流管理中心等7个机构获邯郸市批准成立；为促进旅游业发展，结合旅游局，多次赴省和邯郸市编办请示沟通，反复研究论证，年底太行三峡旅游区管理机构正式列入省编办研究议题。年内，市编办收到机构编制请示25件，批复20件，其中呈报邯郸市编办10件，批复7件。坚持从严从紧切实加强机构编制日常管理。认真贯彻执行2012年市编委《关于全市机关事业单位严格执行编制和领导职数使用核准制度的通知》，严格按照规定的原则、权限和程序办理编制和职数使用核准手续。不断完善“双证一库”管理机制，建立机构编制纸质台账，与机构编制信息管理平台相配套，坚持做到适时维护及时更新，确保机构编制数据准确无误。实行自然减员编制核销工作机制，与组织、人社、财政等部门联合印发《关于进一步加强机关事业单位自然减员编制核销工作的通知》，为机关事业单位减员销编工作提供制度规范。加强机构编制管理创新，经市编委研究同意，以解决森林消防队伍人员待遇为突破口，借鉴江苏海安经验，探索在乡镇和教育、卫生等系统的汽车驾驶、后勤保障、协管协勤岗位实行政府购买服务工作机制，切实解决单位缺编而又确需用人问题。依照政策规定全面做好事业单位年检和统一社会信用代码赋码工作。按照《事业单位登记管理暂行条例规定》，精心组织，周密部署，通过简化工作程序、缩短办事时限等措施，按时高质量地完成全市符合条件的497家事业单位的年检工作。按照省和邯郸市的统一部署，为63家单位办理统一社会信用代码的赋码工作，政务公益中文域名的注册和续费工作，年底完成注册续费单位781家，其中行政66家，事业单位715家。

【机关干部队伍自身建设】 深入开展“两学一做”学习教育。按照市委统一部署，联系机关党员干部思想、工作和作风实际，把“两学一做”学习教育作为提升机关自身建设的重要抓手，把握关键，突出重点，扎实开展理论研讨、学习教育、整改提高等各环节工作，形成“边学边改”的良性运行机制，机关整体作风得到进一步改善。不断加强机关党支部建设工作。根据市直工委有关要求，进一步加强支部组织生活、工作考勤、民主评议党员、岗位责任制等各项制度建设，促进支部日常工作规范化。抓好党员发展和管理工作，年内培养入党积极分子2名，发展新党员1名，并为1名预备党员申请办理了转正手续。抓好班子建设，根据市直机关工委要求按期进行换届，保证班子始终充满活力。做好抗洪救灾对口扶贫工作。按照市委、市政府安排部署，积极投入分包乡镇村的抗洪救灾和灾后重建工作。抽调5名工作人员第一时间赶往管陶乡，协同乡党委、政府及其他分包管陶的市直部门共同研究制定抢险救灾预案，实地查看道路、电力、通讯和当地群众受灾情况，帮助转运米面油和蜡盐等救灾物资，确保受灾群众基本生活不受影响；发扬一方有难八方支援的优良传统，踊跃向灾区捐款3800元，以实际行动献爱心支援灾区恢复建设工作；重新分包阳邑镇龙务村后，为村上捐款1万元，协调资金5万元，全力协助该村做好灾后重建工作。认真开展“一对一”对口扶贫工作，定期为所包的伯延镇胜利街10户贫困户送去米面油生活物资，帮助他们解决生活难题，体现政府关怀之情。

（郭雪燕）

党校工作

【概况】 2016年，市委党校在市委、市政府的正确领导下，以全国党校会议精神和《党校工作条例》为指导，坚持以教学为中心，积极探索干部成长规律和党校教学规律，认真学习贯彻落实中共十八大、十八届三中、四中、五中、六中全会和习近平系列讲话精神，紧紧围绕市委、市政府的总体思路和工作部署，与时俱进、开拓创新，充分发挥党校职能，认真做好干部培训工作。

【党校】

总支书记、第一副校长：古国强

副校长：白延锁（6月免）

王卫红

高建如

肖关锋

【干部培训】 年内，党校紧紧围绕市委、市政府中心工作，充分发挥党校职能，认真做好干部培训工作。始终将马克思主义理论、中国特色社会主义理论体系和习近平总书记系列讲话作为每位党员领导干部的常修课、必修课。把这些内容真正读懂，真正吃透，真正运用到工作和实践中来。始终把宣传党的路线、方针、政策作为首要任务。党校教师在每年主体班上及时宣讲党的代表大会、中央全会，全国、省市“两会”精神，并及时深入机关、企事业单位、农村进行宣讲，为提高全市党员领导干部的政治理论素养和党性修养，起到积极的作用。按照上级党校和全市干部培训规划，上半年举办3期主体培训班，培训对象为全市在职乡科级干部，参训人数为281人，主要学习全国“两会”精神暨十八届五中全会精神。教师外出到行政服务中心、编办、信访局、午汲镇、马家庄乡、白沙村等基层单位宣讲14期，主要培训基层干部及农村“两委”900余人；下半年举办3期主体培训，培训主题是中共十八届六中全会精神，培训对象为全市在职乡科级干部，参训人数为274人。按照2016年党校培训规划，全年培训任务超计划完成。党校主体班学习计划及授课内容，由主管教学的副校长带领教师备课、说课、试讲，每一节党课经过反复锤炼才拿到主体班讲授，学员满意度达到95%。年初党校与午汲镇政府筹建党校分校即午汲镇党校。历经两个月的走访调研、积极筹划、严谨部署、周密考虑，午汲镇党于2月25日校挂牌成立。3月初党校教师到午汲镇党校对午汲镇辖村两委班子轮训3期；6月党校教师到午汲镇党校针对“两学一做”宣讲10期，轮训午汲镇党员2000多人。党课内容按人家所需所求，收到好评。

【培训教学管理工作】 不断探索创新培训方式，努力提高培训质量和效果。由党校教师系统地讲授中央文件，掌握其精神实质和重要的理论观点；邀请上级党校专家、学者作专题报告；充分发挥兼职教师（市部分理论水平高、实践经验丰富、讲授艺术高的乡科级干部）的作用，联系自己的亲身经历和实践授课；利用中央党校卫星远程教育网站，把中央党校教授高深层次的理论成果第一时间引进课堂；加大学员研讨分量，采取教师讲授与学员参与研讨的互动方式，教与学互动，学与教互促，提高培训的质量和效果。为全市干部提供较强的理论服务和精神支持。根据上级和市培训规划要求，结合实际和现实需要，广泛征求多方面的意见，确定培训内容。组织教师对所授内容进行认真细致的研究，吸收丰富的解读资料，再认真的备课，并在授课前多次试讲，反复修改教案，保证授课效果。加强主体班严格管理，确保培训效果。实行严格的参训考勤制度，实行本人签到、签退制，严禁找人替学，对无故不参加培训者进行点名通报。培训结束后对学员进行考试鉴定。通过实施一系列系统管理，干部培训工作收到良好的效果。

【理论调研】 党校是思想理论战线的重要阵地，搞好理论研究是党校的一项重要工作。理论研究不仅为教学服务，更重要的是为市委和政府的科学决策服务。因此，党校始终把理论研究作为一项重要工作来抓。始终认真学习邓小平理论、“三个代表”重要思想、科学发展观及习近平系列重要讲话精神，深刻领会其内涵，把握精神实质，用以指导实践；组织教师深入学习中央、省、邯郸市及本市的文件、会议精神，深刻领会、认真贯彻；定专题、压担子，组织教师围绕某一专题，深入实际，调查研究，写出有分量的理论文章或调研报告。年内，党校上报省委党校科研项目《在美丽乡村建设中促进传统村落保护研究》一篇并立项。上报邯郸市委党校科研项目5个课题，全部结项：2个课题获优秀奖，3个课题获良好。邯郸市委党校举办的有奖书评活动，党校5篇文章获奖，一等奖一名，二等奖、三等奖各两名。全年完成调研论文20篇，在市级以上媒体、报刊发表8篇；党校教职工撰写的理论文章共7篇，参加邯郸市委党校系统2016年《学习贯彻十八届六中全会精神》理论专题研讨会，7篇论文都获奖。

【党风廉政建设】 党校不断加强党风廉政建设。经过深入学习中共十八大、十八届四中、五中、六中全会及习近平系列重要讲话精神，认真践行“三严三实”，特别是通过“两学一做”学习教育，全校教职员工进一步开阔思路，提高认识。通过对标先进，查找不足，进一步激发党校全体教职工的干事创业的热情。以新的精神状态、新的发展思路、新的工作举措，努力开创党校工作新局面。健全党建工作制度，坚持每周二学习制度，注重学习效果，通过学习《中国共产党纪律处分条例》《中国共产党权利保障条例》等，增强党员干部的廉洁自律能力。通过定期召开民主生活会，开展批评和自我批评，定期搞民主评议党员活动，不断增强党员干部的党性修养。进一步抓实组织建设，增强基层党组织的凝聚力战斗力创造力。落实“三会一课”执行情况，“三会一课”记录及时、规范，日常“三会一课”活动情况、研究发展党员情况、研究本单位本支部重要事情、重大问题等在《党支部工作手册》中查看体现，有据可查、有证可考。单位党员领导干部能带头以普通党员身份参加所在支部活动，以上率下，发挥好示范带动作用。党校支部对党员组织关系进行全面排查。所有党员组织关系接转及时，单位没有“空挂”党员、短期“失联”党员等情况。退休老干部党员都能定期与党组织保持联系、汇报自己工作生活情况，及时参加组织的政治学习和民主生活会；加强经常性的党务管理工作，注重做好党员发展、党费收缴等工作。党员档案有专人管理，及时登记上册，管理规范。年内新发展中共党员3名，并组织参加培训。

【圆满完成市委、市政府交办的其他工作】 服从、服务大局，采取措施，克服困难，圆满完成市委、市政府交办的其他工作。按照市委、市政府要求，到上团城乡大北庄、小北庄村进行护林防火，包村人员坚守岗位，尽职尽责，未失一把火，圆满完成防火任务。

在“7•19”特大抗洪救灾工作中，科学谋划、严密组织、顽强拼搏、连续作战，保证抗洪救灾工作的顺利完成。党校工作队先后到双玉泉村、东周庄村进行了帮扶济困。双玉泉村由于资金短缺，前后为双玉泉村争取救灾款项1万元，党校教职工捐款3700元，保证抗洪救灾工作的开展。驻村工作队员协助村医，对村中各处卫生死角和重点区域，喷洒消毒药；并深入实地察看受灾死亡牲畜的无害化处理情况。党校工作队在市委的统一安排下，积极地投身于北安庄乡东周庄村的灾后重建工作，工作组积极协助村委会开展灾后重建，紧急修复道路3处，实现村中通电，通讯全部畅通，村中饮水全部恢复，卫生条件良好，正常医疗，完成消杀防疫工作，无疫情出现。协调理赔受灾死亡居民家属，给予困难补助3万元，村民情绪稳定。党校工作队积极协调解决修路款，村东邢峰公路损毁主干道修复开通。圆满完成预定的各项救灾目标。

在“一帮一”帮扶中，结对帮扶北安庄乡张粟山村，在深入了解该村情况后，组织党校志愿者到村举办知识讲座，与帮扶村居民进行交流，了解其生活状况，并对如何发展当地经济提出参考性意见，全年给予帮扶款9800元。

（杜华丽）

档案管理工作

【概况】 武安市档案局（馆）为市委直属事业机构，编制14人，实有16人。下设四个职能科室，分别是办公室、档案管理科、业务指导科、法制宣传科，股级领导职数4名。

【档案局】

局　长：尹文哲

【档案资源体系建设】 2016年，档案馆藏数量从2015年的14万卷（件）增加到15万卷（件），基本做到应收尽收，应归尽归。主要做法：加大指导力度。对全市机关团体、企事业单位、乡镇农村实施分类指导，先易后难，梯次推进，典型带动，整体提升，全部实现了上档升级。在机关团体、事业单位开展了目标管理认定工作。年底，全市4A级4个，3A级8个，2A级30个，其他单位也在积极组织申报工作。在地税局、工商局、环保局、质监局等部门建立高标准的档案室，推动档案资源的科学配置和高效利用。在乡镇农村，对白沙、磁二、固镇、兰村等开展深入细致的业务指导，使新农村建档工作受到了省局、邯郸市局领导的好评。在民营企业，选择新金、普阳、龙凤山等档案管理基础较好的企业，开展业务指导，取得较好的效果，受到各界的好评。年内，新金钢铁、保税物流都投资建起了高标准档案室，为企业的科学决策、转型发展发挥了积极作用。加大接收力度。认真贯彻国家档案局9号令，严格执行《河北省档案工作条例》规定，依法接收2011年各全宗单位的档案进馆，立卷归档合格率达到92%，并认真做好整理、编目工作，进一步完善档案移交进馆常态化机制。2016年接收文书档案1525件，民生档案10694件。加大征集力度。为真实反映武安的发展历史，做好照片档案接收进馆工作，年底，征集10余家单位的各类照片档案1万余张，进一步丰富馆藏，为照片档案的结集出版奠定基础。

【档案利用体系和安全体系建设】 正确处理利用与保护、开放与保密的关系，既依法做好档案查阅服务，改进查阅方式，简化利用手续，免除利用收费，最大限度满足利用者需求。建立健全并严格执行各项规章制度，经常开展档案安全保密自查，及时发现和排除隐患，堵塞漏洞，严防档案损毁和失密泄密事件的发生。完善有关制度。制定武安市档案馆《查档须知》《利用档案规定》《库房管理“十不准”》等有关制度，为有关部门和群众搭建一个快捷便利的服务平台，全年接待利用档案1500余人次，提供利用文书、计生、婚姻、土地、医保档案2000余件（次），受到省审计厅、省粮食局、省社科院和有关部门以及广大群众的好评。加快数字化建设。进一步加快数字化扫描工作，从档案解密划控、出库、扫描，到装订、入库等全过程都在局专业人员的监督下操作，并设立防火墙、密码访问控制、备份与恢复系统。截至目前，完成2000年以前馆藏档案的扫描，270万幅的纸质档案，实现数字化，并启动应用异地介质保存。开展国家重点档案普查工作，为“河北省国家重点档案信息数据库”提供准确信息，奠定抢救保护的基础。建立健全安全防范体系。加强机关值班工作，安装数字监控装置，健全人防、物防、技防“三位一体”的防范体系。全市档案馆（室）进行安全保密执法检查，发现隐患及时督促整改。还邀请邯郸市消防大队教官进行消防知识培训和模拟演练，进一步增强消防安全意识和处置火灾的能力。

【宣传和行政执法工作】 利用“6·9”国际档案日、“9·5”《档案法》颁布纪念日、“12·4”宪法日和法制宣传日，宣传档案知识，通过发放明白纸、悬挂档案标语、设置档案服务咨询台等形式，搭建档案与公众交流的桥梁，增强全社会的档案意识和公民的档案法制观念。在各级媒体宣传档案工作，进一步扩大档案工作知名度，弘扬先进文化，凝聚发展力量。撰写的《坚持“1135”新思路，开创档案工作新局面》《小部门敢担当，大灾面前不退让》等一批稿件，被省《档案天地》和《中国档案报》等新闻媒体采用，扩大影响，促进了工作。开展档案执法检查，严肃查处违反档案法律法规的行为，向十几家单位下达限期整改通知书，使《档案法》得到较好的贯彻落实。

【抗洪救灾和灾后重建工作】 “7·19”特大暴雨发生后，按照市委统一安排部署，紧急驰援灾区，第一时间把党和政府的温暖送到群众心中。无论是在磁山一街还是贺进梁市村，都积极主动作为，踊跃奉献爱心，主要做了三项工作。思想帮扶。鼓励工作队每个成员敢于担当，不言退让，破除畏难情绪，树立“大部门有大贡献，小部门也有新作为”的思想，引导支村两委大灾面前不等不靠，广泛发动群众开展生产自救，重建家园。先后深入200多户安抚慰问群众，宣讲救灾政策，统计受损房屋，发动群众修通田间和村内道路12000多米。搜救帮扶。充分发挥队员与失联人员家属关系优势，吃住在村，搜救不止，协调两部车辆参与失联人员的搜救工作，先后20多次沿梁市村前河、郭家庄四河沟、西梁庄路平河、贺进北洺河，一直到永年滩头等地帮助寻找失联人员的下落，多方安慰失联人员家属和受灾群众，保持村情基本稳定。资金物资帮扶。想方设法挤出12000元捐献两个帮扶村，协调水泥等生产生活物资20000多元，用于水利设施的修复和村民基本生活的保障。制作《小部门敢担当，大灾面前不退让》的纪实短片，弘扬社会正能量。事后，磁山一街、贺进梁市两个村都先后向档案局工作队赠送锦旗。市灾后重建驻村工作《简报》、市政协《大爱》、河北省《档案天地》《中国档案报》刊发局工作队抗洪救灾的先进事迹。

【干部队伍建设】 通过开展“两学一做”学习教育、思想作风教育整顿、“一帮一”结对帮扶等活动，机关干部的政治意识、大局意识、责任意识、奉献意识进一步增强，工作水平明显提高。特别是在机关内部创造性地开展创建“学习型、服务型、创新型、节约型、和谐型”机关活动，经常交任务、压担子、教方法，使干部的整体素质明显提升；在机关外部，针对各单位档案员更换频繁的实际，实施档案员备案制度和“素质提升”工程，加强对他们的业务培训，一支政治精、业务强、作风硬、纪律严的高素质档案干部队伍正在形成，全市档案事业进入一个加快发展的新阶段。

（邵慧敏）

武安市人民代表大会常务委员会

市人大常委会工作

【概况】 武安市第七届人大常委会有主任1人，副主任4人，委员22人；全市有22个乡镇人大主席团，主席22人，副主席20人（由于乡镇人大换届原因，其统计情况截止时间为2017年1月20日）；全市有河北省人大代表3人，邯郸市人大代表41人，武安市人大代表282人。市人大常委会机关现有34人，人大常委会秘书长1人，下设办事机构4个：办公室（挂教科文卫工作室牌），设主任1人、副主任1人；选举任免代表工作室，设主任1人、副主任1人；财经工作室，设主任1人、副主任1人；政法工作室，设主任1人、副主任1人；人大机关设主任科员1人，副主任科员1人。2016年，在中共武安市委的坚强领导下，市人大常委会深入贯彻中共十八届三中、四中、五中、六中全会和习近平总书记系列重要讲话精神，认真开展“两学一做”学习教育，全面落实市委决策部署和市七届人大六次会议确定的工作任务，紧紧围绕全市改革发展稳定大局，忠实履行宪法和法律赋予的职责，扎实推进依法治市，各项工作取得新进展，为武安经济社会发展作出积极贡献。

【市人大常委会】

主　任：齐林顺

副主任：韩元昌

范成儒（2月25日辞职）

姬转如

张增祥

李卫峰

【武安市七届人大常委会第三十二次会议】

1月21日，市人大常委会主任齐林顺主持召开第三十二次常委会会议，副主任姬转如、张增祥、李卫峰及常委会委员20人出席会议。会议认真审议市人大常委会主任会议的提请议案，补选王清波、王建东为邯郸市第十四届人民代表大会代表（需报邯郸市人大常委会予以确认）。市委常委、常务副市长强延峰、市法院院长杨维华、市检察院副检察长申献军，市人大常委会、市政府有关部门负责人列席会议。

【武安市七届人大常委会第三十三次会议】

2月25日，市人大常委会主任齐林顺主持召开第三十三次常委会会议，副主任姬转如、张增祥、李卫峰及常委会委员共19人出席会议。会议审议并表决通过市人大常委会关于接受范成儒辞去武安市第七届人大常委会副主任职务的决定、关于接受郭富辞去武安市第七届人大常委会委员职务的决定和关于接受韩苏生等七人辞去武安市第七届人民代表大会代表职务的决议；审议通过市七届人大常委会代表资格审查委员会关于个别代表的代表资格的审查报告，依法作出关于召开武安市第七届人民代表大会第六次会议的决定，审议并通过市人大常委会关于市七届人大六次会议预备会议议程、大会议程、日程、选举办法及各项名单（建议草案或草案）；审议并原则通过市人大常委会工作报告（草稿）。会议听取和审查了市政府关于2016年财政预算草案的初步方案，同意提交市七届人大六次会议进行审查。市委常委、副市长麻增礼、市法院院长杨维华、市检察院检察长黄亚军，市人大常委会、市政府有关部门负责人，以及各乡镇人大主席或副主席列席会议。

【武安市七届人民代表大会第六次会议】

武安市第七届人民代表大会第六次会议，于2016年3月2日正式开幕。第一次大会执行主席在主席台前排就坐。大会执行主席、主席团常务主席主持会议。市长魏雪生向大会作《政府工作报告》，报告共分四部分：一是“十二五”经济社会发展回顾。过去的五年，面对复杂严峻的经济形势，在上级党委、政府和武安市委的坚强领导下，在市人大、市政协的监督支持下，深入贯彻落实习近平总书记系列重要讲话精神，紧紧围绕建设活力武安、美丽武安、幸福武安，深入解放思想、深化二次创业，攻坚克难、开拓奋进，取得经济社会发展新成就。“十二五”是主动适应新常态、推动经济平稳运行的五年。“十二五”是全力以赴调结构、加快转变发展方式的五年。“十二五”是我们培育产业新优势、大力发展农业三产的五年。“十二五”是打响环保攻坚战、努力改善生态环境的五年。“十二五”是加快推进城镇化、大力开展城乡建设的五年。“十二五”是加大投入惠民生、群众得到更多实惠的五年。“十二五”是建立健全好机制、安全稳定形势持续向好的五年。“十二五”是提高政府公信力、全面加强自身建设的五年。二是“十三五”奋斗目标和战略重点。全面贯彻中共十八大和十八届三中、四中、五中全会精神，以邓小平理论、“三个代表”重要思想、科学发展观为指导，深入学习贯彻习近平总书记系列重要讲话精神，认真落实省委八届十二次全会、邯郸市委八届七次全会和武安市委六届八次全会部署，突出转型升级、统筹城乡、做美生态、普惠民生工作主基调，以深入解放思想为动力、深化二次创业为主题，持续打好结构调整、城乡建设、环境保护、改善民生四大硬仗，努力走好创新、协调、绿色、开放、共享发展之路，确保在供给侧结构性改革上取得突破，率先全面建成小康社会，全面加快建设活力武安、美丽武安、幸福武安。走好结构调整、产业升级的转型发展之路；走好科技引领、动能转换的创新发展之路；走好合作共赢、活力提升的开放发展之路；走好城乡并进、共同提升的协调发展之路；走好生态改善、宜居宜业的绿色发展之路；走好富民惠民、安定和谐的共享发展之路。三是2016年重点工作。今年是实施“十三年”规划的开局之年，是推进供给侧结构性改革的攻坚之年。开局重在开头、开头重在起步，做好政府工作意义重大、影响深远。要突出抓好以下九方面工作：一是突出抓好项目建设，努力增强经济发展新支撑；二是突出抓好结构调整，努力增创工业竞争新优势；三是突出抓好“美丽乡村”，努力开创农业农村工作新局面；四是突出抓好三产提升，努力培育现代服务业新亮点；五是突出抓好城市建设，努力实现扩容提质新突破；六是突出抓好污染治理，努力求取生态改善新成效；七是突出抓好道路提升，努力掀起基础设施建设新高潮；八是突出抓好民生改善，努力满足群众生活新期待；九是突出抓好安全稳定，努力构建和谐发展新格局。四是全面加强政府自身建设。实现“十三五”目标，全面建成小康社会，责任重于泰山，使命无上光荣。一定时刻牢记振兴武安重任，恪尽职守、夙夜在公、为民服务，努力建设群众满意的政府。深入解放思想，提振精神士气；坚持依法行政，建设法治政府；带头真抓实干，营造良好政风；加强廉政建设，恪守从政底线。大会主席团其他成员在主席台就坐。市委、市人大常委会、市政府有关部门负责人，武安市出席河北省、邯郸市人民代表大会代表，出席市政协七届六次会议的全体委员列席会议。大会特邀武安市离退休老干部和驻武企业单位负责人参加了会议。大会应出席代表282名，实到266名，符合法定人数。出席市七届人民代表大会第六次会议的代表分22个代表团审议市政府工作报告。市四套班子领导分别参加所在代表团的讨论。

3月3日上午，武安市第七届人民代表大会第六次会议举行第二次全体会议。第二次大会执行主席在主席台前排就坐。齐林顺作武安市人大常委会工作报告；杨维华作武安市人民法院工作报告；黄亚军作武安市人民检察院工作报告。大会主席团其他成员在主席台就坐。不是市人大代表的市委、市人大常委会机关、市政府有关部门党政正职列席大会。大会应出席代表282名，实到263名，符合法定人数。大会执行主席、主席团常务主席主持会议。

3月4日上午，武安市第七届人民代表大会第六次会议举行闭幕式。第三次大会执行主席在主席台前排就坐。大会执行主席、主席团常务主席主持会议并作重要讲话。大会应出席代表282名，实到266名，符合法定人数。大会以举手表决的方式通过武安市第七届人民代表大会第六次会议关于武安市人民政府工作报告的决议、关于武安市2015年国民经济和社会发展计划执行情况与2016年国民经济和社会发展计划的决议、关于武安市2015年财政预算执行情况和2016年财政预算的决议、关于武安市人民代表大会常务委员会工作报告的决议、关于武安市人民法院工作报告的决议、关于武安市人民检察院工作报告的决议。

【武安市七届人大常委会第三十四次会议】

4月21日，市人大常委会主任齐林顺主持召开第三十四次常委会会议并作重要讲话，副主任姬转如、张增祥、李卫峰及常委会委员24人出席会议。会议听取市委副书记、市长魏雪生关于申请设立化解钢铁过剩产能调剂金和实施优势产能奖补政策的说明，审议市政府关于申请设立化解钢铁过剩产能调剂金和实施优势产能奖补政策的议案，表决通过市人大常委会关于同意设立化解钢铁过剩产能调剂金和实施优势产能奖补政策的决定；会议听取了市委常委、常务副市长强延峰关于武安市交通重点建设项目采取PPP模式融资建设的说明，审议市政府关于武安市交通重点建设项目采取PPP模式融资建设的议案，表决通过市人大常委会关于同意武安市交通重点建设项目采取PPP模式融资建设的决定；会议书面审议并通过市政府关于全市中医药事业发展情况的报告；会议听取市法院关于增加人民陪审员名额的报告，并投票表决任命人民陪审员事项。组织七届人大六次会议补选的人大常委会委员举行向宪法宣誓仪式，这是武安市首次举行的人大选举或人大常委会任命的国家工作人员向宪法宣誓活动。市委副书记、市长魏雪生，市委常委、常务副市长强延峰，市法院院长杨维华、市检察院副检察长申献军，市人大常委会机关、市政府有关部门负责同志，各乡镇人大主席或副主席以及化解过剩产能相关重点部门和乡镇的主要负责人列席会议。

【武安市七届人大常委会第三十五次会议】

6月13日，市人大常委会主任齐林顺主持召开第三十五次常委会会议并作重要讲话，副主任姬转如、张增祥、李卫峰及常委会委员共20人出席。会议听取和审议市政府关于城市建设及城区管理情况的报告，书面审议市政府关于1～5月财政运行情况的报告和关于社区矫正工作情况的报告，经满意度测评，会议通过上述报告。经审议表决，会议依法作出关于接受崔耀鹏辞去武安市人民政府副市长职务的决定；会议投票表决通过人事任免事项，组织宪法宣誓仪式。市委常委、常务副市长强延峰，市法院院长杨维华、市检察院检察长黄亚军，市人大常委会机关、市政府有关部门负责同志，各乡镇人大主席或副主席列席会议。

【武安市七届人大常委会第三十六次会议】

10月20日，市人大常委会副主任姬转如主持召开第三十六次常委会会议，副主任张增祥、李卫峰及常委会委员19人出席会议。会议听取和审议市政府关于武安市七届人民代表大会第六次会议代表建议办理情况的报告、关于武安市2016年国民经济和社会发展计划上半年执行情况的报告、关于武安市2016年1～6月财政预算执行情况的报告和关于2015年度市本级预算执行及其他财政收支情况的审计工作报告。经过满意度测评，会议一致通过上述报告；听取和审议市政府关于2015年财政决算情况的报告，结合审议审计工作报告，依法作出关于批准2015年财政决算的决定；审议并表决通过市人大常委会关于接受王强同志辞去武安市人民政府副市长职务的决定；听取和审议人事任免议案，采用无记名投票方式，表决通过人事任免事项，组织宪法宣誓仪式。副市长郝维斌，市法院院长杨维华、市检察院副检察长申献军以及市人大常委会机关、市政府有关部门和各乡镇人大负责人列席会议。

【武安市七届人大常委会第三十七次会议】

11月19日，市人大常委会副主任姬转如主持召开第三十七次常委会会议，副主任张增祥、李卫峰及常委会委员19人出席会议。市人大常委会党组书记邢乃玉列席会议，并就换届选举工作作了重要讲话。会议传达市委批转的市人大常委会党组关于武安市市、乡两级人大换届选举工作安排意见，表决并任命市选举委员会组成人员和各乡镇选举委员会组成人员，审议并通过市选举委员会关于我市市、乡两级人民代表大会换届选举工作实施方案，表决通过市人大常委会《关于乡（镇）人民代表大会换届选举时间的决定》《关于各乡镇人民代表大会代表名额的决定》。会议还听取和审议并通过市政府关于“六五”普法工作情况的报告，依法作出《关于在全市公民中实施第七个五年法治宣传教育规划的决议》。市委常委、副市长麻增礼，市人大常委会副县级干部梁考绩，市法院院长杨维华，市检察院检察长黄亚军，市人大常委会机关、市政府有关部门负责人员，各乡镇人大负责人列席会议。

【武安市七届人大常委会第三十八次会议】

12月27日，市人大常委会副主任姬转如主持召开第三十八次常委会会议，副主任张增祥、李卫峰及常委会委员21人出席会议。市人大常委会党组书记邢乃玉列席会议并讲话。会议听取和审议并原则通过市七届人大常委会代表资格审查委员会关于市八届人民代表大会代表的代表资格的审查报告；听取和审议市政府关于调整2016年财政预算的报告，并依法做出了相应决定；经审议表决，会议还依法作出关于接受魏雪生辞去武安市人民政府市长职务的决定和关于强延峰为武安市人民政府代理市长的决定。市委副书记、常务副市长强延峰，市人大常委会副县级干部梁考绩，市法院院长杨维华，检察院检察长黄亚军，以及市人大常委会机关、市政府有关部门和各乡镇人大的负责人列席会议。

【行使重大事项决定权】 着力推动“去产能”工作。为认真贯彻中央、省、邯郸市和武安市“去产能”决策部署，全力支持政府做好“去产能”工作，人大常委会第三十四次会议专门审议市政府提交的《关于申请设立化解钢铁过剩产能调剂金和实施优势产能奖补政策的议案》，市长魏雪生专程到会对议案作解读说明，详细介绍市政府在“去产能”工作中采取的措施。经全体组成人员表决，一致通过市人大常委会《关于同意设立化解钢铁过剩产能调剂金和实施优势产能奖补政策的决定》，为政府实施此项工作提供了有力依据。同时，人大常委会领导班子成员多次到分包企业耐心讲政策，细致做工作，督促企业落实好“去产能”各项任务。

着力推动法治武安建设。常委会坚持把法制教育与法治实践相结合，坚持学法制度，先后组织学习了宪法、监督法、组织法、代表法、选举法等法律法规，听取和审议市政府关于“六五”普法工作情况的报告，结合全市“七五”普法规划依法作出相关决议，要求市政府丰富普法内容，提高普法质量，使法治观念进一步深入人心。

着力推动交通重点项目建设。为有效破解武安市道路建设资金瓶颈，加快交通重点项目建设，早日服务全市经济社会发展，人大常委会认真听取市政府《关于我市交通重点项目采取PPP模式融资建设的议案》和相关说明，在充分审议讨论的基础上，依法作出《关于同意我市交通重点建设项目采取PPP模式融资建设的决定》，开启政企合作建设公共设施的投融资新模式。

【行使监督权】 听取和审议专项报告。全年召开人大常委会会议7次，主任会议24次，听取和审议“一府两院”专项报告10项。在审议城市建设和城区管理工作的报告时，针对存在问题，要求严格执行城市规划，依法严厉打击违规建设，加大市容环境管理和综合整治力度，把城市建设得更加美好；针对审议全市中医药事业发展情况的报告时提出的意见建议，市政府及卫计部门高度重视，认真研究并制定《武安市中医药事业发展规划（2016～2020）》，为推动我市中医药事业发展提供保障；在审议社区矫正工作情况的报告时，充分肯定工作成绩，并提出宣传力度不够大、人员队伍力量不足、保障工作不完善等问题，督促其研究办理。

加强对财经工作的监督。常委会高度关注全市经济运行情况和财政、预算执行情况，第三十六次会议听取和审议市政府关于2016年国民经济和社会发展计划上半年执行情况的报告和2016年1～6月财政预算执行情况的报告，并提出意见建议，确保计划、预算的有效执行。听取和审议市政府关于2015年财政决算情况的报告，结合审议2015年度本级预算执行和其它财政收支的审计工作报告，批准2015年财政决算，并就审计报告反映的问题，提出整改建议，转交市政府及相关部门研究处理，有力地维护了财经纪律。

扎实开展视察调研。先后组织部分常委会委员、人大代表到保税物流中心、徘徊镇桃花山进行视察调研和观摩。在保税物流中心，详细了解项目进展情况，深入研究制约项目建设的问题，形成专项调研报告，呈报市委、政府主要领导，为市委政府决策提供参考。在徘徊镇桃花山，看到5个村村民义务开山修路的壮举，代表们被这种“新愚公”精神深深打动，一致表示把这种自力更生、艰苦奋斗的精神带回去，带领广大群众干事创业、攻坚克难，掀起美丽乡村建设新高潮。

此外，积极配合上级人大对《消防法》执行情况、化解钢铁过剩产能、太行山区域旅游发展、《安全生产法》执行情况、历史文化名城名镇名村保护等工作进行执法检查和调研。

【做好代表、任免和换届选举工作】 加强建议督办工作。针对七届人大六次会议期间代表提出的145件议案和意见建议，主任会议专门研究交办事项，责成工作机构进行整理归类，并向“一府两院”及相关部门予以交办，提出办理要求。同时，常委会有关工作机构加强跟踪督办，协调处理有关问题，加强与承办部门和提建议代表的联系，广泛征求双方意见，力促建议办理。常委会第三十六次会议听取市政府系统办理建议情况的报告，提出进一步要求，使每件代表建议都得到很好落实。

保障代表知情权利。坚持人大代表列席常委会会议制度，认真听取代表意见，使常委会决策更加科学、民主。及时向代表印发《人大常委会公报》《武安人大》等内刊，使代表和公众能全面了解常委会履职情况，更好地监督常委会工作。

规范人事任免工作。坚持党管干部和人大依法任免干部相统一，严格干部任免程序，制定武安市人大常委会《关于组织宪法宣誓实施办法》，对拟任命人员进行法律考试、供职发言和宪法宣誓，增强被任命人员的宪法意识和人大意识，努力维护风清气正的良好政治生态。全年共任免国家机关工作人员16人次，配合人民陪审员制度改革工作增加任命100名人民陪审员。4月21日首次举行人大选举或人大常委会任命的国家工作人员宪法宣誓仪式，标志着宪法宣誓制度在武安市正式实施。

依法做好市乡人大换届选举工作。在市委的统一领导下，常委会精心组织，周密部署，科学谋划，及时成立市乡两级选举委员会，制定换届选举工作实施意见、作出有关决定，召开全市市乡人大换届选举工作会，举办换届选举工作培训班，加强检查指导力度，深入细致、依法有序地做好选民登记、提名推荐初步代表候选人、协商确定正式代表候选人、投票选举等各个阶段工作，顺利选举产生新一届市乡两级人大代表，代表结构进一步优化，整体素质有了新的提高，整个换届选举工作风清气正，选举结果人民满意。全市22个乡镇按时召开新一届人大一次会议，依法选举产生新一届乡镇人大、政府领导班子，圆满完成乡镇人大换届选举任务。

【推进常委会自身建设】 按照中央和省市委要求，认真开展“两学一做”学习教育，积极参加市委理论中心组集中学习，深入联系点开展“四个一”活动，讲授专题党课，走访党员群众，指导基层党建。在中国共产党成立95周年之际，组织机关党员干部重温入党誓词，牢记党的宗旨，增强党的观念，常委会领导亲自讲党课、作演讲，提高大家的党性觉悟。严格落实中央八项规定和省市作风建设要求，把纪律和规矩挺在前面，维护党章党规党纪的严肃性。组织调整后的乡镇人大成员召开座谈会，认真学习《河北省乡镇人民代表大会条例》，互相交流工作经验，为大家更快进入角色搭建平台。认真做好人大信访接待处理工作，对62人（次）群众来信来访转交相关部门办理，使群众诉求得到及时回应。

【抗洪救灾和灾后重建工作】

“7•19”特大洪灾发生后，人大常委会按照市委统一部署，积极投身抗洪抢险救灾工作。常委会主任和各位副主任第一时间赶赴分包乡镇，深入到塘坝水库、河道沿岸、地质灾害点、危房等地，督促指导抗洪抢险救灾工作。组织机关党员干部为灾区捐款，多次深入到淑村镇、石洞乡、管陶乡、矿山镇以及重灾区马家庄乡，看望慰问战斗在抗洪救灾一线的干部职工，检查指导灾后重建、卫生防疫等工作，并协调送入救灾物资，安抚鼓励受灾群众坚定信心、重建家园。常委会及时发出倡议，要求全市各级人大代表紧急行动起来，勇挑重担、冲锋在前，众志成城、同舟共济，带头落实市委决策部署，充分发挥模范带头作用，为夺取抗洪救灾和灾后重建全面胜利做出贡献。各级人大代表踊跃响应倡议，主动作为，带头捐款捐物，大力支援灾区建设，代表们不等不靠，带领群众生产自救、重建家园。截至8月10日，各级人大代表共捐助款物达1100万元，有力支持抗洪救灾和灾后重建。专门摄制抗洪救灾纪录片——《洪灾中的人民代表》弘扬主旋律，传播正能量，展现新时期人大代表的风采。

（贾照彬）

武安市人民政府

市政府工作

2016年，武安市以建设宜居宜业宜游的经济强市、美丽武安为目标，积极应对各种困难挑战，战胜“7·19”历史罕见的特大暴雨洪灾，推动经济社会平稳向好发展。全年生产总值601亿元，增长6.9%；财政总收入61.48亿元，增长6.4%，其中一般公共预算收入37.31亿元，增长8%；固定资产投资355亿元，增长11.2%；规上工业增加值294亿元，增长4.6%；社会消费品零售总额167.3亿元，增长10.2%；实际利用外资50948万美元；出口总值178924万元，增长32.4%；城镇居民人均可支配收入和农民人均纯收入分别达到31739元和13438元，分别增长8.7%和8.8%。

一、在保持经济稳步增长中全力以赴抓项目。一是深入推进“项目建设年”活动，40个重点项目完成投资162亿元、建成投运或部分建成16个，两次项目集中观摩分别位列邯郸第一、第二名。秦合冷轧带肋钢等项目竣工，保税物流中心等重大战略支撑项目进展顺利，新能源产业园年产7亿安时电池、1万吨材料和3000辆电动大巴投产，东太行景区、温州新材料产业园、跨境电商产业园等开工建设。二是加快园区开发，三大工业园区当年投资项目配套设施6.3亿元，武安工业园区成为邯郸唯一、全省5家“创新型特色示范园区”之一，在建成创业服务中心一期基础上，谋划启动投资5.8亿元的二期建设。三是大力开展招商引资，着力打造“京津转移项目承接地、科技成果转化地”，积极与天津谷川、中国招商速建等对接开展专业招商，特别是与格力电器、中冶国际、陕鼓、葛州坝、中景信、碧桂园、颐高等大企业、大集团不断深化合作。

二、在主动适应发展新常态中坚定不移调结构。一是提升传统产业。力促太行、冀南钢铁退城进园项目前期筹备进入最后阶段，新金、文安钢铁退城项目加紧跑办前期，其中文安与中冶国际合作到马来西亚建厂，成为全省首家落地“一带一路”的民营钢企。二是培育壮大新兴产业。谋划启动了总投资100亿元的14.6亿安时锂电池、200兆瓦储能模组和3.2万辆纯电动专用车改装3个重点项目，吸引格力电器董事长董明珠和大连万达、江苏京东等增资30亿元；科沃轨道交通技术产业园建成4个车间和研发中心，温州新材料产业园等项目落地开建。三是加快一三产业发展。四大农业特色产业规模不断扩大，十大农业生态庄园综合开发进一步加快，智寿源先后被评为“河北省现代农业科技示范园区”“国家可持续发展试验区”。全省首家B型武安保税物流中心通过验收、封关运行；组建“东太行旅游区管委会”，成立旅游开发有限公司，搭建“旅投”融资平台，与中景信合作建设“东太行”景区，启动一批重点景区提档升级项目，不花财政钱成功举办第二届全国划骑跑铁人三项挑战赛，全年接待游客、门票收入分别突破680万人次、1亿元，被评为“国家全域旅游创建示范县”。

三、在力保社会大局平稳中积极稳妥去产能。设立产能指标置换交易金、调剂金，实施优势产能奖补政策，创造性建起县级产能交易互助平台，走出一条民营钢铁企业大县（市）去产能路子，当年压减炼铁产能243万吨、炼钢产能384万吨，得到省、邯郸市充分肯定，央视《焦点访谈》予以报道。期间，没有出现经济断崖、没有造成规模性下岗、没有引起不

稳定问题。

四、在城镇化加速推进中多方筹资搞建设。突出抓好新区开发，力促洺湖北路东段、东环南延等建成通车，曹公大街、新华大街南延、西苑大街、向阳路西延等加快实施。东部产业新区形成“五横四纵”路网，产城融合趋势明显。南部洺湖新区整体开发全面启动，形成“三横四纵”主干路网，碧桂园参与洺湖新区核心区开发。西部光明新城建成“六横七纵”路网，银达综合体、世纪大厦等一批新地标拔地而起。突出抓好功能完善，建成首座跨西环人行过街天桥，第二水厂全面投运，引进大唐发电、污水热源泵等新热源企业，供热普及率达90%，天然气入市西部榆济管线工程完工，实现双路气源供气，日处理能力5000立方米的新能源污水处理厂正式投运，安泰保障房项目全部建成，实现分配入户。突出抓好美丽乡村，积极争取省农发行中长期贷款，破解资金制约，实施民居改造、三清一拆等“12个专项行动”，兰村、白沙跻身“第四批全国美丽宜居小镇”“示范村”行列，磁二、白沙跻身“省级美丽乡村”行列，贺进镇跻身全国“双优古镇”，后临河村入选“第四批中国传统村落”。

五、在持续加大环保力度中再增措施治污染。一是强化四大行业工程治理，投入20亿元完成钢铁、焦化、建材、电力“四大行业”重点减排工程868项，高效推进邯郸下达的161项污染治理任务。二是强化污染小企业取缔整治，成立石灰协会，关停取缔铁皮式土窑168座，升级改造新型环保节能型灰窑企业50家；治理商砼企业10家，整改验收烧结砖企业8家，取缔重污染非法小企业150多家。三是强化面源污染整治，淘汰和提标改造燃煤锅炉105台，新增天然气入户13958户，道路和建筑工地扬尘、畜禽养殖污染实现常态治理。四是强化空气质量联防联控，严格落实省大气污染防治调度令，制定应急预案，启动重污染天气应急响应8次，对61家铸造和1家水泥企业实施错峰停限产等。五是强化生态环境保护，新增造林20.2万亩，完成环城防护林带造林1.1万亩，连续三年实现高火险期“零火情”。2016年全市PM2.5下降36.4%，PM10下降26.6%，全年环境空气质量综合指数为8.22，较去年同期下降29%，在全省和邯郸市改善率排名均为第1位。

六、在收支出入较大的矛盾中优先投入惠民生。在可用财力非常优先的情况下，优先投入37.76亿元保障改善民生，年初既定八项实事工程全部完成，妥善解决15个村2.59万人饮水难，推进35条农村公路改造，推广光伏扶贫项目，新建4所标准化学校，建成102个“健康小屋”，实施妇幼保健院整体搬迁改造，启动红色革命遗存修缮工程，实现文体中心开放运营，社会保障持续扩面提标，力促市第一养老院建成主体，超额完成电网升级改造任务，城区部分公共区域开通免费Wi-Fi，农村电子商务实现全域覆盖。

七、在历史罕见特大暴雨洪灾面前众志成城建家园。“7·19”特大暴雨洪灾发生后，及时转移群众2.8万多人、解救被困群众3100多人、营救落水群众650多人，仅用一周时间抢通路电讯，及时发放救灾物资和救助金，最大限度保障了群众基本生活。同时迅速展开灾后重建，力促55家企业、10家A级景区、164所学校、20所卫生院、15所门诊部和125所卫生室全部按时间节点完成重建，2173户水毁房屋修复完成近2000户，222.5公里农村公路、212座桥涵、210个村25.6万口人应急饮水和4条主要行洪河道、17条乡村支流河道整治等均按计划加紧修复。

八、在确保社会安全稳定中一以贯之促和谐。一是持续抓好安全生产，进一步强化政府职能部门安全监管职责和企业主体责任，狠抓非煤矿山、冶金危化行业监管，持续开展隐患排查、打非治违、专项整治，武安市退出全国50个攻坚克难重点县序列，事故起数同比下降29.6%。二是依法规范信访秩序，不断畅通和规范社情民意反映渠道，创新信访案件化解模式，从严打击缠访闹访非法访，全市信访总量、进京非访、越级集体访等大幅下降，国庆、十八届六中全会、杭州G20峰会等重大敏感期实现“零非访”。三是扎实推进平安创建，持续完善天网、警网、民网“三网合一”立体防控安全工程，实施道路交通、危爆物品管理等公共安全治理，全市刑事案件同比下降36.8%，进一步巩固了安定和谐的社会局面。

【武安市人民政府】

市　　长：魏雪生（12月免）
　　　　　强延峰（12月代理）
常务副市长：强延峰（12月改任）
常委副市长：麻增礼
副 市 长：郝维斌
　　　　　张江海
　　　　　崔耀鹏（5月免）
　　　　　王玉刚（援疆）
　　　　　王　强（挂职，8月免）
　　　　　马晓斌
　　　　　孟延荣（6月任）
党组副书记：强延峰（12月改任）
　　　　　张俊生（7月免）
秘 书 长：郭全生（兼）
党组成员：李海顺
　　　　　黄玉凯（5月任）
副秘书长：田爱平
　　　　　郭向军
　　　　　高更月（7月免）
　　　　　胡存喜
　　　　　李庆昌（7月任）

【武安市人民政府常务会议】　2016年，武安市人民政府召开常务会议8次，历次会议的内容如下：

1月15日下午，市政府召开第28次常务会议，市长魏雪生主持会议，常务副市长强延峰，常委副市长麻增礼，副市长郝维斌、张江海、崔耀鹏、马晓斌，政府党组副书记张俊生，市政协副主席、市政府秘书长郭全生出席，市人大常委会副主任姬转如和市公安局局长黄玉凯列席。会上，市长魏雪生首先简要传达邯郸市安全生产和环境保护工作会议精神，就武安市安全生产和环境保护工作进行安排部署。会议讨论研究《关于择优转录交警临时协勤人员的请示》《关于使用国开行、农发行专项建设基金支持项目建设有关情况的请示》《关于为武安市第一人民医院招聘专业人才的请示》《关于建设病死畜禽无害化处理场的情况汇报》《关于我市退役士兵安置工作方案的请示》《武安市环境空气质量考核办法（试行）》和《武安市主城区大气环境治理联防联控实施方案》，对相关议题提出明确要求。会议研究通过人事任免事项。

2月23日下午，市政府召开第29次常务会议，市长魏雪生主持会议，常务副市长强延峰，常委副市长麻增礼，副市长郝维斌、张江海、崔耀鹏、马晓斌，政府党组副书记张俊生，市政协副主席、市政府秘书长郭全生，政府党组成员李海顺出席，市人大常委会副主任姬转如列席。会议讨论研究《政府工作报告（讨论稿）》《武安市国民经济和社会发展第十三个五年规划纲要（讨论稿）》《关于武安市2015年国民经济和社会发展计划执行情况与2016年国民经济和社会发展计划（草案）的报告》《关于武安市2015年财政预算执行情况和2016年财政预算（草案）的报告》《关于云驾岭新村沉陷区一期改造项目使用中国农发重点建设基金有关事项的请示》《关于褐煤处理设备制造项目有关情况的报告》，对各项议题提出明确具体的要求。

5月27日下午，市政府召开第30次常务会议，市长魏雪生主持会议，常务副市长强延峰，常委副市长麻增礼，副市长郝维斌、张江海、马晓斌、孟延荣，政府党组副书记张俊生，市政协副主席、市政府秘书长郭全生，政府党组成员李海顺出席，市人大常委会副主任姬转如列席。会议研究通过《关于河北银隆新能源有限公司申请清洁发展机制基金贷款有关事宜的请示》《武安市政府项目投融资管理办法》《关于创业服务中心融资相关事宜的请示》《武安市申报使用国开行、农发行等建设基金暂行办法》《关于以政府购买服务方式解决交通重点项目前期工作费用的请示》《关于高坡城中村改造项目补办规划建设相关手续免于行政处罚和行政事业性收费的请示》，讨论研究城镇土地级别和基准地价调整工作。集中学习《邯郸市重大行政决策程序规定》。

7月19日下午，市政府召开第31次常务会议，市长魏雪生主持会议，常务副市长强延峰，常委副市长麻增礼，副市长郝维斌、马晓斌、孟延荣，政府党组副书记张俊生，市政协副主席、市政府秘书长郭全生，政府党组成员李海顺、黄玉凯出席，市人大常委会副主任姬转如和市武装部政委许有道列席。会议研究议定《关于武安市旅游专线道路工程及西三环南延道路工程PPP项目实施方案的请示》《关于武安市大唐电厂集中供热、西苑森林公园污水处理厂、污水源热泵集中供热三个“PPP项目”实施方案的请示》《关于成立武安市水利建设投资有限公司的请示》《2016邯郸·武安第二届全国划骑跑铁人三项挑战赛事工作方案》等议题，研究通过人事任免事项。

8月9日晚上，市政府召开第32次常务会议，市长魏雪生主持会议，常务副市长强延峰，常委副市长麻增礼，副市长郝维斌、张江海、马晓斌、孟延荣、王强，市政协副主席、市政府秘书长郭全生，政府党组成员李海顺出席，市人大常委会副主任张增祥和市政协副主席、市教育局局长祁有山列席。会议讨论通过《武安市“7·19”特大洪水灾害灾后重建总体实施方案》《武安市“7·19”特大洪水灾害学校恢复重建工作方案》《武安市“7·19”特大洪水灾害农村住房重建工作方案》《武安市“7·19”特大洪水灾害公路恢复重建工作方案》《武安市“7·19”特大洪水灾害医疗卫生计生机构恢复重建工作方案》《武安市“7·19”特大洪水灾害受灾群众安置救助工作方案》《武安市“7·19”特大洪水灾害农村饮水及水利设施重建工作方案》《武安市“7·19”特大洪水灾害农林牧业恢复重建工作方案》《武安市“7·19”特大洪水灾害旅游景区重建工作方案》《武安市“7·19”特大洪水灾害工业企业复产重建工作方案》等议题，并就这些议题的快速推进落实提出具体要求。

9月6日上午，市政府召开第33次常务会议，市长魏雪生主持会议，常务副市长强延峰，常委副市长麻增礼，副市长郝维斌、张江海、孟延荣，市政协副主席、市政府秘书长郭全生，政府党组成员李海顺，政府党组成员、市公安局局长黄玉凯出席，市人大常委会副县级干部、市国土局局长梁考绩列席。会议研究通过《关于与碧桂园集团签订〈打造洺湖新区合作开发意向书〉事宜 》《关于提请市财政为河北银隆新能源有限公司贷款担保的请示》，研究讨论拟开展PPP项目合作的有关情况，研究通过人事任免事项。

11月9日上午，市政府召开第34次常务会议，市长魏雪生主持会议，常务副市长强延峰，常委副市长麻增礼，副市长张江海、孟延荣，市政协副主席、市政府秘书长郭全生，政府党组成员李海顺出席，市人大常委会副主任姬转如列席。会议研究通过《关于调整执行运输企业财政扶持政策的建议》《武安市市乡机关差旅费管理办法》《关于建设创业服务中心二期和温州产业园有关事项的报告》《关于武安市食品药品检验检测中心体制改革的报告》《关于实施全市城乡生活垃圾一体化处理的请示》等议题，研究通过人事任免事项。最后，会议就顺利完成全年工作任务提出具体要求。

12月16日下午，市政府召开第35次常务会议，市长魏雪生主持会议，常务副市长强延峰，常委副市长麻增礼，副市长郝维斌、张江海、孟延荣，政府党组成员李海顺，邯郸市公安局副局长、武安市政府党组成员、武安市公安局局长黄玉凯出席，市人大常委会副主任张增祥列席。会议研究通过《武安市水利及交通、市政基础设施建设PPP项目实施方案》，并对年底工作圆满交账提出明确要求。

【市政府重要文件】

一、通告：

7月1日，市政府颁布《关于严厉打击中心城区违法占地和违法建设行为的通告》（武政告〔2016〕7号）。《通告》主要内容是：为坚决遏制和严厉打击违法用地、违法建设行为，明确中心城区为城市二环路以内区域和二环路外侧沿线一公里内的用地范围，凡在中心城区新建、扩建和改建建筑物、构筑物、道路、管线和其他工程设施，必须在市国土资源、住房和城乡规划建设等部门办理相关审批手续后方可开工建设，任何单位和个人必须按照批准要求进行建设，不得违法租用、占用农民集体土地建设“小产权房”，对实施违法用地和违法建设行为的单位和个人，由相关部门依法查处，对违法用地和违法建设实行黑名单制度。

7月31日，市政府颁布《关于进一步加强河道管理的通告》（武政告〔2016〕8号）。《通告》主要内容是：为深刻汲取“7·19”特大暴雨洪灾教训，坚决打击违法违规行为，切实加强河道管理，保障河道行洪安全，根据《中华人民共和国水法》《中华人民共和国防洪法》《中华人民共和国河道管理条例》《河北省河道采砂管理规定》《武安市河道管理办法》等法律法规和规定，进一步明确武安市河道管理范围和各责任单位，实施分级管理，强化监督执法，严肃查处和打击侵占河道及破坏、损坏河道公共设施的违法行为，并欢迎广大人民群众和人大代表、政协委员的监督举报。

9月2日，市政府颁布《关于实施不动产统一登记的通告》（武政告〔2016〕9号）。《通告》主要内容是：按照国家和省对不动产统一登记工作的安排，决定自2016年9月11日起，在全市实施不动产统一登记。

二、通知

2月1日，市政府印发〔2016〕2号文件，即《关于印发<2016年武安市开展“河北省全域旅游示范县”创建工作实施方案>的通知》。其主要内容是：（一）指导思想。全面落实《国务院关于促进旅游业改革的若干意见》，根据河北省旅游局《关于开展“河北省全域旅游示范县”创建工作的通知》要求，结合武安实际，按照“全域景区化、景区公园化、生态经济化”目标，以体制创新、政策创新和科技创新为动力，不断完善旅游服务设施、改善旅游服务环境、提高接待服务水平，建立政府主导、市场运作、公众参与机制，发挥旅游业在转方式、调结构、惠民生中的作用，实现旅游业与其他产业的深度融合，推动旅游产业向深度和广度空间拓展，确立旅游产业战略性支柱产业地位，把武安建成河北省全域旅游示范县。（二）创建目标 。根据“河北省全域旅游示范县” 创建要求，通过一年的努力，到2016年底，旅游业增加值占本地GDP比重达到12%以上；就业人口中旅游从业人员达到15%以上；年游客接待人次达到本地常住人口数量6倍以上；境内绿化覆盖率35%以上；地表水环境质量达到GB3838要求，城镇生活污水集中处理率达 86%以上，城镇生活垃圾无害化处理率达96%以上，集中式饮用水源水质应达到GB5749要求，主要功能区噪声应达到 GB3096要求；旅游吸引物与产品指标、基础设施与公共服务指标、管理服务指标均全部达到河北省全域旅游示范县创建标准，并顺利通过验收。（三）创建时间。“河北省全域旅游示范县”创建工作从2016年1月份开始至2016年12月底结束。（四）组织机构。（略）（五）实施步骤。1、宣传动员阶段：(2016年1月～2016年3月)。2、组织实施阶段：(2016年4月～2016年6月)。3、检查整改阶段：(2016年7月～2016年9月)。4、迎接验收阶段：(2016年10月～2016年12月)。（六）工作重点。1、科学规划全域旅游示范县建设。2、加强基础设施建设。3、提升旅游产业惠民富民能力。4、提高行业管理水平，加大营销力度。5、丰富旅游产品体系。

4月22日，市政府印发〔2016〕7号文件，即《关于印发<武安市整合城乡居民基本医疗保险工作实施方案>的通知》。其主要内容是：（一）主要目标。整合城镇居民医保和新农合制度，优化机构设置和职能配置，在全市范围内建立“统一覆盖范围、统一筹资政策、统一保障待遇、统一医保目录、统一定点管理、统一基金管理”六统一的城乡基本医疗保险制度。（二）基本原则。1. 上下联动、协同推进。2. 整体移交、注重衔接。3. 双轨运行、积极稳妥。4. 强化监管、保障安全。（三）主要任务。1. 整体移交。（1）移交机构、编制、职能和人员。（2）移交管理系统、档案资料及固定资产。（3）移交基金和公用经费。2. 设置整合过渡期。3. 统一医保政策。4. 整合经办机构和职能。（四）组织领导。（略）（五）工作要求。1. 自觉服从大局。2. 明确职责分工。3. 严格三项制度。一是建立联席会议制度；二是建立工作考核制度；三是建立责任追究制度。

6月21日，市政府印发〔2016〕12号文件，即《关于印发＜武安市政府投资项目投融资管理办法＞的通知》。其主要内容是：第一章总则；第二章政府项目审批程序；第三章政府项目评审和招标；第四章政府项目资金管理和使用；第五章政府项目资金监督和审计。

7月1日，市政府印发〔2016〕14号文件，即《关于印发＜武安市进一步加强制止城乡违法建设工作实施方案＞的通知》。其主要内容是：（一）实行联席会议工作制度。（二）明确工作职责。（三）强化工作举措。（四）加强舆论宣传。（五）加强日常监管。（六）实施重点攻坚。具体措施：1. 强化“黑名单”制度。2. 加强停供电管理。3. 加强停供水管理。4. 实施限定物品登记保全。5. 查处偷漏税行为。6. 加强责任主体管理。7. 加强工作督导。8. 严格责任追究。

8月26日，市政府印发〔2016〕18号文件，即《关于印发＜武安市临时救助实施办法（试行）＞的通知》。该《实施办法（试行）》主要有20条内容（具体内容略）。

12月7日，市政府印发〔2016〕23号文件，即《关于印发＜武安市政府重大行政决策程序规定＞的通知》。该《规定》主要有40条内容（具体内容略）。

12月14日，市政府印发〔2016〕25号文件，即《关于印发＜全面排查钢铁焦炭行业违规新增产能项目与封停设备复产和落后产能及地条钢生产销售情况实施方案＞的通知》。其主要内容是：（一）强化组织领导。（二）重点排查内容。1. 未批先建项目。2. 边批边建项目。3. 手续不全项目。4. 批建不符项目。5. 已封停的钢铁冶炼及焦化装备是否存在复产现象，断水、断电、拆除动力装置等措施落实到位情况。6. 是否存在落后产能及“地条钢”生产销售情况，以废钢为原料，采用感应炉（中频炉、工频炉）熔化，生产建筑用钢材及生产建筑用钢材钢坯等违法行为。7. 铸造行业中是否存在违规违法的冶炼装备；全市是否存在违法违规的小焦炭。（三）排查具体安排。1. 时间要求。2. 职责分工。（四）排查相关要求。

12月27日，市政府印发〔2016〕27号文件，即《关于印发＜武安市全民健身实施计划（2016～2020）＞的通知》。其主要内容是：（一）指导思想。全面贯彻党的十八大和十八届三中、四中、五中、六中全会精神，深入学习贯彻习近平总书记系列重要讲话精神和河北省、邯郸市决策部署，以科学发展观为指导，坚持“创新、协调、绿色、开放、共享”的发展理念，以增强人民体质、提高人民健康水平为目标，以满足人民群众日益增长的健身、健康需求为工作主基调，以立体构建、整合推进、动态实施为方法，围绕武安市“二次创业”的工作中心，坚持体育改革、创新，建设全民健身公共服务体系，全面提升全民健身服务能力与水平，努力开创全民健身事业发展新局面，使全市人民在共建共享中增加获得感，为建设活力武安、美丽武安、幸福武安打下基础，为确保如期全面建成小康社会贡献力量。（二）发展目标。到2020年，全民健身意识普遍增强，全民健身公共服务体系进一步完善，体育的多元化社会功能得到有效发挥，与各项社会事业互促、融合发展的工作局面基本形成，构建政府主导、部门协同、社会组织广泛参与的“大群体”格局。全民健身成为建设健康武安的有力支撑和重要保障。（三）主要任务。1. 繁荣体育文化，促进人民全面健康发展。2. 丰富全民健身活动内容。3. 构建全民健身组织网络体系。4. 加强全民健身场地设施体系建设。5. 发挥全民健身多元功能形成共进融合发展格局。6. 拓展体育交流，推动全民健身开放发展。7. 强化发展重点，推动基本公共体育服务均等化。（四）保障措施。1. 建立并完善全民健身工作机制。2. 加大资金投入和保障。3. 建立全民健身评价体系。4. 创新全民健身激励机制。5. 加强全民健身科技创新。6. 加强全民健身人才队伍建设。7. 完善法律政策保障。（五）组织实施。1. 加强组织领导与协调。2. 严格过程监管与绩效评估。

12 月 30 日，市政府印发〔2016〕28 号文件，即《关于印发〈武安市重污染天气应急预案〉的通知》。其主要内容是：（一）总则。1. 编制目的。2. 编制依据。3. 适用范围。4. 工作原则。（二）组织机构与职责。1. 市重污染天气应急指挥部。2. 市重污染天气应急指挥部办公室。3. 综合协调组。4. 专家组。5. 督导检查组。6. 新闻宣传组。（三）预警。1. 预警分级。2. 预警发布与解除。（四）应急响应。1. 应急响应分级及内容。2. 应急响应启动。3. 应急响应措施。（五）保障措施。1. 责任落实。2. 信息发布与宣传。3. 公众监督。（六）信息报告和总结评估。（七）应急保障。1. 组织保障。2. 经费保障。3. 物资保障。4. 通信与信息保障。5. 医疗卫生保障。6. 制度保障。（八）预案管理。1. 预案宣传。2. 预案培训。3. 预案演练。（九）附件。

市政府办公室工作

2016 年，面对严峻复杂的经济形势和艰巨繁重的发展任务，市政府办公室在市委、市政府的正确领导下，紧紧围绕“建设宜居宜业宜游的经济强市、美丽武安”目标，以“两学一做”学习教育为动力，认真履行参谋、协调、督查、服务职责，较好完成各项工作任务。

一、抓协调、强督查，大事要事履职到位。

2016 年，面对市政府系统大事多、要事多、难事多的实际，立足自身职能，积极主动履职，力求协调有深度、督导有强度、保障有力度。一是协调到位聚合力。紧紧围绕年内既定经济指标、重点项目、结构调整、产能化解、城乡建设、污染治理、造林绿化、森林防火等重点工作及实事工程，主动介入、一步上前，该牵头的主动牵头、该协调的主动协调、该服务的主动服务，积极理顺上下左右关系，调动方方面面积极性，形成围绕重点、各司其职，整体联动、合力攻坚的良好格局，打好打赢一系列攻坚硬仗，促进各项重点工作的顺利推进和任务指标的较好完成。二是督查到位保落实。锁定市政府系统的重点、难点和热点工作，全程督查、跟踪要账，较真问责、一督到底。对群众关注的大气环境整治、护林防火等工作，组织开展了专项督查，特别是“7·19”特大暴雨灾后重建和杭州 G20 峰会期间空气质量保障工作，盯死不放，强力督查，有效推动灾后重建工作高效展开，圆满完成空气质量保障任务；对领导关注的工作批示件，实行专人督办制，年内邯郸市、武安市领导批示件 102 件（次）全部办理落实，做到“件件有回音、事事有着落”。全年组织开展各种督查 300 余次，编发《督查简报》201 期、《要务督查专报》106 期，以强有力的督查增强市政府的执行力和公信力。三是应对到位见成效。积极协助市政府领导抓好钢铁企业退城进园、化解钢铁过剩产能、中央环保督察反馈意见整改落实等急、难、重工作；发扬“白加黑”“5 加 2”精神，及时推进第二届全国划骑跑铁人三项挑战赛的赛事筹划、资金筹措、场景布置、后勤接待等各项工作落实到位，确保赛事圆满成功；在全国“两会”、中共十八届六中全会召开等敏感期内，排查梳理信访隐患，对有可能的大规模群体访，及早建立健全应急处置机制，加强案件协调处理，第一时间抓好稳控。

二、谋全局、当参谋，竭力服务领导决策。

自觉把围绕中心谋全局、以文辅政当参谋作为首要职责，力求想领导所思、谋领导所虑，努力参谋到点子上，服务到决策中。一是抓文稿精品。本着“精益求精、力出精品”的要求，围绕市长、各位副市长需求，先后起草完成《政府工作报告》和市长在市委全委会、市政府全体会以及项目建设、化解过剩产能、大气环境整治、安全生产等专项工作会议上的讲话 70 余篇，完成副市长对口各类讲话、发言、致辞等 230 余篇，完成对上各类汇报等文稿 100 余篇。二是抓发文质量。对拟发文件，从严把好政策关、法律关、文字关、数据关。全年审签市政府文件 287 件、政府办文件 137 件，审签市政府常务会议纪要 8 期、市长办公会议纪要 11 期、市政府专题会议纪要37期，编发《内部通报》3期、《市长每周工作动态》51期、《市长一周工作安排建议》51期、《每月重点工作台账》12期，文字综合差错率控制在万分之二以内。三是抓信息反馈。在常规性反馈基础上，注重抓超前预测型、决策参考型、问题建议型等“三型”信息的报送反馈，“三型”信息占到信息总量的40%以上。全年编发《政务信息快报》257期、《政府工作研究》24期、专报信息85期，发布门户网站信息1.2万余条，上报信息量和被采用量在省、邯郸市政府系统继续保持了领先势头。四是抓调查研究。在“两学一做”学习教育中，按规定要求蹲下去调研，倾听基层群众心声。按照市长要求，着眼主要道路两侧环境整治长效机制建立，深入重点乡镇和部门座谈调研，总结梳理出切实可行的思路办法。在平常，把调研的着力点放在牵动全局的大事要事上，放在情况复杂、矛盾突出的问题上，放在领导关心、群众关注的热点难点上，先后组织撰写《“新常态”下武安发展新定位》《深化改革 打造武安发展升级版》《调优结构增强工业竞争力》《提速提质力促农业增效农民增收》等有实情、有分析、有建议的调研报告60余篇，有效服务领导决策。

三、重管理、提效能，确保机关高效运转。

始终把加强机关管理作为保障高效运转的基础和前提。一是服务高效。围绕“行政提速、服务提质”，严格规范工作流程，把好“登记、筛选、拟办、传阅、催办、注办、保密、督办”等环节。在工作中坚持事不隔天、文不过夜、会不开长，各类文件、会务安排、抓促事项，均第一时间落实到位。二是值守在位。严格执行落实市政府领导带班、秘书长主任跟班、各科室人员“双人双岗”值班制度。年内多次启动重污染天气应急预案，预防和处置突发事件的能力进一步提高。三是信访稳控。牢牢抓住规范程序、促进化访这一着力点，对来市政府上访群众，第一时间安排专人接待，对较大群体访，市政府办公室主要领导亲自接待、亲自协调、亲自督办化解。年内接待来访群众400余人次，其中集体访22起，治安拘留4人次，均做到疏导及时、劝返迅速、稳定有序。四是保障有力。围绕打造“六型”机关，先后修订完善车辆管理、节假日值班等制度，使机关实现制度化、规范化管理；完善经费包干机制，严格“一支笔”审批，各项开支控制在最低限度；机关安保、环境卫生、食堂管理等后勤事务，均服务优质、保障到位。

四、讲程序、受监督，提升依法行政水平。

强化法制意识，坚持依法行政，自觉接受监督。一是落实报告制度。先后按要求牵头组织市政府有关部门，按时向市人大常委会提交化解过剩产能、中医药发展、交通重点项目融资、城市建设及城区管理等工作报告，主动接受审议监督。积极组织配合人大代表视察工作，对视察中提出的意见、建议，安排督促有关部门抓好落实，并及时反馈。二是提高承办质量。牢牢坚持把提高承办质量置于首位，严把承办单位“征求意见”“走访”“回访”三关，对一些重要问题，及时提交市长办公会或市政府常务会研究解决，全年137件人大代表议案、建议和255件政协委员提案，按时办结率达100%，答复函规范化率达100%，代表和委员满意率均达98%以上。

五、严自律、守规矩，不断加强队伍建设。

具体做到“三重”：一是重学习。坚持多形式、多途径，先后组织学习中共十八届三中、四中、五中、六中全会精神和“两学一做”学习教育规定篇目，组织秘书长、主任就综合材料撰写、文件审改流程、信息反馈、政务值班等业务，面对面进行交流学习。二是重团结。围绕发挥政府办班子整体效能，始终要求要像爱护眼睛一样珍视团结，认真执行民主集中制，大事多商量、小事多沟通，大事讲原则、小事讲风格，在思想上求共鸣、工作上求共识、感情上求共融，凝聚了团结战斗合力。三是重实干。在抗击“7·19”特大洪水中，政府办连夜筑起全市抗洪抢险救灾的坚强指挥堡垒，充分发挥了组织协调、上传下达、沟通服务等重要作用。特别是在灾后第一时间徒步挺进与外界隔绝的“孤岛”马家庄乡，把寄托着党委、政府温暖的救灾物资及时送到受灾最重的没梁殿村。在五矿邯邢矿业公司闲置土地移交工作中，牵头组织协调多部门主动对接、反复磋商，明确专人跟进，确保土地收储移交等工作顺利推进。

（刘兴忠）

【市政府办公室】

市政协副主席、市政府秘书长：郭全生
副秘书长、办公室主任：田爱平
副秘书长、办公室党组副书记：郭向军
副秘书长：高更月（7月免）
胡存喜
李庆昌（7月任）
办公室副主任：赵银成（7月免）
邢拴柱
办公室副主任、督查室主任：吕现生
办公室主任科员：王铁军
应急办主任：张海俊
督查室副主任：李建新
办公室副主任科员：宋聪慧（7月免）
经研室副主任：张艳芳
督查室副主任：温海涛
办公室副主任科员：李学军
魏永利

政务服务中心工作

【概况】　武安市政务服务中心管委会成立于2004年8月，为正科级事业单位，内设综合、协调、督查、网络管理4个科室，15名事业编制。位于市新华南大街198号。现进驻36个单位、98个服务窗口、35名首席代表、119名工作人员。设投资项目服务、证照服务、便民服务3个服务区和政务服务、公共服务2个工作区。2016年，受理行政许可和公共服务事项142311件，办结142197件，限时办结率100%，收费合计10607.41万元。受理完成各类公共资源交易项目377宗（建设工程交易66场、政府采购264场、产权交易2场、国土资源交易45场），建设工程项目及政府采购节资1367.8万元；国土资源和产权交易项目溢资662.5万元。实现交易总额32.7亿余元，交易规范率达到100%。

【市政务服务中心管委会】

主　任：掌子生
副主任：乔学恩

【创建学习型机关】　为切实提高工作人员的政治思想水平和业务素质，从2012年开始，武安市政务服务中心管委会开展“创学习型机关，做创新型人才”活动，年内，重新制定完善“两会一课”制度，即每周一上午召开各窗口、科室负责人例会，召开各科室负责人工作调度会；每周一下午组织政务服务中心和公共资源交易中心全体干部职工学习培训课，着力提高工作人员综合素质。紧紧围绕全市“两学一做”学习教育要求，继续推进学习型机关建设工作，重点安排学习《习近平在党的群众路线学习总结大会上的讲话》《中国共产党员领导干部廉洁从政若干准则》《行政许可法》《政府采购法》等党和国家领导人讲话及业务知识内容，并按时完成新《党章》手抄本、习近平总书记七一重要讲话的抄写。年内，共计组织各类学习培训37次，学习内容视频等共计40余篇，每名党员干部撰写心得体会28篇，通过集中学习活动，进一步提高工作人员的政治业务素质和业务能力，为更好地工作打下良好基础。

【打造高效服务平台】　始终把管理作为第一要务，积极创新管理，不断以管理促绩效，以管理促服务水平的提升，坚持日常管理“四做到”：一是做到日常监督与年终考评齐抓。武安市政务服务中心管委会坚持每天两查岗、两录像，不定时检查各科室、窗口的在岗在位在状态以及AB角情况，对工作人员的日常工作纪律、服务态度、业务办理情况等常规检查与年终绩效考评挂钩，作为每季度和年终的奖惩依据。全年完成日查岗量480余次，现场摄录影像470余次。二是做到严格管理与人员考勤并举。为了严格管理，确保人员按时到岗，保量保勤，武安市政务服务中心管委会对各窗口人员和内部“两个中心”人员实行面部签到，一日四签制度，努力做实每个人及科室（窗口）

的出勤情况，统计出每周、每月每个窗口人员的出勤数据，绘制出周考勤、月考勤统计表，保证每个周一例会上的考勤通报以及月简报资料上的刊发。三是做到考评工作与鼓励干事并重。为有效提高窗口工作人员工作的积极性和主动性，继续发扬政务服务中心学先进、争先进、赶先进的良好工作作风。对成绩突出的窗口授予《流动红旗》，一季一评，激发窗口工作人员争先创优的积极性，进一步提升窗口服务水平。四是做到民主测评与综合评定同步。充分发挥《民主测评卡》，无计名测评效应，对各窗口的办件效率、服务质量、执行请销假制度等情况进行现场测评，积极运用政务服务网高科技监控手段，从完成本职工作、工作纪律、服务态度、办结时限等方面进行综合测评，定期对每个窗口测评情况进行汇总，对存在问题要认真做到立行立改。年内，发放《民主测评卡》1300余份，收回1200余份，现场接受办事群众咨询3000余次，为群众排忧解难沟通协调事项办理180余次。

【优化审批工作】 以缩短审批时限为重点，进一步优化审批程序，提高审批效率，大力推行“四零”服务模式，着力解决群众“跑腿多、办事难”等问题，极大方便群众办事，主要开展三项工作：一是强化事项管理，提高审批速度。进一步精简审批事项，强化过程监管。1. 以便民便企为出发点，对每个事项办理流程进行再梳理，简化审批流程，压缩办理时限。年内，将企业名称预先核准等28项承诺件变为即办件，实现手续齐全坐等可取；2. 办事环节落实到人。充分利用中心审批软件系统，真正实现事项办理从受理到办结“一条龙”服务。要求每个环节责任到人，严把时限关，以整个事项完成时间倒逼各环节完成时限。3. 加大监督力度。利用电子监察系统实现对事项办理过程中的各个环节进行监督，确保办事程序公开透明，杜绝“暗箱操作”“体外循环”现象；二是做好联审联验工作，服务重点项目建设。充分发挥窗口集中办公优势，打造高效服务平台。5月因“营改增”税务制度改革，大批建设项目需要立办速办，科室加班加点整理印发相关资料，安排联系相关部门及时召开联审会议，从而使得项目单位及时完成项目手续，税务制度改革前期集中召开17次联审联验会议，涉及投资金额约47亿余元，建筑面积约141万多平方米，收取教育基金3202.14万元，为全市税收做出一定贡献。通过对联办事项的不断探索和实践，使市房地产开发项目审批办结和工业项目审批办结比原来缩短3～5天，提高办事效率，更好服务全市经济发展；三是积极组织实施“三证合一”到“一证一码”过渡。10月1日，按照上级精神，积极推行“一证一码”工作，参照“三证合一”工作改革经验，12月1日，成功实现由“三证合一”到“一证一码”的顺利过渡。改变过去申请人分别向工商、质监、国税、地税四个部门提交申请材料的模式，实现申请人在一个窗口通过“一次申报、一窗收件、联合审批、信息共享、颁发一证”的审批模式。只要材料齐全，便可实现一天办结各类注册登记，审批速度大幅提升。年内，发放统一的社会信用代码营业执照3500余个。

【推行“互联网+政务服务”】 推进“互联网+政务服务”，促进部门间信息共享，是深化简政放权、放管结合、优化服务改革的重要内容。实现推动部门间政务服务相互衔接，协同联动，打破信息孤岛，变“群众跑腿”为“信息跑路”，变“群众来回跑”为“部门协同办”，变被动服务为主动服务，实现部门间数据共享，让居民和企业少跑腿、好办事、不添堵。政务服务中心管委会以邯郸市民网建设为契机，投资30余万元配套购置软硬件设备，积极推进信息化平台建设，开展“互联网+政务服务”工作。向上实现与邯郸市民网的对接，向下实现与全市各乡镇、村的纵向对接，横向实现与政府信息公开平台的对接。投资审批、行政许可、公共服务事项均可实现网上办理。政务服务网具备在线咨询、在线预约、在线办理、在线查询、在线缴费、在线投诉、在线评议、办事指南查询等功能，为办事企业和群众提供更加快捷完善的网上政务服务。审批工作人员可以随时随地对各项业务进行查询、审批，为窗口工作人员提供高效的网上审批功能。同时，为武安市政务服务中心管委会工作人员提供完善的统计监督功能。工作人员可以对各类业务办理的全部过程、投诉情况、咨询情况、督办情况进行监督、督查，有效提高工作人员服务水平。年内，累计网上办理各类业务24136件，承诺办结率达到100%，提高办事效率。

【优化交易平台】 以打造“高标准、高要求、高实效”的公共资源交易阳光平台和窗口。进一步完善交易制度，不断优化公共资源交易环境，尽最大努力方便招标人及投标人，确保各类交易活动的公开、公正、公平。年内开展建设工程交易66场、政府采购264场、产权交易2场、国土资源交易45场。一是积极沟通多方协调，机构设立初步成型。省、邯郸市《公共资源交易中心机构编制方案》已经印发，经过主任办公会研究，结合实际，起草并印发《公共资源交易中心机构编制方案》和《整合建立统一的公共资源交易平台的实施方案》。二是发挥交易平台作用，推动公共资源优化配置。严格按照应进全进、应进必进原则，经过专项清理，切实做到全市所有招标项目招投标，按规定全部进入公共资源交易市场进行交易；三是制度成效进一步显现，公正开放、竞争有序、服务到位、监管有力、统一规范的公共资源交易市场运行体系已经形成。按照省、邯郸市《关于建立统一规范的公共资源交易市场的意见》《河北省整合建立统一的公共资源交易平台实施方案》以及省公共资源交易监管管理办公室交易运行规则有关要求，先后制定出台《关于进一步推进公共资源交易市场建设的意见》《公共资源交易中心交易管理制度》《公共资源交易流程》《公共资源交易操作规程》《公共资源交易中心服务纪律》《公共资源交易中心保密工作制度》《公共资源交易中心责任追究制度》《公共资源交易项目评标工作纪律》《评标专家抽取制度》等一系列管理制度和操作规程，以制度机制保障工作运行，从源头上保障阳光交易。在交易过程中，严格实行统一交易受理登记、统一信息发布咨询、统一时间场所安排、统一开标评标、统一发放中标（成交）通知、统一费用收取退付、统一交易资料保存、统一电子监察监控“八统一”，使各类交易活动全程阳光下运行，做到交易活动的公开、公平、公正。

（贾海钊、张钊华）

政府法制工作

【概况】 武安市人民政府法制办公室是市政府法制工作的办事机构，是市政府依法行政方面的参谋、助手和法律顾问。承担的重要职能，主要包括：对政府行政决策、合同、政府行政规范性文件及涉法类行政措施的审核、把关；推进行政执法监督工作；受理行政执法投诉；办理行政复议、应诉案件；培训政府系统行政执法人员，管理政府系统行政执法证件；应对省和邯郸市对武安市的年度依法行政考核，并组织对全市各乡镇、各部门的年度依法行政考核等。

【市法制办】

法制办主任：李庆昌　（6月免）

【提升领导干部依法行政意识】 强化目标考核。以市委、市政府名义印发《武安市法治政府建设实施方案》，同时印发《武安市乡镇和市直单位2016年考核目标》，将各乡镇、市政府有关部门的依法行政工作纳入全市年度重点工作考核目标体系。研究出台《武安市2016年依法行政工作实施意见》，确定全年工作思路和重点，召开由市政府市长和副市长出席、部门和乡镇政府一把手参加的依法行政工作会议。12月由市依法行政领导小组牵头，对各乡镇人民政府、市工业园区管委会和市政府所属行政部门2016年依法行政工作完成情况进行“百分”考核。强化学习培训。进一步完善《武安市政府系统领导干部学法制度》，制定《武安市2016年度市政府领导干部学法计划》，先后开展两次领导干部依法行政知识讲座。举办全市依法行政专题研讨班。强化基础建设。针对法制机构工作人员，举办乡镇法制员、部门法制机构人员参加的政府法制工作实务培训班。市政府法制办坚持周五集体学习“雷打不动”。各部门采取执法人员参加国家司法考试、集中培训等形式，有效促进了业务水平的提升。强化氛围营造。在国家、省及邯郸市级新闻媒体刊登信息稿件20余条（篇），市政府法制办等单位撰写《关于完善政府法律顾问制度的几点思考》等论文和调研文章，在省和邯郸市相关研讨会上进行了经验交流并获奖。同时继续加强《政府公报》编辑发行，截至年底共编辑发行11期，免费发放给全市党政机关、大中型企业和普通群众。

【依法行政制度建设】 主要做到“三覆盖、两加强”，三覆盖，即政府法律顾问“全覆盖”，市政府建立政府法律顾问制度，选聘7名政府法律顾问。同时，各乡镇和部门都选聘法律顾问，实现市、乡镇、部门三级政府法律顾问网络全覆盖。红头文件审查“全覆盖”，市政府把法制办的涉法审查把关作为市政府及政府办文件（含市委、市政府及两办联合发布的文件）行文中的一个必经环节。全年审查市政府行政决策事项139件、市政府及政府办文件169件，参与大气污染防治、土地收储、民间集资问题处置等涉法论证20余次，提出修改意见120余条。规范性文件管理和备案“全覆盖”，根据国务院、省和邯郸市的有关规定，修改完善《武安市规范性文件管理办法》，先后两次组织对相关文件进行衔接清理，对部门规范性文件前置审查和备案情况进行监督检查，向有关部门下发限期整改通知书。全年审查部门报送前置性审查的规范性文件18件，向邯郸市政府备案规范性文30件。“两加强”，即加强公众参与、集体研究决定和风险评估。针对国有土地上房屋征收补偿、供水价格调整、市政设施管理等涉及人民群众切身利益的事项，召开20余次征求意见会、论证会、听证会和社会稳定风险评估会，广泛征求社会各界意见。加强行政决策和制度跟踪反馈、责任追究评估。对市政府常务会议、市长办公会议确定的行政决策事项，通过跟踪调查、考核等措施进行跟踪反馈和评估，进一步制定和完善制度，及时纠正决策中存在问题，并依法追究违规决策者的责任；进一步加大规范性文件“三统一”制度和备案制度的贯彻落实力度，并加强对部门规范性文件“三统一”落实情况的督导。

【行政执法行为规范】 一是抓“执法主体”。严把“三关”，即主体资格关，完成全市71个执法机关和152个行政执法机构的罚没许可证年检工作，对全市行政执法人员资格进行了全面清理，并对新增行政执法人员信息进行审核上报，严格执行罚缴分离和收支两条线管理制度；执法培训关，结合工作实际，制订《行政执法人员岗位培训制度》，组织全市2600余名行政执法骨干和行政执法人员的公共法律知识轮训和考试，考试成绩作为年度行政执法证件年检的重要依据；处罚监管关，严格落实自由裁量权基准制度，对有关部门自由裁量权依据发生变化的重新更新备案，认真做好行政执法统计和重大行政处罚备案工作，全年备案重大行政处罚案件141件。二是抓“执法规范”，以“规范化、专业化、标准化”为重点，先后出台《关于推进基层执法规范化建设的实施意见》《领导干部干预行政执法、插手具体案件处理记录、通报和责任追究办法》《武安市重大行政执法决定法制审核办法》，从理顺行政执法体制、加强行政执法人员管理、规范行政执法行为、规范涉企行政执法检查、加强保障制度建设等五个方面着手，进一步规范基层行政执法行为。11月23日，邯郸市公安机关执法规范化建设现场推进会在武安召开，得到邯郸市的充分肯定，并要求各县区进行认真学习借鉴。三是抓“执法监管”，由市依法行政领导小组办公室牵头，组织政府办、法制办、监察局等成员单位对全市30余个重点部门相关制度建立和落实情况，行政许可事项、行政处罚事项执行情况、行政执法案卷的规范情况进行检查，并以政府办名义印发《关于行政执法行为专项监督检查情况的通报》，责成有关部门抓紧整改到位。特别是在规范“两法衔接”上，重新调整“两法衔接”领导小组，印发《关于加强行政执法与刑事司法衔接工作机制建设的实施意见》，进一步加强“两法衔接”中的各项机制建设，把人民群众反映强烈的食品药品安全、产品质量安全、公共卫生安全、生态资源环境保护等领域突出问题和社会关注的焦点，作为督导重点。

【依法解决社会矛盾】 在行政复议上，在确保“量”的稳步提升基础上，更加注重“质”的提升，针对案情复杂、当事人较多、社会影响较大的复议案件，专门成立案件审查委员会，案件审理坚持以“集体讨论、少数服从多数”为原则，力争法律效果与社会效果统一。全年受理行政复议案件32件、审结29件，其中维持4件、终止10件，驳回1件，责令履行2件，撤销12件，涉及交通、交警、公安等部门。在行政应诉上，认真落实行政机关负责人行政诉讼出庭应诉制度，并将此项工作纳入到年度依法行政考核指标体系。全年办理涉及市政府的应诉案件6件，其中法院系统受理的行政诉讼案件5件，邯郸市政府受理的行政复议案件 1件。在行政调解上，市政府及有关部门“行政调解指导中心”，充分发挥职能作用，在处置各类案件、化解社会矛盾过程中坚持以人为本，秉公办案，综合考虑各种因素，依法提出处置方案和具体意见，有效保障行政安全和社会稳定。全年办理执法投诉、土地裁决以及领导交办复查案件、信访转来的疑难和反复案件约30余件。

（白晓东）

地方志工作

【概况】 武安市市志办公室是主抓地方志工作的正科级事业单位，定编8人，实有9人，一名主任，两名副主任。主要职责：一是组织、指导、督促和检查地方志工作；二是拟定地方志工作规划和编纂方案；三是组织编纂地方志，地方综合年鉴；四是搜集保存地方志文献资料，组织整理旧志，推动方志理论研究；五是组织开发利用地方志资源。

【市志办】

主　任：孙占文

副主任：张亚滨

裴维宪

【“两学一做”学习教育】 “两学一做”学习教育活动以来，市志办成立以主任为组长、副主任为副组长的市志办“两学一做”领导小组，制定各阶段活动开展方案。坚持把“两学一做”学习教育同转变作风结合起来。在年鉴编纂工作中，深入到乡镇、村考证有关资料。深入有关单位，现场指导撰稿。坚持把“两学一做”学习教育同完成年度目标任务结合起来，真正使学习促进工作。教育机关干部爱岗敬业、乐于奉献，努力形成干事创业的良好局面。坚持把“两学一做”学习教育同服务大局结合起来，理清地方志发展思路，解决服务中心工作不紧密、相脱节问题。组织广大党员干部认真全文抄写《党章》，习近平“七一”重要讲话，并撰写心得体会，不断交流学习经验，学习心得。通过深入的学习教育活动，广大党员标杆的意识明显增强，干事创业的激情得到提高。2016年，武安市突遇百年不遇特大降水，部分乡镇特别是西部山区受灾严重，市志办积极响应市委、市政府号召，紧密结合“两学一做”活动，成立由主任亲自带队的抗洪抢险工作组，深入到西寺庄乡南高壁村，帮助灾后重建工作。期间，市志办工作人员深入到每一户受灾群众家中，了解受灾情况，及时转移安置受灾群众，积极协调大型机械帮助村民进行灾后重建。在灾后重建督导期间，市志办工作人员继续深入到抗洪抢险第一线。了解灾后重建进展情况，对西寺庄乡上报情况进行认真核对，严格把关，力争全面真实的反映灾后重建进展情况。

【《武安市志》出版发行】 经过5年多艰苦细致的编纂工作，历经三次评审，几易其稿，《武安市志》于2015年12月底出版发行。2016年元月14日，召开《武安市志》首发仪式，市志发至全市各乡镇、市直各单位。组织有关部门，开展学志、用志活动。认真总结修志经验、教训，整理修志过程中形成的各种资料、档案，为下轮修志提供借鉴。

【向省、邯郸市方志办提供地情资料】 按照省、邯郸市方志办要求，按时向省方志办和邯郸市方志办提供武安地情资料。每年5月是向省、邯郸市方志办提供武安地情资料的时间，期间，市志办专门组织人员搜集、编写武安地情资料，4月底前高质量的完成资料上报工作，受到省、邯郸市方志办的肯定。

【《武安年鉴》编纂工作启动】 编纂综合年鉴是地方志的一项基础工作，市志办在去年工作基础上，认真编写资料征集提纲。征集资料提纲按行业分成若干类，每个行业又细分到若干类目。为了提高工作效率，确保每个单位提供的资料全面准确、重点突出、一次成功，在征集资料通知中，每个单位均附有相应的模板，并详细列出供稿要求和说明。收集资料形式上，采取编辑人员与单位主笔人直接见面，要求主笔人亲自领取通知领会精神，力争所报资料不反复，一步到位，不走弯路。在年鉴编辑中，还将本年度所发生在武安的大事、要事，设立专辑进行记述。如人民日报社主办的《人民论谈》2016年第9期刊载的“武安专辑”所载内容，以及2015年邯郸·武安首届全民马拉松赛等。通过年鉴反映出武安的新闻要事。9月资料全部征集完毕，11月底编纂工作基本完成。年底全面完成《武安年鉴（2016）》的编纂印刷任务。

【筹建地情资料库】 为进一步保存武安地情资料，发挥志书、地情资料资政、存史、教化的作用，为市委、政府决策提供信息服务，多次与市图书馆沟通、协调，设立地情资料库。

【贯彻执行《全国地方志事业发展规划纲要（2015—2020年）》】 武安市政府高度重视地方志工作，严格按照《全国地方志事业发展规划纲要（2015—2020年）》要求，切实做到“一纳入、八到位”。具体是将地方志纳入武安市国民经济和社会发展规划以及市政府的总体部署中去；切实做到认识到位、领导到位、机构到位、编制到位、经费到位、设施到位、规划到位、工作到位，成立以市委书记任名誉主任、市长任主任的高规格编纂委员会。以地方志工作条例为遵循结合武安实际，经过认真论证，制定武安地方志“十三五”规划。

（孙占文）

政协武安市委员会

政协武安市委员会

【概况】 政协武安市委员会由常务委员会主持工作。常务委员会由主席、副主席、秘书长和常务委员组成。其候选人由参加政协的各党派、团体和各界人士协商提名，经全体会议选举产生。政协武安市委员会自1988年成立后，迄今经历七届委员会，现有主席1名，副主席4名。下设办公室、提案组联室、宣教文卫室、人口资源环境工作室和文史资料工作室，作为在常委会和主席领导下经常开展活动的工作机构。2016年，市政协在中共武安市委的正确领导下，紧扣党政需求，聚焦热点难点，反映社会关切，认真履行职能，积极落实年度各项工作任务，为开创武安市建设经济强市、美丽武安的新局面作出积极贡献。

【政协武安市委员会】

主　　席：路　铭
副 主 席：郝　伟
　　　　　孟庆宇
　　　　　祁有山
　　　　　郭全生
秘 书 长：石树民

【政协武安市第七届委员会第六次会议】 3月1日至2日政协武安市第七届委员会第六次会议在蓝天宾馆举行。市四套班子领导和市武装部、法院、检察院主要负责人，以及往届政协主席、副主席在主席台就座。会议听取并批准郝伟代表政协武安市第七届委员会常务委员会所作的工作报告和孟庆宇代表政协武安市第七届委员会常务委员会所作的提案工作报告。列席武安市第七届人民代表大会第六次会议，听取和讨论市政府工作报告及其他有关报告，讨论“十三五”规划纲要（草案），审议通过政治决议及其他决议，进行大会选举。会议由常务委员会主持，路铭当选为政协武安市第七届委员会主席。

【理论学习】 在全体党员干部职工中深入开展“两学一做”专题教育活动，利用召开主席会、党组会、常委会、机关理论中心组学习会、座谈研讨会等多种形式，系统学习党章党规和习近平总书记系列重要讲话，学习中共中央关于加强社会主义协商民主建设的意见等文件精神，并分别在市政协七届二十四次常委会议上集中学习河北省委政协工作会议精神和邯郸市政协贯彻落实意见，在七届二十五次常委会议上集中学习十八届六中全会公报。机关党员干部手抄党章60余本，记录学习笔记20余万字，撰写心得体会33篇，坚定理想信念，提高综合能力和素养。

【开展视察调研】 围绕精准扶贫开展视察调研。组织部分委员和民政局、农牧局等部门负责人对西寺庄乡林泽食用菌种植有限公司开展的产业扶贫、石洞乡三王村农丰山鸡养殖专业合作社加电商扶贫和管陶乡寺浴沟村开展的农家乐整村扶贫等进行调研，发动36个委员活动组深入到所在镇村入户走访，并在市政协七届二十四次常委会议上围绕精准扶贫进行专题议政，将委员提交的36篇调研报告辑印成册，报送市委、市政府作决策参考。围绕灾后重建开展视察调研。在“7·19”特大洪灾后，成立由市政协领导、部分界别委员、交运、电力、民政、水利及相关乡镇负责人参加的专题调研组，先后深入到马家庄乡没梁殿村、徘徊镇茶口村、冶陶镇牛头村进行视察调研。每到一处，都认真听取乡镇负责人灾后重建工作情况汇报，协调解决相关困难，副市长孟延荣全程参与调研。市政协七届二十五次常委会议上围绕灾后重建进行专题议政，委员提出的意见建议为市委政府科学决策提供参考。围绕美丽乡村建设视察调研。市政协主席亲自带队，组织文化、旅游、住建等相关部门负责人多次到伯延镇现场指导古镇建设，协调解决资金、政策、技术等难题，并通过召开座谈会、调度会明确各部门责任分工，完善协同机制，形成工作合力，推动古镇有力、有序开发。

【关注民生】 全力投身“7•19”防汛抗洪抢险救灾。汛情发生后，及时召开主席扩大会议，向广大政协委员发出《防汛抗洪抢险救灾倡议书》，7月22日举行防汛抗洪抢险救灾捐款仪式募捐14万元。截至8月5日，市政协委员捐款共计237.65万元。7月25日，将捐款和救灾物资送往灾区，其中伯延镇政府3万元，罗峪村2万元、100件方便面、100件矿泉水、100袋食盐，马家庄村3万元、28桶油、100条毛巾被、120件面条、200袋粉条、100件水、10箱榨菜、200袋食盐，龙泉村1万元，冶陶镇政府2万元，徘徊镇后水峪村2万元，活水乡天阳鄄村1万元。组建以办公室主任为队长的抢险救灾工作队，到伯延镇龙泉村、罗峪村等帮助开展生产自救，累计清淤达100余车。扎实开展“五下乡”活动。到西寺庄乡小汪村开展文化、科技、卫生、就业服务、致富项目“五下乡”活动，共发放宣传资料和书籍12000余份，义诊2000余人次，做B超和心电图检查400多次，赠送价值3万余元药品。9家大中型企业发布招工信息3000多条，200多个达成就业意向，演出平调落子《福寿图》《盘坡》等文艺节目。积极推进后进支部帮扶。成立帮扶工作组对工业园区泉上村进行帮扶，与村两委召开现场沟通会，共同谋划帮扶思路。通过规范村务公开、落实三会一课、实行制度上墙、常态化讲党课、开展“两学一做”等措施，全面加强阵地建设。建立健全农家书屋，协调传统文化书籍2000余册，购置书架2套，对村民进行传统文化教育。积极协调占地纠纷，成功化解一批老大难信访案件。多方争取灾后重建资金，帮助村上修复水毁道路、房屋，保障村民生活不受影响。

【工作落实】 提案承办全部落实。七届六次全会期间收到委员提案草件274件，符合立案的270件。召开政协提案交办会，对政府系统承办的254件提案现场向承办单位进行交办。先后深入到住建局、交运局、交警大队、水利局等多个承办单位进行跟踪督办。截至年底，所有提案已按时办结，办结率100%，委员满意和基本满意率均达到99%。文史资料再结硕果。7月《武安博览》由中国文史出版社正式出版，该书是迄今为止第一部系统介绍武安历史和现状的综合性百科全书，出版《大爱》真实记录各级政协委员在“7•19”特大洪灾中的感人事迹。宣传工作再创佳绩。与新闻媒体深度合作，全方位、多角度的宣传报道七届六次全会召开盛况、会议成果。编辑、出版发行机关刊物《洺河话语》杂志4期，充分展示政协机关的工作成果，为委员参政议政、履行职能提供平台。机关党建全面加强。按照有关要求和《中国共产党基层组织选举工作暂行条例》规定，先后召开机关党总支、机关支部、老干支部换届选举大会，选举产生新一届支部领导班子。建立健全制度机制，修订完善政协机关党总支《工作职责任务》《成员工作责任制度》《三会一课制度》等制度，进一步加强党组活动的制度化、规范化运行。

【重要会议和活动】 1月4日，召开机关“三严三实”专题民主生活会，办公室主任石树民主持会议。石树民代表市政协机关班子和个人进行对照检查发言，班子成员依次进行个人对照检查发言和批评发言。政协党组成员韩俊义作重要讲话。市督导组组长杨书君，市政协机关副局以上领导参加会议。市委督导组成员李震山，4名“两代表一委员”和实名提出意见建议人员列席会议。

1月5日，召开市政协七届二十次常委会议，政协副主席郝伟主持会议。会议听取市政府副市长郝维斌所作的关于市政协七届五次会议以来提案办理情况通报。王延方等5名常委进行提案工作经验交流。安排部署市政协关于认真学习贯彻市委六届八次全会精神，积极为“十三五”规划建言献策活动，党组书记路铭作重要讲话。

1月5日，召开党组“三严三实”专题民主生活会，政协党组书记路铭主持会议。路铭代表市政协党组班子和个人进行对照检查发言，政协副主席祁有山、郭全生、韩俊义依次作对照检查发言。党组班子成员相互开展批评与自我批评。路铭作重要讲话。政协副主席郝伟、孟庆宇，办公室主任石树民，部分“两代表一委员”参加会议。

2月23日，组织召开市政府征求委员意见建议座谈会，政协党组书记路铭主持会议。常务副市长强延峰通报2015年武安市经济运行情况，委员发表意见建议，市长魏雪生作重要讲话，政协党组书记路铭作总结讲话。

2月24日，召开市政协七届二十二次党组扩大会议，政协党组书记路铭主持会议。会议审议通过七届二十一次常委会议议程，七届六次全会议程、日程，路铭作重要讲话。机关中层以上领导参加会议。

2月25日，召开市政协七届二十一次常委会议，政协副主席郝伟主持会议。会议审议通过关于召开政协武安市第七届委员会第六次会议的决定、议程、日程，审议通过政协武安市第七届委员会常务委员会工作报告、提案工作报告，审议通过大会秘书长、副秘书长名单、市政协2016年工作要点、委员增补事项、委员编组及召集人名单。政协党组书记路铭作重要讲话。

2月29日，召开市政协七届六次会议预备会议，政协副主席郝伟主持会议。会议表彰2015年度政协工作先进集体和先进个人、通报政协武安市第七届委员会第六次会议日程。政协党组书记路铭作重要讲话。

3月1日至2日，召开市政协七届六次全会，政协党组书记路铭主持会议。会议听取并审议七届委员会常务委员会工作报告、提案工作报告，列席武安市第七届人民代表大会第六次会议，听取和讨论市政府工作报告及其他有关报告，讨论“十三五”规划纲要（草案），审议通过政治决议及其他决议，进行大会选举。路铭当选政协武安市第七届委员会主席。中共武安市委、市人大、市政府的领导，市武装部、法院、检察院的主要负责人，往届政协主席、副主席应邀出席会议。

3月7日，在伯延镇政府召开美丽乡村建设调度会，政协主席路铭主持会议。会议听取市住建局、文体局等部门工作汇报。市委副书记杨万春提出指导意见，路铭作重要讲话。市政协办公室主任石树民、伯延镇党委书记、相关部门负责人参加会议。

6月1日，在伯延镇政府会议室，政协主席路铭为镇、村全体党员上“两学一做”专题党课。

6月13日，召开市政协第二十一次主席会议，政协主席路铭主持会议。会议审议通过市政协第七届二十四次常委会议议程，宣布市委对政协有关干部任免的决定。政协副主席郝伟、孟庆宇、祁有山、郭全生，党组成员韩俊义、石树民，机关中层以上领导干部参加会议。

6月24日，召开七届第二十四次常委会议，对全市“精准扶贫、精准脱贫”进行专题议政。政协主席路铭主持会议，政协领导郝伟、孟庆宇、祁有山、郭全生、韩俊义参加会议。会议传达学习中共河北省委政协工作会议精神，听取了市政协副主席孟庆宇所作的《政协提案审查委员会关于七届六次会议以来提案审查情况的报告》和副市长马晓斌代表市政府所作的《市政府关于精准扶贫工作情况的通报》，委员围绕精准扶贫作大会发言，会议举手表决一致通过市委关于市政协人事任免决定，政协主席路铭作重要讲话。

6月30日，召开迎“七一”党员座谈会，党组成员韩俊义主持会议。中层以上领导干部围绕“两学一做”主题作交流发言，韩俊义作总结讲话。

8月16日上午，召开机关全体会，传达学习《中共河北省委办公厅关于学习贯彻习近平总书记视察唐山时重要讲话精神的通知》、习近平视察唐山时的重要讲话，安排部署机关党建工作。

8月23日下午，召开机关全体会。通报市直工委《关于中共武安市人民政协机关党总支、机关党支部换届选举结果的批复》，安排相关事宜。

11月7日，召开七届二十二次主席扩大会议，政协主席路铭主持会议。会议审议通过七届二十五次常委会召开的日程、议程，《武安博览》首发仪式事宜，路铭作重要讲话。政协副主席孟庆宇、祁有山、郭全生，党组成员韩俊义、石树民、郭随增，各委室负责人、新闻记者参加会议。

11月8日，召开市政协七届二十五次常委会议，政协主席路铭主持会议。政协领导郝伟、孟庆宇、祁有山、郭全生、韩俊义参加会议。会议传达学习中共十八届六中全会精神；听取市政府关于市政协七届六次全会以来提案办理情况的通报和武安市“7·19”特大洪涝灾害灾后重建工作进展情况的通报；交通局、马家庄、徘徊镇作大会发言，与会常委围绕议题进行了分组讨论、建言献策，路铭作重要讲话。

11月8日，举行《武安博览》首发仪式，政协副主席祁有山主持会议。市政协主席路铭介绍《武安博览》编纂过程，政党、经济、民族宗教三胞眷属、社会福利社会保障、市直农业、文化艺术界界别代表，伯延镇、武安镇、磁山镇、上团城乡、阳邑镇、矿山镇活动组组长上台领取《武安博览》。常委、机关全体、新闻媒体工作人员参加会议。

11月15日，到西寺庄乡小汪村开展文化、科技、卫生、就业服务、致富项目“五下乡”活动。政协主席路铭，副主席郝伟、孟庆宇、祁有山，党组成员韩俊义，文体、劳人、科技、卫生、农牧、科协等单位和9家招工企业以及文艺工作者、医疗专家、科技骨干参加本次活动。

11月18日，召开市政协机关党总支、老干支部换届选举大会，秘书长石树民主持会议。会议按照换届选举规定程序，选举产生新一届机关党总支委员会，韩俊义当选为政协机关党总支书记，选举产生新一届老干支部委员会，王密珠当选为政协机关老干部支部书记，44名党员参加会议。

（郑雅琳）

群众团体

武安市总工会

【概况】 武安市总工会属于正科级社会团体，工作人员8人，1名离岗；主席1名，副主席3名，内设办公室和综合科两个科室，股级干部1名。2016年，武安市总工会在市委、市政府和上级工会的正确领导下积极开展工作，取得一定成绩。

【总工会】

主　　席：张增祥
常务副主席：王启良
副 主 席：王从江
　　　　　冀淑芳

【劳动竞赛和职工合理化建议活动】 全市提出合理化建议达4860余条。紧紧围绕市委、市政府提出的“给力二次创业，建功三个武安”的主题，广泛开展以对标竞赛为主要形式的劳动竞赛活动，全市参与对标竞赛的参赛职工达78150余人。年内，在已建立3个邯郸市创新工作室的基础上新申报2个河北省职工创新工作室。为大力开展节能减排工作，及时在干部职工大会上学习传达有关节能减排文件精神。

【职工技能比武活动】 为激发广大职工的创新热情和创造活力，引导广大职工成才，推动武安科学发展，绿色崛起提供人才支撑，积极开展网上练兵和技能比武活动，其中，参与网上练兵的参赛职工达12260余人，参与技能比武的参赛职工达8600余人，超额完成邯郸市总工会下达的任务目标，并获得先进单位荣誉称号。

【“安康杯”竞赛活动】 4、5月结合“安全生产月”和市安监局联合开展“安康杯”竞赛，参赛企业628家，参加班组1152个，参赛职工约6万多人。其中，规模型企业101家，全部参加了“安康杯”竞赛；同时，和市安监局联合下发《关于2016年度开展‘安康杯’竞赛活动的通知》《关于进一步开展签订劳动安全卫生专项合同的通知》，加强宣传，营造氛围，参加街头“安全宣传”活动，发放《安全生产工作手册》5000余本，宣传单2000余份，组织参加电视安全培训4680人次，签订劳动安全卫生专项合同350家，活动开展以来取得一定的成效。

【劳模管理工作】 五一期间，河北省总工会评选武安市第一人民医院院长郝保乾和华丰电力有限公司董事长魏杰为献爱心明星；8月份，开展省级劳动模范和市级劳动模范爱心公益活动，捐款150万元；向邯郸市推荐市级劳动模范先进工作者19名和先进集体1个。

【组织建设】 2016年，新建工会20家，新发展会员3000人，截至年底，全市基层工会组织1022家，会员总数154640人，基本实现全覆盖目标。在工会组织规范化建设中，在武安镇、贺进镇、大同镇、寺庄乡、华丰、文安、裕华、电力公司、新峰、贺进南街村、大同兰村等一批乡镇、企业、村级工会，创建标准化建设先进典型，在企事业单位中全面推进工会标准化建设，力争建设一个、规范一个，保证新建工会有组织、有队伍、有阵地、有公章、有牌子。全市基层工会1185家达到初级标准1145家，占97%；达到基本标准783家，占66.5%；达到规范化标准433家，占36.5%。在非公有制企业中，创建全国“双爱双评”先进企业1家，省模范职工之家2家，全省最受职工信赖的职工之家模范1个，省百强非公示范企业2家。

【职工帮扶】 市工会对全市困难职工进行详细的摸底调查，健全全市困难职工档案，并实行动态管理，每半年审核调整一次，一人一档，从4月开始，对特困职工和困难职工进行重新登记审核，已完成困难职工电子档案156户（特困职工10户，困难职工146户），为80多户困难职工办理优待证。制定爱心医院、爱心超市、爱心药店、爱心粮店优惠政策，使在档困难职工享受到了优惠政策。同时，在全市工会干部中广泛开展“联系职工交朋友”结对子帮扶活动，建立特困职工“第一责任人”工作机制。采取节日集中慰问和遇到天灾人祸及时救助相结合的形式大力开展送温暖活动。

【普惠化工作】 按照邯郸市总工会实行“普惠化”服务工作的安排部署，全面实施“普会卡”建设，此项工作的开展，为全市居民共享改革发展成果，共享政府提供的多项普惠服务的惠民、利民政策，年底已全面启动和实施。此卡以“便民惠民、服务工会会员”为宗旨，集政府公共管理、公用事业服务、居民健康、小额支付、省份识别、信息查询等功能于一体，即便于会员办理各项个人社会事务，快捷地享受政府提供的多项公共服务，免除“多卡少用”、四处奔波的烦恼。年内，全市工会会员普惠卡信息采集人数达到41459人，超出邯郸市总工会下达目标的10.8%。

【职工培训】 按照省总工会年初对“职工素质提升深化年”的任务部署，为进一步提升下岗转岗职工创业就业能力及转岗技术技能水平，积极协助企业做好去产能形势下转岗下岗职工的安置工作，市工会职工服务中心于11月21日～24日在武安蓝天宾馆组织举办河北省职工创业就业暨转岗技能职业资格认证培训班，培训内容为维修电工，参加培训总人数为59人，圆满完成邯郸市总工会布置的目标任务。

【工资集体协商】 在2015年获得邯郸市工资集体协商优秀单位的基础上，年内在推进供给侧结构改革，化解过剩产能，钢铁行业举步维艰，给工资协商工作造成极大困难，工会团结奋进、攻坚克难，圆满地完成邯郸市交给的协商任务，截止年底单独签订243家，其中新签32家，500强10家，100人以上45家，50人以上94家，内资企业62家，区域性22家；覆盖企业1372家、行业性13家覆盖企业201家，累计签订278家，覆盖企业1816家，占覆盖企业的90.48%；提质增效A类企业160家，B类企业160家，超额完成邯郸市总工会下达的任务目标。

【和谐劳动关系创建工作】 继续开展劳动关系和谐单位、和谐校园、和谐医院创建活动，确定分类指导、全面推进的创建思路，采取培养典型、以点带面、全面推进的方法，工作取得新进展，全市238家50人以上规模企业全部开展创建活动，参与率达100%，年底命名省AAA级和谐单位8家，其中国有企业1家、非公有制企业7家。市AA级和谐单位14家，其中国有企业1家、非公有制企业5家，和谐校园6家，和谐医院2家。命名培育县 A级和谐单位118家，其中国有企业13家，集体企业14家，和谐校园16家，和谐医院8家，和谐乡镇5家，园区1个，非公有制企业61家。占规模型企业的46.6%。

（郭慧敏）

共青团武安市委员会

【概况】 共青团武安市委负责领导全市共青团工作，具有做好团员纳新，超龄离团及团费收缴工作；对团员进行教育和管理，参与制定全市青少年事业发展规划和青少年工作方针、政策，对全市共青团系统的青少年活动阵地、服务机构建设进行规划、指导、管理和协调。调查、了解青少年思想动态和工作情况，研究青年运动、青少年工作理论、青少年思想教育等问题，提出相应对策，为市委、市政府提供决策依据等职能。共青团武安市委现有工作人员8名，其中司机1名，属乡科级单位，书记、副书记各一名；下设青年联络部，挂学少部牌子。

2016年，武安团委在上级团委和武安市委的坚强领导下，以深入开展“两学一做”学习教育活动为契机，围绕全市中心工作和上级团委部署的重点工作，坚持“组织青年，引导青年，服务青年”的工作方针，坚持“解放思想，开拓创新”的指导思想，带领全市广大青年团结一致，开创全市共青团事业发展的新局面。

【团委】

书　记：郝晓敏

副书记：朱瑞清（5月免）

　　　　韩　辉（5月任，6月免）

市少先队总辅导员：韩　辉（5月免）

【“两学一做”学习教育】 严格按照全市“两学一做”学习教育活动的总体要求，扎实开展相关工作，做到五个坚持。坚持领导带头。领导带头学习、带头讲党课、带头查找问题、带头开展批评与自我批评、带头整改落实；坚持从严要求。以从严从实的作风开展学习教育，以严促深入，以严求实效，坚决防止图形式、走过场。坚持分类施教。把握从“关键少数”向全体党员拓展、从集中性教育向经常性教育延伸这两个特点，突出正常、经常性教育。结合单位实际，制定相应的，具体可行的计划安排，确保学习教育全覆盖。坚持问题导向。把发现问题、找准问题、解决突出问题作为这次学习教育的出发点和落脚点，聚焦问题，深挖根源，闻过则改，立行立改，以解决问题的成果来检验学习教育的成效。坚持转变作风。以学习教育促作风转变，落实全年目标任务，以良好的工作作风狠抓各项工作落实，确保全年目标任务顺利完成，实现“十三五”规划的良好开局。

【青少年思想教育】 开展“我的中国梦”主题教育实践活动。以“我的中国梦”为主题，开展了“优秀传统文化在我身边”、清明祭扫、迎端午敬老爱老、“红领巾心向党”等活动，帮助全市青少年树立理想信念。培育社会主义核心价值观。全市共青团和少先队组织以团、队日主题活动、专题讲座等形式，开展“做一个有道德的人”“迈入青春门，走好成人路”“向善·向上”青年电影月、“花儿朵朵·快乐红领巾”等主题活动，践行社会主义核心价值观，传递了社会正能量。抓典型示范带动。表彰一批共青团和少先队组织先进单位和个人，评选了团建创新综合行动优秀项目，通过典型带动，切实推进各项工作创先争优。利用新媒体引导青少年。建立武安团市委微信平台，丰富媒体宣传渠道，加强全市各级团组织青年文明网络建设，开展网络主体宣传教育活动、阳光跟帖行动、“为雷锋精神点赞”活动，骨干少先队员加入青年网络文明志愿者等活动。

【青年创业】 促进青年就业创业。做好青年就业创业工作。引导就业创业观念。在职教中心学校开展相关主题教育活动，举办4场就业培训和专题讲座，传播就业创业理念。发布就业创业信息。联合市人事局、工商联等单位，为青年提供就业信息300多条，见习岗位58个。搭建就业平台。与劳动局等单位联合举行人才招聘会，近百家企业提供了8000多个岗位，1000余人达成就业意向。选树就业创业典型。通过拍摄青年创新创业典型系列电视专题片，树立青年创业标杆，营造创业创新氛围。推进青年志愿服务行动。组织青年志愿者开展系列活动，如“建设青年林、绿化太行山”植树造林、“争做环卫标兵”演讲、“手拉手”结对互助、农村家长课堂、困难家庭慰问等送温暖活动。使武安青年志愿者成为弘扬城市文明新风尚的生力军。深化团属品牌项目建设。以共青团品牌项目活跃团的工作、增强团组织吸引力、凝聚力和战斗力。继续深化“保护母亲河”“青年文明号”创建、“青年岗位能手”“青年文化服务”等系列品牌项目，以传统品牌项目推动工作，尤其是青年中心建设工作作为共青团的品牌工作，初步建成，将在相当长的一段时间发挥服务青年的重要作用。

【青少年合法权益保障】 重视预防青少年违法犯罪工作。积极开展“共青团与人大代表、政协委员面对面”活动。组织政法青年干部，开展校园“以案说法”活动。与市检察院合作，聘用心理辅导专业证件的社会人士并分区域分片为未成年人提供心理辅导。积极推进青少年禁毒宣传工作。张贴禁毒宣传标语300条，发放禁毒防艾宣传资料4000余份，增强青少年的防毒、防艾意识。关爱重点青少年群体。积极整合各种社会力量，针对闲散青少年、不良行为青少年、农村留守儿童、服刑人员未成年人子女、流浪乞讨未成年人和刑满释放青少年等重点青少年群体，通过希望工程“一元捐”“母亲节爱心义卖”“放飞希望梦想、关爱留守儿童”等活动，积极开展公益性帮扶。

【团干部队伍建设】 推进“学习贯彻习近平总书记系列重要讲话精神”青年读书班。除在武安宾馆集中开展两次全市青年读书班之外，主要采取“三个互补”的学习形式，一是自学与集中学习互补，二是读书与交流体会互补，三是学习体会与学习实践互补，在学习中，严格要求读书组成员要保证写心得体会4篇以上，做学习笔记5000字以上，并适时开展演讲比赛活动，增强读书组成员之间的交流，为读书组理论学习搭建展示的舞台。

（李丽青）

武安市妇女联合会

【概况】 武安市妇女联合会（简称市妇联），是全市各族各界妇女在中国共产党领导下为争取进一步解放而联合起来的社会群众团体，是党和政府联系妇女群众的桥梁和纽带，是国家政权的重要社会支柱之一。市妇联内设办公室，武安市妇女儿童工作委员会办公室设在市妇联。武安市妇联机关行政编制6名，领导职数3名，其中主席1名，副主席2名。办公室职数3名，股级领导职数2名。2016年，市妇联深入贯彻落实习近平总书记系列重要讲话中共十八届六中全会、中央党的群团工作会议精神，紧紧围绕市委中心工作，发挥组织引导服务妇女和维护妇女合法权益的作用，推动全市妇女工作在新起点上实现新发展。

【妇联】

主　席：侯连书

副主席：范淑贤（兼市妇儿工委办公室主任）

　　　　邢苗如

副主任科员：刘花云

【妇女儿童宣传教育工作】 全面贯彻落实党的方针政策，采取多种形式向基层妇联组织和妇联干部宣传中共十八大会议精神，重点学习习近平讲话、党章、十八届六中全会等内容，把广大妇女的思想和行动统一到中央关于深化改革的决策部署上来。组织学习男女平等基本国策和妇联业务知识。召开纪念“三八”妇女节106周年暨“一创双争”动员会，宣读《关于在全市妇女中开展“创建美丽庭院、争做创业新人、争做扶贫实事”活动的实施意见》，优秀妇女代表宣读倡议书，表彰“三八”红旗集体15个，“三八”红旗手168名，美丽庭院创建工作先进集体7个，巾帼创业带头人10名。

【促进妇女创业就业】 从实际、实用、实效出发，借势借力，为妇女就业创业及时提供指导和信息服务。举办手工业培训班5期，培训妇女400余人。联合劳动局开展“春风行动”为妇女送岗位活动，活动期间共发放宣传资料1000份。充分发挥妇字号基地作用，为妇女创业就业提供条件和岗位，辐射带动更多妇女发家致富。建成家庭手工业服务中心和电子商务平台等服务机构3个，培育省级巾帼乡村旅游示范点1个、旅游点2个。为全市90名妇女提供450万元小额担保贴息贷款，激发广大妇女的创业主动性和积极性。

【维护妇女儿童合法权益】 利用“三八”维权周、

12·4法制宣传日、反家庭暴力日等，开展法律宣传咨询活动，宣传了《邯郸市妇女权益保障条例》《反家庭暴力法》《未成年人保护法》等，接待妇女群众咨询280余人次，发放法律宣传资料6000余份。做好妇女群众信访接待，接待来信来访85件，案件处理率达100%。开展好各级信访代理，依托微信群等，实行市、乡、村三级信息联动，实现问题处理的上下联动、及时沟通，乡镇、村基层代理解决的案件占全市代理案件总量的62%，9起案件获河北省优秀信访代理案件。

【美丽庭院创建】 围绕市委美丽乡村建设任务，市乡村三级妇联干部深入一线包村包户，开展“村民讲习所”创建活动。年底全市13个省级美丽乡村重点村全部建立妇女“村民讲习所”，依托讲习所开展家庭纠纷调解、优秀家训家风、实用技术知识等培训30余场。通过培训，广大妇女了解创建美丽乡村、美丽庭院的重大意义，农村环境面貌和农村妇女的精神面貌有了很大改观。

【妇女“两癌”普查工作】 协调妇幼院做好全市妇女“两癌”普查工作，对7000余名妇女进行乳腺癌、宫颈癌筛查。年内，为12名贫困妇女争取到全国妇联“贫困母亲两癌救助”中央专项彩票公益金12万元。

【妇联基层组织建设】 通过试点先行、全面部署、现场观摩、督导检查等形式，有6个乡镇妇联完成换届，基层组织和阵地得到加强。创新开展“三有两突出”（有人干事、有阵地做事、有钱办事，服务基层妇女作用突出、参与和谐社会建设能力突出）基层组织示范创建活动；在全市502个村全部创建“妇女之家”，并定期举办科技知识、编织、家教、普法等多项培训班，真正把“家”用起来。争取到河北省妇女之家建设专项资金10万元，磁山二街、刘庄“妇女之家”被评为河北省“示范妇女之家”。

【妇儿两规的贯彻落实】 进一步加大男女平等基本国策的宣传力度，召开市妇儿两规中期评估督导工作会，组织妇儿工委各成员单位开展自我评估工作。“六一”前夕，举办“红领巾相约中国梦”儿童节庆祝活动，女企业家代表为山区学校捐助电子琴、打印机、吉他、学习用品等教学用品；开展“共享成长 梦想成真”圆梦微心愿活动，组织50名爱心家庭代表深入西部山区小学，将价值5000元的生活学习用品分别送到孩子手中。

【各项帮扶工作】 党员领导干部多次到午汲镇下泉村对口帮扶户家中进行走访慰问，送去衣服、炊具、夏凉被、书籍等用品；助残日走访慰问2名特困残疾母亲，送去慰问品和400元慰问金；驻午汲镇东张璨村工作组筹措资金4万余元，帮助修缮通村桥梁，协调解决健身器材，帮助建起了农家书屋、党员活动室等等。“7·19”抗洪救灾工作中，发动全市妇联系统及爱心人士筹集款物25万余元，组织带领女企业家、爱心人士奔赴11个乡镇13个受灾村，及时送去急需物资和生活必需品，帮助灾区群众共渡难关，被市委、市政府和邯郸市妇联评为抗洪救灾先进集体。

（张黎明）

武安市工商业联合会

【概况】 2016年，在市委、市政府的正确领导下，在市委统战部和上级工商联的精心指导下，以中共十八大精神为指导，以发展为主题，以服务为根本，全面落实科学发展观，充分发挥工商联的桥梁纽带和助手作用，求真务实，锐意进取，各项工作取得显著成绩。

【工商联】

主　席：贾旭日

副主席：朱　云

杨亮亮

【队伍建设】 认真组织党员干部深入学习中央、省、市重要会议文件精神、党风廉政建设、法律法规、公务员职业道德教育等。在学习的形式上采取集中学与中心组学、自学同步进行。在学习的方法上，采取自学与集体讨论相结合，理论学习与业务工作相结合。

【非公人士思想政治工作】 积极发展会员，不断壮大工商联会员队伍。年内共发展87个会员（个人会员4个，团体会员4个，企业会员79个）。现有会员619名（企业会员416个，团体会员25个，个人会员178个）。按时准确上报统计数据情况。如执常委数据库、组织数据库、商会数据库。成立异地商会和行业协会。成立“武安市工商联建材业商会”。配有专职工作人员，活动经费和固定办公场所，为地方经济发展和行业健康发展起到积极的推动作用。

【参政议政】 积极开展调查研究。围绕市“一钢独大”形势，深入会员企业，解剖麻雀，写出《市工商联关于对我市部分重点行业的建议》。充分征求非公有制经济人士的意见和建议。撰写《优化发展环境，促进全民创业》的建议，有效改善全市非公有制经济市场环境、政策环境、法制环境、社会环境。做好非公有制经济人士参政议政工作。积极鼓励、支持和引导非公经济人士中的人大代表、政协委员，深入调查研究、建言献策，反映社情民意，积极参政议政，年内组织视察、调研、对话等活动6次，撰写提案、议案67份，得到市领导的肯定，为市委、市政府的正确决策提供依据。

【建立联系企业机制】 建立领导班子成员联系企业制度，负责协调联系点工作。推荐20家会员企业录入全国工商联中小微企业监测点。

【帮助企业解决困难】 积极帮助企业解决困难。不断加强同民生、邮政、浦发、河北、邯郸等银行联系，做好银企对接工作，解决融资难问题。为企业做好政策、维权、宣传、用工等服务

【搭建政企对话平台】 组织企业家参加市政府召开的政企座谈会，并与有关部门跟踪落实督查督办，真正发挥桥梁和纽带作用

【会员企业培训】 为帮助企业家提高自身素质，组织企业家参加“论新形势下民企的商机与转型”“创造管理模式总裁班”“如何定一份好合同”“怎么创建百年企业”等培训

【宣传工作】 利用武安市报“会员风采”栏目，推出“十名本土商业代表人士”；围绕节能减排，转型升级，大气污染治理等项工作，推出8个典型会员企业介绍经验和做法；通过单位网站，向各级工商联报送信息

【企业评优评先】 推荐河北诺恩净水设备有限公司参评全联、科技部组办的科技型企业评选活动。推荐龙凤山铸业、永城焊材参加由科技部、总装、全联等部门组办的军民融合产品评审，瑞驰的机床、龙凤山的高纯生铁选入军民两用产品目录第四卷。推荐普阳、冀南、明芳、等九家钢企跻身“2016中国民营企业500强”暨十家民企入选“2016年中国民营企业制造业500强”。

【组织队伍建设】 陆续巩固和发展党的群众路线教育实践活动成果，结合思想大讨论活动，加强作风建设。坚持把学习教育贯穿始终。认真学习习近平总书记重要讲话精神，结合工商联实际，制定中长近期改进工作作风、密切联系群众各项规定、措施和制度，领导带头撰写调研报告，党员干部撰写心得体会12篇。坚持把征求意见贯穿始终。面向工商联机关干部职工、社会各界广泛征求意见建议，建立整改台账。以整风精神开好民主生活会。领导干部撰写个人对照检查材料，敢于揭短亮丑、敢于动真碰硬、敢于深挖根源。坚持把批评与自我批评贯穿始终，班子成员开诚布公地开展了批评与自我批评，达到了“批评—团结—再批评—更团结”的目的。坚持把边整边改、立行立改贯穿始终。结合专项整治工作，修改了完善各项规章制度。积极践行群众路线教育实践活动，扎实开展“蹲

点服务”“志愿服务和春雨行动”活动。组织领导干部分别在大桥水泥、贺进镇杨庄村、午汲镇下泉村建立领导帮扶联系户等活动。

【联络工作】 组织会员企业外出交流。主动与北京清华大学、北京科技大学等科研院所联系，就企业环保、转型升级、军民融合等方面进行多次对接，全国工商联经济部和北京中国人民解放军总医院研究所到武安进行考察。晶天工贸与北京科技大学签订长期合作协议，多次邀请专家到元宝山、龙凤山等钢企指导工作。建立友好商会。与吉林省松原市工商联、山东省济南市工商联、温州市工商联结成友好商会，体现“天下商会是一家”。11月协助会员成立河北武安商企联盟，活动正常，作用彰显。围绕市政府重点工程，积极开展招商引资活动。利用iBBX国际易货平台，集体采购外矿项目正在洽谈。

（常香梅）

武安市文学艺术界联合会

【概况】 武安市文学艺术界联合会，是在市委宣传部直接领导下的人民团体组织。编制4名，现有工作人员5名。设主席1名，副主席2名，办公室主任1名，财金人员1名。文联职能：团结引导、联络协调、服务管理、自律维权。文联下辖作家、美术家、书法家、摄影家、戏剧曲艺家、音乐舞蹈家、民间文艺家、诗词灯谜楹联8个专业艺术家协会，拥有会员1500余名。

2016年，文联在市委、市政府正确领导下，以围绕中心、服务大局为主题，坚持“二为”方向和“双百”方针，认真履行团结引导、联络协调、服务管理、维权自律的职能，组织动员广大文艺工作者，开展展览、学术研讨、采风笔会和对外交流等活动。

【文联】

主　席：刘丰生

副主席：李彦旻

于维斌

办公室主任：史和平

【艺术活动】 学术活动。武安文联与神钲书院联合举办艺术研讨活动，坚持每月开展两次，全年举办22次，浓厚武安的文化氛围，为助推书香武安建设增光添彩。5月文联组织会员到京娘湖、武当山采风，与农民交流、座谈，深入解农村现状，获取创作素材。7月组织举办2016图书馆真人图书阅读活动，音乐舞蹈协会联合电视台举办2016每周一期百姓大舞台。邀请省市书法、美术、摄影、诗词、戏曲等专家学者来武安市与文艺爱好者进行创作交流，切磋技艺，评讲作品。书法家协会举办“九九”书法展。10月15日河北省诗词协会第三届三次理事（扩大）会在武安顺利召开。会后全省130多名会员到东山文化博艺园、伯延古镇、七步沟采风，诗词协会会员被武安美丽的自然风光和深厚的文化气息所打动，写诗300余篇，集印成册，为宣传武安发挥积极的作用。采风笔会。春节在西岭湖公园举办“迎新春大型书法笔会”，来自邯郸和本市的百余名书法家泼墨挥毫。7月举办店子书法笔会，9月举办史石门书法笔会。书法家协会，美术家协会，民间文艺家协会先后在七步沟、武当山、宋江岩、文馨阁、西岭湖举办多次采风笔会。美术家协会、摄影家协会还组织会员到全国各地进行了8次采风活动。对外交流。各协会先后分别与山东、北京、辽宁、山西、陕西、保定、邢台、秦皇岛等地举办创作交流活动，增强友好往来，提高武安的知名度。群众性活动。春节元霄节期间，举办“武安西关街元宵谜会”活动；“武安阳邑元宵谜会”活动；“武安阳光户外运动元宵谜会”活动；灯谜展板，笑话谜，漫画谜丰富多彩，妙趣横生。献爱灾区。武安百年一遇7·19洪灾发生后，武安文联积极组织发动会员，向灾区捐款捐物4.5万元。各协会多次深入灾区慰问受灾群众。

【文艺创作】 贾海泉作品参加北京师范大学但丁中国世界“当代艺术展”，系列作品简介载入《中国当代抽象绘画史鉴》。李红兵组图作品《乡音》，2016年获国家艺术基金资助。江芳延、王进元作品参加全国摄影国展。摄影家协会会员在国家级刊物发表作品50余幅，200余幅参加市级以上作品展。于冰美术作品在国家级报刊发表20余幅，并且到山东、北京等地展示自己的美术作品。史和平、王增彦、候海亮、佘菊霞、刘海霞、单国强等16人分别参加河北省美展和邯郸市美展。

【队伍阵地建设】 发展壮大队伍，培育新的创作人才，各协会吸纳会员190名。加入邯郸市级协会的20余人，加入省级以上协会的20人。2016年出版《洺河源》2期、《武安民间文化》5期。

（刘丰生）

武安市残疾人联合会

【概况】 武安市残疾人联合会的主要职能是调查残疾人的状况，统计残疾人的数据，分析残疾人的成因，为残疾人开展康复、预防等方面的技术服务。在康复服务、就业培训、基层调研、宣传预防等方面开展活动，切实改善残疾人事业，促进残疾人平等、充分参与社会生活，共享社会物质文化成果。残联下设办公室、财务室、康复部、教就部、组联部、宣文部、劳动服务所7个科室，工作人员65人。2016年，武安市残联全面贯彻中共十八届三中、四中、五中、六中全会精神，以“两学一做”活动为契机，紧紧围绕市委、市政府中心工作，结合残联实际，大力推进残疾人小康进程，理论学习、文体宣传、职业技能培训、康复助残等重点工作取得新的进展，残疾人生活质量和幸福指数得到显著提升。获“邯郸市残联综合工作突出单位”称号。

【残联】

理 事 长：杨建元

副理事长：邵建军

冀彦波

【残疾人基本服务状况和需求信息数据】 6月初，河北省数据更新工作培训会后，武安市残联提前安排本级培训。经过7月的入户登记，8月的数据录入，克服7·19暴雨带来的冲击和困难，圆满地完成此项工作，受到邯郸市残联的好评。按时完成贫困残疾人“生活补贴和护理补贴”工作。市残联负责审核残疾人信息。审核生活补贴人数5595人，护理补贴人数4391人。无障碍建设和文体下乡继续向农村延伸。完成对30户肢体残疾人家庭无障碍改造工作，另外还对5户其他类残疾人家庭进行无障碍设施改造。为残疾人缴纳人身意外伤害保险。为全市7900多名残疾人免费参加人身意外伤害保险。在校残疾学生得到救助。通过对各乡镇摸底排查，筛查出符合条件的大专残疾学生3人；残疾人子女大专4人、本科生8人；共计15人，补贴38000元。完成残疾人机动轮椅车燃油补贴工作。残疾人机动轮椅车燃油补贴和新增残疾人机动轮椅车燃油补贴登记共发放110人。残疾人取得汽车驾驶证培训补贴工作。残疾人取得汽车驾驶证培训补贴发放1人。加强窗口建设，方便残疾人办理残疾人证。市残联为更好的方便残疾人办证，打印明白卡，进一步规范办理流程。增加“办证服务处”办公场所面积，添置桌椅等器材，提高服务的质量。接待残疾人3600多人次办理残疾人证。强化专职委员培训，提高服务残疾人能力。市残联利用3个月时间，在活水乡中民宾馆对农村残疾人专职委员进行一次大规模的轮训。每期培训为3天24课时，最后进行试卷测试。有490名专职委员参加培训。奠定残联组织和残疾人之间加强联系的基础。

【残疾人维权工作】 6月为“残疾人法律援助月”，市残联在全市上下广泛开展宣传活动。发放针对残疾人、老年人、妇女、未成年人等各类特殊群体的法律援助维权知识手册和《中华人民共和国残疾人保障法》1300份。现场解答群众法律咨询20余人次，现场受理法律援助申请1件。同时对涉残案件进行了全面排查。为81名残疾人免费提供法律咨询，为18名残

疾人实施法律援助。按比例安排残疾人就业工作，审核党政机关、企事业单位40余家

【残疾人康复工作】 市残联坚持以残疾人康复服务为导向，以各乡镇残联和残疾人康复机构为平台，在残疾人儿童抢救性康复训练、残疾人康复需求筛查和康复人才培训等方面取得了重点突破。加大康复宣传力度。利用媒体和深入乡镇、村对残疾儿童康复救助政策进行广泛宣传，对符合康复训练的0～14周岁残疾儿童进行免费康复训练，每人每年提供1.2万元的康复训练补贴。精神病患者服药救助工作。为25名精神病患者提供免费服药，每人每年给予500元的服药补贴。开展机构康复训练。安排45名脑瘫儿童在武安康复医院进行训练，18名自闭症儿童在邯郸市爱诺自闭症学校训练，10名聋儿分别安排到邯郸市特校和博爱语训学校语训，为20名残疾儿童配发助听器和轮椅等辅具。开展康复培训。举办两期残疾人康复协调员业务培训班，105名残疾人康复协调员参加培训。开展残疾人托养服务。依托上团城智力和精神托养院分别对86名精神和智力残疾人实施了机构托养和居家托养，其中机构托养11人，居家托养75人，每人每年给予1500元服务补贴。残疾人假肢装配工作。为29名缺肢残疾人装配假肢、矫形器并进行了免费维修。

【残疾人教育教训和就业工作】 开展实用技术培训。4月27日市残联在大同镇举办残疾人手工技能工艺门帘制作培训，培训为期5天，培训残疾人23名。12月1日，市残联利用社会办学，依托八维职业技能学校，在天外天宾馆举办为期2天的实用技能培训，培训残疾人97名。开展残疾人青壮年文盲扫盲行动培训。为提高残疾人文化素质，12月13日，市残联利用社会办学，依托八维职业技能学校在天外天宾馆举办为期3天的残疾人青壮年文盲扫盲行动培训班，培训10名残疾人青壮年文盲。开展职业技能培训。9月7日，将一些年龄小的有文化知识的残疾人输送到邯郸市理工学校和邯郸市扬子职业培训学校，学习电子商务和盲人按摩，培训为期三个月，有12人参加，其中电子商务9人、盲人按摩3人。组织有计算机基础、继续深造的残疾人，参加长城计算机学校会计专业培训，培训时间为6个月，年内有2人参加培训。开展残疾人“拜师学艺”。市残联有针对性地组织20名残疾人分别与家电维修、修鞋等行业的老师傅结对学技艺。组织残疾人报名参加河北省残疾人远程教育。动员9名残疾人参加省远程教育，分别学习财会、家庭手工技艺等专业；开展以摸清核准建档立卡残疾人贫困户、精准扶贫基础信息为内容的“百日会战”活动。6月到9月，开展以摸清核准建档立卡残疾人贫困户、精准扶贫基础信息为内容的“百日会战”活动。建档立卡系统残疾人数1300人，其中无劳动能力1145人，有劳动能力155人。在12月1日实用技术培训中，对有意愿参加培训的残疾人进行培训。纳入社会保障兜底情况951人中，低保户931人，五保户21人。根据残疾人基本服务状况和需求调查数据中贫困残疾人数据，开展农村残疾人家庭危房改造核实工作，涉及危房改造的贫困残疾人133人，核实后实施危房改造35人；核实后未纳入危房改造范围，需要住房城建部门新鉴定的为33人；核实后不符合危房条件的为65人。扶持残疾人创业。市残联对2015年以来取得《个体工商户营业执照》或《医疗机构执业许可证》，经营时间超过6个月含以上的残疾人，给予一次性扶持补贴6000元，盲人按摩一次性扶持补贴10000元，为21名残疾人发放自主创业补贴款。扶贫基地安置残疾人就业。8月19日，武安市山丰核桃专业合作社被评为邯郸市级残疾人扶贫示范基地，该基地安置农民就业总人数260余人，其中辐射带动残疾人120人，安置残疾人就业岗位21人，扶持辐射带动残疾人创业30人。为残疾人个体工商户缴纳养老保险。经过仔细筛查为符合条件的4名城镇残疾人个体户缴纳养老保险。

【文体宣传工作】 5月15日是第二十六次“全国助残日”，助残日活动主题是“关爱孤残儿童，让爱洒满人间”。在助残日前夕，市残联

开展大规模系列活动，进一步宣传残疾人事业。5月12日，全市60多个市直单位分两路开展慰问活动。一路深入到管陶、徘徊、贺进等乡镇，为40余户贫困残疾人，送去米、面、油和慰问金；一路到市特教学校、武安市残疾人康复中心、贺进镇培智学校、残疾人精神托养院捐款、捐物。助残日期间，全市捐款、捐物折合人民币11万余元。5月13日上午，市19家残工委成员单位及市医院、中医院、上团城智力和精神残疾人托养院等卫生医疗机构300余人在西岭湖公园门前设立宣传台，向社会公众和残疾人提供政策、法规及康复工作的咨询服务。当天发放各类宣传品5500余份，接受咨询50余人次。市残联精选三部残疾人励志题材的电影，分别于5月14日、5月21日、5月28日在武安电视台民生、电影频道，武安广场及康复医院电子屏上映，激发残疾人昂扬向上的斗志，弘扬社会正能量。

【举办残疾人书画展】 通过多种形式进行宣传，各乡镇残联深入到户宣传动员，广泛征集作品300余件。经组委会和专家认真评议，评出一等奖1个、二等奖2个、三等奖3个、优秀奖2个。展现武安市残疾人的艺术才华和自强不息的精神。

【残疾人健身活动】 创建兰村、磁山二街健身示范点。6月市残联组织100多名残疾人在磁山二街和大同镇兰村健身示范点活动中心，参加健身锻炼。其中棋牌类有扑克、象棋、围棋、康乐棋等，体育项目有乒乓球、羽毛球等，群体类项目有飞镖、跳绳、轮椅太极拳、秧歌等，其他项目有按摩椅、二胡、板胡、电子琴等。市残联10月组织76名残疾人青少年运动员参加选拔活动，被邯郸市选拔17名。

【其他工作】 7月18日至20日，武安市发生特大洪涝灾情，市残联根据市委市政府统一部署，组成抢险救灾分队同当地干部群众一起，夜以继日奋战在工业园区所辖区域，开展拉网式的搜寻。同时组织机关全体干部职工为灾区残疾人捐款9300元，组织社会爱心企业、爱心人士捐赠食用油100桶，方便面200箱。组织50名机关人员，奔赴灾后重建的对口帮扶地徘徊镇桃花村，做了大量扎实而有效的工作。市残联积极帮扶后进村。管陶乡陆渠村属于六类后进村，残联工作队进驻后，深入农户家中共同探讨致富门路，出资5万元帮其改善村委办公室，修建老年活动场所，为困难家庭送去米、面、油、方便面等生活物品，受到当地干部的好评。

（贾现华）

武安市科学技术协会

【概况】 武安市科学技术协会（简称市科协）是党领导下的人民团体，是市委、市政府联系科技工作者的桥梁和纽带，是发展科技事业的助手，是科技工作者之家。市科协机关人员属事业编制，编制7名参照公务员执行，自收自支事业编制1名，现有工作人员8人。市科协内设办公室、科技咨询服务中心两个科室。2016年，市科协各项工作取得新的进步。智寿源科普示范基地荣获国家级基层科普行动计划优秀科普示范基地，万乐蔬菜专业合作社科普示范基地荣获省基层科普行动计划先进单位，市科协获邯郸市第31届青少年科技创新大赛优秀组织单位。

【市科协】

党组书记、主　席：杨麦琴
党组成员、副主席：申敬华
　　　　　　　　　申拥军
副　主　任　科　员：宋燕兵

【创建科普示范基地和科普示范学校】 继续创建科普基地，突出培育先进典型，推荐的智寿源科普示范基地和万乐蔬菜专业合作社科普示范基地分别获国家级和省级先进典型。组织开展第三批武安市科普示范基地的评选命名工作，重点选育创新花卉专业合作社科普基地、阳邑镇盘峧村双孢菇种植科普示范基地、兴芳林果专业合作社连翘种植基地、杨树种植基地为武安市科普示范基地，授予武安市第五中学、实验中学、武安市第六中学、兰村小学、光明小学为武安市先进科普示范学校。

【组织开展“全国科普日”活动】 在全国科普日期间，围绕“创新放飞梦想，科技引领未来”主题，开展丰富多彩的科普活动。中国流动科技馆巡展在第五中学启动，为期两个多月的巡展活动为全市青少年带来丰厚的科技盛宴。在武安市东山文博园举行万人科普游园活动，以东山文博园科普资源为依托，组织中小学生进行科普游园活动，接受科普教育。举办科普知识展，在武安广场开展科普宣传活动，为市民发放科技资料、宣传品，解答群众科技方面的咨询。举行科普知识讲座，利用现代科技设备，到科普示范学校举行气象科普知识讲座活动，向学生普及日常科技知识。组织开展科普知识竞赛，为全面提高全市中小学生环保意识，用实际行动保护自己的家园，联合市教育局举办青少年环保知识网络竞赛活动。

【科普宣传】 全年组织集中活动8次，发放科普资料包括自编《科普知识》、图书、挂图、音像制品等5万多份，制作科普知识系列展板150块；充分利用“科普日”“科技活动周”“五下乡”等专题活动，组织有关单位的科技人员，带着科技资料，实用技术，到乡村、学校、企业和部分科普基地、协会开展科普宣传活动；利用现代媒介传播科技知识，与科技局、广播电视台联合开办“科技点播频道”“科普之声”广播栏目，全年点播次数达2万多人次；以城区街道、乡村的科普画廊、橱窗为载体，刊载科技知识和科技信息，全年编印《科普之声》12期8000多份，免费向各乡镇村发放。

【素质教育】 青少年素质教育。在开展科普进课堂活动的同时，市科协组织开展第31届河北省青少年科技创新大赛，全市共征集科幻画728幅，科技创新成果竞赛项目13个，其中获省级奖13幅（件）获邯郸市级奖76幅（件）；“全国科普日”期间，组织流动科技馆进学校活动和科普知识巡回展示，通过多种形式的互动体验和现场讲解，提高青少年科技创新意识和科技实践能力。农民科学素质。深入实施“科普惠农兴村计划”，开展科技下乡服务活动，培植农村科技（科普）带头人和科技、科普示范基地和户，努力提高农民科技致富能力。全年举办农民实用技能培训班25期，受益群众3000多人。城镇劳动者科学素质。紧紧围绕经济转型升级，加强职工技能培训，组织环保方面的专家和技术人员深入工业园区、相关企业，普及科学知识、搭建科技创新平台，引导和激发广大职工科技创新发明的积极性，更新企业职工的科技知识，培育创新创造能力。社区居民科学素质。结合文明城市、文明社区创建等活动，广泛开展科教、文化、卫生进社区活动。创新工作理念，紧扣居民最为关注的问题、喜闻乐见的话题，设计工作内容与手段，实现工作效果最大化，打造亲民科普工作品牌。领导干部和公务员科学素质。围绕经济社会发展形势和干部队伍建设要求，联合市委组织部、市委宣传部、市人社局，通过各单位中心组集中学习，市委党校、远程教育网培训、专家讨论专题报告会等形式，向机关公务员、事业单位的领导干部普及科学知识，不断增强领导干部和公务员的科学意识和科学决策能力。

【“两学一做”学习教育】 深入开展“学党章党规、学系列讲话、做合格党员”教育活动。召开动员会制定实施方案，建立学习交流园地，制定学习计划，开展集中授课培训。围绕“坚定信念，保持党员本色”“强化看齐意识，严守纪律规矩”“勇于担当作为，发挥党员作用”开展学习研讨，集中学习《党章》《中国共产党廉洁自律准则》《中国共产党纪律处分条例》《习近平系列讲话》《习近平谈治国理政》等重点内容，扎实完成各环节的工作任务。注重提升学习效果，切实把党员的党性觉悟提升起来。对广大党员，要认真落实“三会一课”制度，通过举行主题党日活动等方式，满足学习需求；对党员领导干部，认真落实每周一次支部学习

会、每半个月参加一次双休日讲座、每个月开展一次中心组学习、每季度组织一次专题研讨、每半年至少讲一次党课的“五个一”学习制度，切实防止学习教育形式化、空泛化、走过场；充分发挥组织生活的熔炉作用，用好批评与自我批评这个“利器”，用好正反两方面典型，防止庸俗化、随意化、平淡化、娱乐化，提高组织生活的质量和水平。

（李妍）

法治·军事

政法委及综治

【概况】 中共武安市委政法委员会是市委组织、领导、指导、协调、监督政法部门和政法工作的专门机构。市社会管理综合治理办公室、市维护稳定工作小组办公室，挂靠市委政法委，属正科级机构，与市委政法委合署办公。市委政法委下设办公室、政治处、执法监督科和涉法涉诉接访中心四个中层单位。

【市委政法委】

书　　　记：韩保魁
常务副书记：郑长江（5月免）
　　　　　　冀彦军（5月任）
副书记、综治办主任：张　勇（5月任副书记）
维稳办主任：郭玉刚
副　书　记：李海刚（5月任）
综治办副主任、办公室主任：申君强（5月任）
综治办副主任：侯丽华（5月任）
维稳办副主任：王普照（5月任）
副主任科员、涉法涉诉接访中心主任：
　　　　　　杨亮亮（5月免）
副主任科员：王振国　（5月任）

【政法综治、维护稳定工作】 服务中心扎实有效。全年破获各类经济犯罪案件63起，抓获犯罪嫌疑人68名，追赃挽损2000余万元；立非法吸收公众存款案件 76起，涉案金额47.9亿元，抓捕犯罪嫌疑人296名，起诉审判74起，判决68起，冻结涉案资金2100余万元，追缴赃款约1.2亿元；完成省、邯郸市挂账督办的3个重点建设项目的稳定风险评估工作，同时对2个重大事项进行稳定风险评估，收到良好效果；“7·19”抗洪救灾期间，出动警力5600余人次，转移灾民15000余人，营救被困群众5000余人，排查各类隐患100余处，李建为、刘小强、魏占兵等5人被评为省见义勇为英模。平安建设优化升级。“警网”方面，以城区网格化巡防为抓手，按照每1.5平方千米一个巡区的标准，将城区划分为10个巡区，采取“一区一车四警”模式，多警种武装巡逻、全天候流动巡防，提高打击犯罪的震慑力；年内，公安机关立各类刑事案件1484起，比上年下降38.2%，破获各类刑事案件1522起，抓获各类犯罪嫌疑人552名，其中9起现行命案全部破获，持续保持现行命案破案率100%的强劲势头；发现受理治安案件1645起，比上年下降20%，查处1645起。筹集资金1300余万元，利用两个月建成全省一流的“天网工程”，城区新增监控探头721个，实现24小时动态监控、信息资源共享。通过视频监控系统，直接查明案件158起、防范案件300余起。广泛动员社会力量参与B类监控探头建设，全年新增监控探头7982个，基本实现了城乡视频监控全覆盖。按照上级要求，高标准完成市乡村三级“一委三中心”建设，配备人员5000余名，排查纠纷1425件、调处1401件。打造康二城、工业园区、午汲3个市级典型，综治基层组织标准化建设工作得到省、市领导的充分肯定，并在全省推广。信访形势趋稳向好。着力做好“四抓”：一是抓重点，全力做好敏感时期安保维稳工作。通过周密部署，分解任务，压死责任，圆满完成全国“两会”“G20峰会”、十八届六中全会以及市第二届“划骑跑”赛事等敏感时期的安保维稳任务。二是抓关键，妥善化解各类群体性事件。突出防范、化解和处置工作，对有可能引发群体性事件的涉众型案件和重点人员，

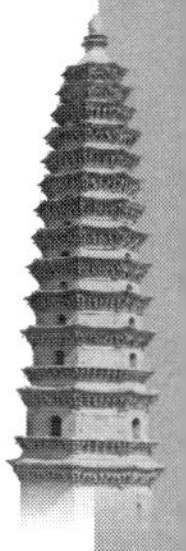

专门建立信息库，实现台账式管理，严密排查，严防重点人员漏管失控。深入推进老案积案攻坚活动，化解各类信访积案464件。三是抓打击，扎实开展“非访”治理。通过严格程序、抓好典型、精准办案，全年依法打击各类违法上访人员84人次，全市发生进京、赴省、到邯信访859批次，1284人次，进京“非访”12人次，同比下降90%，信访形势稳步好转。四是抓日常，持续做好社会稳定指数评价工作。严格落实评价指数制度，每月印发《社会稳定指数评价报告》，不断加大督导力度，严肃问责。先后对18个乡镇提出表扬，对14个乡镇通报批评。通过强化日常考核评价，推动维稳工作关口前移，重心下移。法治建设稳步推进。始终坚持运用法治理念、法治思维、法治方式开展工作，严守法律底线，严格按照法定权限和司法程序执法办案，有效维护法律的尊严和权威。不断加大法治宣传力度，创办《法治武安》专题栏目、通过电视游动字幕、开辟“依法规范信访秩序”专栏、建立“武安稳定”微信工作群，营造全市浓厚的法治宣传氛围。全年编发法治简报98期，剖析典型案例30余起，刊播《法治武安》57期。“六五”普法圆满收官，“七五”普法高标启动，全民学法、守法、用法意识明显增强，依法行政、依法办事、依法维权的社会氛围正在形成。

【司法公开工作】 市法院大力推进审务公开，庭审直播案件420件，公开审判执行信息23058条，生效裁判文书上网率100%；市检察院依托信息“主动推送服务”工作机制，不断深化“检务公开”，推进检务公开大厅和网上公开系统两个平台建设，接待辩护人阅卷147人次，公开终结性法律文书362份、案件信息2147条；市公安局大力推进执法公开“指尖”警务建设，开通了微信平台，实现执法办案全面公开。投资245万元完成执法场所的升级改造和“高清数字审讯系统”“执法六必录系统”等工作建设。同时，开设“警营开放日”，增进群众对公安机关的了解，展示良好形象。

【政法队伍建设】 以“两学一做”活动为抓手，深入学习中共十八大、十八届三中、四中、五中、六中全会精神和习近平总书记系列重要讲话，政法委机关率先做起，领导带头学党章、学法规、学讲话，牢牢把握政法队伍的政治方向。充分发挥市委政法委对政法中层干部的考核管理职能，坚持规范程序、严格把关，年内共参与考察乡科级干部17名，考察任免股级干部62名，提请任命法律职务13名。把一批政治坚定、业务精通、作风过硬的年轻同志推上中层领导岗位，为做好政法工作注入了新鲜血液。组织政法部门中层以上干部集中收听收看中央政法委举办的政法干部学习讲座6期；组织政法系统组工干部参加省委组织部举办的“组工干部讲座”13期。政法各部门紧贴工作实际，持续开展各具特色的业务培训和岗位练兵活动。公安巡警大队在邯郸市2016年度巡警系统技能体能比赛中综合成绩名列第二。在选树典型上，大力开展“岗位能手、服务标兵、廉洁模范”先进典型评选活动，通过广播电视、报刊杂志、微信公众平台等方式，在全市选树10名政法干警优秀典型。大力弘扬政法正能量，充分激发政法干警奋勇争先的工作热情。深入开展正风肃纪活动，加大违规违纪查处力度，开展警风警纪专项督查6次，印发督查通报4期，查处违法违纪案件23起，处理科级干部4人，问责政法干警21人。加大执法监督力度，对上级交办的8起案件进行专项督导，对群众反应强烈的2起信访案件开展案件评查，及时纠正瑕疵案件。扎实做好伤残、特困干警帮扶救助工作。积极向上级部门沟通争取，为市法院因公牺牲的董光辉家属发放生活资助资金10万元；针对辅警、治安管理员工资水平较低的情况，公安部门积极反映，多方争取，为辅警、治安员普调工资200多元。进一步增强广大干警的归属感和获得感，极大调动基层干警工作积极性。

（李纳）

公安

【概况】 武安市公安局设综合管理机构6个、执法勤务机构11个、派出所24个、监管场所

2个。公安专项编制358人。2016年，市公安局在市委、市政府和上级公安机关的坚强领导下，不断深化各项公安工作，坚持精准打防结合，全面铺展社会防控网，切实提高队伍建设和素质能力，为维护全市和谐稳定、促进经济社会发展、保障人民安居乐业作出积极的贡献！

【市公安局】

邯郸市公安局党委委员、副局长、
武安市政府党组成员、公安局党委书记、
局长：黄玉凯
党委副书记、政委：王　磊
党委委员：刘祥阳
党委委员、刑警大队教导员：王增田
党委委员、纪委书记：刘祥太
党委委员、副局长、西寺庄派出所所长：白卫亮
党委委员、副局长、指挥中心主任：吴志杰
党委委员、副局长：李乾军
党委委员、交警大队大队长：魏红太
党委委员、警务保障室主任：周贵祥
党委委员、国内安全保卫大队大队长：张利华
党委委员：郭红卫
宋爱民
党委委员、城关派出所所长：刘　伟

【政治维稳】　面对反恐维稳的新形势和社会转型发展的新要求，认真分析社会矛盾变化带来的防控风险，进一步加强对“人、地、事、物、网”的实效管控。指挥中心、情报、网监、巡特警、国保、治安、经文保、信访、交警、警务保障以及各基层单位联动作战，全年依法妥善处置各类突发事件苗头19起、处置预警信息2.2万条、发布临时布控指令51条，圆满完成各级“两会”、十八届六中全会、G20峰会、北戴河暑期以及武安第二届全国“划骑跑”赛事等各项重大安保任务，确保全市政治社会的持续稳定，尤其是在各个重大活动和敏感时期，均实现“确保不出大事，尽量不出小事，坚决不出丑事”的工作要求，以武安的稳定支持北京、秦皇岛、杭州等重点活动区域的安全。

【严打整治】　面对刑事犯罪活动的新趋势和作案手段的新变化，积极探索和深化合成作战新机制，刑侦部门进一步强化基础建设和技术应用，大案攻坚能力进一步加强，持续深入地组织开展命案侦破、打黑除恶、打击“盗抢骗”犯罪、“破小案控发案”“2016断链”等严打整治行动。全年破获各类刑事案件1522起，抓获犯罪嫌疑人552名，追捕网上逃犯277名；攻克“流窜砸车盗”“跨省婚房盗”“高速飞虎队”等跨区域犯罪团伙5个，破案500余起；年内全市发生的9起现行命案全部攻克；“2000•6•22”供销大厦绑架杀人、“2009•4•19”康怡足疗店命案的主要犯罪嫌疑人，在时隔16年和8年后相继落网，展示公安刑侦工作锲而不舍、无坚不摧的攻坚能力，2016年现场勘查工作被公安部表彰为“全国现场勘查工作先进县级公安机关”，刑警大队被推荐为“全国优秀基层单位”。环安、食安部门积极发挥职能作用，“2016•12•01”杨二庄皮革作坊环境污染案等一大批民生案件一一告破；经侦部门强化工作，两年来受理的50起非法集资案全部起诉，并将逃往迪拜的“红通”逃犯康建春缉捕归案，打出武安公安的赫赫声威。

【综合防控】　面对较为薄弱的防范基础和不断变化的治安形势，集中精力，由指挥中心、警务保障室、巡特警大队、城关派出所等单位，协调城建、市政、电力、通信等多个单位，利用两个月建成全省一流的“天网工程”，并通过视频监控系统巡查指挥，直接查明案件158起、防范案件300余起。巡特警大队进一步强化“网格化”巡逻，开展“四进四联”，推进巡逻工作的延伸；治安、经文保部门积极组织各派出所和内部单位开展治安巡控、治安管理和群防群治；情报、网监部门和治安大队加强监督指导，旅店、网吧实名登记系统的强化应用，从各个层面提高立体防控能力。年内，全市立各类刑事案件1484起，刑事发案总量比上年下降38.2%，是武安市近年来治安形势最好的一年，实现大案攻坚能力和案件防控能力的“双双提高”，进一步提升广大人民群众的安全感。

【社会管理工作】　面对安全发展的工作要求和服务民生的群众期待，认真落实省公安厅、市公安局《服务经济发展二十项措施》《便民利民二十项措施》，打赢服务经济和保障民生的助推战。年内，户政部门积极推出系列户改新政，异地制发二代证1305个，解决“黑户”人员落户346人。出入境管理部门进一步简化申办手续，办理出国境手续9299人次。治安部门积极完善危爆物品管理制度，开展治爆缉枪专项行动，全市没有发生涉爆案件事件。交警部门实施重点车辆“户籍化”、驾驶人员“电子化”管理，受到省市领导的一致肯定，并在全省交警系统推广武安交警经验。消防部门以“能打仗、打胜仗”为目标，积极改进勤务备战和作战指挥模式，努力夯实社区消防工作基础，消防大队在全省春季体能对抗赛中获“专职组第一名”；消防中队被公安部评为“2016年度执勤训练工作先进单位”。看守所实现连续24年安全无事故、连续12年蝉联“一级看守所”，被公安部确定为“全国第一批看守所五化建设达标单位”，被省公安厅记“集体二等功”，邯郸市公安局专门在武安市召开现场会推广“武安看守经验”。

【依法治访工作】　面对依法治访的法治要求和息诉罢访的工作标准，坚持“两手抓两手硬”，探索建立具有武安公安特色的信访维稳体系，局领导值班接访和包案化访成为新的工作常态，在信访部门的强力推动下，全年各级交办的376起信访案件办结374起。在此基础上，建立“打前化解隐患、打中息诉老访、打后警示他人”的打非访机制，把解决信访问题贯穿于打击非访的全过程，实现保障群众权益与维护司法权威的和谐统一。查处涉访违法犯罪嫌疑人141人次。其中，起诉判刑5人、刑事拘留3人、治安拘留67人次、训诫66人。通过依法打击，息诉非公安信访案件28件。在信访科、维稳机动中队以及各有关单位的共同努力下，实现公安机关依法治访的“武安突破”，被公安部评为“全国公安信访窗口示范单位”；1月20日，邯郸市公安局还专门致信武安市公安局，对该局和驻京信访值班民警通报表扬。

【规范执法工作】　始终把执法规范化建设作为公安工作的生命线，强教育、建机制、抓完善、促规范，有效保障严格公正文明执法。工作中，法制、预审部门进一步突出案管中心的建设应用，实现“一口式接受案件、一口式统计数据、一口式对外移送、一口式解决争议”的规范化运作，审核立案1982起、接受移交案件12件、解决管辖争议20件；法制部门牵头各执法办案单位，进行执法场所“高清数字审讯系统”升级改造，推行“全程音视频记录制”和“一案一盘”制；组织各警种部门开展为期两个月的“现场执法执勤规范大比武”，创新“法制员跟班学习培训”等一系列制度，引领现场勤务技能和执法监督指引的再次跃升，巩固和发展“全国执法规范化建设示范单位”的地位和荣誉，被邯郸市政府评为“2016年度依法行政工作优秀单位”，邯郸市公安局专门在武安市召开现场会，推广武安规范执法经验。

【基础建设】　在市委、市政府及有关部门的大力支持下，公安业务技术用房项目得到全力推进，警务保障室牵头基建办，按照“保质量、保安全、保进度”的总要求，上下协调，克服困难，从4月开工建设，于10月完成主体建设，为实现武安几代公安人的梦想走出坚实的一步。积极争取配套资金600余万元，完成拘留所土地确权工作，不仅为市财政节约资金，也为拘留所重建打下基础；通过积极沟通，完成看守所供暖供气“双气”接通等基础工作，切实解决多年来的遗留问题。此外，淑村派出所在地方组织的关心支持下，新所建设基本完成；在“7·19”暴雨灾害中受损严重的园区、活水、马庄、徘徊、冶陶派出所等单位积极开展自救和单位修缮，取得明显进展，基本保障正常工作。

【队伍作风建设】　以“学后池整作风”和“两学一做”专题教育为契机，公安局党委和纪委认真落实“两个责任”，把纪律挺在前面，注重制度建设，组织开展警示教育和隐患排查，防微杜渐，正本清源。在政治处的组织下，顺利完成基层党支部换届等各项组织工作，认真落实新分配人员轮岗培训、机关到基层锻炼和“送教下基层”队管制度，并从日常签到和全员考核等细节抓起，促进全警的作风养成；指挥中心、政治处、巡特警等部门组织开展防暴处突演练、实弹射击训练等强警培训，并在全市取得突出成绩，处置应对能力进一步提高。在邯郸市公安局举办的“警务实战演练”开幕式上，推出“群体性事件处置盾牌队形”演练赢得了在场领导和兄弟单位的高度评价。纪委督察部门一手抓民警权益的维护，一手抓队伍违法违纪苗头的督察处理，队伍的整体战斗力进一步提升。指挥中心、政治处通过内部刊物、新闻媒体和自媒体等多途径开展公安工作和民警事迹正面宣传，弘扬正气，激发正能量，被市委市政府评为“信息调研先进单位”“信息公开先进单位”；政治处和警务保障部门认真落实从优待警措施，完成民警职级调整、工资套改工作和合同制、治安员的工资调整以及健康体检等工作，有效激发广大民警和警务辅助人员的工作热情。

【救灾工作】 面对百年不遇的“7·19”特大暴雨灾害，第一时间组织警力5600余人次，车辆300余部次，全力开展抢险救灾工作。安全转移群众15000余人，营救被困群众5000余人，救助抛锚车辆150余部，并组建全市首支“水上应急救援队”。全面开展灾区维稳、舆情应对和服务群众工作，先后侦办各类涉灾违法犯罪案件15起，排除治安隐患141起，实现“网上无负面炒作、灾区无重大案件”的工作目标。期间，民警还自发向灾区捐款8万余元，免费为灾区群众办理户口簿650余人次、身份证910人次、驾驶证120余人次、涉外证件120人次。广大民警和武警消防官兵，忠实践行“为党和人民利益而战、为人民警察荣誉而战”的庄严承诺。因在抗洪救灾中表现突出，被省委、省政府授予“河北省‘7·19’抗洪抢险救灾工作先进集体”。

（刘新顺）

检察

【概况】 武安市人民检察院是国家法律监督机关，下设机构有办公室、政治处、纪检监察室、案件管理办公室、反贪局、反渎局、刑事执行监督局、侦查监督科、公诉科、未检科、控申科、民行科、预防科、警示教育基地管理办公室、法警队、机关服务中心及5个派驻乡镇检察室。2016年，武安市人民检察院在武安市委和邯郸市检察院的正确领导下，在市人大及其常委会的有效监督下，在市政府、市政协及社会各界的大力支持下，全面落实中共十八大及三中、四中、五中、六中全会精神，认真履行各项法律监督职责，为市域经济科学发展，为建设“活力武安、美丽武安、幸福武安”做出应有的贡献。

【市检察院】

党组书记、检察长：黄亚军
党组副书记、副检察长、反贪局局长：申献军
党组副书记、副检察长：吕海江
（9月免副检察长）
党组成员、副检察长：王庆华
党组副书记：李学军
党组成员、副检察长：马丙杰
党组成员、纪检组长：杨巨春
党组成员、政治处主任：高保田
党组成员、反渎局局长：韩建军
党组成员：郭向阳
党组成员、办公室主任：江日兴
党组成员、反贪局副局长：马建其
党组成员、公诉科科长：范卫华

【确定全年工作思路】 2016年，武安市人民检察院在武安市委和邯郸市检察院的坚强领导下，坚持以习近平总书记系列重要讲话为指引，认真贯彻落实上级会议精神，紧紧围绕“五检工作布局”和“服务大局有新作为、法律监督有新力度、检察改革有新成效、队伍建设有新气象”的工作思路，细化分解任务，拼搏创新

进取、全力维护社会和谐稳定，着力解决影响公众安全感的突出问题，深化诉讼监督的方式和机制，充分发挥维护社会公平正义最后一道防线的作用，不断增强服务全市经济社会发展大局水平，推动武安检察工作取得新进展。

【主要检察工作完成情况】 年内，检察院受理提请批捕各类刑事案件376件484人，经审查依法批准逮捕336件413人，不批捕44件75人；受理移送审查起诉各类刑事案件463件617人，经审查提起公诉455件602人，不起诉47人，收到法院判决445件593人，有罪判决率100%。通过探索推行未成年人犯罪记录封存制度和研讨简易程序的出庭公诉模式等措施，积极对接刑事诉讼法的要求。立案查处反贪污贿赂案件8件18人。立案查处反渎职侵权案件2件5人。在严查职务犯罪的同时，进一步加强预防职务犯罪工作。开展行贿犯罪档案查询635次，查询企业635家，个人760余人次；参与招投标监督36次；举行警示教育讲座19场，受教育党员干部2800余人，收到较好的预防效果。受理各类民行案件45件，经审查立案45件，其中执行监督4件；审判程序违法监督2件；支持起诉23件；督促履职16件；积极开展“民事行政检察宣传月”活动；在刑罚执行监督环节，向武安市看守所发出书面纠正违法32件次；向武安市法院发出书面纠正违法8件次，促使法院自2015年8月以后所有财产刑都向立案庭移交立案处理；对社区矫正和监外执行开展监督，办理羁押必要性审查案件28件。按期处理、流转、上报上级交办信访事项80余件，创建“三位一体”化解涉检信访案件机制，接待来访群众270余人次。全院获得集体和个人荣誉44项，被中共中央宣传部、司法部、全国普法办授予“全国法治宣传教育先进集体”；被最高人民检察院、检察日报社评为“2016年度全国检察机关宣传工作先进单位”；检察院“检爱工程”“未姐”团队被最高人民检察院政治部予以通报表扬。

【检察队伍建设】 认真巩固党的群众路线和“三严三实”专题教育活动成果，扎实开展“两学一做”学习教育。认真落实党组中心组学习制度，以学习提升业务水平，以学习强化责任意识，以学习提高创新能力，在全院形成勤学习、勤思考、勤动笔的浓厚氛围。不断强化素质能力建设。依托检察文化，认真开展各项教育活动。通过开展“干部作风建设年”和“恪守检察职业道德、促进公正廉洁执法”等一系列活动、创办内刊《武安检察》报、开设“而立沙龙”网上论坛、制作检察文化建设专题片等形式，引导干警树立正确的执法理念。结合实际，努力抓好检察业务培训。在全院形成“每周例会、每周讲坛、每周工作日志报告和每周展评”的工作制度，使教育培训细化到人、落实到周，全院上下呈现出朝气蓬勃、健康向上的良好氛围。完善管理机制建设。创建特色管理模式，形成独具特色的“四结合”管理模式：即目标管理与激励机制相结合，解决发展动力问题；规范程序与跟踪监督相结合，解决执法办案的质量效率问题；文化育检与科技强检相结合，解决素质提高的途径问题；政治建院与从优待警相结合，解决团队的和谐发展问题；完善绩效考核机制。实行动态考核机制，形成业务考核、共性工作考核、日常考核与年终考核相统一的考核体系。

（李亚东）

法院

【概况】 武安市人民法院机关内设16个庭室，辖11个基层人民法庭，有干警133人。2016年，在市委的坚强领导、人大的有力监督和政府、政协及上级法院的关心支持下，紧紧围绕“努力让人民群众在每一个司法案件中都感受到公平正义”工作目标，全面加强审判工作，落实司法为民措施，推进司法改革创新，各项工作均取得新的进展。全院受理各类案件6514件，结案6020件，结案率达92.42%，圆满完成省、市法院下达的任务目标。审判工作各项指标在邯郸市基层法院排位中均排前列，整体工作实现平稳健康发展。

【市人民法院】

党组书记、院长：杨维华
党组副书记、副院长：成保安
（6月任党组副书记）
党组副书记：王丑年（6月免）
党组成员、副院长、执行局局长：祁文良
党组成员、副院长：杜利民
（6月免党组成员，10月免副院长）
党组成员、副院长：郭永岐
党组成员、纪检组长：康东刚
党组成员、政治处主任：李利东
党组成员、审委会专职委员、办公室主任：
陈海龙（9月免办公室主任）
党组成员、审委会专职委员、城关法庭庭长：
燕向民
党组成员、审委会专职委员、刑一庭庭长：
蔡明生

【审判工作】 依法严惩危害社会治安、危害民生等各类犯罪行为，切实保障人民群众生命财产安全。该院受理备受关注的“武安百万黄金大盗”案，被告人尹某于2015年8月12日凌晨，窜至武安市金都商场一楼的金都金店，盗窃商柜金银首饰7144.91克，涉案高达170多万元，在社会上引起很大反响。为了有力打击惩治盗窃犯罪，保护群众的财产安全，该院加大审判力度，依法快审、快判，以盗窃罪判处尹某有期徒刑10年，并处罚金10万元。加大对集资诈骗、非法吸收公众存款、食品药品安全、污染环境等危害民生和社会稳定各类犯罪行为的打击力度。年内，审结非法吸收公众存款案件29件，判处罪犯35人，涉案资金4.8亿元，其中被告单位河北银信交通设施有限公司、河北广纳交通设施有限公司，被告人李某作为被告单位河北银信交通设施有限公司法人代表、河北广纳交通设施有限公司主要负责人，以高额利息为诱饵非法向社会公众吸收存款26.8亿多元，受害群众达2000多人，严重扰乱社会金融秩序。该院从重、从严以非法吸收公众存款罪判处被告人李某有期徒刑10年，剥夺政治权利3年，并处罚金人民币50万元。坚持以“案结事了”为目的，千方百计解决群众法律诉求。3月26日，磁山法庭组织召开集中兑现现场会，78名农民工现场领取讨要多年未果的拖欠工资35余万元。磁山法庭采取执行和解方式执结此案，多次找到企业负责人做工作，释法明理，从企业未来发展、诚信信誉等角度分析利弊做工作，最终该企业配合法院履行执行义务，兑现农民工的工资。年内，审结各类民商事案件4384件，审结涉企各类纠纷案件147件，帮助企业挽回经济损失1.2亿多元。完善与行政机关信息共享、情况通报机制。加大行政争议协调力度，依法指导和监督国土、计生、环保、教育等部门，妥善解决“官民”矛盾，切实保障群众的合法权益，融洽政府部门与群众之间的利益关系。年内，受理行政案件92件，审结91件，结案率达98.91%，为全市大局稳定发挥积极的作用。

【为民司法服务】 加快诉讼服务中心建设。按照诉讼服务中心的功能定位，积极推进信访立案大厅改造，增设“律师绿色通道”、诉前调解室、小额速裁法庭，建立诉讼服务功能区，安排立案导诉和社会法律志愿者服务，为群众立案诉讼提供“一站式”服务。加强信息化平台建设。积极推进审判流程、裁判文书、执行信息“三公开”平台建设。切实加强对网络、信息的应用和管理，通过网上办案系统，将应当向社会公开的办案信息，全部在网上公开，便利当事人或人民群众到网上查阅裁判文书，观看庭审直播，增进公众对司法的了解、信赖和监督，满足人民群众的司法知情权。庭审直播案件420件，公开审判执行信息23058条，生效裁判文书上网率100%。引领法治传播正能量。通过博客、微博、微信等多媒体，组织网评员进行网评，网评文章60篇，新闻跟帖223条，微博转发评论247条，微信转发评论212条，其他评论59条，传播法治声音，引领更多的人参与到司法活动中来，共同营造良好的法治舆论环境。加强专业法庭建设。推行专业化审判，加强交通事故合议庭、旅游合议庭、教育合议庭等专业法庭建设，积极探索多元化纠纷解决机制，不断提高化解矛盾纠纷的能力，通过专业法庭解决各类纠纷415件，调解率在90%以上。同时，按照立案登记制的改革要求，结合本地实际，将立案权、部分案件执行权下放基层法庭，使立审执相互衔接，尽可能地让当事人及时实现胜诉权益。推出上门立案、预约立案、网上立案等便民措施，向群众畅通诉讼渠道，为群众诉讼提供了便利。深入推进司法改革。精心制定《武安市人民法院关于开展司法体制改革工作的实施方案》《武安市人民法院关于首次确定计入员额法官遴选工作的实施办法》，经过前期报名、资格审查、考核、考试、考察等一系列程序，33名优秀法官脱颖而出，成为首批入额法官。

【创新工作机制】 根据省市法院指示，不等不靠，深入研究，迅即掀起力克执行难战略战役。以开展惩治拒执罪活动为突破口，加大对执行工作的推进力度，把深入开展“依法惩治拒不执行判决、裁定犯罪”活动作为解决“执行难”的突破口，强势开局、多方发力，严惩“拒执罪”行为。仅5月，即排查出有拒执行为的54件，立案转捕6案6人，有5件执行案件的被执行人，主动到法院履行法律义务，涉案标的达100多万元。6月初，以拒执罪逮捕5人，扩大打击面。以立体曝光晒“老赖”为手段，迫使被执行人主动履行法律义务。为严厉打击有钱不还、有能力履行、故意不履行执行义务的“老赖”行为，对“老赖”进行立体曝光。利用武安市新世纪商场、商业宣传台、武安广场等繁华街道和人群聚集闹市区的电子广告屏，以每30天为一期，在黄金阶段不间断进行播放“老赖”黑名单。通过电视、报纸、大型LED电子屏分5批对55名“老赖”公开曝光，有19案被执行人主动履行义务，另有14名被执行人或亲属主动来法院协商执行方案，达成分期履行协议10件，取得良好的社会效果。发挥指挥中心平台作用，全面提高执行效率。投资60多万元，建立全新的执行指挥中心，实现执行工作统一管理、统一协调、统一指挥。指挥中心通过案件信息管理系统，全面掌控执行案件办理情况，并对全院执行案件协调联动，分阶段执行。将失信被执行人录入系统并予以发布，限制其消费，督促履行义务。通过加强对指挥中心的有效应用，尤其是在对被执行人身份信息、银行存款、财产登记等方面，查控快捷、便利，极大提高了执行工作效率，更好地实现对有限执行力量的资源整合和快速反应。开展执行“飓风行动”，全力解决执行难问题。9月30日，法院出动宣传车20余辆，悬挂“打击老赖”“惩治拒执”等标语，利用车载广播在全市主要交通要道，巡回播放相关的法律规定。在中兴路繁华街道设法律咨询服务平台，向过往群众发放各类宣传页3000余份，咨询服务法律问题120余人，提出合理建议30多条。为增加活动的效果，组织50余名干警，分赴全市各大银行、社区、机关单位、企业商城、基层法庭及重点乡镇张贴河北省高级人民法院《关于敦促规避和抗拒执行人员依法主动履行义务的通告》，有效打压“老赖”的生存空间。召开现场会，集中兑付执行款。10月21日上午，举行“2016基本解决执行难”执行款兑付现场会，将飓风行动开展以来已执结的执行案款，以面对面的形式，集中兑现给12位当事人250余万元。其中李某领取执行款120万元，至此，别人欠他的1260万元基本全部追回。年内，执结各类案件1046件，同比提高22.05%；执行标的2.3亿元，执行标的额是前四年的1.9倍；执结率92.32%，公开曝光“老赖”101人，司法拘留85人，追究刑事责任18人，收到良好效果。

（李刚 张海丽）

司法行政

【概况】 武安市司法局下设办公室、政工科、基层科、社区矫正工作管理科、宣传教育科、法学教育科、律师公证管理科、法律援助管理科8个科室，下辖23个基层司法所、1个公证处、16个法律服务所。政法行政编制74名，其中局机关36名，实有36名，乡镇司法所38名，实有33名。局机关领导职数3名，其中局长1名，副局长2名。配备纪检组长1名，副主任科员2名。正股8名，副股6名。

【市司法局】

党组书记、局长：邓明兴
党组成员、副局长：武　敏
　　　　　　　　　赵国军
党组成员、纪检组长：张拉娣
副主任科员：李　鑫
　　　　　　彭现兵

【人民调解工作】　建立市、乡、村三级调解中心，加快推进“一委三中心”建设。建立市级矛盾纠纷排查调解中心，统筹协调全市矛盾纠纷排查调解工作，有效处置多起重大疑难纠纷，切实打造矛盾纠纷“终点站”。成立乡镇矛盾纠纷排查调解中心，全市23个乡镇（含园区）均按照“五有”“三上墙”“两齐全”的标准完成建设。年内通过乡级调解中心调处的矛盾纠纷305件，调解成功299件，调处率98%。建立村（街）调解室，在全市502个村按照组织、场所、制度、工作“四规范”和调解成绩、职业操守“两突出”的要求建设品牌调解室。年内先后树立武安镇古楼街调解室、淑村镇白沙村调解室等37个接地气、有特色、重实效的品牌调解室和35个模范调委会。通过村调解室排查矛盾纠纷810件，调解成功795件，调处率达97%。

【新建专业性、行业性调解委员会】　8月在已有的医患纠纷、个体私营企业和妇联调委会3个专业性、行业性调委会基础上，市司法局大力整合资源，先后在交通事故、环境保护、物业管理、消费者权益、食药安全等领域新建7个行业性、专业性调委会，进一步扩大人民调解组织的覆盖面。

【提升民间纠纷排查调处能力】　依托调解组织全力推进矛盾纠纷大排查大调处工作，年内排查各类民间矛盾纠纷1115件，调处纠纷1096件，调处成功率98%，全市未发生一起“民转刑”案件。加大对人民调解员的管理和培训力度，对人民调解员进行等级评定。全年举办人民调解培训两场，累计培训调解员1000余人次。落实人民调解案卷补贴，对2673卷人民调解案卷进行登统，并按相关规定全部补贴到位。为人民调解员配备“民调通”手机205部，全市“民调通”手机配备覆盖率达到70%以上。

【司法所建设】　为进一步运用法治思维方式加强人民调解工作和规范司法所建设，市司法局多方筹措资金100余万元，统一修缮司法所办公用房，对全市23个乡镇司法所的办公用房进行修缮粉刷和制度规范，做到统一悬挂司法行政徽章、上篮下红门楣、制度公示上墙、司法所门牌、调委会标牌、司法所名称规范“六个统一”，部分司法所更换办公桌椅及办公用品，改善办公环境，提升司法所形象。充实基层司法队伍，通过国家考试招录、机关下派和社会招聘等多种途径将59名政治素质高、法律业务精、工作能力强的人员充实到司法所，为基层司法行政工作提供坚强的保障。推进司法所规范化建设，23个司法所规范化建设全部通过验收，其中康二城镇司法所与“一委三中心”建设有效整合，工业园区司法所迁址新建，配备电子显示屏等现代办公设施，在科技化、信息化建设上走在全市前列，午汲镇、阳邑镇司法所在规范化、高标准建设上较为突出，全市司法所形象得到极大提升，基层力量进一步整合，为“大民调”工作打下坚实基础。全市司法所基层基础建设受到邯郸市的表扬。

【构建“大管控”体系】　认真调查评估。对审前社会调查坚持评估会审，严格把好社区矫正入口关。年内受理法院、监狱等执法单位拟适用非监禁刑罚的委托函264份，开展社会调查246件，出具调查评估意见书 246份，接收社区矫正对象235名，解除矫正190名，对4人提请建议对其适用监禁刑罚。狠抓监督管理。做到所有矫正对象每周用电话、每月用书面材料，汇报思想、工作、生活等情况。规范其请假和外出审批程序。局投资5万多元建立信息管理系统平台，对社区服刑人员手机定位监控全覆盖。先后对58名社矫人员下达警告决定书，提请撤销暂予监外执行1件并收监执行1人，撤销缓刑案件3件，网上追逃3人，没有出现一例重新犯罪案例。实行“两证一手册一法规”制度。为社区服刑人员发放入矫证和社区服刑人员解矫证，并为其配备一本社区服刑人员手册和一本社区服刑人员应知应会法律法规汇编。11月16日，曲周县等4个兄弟县到武安市观摩学习社区矫正管理工作，并给予高度评价。

【营建“大普法”格局】 扎实开展普法宣传活动。抓住重要节点强化普法宣传。开展以《国家安全法》《反恐怖主义法》《反间谍法》等维护国家安全的法律法规宣传活动；在12月4日第三个“国家宪法日”，组织全市88个市直部门在市中心路繁华地段开展“12·4”国家宪法日暨全国法制宣传日系列宣传活动，活动当天设置宣传站台80个，悬挂标语200余幅，散发宣传资料6万余份，出动宣传车辆30余辆，解答群众法律咨询3000余人，在各乡镇同时开展相应的宣传活动。除集中宣传之外，司法局还与相关涉法部门合力开展不同形式的宣传周、宣传日活动。在4月28日和5月25日，分别组织开展国防教育和防范打击非法集资专题宣传活动。规范青少年法律素质教育。与教育局等部门联合下发《关于调整和规范全市中小学校法治副校长工作的通知》，对全市70个直属学校和中心校的法治副校长进行充实、调整和规范，明确工作职责。及时转发省、邯郸市关于《在全省教师中开展“法制教育征文”和“法制教育教案”征集活动通知》，收集征文270篇、教案319篇，并在市域范围之内评出获奖369篇征文与教案，提高全市依法治校水平。组织全市公职人员法律知识考试，年内全市1.5万余名公职人员全部参加法律知识考试，做到应考尽考。且认真做好公职人员法律统考评卷、注册工作，对170个参考单位进行分类登统，印制《完善法考机制，提升法治素养》“汇集”件下发全市，对所有参考人员的《学法用法合格证》集中时间进行统一注册。总结表彰“六五”普法工作，启动“七五”普法规划。“六五”普法期间，武安市荣获2011～2015年全省法治宣传教育先进县（市、区）和“全国法治城市创建先进县（市、区）”两项殊荣。12月2日召开全市“六五”普法总结表彰暨“七五”普法动员大会。全面总结“六五”普法规划的实施情况及取得成绩，对“六五”普法各类先进进行表彰，并进行经验交流，对“七五”普法做出具体安排部署。

【营造“大服务”机制】 提升公证服务水平。制订《办证质量检查制度》《公证审批程序制度》《错、假证认定标准及追究制度》等制度，对公证实行“三把关”和“五不”原则。全年办理公证1008件，接待来访群众4200余人次，公证合同履约率达99%，未出现一件错假证、人情证、上访证。11月14日，省公证管理处带领石家庄市司法局工作人员到局考察学习公证自动化办公技术，并对此项工作给予高度肯定。扩大法律援助覆盖面。司法局加大综合法律服务中心建设力度，投资310万元建设一站式服务窗口，提升服务水平。同时在全市23个司法所建立法律援助联络站，并将法律援助案件列入考核指标，建立法律援助与人民调解工作有机衔接和激励机制，全年办理法律援助案件622件，法律咨询3900余人次。规范法律服务市场。对律师执业活动进行全面规范，执业律师在媒体公示，并与法院对接。组织40名法律服务工作者参加邯郸市业务培训。对全市16个法律服务所统一年检考核，对43名法律服务工作者注册，规范全市法律服务市场。年内律师办案256件，代理常年法律顾问40家，法律服务办案1225件，挽回经济损失150余万元。

（杜晓燕）

人民武装部

【概况】 中国人民解放军武安市人民武装部（简称武安市人武部）为正团级单位，隶属于中国人民解放军邯郸军分区，是市委、市政府的军事工作部门和兵役机关，设有军事科、政工科、后勤科3个科室。其主要职能为：负责民兵预备役组织建设、军事训练、政治教育和武器装备管理工作；协助教育部门对学生进行军训，配合有关部门开展国防教育；协助有关部门做好专武干部和民兵干部的教育、培养、考核和选配工作；负责组织民兵预备役人员完成战备、执勤、抢险救灾等任务，配合公安部门维护社会治安，参加当地的经济建设；负责兵员征集，协助有关部门做好退伍军人安置和烈军属优抚工作等。

【武装部】

部　长：张亚明

政　委：许有道

副部长：张俊峰（4月免）

【思想政治建设】 始终坚持把政治工作放在首位，突出抓好党委中心组理论学习。确保党委一班人思想上统一、政治上坚定。真正做到“听党指挥、维护核心、看齐追随”。深入开展“坚决服从改革大局、忠实履行职能使命”和“新体制、新职能、新使命”大讨论，开展“学党章党规、学系列讲话、做合格党员”教育活动。在军队改革的关键期把广大官兵和民兵预备役人员的思想统一到“听党指挥、能打胜仗、作风优良”新时期强军目标上来。扎实开展“两学一做”学习教育活动。按照上级有关部署要求，学习领会习近平关于“两学一做”学习教育的一系列重要指示，坚决破除一般性工作、例行性教育、阶段性任务的观念，把“两学一做”学习教育摆上重要位置，持续有序有力推动。部党委担起抓学习教育的主体责任，加强帮带指导，常抓常管常议。部党委委员每月进行授课辅导，党员手抄党章，组织生活学习讨论，反复学、学反复，真正把“两学一做”学习教育活动落到实处。扎实搞好经常性思想教育。根据人武部的职责与所担负的任务，高度重视意识形态领域斗争，加强形势政策教育，使全体干部、职工绝对忠诚、绝对纯洁、绝对可靠的思想根基更加牢固。

【民兵应急力量建设】 认真贯彻习主席“能打仗、打胜仗”重要指示，着力提高民兵应急力量战斗力建设水平。部党委“一班人”牢固树立战斗力标准意识，主动作为，坚持边训边改、边改边练。5月，采取集中组织、考核验收的方法，组织300余名民兵骨干进行为期13天的反恐维稳、抗洪救灾、森林扑火、抗震救灾4个专业集训，有效提升民兵应急分队遂行非战争军事行动的能力和水平。6月，组织民兵应急分队进行实弹射击训练，提升民兵应急分队的军事素质和能力。在9月中下旬省军区组织的军事日活动中，部官兵从严从难要求，扎实刻苦训练，最终在9月29日的综合演练中圆满完成2次10发齐射，准确命中火灾目标区域，效果良好，受到观演领导的一致好评。

【国防动员工作】 国防动员因战争而生、为打仗而备。既须着眼应急，更要着眼应战，坚持应战为本，立足最困难最复杂情况深化各项动员准备。进行民兵组织整顿。按照民兵应急力量“市建营、区县建连、乡镇建排”的总要求，全新组编应急、支援、储备3支队伍，全市建民兵连523个，基干民兵2840人，达到齐装满员。完成人民武装潜力资源调查和综合潜力调查。根据省军区和军分区指示要求，对全市的人武潜力包括民兵分队信息、地专对口技术人员、退伍军人、基干民兵和装备设施信息进行调整登记，为战时国防动员奠定坚实的基础。10月按照上级指示要求，进行人民武装潜力资源调查培训，对国动委下设的8个办公室有关人员进行培训，进一步规范潜力调查的内容和要求。加强专武干部配备使用。加强与市委组织部的沟通协调，对表现突出的专武部长予以提拔重用，对拟任专武部长人选经考察后向组织部门提出建议，确保专武干部的质量。

【部队正规化建设与安全管理】 依托10月军分区组织召开的“四个秩序”规范化细则，进一步规范工作秩序，补充战备物资器材，改善办公环境。进一步修订完善各项战备预案，对日常战备、值班体系、指挥手段进行拉动演练，改进规范。部党委始终把安全稳定工作作为全年工作的重中之重抓紧抓好，列入议事日程，坚持每月召开一次安全稳定工作形势分析会，做到日检查、月讲评。突出加强人、车、密、财、电、网等重点部位和重要时节安全管控，有力促进安全工作的落实。在11月省军区的“四个秩序”抽查验收中，受到省军区首长和工作组的一致好评。在后勤保障上，严格按照《后勤工作条例》《后勤管理条例》财经管理规定，始终坚持“党委当家、后勤理财”原则，正确把握经费应用，保障重点，兼顾全面工作，杜绝经费超支，保证各项预算经费收支平衡。

【党管武装工作】 紧紧扭住党管武装这个关键，加强与地方党委、政府的联系沟通，为市委、市政府当好参谋助手。认真筹划议军会议，搞好军地协调。市委、市政府给予武装工作很大的支持，书记、市长多次听取武装部工作汇报，指导班子建设，部署重点工作；亲自审定征兵工作方案、军地联动机制方案，推动民兵应急力量建设和国防力量建设。在党委班子建设上，部党委坚持靠事业凝班子、靠学习强班子、靠制度建班子、靠作风兴班子、靠感情融班子。严格落实各项制度规定，较好贯彻民主集中制原则。

【双拥共建工作】 积极发挥军地桥梁作用，组织政府各部门利用“八一”慰问之机，深入驻军了解部队训练建设情况，为部队排忧解难。同时始终牢记全心全意为人民服务的宗旨，视人民为父母，把驻地当故乡，努力为地方政府和人民群众排忧解难。坚持把参与地方经济建设作为拥政爱民的一项重要内容。清明节、国庆节期间，充分发挥民兵专业队伍优势，加强灭火防控力度，及时消除火灾隐患，最大限度地保障人民群众的生命财产安全。中国共产党成立95周年前夕，慰问退伍生活困难的老党员。先后3次深入定点扶贫村北安庄村和午汲镇大贺庄村进行扶贫调研，与9名贫困户结成党员“一帮一”对子，帮助村里解决问题。与市司法行政部门共同成立法律服务站，为军人军属提供法律支持。其中政委许有道亲自主持处理伯延镇魏永超购房纠纷案、活水乡白永祥宅基地纠纷，切实维护军人军属权益，解除现役军人的后顾之忧。

【抗击特大洪灾】 面对百年不遇特大洪涝灾害，人武部党员干部和职工积极投身抗洪抢险第一线，与参战民兵一道抗洪救灾，充分发挥基层党组织的战斗堡垒作用和共产党员的先锋模范作用，部长张亚明、政委许有道，多次亲临一线，周密协调指挥，组织转移和营救群众，部署灾后防疫，组织出动现役官兵500余人次、民兵800余人次、车辆80余台次、工程机械12台次携带救生衣1013件、救生圈689个、救援绳20000余米，搜救192人，转移群众580余人，投送物资50余吨，以实际行动展示先进性长效机制建设成果。

（唐宽伦）

人民防空

【概况】 武安市人民防空办公室既是市政府人防工作的行政主管部门，又是同级国防动员委员会的常设办事机构，成立于2000年10月，隶属于原武安市建设委员会。在2002年政府机构改革中，列为市政府直属事业单位，规格为正科级。机关内设综合业务科，下设人民防空指挥所管理站和人防（民防）指挥信息保障中心两个基层单位。其中机关编制6人，人防指挥所管理站编制25人，人防（民防）指挥信息保障中心编制5人。

【市人民防空办公室】

党组书记、主任：王延方

主任科员：刘立杰（6月免）

副 主 任：秦继发

党组成员：李凤岐

【人防工程建设】　加强完善“首问负责，三帮服务”便民措施，强化协调联络小组衔接，严格落实人防前置审批制度和并联审批制度；严把审批审核关，全方位公开人防审批时限、审批内容、建设及收费标准、岗位纪律等，接受社会监督，做到廉洁审批、干净干事。年内批建防空地下室 ***** 平方米，超任务目标 2.5 倍，征收易地建设费 *** 万元，确保应批尽批、应建尽建、应收尽收、应验尽验。强化人防行政执法，提高依法行政水平。健全人防执法队伍建设，加强行政执法人员业务培训，提升防空地下室建设稽查工作能力。坚持每周开展执法巡查，做到执法必严，违法必纠。加强人防工程质量监督，提高人防工程建设质量。严把工程质量关和竣工验收关，全年完成 10 处工程质监工作，8 处项目的竣工验收工作，累计竣工验收 11000 平方米。

【指挥通信建设】　深化加强人防组织指挥体系建设，健全完善基本指挥所和预备指挥所建设。健全完善人防指挥部机构，“两站一车”建设的初步完成，构成“三位一体”的指挥通信平台，实现音频与视频、有线与无线、地面与卫星及省、市、县三级人防互联互通，组建功能完备的防空防灾指挥通信体系，为战时防空、平时防灾及日常人防指挥通信演练提供可靠的信息保障。加强完善警报体系建设，提高防空袭预警报知能力。严格警报设备设施维护，安排专人，做到一月一检查，一季度一维护。新增安装警报器 8 台，圆满完成年度“7·7”警报试鸣日工作任务，实现全省警报统控统时，警报鸣响率达 100%，城区覆盖率达 95%。加强指挥通信备战演练，切实提高信息通信实战能力。圆满完成人防训练日人防工程应急疏散演练和邯郸市人防办组织的涉县、武安、邱县和磁县的跨区人防机动指挥系统秋季大练兵活动，通过系列科目演练，提升实战能力，为战时防空、平时防灾打下坚实的指挥通信保障基础。

【防空防灾宣传教育】　加大拓宽集中宣传力度广度，强化推新宣传措施。除全年 4 个重大集中宣传日宣传外，结合首个全民国家安全教育日等扩大宣传，增强人防宣传影响力。全年累计发放宣传手册 2 万余册，防空防灾应急知识读本 8000 余本，全市受教育人数达到 2 万人次。强化人防宣传“六进”措施，夯实宣传基本厚度。与市教育局联合制定人防教育计划大纲，将人防教育纳入全市中小学教学规划中，实现人防知识“进学校、进班级、进课堂”，宣讲“定教师、定科目、定课时”。更换阳光小区、雅苑国际花都等 5 个小区的人防宣传教育栏，更新宣传人防知识内容，对全市各人防工程悬挂指示牌、防空疏散示意图和应急避难导引图，引导居民应急有序掩蔽和疏散。进机关、企业，设置防空防灾知识宣传系列展板、微信平台、组织人防专业队训练等，增强人防宣传效果。进农村，结合标准化疏散地域建设，宣传防空防灾基础知识、自救基本技能和接受安置的基本政策，增强疏散地域的干部群众国防意识。深化创新人防宣传进街道，进一步强化宣传效果。利用街道特色活动时机，开展人防知识宣传，努力营造不间断的人防宣传氛围。完善广场西街人防宣传一条街，更新更换破损宣传栏，结合时下新颖图画用语多种方式宣传人防。

【人防疏散地域建设】　严格按照疏散地域建设发展规划和“平时对口共建，战时对口疏散”的原则，与后进村帮扶、驻村扶贫等各类对口帮扶活动有机结合起来，开展人口疏散地域各项基础设施的帮扶建设，新建成“四通”“两保”疏散地域示范点 2 处。全市标准化疏散地域建设（基地、点）达到 12 个乡镇、32 个村庄，全市疏散安置能力大幅提高。

【平战结合服务民生】　加强对口帮扶阳邑镇龙务村扶贫建设。围绕市委要求，实地调研，制定方案，扎实帮扶 2 万元改善村“两委”等建设，完善基层党组织阵地；积极协调投资企业、电力公司等，谋划引进光伏发电项目。严格落实人防地下停车位配建要求，新增地下停车场3处，800个车位，进一步改善城市静态交通环境。新辟建应急避难场所示范点1处4000平方米，全市总应急避难场所示范点达到5处36000平方米，进一步增强地下应急避难安置能力。

【履行应急支援使命】 在7•19抗洪救灾期间，全力组织人防工程安全巡查，迅速对全市人防工程进行人员等清空，对全市4处在建人防工程及时排水清淤，并安排专人看守，确保安全度汛。出色完成应急抢险支持通信保障任务。派出2个人防通信保障小组分别深入马家庄乡和西部受灾山区，为交通、运输、人员调度等提供通信保障服务。临危受命，组建空投指挥部，圆满完成市紧急救灾物资空投任务。出动直升机13架次，为马庄乡和徘徊镇10多个断路、断电、断粮的村庄运送急需救灾物资20多吨，确保受灾村民的基本生活保障。发扬连续作战精神，高效率完成马庄乡井湾村和冶陶镇牛头村灾后恢复生活生产。历经18天，抢修疏通村主次街巷6000余米，整修田间、过河等道路2000余米，清理淤泥、渣土、塌方等等；挨家挨户发放消毒片；运送救灾物资15吨；修复更换2台变压器；帮助协调灾后重建资金15万元，在极短的时间内恢复两个村基本生产生活。人防办全体干部职工在“7•19”洪灾面前，应急支援，冲在一线，主动担当，日夜奋战，圆满完成抗洪救灾任务，受到市委、市政府的表扬和人民群众的普遍赞誉。

（李耀）

交通管理

【概况】 武安市公安交通警察大队成立于1990年7月。主要职能：负责全市交通管理工作，承担全市道路治安巡逻任务。2016年，全队查纠各类交通违法行为27.8万起，其中：非现场执法247454起，现场执法30723起，现场执法中，酒驾705起，涉牌涉证11515起；全市发生各类道路交通事故3426起，死亡40人，受伤176人，直接财产损失184300元，未发生一次群死群伤交通事故；信访案件发生51起，已息诉办结6起；办理牌照10848辆，其中汽车10055辆，摩托车、低速车793辆，办理驾驶证565个，驾驶证补换22916本，驾驶人审验4218人，办理其他车管业务3.1万人车次；执行各类交通安全勤务105起。

【市交通警察大队】

市公安局党委委员、副局长、交警大队大队党委书记、大队长：薛洪彬（7月免交警大队大队党委书记，9月免公安局党委委员、副局长、交警大队大队长）

市公安局党委委员、交警大队大队党委书记、大队长：魏红太（7月任公安局党委委员、交警大队大队党委书记、9月任交警大队大队长）

党委委员、交警大队教导员：王守民（7月任）

党委委员、副大队长：崔树华（7月免副大队长）

党委委员、主任科员：路学军（7月任主任科员）

党委委员、副大队长：窦智鹏

党委委员：赵体忠

张宏杰

冀清亮（9月免）

连　彬（4月任）

李换巧（4月任）

李广军（4月任）

吴利军（4月任）

【提高交通科技化管理】 加快市交通指挥中心和9个主要路口路段交通基础实施建设，确保指挥调度平台系统尽快投入使用，提升交通科技化、智能化管理水平；加大交通设施投入，在富强路与南环路交叉口安装信号灯、电子抓拍系统，新华大街与中心路交叉口增加红绿信号灯，由原来左转、直行同一时间进行变为先直行后左转，安装并全部投入使用；对技术陈旧、配件老化的光明岗、富强岗等6个交通信号灯和电子警察进行修缮更新，增加抓拍功能。通过加强交通基础设施建设，加大非现场执法，促进交管工作模式的转变，提升交通科技化管理水平。

【交通秩序整治】 结合春季整交、旅游线路管理、大货车超载超限、治理非机动车、行人等一系列专项行动开展，以打击酒后驾驶、涉牌涉证、大货车、客运车辆违法为重点的交通秩序整治行动不断铺开，科学配置警务装备，合理布设卡点，全员上路，大力整治。在国省道实行定点与流动巡逻相结合的方式，对营运客车逢车必查，对大货车超载、超速违法行为进行大排查、大整治，自9月21日起，按照省市统一部署，联合市交通运输部门，全面展开治理公路货车违法超限超载、非法改装专项整治行动，工作中，采取取定点设卡、流动巡逻相结合的治理查纠方式，严密查扣超限超载、非法改型货运车辆，查处非法超载120起、非法改装68起；在城区严查乱停乱放、涉牌涉证等交通违法行为，始终保持对酒驾严管高压态势，实现查处“酒驾”常态化管理，全年查处酒驶563起，有力震慑酒驾行为，在全市营造“不敢酒驾，拒绝酒驾”的良好氛围；在城郊事故多发易堵路段，增派警力，严防死守，压事故、保畅通，营造全方位、全天候的打击态势；加强各类节假日的交通安保工作，圆满完成清明、“五一”、端午、中秋、国庆、“划骑跑”、十八届六中全会等重大安保任务，全体交警发扬不怕吃苦，连续作战的精神，顶风冒雨，疏导保畅，赢得领导和广大群众的好评，确保全市道路安全畅通。

【北环、旅游线路交通安保】 2016年，由于市主干线北环路大修，给城区造成巨大交通压力，及时制定方案，抽调机关民警，放弃所有周末和节假日，舍小家为大家，坚守岗位，疏堵保畅。继续做好旅游线路交通安保工作，定人、定岗、定责，在杜庄岗、固山路口、沙洺路口等20个关键节点部署警力，限行大型车辆，严查各类违章，疏导交通，安排事故处理小组，做到交通事故当场发生、快速处置，确保不出现大规模、长时间堵塞车辆现象，未发生一起重特大交通事故，营造良好的旅游线路交通环境。

【抗洪抢险灾后重建】 7月19日，全市遭受特大暴雨袭击，面对暴雨洪水对道路交通安全造成的严重影响，立即启动应急预案，全警动员，全力以赴，投入到抗洪救灾工作，全体民警不顾个人安危，冒雨昼夜执勤，指挥疏导车辆，救助疏导被困群众，有效确保通往受灾地区道路的安全畅通。灾后重建中，坚守在抢险救灾第一线，大队成立抗洪救灾工作队，组织全队民警踊跃捐款4.3万元，拿出4万元援助洞上村灾后重建，并为对口帮扶南山底村提供5000元修建水毁道路，出色地做好灾后重建工作。

【拓展便民服务渠道】 认真执行车驾管惠民措施，积极推动互联网交通安全综合服务管理平台建设应用，办理互联网面签业务1925起，开通省内异地办证业务系统；实现年审车辆远程查验，在车管所设立检验标志核发窗口，方便广大车主就近领取检验标志；在机动车上牌办证上，全面推行公开选号程序，回归群众上牌办证的公平权益；深化车管业务公开，在大厅设置咨询服务台，方便群众咨询；持续打击“车托”“二道贩子”，净化车管环境。

【重点车辆驾驶人监管】 重点车辆监管工作始终是全市乃至全省交管工作的重点和难点。全市运输企业119家，重点车辆9566辆、重点驾驶人9567人，交通安全监管任务十分繁重，并且市内山区道路里程多，机动车保有量和驾驶人保有量增长迅猛，交通安全压力较大，积极协调政府，组建安全监察中队，亮化重点车辆“户籍化”管理模式，将每辆重点车辆和驾驶人全部登记造册，录入系统，实现电子化管理，通过GPS源头动态监管、路检路查、视频巡视、强化责任落实等举措，重点车辆的交通违法行为明显减少。4月，在任丘市召开的全省交警系统基层道路交通安全源头监管工作现场会推广武安的做法。

【改革事故处理模式】 在事故处理工作中，改革事故处理模式，建立便民为民、快速反应的新机制。"交警在线"——河北事故e处理正式上线，发生交通事故时，当事人使用"交警在线"手机APP进行现场拍照取证、协商定责、在线报案。交警远程处警，在线指导定责或进行事故处理，保险公司后台座席实时受理系统报案并予以快速理赔，方便群众报警，有力维护群众生命财产安全。

【化解排查社会矛盾】 加强侦逃力度，充分发挥科技优势以及奖惩措施，侦逃工作水平得到极大提高，加大事故处理效率，耐心接待群众来访，妥善细致地做好解释劝导工作，减少越级信访隐患，有力维护全市政治社会和谐稳定。

【交通安全宣传】 充分发挥媒体宣传阵地和交警窗口单位宣传阵地，引导群众身体力行，自觉把安全出行、遵法上路落实到实际行动中。开展"春运""马拉松""划骑跑""十一国庆节"等大型宣传活动7次；深入万合集团、武安公交公司、邯邢物流等重点企业上交通安全课，加强对重点车辆和驾驶人的安全培训，受教育面达1200人；首次对酒驾等违法行为进行网络直播；依托《交警在线》广播电台栏目、"武安交警"微信网络，定期宣传安全常识；城区24个岗区的LED显示屏不间断开展交通安全宣传，让交通安全深入人心，家喻户晓。全年发放宣传材料3.5万份，签订责任状240份、编发短信提示6800条、受教育面达7万人次。在各级新闻媒体刊播稿件65篇，其中中央级16篇、省级65篇、邯郸市级22篇。

（杨桂月）

综合管理

发展和改革

【概况】 根据《中共武安市委、武安市人民政府关于印发〈武安市人民政府机构改革实施方案〉的通知》，设置武安市发展改革局，为市政府工作部门。主要职责是：拟订并组织实施全市国民经济和社会发展战略、中长期规划和年度计划，指导全市经济体制改革，研究经济发展和经济结构调整政策措施，综合协调经济社会发展，组织解决经济运行、社会发展中的重大问题。做好人口和计划生育、科学技术、教育、文化、卫生等社会事业以及国防建设与国民经济发展的衔接平衡。促进就业，调整收入分配，协调完善社会保障体系建设。安排全社会固定资产投资计划，规划重大项目和生产力布局，按规定审批各类建设项目。内设机构13个：办公室（财务科）、国民经济综合科（国民经济动员办公室、政策法规科）、发展规划科（产业协调科）、经济运行调节科（电力办公室）、能源科、资源节约和环境保护科、信息产业科、固定资产投资科（招投标管理科、行政许可服务科）、农村经济科、财政金融贸易科（社会发展科）、经济体制综合改革科、价格管理科、人事科。

【市发展改革局】

党组书记、局长：孟天增
党组副书记、副局长：尹朝晖
副局长：张　军
主任科员：马双平
党组成员、铁业公司经理、铁业公司党总支书记：郝明岐
党组成员、工经联秘书长：马禄昌
党组成员：刘秀强
党组成员、重点项目办公室主任：程克强
党组成员：靳宏杰
副主任科员：王增旺
收费办公室主任：石均衡

【主要指标完成情况】 2016年全市生产总值完成601亿元，比上年增长6.9%，高于邯郸市平均水平0.1个百分点；固定资产投资完成355亿元，比上年增长11%，达到计划目标，高于邯郸平均水平4个百分点。万元生产总值能耗比上年下降4%；第三产业完成增加值214亿元，比上年增长12%，高于GDP增速5.1个百分点，占GDP比重达到35.6%，比上年同期提高1.7个百分点。

【项目建设情况】 推进“项目建设年”活动，坚持市级领导分包，强化调度，优化服务，通过集中开工、集中观摩，现场解决实际问题，为加快项目建设进度奠定了强有力的基础。2012～2016年着力推进实施224个重点项目，投资额度达3614亿元，争列省、市重点项目达46个。其中2016年着力推进40个重点项目建设，其中争列省重点建设项目2个，省重大前期项目1个，争列邯郸市重点建设项目8个。年底，新能源产业园、武安保税物流中心等重大战略项目对武安经济形成新的支撑，东太行旅游开发、温州新材料产业园、通宝生物质热电等多个项目启动建设，为武安转型发展增添新的动力。在邯郸市重点项目建设集中观摩、集中开工评比活动中，武安市一直名列前茅。

【产能压减任务完成情况】 2016年邯郸下达给武安市的化解过剩产能任务为炼铁246万吨、

炼钢330万吨。按照“一个全面、两个突破”的总体思路，建起“县级钢铁产能指标交易互助平台”，结合国家、省奖补标准和专家意见、武安实际，按每万吨铁、钢产能各100万元标准，组织所有企业按照承担任务和标准，缴纳“钢铁产能指标交易互助金”，专项用于补偿压减装备企业，以此为抓手，撬动企业通过“交易产能、压减装备、兼并重组”等方式完成去产能任务。年内全市钢铁企业通过拆除、封停生产装备、异地产能指标交易等多种方式总计压减炼铁产能243万吨，炼钢产能384万吨。2013年～2016年累计压减炼铁产能679万吨，炼钢产能542万吨。钢铁产业取得企业整合重组、退城进园两大历史性突破，文丰实业与金鼎重工整合重组，组建冀南钢铁集团，明芳钢铁全资收购远盛钢铁，与其他4家企业注册成立“河北太行钢铁有限公司”。率先实施的太行钢铁、冀南钢铁两大退城进园项目正在完善产能置换方案，文安钢铁与中冶集团、马来西亚沙捞越州签订投资建厂协议，迈出走出去参与国际产能合作的步伐。

【产业转型升级情况】 大力推进大众创新、万众创业，充分发挥企业主体作用，培育省级认定企业技术中心3家、省级工程实验室1家、省级高新技术企业13家。在中国制造高峰论坛上，董明珠、大连万达集团、中集集团下属企业、北京燕赵汇金国际投资有限责任公司、江苏京东邦能投资管理有限公司等5家企业、个人与珠海银隆签署增资协议，共同增资30亿，建设14.62亿安时钛酸锂电池、2条年产200MWh储能、3.2万辆专用车等3个项目，已经省发改委核准、国家发改委备案，全部达产达效后可形成1000亿元产值的产业集群。充分利用丘陵山区、矿山修复区的大面积未利用土地，大力开发光伏、风电等清洁能源，在贺进圣莹光伏并网发电的基础上，安源光伏将建成并网发电，转型升级的动力活力日益增强。

【节能降碳进展情况】 年内实施节能项目7项。截至年底，华丰年产15万吨焦炉气制甲醇、广耀余热回收利用、新金超高压煤气发电等6个节能项目全部竣工，广耀余热发电工程项目按进度要求向前推进。推进顶峰公司热电联产挖潜升级和亿丰公司热电联产背压机组及热力交换站、热网设施建设前期工作，着力缓解集中供热供需矛盾，逐步消除城区分散燃煤污染。建立健全洁净型煤保供推广机制，完善洁净型煤生产配送体系。年底，武安市指定的两家洁净型煤生产配送企业佳耐达公司和旭锐洗煤厂基本建立生产、储存、销售、运输等体系，具备向建成区及周边乡镇保供配送已达标的洁净型煤。

【第三产业发展情况】 以提高流通效率和服务水平为重点，完善流通网络，做强物流主体，提升流通功能，建设物流产业园区，打造现代商贸物流基地。年内第三产业完成增加值216亿元，比上年增长10%，高于GDP增速3个百分点，占GDP比重达到35%，比上年同期提高1.1个百分点。其中河北武安保税物流中心通过正式验收，完全达效后将成为河北省首家B型保税物流中心，冀中南及晋冀鲁豫结合地区唯一的内陆港和本地区最大的一站式混合性物流集散基地。

【对外开放情况】 紧紧围绕打造“京津转移项目承接地、科技成果转化地”，主动对接，优化服务，大力开展点对点招商，在继续深化与清华大学、中国建材集团、中景信等院校、企业合作的基础上，积极与中国招商网平台开展专业招商合作，与葛州坝集团公司、天津港等进行对接，分别就主城区雨水排放设施升级改造工程、武安保税物流中心建设等达成合作意向。同时，还组织专门招商团队赴浙江、广东等地进行面对面洽谈，取得了丰硕成果，其中颐高集团与武安市合作建设跨境电商产业园项目正式签约；全球上市公司500强企业碧桂园投资2.6亿元在洺湖新区建设翡翠湾项目，打造武安地产领域新高地。

【灾后重建工作情况】 面对7·19特大洪灾的侵袭，迅速反应，第一时间成立“抗灾救灾”领导小组，发起爱心捐助活动，捐助善款共计21600余元，给对口帮扶的夏庄村，提供必要的人力、物力支持，帮助村民恢复正常生产、生活。深入一线慰问受灾企业，统计受灾情况，向全市重点受灾企业发出了关于《号召全市重点企业积极开展灾后重建的倡议书》，鼓励企业开展生产自救，尽快最大限度恢复灾后生产，减少损失。按照全市灾后重建统一安排部署，组织水利、交运、市政、农牧、教育及卫生等部门打包灾后重建项目，全力服务灾后重建项目建设、帮助受灾企业尽快复产，同时积极向上争取政策和资金支持，为灾后重建项目提供保障。

【上级交办的各项任务完成情况】 在市委、市政府要求的“一对一”扶贫解困活动中，带头深入基层，到帮扶对象家中，了解家庭状况及目前的实际情况，问寒问暖，送米送面，逢年过节进行慰问。针对不同情况，有针对性解决问题，结合具体情况开展转变择业观念、自主创业的宣传教育，鼓励他们依靠自身技能，尽快走上再就业、创业之路。为帮扶对象免费进行再就业培训，积极帮助帮扶对象联系小额贷款工作，帮助解决子女就读等，解决本人的后顾之忧，增加家庭收入，减轻生活负担。在答复人大、政协建议提案方面，专门组织有关人员，认真调查研究，起草《关于积极对接京津冀协同发展战略加快推进武安经济社会发展的建议》《关于加快企业转型步伐加大政策扶持力度的建议》等11项建议提案的答复意见，并及时向代表委员反馈、落实，受到一致认可。

（张丽娟）

统计工作

【概况】 武安市统计局行政编制14人，事业编制17人。设有办公室、综合科、服务业科、企业科、法规科5个科室，下设普查中心和农调队两个参照公务员法管理事业单位。2016年，统计局在市委、市政府的正确领导下，全面贯彻落实中共十八大和十八届三中、四中、五中、六中全会精神，紧紧围绕全市经济社会建设和市委、市政府中心工作，积极落实省、邯郸市统计部门工作部署，切实履行职责，加强统计建设，较好完成各项工作任务。通过大力争强晋位，实现武安市再次晋级全国“百强”县的目标，并在邯郸市20个县（市、区）统计工作综合评定中名列第一。

【市统计局】

局　　长：贾文军
副 局 长：闫春生
　　　　　高建斌
副主任科员：孟军朝
普查中心主任：孙旭梅

【主要经济指标】 2016年全市地区生产总值完成601亿元，增长6.9%；规模以上工业完成增加值320.9亿元，比上年增长4.5%；全市全社会固定资产投资完成362.4亿元，增长10.1%，其中固定资产投资额完成355亿元，增长11.2%；全市社会消费品零售总额实现167.3亿元，增长10.2%；全年全市利用外资5.1亿美元，比上年下降1.9%；全年外贸进出口总值505553万元，比上年增长18.7%，其中直接出口178924万元，增长32.4%；全市财政总收入完成61.48亿元，比上年增长6.4%，其中地方公共预算收入完成37.31亿元，增长8%；城镇居民人均可支配收入达到31739元，增长8.7%，农村居民人均可支配收入达到13438元，增长8.8%。

【各项统计调查】 高标准完成人口变动抽样调查，通过精心组织，该项工作荣获省级先进集体称号。圆满完成农业普查工作。“十到位”做好前期准备工作。“五个二”部署中期普查工作。入户登记阶段建立“三个三”工作机制，即三督导、三通报、三调度。农普进度位居邯郸市各县（区）前列。顺利完成各项统计调查，全面完成2016年年报和2016年定期统计报表，并做好上级统计部门要求的各项业务相关工作。根据年报数据分别撰写的《2016年武安市国民经济和社会发展统计公报》和《2016年武安市国民经济统计资料》，为社会各界提供翔实的参阅资料。这些调查摸清武安经济社会情况，搞准产业结构现状，为武安经济社会发展提供更为丰富的参考信息。

【统计监测预警】 积极发挥统计监测职能。及时监测经济运行状况，除充分发挥“温度计”“晴雨表”的作用外，不断加强与各相关部门的沟通联系，建立协调会商机制，在重要时间节点召开联席会议，通报经济运行情况，预警存在的问题，统一思想、形成合力，采取有效措施，推动经济平稳运行发展。充分发挥“参谋部”作用。统计由决策的“服务者”向“参与者”转变。敏锐捕捉经济运行中的热点、难点问题，加强统计分析，为领导决策当好参谋。撰写的《供给侧结构性改革对我市的影响》《对我市第六产业发展状况的分析》等分析得到市委、市政府主要领导的批示；多篇季度经济形势分析得到市领导高度评价，并被市政府《工作研究》采用，作为指导全市经济运行的参考。

【统计服务水平】 提高服务质量。全年撰写统计情况报告15期，均被市委、市政府领导签批和采用。统计调研分析40篇、各类信息200余篇，多篇信息被市统计内网采用，部分被省内网采用，采用量居邯郸市各县（市、区）首位。被地方党政信息刊物和新闻媒体采用50多篇，在市直部门中保持前列。创新服务产品。不断创新统计产品，提高咨询服务水平，搜集整理完善《武安统计月报》《2015年武安统计年鉴》《武安市第三次经济普查资料汇编》等资料，内容更加丰富、板式更加合理。在年初的两会上，制作的两会专刊《奋进十二五》，全方面展示十二五期间全市社会经济发展成就，获得与会人大代表、政协委员的一致好评。

【统计人员素质】 保证业务培训常态化。各科室分专业制定年度培训计划，对有关部门、乡镇、村、企业进行全面系统的专业培训和指导。全年举办投资改革培训会、统计年报培训会、法规培训会、商贸业培训会、重点服务业培训会等各类培训班20多期，培训人员1000多人次，业务培训实现常态化，有效提高了广大统计人员的业务素质。实现农普培训全覆盖。11月对各乡镇农普办人员和各村普查指导员分3批进行为期9天的业务培训，培训人员1000多人次，并在培训会后对参会人员进行综合测试，为确保全面农普工作顺利开展打下坚实的基础。

【基层统计规范化建设】 进一步完善“双基”工作制度。完善统计工作联系乡镇制度，修改完善统计业务规范化体系，对照省统计局的业务规范化标准要求，结合武安实际，制定面向乡镇、部门、村、企业的统计业务规范化实施方案，明确工作制度和工作流程。更新完善进度台账和历史台账，自行设计，印制双“台账”，力争做到账表卡一致。通过典型带动全面。在全市首先树立武安镇、午汲镇等典型乡镇和文丰钢铁、新金钢铁等典型“四上”企业，为全面加强“双基”建设提供有力参考。分别召开乡镇和企业统计“双基”工作现场观摩会，以典型为模版，组织全市各乡镇、各“四上”企业进行观摩学习，全面推广基层统计规范化建设。

【提高数据质量】 整顿名录库。根据省《提升统计数据质量“1+7”专项行动安排》文件精神，武安市对基本单位名录库进行专项整顿。高度重视。召开专题会议，提出严格要求，并对整顿工作进展情况进行经常性调度。专项培训。及时对乡镇召开培训会，认真讲解整顿核实的项目要求和注意事项。抽查核实。制定抽查方案，对乡镇上报的单位报表信息进行抽查核实，确保动态库中单位真实存在，信息完整准确。完善制度。对内建立即录即审的评估制度、对下建立查询制度，多措并举以确保数据质量得到提高。编印一套表使用手册。为适应新形势下统计工作的需要，提高统计能力、提高统计数据质量和政府统计公信力，努力服务经济发展大局，组织专业技术人员编印全彩印的《四上统计使用手册》800套，供“四上”企业统计员学习、培训使用。手册除详细介绍联网直报平台的使用方法和各专业在实际工作中的填报要求，还为个别企业不能正常登录平台的问题，提供解决方案，大幅度减轻企业负担，有效地避免部分技术环节对统计数据的干扰，使统计数据质量明显提高，切实提高企业一套表工作效率。

【扩大统计主体】 全年新增入统企业81家，其中工业企业12家、服务业企业8家、商贸企业5家、房地产企业1家、建筑业10家、另有5000万无以上在建项目法人单位新入库45家，为全市经济发展注入新鲜血液。加强与行业主管部门的沟通协调。制定各专业入统方案，积极与发改、工信、住建等主管部门就相关企业基本情况进行对接，通过细致摸底和排查，确定预入统企业名单。深入基层开展实地核查。针对确定的预入统企业名单，逐企业进行实地核查。核查企业是否真实存在，企业的相关证件是否真实有效，并了解企业实际营业状况，确认企业达标后，当场填写现场核查结果登记表，及时纳入规上统计范围，做到应统尽统。严格审核入统企业相关材料。根据省统计局要求，对预入统企业所需提供材料实行预先一次性告之制度，制作申报材料明白卡并下发至各企业。深入企业进行现场指导，及时审核把关企业上报材料，确保按时保质完成此项工作。

（刘小华）

国家统计局武安调查队

【概况】 2016年，武安调查队认真贯彻落实国家、省统计调查工作会议精神，以提高统计调查数据质量为中心，以提升统计调查服务水平为目标，坚持深入一线搞调查，不断夯实基层基础，经过全队干部职工的共同努力，圆满完成各项统计调查任务，各项工作再上新的台阶。

【武安调查队】

队　长：杨峭梅

副队长：刘　祥

【“7•19”抗洪救灾工作】 按照武安市防汛救灾指挥部的统一部署，分包伯延镇庄晏村的抢险救灾工作。成立由党支部书记、队长杨峭梅任组长，所有党员参加的驻村工作组，以最快的速度赶赴救灾现场，积极投入到抢险救灾第一线。截至8月14日，历时25天，在保证队内日常工作正常运转的基础上，义不容辞的投入到抗洪救灾工作中，积极帮助镇、村出主意、想办法，和镇、村干部一起并肩战斗，冒着酷暑入户核实灾情，喷防消毒，清除淤泥，组织爱心捐款，发放救灾物资，用实际行动努力帮助受灾群众搞好生产自救。把“两学一做”的行动落实在防汛救灾第一线，用自己的行动赢得群众的赞许。

【小微企业抽样调查】 年初，按照总队召开改进小微企业抽样调查试点工作要求，高效组织实施现场调查工作。针对本次核实调查样本量大、涉及乡镇多、覆盖范围广的实际，积极探索，化整为零，多方核实，确保调查数据准确。采取“条块结合”模式。将调查样本按照企业归属地和所隶属部门相结合，进一步方便沟通联系；采取与日常统计调查相结合的模式。由于此次调查样本中有部分企业与现行调查项目相重合，要积极与统计局工业科联系，提前了解5家规模以下工业企业的经营情况，做到心中有数；采取与行政资料相结合的模式。通过与工商、卫生等部门沟通联系，取得相关企业注册登记资料，为核实上报数据的准确性奠定基础。

【“三农普”遥感测量】 三农普遥感测量暨对地调查工作开展以来，积极向政府进行汇报，由政府发文部署农作物对地调查工作，为工作开展提供强有力的行政推动。为保障工作开展，积极向地方财政申请经费，购置工作所需PDA，协调普查所涉及的乡镇，扎实做好前期准备工作，从人力、物力、财力等方面给予支持。实地调查期间，打破常规作息时间，由队领导分别带1个调查组深入调查一线，对每一个调查小区实地调查，找到调查样方，修订地块变化，填报地物信息，边调查边审核，确保高质量完成调查任务。

【住户调查电子记账】 为积累电子记账经验，通过对具备电子记账条件调查户进行摸底，选定11个有意愿的记账户作为第一批电子记账试点户，采取“一对一、手把手”的方式进行指导，确保其熟练掌握操作流程，能够独立开展电子记账。通过试记，调查户对电子记账的认可度大幅提升，调查数据质量得到明显提高，为下一步全面推开电子记账积累宝贵经验。

【规范数据质量】 继续把严抓数据质量作为工作的重心，要求全队人员牢牢树立质量意识，求真务实，实事求是开展调查，杜绝各种干扰，坚决不出假数，严防数字腐败。同时，严格执行国家调查制度和数据质量管理制度，加大对基层调查单位和人员的培训力度，确保各项常规调查业务工作顺利开展。针对工作实际重新修订《居民收支调查专业访户制度》《消价专业工作制度》《生猪监测调查工作制度》等一系列工作规范，对各环节工作实行规范化管理。工作中严格调查工作的报表上报流程、数据质量查询记录、调查访户记录等，强化对基层数据质量管理和源头数据质量控制，进一步加强基础工作程序控制和质量控制，逐步完善调查数据质量管理体系，促进基础工作的规范化建设，确保数据质量。

【“双基建设”】 各专业准确把握工作重点，严格执行国家统计局、总队统计调查方法制度，认真组织实施全市居民收支、劳动力、农民工、农民工市民化、消价、产粮大县、畜禽、工价、规下服务业、建筑业小微企业、新设立小微企业和个体经营户跟踪专业、退耕等监测调查工作，按时完成各项定报、专项调查任务。狠抓源头数据质量。居民收支调查始终坚持以提升数据质量为目标，以一线访户为抓手，狠抓规范记账和数据质量评估，切实提高了居民收支调查记账质量；劳动力调查不断强化数据采集上报等各环节的质量控制，注重做好数据查疑和电话回访工作，有力保障了调查数据质量；农民工输出地和输入地调查注重做好入户走访和跟踪调查相结合，实时掌握农民工群体动态；消价专业定期收取各个调查点的价格资料，重点加强对采集数据的审核，确保居民消费价格指数真实；畜禽监测调查工作强化数据质量核查，每月至少一次到调查点督促、检查台账登记和报表情况，抽选部分上报数据进行入户抽查核实，确保了数据与趋势相一致；粮食产量调查专业人员熟练掌握粮食产量调查的调查方法、操作步骤及程序，坚持遥感测量对地调查、蹋田采样，实割实测，进一步夯实面积、产量的分季节调查基础，确保源头数据真实准确；规下服务业、新设立小微企业跟踪调查工作注重与工商、税务部门的沟通，加大对抽中小微个体户的跟踪监测，按照要求逐户上门核实数据，有力确保调查数据质量。强化基层业务培训。定期开展业务培训工作，结合调查工作实际，既有一线访户现场培训，又有集中讲解业务培训，均取得了较好效果。全年重点专业培训次数达到4次，其他专业也在两次以上，收到较好效果。健全规范台账管理。认真做好台账登统工作，实现由繁琐到简洁实用的转变；定期开展档案互查，实现了各专业档案的规范化管理。注重数据审核评估。建立健全各专业数据质量全过程控制体系，不断完善数据质量审核评估责任制度，对主要数据指标开展全方位审核评估，定期采取专业自查和跨专业互查的方式，重点检查源头数据质量是否真实、专业调查制度执行是否规范、机账对比是否一致、基础台账是否齐全等，对工作中发现的问题和存在的薄弱环节认真整改落实，确保源头数据质量。注重加强与调查对象的情感交流。积极争取资金，进一步提高基层辅助调查员和记账户的待遇。由于基层辅助调查员工作量日益增多，为进一步提高工作积极性，在按时、足额发放调查补贴的基础上，通过向基层调查员（户）

致感谢信，发放日用品、文件包等做法，与基层辅助调查员加深感情，增强联系。

【营造统计调查环境】 以组织年报会、业务培训会、访企访户等为契机，开展统计调查法制宣传教育，着力提高调查对象依法统计、及时准确上报统计调查数据的自觉性。抓住国家宪法日这一时间节点，大力开展普法宣传活动，通过悬挂法制宣传横幅，发放《中华人民共和国统计法》和《统计违法违纪行为处分规定》宣传单500余份，向社会普及统计法律知识和宣传统计调查工作，收到较好效果。结合基层基础工作检查，开展数字质量大检查。年内，以居民收入、粮食产量、生猪监测、两个价格等为重点，将“四条红线”执行情况作为统计执法检查的重中之重。年内检查记账户12户，工价企业2家，新成立小微企业跟踪调查企业3家，规下服务业企业4家，生猪生产企业（规模户）6家，消价调查点4家，对基础工作、方法制度执行情况及数据质量等方面进行全面检查，坚持不定期地开展业务抽查，直接到基层检查数字质量，向基层人员讲解统计调查的意义，使统计执法检查工作走上经常化、制度化的轨道。

【创优统计服务水平】 年内，撰写30余篇较有价值的统计调查信息、分析，总队采用17篇；工作信息被总队采用24篇，其中，关于劳动力调查和住户收支调查的2篇工作情况交流被国家局内网采用。截至年末，调查信息和工作信息撰写报送工作仍在县队中保持领先地位。

【坚持完善党内制度】 队支部高度重视党建工作，将其列入重要议事日程，年末实现“三个一”，有一个专门的党员活动室，有了一套党建制度，有了一系列党建基础资料。定期召开支部会议研究工作、听取汇报。年初依据总队党建工作要点结合武安队实际制定党建工作要点、党建计划等。落实“三会一课”制度，严格党员管理，按时按标准收缴党费；建立健全文件材料收集管理制度，建立党组织工作台账，及时更新记录，并按照总队要求，每月初报送当月党建工作安排。10月总队党组巡察工作组对党支部3年来的工作开展情况进行了全面巡察。

【廉政风险防控】 印发出台《武安调查队党风廉政建设工作要点》《武安调查队党支部关于落实党风廉政建设主体责任和监督责任的规定》《武安调查队支部会议制度》，通过认真制定和完善各项规章制度，规范管理，夯实廉政建设的基础。按照总队要求，制定党风廉政建设工作要点，并将任务分解落实到人头。坚持集体领导和议事原则，决不搞一言堂，凡属“三重一大”事项等必须由班子会研究决定，充分征求有关人员意见，并在全体会上进行传达。认真贯彻落实中央八项规定，进一步规范公车管理、公务接待管理，加强财务管理，规范办公用品采购及管理使用。严把数据生产环节风险防控。不断加强数据质量检查和执法检查，有效遏制了统计数据弄虚作假的行为。

【“两学一做”学习教育】 深入贯彻全面从严治党要求，切实将“两学一做”教育作为当前的重大政治任务，周密安排部署，强化责任落实，扎实推进党风建设。党员干部职工将党章党规、习近平总书记系列讲话精神的实质内涵内化于心，不断提升自身修养，努力增强政治素养；党员干部以高度的政治自觉性，落实学习教育的政治责任，把“两学一做”学习教育作为改进工作作风、提高调查数据质量的契机，深入查找数据质量和工作规范等方面存在的不足，及时发现问题解决问题，确保从严治党、从严治队落到实处。通过向地方政府积极争取，结束队内无专门会议室的历史，为今后开展党员集中学习、收听收看会议和开展“三会一课”活动提供场所。

（丁利超）

审计工作

【概况】 武安市审计局属综合性经济监督部

门，主要负责政府各部门和所有企事业单位的审计监督工作。内设办公室、政策法规科、经贸审计科、行政事业审计科、固定资产投资审计科、财政金融审计科6个行政科室和经济责任审计办公室（事业性质）。行政编制22名，其中领导职数3名（局长1名，副局长2名），事业编制5名，实有行政人员25名，事业人员19名。2016年，在市委、市政府和上级审计机关的正确领导下，依法履行审计职能，积极创新审计思路，审计成效进一步凸显。全年开展审计（调查）项目42个，查处各类违规违纪金额13200万元和管理不规范资金26129万元；完成政府投资建设项目28个，报审价款54844万元，审计核定46129万元，审减工程价款8715万元，平均核减率15.9%。教育系统随报随审工程项目308项，报审价款25450万元，审减850万元。向被审计单位及主管部门提出审计意见和建议116条。上报信息被审计署、省厅、邯郸市局、市委、市政府共采用285篇。武安市委、市政府授予2015年度优秀领导班子、2011年～2015年全市法制宣传教育先进单位；河北省审计厅授予全省审计机关2016年信息宣传工作成绩突出单位、邯郸市审计局授予全市审计机关信息宣传成绩突出单位；武安市总工会授予2016年度工会工作先进单位等。

【市审计局】

党组书记、局长：马　雨
党组成员、主任科员：马满平
党组成员、主任科员：段立科（1月免主任科员）
党组成员、副局长：段立科（1月任副局长（正乡科级））
副　局　长：张利斌
　　　　　　徐金柱（1月因健康原因离任）
副主任科员：程建军
　　　　　　张静波（1月免）

【围绕市委、市政府中心工作，突出服务理念】

全年紧紧围绕党委、政府的中心工作，服务经济建设大局，配合相关部门，开展审计和检查7项，充分发挥“免疫系统”作用。配合市委农工委对22个乡镇农村环境卫生综合治理资金管理情况进行检查，防止资金滞留、挪用。完成市主要领导交办，对4家供热企业供热成本开展审计调查，为政府决策提供参考依据。按照“一问责八清理”要求，分4组对15个单位涉企乱摊派、28个单位专项资金和违规公费出国等行为进行清理。完成利用上级转移支付资金建设的管陶乡马渠水文化广场等3个项目和2008年至2014年国家水土保持重点治理工程审计，维护“三农”利益。对城乡居民基本医疗保险整合情况审计调查，确保并轨到位。分包鑫山钢铁有限公司“压产能”，跟踪监督420立方米高炉按期拆除到位。调查全市新农村建设情况，推动惠民强农政策的落实。对二环路占用东长远土地情况进行专项调查，发现多起现金案件线索移交工业园区管委会。

【财政审计】　紧紧围绕财政资金的收支与管理使用这条主线，对照市人大及其常委会批准的预算决议，以提高预算管理水平、推动积极财政政策的贯彻落实为主要目标，突出财政资金分配、财政专项资金整合统筹使用、财政存量资金盘活、地方政府性债务等八项审计重点，分析把握市本级预算编制、执行和决算的总体情况，揭露财政管理中存在的突出问题，从体制机制上进行分析、提出建议，促进预算资金规范管理，增强预算执行的效果。对违规财务活动和经济问题不遮不掩，提出的建议切实可行。

【跟踪审计】　精心组织安排。明确财金科牵头，各业务科室共同承担，把稳增长等政策措施贯彻落实情况作为重点审计内容，贯穿于全年审计项目中，确保跟踪审计工作扎实有效推进。突出工作重点。根据省厅下达的工作要点，结合当地实际，上半年重点关注相关部门在财政资金统筹使用、重大建设项目推进、简政放权、减轻企业负担等政策措施的落实情况和取得的实际效果。下半年将救灾款物和灾后重建资金管理使用、资源环境保护等事项纳入工作重点，促进相关政策措施落地实施。注重协调沟通。工作遇到难题，积极主动与邯郸市审计局的联系、请示。同时加强与当地财政、发改、税务、民政等多个部门的协调与沟通，注重发挥好各职能部门的主观能动性。督促问题整改。在扎实开展跟踪审计的基础上，及时向市政府汇报和相关部门反馈审计情况，对政策落实过程中存在问题，提出改进措施和审计建议。并对整改工作实行回头看，督促被审计单位及时整改，确保国家出台的各项政策措施落到实处。为此撰写的《河北省武安市审计局“四项措施”扎实推进稳增长政策措施跟踪审计》信息被审计署网站采用。

【经济责任审计】 按照市委组织部的安排，完成14名领导干部离任经济责任履行情况审计，审计违规问题87个，查出违规资金和不规范资金7516.89万元。促进领导干部执行财经法规的自觉意识和责任意识，提高领导干部的民主决策能力和当家理财的水平。

【专项审计】 年内，结合预算执行审计，注重开展民生资金、城乡医保、7·19救灾款物、保障房跟踪等专项资金审计，审计查出拖欠工程款、超预算投资、重建工程进展缓慢、挤占挪用项目款、灾后滞留救灾款物等问题。尤其在对7·19救灾款物和灾后重建跟踪审计，及时跟进，步步深入。全力开展抗洪救灾款物管理、发放、使用真实性、及时性现场审计，有效提高了物资发放时效性。配合市纪委等部门对灾后基本生活救助和重建资金合理性、规范性进行问责审计，对全市12个市直部门、22个乡镇和工业园区开展为期两周的拉网式监督检查。对灾后重建物资和资金合规性、有效性进行“一查两看”跟踪审计，发放问题整改清单，年底，审计发现问题基本整改到位。

【审计队伍建设】 从严抓责任落实。完善细化领导班子、科室；主审、审计成员各自的责任清单和权力清单，做足“责任”和“常态”功课，局主要领导带头引领，以身示范，真正把“一岗双责”落到实处。从严抓学习提升。依托“两学一做”学教活动，深刻学习党章党规和“三条例一准则”等，同时，紧密结合审计特点，组织专题讨论、参观警示教育基地、微平台廉政提醒等多形式教育活动，做足“实学”和“真做”功课，明晰政治红线，坚守法纪底线，让每名党员干部在不断学习中都能成为党风廉政建设的“明白人”。从严抓制度建设。不断完善内部管理体制和运行机制，从审计项目的分配、审计人员综合调配、各个审计环节风险控制、审计人员纪律约束等进行全方位的改革，相应修改了内部管理制度，做足“大审计”和“全覆盖”功课，用制度管人管事管方向，自觉适应审计“新常态”需要。从严抓监督跟踪。推行多包围廉政监督圈，审计人员执行公务，要在廉政监督员、主管领导、被审计单位、机关作风监督组四重廉政监督圈中“阳光”开展，做足“严格”和“制约”功课，做到廉政监督不留死角，监督方式内外互补，及时化解廉政风险，从整体上提高反腐倡廉建设的科学化水平，营造风清气正、廉洁高效的审计环境。

【党风廉政建设】 严落实“两个责任”。全面落实从严治党各项要求，认真履行党风廉政建设“两个责任”，定期召开党组会专题研究和谋划主体责任、监督责任落实，利用签订责任书、督办检查、考核问责等方式逐级传达压力，构建“两个责任”工作体系；制定年度党风廉政建设工作要点和任务分解方案，明确党风廉政建设责任分工，进一步增强局班子主体意识、主体责任，强化班子成员“一岗双责”，形成局党组集体领导，班子成员分工负责，作风督查组常态监管的工作责任体系。切实加强党风廉政教育。坚持将党风廉政建设与审计工作同部署、同检查、同落实，确保责任落实到位。与“两学一做”教育活动紧密结合，组织学习《习近平关于党风廉政建设和反腐败斗争论述摘编》《廉政准则》《纪律处分条例》等，组织观看《永远在路上》等警示教育片，到涉县后池村实地学习“新愚公”精神，组织全体党员走进市检察院廉政教育基地接受警示教育等，在局系统形成了廉荣贪耻的文化氛围。实行多包围廉政监督。审计人员执行公务，要在廉政监督员、主管领导、被审计单位、机关作风监督组四重廉政监督圈中“阳光”开展，做到廉政监督不留死角，监督方式内外互补，及时化解廉政风险，从整体上提高反腐倡廉建设的科学化水平，营造了风清气正、廉洁高效的审计环境。加大执纪问责力度。积极开展财经纪律、工作纪律的明察暗访，严抓局系统内上下班工作纪律，制作科室人员去向牌，实行公出人员登记卡备案制度，每月定期通报工作纪律情况，对发现的苗头性倾向性问题及时提醒，做到“不回避、不遮掩、不护短”。

（杨新顺）

人力资源和社会保障管理

【概况】 武安市人力资源和社会保障局是政府的一个重要职能部门，内设14个科室和事业单位。其中行政科室6个：办公室、公务员管理科、专业技术人员管理科、调解仲裁管理科、劳动工资福利科、社会保险科。8个事业单位：社会保险中心、人才中心、医疗保险基金管理中心、城乡居民养老保险管理中心、就业服务局、劳动监察大队、职业技能鉴定中心、新农合管理中心，在全市22个乡镇设劳动保障事务站。现有人员307人，其中退休29人，提前离岗3人，党员190人。

【市人力资源和社会保障局】

党组书记、局长：尹长兴

党组成员、就业服务局局长：武　文

党组成员、主任科员：刘成华

党组成员、副局长：齐安国

王旭东

党组成员、社保中心主任：李庆学

按原职务层次管理干部：周保良

【促就业工作】 应对化解产能，促就业保稳定。年内全市压减炼铁产能246万吨、钢330万吨，涉及7家钢铁企业、2家焦化企业，7家钢铁企业直接影响职工5356人。人社局积极发挥职能作用，超前开展调研，局领导班子分别带队进厂，跟踪服务，及时解难。在职工安置上，督导企业召开职工代表大会，认真制定职工安置方案，力保职工饭碗不能丢；对需解除合同的，派人到现场稽核社保缴纳和工资发放情况，确保不留后遗症；对需要转岗的，免费举办技能培训，搭建供需平台，搞好劳动力转移转岗。通过努力，向奥钛新能源转移就业达3000余人。贴近农民实际，延伸培训触角。继续坚持把技能培训班办到乡镇、办到重点村、办到企业，开展农村劳动力技能培训、农村劳动力就地就近转移培训、企业职工转岗培训等。全年开展各类培训10678人，8200人实现了再就业，2000多个家庭的经济来源有了保障。抓重点、抓示范，以创业带动就业。建成武安市第一家创新创业孵化基地，累计入驻创业实体65家，孵化创业成功50家，提供就业岗位1000多个，累计带动就业1.02万人以上，实现利税1000余万元。选送3家创业项目参加全省青年创新创业大赛，营造“大众创业、万众创新”的浓厚氛围。鼓励有创业愿望的失业人员、高校毕业生、复转军人等投身创业，举办创业培训，发放小额担保贷款，确保创业扶持成功率。全年开展创业培训410人，发放小额担保贷款2180万元。

【社保工作】 抓大不放小，全面促征缴。进一步调整征缴扩面思路，在保证钢铁、焦化等大型企业参保人数不降低的基础上，抓好新上项目的参保，抓好洗车、餐饮等服务业的参保。坚持宣传和监督并重，充分发挥基层站、协办员以及企业劳资科长的作用，入户宣传、进企宣传，采取培训、座谈、发放宣传单等方式，提高职工参保积极性。同时，劳动监察大队跟进监督检查，查扩面数，查征缴基数，确保扩面到位，征缴到位。通过劳动监察，督促企业签订劳动合同1800多份，缴纳社会保险1560余人。对城乡居民养老保险续保扩面问题，召开全市乡镇书记会议，常务副市长亲自调度，做到参保不断保，符合条件都参保，实现了参保率达到99%。年内，养老、工伤、失业、医疗、生育和城乡居保均完成或超额完成全年任务。改革抓进展，发放抓规范。6月1日，新农合正式合并到人社局后，开展纪律整顿，实行人员定岗定责，基金严格监管，不定期开展定点医疗机构住院检查，对违规用药、治疗、挂床等行为严肃处理，实现正常运转、平稳过渡。把机关事业养老保险制度改革作为工作的重中之重，市政府牵头，人社局组织实施，确保机构到位、人员到位、培训到位、设备到位、经费到位，信息采集工作全面开展。截至年底，报送信息404个单位。加快社保卡制卡、发卡进度，不断完善农村支付点建设，全市农村支付点实现全覆盖，城乡居保实现社会化发放。科技抓认证，基金不流失。为防止社保基金流失，加大投入，利用科技手段加大资格认证监管。对企业退休职工实行掌静脉认证，对城乡居民养老保险实行指纹认证，对1～4级工伤伤残人员及工亡职工供养亲属实行指纹认证，对失业人员实行面部指纹双识别认证，杜绝冒领、多领基金的现象。

【人才工作】 广开渠道抓引智。充分发挥“两渠道一平台”引进人才长效机制，突出重点，侧重中高级人才，使一大批人才落户武安，服务武安。瞄准人中企业引人才。把近两年的高校毕业生信息辑印成册，主动到重点企业进行推介，并组织专项招聘会，相继为奥钛新能源招聘高校毕业生200余名，其中高级人才35名，为普阳、新金等钢铁企业招聘高校毕业生84名，其中高级人才18名。围绕重点行业引人才。先后组织企事业单位到北京、石家庄、秦皇岛等地参加人才招聘会，组织教育部门到北京师范大学、陕西师范大学、沈阳师范大学等高校开展现场招聘，仅为教育部门招聘研究生30名，极大地提高了全市教师队伍素质。年内，全市引进人才380名，其中中高级人才163名。公平公正抓招聘。从2012年开始就实行了外地出卷评卷，武警安保押运，全程录音录像，纪检、用工单位、人社部门三方监管的招聘机制，全程公开，坚持公正，从始至今未出现一例信访问题和社会不良反映。全年公开招聘229名教师，为文广新体局招聘10名专业技术人员，均做到公开公平公正，受到社会各界赞誉。转变思路抓服务。改进作风，改进服务，进一步理顺人才、仲裁、工资、社保、专业技术等相关科室的职能，形成协调联动的服务机制，为各类人才提供合同签订、工资晋升、职称评定、档案管理、社保参缴等全方位的“一条龙”服务。年内，为1413名代理人员办理了人事手续，稳定人才队伍。

【维权工作】 专项监察，解决欠薪问题。年内“两节”期间，组织开展农民工工资支付情况专项检查活动，处理一大批欠薪问题。截至年底，处理农民工投诉举报案件46起，为849名农民工追讨工资778万余元。与公安机关协调联动、形成查处合力，年内，移送公安机关案件13起，立案12起，取保候审1名，为120余名农民工追讨工资60余万元，有效的震慑了拒不支付劳动报酬犯罪行为。合力监察，做好维权工作。发挥市乡两级劳动监察体系的作用，市区3个劳动监察小组和乡镇8个劳动监察中队相互配合，深入基层企业开展日常监察，确保劳动监察的全覆盖。主要对全市钢铁冶炼、焦化、铸造等企业进行劳动用工检查，对发现的问题及时下达限期改正通知书，责令限期改正，规范用人单位劳动用工行为。全年下达各类劳动监察文书620余份，督促用人单位办理社会保险登记13家，督促签订劳动合同350余份，参加社会保险132人。基层调解，化解矛盾纠纷。进一步规范和健全企业调解组织和乡镇调解组织，充分发挥基层调解组织人员熟、情况明、威望高的优势，全面排查，及早介入，注重调解，将大批劳动争议问题解决在萌芽、处置在基层。

【党建工作】 武安市人社局在市委、市政府的正确领导下，认真贯彻落实中共十八大、十八届三中、四中、五中、六中全会精神，扎实开展“两学一做”学习教育，努力加强人社队伍建设和党组织建设。培育“两学一做”，在“学”上下功夫。迅速组织召开局党组会、全体干部职工会，集中传达学习中央、省市以及市委“两学一做”学习教育动员部署会议精神，并对全局“两学一做”学习教育工作进行层层动员部署。全体党员干部自觉用党章和党规党纪规范自己的言行，用党的理论创新成果武装头脑，真正做一个“忠诚、干净、担当”的合格党员。突出问题导向抓学习教育。对照“合格”找差距，对照“优秀”查不足。带着问题开展学习教育，着力从思想上解决好理想信念、党的意识等突出问题。以支部为单位，分别召开座谈讨论会，就坚定理想信念，做合格党员进行座谈讨论，对照入党志愿谈理想、谈信念，对照入党誓词找标准、找差距。突出常态化抓学习教育。坚持抓在日常、严在经常。以支部为单位精准制定方案和学习计划，严格按学习计划安排，各支部每月集中学习两次，真正使教育管理严起来实起来。突出主题抓学习教育。开展庆祝中国共产成立95周年系列活动。在党建日来临之际，在全系统范围内开展了优秀党支部、优秀党务工作者、党员标兵、优秀共产党评选活动，经过支部推荐、党员大会测评、党组研究等程序，评选1个优秀党支部、2名优秀党务工作者、8名党员标兵、16名优秀共产党员。召开纪念中国共产党成立95周年暨七一表彰大会，党组书记、局长尹长兴讲了一堂生动的党课，对评选的优秀党组织和优秀个人进行表彰，先进代表进行事迹报告。特邀退休党员、干部李映昌毛笔手书《党章》长卷作品，作品长70余米，等待省、市有相关活动时展出。坚持“两学一做”，在“做”上抓落实。坚持示范引领，激发广大党员干部真抓实干、创先争优。开展红色先锋行动。深化“党员活动日”“党员主题日”等活动，营造争做“四讲四有”合格党员的浓厚氛围。7月初，组织局领导班子成员和评先的优秀党务工作者、党员标兵、优秀共产党员50余人到冶陶晋冀鲁豫边区革命纪念馆开展革命传统和党史教育，重温了入党誓词，参观了革命成长之路展览。开展集中亮相、公开承诺活动。以支部为单位，5个支部分别组织集中亮相、公开承诺活动，每名党员都结合工作实际，对照《党章》查找自身差距和不足，进行一句话承诺。在党员活动室墙上制作党员群像图，对全部党员照片、党龄、和一句话承诺进行公示。开展“戴党徽、亮身份”活动。为全局党员配置党徽，要求工作时间必须佩戴，在人社系统全面开展“戴党徽、亮身份”活动。窗口单位全部挂牌上岗，其他科室党员制作共产党员岗位标示牌，公开姓名、职务、职责及服务承诺，方便群众监督。推进四个专项整治。组织局领导班子开展“三对照三查找”（对照上级要求、对照先进典型、对照群众期盼，查找党性党风问题、查找发展理念问题、查找制度机制问题），广泛征求党员干部群众和服务对象意见建议，建立问题清单和整改清单。结合基层标准化平台建设，在乡镇基层站开展“三亮一创”（亮职责、亮身份、亮承诺，创建群众满意基层站所）活动，权力清单和职责清单在显著位置公示，党员实行挂牌上岗，全面推行首问负责制、一次告知制、限时办结制等，推动基层窗口单位和执法部门作风改善、服务改进、形象提升。践行“两学一做”，在“行”上提实效。坚持知行合一，服务中心大局。围绕中心工作，抓好统筹结合，以学促用、以学促行。一是将“两学一做”与推进民生工作相结合。充分发挥党员在精准扶贫、社会保障等重点工作中的示范带动和帮扶作用，充分凝聚力量，激发奋发有为。5月，全体党员主动带头参与“博爱万人捐”活动，累计募捐爱心款5000余元。开展“一帮一”帮扶活动。组织全局有帮扶任务的副乡局级以上干部12人，到徘徊镇上庄村、前里甲、顺义庄等村开展“一帮一”帮扶活动，给被帮扶群众送去粮油和帮扶款，送去党的温暖。将“两学一做”与解决党建问题相结合。对全局党员组织关系进行全面排查，对排查中发现的组织关系应转未转的党员进行督促，全部接转到位。对全局党员，特别是本届任期内的党代会代表以及人大代表、政协委员中的党员进行认真排查，不存在违纪违法党员。将新农合党支部经报市委组织部研究，从市卫生局党委转到人社局机关党委；按照程序对所辖7个党支部进行换届，配齐配强基层党组织班子。对2008年4月以来党员交纳党费情况进行检查整改。将“两学一做”与提升服务水平相结合。优化服务大厅服务，进一步梳理办事流程，完善政务公开，严格落实首问负责制、限制办结制、一次性告知制、责任追究制等制度，创新开展岗位优质服务星级评比活动，大力提升服务水平。提高办事效率，树立群众满意的政府部门良好形象。22个乡镇基层服务平台标准化建设全部通过省、邯郸市验收，把优惠政策、便民服务送到人民群众“家门口”，打通服务群众“最后一公里”，得到服务对象的一致好评。

（董慧）

物价管理

【概况】 武安市物价局为正科级单位，是市政府主管全市物价工作的职能部门。内设科室为办公室、物价检查一所、物价检查二所、价格成本调查队、收费管理办公室（副科级）、价格认证中心6个科室。在岗干部职工61人，其中局领导3人。

【市物价局】

局　长：尹朝晖

副局长：刘秀强

靳宏杰

【价格改革】 农产品成本调查工作。养殖业完成大、中规模生猪的成本调查任务，对生猪生产环节的各项成本标准进行了核查。种植业完成农民（玉米、谷子）种植意向的调查，农户农资购买情况调查，农户存售粮情况和种植成本的调查。每周二按时上报玉米、化肥的询价报表。真实、及时、准确地提供监测数据，为相关商品的价格政策提供了可靠地依据。年内共上报监测报表52篇。协调并参加农产品成本调查培训工作会议，保障会议圆满完成。成本监审工作。完成武安市第二供水厂的成本监审工作。完成东山文化博艺园门票价格的成本调查监审工作。完成武安市安泰小区经济适用住房2号楼的成本调查及定价工作。完成武安市供暖成本情况调研工作。完成黄冈实验学校学费成本调查监审工作。完成省局、市局安排的县级4A级以上景区门票成本的调研工作。市场监测工作。完成省、市局下达的涉及市场监测的临时性工作，完成重大节日市场监测任务，及时分析监测生活必需品价格变动趋势和变动原因，并及时上报相关部门。

【政策收费监管】 组织召开门票价格听证会，制定门票价格以及东山文化公园门票价格进行备案管理。组织开展教育收费、医疗服务和药品价格专项检查，进一步规范收费程序。加强收费事中事后监管。对市行政事业收费项目标准、依据等情况进行一次摸底，出台《武安市行政事业性收费目录》。开展“一问责、八清理”专项工作，对行政许可中介服务收费专项清理，初步确定涉及13个单位37个收费项目。做好上传下达工作，对国家、省、市出台的新的收费项目、标准及取消的收费项目、标准及时转达到有关部门，使国家政策及时得到落实。认真受理各类收费、价格咨询服务工作，对群众来电、来人咨询各收费、价格问题能答复的当场答复，不能当场答复的，经请示后在1～2个工作日内答复。

【维护价格秩序】 开展“元旦、春节、五一、中秋、国庆”节假日期间市场价格监管，保持价格基本稳定，优化节日消费环境，加强对节日期间市场生活必需品的监督检查，重点对大型粮油批发市场、超市和农贸市场开展巡查，督促经营者守法诚信经营。开展行政许可中介服务违规收费问题专项清理，安监局、气象局、民政局、国土局、建设局等单位的行政许可中介服务收费进行监督检查。开展涉企行政事业单位收费检查，对环保局、工商局、技术监督局、国土局、交通局、建设局等单位的收费执行情况进行了检查，维护广大群众利益。对全市各类旅游景区、景点门票、停车场收费和服务价格执行情况进行检查，净化旅游市场环境。对全市医疗系统进行一次专项检查，重点检查医院功能科室收费执行情况和药品价格执行情况，基本清理，规范医疗收费和药品价格，减轻患者负担。对辖区内的商品房销售明码标价进行检查，对新建商品房全面落实预售价格备案，预（销）售价格“一价清”，预（销）售价格明码标价以及备案价格公示等制度进行了落实，完善商品房价格管理。加强统计报表和价格监督检查调研报告撰写工作。分析、季报、月报等能够及时、准确上报；同时加强档案管理，做到一案一卷，档案达标。完成两篇价格监督检查调研报告。

【刑事案件价格认定工作】 共办理刑事案件260多件，认定金额近400万元，为公安机关办理案件提供较客观的价格依据。

【道路交通事故定损工作】 全年完成道路交通事故定损案件460多件，鉴定金额1220多万元。

【扶贫和“7·19”灾后重建工作】 到康二城镇招贤村参与美丽乡村建设，及时发动干部群众，从规划到实施，全程参与深受当地干群的好评；用实际行动践行党的美丽乡村政策；7·19灾害过后及时按照市委市政府的安排部署，迅速组建援建小分队，第一时间赶赴到康二城镇北新庄村为民解忧帮助受灾群众，搞好灾后重建工作；到石洞乡石洞、青烟寺、三王村、什里店、河西五个村庄进行“一帮一”帮扶工作，全局积极向扶贫对象户及灾区捐款，捐款总数达到3万余元。

（温宪鸿）

工商行政管理

【概况】 工商行政管理局有干部职工359人，其中公务员116人，工勤人员2人，所属事业单位人员27人，离退休人员77人，市场服务中心人员137人。机关内设9个科室，4个直属事业机构。其中4个综合科室，即办公室、人事科、监察室、法制科；5个业务科室，即注册科、市场维权科、企业监督管理科、食品流通监督管理科、商标广告监督管理科。直属事业机构4个，即市个体劳动者协会、市私营企业协会、市消费者协会、市维修行业管理办公室。设基层分局（队）9个，其中市区内设1个分局，即西岭湖分局；农村以经济区域设置7个分局，即紫金山分局、午汲分局、磁山分局、伯延分局、贺进分局、矿山分局、阳邑分局；直属机构1个，即邯郸市经检支队武安大队。

【市工商行政管理局】

局　长、党组书记：董俊林

副局长、党组成员：李　建

郭海涛

王军民

李　杰

【商事登记改革】 紧紧围绕简政放权、放管结合、优化服务，大力推进工商登记便利化改革，降低投资创业的制度性成本，持续释放改革红利。“五证合一、一照一码”改革顺利实施。在巩固和扩大“三证合一、一照一码”改革成果基础上，继续深化商事登记制度改革，认真落实国务院“五证合一、一照一码”改革部署，减少重复行政行为，节约企业办事成本，营商环境明显改善。“两证整合”改革全面推开。提前谋划、主动作为，积极推进个体工商户营业执照和税务登记证“两证整合”改革，12月1日在武安市全面启动，副市长郝维斌亲自颁发全市第一张“两证整合”营业执照，体现市委、市政府对改革工作的支持和鼓励。工商登记便利化取得进展。深入推进“先照后证”改革，严格落实“双告知”职责，推动实现工商登记和审批监管的有序衔接。积极探索推进企业登记全程电子化和电子营业执照改革，有序推进电子营业执照发放试点工作，更加便利企业进行注册登记。商事登记制度改革的不断深化，直接带动大众创业热情，激发社会创新动力。截至12月31日，全市市场主体数量为42021户，其中企业10715家，个体工商户31306户，新增各类市场主体10579户，市场主体万人拥有量达到508户/万人。发放“五证合一”营业执照882套，“两证整合”营业执照703张，电子营业执照12套。

【事中事后监管工作】 在深化商事制度改革的同时，持续加强事中事后监管，逐步构建起以企业信用信息公示系统为依托、以信息公示为基础、以信用监管为核心、以随机抽查为手段、以联合惩戒为保障的监管机制。市场主体信息公示制度持续巩固。通过有效实施年报公示制度，年报工作遵从度明显提高，年报公示率稳步提升。全市2015年度应公示各类市场主体31526户，已公示 31265户，年报率99.17%。其中企业年报率为98.22%，农民专业合作社年报率为91.43%，个体户年报率为99.66%。被邯郸市局授予“2015年度市场主体年报公示先进单位”。“双随机、一公开”监管机制扎实推进。完善抽查机制，科学制定方案，年内在全市范围内先后开展两次企业信息公示和经营行为“双随机”联合抽查。抽查企业、农民专业合作社和个体工商户1013户。其中企业337户，农民专业合作社9户，个体工商户667户。30户市场主体被列入经营异常名录。

【市场秩序优化】 优化市场秩序，从政府关注、群众关心的领域入手，通过查处有影响力的大案要案，严厉打击违法违规行为，有力维护公平竞争的市场秩序。全年查处违法违章案件362起，罚款451万元。不断加强竞争执法力度。集中整治公用企业限制竞争行为，对自来水公司、电力公司、热力公司、保险公司、移动公司、电信公司、联通公司及3家银行等企业进行重点监管，严厉查处滥收费用、强制交易等违法行为。查处工商银行和信用联社格式合同案5起，罚款26万元。严厉打击流通领域违法行为。在流通领域组织开展装饰装修材料、电线、电缆质量专项整治行动，办理案件126起，罚款135万元，有效净化市场环境。进一步加大商标广告监管力度。查办商标侵权案件14起，罚款7.75万元；假冒伪劣案件21起，罚款17.85万元，查处8起虚假宣传广告案件，罚款18.8万元。努力推进线上线下一体化监管。网络市场监管得到进一步加强，全市68户网络经营主体全部入库、全部认领电子标识，查处网络侵权案件31起，罚款18万元。流通领域食品市场秩序得到明显改善。组织省级抽检30个批次，邯郸市级抽检20个批次，武安市本级抽检602个批次，快速检测300个批次。尤其是春节期间和7·19洪灾后，邀请专业食品检测人员，组织快速检测78个批次，受到社会各界好评。加强日常监管，强化教育指导，全年发放食品安全监管公示栏3000块，进货台帐3000本、巡查记录1500本、《食品安全知识进手册》两万余本，查处食品案件17起，罚款12.5万元，没收“三无”、过期食品235.3千克，有力促进经营者自律，确保流通领域食品安全。坚决打实大气污染防治攻坚战。立足工商职能，扎实做好“红盾治污”行动，做到站位高、部署快、落实严，以铁的手腕保护武安碧空蓝天。对全市所有煤炭和成品油经营户摸底排查，建立台账，动态监管。对全市40户煤炭经营户进行全覆盖抽检，立案4起，吊销营业执照1户，罚款1.5万元；成品油市场抽检184个批次，立案36起，罚款20.35万元。

【消费维权工作】 年内，紧抓消费维权这一民心工程，用消保维权机制升级促全市消费质量升级，安全放心的消费环境得到不断优化，居民的消费信心不断增强。积极开展放心消费创建活动。根据省、市工商局安排部署，结合武安实际，联合市文明办、武安市报社，扎实开展“美丽武安、诚信商家”放心消费创建行动，以“城区中心街道商户和城乡辐射面大市场”两个层面为主线，建立“放心消费十字街”和“放心消费市场”试点区域，细化制度、规范运作，以点带面推进放心消费创建活动良性发展。不断完善“大消保”体系建设。全年查办消费维权案件126起，罚款135万元，为消费者挽回经济损失38万元。接听处理消费者投诉216起，其中诉转案13起，罚款8万余元。深入开展消费宣传教育“五进”活动，进超市、商场15家，进市场8家，进学校6所，进社区5家。在全市3万余家经营性企业和个体工商户经营场所显著位置悬挂“12315”温馨提示牌，畅通消费申诉举报渠道。不断延伸消费维权触角。针对日益繁荣的农村汽车市场，在农村汽车市场整治行动中，开展拉网式检查15次，受查户数186户，企业商户开展自查8次。查处案件20起，罚款4.32万元，规范经营问题20户，解决汽车行业消费纠纷5起，培养重点规范经营户10家。

【商标战略】 不断提高商标培育的成功率和孵化的精准性，积极推动企业将商标从无形资产向有形资产转化，商标战略不断取得新突破。商标培育稳步推进。年内，新发展注册商标157件，河北省著名商标7件，邯郸市知名商标37件，全市有效注册商标达到1105件。“武安市优质农产品协会”申报的“武安小米”地理标志证明商标。“武安山羊”地理标志证明商标材料上报国家商标局审核。商标价值得到凸显。在工商局大力扶持帮助下，河北仓盛兴油脂有限公司完成商标专用权质押登记，用其“龙仓”中国驰名商标专用权，在武安市农村信用联社股份有限公司贷款2000万元，实现邯郸地区商标专用权质押贷款零突破。

【服务企业发展】 充分发挥职能作用，使动产抵押、股权出质成为企业重要的两项融资手段，同时搭建银企对接平台，扮演金融红娘，实现项目和信贷直接“联姻”。变工作职能为服务手段。年内，帮助企业融资70.53亿元，其中，股权出质登记融资65.07亿元，动产抵押登记融资3.62亿元，银企对接银行贷款1.84亿元，在经济寒冬为企业引来救命暖流。积极发挥协会组织作用。充分利用个私协组织健全、与企业联系紧密的优势，积极推进非公有制企业党建工作。建立党建指导员制度，党委选派党员为支部指导员，帮助支部开展“三亮活动”。发展“三亮”户数60户，培育党建示范点9个；建立非公有制企业党组织12个，临时党组织107个，确定发展对象4名。个私协被国家工商总局、中个协评为全国先进单位。

【队伍建设】 紧紧围绕业务水平、作风建设、廉政建设等锤炼干部队伍，服务水平、履职能力不断提升，为深化改革、服务全市经济发展提供了坚实的组织保障。多样化开展教育培训。组织节后收心培训会，邀请党校老师、市局业务骨干、科室业务能手讲授相关业务知识，提高业务水平；把培训机会和重点向基层一线倾斜，支持分局、科室主要业务人员分批多次参加省级培训；组织参加国家工商总局行政学院开展的网络培训，参训人员均以优异成绩通过考试；严格案件核审，强化执法监督，加强行政复议和行政应诉，提升全员法治观念和执法水平。常态化开展作风建设。深入开展“两学一做”学习教育活动，紧扣规定内容，做到真学深学，彰显工商特点，丰富活动内容，提高了党员干部履职尽责能力；继续推进解放思想大讨论活动，形成一批制度成果和调研成果，增强各项工作创新动能；制定“学后池、整作风”工作方案，以纪律整顿激发工作热情，以作风转变提升服务效能。长效化开展廉政建设。年初召开党风廉政建设和反腐败工作会议，安排部署全年反腐倡廉工作任务，层级签订落实党风廉政建设主体责任承诺书和监督责任承诺书，构建党组、班子成员、科室、协会负责人和基层党支部书记、纪检监察员“五位一体”监督体系，夯实“两个责任”，压好“一岗双责”。

（邢徐根）

国土资源管理

【概况】 武安市国土资源局，于2012年6月由原武安市土地管理局和原武安市地质矿产局合并组建。2013年6月，成立武安市地理信息局（二级局），2016年9月成立不动产登记中心。武安市国土资源局是管理全市土地、矿产资源和测绘行业的行政职能部门。下设办公室、人事科、财务科、规划科、耕地保护科、地管理科、土地利用科、矿管科等12个行政科室，执法监察大队、矿产资源开发服务中心、土地储备中心、开发核算中心等12个直属事业单位，23个基层国土资源所，1个企业为地产开发中心。2016年，围绕全市中心工作，认真对照全年既定的工作任务目标，统筹兼顾保发展，突出重点抓落实，为经济发展新常态、京津冀一体化新形势下，全市经济社会发展提供强而有力的资源支撑。

【市国土资源局】

党委书记、局长：梁考绩 （10月免）
李江云 （10月任）
地理信息局局长：刘向东
副　　局　　长：元军平
胡延华
石贶强
杜维明
纪　委　书　记：古　军
地理信息局副局长：白延军
副　　局　　长：段增旺
张海兵

【保障建设用地】 争取年度用地计划指标1554亩，全部对接到项目，保障保税物流中心、新能源产业园、受电弓滑板等重点项目用地。加快征地供地工作。报批建设用地9宗，1104亩。为更好地服务全市经济建设，推进“一问责，八清理”（河北省全面从严治党专项行动）专项行动，规范土地市场运行，严格依法出让供地。全年出让土地119.13公顷，收出让金11.7亿元。完成永久性基本农田划定和土地利用总体规划中期调整完善工作。更新城区和建制镇基准地价和土地级别，为保障合理节约用地夯实基础。

【矿政执法】 严打无证盗采。始终坚持主动快速出击、夜间突击检查和严厉整治，对发现的无证采矿，高标取缔到位。全年巡查11800余矿次，及时制止无证反弹46起，有效遏制无证采矿行为。10月20日，开展打击非法采石专项行动，对排查出的86个非法采石点，采取拆除生产设备、封堵运输道路等方式进行整治。并在全部整改到位的基础上，建立长效监管机制。治理越层越界。认真落实储量动态管理制度。通过旬检月测，监测排查矿山820多矿次，查处越层越界开采9起。矿产卫片整改。14处矿产卫片图斑中，1处为伪变化，其余13处违法图斑全部完成深度整改，顺利通过上级审核验收。

【专项行动】 5个专项行动是年初省政府对各级政府提出的国土资源工作要求，在市委、市政府的领导下，该局扎实工作，按要求完成各项任务。综合排名跃居全邯郸市前三。土地整治专项行动。完成土地整治施工验收任务，新增耕地795亩。完成1500亩立项任务，实际报批1596亩。工矿废弃地复垦利用立项501亩，涉及3个村。露天矿山污染深度整治专项行动。完成露天矿山污染深度整治任务，2家无证矿和4家超期矿山全部关停。35家有证矿山实施了停产和环保整治。7个责任主体灭失矿山整合为3个治理项目，完成了施工验收。土地执法专项行动。认真推进卫片整改。在市委、市政府的正确领导和大力支持下，在市局的业务指导下，卫片图斑和例行督察图斑全部整改到位，违法占地提前实现清零目标。同时，加大动态巡查执法力度，源头防范和减少违法占地行为。有效制止违法占地47宗，722.6亩，保护耕地650亩；拆除复耕19宗，65亩；立案查处违法占地35宗，256亩。清理违规出让土地行动。按照“一问责、八清理”要求，主动开展自查自纠，对2014年、2015年出让的92宗建设用地进行清理。经认真检查，发现问题38个，全部整改到位。闲置用地清理专项行动。结合土地市场动态监测监管系统，逐批次建立清查台帐，摸清底数。并逐地块查找问题，分析原因，有针对性地提出解决方案，避免闲置用地。同时，对批而未供土地加快处置，短期内供地率上升到88%。

【基础管理工作】 不动产统一登记机构、人员和职能全部整合到位，工作进入正常运行状态。9月28日，河北银隆新能源公司领到市第一个不动产登记证，标志着全市不动产登记工作全面展开。“三权发证”工作，完成全市村庄地籍调查工作，测量150多平方千米，为维护农民群众合法权益打下基础。信访工作，坚持解决问题为根本，以息诉罢访为目标。严格落实接访、控访、化访、回访工作制度。全年接待咨询、来信、来访186批次，办结168件，化解率达到91%。并成功化解2件信访难案。

认真做好地质灾害防治工作。汛前及时向24处重点隐患区，受威胁的村民发放防灾避灾明白卡386份，下达矿山企业安全防范通知书135份，在地质灾害隐患区埋设永久警示牌183块。认真编制《武安市2016年地质灾害防治方案》。成立重点隐患村、重点矿区地质灾害防治工作督导领导小组，全面督导检查地质灾害防治工作。开展防灾知识培训，开展应急演练等工作。

【抗洪救灾】 在“7·19”洪灾中，及时启动地质灾害应急响应，未发生一例因地质灾害造成的人员伤亡。主动承担7·19洪灾抢险救援和灾后重建工作责任。在扎实开展预防地质灾害的同时，开展向灾区募捐活动，积极参与防洪救灾，从局机关到各基层所，从领导干部到一般人员，深入到对口支援村马家庄乡没梁殿村以及管陶乡、西土山乡，开展灾后道路抢修、清理街道、灾情调查、走访慰问等工作，积极参与救灾和恢复重建，充分展现国土资源人的昂扬正气和精神风貌。

【党风廉政建设】 党委主体责任落实有力。严格落实党风廉政建设党委主体责任，将党风廉政建设与业务工作同安排、同部署、同落实。印发《2016年党风廉政建设和反腐败工作任务分工》，签订《党风廉政建设责任状》，形成一岗双责，一级抓一级、层层抓落实的党风廉政建设工作新格局。贯彻民主集中制。完善“三重一大”集体决策制度，对中层干部任命、行政审批、矿山复工、大额资金使用、行政处罚等重大事项全部实行集体研究决定，推进民主决策、科学决策。纪委监督责任执行有效。局纪委全面强化内部监督，从落实纪律要求上抓细节，从推进全年工作上抓阶段任务，从风险预防上抓警示教育，从日常工作上抓制度落实，充分发挥监督职能。加大对日常工作行为的监督检查，开展首办负责、承诺服务、限时办结等各项制度落实情况监督。重点围绕资金使用、项目决策、工程招标、土地出让、矿产开发、公车公房等工作及环节开展监督检查，及时发现问题，及时整改规范。党风廉政建设和反腐败工作推进有力。认真贯彻落实八项规定，遵守各项廉政规定。通过廉政警示教育和作风纪律整顿，提高全体党员干部拒腐防变的能力。在全局开展十八届六中全会精神学习教育、廉洁从政专题教育，深化全面从严治党和争做合格党员的认识。开展专项检查，对四风问题进行查纠，增强党风廉政建设的针对性。强化内部监督。针对工作检查中发现的一些苗头性、倾向性问题及时启动诫勉谈话，该提醒的提醒，该批评的批评。认清问题，放下包袱，理清思路，认真整改，收到很好效果。邀请市纪委、纪工委、政务公开监督小组等，开展外部监督，进一步克服和纠正“四风”方面存在的问题，树立良好的国土形象，推动全局各项工作的开展。

（邢中生）

质量技术监督

【概况】 武安市质量技术监督局是武安市人民政府管理标准化、计量、质量、认证认可、生产许可证、特种设备安全监察的工作部门和以技术手段为支撑的行政执法部门。有行政编制26名，机关工勤2名，事业编制46名。下设办公室、监察室、财务科、法制科、质监科、标准计量科、执法监管一科、执法监管二科、执法监管三科、特监科、质检所、计量所、衡器所、信息中心14个科室。2016年，在市委、市政府的正确领导下，武安市质量技术监督局开拓创新，积极进取，全面开展质量技术监督各项工作，圆满完成各项任务目标。2016年度，荣获安全生产先进集体、安全生产优秀单位、政务公开先进部门等多项荣誉称号。

【质量技术监督局】

局　长、党组书记：石志强

副局长、党组成员：孙巨增

秦孟琦

王建强

房　芳

副 主 任 科 员：郭怀秀

郭燕侠

【安全监管】 特种设备安全监管不断深入。

认真开展特种设备“打非治违”行动和安全生产攻坚行动，查处各类特种设备违法案件13起，发现各类特种设备安全隐患49起，整改到位49起。实行特种设备安全网格化监管，建立电梯使用单位安全管理员、电梯维护人员、电梯检验人员、乡镇特种设备安全员和监管部门监察人员的“五位一体”安全监管体系。加强对人员密集场所电梯、大型游乐设施和客运索道安全监管。检查各类电梯690台次、旅游景区5处，游乐设施20台次、厂车37台、索道3条；组织3家索道使用单位、1家游乐设施使用单位进行安全应急演练。对受灾企业特种设备进行大排查，对受灾特种设备要求检定之后方可重新运行。产品质量安全得到保证。制定《武安市2016年度产品质量监督抽查计划》，全年完成监督抽查288批次，合格率100%；组织37家企业42个单元产品开展2015年度生产许可证获证企业自查；持续开展“双打”和“质监利剑”两个专项行动，处理违法案件54起。持续开展危化品生产监管。对19家粗苯、溶解乙炔生产企业进行日常巡查，出动人员130人次。组织两次危化品生产企业专项督查。查封2家无证车用气瓶充装站，1家无证液化气充装站，对一家违规企业进行处罚。组织危化品生产企业进行2次应急演练。开展“地调钢”整治专项行动。牵头负责地条钢排查摸底工作，出动人员300余人次对全市22个乡镇和工业园区进行纵向到底、横向到边的彻底摸排，并建立“地条钢”双巡查机制。

【综合管理】 助力企业争创名牌。组织河北新金钢铁公司等6家企业8项产品申报省名牌产品、河北恒通阀门公司等2家企业申报省优质产品、武安市京娘湖景区等4家单位申报省服务名牌、河北新金钢铁公司申报省质量效益型企业；开展全市8家省名牌企业的11项产品、6家企业的6项省优质产品、4家服务名牌参与的2015年度发展状况调查。顺利完成第一届市长质量奖评定工作。成立由主管副市长为主任委员的市长质量奖评定委员会，出台《武安市市长质量奖评定管理办法（试行）》，印发《关于开展第一届武安市市长质量奖评定工作安排的通知》；组织举办首届市长质量奖申报培训会，并抽调15名技术骨干分别联系15家申报企业，从始至终进行全程指导和全方位服务；聘请质量专家成立评审专家组评定出河北普阳钢铁有限公司等3家企业获得市长质量奖，付新岗等8人荣获市长质量贡献奖，还有5家企业获市长质量奖提名奖，并在12月底顺利召开武安市质量强市暨第一届市长质量奖表彰大会。提升企业质量管理水平。组建服务企业专家团，邀请社会各界在标准、计量、质量管理、认证认可、检验检测等方面的专家，深入企业开展对口帮扶工作；对全市重点钢铁铸造企业的350名质量检验人员免费进行业务培训；组织河北普阳钢铁公司等12家重点企业进行2015年第四季度、2016年第一季度产品质量指标统计；高质量完成《武安市2015年产品质量状况分析》和《武安市2016年上半年产品质量安全状况分析》。

【质量基础】 夯实计量基础。重点推进能源计量和民生计量建设。协助文安钢铁、烘熔钢铁、明芳钢铁公司顺利通过重点能源单位计量数据在线采集验收；组织12家单位开展重点用能单位能源计量数据核实汇总；新建热量表、0.05级数字压力计标准装置、气象色谱仪检定装置、浊度仪检定装置、酸度计检定装置、无创电子自动血压计检定装置等社会公用计量标准6项；全面落实“计量惠民生，诚信促发展”双十工程目标任务，签订诚信计量承诺单位8家，免费为市民检定血压计250余台；完成全省定量包装商品净含量计量监督专项抽查项目随机抽查试点工作；全年检定计量器具17418台件，计量标准器具完好率、周检率保持100%；开展加油站计量专项监督检查，对全市118家加油站的421台在用加油机进行了监督检查，受检率达98%，合格率达94%。做好标准化服务工作。顺利通过第八批创建国家级农业综合标准化示范市的验收。对全市在保障农产品质量安全、服务“农业增效、农民增收”、推进美丽乡村建设方面起到积极的推动作用；申报《核桃栽培技术规程》《黄瓜种植技术规程》《青椒种植技术规程》等七项邯郸市农业地方标准；协助中普（邯郸）钢铁有限公司的锅炉和压力容器用钢板、碳素结构钢和低合金结构钢热轧厚钢板和钢带等两项产品通过采标和采标标志认可；帮助北方奥钛纳米技术有限公司制定《锂离子电池用钛酸锂负极材料》企业标准。为民服务查询、下载各类标准80余次。推进认证管理工作。以局文件出台全市认证企业监管方案，推动6家实验室标准化规范管理，提升实验室检验检测水平；着力推进全市无证危险化学品生产企业取证进度，指导帮助河北华丰煤化公司等3家企业顺利通过许可证验收；全面落实强制性认证风险信息预警和认证监管方案。推进检验检测机构建设。大力推进科技质监，年内新增热能表、水表、电子血压计等检定标准装置以及高频红外碳硫分析仪和自动工业分析仪等分析设备，共计投入70余万元；质检所和河北省钢铁检验中心（武安）通过省局资格认定，确认油品、建材、化肥、煤炭等四大类的76个参数、25个产品的检测检验能力；确认河北省钢铁产品质量监督检验中心“钢板钢带、铁合金、型钢、钢管、钢丝、金属铸件、冶金原辅材料等七大类共104个参数、140种产品的检测检验能力；计量所全部42项计量标准通过邯郸市局组织的计量认证（含新增的6项社会公用计量标准），技术机构整体服务能力和水平有了较大提升。

【抗洪救灾】 质监局始终把灾后救援重建工作当成头等大事来抓。领导重视，成立一把手为队长的灾后救援队，第一时间驰援石洞乡，协助石洞乡政府做好紧急救援工作。分包南果村灾后救援重建工作进展顺利。该局累计出动人员将近800人次。共整修道路2000多米，整修河道1000米。清理主街道路面2400米，校园操场1400平方米，清理受灾庭院12个，清理河障、路障13个，共清理淤泥2000余立方米。组织机关干部捐款9800元。发挥职能优势，服务受灾企业。灾难过后出动200余人次，走访各类企业70余家，对企业的受损设备、检验设施进行校正调试，解决各类问题20多个。联系邯郸市特检所为5家受灾企业减免部分检定费用。

【大气污染防治】 积极配合市委、市政府做好大气污染防治工作。新增煤炭相关检验设备，提高对大气污染防治检验反应速度，实现2小时内出具检验数据要求，达到快速、准确的检验要求。组织煤炭抽样、检验人员参加省局煤炭检验培训，熟练掌握操作程序，切实做到抽样规范、检验数据准确及时。全年检验煤炭样品374批次，其中监督检验109批次，委托检验265批次。加强燃煤锅炉淘汰，全年拆除锅炉44台。组织19家重点产煤、用煤企业，对《河北省地方标准工业和民用燃料煤（DB13/2081-2014）》进行宣传贯彻。

【其他工作】 顺利完成所分包的武安市鑫山钢铁有限公司化解过剩产能工作，收取化解产能基金；完成美丽乡村建设和后进村支部转化对口包村任务。

（李喜斌　张国杰）

安全生产监督管理

【概况】 武安市安全生产监督管理局成立于2002年6月。2016年底有工作人员197人，下设24个科室：办公室（财务室、宣教办、工会）、人事科、协调科、非煤矿山安全监督管理一室、非煤矿山安全监督管理二室、冶金建材安全监督管理室、危险化学品安全监督管理室、烟花爆竹安全监督管理室、综合安全监督管理室、职业卫生安全监督管理室、应急管理和事故调查室、技术教育培训中心、科技规划室、武安市职工安全技术教育培训学校、政策法规室、监察一中队、监察二中队、监察三中队、监察四中队、监察五中队、机关事务管理处。

2016年，市安监局深入学习贯彻中共十八届五中、六中全会精神和习近平总书记等中央领导关于安全生产工作的一系列重要批示指示精神，坚持以人为本、以民为先、生命至上，进一步强化安全生产发展理念和红线意识，盯牢重点行业，持续开展“隐患排查、打非治违、专项整治”专项行动，全力以赴搞好抗洪抢险救灾工作，落实各项安全防范措施，确保全市安全生产形势平稳。

【市安全生产监督管理局】

局　　长：连海良

副 局 长：武枝森

主任科员：宋洪顺

副 书 记：郑玉江

监察大队大队长：郭建斌

【综合协调职能】 完善机制。按照“党政同责、一岗双责、失职追责”的要求，再次对各乡镇、部门安全生产监管职责进行细化，对一些边缘领域、薄弱环节安全监管进行明确完善，进一步形成“纵向到底、横向到边、网格覆盖”的责任落实体系。统筹安排。年初，制定印发了《2016年全市安全生产工作要点》，对全市安全生产整体工作进行全面安排部署和有效指导。强化协调。积极发挥全市综合监管协调职能，高标准做好多次迎检工作，得到各级领导的高度肯定。强化督导。充分发挥市级督查组作用，积极开展阶段性工作和专项整治督导工作。年内，督查乡镇部门215家次，基层站所122家次，行政村125家次，督查企业300余家，抽查易反弹摊点306余家次，确保安全生产各项工作落实到位。

【创新工作举措】 市域安全监管规范化建设。按照“树立样板、典型引路”的思路，建立“以住建局为部门标杆、午汲镇为乡镇标杆、白鹤观街为行政村标杆”的3个试点，在市乡村分别推进。全市23个乡镇、30个安委会成员单位和100个重点行政村均已完成建设任务，投入专项资金60多万元。安全生产诚信体系建设。积极聘请评价机构对全市承诺所有企业开展诚信评定工作。全市纳入安全生产诚信体系的企业有121家，其中A级企业1家，B级企业117家，C级企业1家，2家企业正在评审过程中。强化行政执法力度。在全市实现“许可、审批”与执法相分离，严格行政执法案卷审查，规范行政执法程序，全年未发生一起“两错”案件。立结案326起，行政处罚525.8万元。

【三项行动】 打非治违常抓不懈。明确重点时段，突出精准打非。一季度正值春节，全市集中对烟花爆竹非法储存、运输、销售等行为进行专项治理，累计巡查各类经营企业1860处，没收非法产品360余件，行政拘留4人。二季度集中对非法转供电行为进行专项治理，累计取缔非法供电摊点18处，并对5名非法业主给予行政拘留。三季度全市深刻汲取广耀“7·9”事故教训，集中对全市外委施工单位开展专项治理，累计查处不具资质的发包承包单位8家。四季度针对“小采石、小加工”等非法违法行为有所抬头，全市按照“属地监管、条块结合”原则，集中对非法采石行业开展专项治理。累计取缔非法摊点23处。隐患排查重在实效。年内，分别在春节、“两会”“五一”等重点时段，对全市非煤矿山、冶金危化、烟花爆竹等重点行业和其他行业规模以上企业组织开展全市性的安全生产隐患大排查大整治工作，整改消除一大批安全隐患。在隐患排查上的抓手就是“一体系三机制”：“一体系”，即隐患排查体系，武安市作为全省安全生产隐患排查治理体系建设试点县（市），年底已完成注册入统企业128家，购置发放移动终端卡184张，通过系统查出并上报隐患4151条、整改4097条、整改率达98%，力争到年底实现承诺单位“全纳入、全覆盖”。“三机制”，即专家会诊机制，组织专家在重点行业开展两轮会诊，对发现的隐患能整改的立即整改到位，一时不能整改到位的，由专家提出整改意见，限期整改到位；经专家会诊累计查改隐患1236处。四级联查机制，即企业自查、乡镇排查、部门抽查、市级督查，年内通过四级联查累计排查企业8360家次，查改隐患6539处，投入整改资金200余万元。闭合式整改机制，通过市安办挂牌督办、乡镇负责督促，企业整改到位，经验收合格后销号机制，累计整改大隐患32处，确保所有隐患“动态归零”。专项整治贯穿全年。按照“一年一目标，五年总提升”的原则，年内在非煤矿山、冶金危化、烟花爆竹等高危领域开展安全生产攻坚行动。根据省、邯郸市有关要求，在全市成功选树了新金钢铁、玉洲煤化、东河湾铁矿、兴华环保材料公司建筑石料用灰岩矿、烟花爆竹公司、口上水库6家企业作为安全风险辨识管控试点。各试点企业成立领导机构，制定具体试点工作方案，细化工作任务和措施，按照既定方案正在积极推进。

【重点领域监管】 强化非煤矿山监管。紧密结合邯郸市委托的5家资质中介机构对101家地下矿山和32家选厂尾矿库进行全面细致的会诊检查，累计排查治理隐患532处。按照“试点先行，全面推广”的原则，积极在东河湾铁矿开展风险辨识管控试点建设。累计辨识46个岗位、345处危险因素，制作更新风险辨识告知卡420个、警示标志354处。另外完成非煤矿山攻坚克难工作。省安监局根据《国务院安委办关于开展金属非金属矿山50个重点县综合评估的通知》要求，对全市的攻坚克难工作成效进行全面评估。年底国务院正式下发文件，同意武安市退出全国50个重点县序列。强化冶金危化监管。深刻汲取广耀“7·9”事故教训，对全市发包承包工程进行专项摸底排查，并将8家不合格承包单位逐出武安市场。聘请2家安全评价机构，对全市28家冶金危化企业的炼钢系统、煤气回收系统及安全标准化管理进行会诊检查，累计排查治理隐患644处，督促企业投入整改资金386万元。按照“试点先行，全面推广”的原则，积极在新金钢铁公司采用LEC法重新辨识危险源的风险等级，共计辨识较大岗位336个，并编制《危险源辨识及风险评价表》。同时开展标准化达标建设，在完成炼铁、炼钢、烧结、轧钢、发电、煤气和制氧等单元达标的基础上，按照3年达标升级的要求，启动烧结、轧钢单元第二轮达标建设。全市有文丰、普阳、新金等14家企业完成达标评审。强化其他行业综合监管。结合住建、质监、旅游、商务、教育、林业等部门，加大隐患排查工作力度，加强安全防范措施的落实，确保安全生产，实现全市安全生产形势持续稳定好转的局面。

【夯实安全基层基础】 强化培训教育。按照“扩大培训面，提高培训量，确保应培尽培”的原则，着力提高培训工作的针对性、操作性和到位率，年内举办各类培训人员70930人次，圆满完成年初任务。强化职业卫生。以“督促接害人员体检、完善危害因素申报、开展职业健康培训、规范劳保市场秩序”为目标，累计组织职业健康体检10072人，检测企业90家，完成职业卫生现状评价38家。结合邯郸市“应急演练季”活动，5月26日在小汪铁矿开展井下透水事故应急演练；6月组织21家冶金危化企业168名队员开展了应急大比武活动，受到企业的热烈欢迎，得到领导和社会各界的好评。全年累计组织各类演练活动360余次。“安全月”活动深入开展。以“强化安全发展观念，提升全民安全素质”为主题，积极组织开展2016年安全月各项宣传活动，在全市营造浓厚的安全生产舆论氛围，真正达到“以月促年”的目的。

【汛期安全生产】 “7·19”特大暴雨灾后，安监局在市委、市政府的坚强领导下，在市防汛抢险救灾指挥部的正确指挥下，立即行动，采取多项措施，积极组织广大干部职工奋力抢险救灾，把洪涝灾害造成的损失减小到最低程度。立足本职工作，发挥综合监管职能，全力以赴，确保全市安全生产。强化重点领域监管，抽调人员组成“八小组一中心”，分别入驻100多家受灾企业进行24小时驻企监管，一线指导企业安全生产。深入开展隐患排查治理，对全市冶金危化、非煤矿山等重点企业，特别是此次受灾严重的企业，深入开展安全生产隐患排查治理，累计查改隐患978处。帮扶受灾企业复工复产，聘请炼铁、炼钢、煤气、危化等24位专家，对企业开展全方位、立体式专家会诊，制定整改复工方案，帮扶企业开展灾后复工复产工作，确保所有因灾停产的企业安全顺利复工复产。

（贾波）

农业

种植业 · 畜牧业 · 水产业

【概况】 武安市农牧局是武安市人民政府农业行政主管部门，内设行政科室8个，直属事业单位21个，11个综合区域站。有干部职工622人。

【市农牧局】

局长、党委书记：刘玉平
副局长、党委副书记：郝华吉
主任科员、党委委员：梁庆斌
副局长、党委委员：乔绍华
副主任科员、党委委员：李保安
小康办副主任（借调）：邵满祥

【项目建设】 申报2015年生猪调出大县项目。通过规模生猪养殖场申请，农牧局、财政局审核和现场查看，初步筛选5个生猪规模场家作为项目建设单位，并在政府门户网站公示，公示无异后，确定5家生猪规模养殖场为2015年生猪调出大县项目单位。落实2014年生猪标准化建设项目资金290万元，2014年生猪调出大县奖励资金381.6万元，争取2015年生猪调出大县奖励资金394万元；完成国家现代农业示范区旱涝保收标准示范田建设项目；争取到国家绿色谷子高产创建项目并按照实施方案进行实施；争取到河北省2016年畜牧业绿色发展示范县创建项目并组织开展创建；在武安市金泉农林牧业有限公司、武安市祥瑞养殖专业合作社组织实施2015年畜禽标准化健康养殖项目。

【瘦肉型猪优势产业】 重点支持梅龟寨林牧有限公司扩建、兴通牧业的扩建和粪污处理、鑫水源万头猪场改建和营井绿牧等20个千头猪场标准化改造工作，使武安市的自动化、智能化、无害化达到国内一流水平。市现有数字化种猪场1家，万头以上规模猪场26家，千头规模猪场96家，养殖总量居全省前列，标准化养殖程度全省领先，规模化程度全国领先。

【武安小米特色产业】 主要推广优质高产新品种冀谷36、37、38、39、配方施肥、深耕、全膜穴播和膜侧沟播技术、简化栽培技术、病虫草害综合防治、机械收获等配套技术。突出关键环节，统一耕种，聚焦谷子品种筛选、农机改进研发、高产高效技术试验示范等环节，开展节水降耗、节本增效、优质专用等共性技术协作攻关，促进农机农艺结合，良种良法配套。组装配套以农业机械为载体的谷子绿色生态环保、资源高效利用、生产效能提升技术模式，实现谷子生产过程机械化、精准化。核心区实现亩产350千克，带动全市亩产达到300千克水平。引进22个谷子新品种进行试验、示范、筛选，进行肥效试验。举行两次大型的有省内外专家和农科院书记胡木强、农业厅副厅长段玲玲参加的谷子地膜栽培现场观摩会，省领导对武安市的谷子示范工作给予高度评价。“武安小米”被评为“河北省十大区域公用品牌”。

【优质蔬菜新兴产业】 武安是邯郸市蔬菜示范县，全年蔬菜播种面积7.14万亩，占地面积4万亩，其中裸地面积4.27万亩，地膜1.2万亩，设施蔬菜1.67万亩，完成高端设施蔬菜0.5万亩，蔬菜总产量27.71万吨，总产值2.46亿元。全市建有白沙清源、东寺庄万乐两个集现代农业、循环农业、休闲观光农业为一体的全国一流的设施蔬菜园。利用西部山区独特的生态自然条件，发展山区有机错季菜生产。西部山区生产的西兰花订单销往国内各大超市并打入欧美等国际市场。在东寺庄万乐现代蔬菜产业园开展物联网创新技术和蔬菜产品质量追溯在设施蔬菜生产中的应用。

【提高规范化、标准化比重】 全市有部级标准化示范场5家，省级标准化示范场14家，邯郸市级标准化示范场13家，标准化养殖水平邯郸市领先。2016年完成5家养殖企业无公害产地复查换证，对4家无公害生猪企业的猪肉进行产品质量检测，检测结果全部合格。进一步加强畜牧业管理、养殖场备案管理及养殖档案管理，全市养殖备案场家达到 893 家，通过养殖备案，使养殖企业步入规范化发展轨道。农产品“三品一标”认证验证工作顺利完成，1个地理标志、3个有机、16个绿色农产品全部通过年检，提升农产品档次。新认证有机食品一个，绿色食品两个。

【重大动物疫病防控】 在全市建成以国家级疫情测报站和市级动物卫生监督机构为中心，以乡镇基层站为骨干，以村级防疫员为基础的市、乡、村三级防疫体系。组织开展春、秋季重大动物疫病防控工作，严格落实双轨目标责任制，与各基层站签订防控责任书，确保免疫密度、免疫质量达标。迎接河北省、邯郸市重大动物疫病防控工作督查4次，在邯郸市春、秋防疫验收后，武安的动物防疫工作得到邯郸市领导的肯定。建立病死动物无害化处理长效工作机制，按照“政府主导、市场运作，统筹规划、因地制宜，财政补助、保险联动”的运作模式，采取PPP建设模式，由邯郸市增祥无害化处理有限公司于2016年7月15日建成一座投资1200万元，占地10亩，采用化制的处理方式，批处理能力5吨，日处理30吨的病死畜禽集中无害化处理厂。建设病死动物鉴定和收运储体系，在全市10个基层动物卫生监督分所建立病死动物临时储存点，建设冷库10座（每座存放2吨动物尸体）；购置专用厢式货车壹辆，定时到储存点将病死畜禽运回到无害化处理中心冷库，达到批处理量后，进行无害化处理。

【农产品质量安全监管】 对全市1200余家规模养殖场、3个蔬菜生产基地、57家农业投入品销售门市、5家动物门诊、12家生猪定点屠宰场（点）进行有效监管。年内累计出动执法人员3760余人次，发放告知书1760份，宣传材料2万余份，抽检牛奶240份、蔬菜640份、畜产品120份，送检饲料、蔬菜、牛奶、畜产品等样品560份。1～10月完成产地检疫猪14.1688万头，牛羊359头，禽339.2280万只，其它246240头；猪屠宰检疫10.6061万头。均未发现瘦肉精、三聚氰胺、高毒剧毒农药等有毒有害成分。年内接受邯郸市2016年度食品安全考核受到好评，代表邯郸市接受河北省2016年度食品安全考核受到好拼。

【农经管理和土地流转】 2016年度全市耕地确权面积为42万亩。年底有4个乡镇全面开展前期测绘、基本信息登记、农户指认地块等工作。到年底全市签订土地流转合同170166份，土地流转总面积8.8万亩。涉及农户3万余户，分别占全市承包面积的12.3%和农业户数的4.6%。截至年底，审计121个行政村，审计金额21000万余元，对审计中发现的违规问题，依照《河北省农村集体经济审计规定》《河北省村集体财务管理条例》给予处罚，提出改进意见和建议900余条，有力提高农村干部廉洁自律、依法行政的自觉性，加强农村党风廉政建设和农村基层组织建设，维护农村集体经济组织和农民的利益。

【农村能源清洁开发利用工程】 完成2015年度农村能源清洁开发利用工程验收工作。争取省级资金472.9万元，涉及煤改电项目、煤改气项目、煤改地热项目、高效清洁燃烧炉具推广项目。在淑村镇白沙村实施煤改地热400户，全部完成并通过验收，拨付财政补贴资金108万元。在上团城乡下团城村实施煤改电240户，磁山镇牛洼堡实施煤改电272户，全部完成并

通过验收，向财政局申请拨付补贴资金。在阳邑镇柏林东街实施煤改混合气252户，伯延镇东万年村实施煤改轻烃气214户，工业园区泉上村实施煤改天然气114户。柏林东街煤改混合气工程完成并通过验收，拨付财政补贴资金68.04万元。东万年村和泉上村煤改气工程，12月底完成并通过验收。推广高效清洁燃烧炉具1000台，拨付财政补贴资金70万元。完成2015年巩固退耕还林成果农村能源太阳能项目验收工作。2015年下达任务700台太阳能，涉及19个项目村，截至9月底已全部安装到户并通过农牧、发改、财政部门联合验收，财政补助资金84万元拨付到位。

【农业科技推广服务情况】 实施“新型职业农民培育工程”，全年培训生产经营型人才323人。在全市495个行政村确定农业科技示范户2475户，其中种植业2085户，养殖示范户390户。从全局选聘200名技术指导员，其中局机关66名，区域站127名。每名技术指导员负责10至15户科技示范户。明确岗位职责和目标任务，技术指导员全部进村、入户、下田、到场，开展生产技术指导。建设农业科技示范基地3个，其中谷子示范基地2个，分别是武安市科源种植有限公司谷子科技示范基地，面积1200亩；武安市振华家庭农场，面积600亩；武安市盈丰农业开发有限公司，面积15000亩。开办田间课堂、农民夜校等培训班50余期，合计培训4500人次，其中种植技术培训2000人、养殖技术培训 2000人、农机操作手培训500人。间接培训带动农民6万余人。

【年度目标任务完成情况】 2016年，全市粮食播种面积76万亩，粮食总产27.19万吨；全市瘦肉型猪饲养量达到129.75万头，其中存栏52.5万头，出栏77.25万头；肉、蛋、奶产量分别达到6.81万吨、2.77万吨、0.83万吨；完成机耕40万亩，机播50万亩，机收40万亩，完成秸秆机械还田39.5万亩，落实农机购置补贴资金400万元。圆满完成上级下达的各项任务指标。

【党建工作】 加强党风廉政教育。在机关全体干部职工中开展廉政教育。组织以《党章》《党纪处分条例》《党内监督条例（试行）》等为主要内容的学习讨论，规范和培养干部职工良好的行为习惯。先后组织全体党员干部收看反腐警示电影、参观“党员领导干部警示教育图片展”，利用电影、图片展等形式开展警示教育。全局上下呈现出人人关心党风廉政建设、工作岗位上尽职尽责、自觉遵纪守法的良好氛围。全面贯彻执行《廉政准则》和厉行节约制止奢侈浪费行为的有关规定。局班子成员开展自查自纠活动，建立专项制度。领导班子中没有超标住房、违规乘车和违规收受礼品、礼金、有价证券、代金卡等行为。认真执行制止奢侈浪费的各项规定，认真执行两费的审批卡手续。特别是严格执行招待费的有关规定。落实党风廉政建设责任制。强化对领导班子成员及局属各单位负责人的党风廉政责任制教育，把教育面扩大到党员组织生活，每月召开一次党风党纪教育例会。对班子成员坚持“谁主管、谁负责，逐级负责”的管理原则，把党风廉政建设责任落到实处。

（卢颖婕）

水利

【概况】 武安市水利局是市政府水行政管理部门，主要职责是拟定全市水利发展中长期规划和年度发展计划；统一管理全市水资源，负责全市的水资源配置和节水工作；对水利建设进行行业管理，负责组织建设和管理具有控制性的重要水利工程；负责水利行业政策性收费，组织、指导水政监察和水行政执法，协调水事纠纷；负责主要河道的治理和开发、水域及其岸线的管理与保护；负责水土流失的监测、治理和执法监督检查；承担市防汛抗旱指挥部的日常工作。全系统共有干部职工770人，局机关行政科室5个，水利中心站1个，派出水利站5个，水文站1个，直属事业单位7个，独立核算事业单位19个（含水库管理处7个，灌区管理所4个，水电站4座，综合经营单位3

个，供水单位1个），企业单位7个。局领导班子由5人组成，其中局长兼党委书记1名，副局长2名，主任科员1名，副主任科员1名。2016年是水利改革发展进程中非常重要的一年，也是水利工作肩负重大任务、经受重大考验、取得重大成效的一年。局领导班子团结带领全系统广大干部职工，攻坚克难、开拓创新，实现“十三五”水利改革发展良好开局，为全市经济社会持续健康发展提供强有力的水利支撑和保障。

【市水利局】

党委书记、局长：李景宪
副局长：侯砚冰
党委委员、主任科员：尹增成
党委委员、副局长：付栎鑫
副主任科员：袁刚

【重点项目】 第二水厂供水工程，投资6066万元，南鼓山水源地新打机井10眼，新建水池2座，从水源地到第二水厂铺设供水管线11.82千米，日新增供水能力3万立方米以上，可满足日益增长的城市供水需求，对加快推进城镇建设步伐将起到重要作用。西区水源置换工程，投资6290万元，先后完成了跃峰渠二分干部分地段的修复及城东供水泵站改造等工程，铺设供水管道18千米，年可引漳河水2500～5000万立方米，既可以解决青龙山、新兴铸管、磁山工业区企业的生产用水需求，还可有效控制地下水超采的局面。冀南钢铁供水管道工程，计划投资4051万元，新铺供水管道9.5千米，工程完工后可实现口上、四里岩、车谷和大洺远四库联通。前期手续全部跑办完成，近期全面进场施工。这些工程的建成通水和实施，既优化配置全市有限的水资源，又从根源上夯实水利生存发展的长效基础，将逐步改变全市“靠天吃饭”的局面。

【民生水利成果】 农村饮水安全巩固提升工程，投资850万元，解决15个村2.59万人的饮水不安全问题；水库后期扶工程，投资1070万元，主要完成午汲、北安庄等13个乡镇20个重点移民村的维修塘坝、新建水池、修路等基础设施建设，受益人达3万人；中小型水库岁修工程，投资335万元（日常维修护204.72万元，特殊维护130.28万元），对车谷、口上、四里岩、大洺远、马会、沙洺、八一7座水库进行了维修养护；堤防维修养护工程，投资90万元，完成南洺河的三王村、茶口村以及北洺河的苏庄村、沙洺村、兰村等5个村的护村堤坝进行修复；水质检测中心建设，投资78万元，建成水质检测中心，并先后完成设备安装调试、人员上岗培训等工作，填补县级农村饮水水质监测的空白。

【水政执法工作】 规费征收达到3678万元，占全年任务的115%。这是在“费改税”因素的前提下，各中队克服困难付出艰辛努力实现的。河道执法力度加大，全年累计查处各类案件28件，罚没收入20.75万元。特别是“7·19”灾后河道执法，执法人员昼夜巡查，累计行政处罚12起，警告驱离34起，扣押机械10台，水行政执法威慑作用得到充分发挥。行政许可规范有序，全年办结采砂许可5件，取水许可11件，水保方案审批1件，办结满意率达到100%。

【抗洪救灾】 汛前各项准备工作充分，汛期各类预报预警及时，物资储备齐全调动有力。特别是在应对“7·19”特大暴雨洪灾中，系统上下团结一心，群策群力，牢牢把握住抗洪抢险主动权，从降雨持续的前期预警，到暴雨洪灾的指挥调度，再到灾情数据的汇总核查，直至灾后重建的项目上报等等，反应迅速、决策果断，在全面保障全市防汛指挥系统高效运转的同时，有序推进水利系统抗洪抢险救灾重建工作。

【灾后重建】 利用自身优势共争取到涉及农村饮水、水库岁修、防汛抗旱、农田水利、水土保持、水库移民等项目的上级资金3.3亿元，且部分项目已进场施工并初见成效。利用融资平台通过银行贷款和“PPP”方式，初步融资8.7

亿元，准备分步实施河道治理、城西供水复线、灌区修复、引漳入洺、大洺远水库加固等工程。这些工程的建成及投入使用，将从根本上改变水利发展现状，从而全面推进市水利改革发展再上一个新的台阶。

【自身建设】 深入开展“两学一做”活动，干部职工思想作风得到转变；严格落实中央“八项规定”，机关管理职能及纪律观念不断强化；狠抓矛盾隐患排查，信访稳定取得良好成效；坚持防患于未然，安全生产实现零事故目标；完成29件人大建议和政协提案的办理工作，答复规范率和满意率均为100%。

（司瑞锋）

林 业

【概况】 武安市林业局是主管全市林业工作的市政府工作部门，现有工作人员98人。主要职责是负责全市林业及生态建设的监督管理，拟定全市林业及其生态建设发展战略、中长期规划、年度计划、综合规划和有关专业规划并组织实施；指导监督全民义务植树和部门造林绿化工作；负责审批和监督全市林业采伐、运输、经营加工、林木种子生产经营、陆生野生动植物猎捕采集、驯养繁殖等林业行政许可事项；审核指导林地征用、占用管理；依法组织指导陆生野生动植物的救护繁育、栖息地恢复发展、疫源疫病监测；依法指导林业系统自然保护区的建设和管理；依法负责退耕还林工作；指导国有林场（苗圃）、森林公园建设和管理；组织指导果品、蚕桑、花卉的结构调整、基地建设、品种改良及标准化生产工作；监督管理全市果品质量安全，负责果品质量安全监测及信息发布工作；承担市护林防火指挥部办公室具体工作，组织、协调、指导森林火灾的预防和扑救；监督管理森林公安队伍；指导全市林业有害生物的防治、检疫工作。

【市林业局】

党组书记、局长：李成文（6月免）

张宏海（6月任）

党组副书记、副局长：孟李明

党组成员、森林公园管理处主任、主任科员：吴新生（6月任森林公园管理处主任，免主任科员）

党组副书记：张爱荣

党组成员、森林公安局局长：王振颖

党组成员、主任科员：李成文（6月任）

【造林绿化】 年内，邯郸市下达武安市造林绿化任务17.9万亩。林业局通过植播造林、植苗造林、春季和雨季造林、秋冬季造林，全年实现了造林20.2万亩，占任务的113%，圆满完成上级下达的森林覆盖率净增量目标。任务安排上，坚持“突出重点、打造亮点、整体推进”。“突出重点”，将环城防护林带建设，紫山、灵山绿化，以及“大户”造林作为重点亮点进行攻坚，高起点规划、高标准实施，上档次、出景观，以示范带动全市造林绿化活动开展。特别是环城防护林带建设，计划用3年时间沿西二环、南洺河、北洺河打造一条长45公里，宽100～150米、总面积3.5～3.8万亩的环城防护林。造林方式上，坚持“政府、企业、大户”一起上，借力社会资金，破解投入难题。政府造林，主要实施重点工程和亮点工程，以示范带动和杠杆撬动社会资金投入。企业造林，不断探索完善“一企绿化一荒山”工作机制，动员民营企业、驻武企业，采取“企业出资、统一规划、统一招标”积极“领养”荒山，为绿化武安做贡献。社会造林，充分发挥民间资本雄厚优势，不断深化林权制度改革，不断调动“大户”参与造林绿化积极性，引导“大户”筹资绿化荒山。资金筹措上，坚持“政府主导、部门投入、企业出资、社会筹资”，借力社会资金，破解投入难题。政府主导，重点工程和亮点工程由市财政投入，以示范带动和杠杆撬动社会资金投入造林绿化。部门投入，按照属地、职能明确责任单位，“谁的孩子谁抱走、谁的地盘谁绿化”，充分发挥部门主观能动性，由责任单位负责筹措资金完成绿化任务。企业出资，不断探索完善“一企绿化一荒山”工作机制，动员全市民营企业、驻武企业，采取“企业出资、统一规划、统一招标”积极“领养”荒山，为绿化武安做贡献。社会筹资，充分发挥民间资本雄厚优势，不断深化集体林权制度改革，通过完善确权发证、抵押贷款等配套措施，不断调动“大户”参与造林绿化积极性，完善配套政策措施，积极引导“大户”筹资绿化荒山。组织实施上，坚持“压死责任、精心组织、严格奖惩”，全力推进绿化工作开展。各乡镇和责任单位按照全市统一规划，详细制定本乡镇、本单位具体实施方案，认真动员部署，推进造林进程。造林关键时期，由政府办牵头，抽调政府督查室、林业局等部门人员组成督查组，不间断开展督查。对于督导中发现的问题，向责任单位下达整改通知，并做好整改情况跟踪督导。

【森林防火工作】 森林防火事关人民群众生命财产安全，事关森林资源和生态安全，事关全市社会和谐稳定，责任重于泰山，决不能有丝毫松懈。面对严峻的形势，林业局始终以“如履薄冰”心态，狠抓防火措施不放松，在宣传、资金、人员、装备等方面，持续用力，久久为功。责任落实到位。明确各乡镇主要领导是本辖区森林防火第一责任人，对森林防火工作亲自部署，靠前指挥，狠抓各项任务的落实；要求森防指各成员单位认真履行职责，密切协调配合，主动完成各自承担的森林防火任务；森林公安机关加大对火灾案件的查处打击力度，做到“见烟就查、见火就罚、犯罪就抓”。宣传教育到位。各乡镇、村采取广播、标语、明白纸等形式，不间断开展森林防火宣传，做到防火期不结束，防火宣传不停止。通过营造深厚舆论氛围，使森林防火家喻户晓、人人皆知，使森林防火成为广大干部群众的自觉行为。火源管理到位。做好野外用火巡查工作，落实重点人员、重点地块的森林防火安全监管责任，形成多层面、全方位的综合火源防控网络。火险扑救到位。市三支专业扑火队和乡镇半专业扑火队时刻处于临战状态，做到人员、扑火工具双到位，确保有火情打早、打小、打了。五是巡查督导到位。由市纪委、市委督查室、市政府督查室等部门组成6个督导组，不间断开展督查，对工作不力的，按规定查处到位。特别在关键节点、关键环节，坚持采取超常措施，确保防火措施落到实处。清明期间，市委、市政府抽调76个市直部门2324名工作人员，分包全市22个乡镇和工业园区的262个林业重点村，每个单位由一名乡局级领导带队，进驻所包乡镇、村开展森林防火，加上乡镇村森林防火工作人员，在全市形成“万人抓防火”态势，从宣传教育、设卡巡查、查处隐患等环节入手，确保各项防火措施落到实处，没有发生火情。

【林业资源保护】 充分发挥森林公安职能作用，查处各类林业违法犯罪行为多起，保护森林资源。根据实际，积极开展廓道树木的病虫害防治，坚持对杨树天牛、核桃黑等重点疫情开展监测预报，确保了没有疫情发生。根据规划积极开展青崖寨国家级自然保护区建设，迎接了环保部组织的检查。

【“7·19”灾后重建】 在7·19灾后第一时间召开全局动员大会，抽调100名干部职工到马家庄开展防疫和灾后重建工作；组建林业帮扶工作队进驻茶口村开展帮扶重建工作，解决灾后防疫、道路恢复、河道清理、生活用水等问题；成立工作组，分别由局级领导带队，分赴西土山乡和活水乡开展救灾帮扶。及时对全市林业受灾情况进行摸底，成立灾后重建工作组，制定重建规划，抽调人员对受灾林果企业（大户）进行一对一指导帮扶，帮扶救灾工作取得较好的效果。

【林果产业建设】 依托专业技术服务队伍，继续为农户全方位开展技术服务，以点带面，辐射带动全市农民依靠林果致富。继续在技术、政策等方面扶持林果龙头企业、合作社发展，以促动其带动农户增收。

【林权制度改革】 按照上级要求，坚持把深化集体林权制度改革作为活化林业发展机制的重要抓手来抓，抓好林权登记、流转等配套措施落实，落实市委、市政府“一企治理一山”责任制，鼓励“资金大户”和企业投资造林绿化和林业综合开发，形成多主体、多层次、多形式的造林绿化格局。

（韩仓安 秦晓光）

农业资源区划工作

【概况】 武安市农业区划开发办公室是1996年9月根据《武安市级党政机构改革实施意见》，由原农业区划办公室和原农业综合开发办公室合并而成立的。为正科（局）级全额拨款事业单位。办公室设立秘书科、区划科和开发科3个科室，人员编制9名，其中主任1名；副主任3名；科（股）级职数2名。负责全市农业区划、农业综合开发和新能源推广工作，及承办市委、市政府交办的其他工作。

【市农业区划办】

主　任、党组书记：张学海

副主任、党组成员：连维芳

李乃洲

范占宏

【农业区划调研】 农业区划工作按计划完成。农业区划工作主要是搞好武安市新型农业经营主体调查。按照邯郸市下达武安市农业资源区划调研任务，组织精干力量首先认真学习邯郸市农业资源区划办公室精神要求，掌握调研内容和方法，根据邯郸市农业区划办公室有关的调研要求，制定武安市新型农业经营主体调查方案，并及时组织有关部门召开会议，落实调查任务，掌握科学的可靠的调查数据，为制定调查工作打下良好的基础。同时按照方案，认真开展资料收集、实地调查、调研整理等工作，年末按时完成上报。

【示范区建设】 完善农业资源优化配置试验示范区建设。全年完成新建示范区500亩，改善2500亩。

【农业综合开发项目建设】 按时完成年度农业综合开发工作任务，完成国家农业综合开发县（市）项目区建设任务。完成2015年伯延镇高标准农田建设。开始实施2016年阳邑镇生态综合治理项目建设工作。完成2017年土地治理项目的编报工作。完成2015年高标准农田建设任务。2015年高标准农田建设项目规模为3600亩，建设地点为伯延镇的龙泉、北文章、建设街3个村实施，项目总投资为452万元，全部为财政资金。建设内容为更新机井6眼，井深为120米机井；配套潜水泵10台，其中更新井配套200QJ50-78潜水泵6台，维修旧井配套200QJ50-78潜水泵4台；新建井台10个，其中更新井6个，维修井4个；新建3米×3米×2.5米井房10座，其中更新井6座，维修井4座；铺设直径125毫米/0.32Mpa/2.5毫米PVC地下防渗管道29千米，安装出水口保护装置641个，安装出水口641个，安装井首装置10套，布设输电线路3千米，新上变压器7台，其中S11-50/10变压器6台，S11-100/10变压器1台；转弯护墙2处，作业通道61处；新建标识碑2个，门式工程标识牌1个。整修宽3米农路2.35千米，新修宽4米水泥硬化2.2千米，新修宽3.5米砂石硬化2.2千米。农田防护林工程，植树6000株。示范推广小麦重大病虫草害综合防控技术3600亩。各项任务已经按时完成。2016年阳邑镇生态综合治理项目建设开始实施。依照《河北省农业综合开发办公室关于编报2016年农业综合开发第一批资金土地治理项目计划的通知》及《邯郸市农业开发办公室关于编报2016年农业综合开发第一批资金土地治理项目计划的通知》，为改善农业生产基本条件和生态环境，结合市实际情况，2016年阳邑镇第一批生态综合治理项目地点确定在与龙头企业相结合、与现代农业园区相结合、与美丽乡村建设相结合、经济效益好、示范带动强、群众积极性高的武安市阳邑镇北街、西街两个行政村实施，实施面积8100亩，受益农民5700人。项目建设规模为0.81万亩，总投资888万元。上级资金全部到达。项目主要建设内容有：水利措施：项目区新建排灌站3座，安装200QJ50-91水泵2台，安装200QJ140-80水泵5台；铺设Φ110（1.0MPa）PVC地下防渗管道2.434千米，铺设Φ160（1.0MPa）PVC地下防渗管道6.115千米，配套购置相应管件300套，安装阀门、阀门井30个，管道开挖、安装、回填共计8.22千米；架设高压线路1.1千米、架设低压线路4.3千米，配套安装100KVA变压器3台；安装微灌小管出流1000亩，安装6寸自动反冲洗过滤设备2套；新建1.2万立方米坑塘1座，新建0.65万立方米坑塘1座，新建2.51万立方米坑塘1座，新建500立方米蓄水池3座；新建泵房3座，新建（L=6米，D=1.2米）涵洞1座，新建（L=5米，D=0.8米）涵洞1座，转弯半径9处，门式标识牌1个，普通标识牌2个。农业措施：新修3.5米宽（18厘米厚）水泥路7.34千米，新修3米宽（18厘米厚）水泥路2.78千米；新修2.5米宽（10厘米厚）砂石路4.48千米，平整土地200亩，新建鱼鳞坑11000个。林业措施：总造林22000株，其中：栽植防护林（150厘米高侩柏）2000株；栽植经济林（三年生核桃）9000株；栽植生态林（50厘米高侧柏）11000株。科技措施：为使项目管理科学化、规范化、程序化，项目实施后达到高产、高效的目的，在项目区进行技术培训375人次。主要培训项目管理、节水灌溉技术、优质核桃栽培管理技术等。武安市2016年生态综合治理项目建设年底已经在完成项目的可研报告、施工计划、动员发动、项目招标等建设前期准备工作，项目建设已经开始，完成防渗管道铺设6千米，道路平整3千米，其他建设内容按计划进行。

【项目申报】 完成2017年农业综合开发土地治理项目建设和产业化项目的申报工作。2017年农业综合开发生态建设项目计划可行性研究报告等工作按时完成，并得到邯郸市批复。产业化项目的申报完成准备工作。

【秸秆禁烧】 搞好年度常态秸秆禁烧和重点时期夏秋两季秸秆综合利用和禁烧工作工作，按照“疏堵结合、以疏为主”的工作方针，强化督导，狠抓落实，全力抓好秸秆综合利用和禁烧工作。实现邯郸市“不点一把火，不冒一股烟”的整体目标要求，取得较好成效。

（贺新华）

农业服务协会

【概况】 武安市农协办编制10人，实有10人。2016年，武安市农协办认真贯彻落实中共中央一号文件精神，紧紧围绕全市中心工作，充分发挥“指导、扶持、服务”职能，规范农民专业合作经济组织建设，重点培育各级农民合作社示范社建设，着力引导农民增收致富，全面完成了各项工作任务。

【农协办】

主　任：张世华

副主任：孙菊岐

王利江

【发展农民专业合作组织】 围绕“生猪、林果、蔬菜、优质谷子”等产业，积极鼓励和引导有能力的组织和个人创办能够提高农村经济效益和带动农民致富的农民专业合作组织485个，其中市直专协7个，乡镇农业综合服务协会22个，合作社323家，乡、村级合作组织133个，50%以上的乡村农民专业合作组织达到规范化标准；323家合作社成员达到5.1万名，辐射带动全市65%的农户，入社成员比非社员年均增收25%以上。

【创建农民合作社示范社】 在2016年度“河北省级农民合作社示范社”评选中，市“康然蔬菜专业合作社”“松源林果专业合作社”两家合作社入选。年底武安市有3家“国家级示范社”，8家“河北省级示范社”、21家“邯郸市级示范社”。在合作社项目建设上，争取中央、省财政扶持资金95万元。

【创新合作社发展模式】 引导农民合作社转型升级，支持农民在多领域、多项目开展合作。

推动发展休闲旅游合作社，开发参与度高、受益面广的休闲旅游项目。根据全市合作社发展情况，把万乐蔬菜合作社和清源蔬菜合作社两个合作社打造成集休闲娱乐、旅游观光，采摘垂钓为一体的国家现代农业高标准果蔬示范园，现合作社果蔬种植面积2000余亩，社员720余人，年接待游客5万人次，休闲农业经营收入370余万元，分别占年总收入的30%和10%。鼓励农民以土地经营权入股、转让、托管、租赁等方式开展土地合作。试点德和鑫农、万宝、松原等合作社在粮食、林果种植的基础上，创新思维，搞好山区旅游开发。

【推动合作社扶贫】 指导农民合作社以“精准扶贫”为纽带，开展多种形式的帮扶，指导农民合作社吸纳贫困户入社，加强合作社与贫困农户之间的利益联结机制，注重发挥农民合作社对农村贫困人口的组织和带动作用。特别要求在21个市级以上示范社中，必须吸纳一定比例的贫困户入社，并将扶持合作社发展的专项资金与此项工作相结合，鼓励合作社承担起帮扶贫困农户的责任。年底，各示范社吸收300余名贫困户、残疾人入社，并以送畜禽、林果种苗、送生产技术、信息等方式，加入到“精准扶贫”工作中来。

【宣传培训】 在《农民专业合作社法》第八个法律宣传日活动中，组织开展以“规范发展，防范风险”宣传活动。在农协办办公地点、乡镇和专业合作社办公场所悬挂横幅200余条，张贴标语100多条，散发宣传资料1000余份，在各咨询点，答疑解惑，宣传农民专业合作社法律法规。组织合作社理事长、财务管理人员30余人次，参加农业部、省农业厅、邯郸农协总会举办培训班4次。采取多种形式，请农业种养专家为合作社举办技术培训班四期，培训合作组织业务骨干500多名，确保合作社80%以上的主要成员接受培训。

（霍卫忠）

工业

工业和信息化工作

【概况】　武安市工促局主要职能是贯彻执行国家、省、邯郸市关于工业经济、民营经济方面的法律、法规、规章和政策；提出全市工业经济和民营经济发展战略；监测、分析全市工业运行态势，统计并发布相关信息，进行预测预警和信息引导；协调解决工业运行发展中有关问题并提出政策建议；提出工业企业技术改造项目计划并组织实施，指导行业技术创新和技术进步；负责铸造、白灰、砖瓦、粉磨站、耐火材料、坚炉、煤炭经营等七行业环保监管；负责对全市中小企业和民营经济的宏观指导等。市工促局内设办公室、人事科、财务科、党办室、综合科、政策法规科、机关事务处、运行监测科、工业科、行管科、能源科、信息科、安全办、经合科、维稳办、煤炭市场管理办、安环监控中心、技术服务中心18个科室。2016年，是市工促局新成立的第一年，也是工促局跃上武安工业舞台的第一年。在市委、市政府的坚强领导下，市工促局新的领导班子审时度势，抓重点，克难点，塑形象，树新风，圆满完成既定的各项任务目标，创新开展武安工业转型升级的重点工程，赢得工促局服务工业的“开门红”。

【市工促局】

局　　长：刘培铖
副 局 长：李广奇
　　　　　秦文元
　　　　　杜政平
党组成员：高记斌
　　　　　张秀娟

赵子全

【经济指标完成情况】　年内，规模以上工业企业完成工业总产值1236.4亿元，比上年增5.9%；完成入统工业增加值294亿元，比上年增4.6%；实现利润52亿元，比上年降74.2%。

【加强运行监测】　强化监测。旬刊发的《全市重点行业主要产品市场动态》、月编印的《武安市经济运行监测手册》，理论与实践相结合，宏观与微观并重，视野广阔，数据精确，分析前瞻，真正做到市委市政府经济决策的“数据库”。强化调度。充分发挥全市经济指标四部门会商机制，抓住首季开门红、半年双过半、过“七五”等重要节点，抓住入统工业总产值、利润等重要指标，协调乡镇和有关部门，合力攻坚，确保各项任务目标全面圆满成功。积极培育入统企业。将新增入统企业工作为经济工作的头等大事来抓，做到早谋划、早安排、早布置、早准备，协调解决企业入统的实际问题，确保企业应统尽统。年内完成新增入统工业企业10家。

【奖优汰后推进工业转型】　年内争取上级各类支持资金977.1万元。其中，省级技改资金626万元，省级奖励资金91.1万元，灾后重建资金260万元，有力支持工业技改、科技创新和灾后重建工作。按照省、邯郸市下达给市焦炭去产能任务不低于200万吨的要求。年内，圆满完成4家企业7座焦炉203万吨的化解产能任务，并全部通过省和邯郸市验收。同时按照全市化解钢铁产能的分工，圆满完成鑫汇钢铁上缴2013—2016年化解过剩产能基金3922万元。

【智慧城市建设民生工程】 科学制定《全市免费Wi-Fi项目实施方案》，确定设置无线Wi-Fi接入点2800个，其中新建公共服务类无线Wi-Fi接入点1000个，整合或新建商业类无线Wi-Fi接入点1800个。新建或整合各类Wi-Fi社会资源，保证全市重点公共区域免费Wi-Fi网络高速连接、无缝漫游切换，实现全覆盖。

【行业管理分类专项治理】 面对严峻的环保治理形势，按照国家、省、市的总体安排部署，在石灰行业上，研究出台《武安市石灰行业环保整治和升级改造实施方案》，对全市168座铁皮式土窑关停取缔到位。制定《全市石灰行业日常管理实施细则》，重点从严格项目准入、明确行业标准、强化日常监督等5个方面，制定35条管理细则，强力推进石灰企业规范管理，年内，升级改造新型环保节能型灰窑企业达54家，总产能达1450万吨。在砖瓦行业上，研究制定《进一步规范全市烧结砖行业有序发展实施办法》《全市砖瓦行业日常管理实施细则》，开展严格项目准入、明确行业标准、强化日常监督等日常监管。年内，54家砖瓦企业全部按照新的工艺技术要求，升级改造为新型环保隧道窑。同时坚决遏制烧结砖企业无序发展态势，协调有关乡镇及部门，向所涉企业下达停产、停建通知，赴沙河和永年协调外供电，对所涉污染企业采取断电措施。在煤炭经营上，研究制定《煤炭经营企业监督管理制度》，夯实企业基础管理，建立健全煤炭经营活动备案制度和经营业绩月报表制度。每月统计掌握煤炭经营企业经营状况和运行态势，确保企业安全守法规范经营。扎实开展专项整治，重点从安装挡风抑尘墙、储煤场地硬化、厂区与主要公路之间道路硬化、储煤场地棚化、输送皮带封闭等5个方面对煤炭经营企业进行整治。年内，全市参与整治的42家企业中，22家完成5项整治，20家企业完成4项整治，取缔无证煤炭经营摊点15处。在错峰停限产上，按照省大气办《大气污染防治1号调度令》要求，严格网格化监管机制，明确职责分工，从11月17日凌晨6:30开始，由领导班子带队，相关业务科室参加，分成6个督导组，高密度、高频次、常态化深入企业现场查看督导停产工作。61家铸造和1家水泥企业经按照要求错峰停限产到位。

（郭佳）

电力生产与运行

【概况】 国网武安市供电公司全年电网建设投资1.72亿元；2016年完成售电量49.15亿千瓦时，较上年增长3.23%；近年售电量年均近50亿千瓦时，地面售电量约100亿千瓦时，全社会用电量逾120亿千瓦时，电网规模在河北南网保持第一。2016年，荣获国家电网公司“2016年度先进集体”，是全省唯一一家获此殊荣的县级供电公司，荣获省、市、县三级“抗洪抢险先进集体”。全年同业对标和业绩考核在邯郸各县供电公司保持“双第一”，服务经济大局做法连年获地方政府通报表彰。

【市供电公司】

总 经 理：张志强
党委书记：臧　谦
副总经理：李国宏
　　　　　李　毅
纪委书记、工会主席：杨建华
副总经理：韩　磊

【电网发展工作】 强化“一张网”理念，充分发挥规委会成员单位作用，将电网规划纳入地方城乡发展控制性详规，高质量完成《武安“十三五”配电网规划》《新一轮农网升级改造及小康电示范县规划》。发扬“三千”精神，积极向省电力公司争跑资金，多次邀请上级领导到武安专题调研，超前安排，统筹上报计划项目资金，努力增加资金批复数额，以争取更多的电网项目落户武安。除争取省电力公司直接在武安境内投资110千伏以上输变电站工程外，每年还争取不少于2亿元投资用于35千伏及以下电网建设与改造工程，倾力打造坚强智能电网，满足经济社会发展需要。加快电网建设进度，500千伏涉武站、110千伏洺湖站、鑫汇站顺利开工。投资1.72亿元，完成农网升级工程293项、大修技改33项及机井通电、中心村、新城镇改造等多项工程，全年开工投产完成率、优质工程率100%。以户均容量“2-4-6”千伏安标准完成51个村、205个台区标准化安全用电改造，农村户均配变容量达1.924千伏安，比上年提升48.46%，电网结构全面优化，供电能力大幅提高。

【安全生产】 狠抓各级安全责任落实，严格执行百分制考核、生产日汇报、到岗到位到责等一系列管理制度，强化安全学习教育和现场安全管控，生产计划刚性管理的做法在省公司推广。完善电网运行和维护管理，发挥运行方式统领和指导作用，强化电网风险管控和应急防控，圆满完成全年各类保电任务。扎实开展安全大检查和“三查三强化”安全专项行动，重点开展“三跨”线路隐患排查和跳闸专项治理。开展属地化巡视，做好电力设施保护工作，有效治理线下“三违”现象。积极开展资产全寿命周期管理，设备和资产对应率100%。强化网络信息安全管理，圆满完成“护网攻防”演练。拓展带电作业范围，全年实施带电作业448次，减少停电时户数2.6万，累计多供58.5万千瓦时。强化高危企业安全管控，有序对119家高危及重要客户开展停电应急演练。

【营销服务】 积极融入全市发展大局，主动对接冀南、太行钢铁重组“退城进园”、武安工业园区、西部山区旅游开发、美丽乡村建设等转型升级重点项目，推行挂牌督办制，超前对接，开通业扩报装“绿色通道”，全力以赴加快全市重点项目供电工程进度。主动建立与重要客户沟通联系机制，以走访、座谈等方式，提前介入，及时了解工业用电需求，简化办电流程，确保企业新上转型升级项目及时投运送电。年内，为全市172家企业、65个转型升级项目及时送电，新增容量22.54万千伏安。简化办电手续7个，接电时间平均缩短10个工作日，为企业转型升级提供了高效服务。不断深化“您用电、我用心”理念，在荣获省电力公司“十佳共产党员服务队”的基础上，荣获国家电网公司“优秀共产党员服务队提名奖”。落实便民利民措施，高低压客户实行“一证受理”，实现“掌上营业厅”业务办理。大力推广掌上电力、电E宝、支付宝等缴费渠道，社会化代收网点近600个，为客户提供缴费方便。推进营销基础管理升级，加快营配贯通建设，深化用电信息采集，采集成功率在全省名列前茅。强化线损治理，全年治理58条线路、980个台区，查处违约、窃电131户，追补及收取违约使用电费240.4万元，比上年增长200.5%，刑拘3人、网上追逃3人。

【社会责任有力彰显】 积极应对“7·19”特大洪涝灾害，投入抢修队伍7500余人次、抢修车辆2600余台次，仅用8天时间，以最快速度、最短时间、零伤亡、零事故在邯郸提前完成363个村抢修送电任务，荣获省、市、县三级“抗洪抢险先进集体”，18人次获省、市表彰，刘晓强被评为“2016抗洪救灾最美河北人”、省“见义勇为模范、抗洪抢险先进个人”“邯郸好人”。加快推广“电能替代”，促成起昌、耀增铸造中频炉等项目落地，累计完成替代项目145个，替代电量4.62亿千瓦时。推进光伏发电工作，实现并网144户，累计发电43.1万千瓦时。全力支持配合地方税收、环保、停供电管理等工作，配合执行政策性停供电290户次。圆满完成活水乡“一对一”结对帮扶和楼上村、门王庄村驻村帮扶、寺峪沟金秋助学等工作，树立了讲政治、顾大局、负责任的国企形象。

【“三个建设”情况】 加强党建和党风廉政建设，扎实开展“两学一做”学习教育，完成全部专题的学习研讨，实现党员学习教育全覆盖。开展支部书记述职评议和民主评议党员工作，提升组织生活质量。以党员“三亮三比”等主题实践活动为载体，全面加强基层党组织建设。有效发挥协同监督和效能监察作用，全面推进“一问责八清理”专项行动。加强队伍建设，严格执行领导干部“底线、红线”管理机制。开展全员素质提升工程，全员培训率100%，两名员工获邯郸供电公司优秀专家人才，员工任振江荣获国网公司带电作业竞赛第四名的优异成绩。1项成果获中国能源化学工会一等奖、中电联三等奖，3项成果分获省电力公司一、二、三等奖，获省总工会“优秀技术创新工作室”。西土山供电所获国家电网公司“五星级供电所”命名，邯郸地区仅此一家。加强企业文化建设，完成1个企业文化示范点创建，推进“四个一百”创建工程，深化品牌传播，开展党员服务队特色服务。强化民主管理，关心关爱员工生活，畅通职工表达渠道，抓好信访和保密工作，公司呈现风清气正、和谐稳定的良好局面。

（陈会军 张佳川）

园区建设

河北武安工业园区

【概况】 河北武安工业园区是1992年11月经省人民政府批准设立的省级工业园区，总体规划面积34平方千米，以新能源、新材料、现代装备制造等战略性新兴产业为主导产业，规划为“一区三园”：新能源产业园、曹公泉装备制造产业园、北洺河科技园，现托管12个行政村，人口3万人。下设党政办公室、经济发展局、社会事务局、建设局、财政局5个内设机构。2016年，工业园区以瞄准建设全省一流园区的目标，下大力招商引资，强力推进重点项目建设，加快完善基础设施，着力改善民生，各项工作任务有序开展，取得了较好成绩。

【武安工业园区管委会】

书记、主任：李海顺（12月免书记）
书记：魏雪生（12月任）
副书记、常务副主任：王向荣
专职副书记：胡延斌
副主任：李彦伟
主任科员：孙晓磊
韩天增
经济发展局局长：裴立军
社会事务局局长：贾军海
党政办公室主任：苗庆安
财政局局长：李海江

【园区经济运行情况】 园区有北方奥钛、河北银隆、河北竞和、秦合冷延钢、诺恩水净化设备等企业67家，全完成工业总产值452亿元，固定资产投资65亿元，8月被评为全省5家创新型特色园区之一。

【招商引资】 坚持不懈开展招商引资，逐步实现传统招商向专业招商转变。专业招商。用足用好武安工业园区的品牌效应，扎实开展集中招商活动，深入推进与中国招商网的合作关系，乘势而上，先后组团赴北京、天津、厦门、广州等地区开展招商活动，接待外地客商考察团35次，客商120余人。新增入驻项目8个，签订项目合作协议3个。其中中能科技褐煤处理设备等重点项目动工建设，北京绿动源铅酸蓄电池循环利用、蓝科新能源钛酸锂材料制造、高仕邦水性漆、恒压检测、钛酸锂材料制造、备件超市及配套服务等中小科技项目入驻创业服务中心。北京中冶蓝天科技有限公司等项目已签订合作协议，北京世用集团世康博新能源科技产业园签订框架协议，将入驻创业服务中心二期。北京汇泽博远机器人、超威电池循环利用、立德锅炉等一批项目正在积极对接洽谈。产业招商。园区上规模、上水平离不开好的项目，以新能源产业的发展壮大为契机，与一些国内知名企业和相关上下游企业对接，极大地提升了园区在京津冀区域的知名程度，提升了园区形象。通过新能源与格力集团对接，年底正在深入推进中原智能装备制造项目。招商队伍建设。通过招商引智，引进了一批专业招商人才，配备配强了招商引资队伍，在实际工作中取得了很好效果。

【项目建设】 牢固树立“项目立区”的思想，把项目建设作为发展的主题，坚持在建项目抓进度，前期项目抓开工，建成项目抓达产。新能源产业园三期工程年产7000吨钛酸锂材料项目，总产能达年产量10000吨；钛酸锂电池年产7.5亿安时项目，总产能达到11.5亿安时。

材料2号和电池4号车间投产，电池5号车间设备已安装，2017年元月投产，材料3号车间2017年4月投产。2016年入围全球新能源企业“500”强（排145位），获全球新能源企业卓越贡献奖、自主创新奖等。12月15日，在中国制造高峰论坛上，董明珠、大连万达集团、中集集团下属企业、北京燕赵汇金国际投资有限责任公司、江苏京东邦能投资管理有限公司等5家企业、个人与珠海银隆签署增资协议，共同增资30亿，获得珠海银隆22.388%的股权。创业服务中心建设。一期入驻率近100%，创业中心综合服务楼建成投运。在一期成功经验基础上，谋划创业中心二期工程，总投资5.8亿元，总建筑面积29.5万平方米，纳税额亿元以上，安排就业5000人以上。基础设施及一期工程开工建设，为企业量身定制，拎包入住，争列省级众创空间。北京世用、北京中冶蓝天科技有限公司、深圳市浩能科技有限公司等项目签订入驻协议。另外，河北科沃受电弓滑板、河北秦合高延性冷轧带肋钢材、吉利汽车城、中原商贸物流园等项目也按计划推进分期建设和投产。

【优化发展环境】 为进一步提高园区知名度和吸引力，全力打造服务高地和政策洼地。打造服务品牌。按照全方位、高水准、大力度、快推进的原则，深入实施领导干部分包制、首问负责制等服务机制，围绕重点企业从项目落地建设起直到建成投产，专门成立“五专”推进办，实施全程代办服务。年内，协调安评、环评、水电、住建、国土等各项手续300余件，并根据企业需要，修建电力、燃气、热力、管网等等，项目建设到哪里，基础设施配套跟踪服务到哪里，确保企业生产建设无忧。打造政策品牌。按照一企一策的工作思路，对投资规模大、科技含量高、社会效益好的项目加大扶持力度，让入园企业切实感受到实惠，让客商感受到园区内在吸引力。打造信息品牌。创建武安工业园区网站，参加省党建网关于高新区“3.20”人才资源开发专项资金重点支持项目申报，获得人才开发服务平台专项资金支持。

【土地收储】 加大土地收储，为项目建设提供土地保障。年内收储土地2000多亩。积极争取土地调规。抢抓每次调规的机会，积极争取土地调规，保障项目用地，年内将有条件建设用地调规为工业用地约700多亩，并多次与市国土部门沟通，积极争取北洺河科技园土地调规，做好前期准备工作，为园区下步发展争取更大发展空间。积极争取用地指标。年内，为重点项目办理土地手续约400余亩，为项目开工、建设、投产、发展壮大提供基础条件。

【基础设施建设】 加大园区基础设施建设力度，全面完善园区发展功能，为园区产业发展提供更大的发展空间。新能源东区“两横一纵”（纬四路、经七路、玉带河南路经八路至东二环路段）全部完成，路面已铺设，开始铺设便道；新能源西区玉带河南路西段（曹公大街至东二环路段）地下管网基本完成，开始铺设路面。二环路西东山东路（曹公大街至东二环段）、腾飞大街（309国道至中兴路东延段）、纬六路（曹公大街至东二环段）三条道路设计完成，东山路开工建设。保税物流园污水提升泵站建设完成，与玉带河南路污水管网进行对接。

【开发区改革发展】 2016年，武安工业园区作为省全员聘任和绩效工资试点开发区、设立具备法人资格投融资平台开发区。按照省、邯郸市要求，开发区改革相关工作全部落实到位。开发区优化整合。按照“一县一区，一区多园”的原则，省级园区河北武安工业园区将青龙山工业园区、南洺河工业园区两个市级园区进行整合，统一名称为“河北武安工业园区”。人事薪酬制度改革。人事薪酬制度改革总体方案年底前完成，并上报市政府研究批复。建立投融资平台。新成立武安工业园区远隆投资建设有限公司，作为具有独立法人资格的工业园区投融资平台，为下一步园区发展、产业扶持提供融资服务。

【美丽乡村建设】 围绕打造洺河湾湿地开发，

打造在全国全省叫得响的品牌，先后组织机关干部职工、各村支部书记、村主任到馆陶县寿东村“粮画小镇”、西安袁家村等地参观学习。园区美丽乡村建设累计投资达3000万元。持续开展“三清一拆”和环境整治工作，出动铲车、钩机清理建筑生活垃圾20000余方，取缔储煤场7个、小沙场2个，拆除临建小房、破旧广告牌等违建97处。投资120余万元购买地下垃圾箱和专用吊车。大力实施绿化工程，在南洺河两岸、各村进村口、309国道两侧主干道路绿化栽植树木28000余棵，种植格桑花、二月兰等花草600多亩，征收周边耕地、开荒地2000余亩。同时在309国道清化段新修建仿古景观墙600米。新建小广场3个，污水处理站2个，拆除违建97处。进一步提高村民生活质量，改善生活环境，确保村村享受园区改革成果，人人享受园区发展成果，看到园区发展的希望，增强发展的信心。

（张建召）

武安市南洺河工业园区

【概况】 武安市南洺河工业园区创建于2010年底，位于武安市域西南部，规划范围东起伯延镇双玉泉西至阳邑镇区，以邯长铁路和磁左公路为支撑，沿南洺河两侧分布。规划范围77平方千米，规划建设用地58.20平方千米。是武安市发展钢铁、煤焦化产业项目平台，是邯郸市级工业园区之一。

【南洺河工业园区管委会】

主　　任：郭龙旗

副 主 任：李欣江

　　　　　孙海峰

【基础性工作及基础设施建设】 电力：太行钢铁项目需新建的220KV变电站站址已经确定，并列入省公司储备，近期开工建设；谋划在工业园区中段建设的500千伏变电站项目。年底完成选址报批、征地及场地平整工作。道路建设：太行大道道路征地清表工作已经完成；普阳钢铁铁路专用线征地工作正在扫尾，其他配套工作正在加快推进。水利设施建设：协调水利部门完成太行钢铁支线水利工程长约5.205公里。年内，沟槽开挖，管道安装，沟槽回填已全部完工。

【园区经济运行情况】 园区入驻企业69家，其中亿元以上规模企业19家，企业从业人员5.2万人。2016年园区现状固定投资122亿元，产值689亿元，销售收入623亿元，实现利税36.74亿元。

【重点建设项目】 太行钢铁退城进园项目。依托远盛钢铁原厂区承接扩建的太行钢铁退城进园项目，完成征地8397.9亩，同时完成土地清表工作，确保太行钢铁退城进园项目建设的顺利推进。武安市奥科达制管有限公司年产150万吨焊管项目（二期）。二期总投资3亿元。项目在完成武发改委备案，规划、土地协调、环保评估工作基础上，年内完成建筑面积7万平方米3个标准厂房建设，全部车间机械设备安装到位，开始调试运行，全部建成后，企业预计年销售收入3.5亿元，净利润1.8亿元。河北新武安钢铁集团鑫山钢铁有限公司年产40万吨冷轧硅钢项目。计划总投资35亿元，2016年完成基建、购买技术服务、厂房建设等前期投资3.5亿元，部分设备正在进行定制之中。该项目建成后彻底将完成鑫山钢铁钢后延伸，实现钢铁产品高附加值。华丰煤电液化天然气项目。投资4亿元，年底正在前期征地阶段，已在发改部门备案，其他相关手续正在跑办之中。华丰煤电综合发电项目。项目总投资3.2亿元，年内完成投资1.2亿元，其中厂房基础改造已经完成，前期手续已经办结，部分设备已引进到位。价值2亿元的设备正在引进之中。武安市安源新能源50兆瓦光伏发电站项目。总投资5亿，一期投资2亿元，年可实现销售收入8000万元，税金3000万元。年内综合办公楼已建成入住；升压站已建成，站内设备已安装完成；光伏区光伏板安装完毕，并调试成功，已全面具备发电能力；待省相关部门验收后可并网发电。

【招商引资工作】 园区领导班子解放思想、高度重视，始终把招商引资作为各项工作的重中之重来抓；多次召开招商引资工作促进会、现场会，经常召开专题会议研究布署招商引资方面的具体事宜，有力推动园区招商引资工作的开展。全年园区接触对接客商10个，参加组织招商活动10次。南洺河工业园区水务一体化项目。园区与北京桑德环境工程有限公司进行对接，意向投资10亿元水务一体化建设。该公司是国内技术领先的环保公司，其业务以工业园区及工业企业的废水处理及水体富营养化生态修复为主。此项目建成后将有效地改善园区生态环境，此项目正在有序推进。太行钢铁集团与中国二十冶集团合作建设太行钢铁集团退城进园项目。在完成签约的基础上，年内共对接近30余次，双方合作进展顺利。项目一期建设资金共需68亿元，与中国二十冶集团协议投资34亿元。在中国二十冶集团的技术、资金上的支持下，将大大加快太行钢铁集团退城进园项目建设进程。采用多种招商形式，先后与冀铁集团、陕西鼓风机（集团）公司等大型国企对接洽谈。河北冀铁集团是一家拥有29家全资公司和控股子公司的多元化、规模化的企业集团，年内多次到园区进行实地勘查，拟在园区建设大型物流中心，并完成园区主要企业物流运输需求摸底工作。该物流中心的建成，将大大缓解园区企业货运困难，对推进园区发展将发挥积极的推动作用。陕西鼓风机（集团）有限公司注册资本过亿元，产品广泛应用于冶金、能源、化工、电力（包括核电）、城建、环保等国民经济的支柱产业领域。其中能源互联岛项目与园区及部分企业进行深度对接，项目实施后将实现园区企业绿色制造、智能制造，全面提升企业竞争水平，此外年内该公司还与园区在公共能源管理系统、垃圾处理、环保效能等方面积极寻求合作。

（孙海峰）

河北武安青龙山工业园区

【概况】 河北武安青龙山工业园区筹建于2010年底，2011年列为首批邯郸市级工业聚集区，2013年被批准为河北省循环经济示范园区创建单位，2015年园区更名为河北武安青龙山工业园区，同年被批准为河北省循环经济示范园区。园区总体规划面积38.44平方千米，由钢铁深加工产业园和新峰循环经济示范园两个“园中园”组成，园区总体规划和控制性详细规划均取得武安市人民政府批复，规划环评报告均取得河北省环保厅批复。园区主导产业为精品钢材深加工、精密铸造、装备材料、配套发展新型建材和仓储物流产业。发展定位为打造冀南最具特色精品钢材深加工基地，中国高纯生铁生产基地和中原智能装备基础件产业基地和国家级循环经济示范基地。

【青龙山工业园区管委会】

主　任：姚鸿斌

副主任：杜　军

　　　　刘延东

【园区经济运行情况】 2016年底园区入区企业18家，规模以上企业10家。年内区内冀南钢铁集团有限公司、武安市裕华钢铁有限公司2家公司入围“中国企业500强”；冀南钢铁集团有限公司、武安市裕华钢铁有限公司、新武安钢铁集团鑫汇冶金有限公司3家公司入围“中国民营企业500强”“中国民营企业制造业500强”；冀南钢铁集团有限公司、武安市裕华钢铁有限公司、兴华财富集团有限公司、新武安钢铁集团鑫汇冶金有限公司、河北冠丰冶金工业有限公司、河北龙凤山铸业有限公司6家公司入围“河北百强企业”。年内，园区企业总资产402.9亿元，实现工业总产值386.5亿元，主营业务收入381.2亿元，工业增加值78.4亿元，利税22.4亿元。武安市委、市政府联合发文对青龙山工业园区工作给予表扬通报。

【基础设施建设情况】 道路建设。区内现有营玉公路、金龙大道、兴凯街、兴城街、兴盛路等5条道路，通车总里程约18.6千米。年内园区主干道营玉公路（主线长12.8千米，附线1.4千米）已全线通车，绿化美化工程相继完成。变电站建设。园区现有裕华1号110千伏、龙凤山110千伏、永和站220千伏三座电站建成投运；鑫汇110千伏、裕华2号110千伏、金鼎1号110千伏三座电站正在建设；金鼎2号110千伏电站正在谋划。供水工程。已完成从大洺远水库至鑫汇钢铁西门口的供水工程，园区段约4千米。冀南钢铁供水支线全长约7.7千米，投资约6400万元，已开工建设1千米。铺设四里岩水库向工业园区供水复线一期供水工程、建设营井二水源地工程，总投资约9600万元，方案编制完成。

【招商引资工作】 本着“外引内培、双管齐下”的招商策略，积极抢抓京津冀协同发展的战略机遇，先后与格力集团、杭萧钢构、北京产权交易中心、深圳德佳瑞资产管理有限公司、大唐电信集团、山东城投、桑德国际等10多家投资企业接触洽谈，促成龙凤山铸业有限公司与河北科技大学、河北冀鑫杭萧钢构有限公司与太行集团敦源冶金产业投资有限公司、北京产权交易所中科融创与园区等合作签约。同时，先后参加廊坊招商会、深圳招商会、邯郸招商会、上海招商会、青岛招商会等招商活动等10余次。园区不断创新管理体制和运行机制，积极探索“管委会+公司”开发模式，着力搭建园区投融资平台，专门建立PPP招商项目库，筛选总投资35.1亿元的污水处理厂、标准化厂房、园区路网等6个PPP项目，与大唐电信、中钢集团等知名国企就园区基础设施建设，初步达成合作意向。

【项目建设情况】 年内青龙山工业园区重点项目投资完成15.23亿元。中原智能装备制造产业基地项目，经过前期资料收集、外出考察、积极对接洽谈等大量工作，前期3个项目（20万吨家电、6万吨粉末、30万吨刹车盘）完成可研，冀南钢铁退城进园项目，已在省发改委备案，于8月9日取得项目环评。年底已完成土地收储900亩（总1400亩），清表750亩，开展相关前期工作。杭萧钢构（武安）产业基地项目，拟以杭萧钢构品牌和技术体系为依托，将武安打造成为立足邯郸、辐射周边区域的钢结构生产、装配和物流基地。年底，明芳钢铁正在商讨下一步项目合作事宜。此外，裕华钢铁80兆瓦超高压高炉煤气综合利用发电项目、裕华钢铁年产300万吨1780热轧卷板项目、裕华钢铁年产100万吨节能彩涂板项目、鑫汇冶金余热回收发电项目、鑫汇冶金竖炉烟气脱硫技术改造项目、龙凤山铸业高强微晶新材料项目、新峰水泥市政污泥及生活垃圾制RDF水泥窑协同处置项目、新峰水泥新建年产120万立方米混凝土搅拌站项目8个项目正在实施。鑫汇冶金烧结系统静电除尘升级改造项目、鑫汇冶金露天料场封闭建设工程、龙凤山超高纯铁及特种金属新材料、新峰水泥活性石灰生产项目4个项目正在谋划。

【服务项目情况】 推进中原装备制造产业基地项目落地前期工作。园区抽调骨干人员入驻市工信局，按职责分工纳入格力项目推进工作小组。积极配合工信局推进项目建设，同时调整园区规划为项目一期建设落实土地约7500亩，上报市工业园区拟新建盛龙路、产业一路、兴园道、福园路等4条道路争取列入重点项目基础建设盘子，为项目落地打下了基础。加快推进冀南钢铁退城进园升级改造项目。按照市委、市政府安排部署，成立武安市冀南钢铁退城进园项目推进领导小组，下设工作小组，办公室设在冀南钢铁办公楼。健全“日调度、日汇总、日反馈”工作机制，全程实地跟踪项目建设进展，及时协调解决问题困难。年内共为项目拨付退城进园基础设施建设资金5.21亿元。完成园区基础设施主干道、污水处理厂、物流园等8个重点项目土地中期调规的预调备案工作。配合住建局、国土局和国家电力设计院完成了国网50万伏潞辛线裕华段改造方案。在冀南钢铁退城进园、新峰煤制天然气两个项目跑办环评中，结合相关部门、镇村，协助企业完成128村公示、1566份公众参与调查、数十个监测点布点，多次协助组织召开公众参与座谈会、项目环评审查、项目环评听证会等，为项目顺利推进提供有力保障。结合乡镇对区内违规占地进行摸底（违规占地共40处，占地面积约823.9亩）。为鑫汇钢铁、新峰水泥等企业跑办并出具建设用地规划设计条件。

【优化投资环境】 结合发展实际，深入开展资料搜集、实地踏勘定界等前期工作，先后完成园区“三规一评”及地质灾害评估、水资源评价、安评报告等编制工作，并取得相关批复，为更多大项目、好项目入驻奠定坚定基础。年底，园区规划可用建设用地3.3万亩，为更多项目入驻发展提供广阔空间。优化营商环境、实行一站式服务。为提高办事效率，探索实行凡入区项目均实行“代办制”，同时对园区实行“见章盖章”制度。另外，维护区内企业正常生产经营，坚决取缔欺行霸市、敲诈勒索、强买强卖等不法行为，严厉打击村霸、路霸、车霸等现象。国土部门对园区内私搭乱建等违法占地进行依法清理。

（白沛杰）

商贸

商务工作

【概况】 武安市商务局是主管国内外贸易和国际经济合作的市政府工作部门。设五个职能科室，分别为办公室、财务审计科、招商管理科、贸易管理科、市场建设管理科。下属两个事业单位（物资公司、商贸服务中心）和一个经营企业（民爆公司）。主要职责：负责全市内外贸易、国际经济合作和招商引资工作；起草全市商品流通、物资流通和餐饮服务业的有关地方性规范性文件、制定实施细则和市场准则；负责成品油流通和拍卖、典当等行业的监督管理；负责全市整顿和规范市场经济秩序的具体组织实施工作。

【市商务局】

局　长：李钢成

副局长：郭增会

韩立功

保税物流中心管委会办公室副主任：

赵　芳（6月任）

副主任科员：岳三贵　（7月任）

【招商引资】 引进重大战略投资实现新突破。围绕武安优势产业，瞄准国内外500强企业加大招商力度，共拜访对接国内外知名企业60家。引进重大战略投资方面落地建设项目2家，达成初步协议的有8家。其中，与颐高集团就合作建设跨境电商产业园项目正式签约，设立跨境电商孵化园，年底已有52家商户入驻电商园。国内500强企业碧桂园集团在武安建设的高端地产项目也已开工建设。分别投资50亿元的杭萧钢构产业基地项目、世康博新能源科技产业园项目都已签约。与葛洲坝集团合作建设总投资70亿元的基础项目达成了合作协议，在邯郸2016年集中签约会上完成签约项目4个，总投资达120亿元。全年实际利用外资50950万美元，占任务目标9200万美元553.8%，实现历史同期最高。

【外贸进出口】 外贸企业规模和实力不断扩大。全市外贸备案企业101家，有出口实绩的企业25家，形成以钢铁、农业、机电、轻工、高新、医药、新能源等领域共同发展的多元化出口格局。组织企业参加首届京津冀020电子商务暨跨境商品博览会、中原国际装备博览会、唐山拉美企业峰会等活动。保税物流中心建设成效显著。成立武安市保税物流中心管委会，并上报编制部门批准设立武安保税中心管理办公室，挂靠商务局。占地1600亩，投资26亿元的海关综合大楼和500亩围网内库房、道路的建设已完成，卡口、办公大厅、巡逻通道等设施基本符合海关监管的要求，同时海关监管区全部已安装视频监控和报警系统。积极开展招商工作，河北武安保税物流中心与天津港、河南保税中心、中国五矿、阿里巴巴等知名企业建立合作关系。武安市保税物流中心于12月28日完成国家海关总署正式验收程序。全年完成进出口总额505553万人民币，比上年增长18.7%，其中直接出口总额178923.77万元人民币，比上年增长32.4%，出口总额位列邯郸各县市区第一。

【市场流通】 全面实现农村电子商务全覆盖。以“互联网＋”为契机，实施农村电子商务全覆盖。在全市502个行政村每个村设立一个村级服务站，在城区建立农村电商公共服务中心和物流配送中心，立足解决农村买难卖难、创业增收、扶贫开发等问题，全面铺开此项工作。10月完成502个村服务站的验收工作。全年完成社会消费品零售总额167.3亿元，比上年增长10%。

【打击侵权假冒】 强化组织领导，营造打侵浓厚氛围。先后出台《武安市2016年打击侵权假冒工作方案》《2016年信息工作通知》等5个专件。积极部署开展农资、食品、车用汽柴油、药械等重点领域的打侵专项行动，全市查处各类侵权假冒案件48件，办结40件。开展“车用汽柴油市场秩序专项整治回头看”行动。商务局充分发挥牵头部门作用，联合各乡镇、重点打侵成员单位共取缔非法加油站（点）130家，并对取缔的非法站点实行一站（点）一档案制度，明确监管职责。明确任务目标，推进“两法衔接”平台应用和案件信息公开工作。及时督促打侵成员单位接入两法衔接平台，录入执法案件信息。录入案件147件；在市政府门户网站向社会公开侵权假冒行政处罚案件171起。

【安全生产和综合治理】 建立局长包片、科长包企业的定期巡查责任制，结合安全隐患排查、专项工作治理和打非治违三项活动，全面指导商贸企业加强企业安全生产，规范企业经营和生产，消除安全隐患。全年巡查商贸企业安全生产260（家）次，消除隐患169个。配合相关部门圆满完成南关街消防隐患专项治理。全年商贸领域安全生产、社会治安形势持续平稳。

（李文安）

供销合作业

【概况】 武安市供销合作社联合社成立于1946年，属集体所有制性质。辖32个独立核算单位，其中基层供销社22个、市直企业10个，全系统经营网络健全，600多个经营网点遍布全市乡（镇）村。市社机关设7个职能科室，为武安市全额事业单位管理。2016年，市供销社紧紧围绕全市中心工作，以开展“两学一做”为主线，以深化综合改革为重点，面对严峻复杂的市场形势，顺应经济新常态，积极参与农业供给侧结构性改革，创新经营服务体系、强化内部管理，各项工作实现平稳发展。

【市供销社】

党委书记、主任：李冀祥
党委委员、主任科员：郭河顺
党委委员、副主任：卢常富
　　　　　　　　　秦永强
党　委　委　员：赵彦林
　　　　　　　　李增安

【主要经济指标完成情况】 全系统完成总购进12.13亿元，占年计划11.8亿元的102.8%；完成总销售13.338亿元，占年计划13亿元的102.6%；实现利润410万元，占年计划400万元的102.5%。完成固定资产投资6420万元，占年任务6400万元的100%；供应碘盐3526吨，占年计划3400吨的103.7%。

【综合改革】 以市委、政府名义出台《武安市供销社综合改革方案》，注册成立“武安市农村产权交易服务有限公司”，这是市社直属的国有独资公司，搭建服务三农的新平台。组建市级农民合作社联合社和22个乡镇级农民合作社联合社，实现市、乡农合组织全覆盖。与建行合作，建金融服务网点64个，与人保公司开展战略合作，代理人寿、车辆保险业务，实现农村合作金融的新突破。

【业务经营】 盐业公司主动适应盐业体制改革新形势，优化服务，分区配送，在巩固食盐专营业务同时，大力发展非盐商品经营，年销售伊春腐乳5万多件、东北大米2000余吨，稳固占领邯郸市场。供销大厦引进战略合作连锁企业潮衣库，找准市场定位，在市场形势普遍萎缩的情况下，带动大厦业务经营，实现经济、社会效益双提升。武安供销家电直连厂家强化优惠促销，成为武安家电行业“金字招牌”。

蓝天宾馆创新经营理念，大力拓展实惠快捷消费，做大做强婚宴服务，继续保持餐饮服务业“龙头”地位。烟花爆竹公司、棉油厂、棉麻公司等单位也都适应市场，开拓创新，实现安全经营和购销两旺。年内，全系统发展“两总”业务300多个，配送品种2000多种，实现配送额2亿元。

【为农服务】 生产公司和各基层社充分发挥供销社点多面广的农资网络优势，积极备货源、保质量、优服务、送科技，储供各种化肥5万吨、玉米种子250吨、农药30吨，各种中小农机具1万余台(件)，发挥供销社农资供应主渠道作用，有力支援农业生产。

【解决遗留问题】 对前几年因项目建设所欠债务，区分情况，在资金极为紧张的情况下，采取抵押物抵顶、耐心细致协商等途径妥善处理，规避债务风险。其次，对龙泉棉厂已被村庄包围的场地，经多方协商，进行对等置换，并建起围墙，明晰产权，维护供销社合法权益。

【社有资产管理】 由市社领导带队，组织精干力量，对所有基层门店和社有资产进行全面普查，登记测量，摸清资产底数，建立健全了资产台账和数据库，为优化资产结构，实行规范管理和下一步土地确权提供科学依据。

【安全管理】 认真落实“党政同责、一岗双责”责任制，层层签订安全生产责任状，深入开展了安全生产隐患大排查大整治，加强安全培训，大厦、蓝天、烟花爆竹公司开展消防模拟演练。“7·19”特大暴雨洪灾发生后，系统上下全体出动，昼夜奋战，领导班子成员冒雨冒险深入分包单位察危房，看灾情，转移商品，疏散人员，组织抗洪救灾，各单位积极开展生产自救，减小了灾害损失，确保全系统生命、财产安全。

【对口帮扶】 在“7·19”特大暴雨洪灾中，市社对口分包大同镇南冯昌村和徘徊镇前李甲村，在资金极为紧张的情况下，力所能及地对所包村给予了财力、物力、人力支持，较好地完成了帮扶任务。在美丽乡村建设中，分包冶陶镇固义村；在后进支部转化中，分包冶陶镇东安庄村，提供帮扶资金3万元，帮助村上改造了“两室”，修坝筑堰，硬化道路，圆满完成整顿任务，顺利通过了上级验收。

此外，还在计划生育、工会、老干、“1+1”结对帮扶、共青团、政务公开、行风评议、食品安全、平安建设等方面作了大量的工作，取得较好成效，政务公开工作被评为优秀部门。

（李风杰）

粮食流通

【概况】 武安市粮食局隶属市政府直属事业机构，主要职能是负责管理全市粮食流通工作。机构有局机关及下属两个国有粮食企业。局机关设三个职能科室、两个股级事业单位。职能科室分别是党政办公室、综合业务科、财务审计科。局属股级事业单位分别是机关服务中心、粮食市场监管中心。两个基层单位分别是国有独资企业武安市裕民粮食购销有限公司、武安市中兴汽修厂。年内重点工作；职能工作履行到位，完成粮食宏观调控、粮食统计、粮食储备、仓储建设、应急预案、军粮供应工作。政策性粮食收购，完成国家夏粮托市收购小麦9960吨。争取国家、省、市粮食专项资金，改造建设国有粮食企业仓容31920吨，启动建设下白石粮库仓容25000吨。仓储26160吨粮油全年实现安全保管无事故。在7月19日全市发生特大洪灾中，干部职工抢救崔炉粮库储备小麦2125吨。参加并完成对口6个村抗洪抢险及部分村灾后重建工作，同时捐款12.1万元。对机关大院工作环境进行了提升改造，促进“文明机关”形象建设。安全生产及信访维稳工作，全年没发生一起安全生产事故，没发生一起重大越级访、群体访上访事件。

【市粮食局】

局　长、党委书记：李学良（5月任）
王树清（5月免）

副局长、总经理、党委委员：杜明区
副局长、党委委员：李仲华
裕民公司董事长、党委委员：王军杰
局财务审计科科长、党委委员：王彩霞

【职能工作】 粮食宏观调控。执行国务院《粮食流通管理条例》规定，启动粮食预警、预报机制，按时完成向上级部门报送粮食市场流通情况调查工作。按照《中央及地方储备粮管理条例》和《武安市储备粮油管理办法》规定，国有粮食购销企业各类库存粮油年内实现安全保管。开展粮食清仓查库工作，经省、市检查组验收，库存粮油帐实相符、数量真实、质量达标，通过检查组考评验收。粮食统计工作，按照《河北省粮食统计条例》规定，完成对全市40家农户、15家城镇居民、11家粮食经营企业、5家大型餐饮企业粮油统计上报，为各级政府粮食宏观调控决策提供参考依据。粮食行政管理。严格审查粮食企业经营资质，对1家符合条件的粮食经营企业核发《粮食收购资格许可证》，保留上年度36家粮食经营企业继续从事粮食经营，取消4家粮食经营企业资质，为活跃全市粮食市场提供了支持与服务。粮食行政执法工作。年内不间断巡回监督检查粮食市场，及时纠正粮食经营企业、个体商户违法经营行为，维护粮食市场经营秩序，实现依法行政依法管粮。储备粮油轮换。按照《武安市市级储备粮管理规定》实施办法，在夏粮收购期间指导国有粮食仓储企业轮换小麦3028吨，适时轮换大米4000吨，食用油200吨。保持储备粮油常储常新。粮食民生工作。在保障军队粮油供应的同时，向社会销售军供粮油550吨，推进军供粮油军需民用工程建设。粮食应急管理。年内对市级粮食应急预案及实施细则进行修订，加强仓储企业、运输单位、加工企业、供应网站、人员培训建设、为持续构建安全有效的市域应急保障系统奠定基础。

【粮食经济】 围绕粮食经济发展这个中心难点工作，年内强力实施攻坚，重点突破。积极跑办，争取国家各类粮食政策建设资金。先后争取到粮食专项资金884万元，粮仓补贴资金341万元投入粮食基础设施改造建设，新建改建仓库仓容31920吨。启动建设下白石粮库仓容25000吨。千方百计，争取国家粮食托市收购资金2000多万元。在夏粮收购期间，通过采取强有力的收购措施，收购9960吨托市小麦，实现利润40多万元，打破多年来粮食收购工作徘徊不前的局面。

【项目建设】 针对全市国有粮食企业仓房陈旧老化，跟不上形势发展需求的突出问题，想法设法多渠道筹措资金2564万元。先后在安庄粮库投资660万元，改造扩建仓容6920吨。在阳邑粮站投资1759万元，新建仓容25000吨。在下白石粮站启动建设仓容25000吨，在安庄军粮供应站投资147万元，对军粮供应仓储设施进行形象提升建设，改造低温仓库、营业室面积870平方米。全年仓储项目建设工作，在一定程度上改变缓解全市国有粮食企业仓容不足陈旧老化的现状。

【抗洪救灾】 7月19日全市发生特大洪灾，崔炉粮食储备库、下白石粮库、徘徊粮站等库站，受灾非常严重。尤以储存储备小麦的崔炉6号仓，库底被洪水冲击悬空，粮食安全危在旦夕。干部职工连续三日，昼夜奋战，成功搬倒转移储备小麦2125吨，保护国家粮食财产安全。与此同时，响应市委、市政府号召，出动机关全员参加对口6个村抗洪抢险救灾重建工作。完成阳邑镇南丛井、北丛井、东山、土岭、徘徊镇后先岭、马家庄乡北果村抗洪救灾及部分村灾后重建工作。与此同时，广大干部职工响应上级号召，踊跃向灾区献爱心，捐助款额累计12.1万元，支持对口村抗洪抢险及灾后重建，捐助献爱心行动受到武安市委、市政府领导的一致好评，驻北丛井工作队在武安市抗洪抢险及灾后重建表彰会上受到通报表彰。

【安全稳定】 年内安全信访维稳工作，通过教育引导广大粮食干部职工增强安全防范意识，积极有效开展安全生产工作，全年安全生产实现零事故工作目标。信访维稳工作，针对多年来信访隐患多的问题，局党政班子下大力进行解决，以隐患排查、分组稳控、责任到人的工作措施，全力维护信访稳定大局。对于几起信访案件，如复转军人上访、军供站住户上访，给予了高度重视，积极妥善处理。年内，办结信访案件2起。维稳工作实现无群体访，集体访、越级访工作目标。

【帮扶工作】 按照市委、市政府工作部署，局对口徘徊镇后先岭村开展后进村支部转化帮扶。帮扶期间，由1名副局长带队，3名工作队员进驻，紧密配合驻地乡镇村开展精准帮扶。年内共计投入帮扶资金3万多元，开展对该村田间道路修建2890米。协调市移动、联通、电信等部门，新建光缆通讯信号塔1处，支部班子组织建设等一系列帮扶工作，年底完成的帮扶工作任务通过邯郸市党建办验收，帮扶工作赢得被帮扶村干部群众的一致赞许。

【机关改造】 针对机关办公条件陈旧老化，办公用房下雨漏水，院内空间狭小，办事群众车辆停放困难、干部职工就餐困难等问题。6月开始，历时三个多月，完成办公区门窗更换、空调安装、会议室改造、启动暖气安装等。与此同时，对局机关大院地面彻底改造，新打地面停车地坪、建设机关院内文化墙、南楼职工宿舍、职工食堂等。通过集中改造建设，局机关面貌焕然一新。通过机关环境改造建设，为广大干部职工营造良好的工作环境，生活环境，文化环境。激发广大干部职工爱岗敬业工作热情，推进“文明机关”规范化建设，受到市领导好评。

【机关作风】 针对机关企业干部职工工作纪律作风方面存在的问题，从制度处着手做到狠抓严管。积极引导干部职工转变作风纪律观念，通过严抓细管取得明显成效。干部职工思想作风端正，团结向上。对交办工作任务不打折扣，限时完成。始终与领导保持一致，更加积极工作，增强战斗力。注重理论学习，每逢周末集中学习，气氛更加浓厚。办事作风正派，以粮食部门勤俭持家的优良传统去办事，在各种活动中用最少的钱办最多的事。制定出台14项规章制度，企业新制定出台13项规章制度，教育引导干部职工照章办事。建立考勤制度，统一在指纹机上签到，作为年度考评依据。对照制度对工作做到敢抓敢管，年内通过狠抓并加强作风建设，广大干部职工工作态度、工作作风、工作纪律方面均有新的起色和提高，凝聚干事创业的强大合力动力。

【市委、市政府交办其他工作任务】 和其它职能部门协调联动工作，配合工商、质检、卫生、安监等，开展涉粮企业、涉粮商户综合行政执法，营造齐抓共管保障全市食品安全消费的良好氛围。粮食民生工作，依托市南环路军粮供应站、安庄新建军粮供应库，向社会粮食市场销售军供粮油550吨，超额完成上级下达的市场销售任务。“一帮一”“一对一”等对口困难群体帮扶工作，干部职工响应号召，自行组织捐助帮扶，全年累计四次捐助帮扶款1.1万元。“7·19”抗洪救灾帮扶重建工作，完成对口6个村帮扶工作任务。五是在清明节期间对口4个分包村森林防火任务，驻村工作期间做到严防死守，实现分包村没有一起火灾事故发生，圆满完成市委、市政府交办的防火工作任务。

（郭保军）

烟草专卖

【概况】 武安市烟草专卖局共设置办公室、财务科、内部管理监督科、营销服务科、专卖监督管理科5个机关科室，在册在编人员65人。2016年，武安市烟草专卖局（营销部）全面加强科学管理，增强创新能力，激发员工活力，克服种种困难，圆满地完成了各项工作任务。全年销售卷烟23254.19箱，累计单箱销售额为19119.76元，人均单条达8.37条。查处各类违法案件215起，查获违法违规卷烟154.84万支，烟丝381千克，窝点92个，案值137.9万余元，破获“3·15”国标网络案件，“10·22”

真烟网络案件、市场净化率稳定保持在98%以上。

【市烟草专卖局】

局长（经理）：尹九鹏
副 经 理：崔力强
专职纪检监察员：江志新

【市场管理】 重拳治理，抓好打假破网工作。积极借鉴各兄弟单位的先进经验，加强线索搜集，通过摸排调查，成功破获王某某“3·15”假烟销售网络案件和“10·22”真烟网络案件，涉案金额分别为100余万元、1200余万元，刑拘9人，批捕9人。多措并举，专项行动成效明显。联合公安、工商、交通等部门，先后组织开展“3·15”市场集中清理专项行动、“百日会战”市场集中整治行动、“物流运输环节专项行动”“岁尾清网”等专项治理行动，通过错时错峰检查、交叉互查等手段开展了针对性行动，辖区卷烟市场环境得到显著的提升。夯实基础，提升依法行政水平。深入推进“APCD”工作法的应用，对市场检查工作进一步深化、细化；针对年底集中延续的情况，提前谋划，将延续任务细化到个月，确保年底延续工作顺利完成；按照新的卷宗审查标准，重新培训文书及卷宗制作程序，保证卷宗的合法性和规范性，有效降低行政法律风险。

【客户服务】 突出终端建设。有效开发宾馆饭店的终端资源，在辖区3家大型宾馆建立卷烟摆售区域，面向酒店咨询区、住宿区销售卷烟，进一步深挖终端价值、拓宽销售渠道、拉动卷烟消费。同时，在辖区农网市场建立21个“一店一品”终端店，进一步提升农网零售客户的店面形象和经营水平。挖掘四大市场。围绕“四大市场”的整体思路，针对用烟习惯，积极宣传相应的卷烟品牌规格，确保品牌培育迎合市场需要。瞄准外地游客用烟市场，依托本地优质旅游资源，在武安武当山风景区、七步沟风景区、固镇高速服务区和森宝国际影城建成4个吸烟区，满足广大卷烟消费者在公共场所吸烟的需求。提升客户盈利。加大低焦卷烟的宣传力度，通过低焦特点吸引零售客户订购、销售，以有效宣传引导消费，以提升结构扩大盈利。针对部分零售客户低价竞争的情况，定期对卷烟价签进行维护，并向零售客户发放《明码标价倡议书》，与零售客户携手促进零售客户之间达成执行明码实价的共识，提高明码实价执行水平。

【基础管理】 严格“三重一大”。按照“办事公开，民主管理”目标，积极落实程序规定，规范工作流程，开展物资采购、工程招标、人事任免等工作。大力推进信息公开，保证各个环节公平公正，最终结果公开透明，确保职工群众的“四权”落到实处。推进安全生产。深入开展企业安全文化建设，及时完善和修订各项安全组织机构和安全制度，定期组织安全培训和安全隐患排查，帮助广大干部职工树立安全文化意识，做到防患于未然。开展安全应急演练2次，安全教育培训16次，安全隐患排查40次。完善财务工作。严格落实市局（公司）预算管理规定，认真做好全年预算编制、审核、报批、执行、分析各环节工作，加强预算管理和费用控制；严把财务手续审核关，认真核对各类原始凭证，对符合规定的财务手续及时报账；按时对单位各类资产现状进行调查梳理，采取分类统计、实地盘点等方式，做好固定资产动态管理。

【队伍建设】 加强思想政治建设。以“两学一做”学习教育活动为契机，积极开展党支部换届、党组织建设、党费收缴补缴、党员会议培训等工作。在完成党支部换届工作的基础上，组织开展党员志愿服务6次，党员学习培训12次，全体党员会议6次，党组中心组学习4次，切实增强了党员领导干部的党性修养。积极开展学习培训。以提高员工队伍工作能力和综合素质为目标，切实加强员工岗位技能培训。组织开展各类知识培训40余次，内容涉及法律法规、行业政策、岗位技能等多个方面，为建设学习型企业创造了良好的环境和氛围。

扎实推进反腐倡廉。召开党风廉政建设与反腐败工作联席会议4次，组织开展“廉洁自律”警示教育2次，并组织局领导及各科室负责人签订廉政责任书，增强党员干部的遵纪守法意识，营造全局风清气正的良好氛围。

（黄颖）

交通 · 邮电

交通运输

【概况】 武安市交通运输局是市政府主要组成部门之一，担负着全市公路建设与养护、路政管理、超限治理和城市公交、出租、农村客运、货运等运输市场管理及水上安全监管等职能。下设机关服务中心、交通战备领导小组办公室、公路养护站、运输管理站、公路运输超限超载治理站、公路路政管理站、地方道路管理站、城市客运交通管理站、汽车站 9 个事业单位。局机关设办公室、劳动人事科、财务审计科、工程科、政策法规科 5 个职能科室，机关编制 31 人，其中：行政编制 18 人，事业编制 13 人。2016 年底，全系统有干部职工 1056 人。2016 年是“十三五”规划的开局之年，也是抓住用好国有重大战略叠加机遇、构建现代交通运输体系的攻坚之年。面对交通建设任务重、资金压力大、矛盾问题多的实际和 7·19 突发的百年不遇暴雨袭击，市交通运输局在武安市委、市政府的正确领导下，在省交通厅、邯郸市交通局的大力支持下，带领全系统广大干部职工攻坚克难、负重奋进，积极应对各种挑战，努力克服诸多困难，推动交通各项工作稳中快进，保持向好的发展势头。

【市交通运输局】

局　　长：白学昌

副 局 长：梁国华

　　　　　马彦军

党委委员、战备办主任：温向军

党委委员、副主任科员：贾红霞

【重点工程建设】 旅游专线（邯沙公路武安东至沙洺段改建工程）。全线长 30.5 千米，采用一级公路标准修建，设计时速 80 千米 / 小时，估算投资 16.09 亿元。采用政府与社会资本合作（PPP）模式融资建设。年底全线征地迁坟任务全部完成，房屋拆迁完成 70%。10 月 28 日正式和北京市政路桥股份有限公司签订 PPP 协议，施工单位进场，建成 2 个梁厂、2 个搅拌站、3 个钢筋加工厂，全线 16 个工区有 12 个工区进场。桥梁、桩基等控制性工程开工，完成 7 根桩基、5 座涵洞基础施工。贺进至青塔湖旅游环线改造工程。武安境内全长 72.8 千米，按三级公路标准升级改造，路基宽 7.5 米，路面宽 6.5 米，隧道按二级公路标准设计。估算总投资 8 亿元。该项目已列入灾后重建项目规划。年底，工可编制完成。与贺进镇政府对接，确定线路后开始跑办前期手续。G234 兴阳线（原平涉公路）邯邢交界至沙洺段改建。该项目是武安市西部景区内的一条重要通道。路线起于武安与邢台沙河交界，终于我市贺进镇沙洺村，全长 29 千米，按二级公路标准修建。估算总投资 7.2 亿元。向邯郸市交运局沟通汇报，争取列入国省干线统贷分还建设计划。太行山高速。太行山高速公路武安段全长 40 千米，约占邯郸段的 3/5，主线工程占地 4621 亩。按双向四车道高速公路标准建设，路基宽 24.5 米，设计速度 80 千米 / 小时，估算投资 60 亿元。年底完成征地 4621 亩，占 100%；迁坟 1355 座，占 100%；清表基本完成；拆除房屋建筑物 33657 平方米，占 95.2%。动迁树木 5 万余棵，搬迁企业 15 家。主线控制性工程全面开工。西三环南延（太行园区道路）。道路全长 9.4 千米，其中主线 5.8 千米、支线 3.6 千米，总投资约 3.13 亿元。年底施工图设计已完成。其中徘徊镇征地基本完成，磁山镇征地正在进行。10 月 28 日正式和北京市政路桥股份有限公司签订PPP协议，正在组建项目公司，并开展施工前准备工作。邢合线和邢界线改造工程。（1）邢合线磁左公路至武涉交界段全长18.8千米。采用二级公路标准，全线路面宽10.5米，路基宽10.5米。估算投资2.3亿元。（2)邢界线伯延至磁山段改造工程全长9千米，采用二级公路标准修建，路基宽15米，路面宽12米。估算投资0.84亿元。以上项目已被列入灾后重建项目，拟按省道标准进行建设，估算总投资3.14亿元。通过方案评审会，对项目进行工可初审，修改工可并办理土地附件。农村公路打捆改造工程（35条路）。该项目是重要的民生工程，对改变农村群众出行条件，提高农民生活水平，促进区域经济发展具有重要意义，路线总长约129千米，估算投资2.93亿元。施工图设计报财政局评审中心评审通过。（完成其中列入省交通运输厅计划的16条40千米）。35条农村路和刘西线伯延至磁山段农发行贷款手续获省行批准，2.54亿元贷款到农发行，开始筹措资本金。新华大街南延至南二环道路。该项目总长5.86千米，其中主线起点位于新华大街与南环路交叉口南940米处，向南终于南二环，全长3.48千米，按城市主干路标准设计，路基宽26米，路面宽22米；连接线二条，共计2.38千米。项目总投资1.07亿元。年底，桥梁等控制性工程开工，其中南洺河大桥完成；均河中桥和玉带河中桥进行施工。省道S242石观公路（原永峰公路）309国道至淑村段改造工程。该项目全长14千米。在现有道路基础上按二级公路标准改造，路基宽10米，路面宽9.5米，估算投资7800万元。年底路基工程完成90%，路面工程完成80%。邯武快速路至淑村高速口段基本完工，实现试通车。邢合公路武安绕城段（西二环）改建工程。邢合公路武安绕城段是武安由北到南的主要运输通道，连接武安的几个重要工业基地。该段公路全长11.6千米，建设标准为双向四车道一级公路，路基26米，路面22.5米。估算投资4.54亿元。年底该工程12个专项附件完成。干线公路大中修工程。上半年先后完成邯沙线北环段6.7千米和邢峰公路北段11.78千米大修，并对邯沙线团城至沙洺段17千米进行了微表处预防性养护。

【抗洪救灾道路抢修】 “7·19”特大洪水灾害突如其来、百年罕见，造成全市6条国省干线30余千米冲毁断交，500余千米农村公路受损，其中222千米县乡村道和223座桥涵遭受毁灭性破坏；200多个村交通中断，给当地群众的生产生活带来极其严重的困难。灾情发生后，局不等不靠、不计得失，投入大量人力、物力、财力，立即组织开展道路抢修工作。紧急动员，火速安排。迅速召开抗洪抢险紧急会议，启动应急预案，对防汛抢险工作和国省干线及农村公路受损情况进行全面摸排，安排人员对冲毁路段桥涵及时采取断交、设置安全警示标志等防范预警措施，以防次生灾害发生。积极部署，连夜抢修。7月20日上午，局组织各施工单位负责人召开道路抢修抢通工作专题安排部署会，紧急调集11个施工队伍和100余台机械，分开战线，连夜开展道路灾后抢修和恢复工作。分线包段，全员发动。组织人员600多人，各种抢险机械及运输车辆300余台，全线出击，冒雨冒险开展道路抢修抢通工作。重点对国省干线和受灾严重的马家庄、冶陶、徘徊、活水、贺进等乡镇境内道路进行抢修抢通。施工队伍克服风大雨急、路窄道险、材料短缺、场地狭窄等诸多困难，打通一条条救援急需的“生命通道”，得到参与救援各方和沿线群众的高度赞扬。期间没有一台机械、设备因道路崎岖、施工环境恶劣停工，真正做到了机械不歇、材料不断、人员不休，救援善后不结束，道路抢修不停止。经过六个昼夜抢修，7月26日下午，随着徘徊镇西峧沟最后一个“孤岛村”前李甲村道路的抢通，标志着武安市所有国省干线和通村简易公路已全线贯通。短短六天时间，抢通128个村190余千米道路。指导、协调全市乡镇、村打通120个村、300余公里农村道路。干群连心，共度难关。在加紧抢通道路的同时，全力做好马家庄乡韩马村的对口救灾帮扶工作。局由1名党委班子成员带队，抽调60多人成立救灾帮扶队，每日深入马家庄乡韩马村，帮助乡村抢险救灾，开展“七清”。组织全系统干部职工为灾区群众捐献衣物2000余件，捐款10.75万元，支援灾区重建家园。此外，全力转移运送风景区洪灾滞留游客，每天投入10部大公交车，克服路况极差、天气异常炎热等不利因素，将各风景旅游区受困游客安全转移，受到游客的高度赞扬。累计运送游客1600余人。

【道路灾后恢复重建】 在完成道路抢修抢通后，树立“不怕疲劳、连续作战、抢时间、赶进度”的观念，强化措施，全局动员，将灾后重建项目列为今明两年重点项目集中建设，锁定时间节点，加快项目前期，加快工程设计，简化建设程序，多上队伍、多上机械、多上人员，倒排工期，挂图作战，设计一条开工一条。国省干线。干线公路共损毁6条段3千米，损毁桥梁28座。截至年末基本完工。农村公路。全市农村公路灾后重建计划总里程515.8千米，桥梁213座，估算总投资约10.6亿元。其中省交通运输厅确认损毁道路222.5千米，桥梁212座（需重建167座、维修45座）。截至年底，全年的道路修复计划基本完成，累计完成道路修复80千米，桥涵维修加固45座。邢合线和邢界线改造工程（刘西线）（1）邢合线磁左公路至武涉交界段全长18.8千米。采用二级公路标准，全线路基宽10.5米，路面宽10米。估算投资2.3亿元；（2）邢界线伯延至磁山段改造工程全长9千米，采用二级公路标准修建，路基宽12米，路面宽11.5米。估算投资0.84亿元。以上两项目拟按省道标准进行建设。省交通运输厅开工可评审会，初步通过，待修改完善后报批。年底完成工可。资金到位和筹措情况。抢抓机遇，加大争跑，积极争取上级各类专项资金和补助。先后多次赴省厅积极争取灾后重建项目计划，做了大量艰苦细致的工作。年底省交通运输厅确定全市农村公路恢复重建补助资金按照上限额2.2亿元执行，已下达3批资金7289万元，拨付2600万元；邢合线和邢界线重建补助资金计划2亿元。深化与农发行合作，主动对接沟通，包装项目，探索实施政府购买服务融资建设模式。编制完成全市水毁农村公路灾后重建工程可行性研究报告，按照农发行贷款资金的要求办理项目所需的各项前期手续。

【公路养护管理】 抓实公路养护管理。基本保持公路路面清洁、路肩顺适、路基坚实、边坡适度畅通、路树修剪整齐，取得畅、安、舒、美的养护效果。高标准迎检40余次，受到领导好评。对干线公路进行精细化养护。清扫路面61600千米，清运垃圾17000立方米，整修路肩、边坡、平台1470千米，疏通边沟、排水沟2150千米；完成浆砌挡墙2156立方米，贴石板1980平方米，新建花池300米，清挖边沟660立方米，抹面2380平方米，维修挡墙盖板1700米，改建混凝土边沟2200米。对309线清化段清挖边沟1200立方米，浆砌边沟800立方米，铺装盖板420米；维修绿带沿1200米，清理护坡网格杂草4000平方米；浆砌边沟1090立方米，抹面1200平方米，街道化维修300米，路面灌缝2000米，挖补坑槽1840平方米。加强重点路段的日常养护，对出现的病害路段及时进行了处理。先后开展西三环营玉公路绿化灌溉；邯武线竹昌段集中清理建筑、生活垃圾；徘徊——西峧路段集中治理道路坑槽回填；对新武线绿化，种植火炬树苗7000余株。加强公路绿化美化。对邯沙线、309线、邢峰线、平涉线、磁左线进行绿化种（补）植，种植海棠、樱花、金叶榆、桧柏、栾树、大叶黄杨、景天、红花草、紫叶李、紫穗槐、爬山虎等10余个品种704400株，波斯菊、万寿菊、美人蕉等45000平方米；对邢峰线、平涉线、邯沙线的雪松、栾树、海棠、木槿、月季发生的长足大蚜、蚜虫及红蜘蛛等病害进行喷药防治；对邯沙线因年久枯枝较多的1500棵大垂柳进行平头，保持良好景观效果；出动水车350个台班对绿带及2015年绿美廊道新植绿化进行多次浇灌，保证绿化成活率；7·19洪灾后，对因水灾造成的水土流失、苗木倒伏等灾情进行应急妥善处置，回填土方900余立方米，抢救苗木2万余株。加强桥梁管理。完成国省干线桥梁、涵洞、隧道的定期检查，检查桥梁11486.69延米/135座，检查涵洞890道，隧道118延米/座；完成邯沙线南洺河2号桥（南）、东竹昌桥（北）伸缩缝的维修和焊接任务；完成三、四类桥梁限载、限速标志牌的更换；对7·19水毁造成桥梁、涵洞损坏病害的进行统计和上报，并对沙洺桥、沙洺漫水桥进行拆除重建和改建工程。完成县道刘西线伯延段1～3米、1～5米两个涵洞重建工程，投资60余万元；完成旅游环线的阳鄄中桥长32米、宽10米，投资80余万元。继续开展公路环境综合整治。为迎接省重点项目观摩活动，对邯武快速路、东、南二环、邢峰线南段4条道路沿线环境开展集中整治工作，保障公路安全畅通。10月15日～16日，为确保“邯郸·武安第二届全国划骑跑铁人三项挑战赛”安全顺利进行，对平涉线、口柏线标线重新进行施划，对口柏线损坏的钢索护栏维修更换，确保了赛事沿途可视范围内畅洁绿美。全年清除非交通标志（广告牌匾、灯箱）1630 余块，清理公路路障、建筑垃圾1280余处，共计11000余立方米，拆除违章建筑13处，清理摆摊设点175处，清理加水点72处，规范平交道口28处。施划标线244874平方米，维修标志142块，维修、更换护栏板608米，维修、更换钢索护栏496米，补设警示桩1300根，清洗护栏8000米，书写标语2574.9平方米，累计投资约370万元，大大提升道路通行能力。配合乡镇对东南二环道路两侧未经批准擅自圈地建设的违章建筑物进行清理取缔，年底对午汲镇加油站、安庄路口临建饭棚，工业园区服务区两处道口3处违建整治完毕，其他13处已向其违章业主进行说服教育，并下达限期拆除通知书。加大道路扬尘污染治理。在城区西环与北环交叉口、东环大转盘设立固定检查点，同时设立多个流动检查点，严厉查处脱落、扬撒运输车辆，取得显著效果。共查处和纠正货运车辆不盖苫布、脱落扬撒等违规运输行为1200余台次，城区四环路货运车辆的遮盖率已达95%以上。治理违规车辆520余辆，劝返车辆1560余辆，批评教育纠正1820余辆，大大改善空气质量，保障公路安全畅通。有效推进治理公路超限超载工作。采取“固定加流动”“白加黑”等工作方式坚持24小时不间断治超执法，严管严控非法超限超载运输车辆，确保治超工作无盲区。处罚347辆，卸载货物18961.38吨，超限率控制在2%以下，圆满完成省、市既定超限治理任务。尤其是在9月21日后，根据交通运输部办公厅、公安部办公厅关于印发《整治公路货车违法超限超载行为专项行动方案》，以及邯郸、武安有关文件要求，认真开展专项行动，依据分工，做好超限车辆的检测和卸载工作，同时积极与公安配合、协调，保障治超工作顺利开展。

【运输行业监管】 加强运输市场管理。联合交警、物价部门对市部分客运线路存在超员和收取婴幼儿车票的问题开展为期3天的专项整治活动。加大对辖区3所驾培机构教学培训监督力度，查处非法招生点2个。检测车辆约5220台次，合格率100%。圆满完成维修企业质量信誉考核工作。在“五一”“端午”“十一”等节假日期间，完成水上客运量10.9万余人次，未发生安全责任事故。加强危货市场管理。开展危险化学品领域安全整治，对企业各项安全制度、危货车辆技术状况、从业人员资质进行、GPS监控平台使用等方面进行检查。下达6份限期整改通知书，复查整改合格率100%。加强城市客运管理。全年查处非法营运车辆232辆，异地经营出租车2辆，未携带营运证件4辆，不使用计价器45辆。从业人员文明经营意识明显增强。举办火灾应急逃生演练，使城际公交808路司乘人员受到教育，熟练掌握安全逃生及灭火技能。对中兴路、新华大街、建设大街、中山街的100余个公交候车亭进行2次全面清洗。组织60台出租车在高考、中考期间免费拉送考生。春节前，95辆6.6米规格纯电动公交车投入运营，全市购买的135辆纯电动公交车全部投运，新能源公交车达到总数的89%。电动公交车充电站32个充电桩全部安装到位，具备充电能力。城乡公交线路101路、102路全部更换为新能源公交车；武安至罗义班线投入新能源公交车3台。逐步构建绿色公共交通体系，推进环境空气质量持续改善。春运期间，完成公交客运量148.4万人次，出租汽车客运量159.2万人次，比上年分别增长2.7%和3%。提升汽车站管理水平。日均投放营运客车350部，平均日发班次1002次，日平均输送旅客9千余人次，运输旅客300万余人次。未出现旅客拥挤和滞留现象，圆满完成节假日旅客输送任务。到邯郸西客站进行深入学习先进管理模式，对标晋位，提高客运服务水平和质量。

【其他阶段性工作】 深入开展“两学一做”学习教育。精心组织，扎实推进，确保各项规定动作一招不落。围绕“学”开展专题教育。购买《中国共产党章程》《习近平总书记系列重要讲话读本（2016年版）》等各类学习资料，并集中订购《党章》手抄本、《党员学习笔记本》，组织党员进行集中学习、自学，要求做到学前要签到、学中记笔记、学后写体会。围绕“讲”创新学习方式。积极开展“讲一次党课、搞一次走访调研，慰问一个贫困户、办一件实事”活动，拓展学习教育内容，创新学习方式，在全局营造起良好的学习氛围。围绕“做”发挥党员作用。以打赢交通建设攻坚战为重点，充分发挥党员先锋模范带头作用。明确每个交通重点工程均由1名局级领导亲自挂帅，挑选出能力强、肯吃苦、经验丰富的党员干部为成员，对重点工程全过程负责，实行挂图作战和现场办公，发扬“5+2”“白加黑”的不怕苦、不怕累精神，采取有效措施强力推进各项工程。积极承办两会议提案工作。承办两会议提案87件，其中人大建议41件、政协提案47件。涉及农村公路建设和养护管理、城市公交和出租管理、城市二环路和旅游路网规划建设、干线公路改建大修、公路环境整治。市政府召开交办工作会议后，该局深入研究，精心安排，以承办责任制促落实，以诚信实干提升办理效能，以深入落实促办理实效，坚持做到思想上高度重视，态度上积极主动，程序上合理规范，时间上及早安排，真正把办理工作作为全局工作的重点，确保办理工作的质量。议案、提案全部完成答复和走访，按时办结率和直接走访率达100%，人大代表、政协委员对办理结果满意和基本满意率达100%，提升交通形象和社会诚信度。安全稳定工作常抓不懈。集中抓好春运、“清明”“五一”、汛期、6月安全生产月等特殊时期的安全生产工作。先后开展安全大检查、“打非治违”“道路运输平安年”“安全生产月”等活动，确保道路运输、水上交通、交通建设工程安全。加大道路客运、危货运输、水上交通安全检查，全系统未发生安全生产责任事故。扎实开展矛盾纠纷排查治理活动，认真接待来访群众，积极化解不稳定因素，交通行业整体保持和谐稳定。

此外，党建、精神文明、党风廉政建设、工青妇、计生、队伍建设等其它各项工作和清明护林防火、秸杆禁烧、对口帮扶等市委、市政府安排的其它临时性工作均围绕中心，服务大局，统筹推进。

（樊燕妮）

邮政管理

【概况】 中国邮政集团公司河北省武安市邮政分公司位于桥西路298号，网点遍布城乡，邮路总长253千米，服务人口91.9万人，总服务面积1811平方千米。共有6大专业，分设金融业务部、发行投递部、集邮部、分销部、电子商务部、函件部。另设机要班、分拣班。拥有14个邮政储蓄代理网点，16个邮政营业支局、526个便民服务站，45个投递道段。公司内设一部一室（经营服务部、综合办公室），主要经营邮政代理金融、分销配送、电子商务、快递包裹、报刊零售、函件广告、集邮等业务。2016年，武安市分公司深入贯彻落实省、市分公司邮政工作会议精神，围绕“转方式、调结构、提品质、防风险、增效益”十五字总体工作要求，强化经营举措，创新工作方法，细化考核目标，提高服务水平，促进各项工作的有效开展，加快企业转型升级，较好完成各项任务指标。

【市邮政分公司】

总经理、党总支书记：李永峰

总 经 理 助 理：刘新华

【经营发展】 企业总体经营完成情况：公司重点抓好代理金融、包裹快递、电子商务三个一把手工程，搞好两个积分活动（邮政会员积分和员工营销积分），以村邮乐购平台为依托，拓宽邮政发展新模式，全年累计完成业务收入3059.07万元，完成计划的92.87%。围绕“三个一把手工程”，加快重点业务发展。全力发展代理金融业务。年内公司以“聚焦效能，深化转型”为抓手，认真落实“5411”和“1+4+4+1”，强化低效客户开发，电销大赛邀约，他行宣传挖转等手段，提升基础客群规模，增强厅堂爆点效果，全年储蓄余额净增9838万元，其中定期为9267万元，活期为567万元，日均余额净增9540万元。累计销售保费14691万元，收入641万元。累计销售理财12288万元。累计办理网银1991笔，手机银行3556笔。倾力发展包裹快递业务。截至年底快递包裹完成收入126.8万元，完成全年任务的107.46%。结合市公司优惠政策，积极走访电商户，年内成功开发快递包裹协议客户7家，标准快递协议户2家，出口量达到日均670件以上，每月实现收入9万元。成功开发乡镇身份证标准快递寄递业务，共寄递身份证2400封，实现收入24000元。按照市公司“三网合一”优化方案，深化投递改革，采取“网格化作业模式”，优化作业流程，提升服务质量，城市包裹快递当日妥投率，三日妥投率都达到省公司考核指标。大力发展电子商务业务，电子商务截至年底完成业务收入355.98万，完成年计划的94.68%。自邮一族全年完成保险车辆1691辆，形成收入38万。代收电费做好便民服务站平台维护，发展商户788户，累计代收笔数120万笔、累计代收1.3亿元。村邮乐购平台建设，建村邮乐购网点168处，其中A类网点134处，会员发展14075个，邯郸馆上线1处。合力发展传统邮务业务：集邮专业：完成收入239.65万元，占年计划的85.59%。抓好生肖贺岁和中秋文化季两大战役，累计实现业务收入149万元。开发形象年册1500本，收入37.2万元。函件专业：完成收入32.07万元，占年计划的32.07%。发行专业：累计完成收入258.72万元，完成年计划的99.51%。全年新增流转额累计完成28.46万元，占年计划的 218.9%；《学苑新报》教辅报刊完成3450 份实现流转额 53800 万元。分销专业：累计完成收入 6.05万元，完成计划的30.23%。

【服务提升】 严格执行各项规章制度，加强服务礼仪培训，提升前台员工服务水平，通过实地监控、远程监控、突击检查，强化对经营行为的过程管控。高度重视金融资金安全，开展金融从业人员风险排查，严格落实轮岗、印章管理以及空白凭证管理等制度。

【安全生产】 层层签订《安全生产责任制》，实行安全生产一票否决；对投递员开展安全生产培训；聘请消防队教员培训消防安全知识，现场进行消防安全演练，对全公司的灭火器进行更换。

【企业建设】 扎实推进党建工作，出台了党建、党风廉政、创建基层党组织等相关文件，认真开展“两学一做”党员学习活动，学习党章、党规，学习系列讲话，争做合格党员；认真执行三会一课制度。加强党风廉政建设，建立党的群众路线教育实践活动长效机制，加强自查整改，解决制约发展的深层次问题，营造风清气正、踏实做事的良好氛围。加强精神文明建设，促进民主评议工作上台阶。积极开展“文明单位”“青年文明号”“文明窗口”等创建活动，加强职业道德建设，优化服务环境。做好工会工作，积极为职工办实事，开展了春节送温暖、职工健康体检、职工小家建设等工作。认真开展民主评议工作，向社会广泛征求意见，实行承诺服务制度。五是强化政务公开工作，及时向社会公开邮政各项政策和资费，确保公开透明。

（张义）

中国联合网络通信有限公司武安市分公司

【概况】 中国联合网络通信有限公司武安市分公司是武安市具有全业务经营资质的宽带通信和信息服务主导运营企业，主要经营固定通信业务、移动通信业务、通信设施服务业务、数据通信业务、网络接入业务和各类电信增值业务、与通信信息业务相关的系统集成业务等。公司致力于为广大用户提供全方位、高品质的信息通信服务。2016年，认真贯彻落实市委、市政府的工作部署，严格执行市公司工作思路，团结和带领广大员工，以“健强营销能力、改善客户感知、做实网络优化、激发内生动力”四大工程落地为引领，精准发力、扎实工作，推动武安联通持续健康发展。

【中国联通武安分公司】

总 经 理：李金栋

副总经理：韩国祥

赵晓东

郭志坚

【“7·19”洪灾抢险救灾通信保障工作】 累计投入救灾人员1300人次，抢险车辆270台次，应急油机180台次，海事卫星电话2部。抢通恢复物理基站280个，宽带接入设备抢通恢复460台，修复光缆线路295皮长千米，临时恢复杆路1100根，率先抢通95%以上重灾区通信，率先在全区恢复通信。抢修期间，各级管理人员深入一线靠前指挥，广大员工夜以继日、奋勇拼搏。磁山、徘徊、京娘湖等5个单位获抗洪抢险先进单位，14人被公司授予抗洪抢险先进个人称号。此次救灾抢修，展现武安团队的战斗力，赢得百姓口碑，获得各级政府的高度肯定，先后被邯郸市委市政府、武安市委市政府授予“7·19抗洪抢险救灾先进集体”称号。

【坚持客户体验导向，显著改善服务感知】 开展“优化投申诉处理专项行动”和固网装维服务提升专项行动，降低普通投诉量和申诉量，提高投诉处理满意率和宽带装机、移机、修障及时率。推进资源预判自动开通和二维码扫码装机，有效缩短工单配线配号平均历时。率先开展集客响一点支撑工作，全力支撑集客业务发展。开展“服务优创口碑”系列活动，聚焦客户触点感知改善客户口碑。

【优化网络建设】 全面发力4G网络建设，移动网人口覆盖率和行政村FTTH接入覆盖率显著提高，移动网实现8个省级和37个市级重点场景网络指标和用户感知全面超越友商。高铁沿线各项网络指标超过集团验收标准。宽带网能力持续提升，网络运行质量持续改善。积极推进网络瘦身，城域网扁平化改造进一步加快，有效节约能耗和维护费用。

【重点业务】 移动业务量质并重稳步提升，推进2/3G用户向4G迁移。提升终端控盘能力，终端合约销售数量稳步增长。全触点流量营销体系促进流量收入增长。加强用户质量监控考核，落实红线管理，实施存量客户全生命周期维系。公众宽带稳步发展，全渠道协同常态化开展错峰营销。加快光改提速步伐，规模发展联通电视，提高宽带黏性，不断提高联通电视渗透率。自有渠道推进终端连锁化经营，实施升级改造。社会渠道创新实施“分级分类”运营策略，大力拓展渠道规模，有效提升渠道效能。

【体制变革】 加强用工管理，取消派遣制用工、紧密型外包用工，转入经营性业务外包。面向一线核心岗位进行定向招录。依据年度综合考评结果完成职级薪档调整，加强管理人员队伍建设。建立大市场统筹下的分客户群、分场景销售管理体系，实现前台、中台和后台一体化管控。激发基层单元活力，建立农村区域综合单元经营体系，通过竞聘方式进行人员调整。

【基础管理】 落实员工关爱：开展专业技能竞赛，鼓励职工岗位创新，关注新进大学生成长，激励员工成长成才；推行员工疗休养制度、带薪休假制度、为员工购买重大疾病及意外伤害保险等多项实事受到员工欢迎；筹资慰问生产一线和困难员工，体现企业关爱；举办气排球比赛、健步走等丰富多彩的活动，丰富员工文化生活；组织劳动模范、感动河北联通身边人物选树活动，营造创先争优、竞相发展氛围。提升资产效益：提高房产盘活和报废电缆处置速度，通过“一塔一表”压降铁塔租费和单基站铁塔造价。规范招标采购和物资管理，内部商城应用进一步拓展，提高公开招标率。强化风险管控：持续完善安全管理制度体系，严格落实防范打击通讯信息诈骗、实名制及黑卡管理要求，专项审计、依法维权、制度梳理优化等工作取得新的进展，为企业发展提供了可靠保障。

【党风廉政建设】 全面推进纪委体制改革，充实纪委人员力量，加大查案办案力度，保持反腐高压态势。认真贯彻落实党风廉政责任制，扎实推进惩防体系建设工作。宣传贯彻廉洁文化、开展警示教育，强化各级管理人员的纪律和规矩意识，前移防范关口，源头反腐。认真组织开展“两学一做”学习教育，积极探索党建工作同经营、运维工作共同促进的新路子，深入开展党建主题实践活动，实现党建与企业发展双促双赢。

（乔帅兵）

中国移动通信集团河北有限公司武安分公司

【概况】 中国移动通信集团河北有限公司武安分公司是一家外商独资企业分支机构，1999年9月正式挂牌成立，隶属中国移动通信集团河北有限公司。分公司下设4个管理部室，分别为综合部、市场部、网络部和政企客户部；下辖1个营销班和8个区域营销中心，分别为：城关营销班组、阳邑区域中心、贺进区域中心、团城区域中心、徘徊区域中心、磁山区域中心、矿山区域中心、大同区域中心、康二城区域中心和10个自办厅，有员工109人，220个他建专营店，服务站总数630家。

【中国移动武安分公司】

总　经　理：鞠延廷
副 总 经 理：郝恩多
总经理助理：赵新本

【抗洪救灾保通信】 7月19日，武安市遭遇特大暴雨，单日降雨量超过400毫米，多个乡镇受灾，武安移动公司受到自成立以来最严峻的通信保障挑战。立即启动、积极响应。19日早，雨势较大，灾情尚未显现，为做到有备无患，紧急启动《武安分公司2016年防汛应急预案》《武安分公司防汛和应急极端天气灾害时期的通信保障预案》，召开全体员工动员会，提前布置、提前防范。19日晚灾情初现，公司组织20余人的抢修队伍，先后奔徘徊镇、西寺庄乡、县分公司三个大型汇聚机房，分派人员现场蹲守，做到严防死守以确保武安境内多数基站信号畅通。攻坚克难、甘于奉献。20日大雨依然在继续，武安境内陆续出现基站退服的情况，为尽快恢复通讯，公司工作人员不顾危险紧急组织5个施工队人员及技术人员，由3个队抢修武安至涉县的3条主路，由两个队抢修县城内的4个汇聚城。21日大雨变成中雨，多个乡镇已经成为通讯的盲区，两百个村庄没有任何音讯，邯郸市公司的支援队伍到达后，总经理鞠延廷、副总经理郝恩多、总经理助理赵新本分组带领网络部技术人员及施工人员奔赴各抢修现场亲自指导。3月27日下午17时许，武安全境内基站全部恢复通信，为武安市应急抢险工作提供坚实的通讯保障。

【创先争优】 服务是公司成长的永恒主题。武安移动秉持“客户为根，服务为本”的服务理念，扎实开展“为民服务创先争优”活动。加大对营业厅的服务监督指导频次，全面提升营业人员服务质量。对检查中出现的问题要求立即发现立即整改，避免重复出现，并明确指出重复出现问题加倍扣罚。实行市乡联动，共同提升投诉处理及时率。在市公司层面实行专人负责投诉处理，区域中心安排专人协助处理，保证在6小时内首次接触客户，18小时内确定解决方案，投诉处理及时率达到100%。投诉万户比得到有效控制。针对基础业务、终端类投诉，每星期调取上星期新入网客户发送资费信息、促销活动发送协议款信息等重点提升资费套餐知晓率的同时，降低投诉万户比。

【服务品质提升】 从基础管理进行规范。通过规范营业厅的早晚班会、自查、现场管理，将服务规范的缺失在第一时间发现并整改，使营业员养成标准服务化的习惯。同时由区域中心经理、厅经理及服务主管对营业厅现场服务进行指导和检查，提高营业员的积极主动性，监督指导营业厅的硬件及软件服务，从整体入手提高服务质量。努力做到首问责任制，降低投诉万户比。投诉管理工作初见成效，月均投诉量呈下降趋势，投诉处理中本着“有则改之，无则加勉”的态度，虚心听取客户意见和建议，了解自身服务状况，改进工作方式，把客户投诉作为一种鞭策，不断提高服务质量，同时深入分析客户投诉的根本原因，并通过有效沟通，有针对性地处理客户投诉，掌握投诉处理的原则、投巧和方式，减少客户离网，提升客户忠诚度。服务业务两手抓，培训工作不落下。坚持每月组织一次服务业务培训，针对每月重点难点仔细讲解，另外为了解一线人员对新业务、新活动的认知和口径的统一，从而促进新业务、新活动的顺利开展，并要求营业厅每周必须有4次以上自学，在进行服务检查时现场对自学的业务进行提问，以全面提升业务办理和解答能力。

【业务发展情况】 坚持科学发展，提升运营收入发展为前提，增收为目的，依托“新客户、新业务和新话务”三大驱动力，以“增收”为工作核心，做好增量客户的规模发展和存量客户的二次开发，通过提高增值业务普及率，拉动增值业务收入持续增长。多样化签约措施。营销活动签约：整合存赠、礼品、G3终端营销活动，加大签约力度；粘性业务签约：结合优质号码，利用推广号薄管家、校信通、飞信、139社区、139邮箱、话单粉碎等衍生业务，增加客户对手机号的粘性。

【移动宽带有线、无线双增长】 “宽带发展，网络先行”。分公司领导和网络部带领公司员工，在市内各新建设的小区深入调研，积极选址布线，经过多方协调和多次沟通，分公司克服种种困难，终于在年底建成并开通移动光纤宽带小区260个，覆盖客户数达到16万户。武安移动宽带客户数达到2万户。

【综合管理】 为提升管理人员管理水平，向管理要效益，分公司紧紧围绕“生产经营线”和“管理服务线”两条主线，通过做好“大服务”提高客户满意度，员工满意度，通过提升管理人员能力，查找内部管理短板，制定相应考核办法，使分公司整体管理水平得到有效改善。各部门各级管理人员首先要认真剖析自身短板，做好表率；为本部门员工制定详细的工作计划，责任分配到人，各司其职，充分调动员工的工作积极性；在原有管理办法的基础上进行了重新修订和补充，不断完善各项管理办法，使之做到有章可循，与时俱进，科学合理。各管理部门针对各自所分管的工作分别制订工作目标和计划，分析当前工作现状，制定完成计划的保障措施，层层落实、责任到人，使各项工作有条不紊进行。规范安全岗位责任制，时刻加强员工安全教育，防患于未然；规范后勤保障工作的工作职责，后勤工作落到实处。

（白海清）

旅游

旅 游

【概况】 2016年，市委、市政府把发展旅游业作为推动供给侧结构性改革的重要领域和推动县域经济转型升级、打造服务业增长的新亮点，把旅游发展提升作为深化二次创业、促进群众增收、推进“五位一体”的龙头产业，集中力量、整合资源，全力打造太行三峡旅游休闲度假胜地。截至年底，全市着力打造“红色革命圣地游、绿色太行风情游、古色中华文明游”等多条精品旅游线路，形成“春赏花、夏避暑、秋观叶、冬滑雪”的四季有景格局。吸引了京津冀周边省、市及日、韩等大批国内外游客前来旅游。先后获“国家地质公园”“国家森林公园”“国家级水利风景区”“国家矿山公园”“青崖寨国家级自然保护区”等诸多“国字头”荣誉称号。全市有A级景区九家，旅行社14家，旅游星级饭店5家，其中五星级酒店1家。全年接待游客680万人次，实现旅游综合收入51亿元。

【市旅游局】

局　长：程延军

副局长：翟记平

　　　　刘俊梅

【规划工作】 按照“规划先行、道路先通、多元开发、规范管理、强化宣传”的思路，先后聘请中国城市规划设计研究院、河北省旅游规划设计研究院精心编制《河北武安市旅游发展总体规划》《太行三峡5A级旅游景区整合提升（控制性）规划》《武安市沙洺旅游综合体修建性详细规划》等。旅游规划的高标准制定，为提高景区品位，科学开发与保护旅游资源，建设美丽武安夯实基础。

【成立“太行三峡管委会”】 武安市委、市政府在向邯郸市编办申请设立太行三峡管委会的同时，加快管委会机构的建设。组建机构。从全市各部门抽调102名工作人员组建太行三峡管委会，人员明确。明确工作地点。将位于贺进镇的消防站办公楼作为管委会的办公场所。6月20日，管委会举行揭牌仪式。解决管委会运行资金。在市当前财政紧张的情况下，加大管委会的资金安排倾斜力度，购置10辆新车，配置办公家具和办公用品，以保证管委会的正常运转。划分七大战区，分片对太行三峡旅游区的资源开展清理和保护工作。10月26日，太行三峡旅游区管委会全体工作人员就职动员大会召开，市太行三峡旅游区管委会各项工作全面启动，102名工作人员立即投入工作当中。按照原定计划，进行学习培训。为实现改革目标，管委会将建立“管委会+乡镇+公司+景区”的“景政一体、景旅一体”管理模式，对西部旅游区500平方千米的旅游资源进行统一规划、统一保护、统一开发、统一管理，着力推进旅游资源开发一体化、景区开发差异化、功能提升整体化、产业发展立体化、宣传推广品牌化的发展目标，并与美丽乡村、脱贫攻坚相结合，加快西部旅游区经济的发展。对太行三峡旅游区进行整体规划，编制《武安市旅游发展总体规划》和《开发控制性详规暨5A景区提升规划》，划分7个片区对所有旅游资源进行统一管控。

【项目建设】 东太行旅游景区项目由中信基金旗下中景信公司和市合作开发总投资15.9亿元，规划面积约26平方千米，以创建和引领

5A级景区为目标，打造“中原第一山”，建设期约2至3年，计划2017年10月1日试营业，2018年5月1日正式开业。自2015年7月28日在北京签约后，市委、市政府高度重视，成立7名县级领导直抓的专项推进机构，全面启动项目建设前期准备工作（市旅游局作为成员单位和主管部门，主要完成以下工作：帮助注册成立武安市东太行旅游开发有限公司。多次现场踏勘，划定四至。协调办理项目的立项、环评。组织了项目总体规划、南大门地段详规的评审工作。完成土地收储及荒山征收工作。保障项目开工的水、电、路等基础设施到位。南大门入口功能区场地平整完成，游客服务中心、停车场等放线动工。索道上下站、索道支架等基础开挖完成，各项设施设备陆续到场。山上游步道完成混凝土浇筑5千米。河道的勘察测量完成，进行防洪设计和景观设计。山顶酒店进行规划设计的最后完善）。武华山旅游项目。裕华钢铁接手后投资3000多万元（其中转让费2000多万元），对景区宾馆、内部道路等基础设施进行改造提升，编制控制性详规。年内计划完成门景区、核心景点正气阁、景区内部水系建设。太行花溪谷旅游开发项目。主要完成景区内湖区改造、道路拓展、水系娱乐等基础设施建设。太行山国际休闲养生谷旅游开发项目。完成筑坝挖土工程，修建景区外部道路9千米，停车场扩建5000平方米基础工程。京娘湖旅游开发项目。完成海拔悬壁玻璃栈道、京娘湖丛林幽谷高差百米漂流年底投入使用。白沙景区旅游开发项目。景区内游客中心、停车场、标识标牌等项目工程建设完成，积极建设打造小吃商业街。聚仙山旅游开发项目。项目总体规划设计通过专家评审，项目建设前期手续办理完成，年底完善项目水、电、路基础设施建设。

【资源整合，实现规模化发展】 本着建设“景旅一体、景政一体、保护与开发一体”的大景区，对西部景区进行重新谋划布局，打破区域规划，突破乡镇，景区，部门等地域，职责方面局限，统筹对活水、管陶、阳邑、贺进4个乡镇500多平方千米山水林木资源，进行统一规划，统一开发，统一管理。打造沙洺大型旅游综合体。规划在贺进镇沙洺村建设进口山门，在管陶乡下站村建设出口山门，重点在沙洺村建设一座容纳2万辆车的大型停车场，打造一个旅游休闲、观光度假小镇。成立综合执法队，通过合力执法，从严执法，维护旅游区良好建设秩序。旅游开发公司。为搭建全市整合旅游资源平台，武安市旅游开发有限公司于7月29日注册成立，属于国有独资公司。负责市旅游资源的开发、运营、规划、基础设施建设、宣传推介促销、组织大型旅游活动等，特别是一些景区干不了或者不愿干、但政府必须干的公共基础设施、公益事业项目等，建成后实行有偿使用。旅游开发公司运营保障。将辖区内国有旅游资产划归旅游开发公司名下，壮大公司实力，以便融资；启动旅游景区门票5%资源补偿费收交由旅游开发公司统筹使用，用于前期开办、运营等；旅游开发公司投资旅游基础设施建设，公司建成的垃圾处理厂、污水处理厂、停车场等对各景区实行有偿使用；旅游开发公司通过独资开发建设新景区或者对新建景区投资入股产生收益；利用国有独资公司的优势为各旅游景区融资。年底，与中景信公司合作借款，先行投入运营。太行三峡旅游集团公司。为打造太行三峡旅游区品牌效应，做大做强旅游产业，提高效益，在时机成熟时，将现有的京娘湖、七步沟、古武当山、朝阳沟等景区和以后新开发的景区的资产评估入股，组建太行三峡旅游集团股份有限公司。太行三峡旅游集团公司实行公司化、市场化运营，对西部旅游区统一规划、统一品牌、统一门票、统一宣传促销等。

【发展“差异化旅游”】 本着“突出特色、错位发展”，在打好“壮美太行牌”基础上，结合各景区资源禀赋，因地制宜打造旅游亮点，如七步沟“冬季滑雪”、京娘湖“情湖爱岛”、古武当山“道教圣地”、朝阳沟“戏曲和知青文化”、长寿村“养生养老”等。年底，中景信公司投资开发东太行景区，引进黄山、武夷山、云台山等景区管理团队和经验，打造“壮美天下脊、中原第一山”，努力构建“龙头引领、整体提升、众星拱月、雁阵发展”的区域旅游精品格局，一个“峰谷沟湖风光各异、春夏秋冬四季有景、自然人文深度融合”的“太行三峡”特色游正在形成。

【实现旅游业立体式发展】 坚持旅游与扶贫、现代农业、美丽乡村、山区综合开发等五位一体推进。推动旅游业与扶贫攻坚行动相融合，充分发挥旅游业带动性强、覆盖面广、就业容量大等特点，以多种形式引导村民参与旅游业发展，仅七步沟，京娘湖，朝阳沟 3 个重点景区就分别直接创造就业岗位数百个，间接带动周边旅游宾馆、特色饭店、旅游超市等千余家。推动旅游业与美丽乡村建设相融合，依托武安深厚的历史文化底蕴，先行打造一批“独具地域特色、承载厚重人文、展现民居古风”的历史文化村落，特别是 2015 年力促伯延、安子岭、固义、冶陶、朝阳沟 5 个村同时列入第一批“中国传统村落”、占全省 1/5，分别争取到中央财政资金 300 万元，为加快村域旅游发展注入强劲动力。其中伯延古镇依托传统古民居群落、周恩来纪念馆等优势资源，加快引进战略投资集团进行整体运营，推动旅游业与山区综合开发相融合，将景区“客流大、需求旺”与山区“水土好、生态优”的特点有机结合起来，加快促进旅游业与山区林果业、畜牧业、种植业等业态综合立体开发，培育了贺家庄有机蔬菜、板栗采摘等一大批“特色旅游农产品基地”。

【宣传推介】 通过采取“市场化运作、财政不花钱”的模式，成功举办全国划骑跑铁人三项挑战赛、全民马拉松比赛等大型赛事，累计吸引 2200 多名国内外专业、业余运动员报名参加，200 多名专家学者齐聚武安，《人民日报》、中央电视台等 30 多家主流媒体集中报道，进一步创新旅游宣传方式，全景展示太行三峡的自然风貌和人文景观，全面宣传武安“有山有水有文化”的城市形象，直接带动旅游业“井喷式”发展。年内市继续采取“引进来，走出去”方针，游客市场持续升温，各景区旅游活动丰富，游客火爆，经济收入屡创历史新高。3 月 5 日至 3 月 13 日，京娘湖景区推出“女神惠游京娘湖”特惠活动：所有女性游客关注本微信公众账号 + 转发本条信息到朋友圈均可免门票进景区。3 月 12 日景区准备数万棵树苗和大量工具，食物和饮水，以及可以供踏青春游的场地。活动中，既可以增加对植物生长的了解，绿化环境，又可以踏青放松；举办“当京娘遇上宋仲基”活动。古武当山“第十一届桃花节”3 月 20 日 ~4 月 20 日成功举办，活动期间有古武当山杯第三届全国摄影大赛）；古武当山第二届第二次（青年男女相亲）交友会，现场交友成功有丰厚礼品相送；“古武当山杯”桃花仙美妆大赛，可欣赏地方民间歌舞、跑驴、赶船、大秧歌等节目精彩表演。3 月 5 日至 3 月 13 日，七步沟景区推出“三八女神节”优惠活动：凡是在活动期间所有的女士团体免票。 3 月 26 日，七步沟景区推出“七步沟首届浪漫秋千节”3 月 26、27 日全场门票半价。满山遍野桃花盛开，各式浪漫秋千散布在景区的各处。4 月 9 日，七步沟景区在白云禅寺举行放生及瑜伽焰口祈福法会。妙聪法师与十余名高僧携弟子 500 余人参加此次祈福法会。4 月 12 日，七步沟景区发起“关爱特殊儿童，乘旅游大巴游七步沟山水”为主题公益活动，以实际行动表达对特殊群体的关爱。东山文化博艺园举办第八届牡丹文化节、首届“星烁杯”少儿艺术大赛。白沙景区开展亲子生态采摘活动、举办音乐广场烧烤活动。组织全市 A 级以上旅游景区，参加 2016 年北京国际旅游博览会、第二十一届中国北方旅游交易会等。通过发放旅游宣传资料、宣讲优惠政策等方式广泛宣传市旅游精品景区积极招来游客，取得较好效果。抓后勤保障，确保第二届划骑跑体育赛事取得圆满成功。

【规范管理】 按照省、邯郸市旅游局的统一部署，开展旅行社专项整治活动。3 月 24 日，经群众举报，河北合众保险公司武安分公司业务员非法经营旅游业务，发放宣传单、微信招揽员工，宣传旅游线路等。为保护旅游消费者的合法权益，立即组织人员并联合工商部门前往调查。经查，该公司确有员工擅自冒用“邯郸非凡国际旅行社”称谓，无证非法招揽旅游业务。根据旅行社管理条例，对其提出警告处分，责令立即停止违法行为，后续事宜由旅游局和工商部门联合处理。

【安全工作】 结合旅游企业的实际，坚持“安全第一、预防为主、综合治理”的方针，大力配合市安监、公安、消防、交通、质量技术监督等部门，加强旅游行业的安全管理工作，开展旅游安全大检查，督促落实各项安全管理制度，防范重特大旅游事故发生。制定2016年安全生产隐患排查治理专项整治方案，科室人员对全市旅游企业进行分包，成立安全隐患排查小组，规定安全隐患重点排查内容，每月对企业进行巡查。截至11月检查企业358次，查出安全隐患398处，整改到位382处。全年组织安全培训8次，参加培训人员近1800人，参加考核1400余人，涉及消防、应急救援、安全管理等。全市旅游行业悬挂条幅40多条；安全生产咨询日活动中展出宣传牌2块，主要涉及旅游应急宣传，印制发放宣传资料1000余份；各旅游企业在企业内部进行警示教育，并参加网络答题活动。

【景区灾后重建工作】 “7·19”暴雨洪灾发生后，全市旅游景区受灾严重，损失巨大，各景区基础设施不同程度受灾，冲毁景区道路108千米、停车场53580平方米、围墙2120米、房屋194间，直接经济损失达2.36亿元。认真落实副省长王晓东视察武安市景区灾情指示精神，切实加快景区灾后重建，确保各景区尽早恢复正常营业。各景区自力更生、积极主动、不等不靠、发动景区职工，利用机械设备优势，全面开展恢复重建、生产自救，对损毁的景区内道路、停车场、小塘坝、围墙等基础设施及配套设施进行修复重建。截至年底，景区各项基础设施恢复达98%以上。七步沟、京娘湖、东山文化博艺园、朝阳沟、长寿村、古武当山6家4A景区；盛名度假村、莲花洞、天慈峰林3家3A景区；十六沟1家2A景区；共计10家A级景区完成灾后重建工作，并审核通过，对外开放营业。

（曲海燕）

城乡建设·环境保护

住房和城乡建设

【概况】 住建局是市政府建设行政管理部门，承担城乡规划、建设、管理的重要职能。内设8个行政科室，下属28个基层单位，有职工1700余人，其中专业技术人员500余人。

【市住房和城乡规划建设局】

局长、党委书记：霍俊勇
主任科员、党委委员：陈保华
党委委员（正科）：白玉勤
正科级干部：张喜河（6月免）
党委委员（正科）：刘立杰（6月免）
副局长、党委委员：李学斌
杜跻频
党委委员（副科）：訾建中
市两房中心主任（副科）：马庆祥
副主任科员、规划处处长：白俊章
党委委员：秦继发（6月免）
党委委员（副科）：芦志鑫

【规划工作】 加快推进城乡总体规划调整，配合钢铁企业退城进区和全市重点项目建设，在取得省政府同意总体规划局部调整意见的基础上，完成对总体规划调整方案的深化完善；启动城市供热工程专项规划，进一步深化城市排水防涝初步规划方案，为全市供热、排水防涝设施建设提供了规划保障。完成西北地块控制性详细规划，完成老城区、洺湖新区控制性详细规划局部调整规划。同时，结合武安碧桂园项目进一步完善洺湖新区详细城市设计，并完成第三轮初步方案；配合完成曹公泉大街道路设计、玉带桥防洪评价和桥梁设计等工作，完成银河御府、幸福城、凤凰城、永丰嘉苑二期等建设项目修建性详细规划，全力做好城市重点项目规划设计与现场技术指导工作。加大规划审批监管力度，始终保持制止违法建设高压严打态势，组织召开全市制止城乡违法建设工作动员大会，印发工作实施方案，进一步明确相关部门和乡镇的工作职责，建立了联席会议制度，并在实施停水、停电、不予供暖等强制措施的基础上，又从预拌混凝土入手，从源头切断违法工程供应链条，违法建设治理工作取得了新的显著成绩。全年办理各类规划许可116项目，监管大型工程45处，个人自建房144户，制止违法建设行为90余起，对31处违法建设实施了停水、停电措施，对3处违法建设采取了停止商砼供应措施，有效的遏制违法建设的反弹势头。全力促进城乡统筹发展。加快推进美丽乡村建设，完成20个省级重点美丽乡村和洺河湾湿地片区规划编制工作；伯延、冶陶、阳邑3个历史文化名镇修缮与保护工程规划设计方案通过专家评审，并经省政府批复；制定《武安市传统村落保护工作实施方案》，完成安子岭、固义、冶陶、伯延、朝阳沟5个传统古村落的规划设计、建筑设计、整体设计和环境整治方案，有序推进传承与保护工作，农村面貌持续改观。

【城市两大新区建设】 坚持以路为先，把完善新区基础功能摆在要位，全力推动城市向东向南发展。东部产业新区，采取"邢台市政投资、政府分期回购"的方式，克服占地协调、设备进场、河道改造等难题，实施总投资2亿元、总长度2.6千米的曹公大街工程，玉带河桥梁工程加紧施工，道路工程开工建设，年底前完成道路基础工程；总投资2000万元、日处理能力5000立方米的新能源污水处理厂正式投用，东部新区“路水气暖污”等基础设施已经完备。南部洺湖新区，实施投资2.5亿元、总长度2.5千米的洺湖北路东段工程，年底建成通车；投资300多万元，完成保税物流中心外部供水管网工程，保障项目顺利通过预验收。加快完善城区西部基础设施，年底西苑大街北段、向阳路西延、中兴路西延、新兴大街南延、新华大街南延等道路延伸工程按法定程序推进，采用PPP模式建设的西苑森林污水处理厂社会资本方招标完成。

【城市基础设施建设】 坚持民生优先，把保障和改善民生作为城市发展的首要目标，大力推动城市基础设施建设。日供水能力3万立方米的城市第二水厂及配水管网工程正式投用，城市日供水能力由4万吨提高到7万吨。新增供热面积30万平方米，采取PPP模式引进大唐发电、污水源热泵两个新热源社会资本方招标完成；推动顶峰、亿丰、云宁矸石3家热源企业完成锅炉改造，完成新华大街、体育路等2600米管网改造，并将城区供暖管道联网，改变以往城市供暖依赖一家供暖企业的局面。新增燃气用户5100户，天然气西部南部榆济线管线工程基本完工。200套棚户区改造开工任务全部完成，其中南关商业步行街城中村改造项目开工76户，洺湖开工124户，全部实行货币补偿；安泰小区配套附属工程全部完工，分配经适房202套、廉租房296套、公租房46套，城镇低收入住房困难家庭实现应保尽保。

【全市精品工程建设】 大力推进总投资60亿元的18项工程，其中二十一世纪大厦、光明书香苑、光明新城、永丰嘉苑等精品工程建成投用，银达城市广场、宏泰新城、天鸿国际广场等工程加紧推进，金融大厦、锦源大厦、花语城、银河湾、银河华府等开工建设，抓紧办理银河御府、幸福城、翡翠城前期手续，城市现代魅力日益彰显。

【城市管理工作】 城市容貌提升，对中兴路、建设大街、新华大街等主次干道实行重治严管，严厉打击店外经营、流动摊点等各类违章，通过控制总量、严格时限、更新设备，对全市早夜市行为进行整治，严控启闭时间，规范经营行为；对城区内所有烧烤设施进行消烟除尘升级改造，实现达标排放；对全市广告宣传行为进行集中整治，严格审批流程，拆旧换新、限时宣传，达到文明宣传。规范门头牌匾937块，清理流动摊点、占道经营900余起，清理非法小广告3600余条。环境卫生改善，实施“以克论净”的“洁净工程”，对主干道实行“一冲洗、三洗扫、四洒水”作业模式，对小街巷实行“一日两扫、全天保洁”作业模式，通过适时增加洒水频次，限制垃圾落地时间，量化道路浮尘重量等措施，着力解决城市环境卫生死角的问题，实现城市环境卫生清扫保洁长效化。全年清运处理垃圾12万余吨，垃圾处理率达100%。城市绿化提高，西苑和东山两个森林公园提档升级工程全部完工，投资270万元建成首座钢结构过街天桥，完成洺湖西侧、南环路玉带桥南侧植树增绿和道路绿带、公园绿地补植等春季绿化工程，北环路、西环路640余亩景观绿化移交绿化公司进行管护，城市四条环路绿化管护全部实现市场化。全市新增绿化面积36.4公顷。加强市政维护，重点在城市桥梁、城市道路、排水设施、城市照明4个方面下功夫，实行网格化管理，划分责任区，包路到人，压实责任，定期维护，及时维修，确保市政设施正常运行，确保市政基础设施完好。全年累计修复路面34800余平方米、道牙1900余米，维修各类照明故障3550余处。狠抓工地管理，对全市在建工地实行严格监管，开展安全生产大检查12次，查处和纠正安全违法行为、安全隐患850余处，全市在建工地全部达到施工扬尘“十个百分百”标准。申报河北省安全文明工地1项，邯郸市文明工地2项。加强物业管理，为确保物业服务市场健康有序发展，组织全市34家物业企业开展物业经营行为集中整治，重点对物业企业管理服务不到位、服务行为不规范的行为，严格整改责任和整改时限，定期检验整改效果，确保物业服务规范运营，促进物业企业健康、有序发展。

【行业管理】 严格执行建设领域法律法规和相关政策，坚持依法按程序办事，认真履行监管职责。促进房地产市场健康发展，加大房地产市场整顿力度，坚持“零容忍”的态度，严查违规开发、建设、预售和散布虚假信息、非法集资等扰乱房地产市场秩序的行为；开展开发企业资质专项检查，严格开发企业资格审核，办理资质暂定、延期和变更11个，新办理开发企业资质1家，全市开发企业增至42家；加大房地产法规宣传力度，先后多次在市级电视媒体刊登温馨提示，提醒消费者购房时查验工程项目“五证”及其他相关资料。规范建筑市场行为，严肃查处擅自开工建设、肢解发包、违法转包、违法分包等行为，加强工程施工许可和竣工备案监管，大力解决建设领域“双拖欠”问题，协调农民工上访16起，兑付农民工工资438万元。积极推行建设领域农民工工资预储金秩序，与5家商业银行签订监管协议，为预防农民工工资拖欠问题打下了坚实基础。严格工程质量安全监管，开展住宅工程质量通病防治专项行动，建立工程质量微信平台和建筑工程竣工验收专家库，进一步加强工程质量监督管理，对全市39个建设工程进行严格监管，监管面积达到47.78万平方米，监督覆盖率、竣工验收率均达到100%。截至年末，申报邯郸市优质结构工程4项，河北省结构优质工程1项。大力推进建筑节能工作，新增亮德、云辉两家新型墙材企业，全市新型墙材企业10家，年标砖产能4.5亿块。申报一星级绿色建筑标识项目3个，二星级绿色建筑标识项目1个。

【安全度汛工作】 启动防汛应急预案，组建抢险队伍33支，储备防汛物资，对城区排水管网、雨水井、收水口、泄洪通道进行全面疏通清掏和加固维修，带领300余名防汛队员、700余名环卫园林职工冒雨坚守岗位，及时排除险情，确保防汛、排水、供电、供水等市政设施安全运行。及时完成水毁道路、挡墙以及基础设施抢修工作，迅速清理雨后垃圾和淤泥，避免次生灾害发生。组织全局上下捐款、捐物，深入活水、马家庄等重灾区，转移灾民、派发物资、清淤通路、搭建桥梁、消毒防疫，支援灾区做好灾后重建，受到社会各界的广泛赞誉。农房重建方面，对全市22个乡镇和1个工业园区、324个行政村进行摸底调查，入户调查4600余户，最终认定重建农房2021户，争取专项补助资金2173.8万元。截至到年底，1927户倒损农房修缮重建到位，累计发放重建补助资金990万元，完成重建任务量的95.3%，走在邯郸市前列。

【城建队伍建设】 强化学习教育，提高干部职工综合素质。始终把学习摆在工作的重要位置，坚持局党委理论中心组和局机关双周五集中学习制度，以习近平总书记系列重要讲话精神和中共十八大、十八届三中、四中、五中、六中全会精神为指导，全面学、深入学，在学习中统一思想、提高认识、提升能力。先后组织集中学习20次，学习《国务院关于深入推进新型城镇化建设的若干意见》《中国共产党廉洁自律准则》《中国共产党纪律处分条例》《党政机关厉行节约反对浪费条例》《关于新形势下党内政治生活的若干准则》《中国共产党党内监督条例》等法律法规和《知之深爱之切》《幸福的秘密》《幸福的时刻》《常想一二》等优秀文学作品，组织观看纪律片《园林》、大型文献纪录片《筑梦路上》和党风廉政建设警示教育片，到检察院“预防职务犯罪”警示教育基地参观党风廉政建设漫画展，增强干部职工的学习意识、提升干部职工的综合素质。树牢看齐意识，切实抓好党风廉政建设。在“两学一做”学习教育上，制定符合行业特点的学习计划，认真学习了习近平总书记系列讲话和“八项规定”“六项禁令”，领导班子带头深入学习、抄写党章，并召开专题民主生活会，着重从如何做合格党员进行深入讨论，在思想和行动上深受触动，有效增强拒腐防变的能力。在“一问责八清理”专项行动上，查出违反容积率问题70项、招投标不规范问题28件，对专项资金使用、懒政怠政不作为不在状态、违规使用车辆等问题开展自查整改，对52名相关责任人进行问责。狠抓制度建设，制定建设用地容积率和规划条件等管理规定，以及规范建设工程招投标工作制度，有效遏制违规调整容积率违法势头，切实加强建设工程招标投标监管。在制度建设上，从实际出发，通过多次修改完善，出台住建局《关于对违反工作纪律行为处理的暂行规定》，对违反工作纪律的各项行为进行细化，便于操作。进一步完善修改财务、工作、党风廉政建设、车辆、值班等管理制度，用科学、合理的制度来解决问题，保证了工程建设、人事安排等重大事项及内部管理的科学化、民主化、制度化。坚持严格执法、文明执法，大力开展城市规划稽查、建筑市场稽查和城市容貌治理。特别是在城市容貌治理上，以管理精细化、执法规范化、服务人性化为标准，以礼待人，以理服人，以制度管人，以言行教育人，坚决遏制有损城市形象的行为，促进并带动城市容貌卫生状况的持续好转。连续三年在全系统深入开展思想道德模范和专业技术标兵评选活动，大力营造崇尚先进、学习先进、争当先进的浓厚氛围。同时，为着力解决“慵、懒、散、慢、浮”等作风问题，扎实开展思想作风纪律集中整顿活动，对纪律作风开展专项督查，严查有令不行、有禁不止、推诿拖延、纪律松散、违规违纪和违反中央“八项规定”精神等行为。

（朱建轩）

环境保护

【概况】 武安市环境保护局成立1990年，为市政府组成部门，内设办公室、环评管理科、污染控制科、政策法规科4个行政科室和监察大队、监测站、宣教站3个事业单位，下设午汲、阳邑、寺庄、团城、土山、矿山、康二城、磁山、工业园区等9个基层环保所。

【市环境保护局】

局长、党组副书记：申立保
党总支书记：申立保（11月任）
副书记：郭彩霞
副局长：张记兴
党组成员：景才顺（7月任）
贺新军（7月任）
副主任科员：景才顺（7月免）
张文庆
郭改仲
贺新军（7月免）
主任科员：王学书（7月免）
杜国良（正科级干部）
宋　川（正科级干部）
李云鹏（正科级干部）
乔江龙（正科级干部）

【大气污染防治】 武安市10家商品混凝土企业，年底全部按照要求完成搅拌站扬尘治理，累计投资2000多万元。2016年邯郸市下达的燃煤锅炉淘汰暨提标改造任务为105台，年底全部整改到位。年内安排100家餐饮油烟治理任务，全部完成。8家焦化行业完成7家挥发性有机物治理，治理汽车4S店维修喷漆工段和新能源电动车喷涂车间。

【污染治理】 根据省、邯郸市的统一安排部署，围绕钢铁、焦化、建材、电力四个行业，开展大规模的环境治理。形成攻坚态势。按照“局领导分片包干、驻企科室分包企业”模式，负责企业项目的设计、施工、验收，保证治理工作的快速推进，形成浓厚地攻坚氛围。强化组织领导。成立局领导班子全员上阵的治理工作领导小组，并明确两名局级领导专项负责此项工作。实施全程管控。对每个项目进度实行台账式管理，一周一调度，两周一通报。采取明察暗访等方式，对治理工作巡回督查，跟踪要账，定期通报，以大力度、高频率督查促进治理项目早开工、快完成。局承担邯郸市2016年污染治理任务161项，其中水污染治理8项（8焦化企业污水处理站升级改造）、大气污染治理107项（钢铁67项：49高炉铁前除尘、12

竖炉脱硫、5竖炉除尘、1机尾除尘；焦化40项：8焦化煤气脱硫升级改造、9焦化地面站除尘、23焦炉炉体无组织排放治理）、农业污染治理4项（养殖场污染治理）、在线设施安装42项（17焦炉烟囱、9二合一地面站、8废水处理站总排口、8熄焦循环池进口）。完成154项，占总任务96.3%，完成投资11亿元。调试6项焦化烟气脱硫，金华公司焦炉烟气脱硫开工建设，市8家焦化企业整治2016年共承担治理任务63项〔8项焦炉烟气及焦炉炉体烟气治理、7项地面除尘站升级改造、8项焦炉煤气脱硫净化系统升级改造、8项料场运输通廊全封闭、8项焦化废水深度治理、8项挥发性有机物治理、8项在线安装（焦炉烟囱、地面站、废水处理站总排口、熄焦循环池进口）及8项厂界PM2.5、PM10）〕。完成55项占任务的86%，完成投资5亿元，调试6项焦炉烟气及焦炉炉体烟气治理（焦炉烟气脱硫），金华公司焦炉烟气脱硫开工，挥发性有机物治理签订合同，年底开工建设。在邯郸市下达161项治理任务的基础上，根据全市治理实际情况安排钢铁除尘改造、在线安装、工业园区污水处理站建设等治理项目389项，合计下达550项。截至年底，完成518项自我加压安排了42台炼钢转炉一次除尘。截至年底，完成投运15台，6台停产封存，2台计划停产，其它19台中的11台开始现场安装。

【水污染防治】 根据邯郸市水污染防治百日攻坚行动会议精神，武安市于9月18日召开全市水污染防治百日攻坚行动动员会，编制完成《武安市水污染防治百日攻坚行动实施方案》，安排29项治理工程，截至年底完成24项，完成总任务的82%，完成投资3550万元。

【环保执法监管】 年内各级环保督查持续不断，邯郸市级以上督查达65次，合计131天。持续加强驻厂监管。对26家环保重点企业，每家派驻2名“环保监管员”，对企业排污情况实行24小时监控。实施环保“三级督查”。局负责全市辖区内所有环保工作的监管，并根据行业所属提交市环保办安排相应部门查处；市环保办对全市环保工作开展巡查，并对部门和乡镇履行环保职责情况进行督导，督导情况一周一通报；市委、市政府两办督查室对全市重点环保工作开展不间断督查，督查情况直报市委、市政府主要领导。开展环境突击检查，出动执法车辆850辆（次），出动执法人员2100余人（次），检查各类工业企业700余家（次），立案查处环境违法案件332起，处罚440万元。强化在线监测监控。多方筹措资金对控制机房配套软件进行升级改造，实现数据查询、报警，自动传输、报表处理及分析等数字化环境管理。年底，与市监控平台稳定联网的全市污染源企业35家，监控排口154个。继续拓展在线设施安装，为保证安装到位，召开技术交流会，采取专人督导、外出考察等措施，年内安装到位334台（钢铁262台、焦化54台、电力10台、水泥4台、污水处理厂4台），截至年底全市有在线建设设施456台，已联网到位的162台。开展利剑斩污行动。结合市公安部门开展联合执法检查，开展联合执法检查8次，检查存有环保违法行为的企业27家，关停取缔21家，责令整改6家，罚款27万元，移送公安4件，行政拘留6人，刑事拘留2人，有效打击全市企业环境违法行为高发态势。强化排污费征收，按照“阳光收费、刚性收费，公平征收、全员参与”的原则，全面使用排污申报与收费软件进行排污费申报、核定和征收。征收1.0458亿元，超额完成征收任务，在市排污费征收历史上首次突破亿元大关。已超额完成全年征收任务。严格取缔重污染非法小企业。按照“三不留，一恢复”的取缔标准，取缔重污染非法小企业217家。积极整改“六个一批”的问题，邯郸市“六个一批”通报中涉及武安38家，其中公开约谈4家，挂牌督办4家，查封扣押3家，行政处罚6家，关停取缔21家，年底全部整改到位。积极化解信访纠纷，年末武安市受理举报案件265件，已全部办结。

【落实中央环保督察反馈意见】 中央环保督查组反馈意见的整改是一项重要的政治任务。

为整改到位，对群众举报的问题集中查处，将任务分解落实到乡镇和部门，形成齐抓共管的态势，对交办案件实行“一案一档”，对重点区域和重点案件定期进行后督查。中央环保督察组交办的47件群众举报案件全部按要求整改到位。

【建设项目环评管理】 严格项目审批。年内，新批建设项目62个，竣工验收9个，否决突破环境容量、不符合环保和产业政策要求的新建项目14个。强化重点项目环评跑办。冀南钢铁项目环评于2016年8月9日获得河北省环保厅批复，太行钢铁环评报告通过省环保厅组织的专家评审，取得省厅评估中心评估意见。为保税物流区建设项目内容变更提供技术指导，根据实际情况协助企业进一步补充、调整变更内容，完善环保手续。对广通汽车、奥钛纳米级锂钛复合新型电极材料、储能等项目环保验收过程中存在问题及时协调并指导解决，加快重点项目环保手续完善进度，为经济发展做好服务。开展违法项目清理。2015年局对辖区内违法违规建设项目进行清理，上报违法违规建设项目109个，其中完善类61个、淘汰类48个。年末61个完善类中，其中17家钢铁企业及其他8个省批项目按省环保厅要求上报省厅集中审查；局审批的36个项目中29个完成环评审批或备案，7个长期停用项目下达责令改正违法行为决定书，要求复产前必须完善环保手续；淘汰类48个全部取缔到位。

【环保基础性工作】 抓好清洁生产审核与对标，顶峰、亿丰两家电厂清洁生产审核对标已经通过省环保厅验收，焦化行业清洁生产和对标基本完成，正等待省环保厅评估验收。加强青崖寨自然保护区保护工作。将相关任务和职责分解到有关部门和乡镇，配合林业局联合调查环保部通报的青崖寨国家级自然保护区人类活动遥感监测31个点位，并将整改任务分解到相关部门和乡镇，9月省环保厅进行检查，开展整改工作。认真承办人大建议、政协提案。局共收到人大建议2件，政协提案8件。通过落实责任，认真办理，所有人大议案、政协提案全部办结，答复率、走访率、人大代表和政协委员的满意率均为100%。加大环保信息、宣教力度，年底完成上报各类信息1506篇，向各级媒体宣传上稿45篇，圆满完成市委、市政府和邯郸市环保局下达任务。

【抗洪救灾工作】 7月19日，一场罕见的特大暴雨袭击武安，全市多个乡镇村庄道路冲毁、房屋垮塌、人员失联，百姓的生命财产安全受到严重损失。按照市委、市政府部署要求，环保局召开多次紧急会议，部署抗洪救灾工作会议，从全局抽调80多名中层干部和职工，到马家庄乡、石洞乡、贺进镇开展救灾，向灾区捐款34250元。组建服务队深入贺进镇，开展以“捐赠衣物”为主题的党员志愿服务活动，捐衣物379件、棉被10条；组建党支部服务队到大同镇开展以“送米面油”活动，送米面油112份。

（苗仕杰　刘荣）

财政·税务

财 政

【概况】 武安市财政局作为全市综合经济管理部门，2016年，以中共十八大和十八届三中、四中、五中、六中全会精神为指导，以“科学理财、依法理财”为主线，紧紧围绕经济建设这个中心，始终把发展兴业作为第一要务，不断深化财政改革，培植支柱财源把开拓创新作为事业兴旺发达的根本之道，围绕市委、市政府提出的建设中等城市的发展目标要求，构建公共财政基本框架，积极组织财政收入，坚持抓财政增收与节支并重，全面推进财政改革，大力扶持经济发展，使全市财政收入连年持续稳定较快增长，初步建立“管理规范、运转协调、监管有力、效益良好”的财政管理新机制。为全市经济和社会各项事业发展做出突出贡献。先后受到省财政厅、邯郸市财政局表彰。

有干部职工157人，科室25个。设办公室、预算科、国库科、社保科、行政事业科、教科文科、乡镇科、农财科、国资科、经建科、综合科、会计科、债务科、信息中心、核算中心、评审中心16个内设科室；有担保公司、国有资产经营公司、财华租赁公司3个经济实体；下设收费管理局、政府采购办、财政监督稽查局3个二级局，收费管理局下设征管科、票据科、计财科3个科室，政府采购办下设采购办、采购中心2个科室。有局级领导10人，股级干部32人，一般干部115人。

【市财政局】

局　长：武建生
副书记、副局长：朱云学
副书记：张彦增（5月免）
副书记、副局长：郝军书
主任科员、党组成员：暴子良（5月免主任科员）
副主任科员、党组成员：李海生（5月免）
党组成员：柳玉明（5月任）
政府采购办主任：柳玉明（5月免）
　　谢旭斌（5月任）
副主任科员：谢旭斌（5月免）
　　高小云
收费管理局局长：高学斌
副主任科员：袁　圆
监督稽查局局长：袁　滔

【地方财力稳步增长】 面对异常严峻的经济形势，全市财税部门强化收入征管，培植新兴税源，通过采取定期调度、电税比、税务稽查、行业纳税对比、开展耕地占用税和城镇土地使用税专项清理、推广应用综合治税信息管理系统等一系列强有力的措施，财政收入取得好成绩，全年全部财政收入完成61.48亿元，比上年增长6.4%，占调整预算的101.1%。一般公共预算收入完成37.31亿元，比上年增长8%，占调整预算的100%，圆满完成邯郸市下达的收入任务目标。

【财政支出保障】 始终坚持有保有压、统筹兼顾、保障民生的原则，合理调配资金，严格执行省财政厅和市委、市政府确定的“保工资、保运转、保民生、保还贷、保重点”的支出顺序，大力压减“三公经费”等一般性支出，严控预算追加，维护预算刚性。全年一般公共预算支出完成57.89亿元，占调整预算的100.1%，在资金极其紧张的情况下实现“四个保障”，即保障人员工资足额发放，保障行政事业单位正常运转，保障民生支出需要，保障全市重点工作和抗洪救灾及灾后重建的资金需求。

【民生财政】 始终将民生事业放在财政保障的首要位置，坚持把财力优先向民生领域倾斜。2016年，全市一般公共服务、教育、科学技术、文化体育与传媒、社会保障和就业、医疗卫生与计生、环境保护、农林水事务、住房保障9项重点支出完成37.76亿元，占一般公共预算支出的65.22%，实现离退休人员养老金按时足额发放，城乡低保实现应保尽保，扶贫救灾、就业再就业、医疗保险、失业保险、义务教育经费足额保障，医疗卫生体制改革扎实推进，农村基础设施建设更加完善，农民生产生活条件逐步改善，民生财政得到进一步彰显。

【融资管理】 发挥财政政策资金引导作用，下大力在全市推广PPP模式，大唐电厂集中供热项目、污水源热泵集中供热项目、西苑森林公园污水处理厂项目、旅游专线道路工程、太行钢铁退城进园道路工程5个项目通过物有所值论证和财政承受能力评价，项目实施后，将累计吸引社会资本投入达24.52亿元。

【财政改革】 预算管理更加规范，财政信息一体化管理平台基本建成，依法理财能力进一步提升。除涉密部门、涉密事项外，全市财政和各预算部门的预决算和“三公”经费通过武安市门户网站等媒体及时公开，接受群众监督。积极配合推进公务用车改革，制定出台公务用车改革车辆处置办法和方案，建立保留车辆台账，加强保留车辆管理。公开拍卖闲置公务用车，做到公开、公平、公正。

【差旅费管理】 为进一步加强和规范市乡机关差旅费管理，按照中央、省、市各级差旅费管理规定，经市政府第34次常务会议研究决定，制定印发《武安市市乡机关差旅费管理办法》，使市乡机关差旅费管理更加规范、有据可依。

（郝兆亮 李树峰）

国家税务

【概况】 武安市国税局内设8个科室、下设1个直属机构（稽查局）、1个派出机构（办税服务厅）、1个事业单位（信息中心）、7个税务分局，在职干部职工134人，平均年龄48岁，负责全市11897户纳税人的税收管理工作，其中一般纳税人2427户，小规模3625户，个体户5845户。

【市国税局】

局　　长：赵朝良

副 局 长：王胜才

史青海

刘海滨

邵红控

纪检组长：王进卿

【税收收入】 全年累计入库税款31.1亿元，比上年增收3.5亿元，增幅12.68%，时隔3年再破31亿大关。压死责任抓收入。每月早安排、早部署，月初就将收入任务下达到各征收单位、到岗、到人、到户，压死责任。强化分析调度，及时督导征收单位和骨干税源入库进度，掌握影响收入增减的重大因素，制定堵漏增收措施。突出重点抓收入。紧紧抓住17家钢铁企业管理不放松，每月对企业的申报数据、生产规模和运行指标进行分析比对，查找企业税负差距大的原因，对所得税贡献率低的14户钢铁企业开展集中核查，查补税款2680万元，弥补亏损58568万元。持续开展出口企业日常预警评估，全年实现免抵调库2.2亿元，比上年增长57%。强化评估挖收入。从全局抽调业务骨干组成直评工作小组，开展低税负批发业、新认定商贸企业核查评估，入库税款827万元。对8户非居民企业股息红利进行重点核查，查补税款1501万元。对房地产企业、商贸企业所得税等开展评估检查，堵塞漏洞，增加收入。全年评估入库税款16856万元。部门联动增收入。加强与地税、工商、财政、电力、综合治税办等相关部门的信息沟通，开展白灰石子、煤炭洗选、选矿、水泥行业“以电控税”核查、医保收入专项核查和个体户籍清查，查补入库税款611万元。

【涉税改革】 戮力同心，打赢营改增试点改革攻坚战。自3月营改增试点工作启动后，全体干部职工加班加点、精益求精，认真开展户籍核查，做好政策宣传和辅导，在办税服务厅增加6个发票代开窗口和4台自助办税设备，配备专职导税员，通过与地税、工商等部门协调配合，顺利接收试点纳税人1429户。按期完成试点企业身份界定、行业明细标识和样板企业的核实工作，做好税负分析和测算，顺利实现开好票、报好税、分析好、改进好的阶段性胜利。及时探索制定《生活服务业、建筑安装业、房地产业三大行业管理意见》，与财政、地税、审计部门联合下发《关于支付结算环节索取发票问题的通知》，把好支付环节关口，防止税源流失。2015年6—12月新增四大行业完成收入10897万元，实现新旧税制的平稳转换。合作共赢，打赢征管体制改革攻坚战。认真落实《深化国地税征管体制改革方案》《深化国税、地税征管体制改革实施方案》，成立推行领导小组，积极与地税部门对接，制定工作细化措施，分解为71项改革项目，明确责任单位和完成时限。深入推进共建实体办税服务厅工作，组建国地税“联合办税大厅”。先后6次与地税局召开联席会议，制定共建方案和总体布局规划，并积极向市政府汇报，争取支持。按照标准化办税厅设置功能分区，7月18日正式投入运行，实现前台一家受理、后台分别处理、限时办结反馈。

【绩效考核】 完善制度指标。年初，根据省市国税局绩效管理制度变化情况，及时修订完善了绩效管理办法和相关考评指标，在绩效管理指标分值和权重设计上，紧密结合工作实际和人员的不同状况，力求做到全面规范、公平公正。抓好日常考评。把工作分解到岗、督办到事、考核到人，时刻关注即将到期指标，重点关注分档考核指标，及时对各科室分局进行提醒，保证工单不出纰漏。建立绩效文化。加强绩效培训，全年召开绩效工作会议7次，开展专题分析6次，并利用每周大例会，组织全局干部对绩效管理办法及指标进行再学习、再部署，形成人人懂绩效、人人重绩效、人人抓绩效的良好氛围，绩效文化初步建立。推动工作落实。把绩效考核作为推动工作落实、提高工作质效的有力抓手，将收入任务、国地税合作、信息宣传等重点工作列入考核指标，积极争先进位，以考核促落实、以考核促整改、以考核促提高。积极谋划创新，争取加分项目。大力开展宣传报道，传递正能量，全年在各级媒体刊登稿件210余篇，全年绩效得分100.46分，连续两年蝉联邯郸市国税局绩效考核第1名。

【提升征管水平】 扎实开展风险应对。成立风险管理领导小组，及时对市局提取的风险疑点数据开展核查。严格风险任务的案头审核、实地核查，对风险疑点分析不到位的进行回退，不断提高风险应对质量。全年开展风险评估385户次，进项税转出7462万元，调减留抵333万元，调增应纳税所得额6320万元。积极开展专项整治。强力推动发票清查，深入开展“双打”行动，全力做好案件协查，积极开展税收专项整治和区域性检查、重点税源企业轮查，全年查补税款入库3726万元，向公安移交案件2户，冻结企业银行账户5户，停用专用发票8户。强化日常风险管控。从票种核定、发票发售、实地核查、风险防控4个方面入手，加强新认定一般纳税人、增供发票、销售收入异常纳税人后续管理。综合利用电子底账系统、增值税进销项分析监控系统、防伪税控系统，对疑点纳税人开展重点分析、监控，有力规范纳税人的生产经营行为，降低涉税风险，震慑不法分子。

【优化纳税服务】 优化服务，获得认可。进一步落实首问责任制，严格实行领导带班制度，推行“二维码一次性告知”，合理设置大厅各个区域和窗口，积极落实全市7类46项全市通办业务，极大地方便了纳税人办税；合理简并纳税人申报次数，实行小规模纳税人增值税按季申报；认真做好政策宣传辅导，联合地税局和航天信息共举办纳税人学堂8期，参训人数达到2100余人；建立纳税人投诉反馈机制，实行限时受理、处置和反馈，纳税人满意度显著提升。落实政策，赢得信赖。在收入形势严峻的情况下，不折不扣落实税收优惠政策，全年为2573户小微企业减免税款521万元，为福利企业、资源综合利用企业、高新技术等各类企业减、免、退税23678万元。严格在规定时间内完成退税，全年为出口企业办理退税7392万元。法制品牌，初步建立。以争创“全国法治税务示范基地”为目标，严格落实执法责任制，对执法过错严格责任追究。清理和规范税收执法权力、行政审批项目，缩短行政审批时限。为各分局配备执法记录仪，逐步规范检查、调查取证、询问笔录等环节。开展全员学法用法活动，聘请专业法律顾问，为全局干部开展法律知识讲座，增强干部的法制意识和执法能力。部门合作，协同发展。联合银行、地税开展“税易贷”活动，促成银行为5户企业提供贷款25200万元。积极推进纳税信用诚信联合激励，联合地税开展纳税信用等级评价，强化失信联合惩戒。完成1837户纳税人信用等级评定，取消1010户B级以上企业的增值税进项发票认证，12月起取消C级以上和新成立营改增企业增值税进项发票认证，用积极举措减轻纳税人负担，促进税收遵从。

【队伍素质建设】 文明创建成果丰硕。以创建全国文明单位为总目标，将武安国税精神贯穿始终，制定5大类19项指标，逐项抓好落实。开展每周大例会，树立典型、弘扬正气。并把身边人、身边事整理成册，印制成《税月鎏金》一书。组织开展青年标兵、模范老税工、道德模范、最美家庭评选等活动，在全局营造创先争优的良好风气。 2016年，被邯郸市委、市政府评为“市级文明单位”，通过“省级文明单位”验收；被市国税局评为绩效管理先进单位；办税服务厅当选邯郸市第二届文明行业创建标兵；局机关支部荣获全省“先进基层党组织”称号。队伍素质显著提升。制订全年教育培训计划，建立常态化教育培训机制。扎实开展“岗位大练兵、业务大比武”活动，选出业务尖子，进行集中学习。另外，将11月、12月定为冬季集训月，分岗位、分层次开展学习，利用网络教育培训平台 “每日一题”模块带动全局干部学习，提升干部的素质水平。倾情带队激发活力。关心干部成长，积极为新录用公务员创造良好的工作和学习环境；组织开展健康体检，定期走访慰问离退休干部、困难职工，开展交流谈心。开展了“迎七一”书法知识讲座、“迎元旦”趣味运动会，使广大干部在紧张繁忙的工作之余愉悦身心。对局机关环境面貌、干部日常饮用水及食堂伙食进行改善。加强基层建设，对城区分局办公楼维修项目进行立项，争取资金377万元；积极争取上级经费支持，先后收到救灾款40万元，全部用于基层分局办公条件改善。完成公务员津补贴改革、职级并行等工作。既保持队伍稳定，又保障干部利益，让广大干部有更多的获得感。

【党风廉政建设】 “两学一做”扎实开展。坚持真学，局班子成员带头学习习近平总书记系列讲话、《准则》《条例》等党规党纪，牢固树立“四个意识”，始终在政治上、思想上、行动上与中央保持高度一致。通过党组中心组学、专家讲座、讲党课、手抄《党章》、学后池精神、重温入党誓词、知识竞赛等，营造浓厚的学习氛围。坚持真做，开展党员亮身份明职责、四个一、一对一帮扶、义务献血等活动，增强党员干部“四讲四有”的思想自觉和行动自觉。在7·19特大暴雨洪水灾害中，磁山分局党员干部临危不惧，舍小家顾大家，在保全国家财产的同时，营救6名被困群众，用实际行动践行“两学一做”；全局党员干部积极深入到受灾严重的20余家企业、3个乡镇、6个村庄开展救灾援助，捐款捐物3.5万元。坚持真用，扎实做好干部的理想信念教育，将中心组学习进行了“扩面”，由班子成员扩大到全体中层正职干部，形成党组成员带领支部书记学，支部书记带领支部党员学的良好氛围。认真落实“三会一课”、民主评议党员、支部组织生活会等制度，组织补缴党费22053元。开展支部换届选举，优选支部书记，使基层党建工作有了组织保障。执行制度从严从实。坚持把纪律规矩挺在前面，认真落实“两个责任”，明确了党组、一把手、分管领导、职能部门在党风廉政建设工作中的具体目标、任务和措施，签订《落实党风廉政建设主体责任承诺书》。认真履行“签字背书”、廉政约谈、述责述廉、定期报告和党风廉政建设“一大四小”会议等制度。严格执行“八项规定”，按照公车改革要求，取消一般公务用车，对保留的车辆喷涂标识。严格执行财经纪律，严控“三公”经费支出，对各项费用支出进行归口管理，明确各部门职责，规范支出流程。严格执行人事纪律，不折不扣落实《中共邯郸市国税局党组人事工作纪律“十严禁”“十不准”》要求，按照规定撤消两个临时性机构，对16名工作岗位与所任职务不符的同志，对照任免文件对号入座。认真执行“三重一大”事项集体决策制度，严格落实领导干部个人事项申报制度，坚决执行《党员干部操办婚丧喜庆事宜的实施办法》。廉政教育常抓不懈。组织80名干部到邯郸市检察官培训中心开展预防职务犯罪、党风廉政建设及传承好家风家训教育，增强干部纪律底线意识。同时，将廉洁教育融入日常学习中，做到逢会必提、每训必讲，形成常态。全年利用举办的各类培训开展廉政学习达20余课时，真正使廉洁纪律意识成为干部的行为自觉。做好重要时间节点的廉政提醒，全年发送廉政提醒短信200余条。两权运行不断规范。开展执法监察，将发售发票事后监管和出口退税企业管理列为执法监察项目，通过检查发现问题12个，提出执法监察建议7条。启用“监督提醒单”，对21名中层领导干部开展廉政谈话。正风肃纪持续深化。开展作风整顿和“一问责，八清理”专项行动。加大执纪问责力度，严查违规违纪行为，组成检查小组对各单位进行明查暗访，通报批评6个单位8人次，促进全局风清气正。

（白利红）

地方税务

【概况】 武安市地方税务局设置7个职能科室和9个基层单位。内设机构7个即办公室、税政法规科、征收管理科、人事政工科、收入规划核算科、监察室、信息中心。派出机构9个为稽查局、税源监控分局、征收分局、第一税务分局、康二城税务分局、午汲税务分局、徘徊税务分局、贺进税务分局、矿山税务分局。其中，第一分局负责武安镇的地方税收征收管理；康二城分局负责康二城镇、大同镇、邑城镇、淑村镇、北安庄乡、北安乐乡和工业园区的地方税收征收管理；午汲分局负责午汲镇、磁山镇、伯延镇和马家庄乡的地方税收征收管理；徘徊分局负责徘徊镇、阳邑镇、冶陶镇、石洞乡和管陶乡的地方税收征收管理；贺进分局负责贺进镇、上团城乡、西寺庄乡和活水乡的地方税收征收管理；矿山分局负责矿山镇、西土山乡的地方税收征收管理。

【市地税局】

党组书记、局长：王振英

党组成员、副局长：吕江秀
郭太书
刘景峰

党组成员、纪检组组长：郭利军

党组成员、稽查局局长：郭鸿斌

【税收任务】 全年累计完成各项税费收入21.64亿元，其中税收收入15.07亿元，剔除营改增因素，比上年增收1.47亿元，比上年增长12.36%。县级一般预算收入13.11亿元，占总体入库税收的85.21%，占比增幅2.12%。准确预测，缜密分析，为地方政府决策提供高质量的税收参考。在“两税”清理攻坚战中，自我加压，全力以赴，高质量完成市委、市政府部署的既定任务。

【征管改革】 营改增试点全面推开。全面贯彻落实上级营改增试点工作部署，加强部门协调配合，移交纳税企业466户；积极开展营业税清理，入库税款6991.16万元；全力做好二手房交易发票代开工作，共计代开二手房业务321户次，入库税款203.8万元。水资源税改革顺利落地。严密组织实施，定期调度协调，强化督导检查，深入开展摸底核查，建立健全水资源税信息监控平台，接收水资源税纳税企业71家，征缴入库税款907.23万元。国地税合作深入推进。在51个项目上积极开展国地合作，联合明确企业所得税应税所得率，协调开展所得税风险管理，入库税款103.7万元；对办税服务厅进行高标准改造，采取“双人双机双系统”模式，实现国地税共管、共建、共用，通过联合控管，累计增收地方税费872万元。风险管理改革势头迅猛。全面承接邯郸市局改革任务，分层培训，分量推送，分组督导，分类复核，税源管理“管户制”向“管事制”逐渐过渡，首批风险应对97户，入库各项税款、滞纳金122万元。

【文化培育】 坚持文化育人，事业感人，真情动人。组织开展“善·正”文化交流会、道德讲堂、传统国学文化教育、青年干部微课堂、登山赛、辩论赛等活动，建立邯郸市地税系统首家网络注册志愿服务队，组织党员手抄《党章》《七一讲话》内容，撰写读书笔记和心得体会文章2600余篇，编印《“善·正”足迹》画册，丰富文化产品，升华“善·正”内涵。队伍活力进一步迸发，工作质效进一步提高。

【重点工作】 围绕邯郸市局工作重点做了大量细致有效的工作。绩效管理工作，抓关键、抓培训、抓机制、抓典型，增强认同感，在全省地税系统绩效管理会上，作了题为《坚持绩效考评差异，助推税收工作提质增效》的典型发言，受到领导一致好评；在新华社《国内动态清样》刊发3篇正面事例。模板化工作，完善预警机制，实行分类管理，建立欠税管理流程模板，陈欠清欠率98%，本年无新欠，被邯郸地税系统评为优秀模板。“数字巡查，实景征管”工作，标注应税地块1978个，确认应税面积3340万平方米；完成1322户纳税人信息采集工作，提炼有价值涉税数据373条，征缴入库税款3064万元。“智能分析，阳光督审”活动，增加自查、会审、评价环节，对省、邯郸市局下发的5个批次、30个项目、5467条疑点数据进行了分析整改，查补各类税款67万元。“素质提升年”活动，组织分岗位培训6次，岗位练兵考试4次，选派4名青年干部到邯郸市局“以干代训”，逐步形成高端型人才为引领，专业型人才为支撑和基层实战型人才为基础的三级人才培养体系。“岗位知底线、履职守规矩”活动，编制下发《守纪律 讲规矩 党纪条规知识题库汇编》，组织开展明察暗访互查3次，发布通报13次，将党员干部行为晒在“阳光下”，把权力关进制度的“笼子里”。

【税收管理】 全力开展个人所得税全员全额明细申报工作，入库个人所得税11689万元，明细申报率达99.89%，其中，工资薪金个人所得税累计入库8066万元，较上年增加3522万元，增长82%；12万元以上高收入个人自主申报补缴税款150万元，占全市的35.1%，位列第一；积极做好“三证合一、一照一码”“两证整合”和营改增后定额核定调整工作，开办纳税人学堂18期，培训700余人次，其中，分行业、分税种定向培训5期，培训216人次。坚持公平、公正、公开原则，积极开展纳税人联合信用评价工作，受到了纳税人的一致好评。

【依法治税】 组织“岗位大练兵、业务大比武”活动，举办税收业务大讲堂、预防职务犯罪讲座，开展党纪条规和法律法规教育。依法取消各类行政审批、行政监管事项，发布全文失效或废止的税收文件12个；认真梳理全局执法内容及依据，编制行政权力运行流程图，向社会公开；配合大企业税收管理专业团队，审计、规避企业税收风险7大类40条，入库税款159.39万元。市地税局被武安市委、市政府评为“2011—2015年全市法制宣传教育红旗单位”。

【“两个责任”】 局党组全面落实党风廉政

建设主体责任，纪检组严格履行监督责任，坚持把落实“两个责任”作为加强党风廉政建设和反腐败工作的关键环节，确保中央八项规定精神、“反四风”和“两个责任”落地生根；坚持把纪律和规矩挺在前面，组织开展《廉政自律准则》《纪律处分条例》专题学习，在重要时间节点及时发通知、出禁令、开展廉政谈话，做到早提醒、早打招呼，使抓早抓小成为常态。

【帮扶工作】 年内百年不遇的“7·19”特大洪水灾害，给全市人民财产、工矿企业造成巨大损失，面对天灾，地税局不等不靠，主动作为，先后8次深入受灾严重的村镇进行灾后救援、重建工作，协调、发放救灾款物共计35万元；深入到4个村61家贫困户开展“一帮一”精准帮扶，送去慰问金和生活物资5万余元。为后进支部转化筹集资金6万元；“博爱一日捐”组织捐款4080元；助残日送去慰问金2000元；组织干部互助捐款11400元，切实履行地税系统应尽的社会责任。

（武晓波）

金融·保险

中国人民银行武安市支行

【概况】 中国人民银行武安市支行的主要职责是执行货币政策、管理人民币流通、经理国库、维护辖内支付清算系统的正常运行、指导部署辖内银行业反洗钱工作、管理征信、维护辖内金融稳定。支行内设综合办公室、金融管理部、综合业务部、纪检监察审计室。2016年，武安支行认真贯彻执行国家宏观调控政策和货币政策，改善金融服务水平，强化内部管理，积极防范和化解金融风险，维护金融稳定，各项工作均取得一定成效，确保全辖金融平稳运行。

【中国人民银行武安市支行】

行　　长：刘向民
副 行 长：宋增祥
　　　　　靳文安
纪检组长：李志军

【金融管理】 征信查询量再创新高、征信业务复查率、质疑和差错率实现最低，截至12月28日，企业、个人查询总量达7665笔，办理信用代码证962份，其他变更补发业务356笔，全部业务量稳步增加；提高银行账户管理水平，全年累计办理存款基本账户为8791户，一般存款户4279户，专用存款户 445户，临时存款户29户，合计 13544户，为全辖账户最多的支行；国库工作，全年国库总业务量笔数167190笔，金额155.48亿元，确保了国库资金核算及时、准确、高效、安全；反洗钱和人民币工作，召开辖区30家金融机构反洗钱工作会议，圆满完成武安辖区10家金融机构“反洗钱5C风险评估与考核系统”测试，确保反洗钱工作制度的落实。及时组织开展对新版人民币发行宣传工作，强化对人民币反假宣传工作，全年本辖区收缴并上缴假人民币1364张，金额82960元；收缴假外币9张，金额900元。为群众鉴定特殊残币305张，金额24332.50元；以调研提升工作水平和履职能力，推行依法监管和调研相结合的工作方式。年内，完成各种信息上报30篇，完成各类调研文章15篇，完成政务信息选题8篇，被天津分行和石家庄中支采用3篇。

【货币政策落实】 充分发挥货币政策的调控作用，积极指导金融机构调整信贷结构，截至到12月末，各项存款562亿元，较年初增长39亿元。各项贷款285亿元，较年初增长18亿元。其中支持企业转型升级改造和化解产能贷款增加13.82亿元，大力支持了武安产业结构调整、经济转型升级。指导银行业金融机构加大信贷投放力度，积极创造宽松的利率市场化环境，吸收存款、发放贷款，拓展三农服务空间。全年新增重点项目贷款投向为河北银隆新能源有限公司三期项目9.3亿元、河北新武安保税物流中心建设项目（计划10亿元，关联企业已获融资7亿元）、河北万利新材料科技有限公司升级项目1亿元、新增农业产业化龙头企业贷款3亿元。引导农发行利用重点项目基金支持地方经济建设，年内农发行向武安云驾岭新村、7·19洪水损毁工程恢复重建、仓盛兴粮油3个项目投放基金2.78亿元，通过审批待发放美丽乡村建设7.9亿元，农村公路建设2.54亿元，信贷资金的投放为加快武安经济转型发展起到良好的推动作用。积极推动农村信用社金融市场业务发展，积极开办债券市场、全国银行业同业拆借市场业务，截至12月，农村信用社线上共办理质押式正回购679笔，金额2122.83亿元；质押式逆回购39笔，金额54.2亿元；线上拆借4笔，金额5.97亿元；线下同业存放业务4笔，金额38.8亿元；存放同业业务17家，金额79.66亿元；买入返售业务1笔，金额2.94亿元。防范银行类金融机构的挤兑风险。3月份，邯郸部分地区信用社发生挤兑事件后，支行做出应急准备，高度关注事态发展，关注舆情，同市政府密切配合，采取有效防范措施，加大现金投放，稳定民心，确保了辖区内没有发生挤兑蔓延事件。防控期间，做到专职人员逐日定时报告，保障辖区安全，无风险隐患。落实“两管理、两综合”制度，加强金融监管。全年配合省行、邯郸市行以及自定项目检查6次，确保非现场、现场监管任务顺利完成。加强新设机构备案与管理工作，全年对“沧州银行武安支行”“中信银行武安支行”“武安村镇银行阳邑支行”“武安村镇银行徘徊支行”“武安村镇银行桥西支行”加入金融服务系统进行服务与备案管理；配合邯郸中支搞好金融市场检查、农村信用社后续监测检查、存款保险工作检查，开展农信社统计工作专项检查；开展全辖区金融机构重大事项报告制度执行情况综合执法检查；对全辖区金融机构有效实施综合评价和涉农信贷效果进行评估。确保各项货币及信贷政策落到实处，经济金融平稳运行，金融对经济发展贡献率进一步提高。

（刘汝旺）

中国工商银行股份有限公司武安支行

【概况】 中国工商银行股份有限公司武安支行是中国工商银行股份有限公司在武安市设立的分支机构，隶属于邯郸分行。位于武安市中兴西路165号，有员工108人，内设市场营销部、个人金融业务部、办公室二部一室，辖6个营业网点（含支行营业室），主要经营存、贷、结算、贵金属、票据、代理、银行卡、信用证、代理业务等以及经中国银监会批准的其他业务。2016年，支行员工认真落实上级行的各项经营政策，依托地方经济特点，积极融通资金，服务地方经济，服务市民群众，各项业务取得积极进展，在资产、负债、中间业务等各方面取得长足进步。

【中国工商银行股份有限公司武安支行】

党总支书记、行长：李连生

总支成员、副行长：白长生

马志强

总支成员、内控监察员：郭和顺

【经营效益】 在利率市场化加快，同业竞争加剧，资产质量下行，各类风险交织多发，区域经济发展减缓的情况下，克服重重困难，围绕贷款质量、存款增长、中间业务收入三大目标开展工作，取得预期经营业绩。2016年，支行全部存款余额达到23.28亿元，各项贷款20.72亿元，实现利润近4000万元。存款结构性优化明显，储蓄存款余额达到18.5亿元，较年初增加7415万元；资产业务结构性变化明显，个人贷款余额达到5.48亿元，其中个人住房贷款达到4.8亿元，增势较快。

【个人金融业务】 融e联、信用卡分期付款业务、家装分期业务、二维码等现代金融产品快速推出，较好地满足了人民群众对现代化金融产品的热切需求，紧密结合本市的经济发展步伐，在工商企业融资、房地产信贷、电子银行推广、个人金融业务、代理业务等方面发展迅速，与数十家企业建立信贷关系，积极为地方企业注入信贷资金，在服务大中型企业的同时，面向中小型企业、个人推出的服务品种，优化区域金融结构，在满足企业、机构、居民金融需求的同时，丰富人民经济生活，为地方经济发展发挥积极的作用。

【社会义务】 在市场经济的竞争和发展中，努力开展扶贫帮困活动，配合市委、政府、上级行开展捐助、协助和扶贫开发。7·19洪灾后，积极采取措施，在积极自救、维持正常经营的同时，努力开展向重灾区捐款、捐物等活动，取得一定成效。

（霍兵）

中国建设银行股份有限公司武安支行

【概况】 中国建设银行股份有限公司武安支行是国有四大银行之一，是一家现代化股份制商业银行。内设公司业务部、个人金融部、营业室、保卫部、个贷中心和办公室，下辖6个网点，即南小区分理处、公园分理处、环东路分理处、新华大街分理处、二六七二（新兴铸管有限责任公司）分理处、新区支行。在职员工99人。

【中国建设银行股份有限公司武安支行】

党支部书记、行长：李成忠

组织委员、副行长：杨延芳

宣传委员、副行长：秦文连

纪检委员、副行长：周彦兵

【业务工作】 截至2016年底，各项存款余额55.52亿元，比年初新增10.02亿元。其中对公存款余额11.48亿元，比年初增5亿元；个人存款余额44.04亿元，比年初新增5.02亿元，新增和余额继续保持二级分行系统第一位。各项贷款余额19.8亿元，其中对公贷款16.57亿元，累计投放11.12亿元；个人贷款余额2.8亿元，累计投放2190万元。有力支持当地大、中、小企业客户及安居工程建设。全年实现中间业务收入2360元，其中对公717万元，对私1643万元；实现利润8632元。全省县域80强县考核个金综合排名29位。

【总体思路】 认真贯彻落实上级行工作会议精神，积极调整结构，强化市场营销，加强风险防范，提升服务形象，使全行的综合竞争能力、综合盈利能力以及干部员工队伍整体素质实现新提高，各项业务得到稳健发展，全年安全运营无事故。

【经营措施】 夯实存款基础，坚持公私并重。对公存款方面，抓好保证金存款、客户结算量和机构客户营销。明确任务，明确重点，落实责任。个人存款方面，加大对中高端客户、优质代工单位的走访和维护；以理财产品的品牌效应吸引客户将更多的资金沉淀；加大通报和督导力度，严格奖惩，确保存款持续增长。在全省80强县支行考核中，被评为全省优秀支行，是邯郸分行系统唯一获此殊荣的支行。加强贷款管理，坚持量质并重。加大问题客户贷款和利息的清收工作，支行组建清收小组，每周召开例会，统一协调督导。深入企业，了解情况，实行一户一策。既保证了企业能够持续经营，也最大限度的保全信贷资产。加大对企业的检查、回访力度和增加检查、回访频率，及早发现和化解了部分企业的风险。加大中收力度，坚持多措并举。加强对帐管收入、保理应收账款收入、财务顾问收入、工程造价咨询收入的强力营销，加强对理财产品的销售，加快发展信用卡发卡和分期业务，提高中间业务收入。加快网点转型，坚持因地制宜。认真落实分行关于推进网点综合化建设的要求，积极推进支行储蓄专柜和会计结算部的综合化建设。成立组织，落实责任，精心部署，初见成效。服务客户的能力和服务效率得到进一步提升，树立良好的社会形象。加强风险防范，坚持安全第一。夯实安全基础管理工作，完善内控体系建设，将安全责任制落实到每个环节、每位员工，确保各项业务经营秩序良好运转。梳理风险，排除隐患，问题整改率达到100%。保证全行安全营运。加强队伍建设，坚持以人为本。落实党风廉政建设责任制，增强领导干部的廉洁自律意识，自觉接受群众监督。关心员工、爱护员工，通过各种各样的活动既丰富员工业余生活，也为员工搭建展示自我的平台，更增进团队的凝聚力和战斗力。在党的建设方面，加强学习，注重教育，充分发挥党员的先锋模范作用。

（梁淑华）

中国农业银行股份有限公司武安市支行

【概况】 中国农业银行股份有限公司武安市支行是中国农业银行的分支机构之，也是当地农村经济领域中占主导地位的一家国有股份制银行。下辖14个营业网点、3个服务便利店、5个离行自助点，其中城区网点13个、基层网点8个，有员工197人。支行机关设有5个部室，分别为综合管理部、运营管理部、信贷管理部、公司业务部、个人金融部。全辖共有自助设备95台。各项存款余额为880747万元，其中：对公存款余额178212万元，个人存款余额702535万元。各项贷款余额331571万元，较年初增加47755万元。

【中国农业股份有限公司武安市支行】

行　长：郝晓峰
副行长：孟梅笑
　　　　邢文洲
　　　　郝丽梅
　　　　李海龙
　　　　胡庚平

【业务】 武安农行遵循总行“面向三农、服务城乡”的服务宗旨，秉承“以市场为导向，以客户为中心，以效益为目标”的经营理念和“客户至上、始终如一”的服务理念，凭借全面的业务组合、庞大的分销网络和领先的技术平台，向广大客户提供各种公司银行和零售银行产品的服务，同时开展自营及代办资金业务，能够办理国际、国内通行的各类金融业务。主要包括：存款服务、综合贷款服务、外汇理财、人民币理财、代客境外理财、银行卡、汇款及外汇结算、缴费服务、代发薪服务、出国金融服务、电子银行服务、融资业务、国内支付结算、国际结算、基金相关业务、企业理财服务；从事现金收付款、提供信用证服务及担保、同业拆借以及经中国银监会批准的其它业务。武安农行本着“抓服务、促发展”原则，立足当地经济建设，以全面服务“三农”、改善农村支付环境、推进农村经济发展为己任，大胆创新，积极探索寻求促进当地经济发展新路子，用先进的文化理念、一流的服务手段不断优化城乡及农村金融环境，不断促进当地金融市场的繁荣，努力提升服务层次，打造良好社会品牌，为全市人民提供优质、周到、全方位的金融服务。在面向“三农”服务中，武安农行“以诚惠农，以信立农”，2009年，被当地政府确定为“新型农村养老保险”独家代理金融机构，截至年底，共建起助农取款服务点474个，行政村覆盖率98%，实现了金融服务村村通；共发放惠农卡57万张，年累计办理业务156万笔，金额约4亿元左右，当地村民足不出便可以户享受金融便利。

在当地改善民生工程建设中，武安农行率先行动，针对当地看病难这一社会热点问题，结合农行业务、产品优势，将“银医通”项目列为服务民生的主要项目。6月16日，与武安市第一人民医院合作的“银医通”项目正式运行，成为邯郸市首家正式开通线上、线下多功能服务的合作项目。为武安市第一人民医院投放45台“银医通”自助终端，4台银行自助设备，就诊病人持农行借记卡（含惠农卡、社保卡）在“银医通门诊系统”自助终端上自助签约，将农行借记卡升级为医院的就诊卡，即可实现挂号、充值、缴费等功能，就诊完毕无需再次排队退卡，此后该借记卡可一直作为就诊卡使用，医院门诊农行自助终端可以现场办理农行借记卡，极大方便患者，有效减轻医院窗口工作压力，受到医院、患者一致好评。在服务当地经济建设中，武安农行发挥资产带动作用，积极投入支持当地经济建设，为推进当地经济快速发展做出了积极贡献。截至年末，投放资金33.16亿，扶持企业30多家，其中当地第一人民医院、大唐发电为主要扶持项目。年末实现账面拨备后利润10989万元。

（许丽贞）

中国农业发展银行武安市支行

【概况】 中国农业发展银行武安市支行位于武安市中兴路1322号，内设办公室、信贷业务部、会计结算部3个部室，员工20人；2016年实现利润448万元；低成本日均存款余额18313万元，日均存款任务增加额1334万元，较上年初增加7838万元，完成任务的587.33%；中间业务任务13.1万元，实际完成51.3万元，完成任务的391.6%；国际结算量任务305万元，实际完成2330万元，完成任务的763.93%；中长期贷款投放全年任务10亿元，实际完成27987万元，其中贷款25077万元，基金9700万元，按30%为2910万元，完成任务的27.99%。通过加强安全保卫和党风廉政建设，实现“四无”管理目标。文秘、档案、保密、宣传等各项工作取得进展。

【中国农业发展银行武安市支行】

行　长：张元璞

副行长：廖　强（1月免）

　　　　张培振（1月任）

　　　　赵伟波

【支持储备、小微企业、农业产业化龙头企业发展】 年内，主动适应经济新常态发展要求，坚持“埋头苦干、振兴武安”的信念，信贷资金主要投向“三农”重点领域和薄弱环节，突出解决瓶颈制约问题，弥补市场缺陷，充分发挥农业政策性金融的“雨中送伞、雪中送炭”的作用。面临当前经济下行、高利贷崩盘的不利局面，农发行坚持“不抽贷、抱团取暖”的原则，加大信贷投入。围绕全市农业现代化、城乡发展一体化和京津冀协同发展，始终保持对“三农”的信贷净投放，成为引导社会资金回流、反哺农业农村的重要载体和渠道。支持一批农业产业化龙头企业迅速成长，不折不扣地发挥农业政策性银行的骨干和支柱作用。全年累计投放各项贷款36357万元，其中政策指导性贷款9980元；商业性贷款1300万元，中长期贷款25077万元。累计收回各项贷款19669万元，其中政策指导性贷款11769万元，商业性贷款1900万元，中长期贷款6000万元。

【中长期贷款项目】 年初，积极与投资项目主管部门武安市发改局联系，与武安市财政局、交通局沟通，提前介入项目营销。在营销项目过程中，集中人力物力财力向项目倾斜，细化营销方案，明确路线图、时间表和责任人，形成职责清晰、分工明确的工作机制。就农发行政策制度多次向武安市委、市政府做专题汇报，争取武安市委、市政府的积极支持，建议市政府进一步加强领导和协调、督促，筛选一部分成熟项目与农发行邯郸分行签订《总体授信战略合作协议》，加快双向互动机制建设，共同推动贷款项目尽快落地实施。在主动营销、市政府及相关部门的协调配合的基础上，成功营销2个中国农发重点建设基金项目2个，中长期贷款项目3个，基金项目为邯郸市武安市冶金矿山集团河北云驾岭矿业有限公司建设云驾岭新村沉陷区一期改造项目6700万元，河北仓盛兴粮油工贸有限公司小米深加工项目3000万元，中长期贷款项目为武安市2016年美丽乡村建设7.9亿元贷款项目、武安市县道刘西线大修工程建设（伯延至磁山段）3400万元贷款项目和武安市农村公路大修改造工程建设2.2亿元贷款项目。截至年底共投放基金9700万元，中长期贷款25077万元（含年南部农业灌溉项目6677万元）。储备保税物流园区、水利水毁重建工程、道路水毁重建工程等项目，金额22亿元。

【评级授信工作】 根据邯郸分行统一安排，信贷业务部统筹安排，通力合作，在认真调查核实企业情况的基础上，严格规范操作流程，按时、全面、高质量地完成2016年度贷款客户、担保客户信用等级评定和授信工作，获得市行相关处室的好评。年内总计完成9家贷款客户、1家基金客户、2家中长期贷款客户和9家担保客户的评级工作，完成9家贷款客户的授信工作。

（张培振）

邯郸银行武安支行

【概况】 邯郸银行武安支行开业于2009年，

作为国有地方银行，邯郸银行勇于承担社会责任，开业以来累计向辖内企业和个人投放各类贷款超200亿元，承办武安市四套班子和多家机关单位的工资代发业务，在自身得到快速发展的同时，为武安经济发展做出突出贡献。邯郸银行在武安市矿建路西段报社东侧、中兴路与富强街交叉口南侧路东、桥西路三和大酒店东侧共开设三处营业网点。在职员工52人。截至2016年末，各项存款余额72亿元，贷款余额44亿元，以一流的服务水平和服务能力赢得各界客户的广泛好评。

【邯郸银行武安支行】

行　长：王清波

副行长：王喜民

冯　烨

张贺锋

贺　博

【社会公益活动】　“7·19”洪灾后，武安支行第一时间响应武安市委、市政府的号召，迅速开展一系列抗洪抢险、救灾救助工作，在组织多批次员工参与受灾村道路清理和灾后重建工作的同时，先后4次组织救灾款和救灾物资的捐助活动，帮助受灾群众度过难关。救灾活动中，邯郸银行累计向武安灾区捐款捐物总额122.9万元，用真情实爱印证“关键时刻豁得出来、冲得上去”的精神面貌、充分展示邯郸银行勇于担当社会责任，积极回报社会的良好企业文化，受到武安市委、市政府、武安市红十字会、武安市民政局、受灾村镇的高度赞扬和好评，被授予“7·19”抗洪救灾先进集体。

【业务工作】　邯郸银行围绕为建设“宜居、宜业、宜游，美丽武安、富强武安而奋斗”总体目标，坚持效益、质量、规模协调发展，秉持“服务地方、服务中小、服务民营、服务市民”的服务特色，以“融入武安经济、服务武安发展”为经营宗旨，存款取之于武安用之于武安，积极履行作为地方银行应当肩负的社会责任，2016年，邯郸银行以武安经济转型、产业结构调整的指导方针作为工作重心，对符合国家产业政策的贷款企业加大贷款支持力度，对政府支持的重点行业、重点项目主动跟进，重点落实；在支持中小企业方面，对小企业不存偏见、不搞歧视，不设信贷准入门槛，并在利率上给予一定的优惠，不断提高中小企业在信贷结构中的比重；面对严峻的经济形势，对武安地区的钢铁、煤焦化等支柱行业坚持不抽贷、不压贷的信贷政策，与企业共度难关。有力支持了武安经济的发展。邯郸银行始终以经济效益、社会效益的双赢为目标，连续7年坚持“免费银行”政策，不仅“邯银卡”免除工本费、年费、跨行跨地区取款手续费、小额账户管理费、短信提醒费等全部费用，还免除了全部对公及对私客户开户转账、工资代发、网银使用等项目的工本费和手续费，最大限度的让利于客户。为更好的实现金融服务的标准化和亲情化，邯郸银行将服务提升工作贯穿在了业务工作开展的每一个阶段，自2012年起“服务提升活动”“服务提升深化活动”全面持续推进，与存款、贷款营销、客户拓展等各项业务工作有机结合，互为助力，实现服务水平和服务能力的持续优化，在武安地区初步树立自己的服务品牌，赢得社会各界的广泛赞誉。

【党建工作】　邯郸银行武安支行党支部有党员17人，年内，武安支行党支部顺利换届，进一步完善党支部的组织设置，并开展集中学习、专题党课、民主生活会等形式多样的党内活动，通过党建活动的规范化开展，强化全体党员的使命感和荣誉感，全体党员在各项工作中带头干、做榜样，真正充分发挥先锋模范作用，为各项业务开展凝聚强大的合力。

（贺博　张洁）

武安市农村信用联社股份有限公司

【概况】　武安市农村信用联社股份有限公司前身为武安市农村信用合作联社，2012年底由传统的合作制转变为现代的股份制，进入一个崭新的发展时期。拥有营业网点135个，其中包括：1个营业部、45个信用社、89个分社。从业人员 912名。2016年，围绕既定“工作思路”，着力抓好“四项工作”。在全体员工的共同努力下，各项业务经营整体稳中有进，取得一定成绩。

【信用联社】

董 事 长：康志斌
主　　任：刘亚军
监 事 长：胡晓溪
副 主 任：石运增
　　　　　王鉴纲
　　　　　江吉梅
工会主席：宋志强

【主要指标】 各项存款余额245亿元，占武安市各家金融机构市场份额为43.63%；各项贷款余额133亿元，占武安市各家金融机构市场份额为51.61%，存、贷份额继续稳居武安金融市场首位。不良贷款余额3.21亿元；不良贷款占比为2.45%。考核利润5.43亿元。发展“农信村村通”81个，助农金融服务点190个，行政村覆盖面达100%。

【经营管理转型】 变革绩效管理办法。针对不同部门、不同岗位分别修订考核办法，逐渐引导业务重心转变。改革社主任管理办法，打通中层管理人员任免通道，于10月组织开展新一轮中层管理人员公开竞聘。内部资金转移定价（FTP）及产品定价系统前后上线运行。加大清非工作力度。资金倾斜。从绩效、费用上分别对清非工作予以支持，加大配比，调动积极性；同时辅以严格管理和奖罚。全员行动。变过去清收中心单家清收为全员清收，集合信用社力量共同打好清非攻坚战，并对其加大考核力度。改革模式。对清收中心实行合并办公、分片清收、集中管理，效果显著。四是鼓励依法清收。此外，严格把好贷款入口关，全力控制不良贷款的发生。夯实信贷投放地基。抓好客户经理条线管理，年内重点强化了技能培训，围绕营销拓展、不良清收技巧、风险控制、法律宣导等方面组织全辖客户经理开展培训4期356人次。同时紧密结合CRM系统的功能建设，引导客户经理运用系统有效地开展客户营销与清收。大力支持三项贷款和微贷业务的发展。全力做好降本增效。着力抓好存款基础工作。与武安一中合作开设了校园一卡通；被成功吸收为全国市场利率定价自律机制基础成员。着力抓好成本端节支工作。完善财务费用管理制度，作出比较大的变动；编制财务预算收支计划，严格费用审批程序；控制耗材的使用，打印机、打印纸等电子设备与耗材均有一定幅度下降；引入竞争机制，严格招标管理，效果显著。着力抓好资金营运工作。

【文化落地建设】 有序推进文化落地实施。重新梳理修订了文化核心内容，涉及培训8批，500余人次。建立“五化”保障机制，确保各项办法的贯彻落实，激发广大员工对企业文化的热情，增强了汇聚企业发展合力的内生动能。持续推进教育培训工作。年内组织各类培训20余次，涉及员工1000余人次，赴外地学习37人；组建28人的内训师团队；此外，开通在线学习管理平台，并充分利用平台建立高效易行的考试模式。探索解决基层人力资源不足问题的新途径。在全辖开展下乡支援；招录新员工48名。

【风控能力建设】 对现有的管理制度进行初步梳理，出台办法20余项，确保每一项规章制度可用管用、好用耐用。强化会计基础。改进对内勤主管的考核方式，重视柜员技能的提高，持续组织等级评定。同时梳理、简化柜面流程，涉及流程22种，精简操作8项，规范流程7种，明确操作标准。加强稽核监督作用。以现场与非现场相结合，调整、优化检查方式；充分发挥事后监督和实时预警系统作用，本着以规范业务和防范风险为目的，对及时整改的规范性和一般性差错不处罚，对差错率低的网点进行奖励，强化正向激励。重视科技系统建设。完成对全辖营业网点计算机运行环境的达标改造；开发电子批量报表智能存储系统、数据管理平台、三会一层管理平台；在光明信用社试用免填单系统；启动微贷管理系统的重新开发等等，进一步保障网络正常、高效运行和数据安全。

【改制进度】 年初启动筹建农商行工作后，积极与向上沟通汇报，确保改制顺利推进。历经正式申请、得到批准、增资扩股、成立筹建小组、召开董事会和股东会等程序后，进行清产核资工作。在改制中始终侧重解决两个平衡问题：抓好现代企业制度建设，重在实质、重在发展；坚持改制、经营两手抓。

（苗泽英）

邮政储蓄银行武安市支行

【概况】 邮储银行武安市支行秉承进步与您同步的理念和“激情、担当、实干、争先”的企业精神，深化企业改革，加速业务转型，加快把邮储银行建设成为现代商业银行的指导方针，抓住业务发展的重点，努力提升金融服务质量，服务地方经济。邮储银行武安支行有员工55名，其中大专学历占38.18%，本科学历占45.46%，员工具备较高的业务素质。从提高员工的服务意识，加强员工的业务知识和服务礼仪培训以及加强硬件环境的改造等多方面不断完善和提高营业网点的服务质量，更好的为广大客户提供优质的服务，对外树立良好的邮储银行形象。机构设置一室三部，两个二级支行及支行营业部，即行长室、综合管理部、三农金融部、公司业务部、桥西路支行、郭二庄支行和支行营业部。形成以本外币储蓄存款为主体的负债业务；以国内、国际汇兑、转账业务、银行卡、代理保险及证券、代收代付等多种形式的中间业务；以及银行间债券市场业务、大额协议存款、银团贷款、小额信贷、消费贷款和小企业贷款等为主渠道的资产业务。截至年底，存款余额6.42亿元，投放各类贷款合计亿2.72亿元，为全市城乡金融客户提供服务，助推个体、私营企业经济腾飞，为全市经济发展贡献应有的力量。

【邮政储蓄银行武安市支行】

行长：田献峰

【业务工作】 金融资产增长5807万元，理财业务日均保有量1.56亿元，国债销量800万元。随着金融市场竞争日趋激烈，支行不断完善个人金融服务体系，从业务培训、内控防范、业务拓展等方面保障基础金融业务的健康、稳定发展。公司余额1.95亿元，日均余额2.41亿元。为进一步促进公司业务发展，积极争取市政府的支持，加强与企业事业单位合作。信贷业务2016年累计放款1.98亿元，贷款结余2.72亿元。其中支持“三农”服务地方经济的“再就业”“家庭农场”小额贷款，当年实现放款2826万元。贷款净增全区第一结余第二的好成绩。小企业放款5782万元。为了使信贷业务进一步发展，提升银行盈利水平。转变宣传和发展方式，邮储银行放弃在大额市场与其他金融机构竞争，而是响应政府号召，向乡村进军，向小微企业主进军，大力开发小额信贷、农户信贷市场。以点带面推进小额信贷业务发展。邮储银行逐步加快建设小额贷款营销服务中心，以点带面全面带动乡镇业务发展，邮储银行以此为基石全面支持乡镇金融发展。信贷业务宣传力度到位。在节假日，各信贷中心积极组织宣传，宣传范围覆盖全县所有乡镇，收集整理客户资料。加强与政府机构的合作，不定期与工商局合作召开个体工商户座谈会，宣传信贷产品。邮储银行信贷业务的特色在于“小而广”，大力开发三农信贷产品，为普通农民、个体提供安全稳定高效科学的金融服务。信贷业务长足发展，提高乡镇居民的金融意识，全面扶持乡镇经济的发展。这对缩小城乡经济差距，提升农村人均收入大有裨益。

【党风廉政】 切实加强党建工作。认真组织开展“两学一做”学习教育，努力提高党员干部的思想政治素质。先后开展党员自学、专题学习讨论、创新方式讲党课等活动，把“两学一做”学习教育与“强基固本”建设工程相结合，将全面从严治党要求落实到实处；充分开展“大树创”活动，通过评选优秀党员活动带动全员争先创优氛围；参加市分行党委组织开展的“缅怀革命先烈，重温入党誓词，学后池新愚公精神”系列主题活动，进一步提升党员干部艰苦创业的意识。认真落实党风廉政建设责任制。成立党风廉政建设联系小组，坚持以“三重一大”决策制度为主要内容的民主集中制，对重大事项决策、干部任免、重大项目和大额度资金使用等事项，均严格按决策程序集体研究。进一步提高纪检监察工作水平。健全纪检监察组织，指定纪检联络员。加强培训提升岗位履职能力，认真开展好纪检监察理论学习研讨工作。

（郝胜利）

中国人民财产保险股份有限公司武安支公司

【概况】 中国人民财产保险股份有限公司武安支公司现有人员38人，公司内设科室8个，分别为经理室、综合部、营销部、车商部、商业非车险部、电销续保部、农险部、客户服务部。拥有门类齐全的产品分类，涵盖机动车辆险、船舶货运险、责任险、信用保证险、意外健康险、农业保险等财产保险，产品丰富，保险条款详尽。支公司下设多个机构网点，分布城区及各乡镇，形成强大的销售和服务网络。

【财险公司】

经　理：李瑞章

副经理：朱文祥

　　　　周成亮

【经营情况】 2016年全年实现保费收入1.37亿元，比上年增长20%，净增保费2200万元，市场份额保持在62.29%，市场增速比2.44。其中车险保费收入1.1亿元，比上年增长26.78%；农险保费1178万元，完成全年计划；商业非车险保费达1536万元，其保费规模位居全辖区第一位。公司车险实现利润1272万元，车险利润率11.55%。

【续保经营管理】 续保团队通过明确职责、强化培训，促进业务技能快速提升，电销续保团队出色完成上级安排的各项任务指标，为全年任务计划奠定基础。

【农网建设】 积极与各乡镇协调开展小麦、玉米、棉花政策性保险承保工作，及时妥善应对7·19重大自然灾害，做好理赔工作，减轻广大农户的种植损失，使老百姓满意。持续推进三农营销服务部标准化建设，不断加强三农营销服务部经营管理，提升三农营销服务部产能，实现三农营销服务部规范化、常态化、高效化运行，建成公司在乡（镇）村的营业服务网点。负责、培训、培养三农保险专业团队，不断扩大三农保险服务范围，提升分散性险种业务掌控能力，提高综合产能。积极组织营销服务部开展惠农政策、保险产品和服务等内容的宣传活动，提升公司保险销售服务能力和公司品牌影响力。在规定时间内进行入村平面宣传、入村产品营销宣传推介、重点节假日宣传、三农营销服务部场所宣传等形式的宣传活动。按照省分公司要求在所辖区域开展提供增值服务。包括免费充气服务、免费汽车亏电救援服务、免费添加玻璃水服务、代客检车检本服务、简易医药箱和免费饮水服务、提供购车信息服务。积极推进“阜平模式”，实现与政府的合作共赢，联办共保，签署战略协议。

【队伍销售能力建设】 提高销售活动策划能力。针对重要节假日，推出阶段性的营销活动方案，抢抓业务发展先机，加强人才队伍建设，为业务的快速健康发展提供最有力的支持。

【内控合规】 深入开展“两学一做”活动，系统性开展各类警示教育及自查自纠工作，不断加强干部员工的合规意识，带头履行保险行业自律公约，紧抓党的建设，促进业务的快速发展。支公司在年内反洗钱工作考核评级中评为A级，切实维护金融管理秩序。

（张楠）

中国人寿保险股份有限公司武安支公司

【概况】 中国人寿保险股份有限公司武安支公司是中国人寿保险股份有限公司的综合性县支公司。公司始终站在全心全意为客户服务的角度，不断提升经营管理水平和服务能力。作为国有保险公司，公司始终以服务武安发展为己任，认真履行职责，积极加强管理与引导，坚持以业务发展为第一要务，努力加快武安支公司各渠道的业务发展。始终致力于积极服务武安社会经济建设，争做优秀企业公民。

【人寿公司】

经　理：曹志刚

副经理：叶书英

【经营指标】 全年完成保费收入24779.14万元，比上年增长17.44%。其中长期险首年保费14335.30万元，比上年增长16.19%；长期险首年标准保费1359.13万元；长期险首年期交保费4615.69万元，比上年增长23.56%；长期险10年期以上首年期交保费1813.84万元；长期险5～9年期首年期交保费459.47万元；长期险5年期以下首年期交2342.39万元，比去年同期增长115.58%；短期意外险571.91万元；短期健康险保费2342.39万元，比上年增长115.58%。2016年公司各项预算指标较上年均有大幅度提高。

【业务拓展】 年内公司各渠道分阶段推出多项业务竞赛方案，有效地提升团队士气和伙伴展业积极性，对业务发展起到积极的推动作用。从早会经营、出勤管理、“331”系统培训、职场建设等多个方面，加强管理动作，使团队素质得到提升，队伍稳定性不断增强。坚持效益化经营思路，着力推动业务内含价值提升，本着“渠道不能少、规模不能小、份额不能降、成本不能增”的思路与要求，突出重点渠道，兼顾均衡发展。

【队伍建设】 坚持队伍建设不放松，队伍是公司发展的基础，公司队伍建设着眼于“扩量提质”发展。“扩量”即坚持常态增员不放松，专人专岗，坚持运作周四甄选日，并组织召开了“大众创业、万众创薪”等创业平台。“提质”即加强新兵岗前培训，邀请专业人员进行讲授保险知识，并组织市场实际训练，切实提升销售人员的业务素质和展业能力。

【管理工作】 公司在全面发展业务的同时，坚持做到依法合规经营，做好风险管控工作，避免各种风险事件的发生。提升队伍素质。通过加强教育训练提升营销人员素质，坚持明明白白卖保险，让客户明明白白买保险，坚决杜绝销售误导行为。强化客户服务管理。坚持倡导上级服务下级、内勤服务外勤、全员服务客户的大服务理念，提倡原则性与灵活性相结合，坚持“方便、快捷、高效”服务要求，公开服务承诺。实行费用预算制度。所有费用都要先预算，按照可用费用额度进行使用，杜绝费用超支。建立办公用品等统一购买制，谁使用谁领用的机制，杜绝了乱购买现象。坚持依法合规经营。公司成立以一把手为组长的防范风险工作小组，制定相关规章制度并坚持不断检查落实，确保不发生经营风险，保障公司业务顺利发展以及社会的稳定。

【履行契约责任】 做好“社会稳定器”。坚持“主动、迅速、准确、合理”的原则，全心全意为广大客户提供理赔服务。对出险已报案但未及时递交理赔资料的客户，公司主动联系客户，协助客户办理理赔手续。有力发挥保险“社会稳定器”及经济补偿职能作用。

【履行社会责任】 武安“7·19”特大暴雨中，公司全力配合市委、市政府等相关部门，解决公司客户在暴雨造成的困难和损失。

【提升国寿“1+N”特色服务】 即拥有国寿一张保单，可以享受到多种附加值服务，包括医、食、住、行、用等各方面的特约商家折扣优惠服务。年内，为金、钻卡客户开展生日祝福、健康体检活动，以“牵手国寿”为主题，举办少儿绘画、客户答谢会、客户节咨询宣传、“国寿大讲堂”健康知识讲座等特色客户服务活动。

【服务和谐社会建设】 公司与市红十字会共同开展“国寿温暖进万家“春节困难家庭慰问活动，活动期间公司各渠道派业务精英前往困难家庭中，送去大米、油、面、棉被等必要的生活用品，切实把中国人寿的关怀与温暖送到困难群众家中，帮助他们过一个欢乐祥和的春节。

（胡伟亚）

科技

综述

【概况】 2016年，市委、市政府高度重视科技工作，始终把科技创新工作摆在突出位置，将实施创新驱动战略作为转型升级、提质增效的重要抓手，大力推进科技工作深入开展，科技创新对县域经济社会发展的支撑和引领作用日益凸显。市科技局贯彻实施科技创新驱动发展战略，紧紧围绕市定目标和市定重点工作，认真贯彻落实科学发展观，大力加强科技成果转化应用，促进企业增强科技创新能力，提高产品科技含量，强化实施知识产权保护战略，完善科技创新体系，把科技创新作为推动供给侧结构性改革、加快产业转型升级的核心动力，突出结构调整、平台建设、人才支撑、机制保障等关键环节，持续发力，推进实施市科技创新和建设特色产业示范基地为抓手，立足服务、立创特色、重点突破，取得较好的成绩，圆满地完成全年市定目标和市重点科技工作任务，有效地促进县域经济社会的平稳健康发展。

【市科技局】

局长、书记：白德民
副局长：段海昌
地震局副局长：任焕英
副局长：李海洋
副主任科员：郭学斌

【干部队伍建设】 年内，按照市委“三严三实”“两学一做”“党风廉政建设”等活动的统一部署安排，科技局党组高度重视，制定一系列学习活动措施，持之以恒地坚持“周一五”学习制度，定期组织全体机关干部集中学习党章党规、学习习近平总书记系列讲话精神、学习十八届六中全会精神及省市党代会精神和开展针对性的岗位业务培训。全局上下形成了领导带头、全员参与的学习氛围，特别要求党员领导干部在学习的同时，写3至6篇心得体会，使每个党员干部在提升服务水平中切实做好贯彻落实，在提升服务发展能力中，树立大局意识，在服务大局中尽责任、做贡献。全面提高科技局干部队伍思想建设、组织建设、作风建设和业务素质能力建设，着力解决干部队伍中存在的精神懈怠、作风不实、效率不高等问题，全面领会上级精神实质，把握理论精髓，明确目标任务，理清工作思路，出现了统一思想、振奋精神、凝神聚力，抓实干、求实效、出实绩，心往一处想、劲往一处使、开拓进取、奋发有为，用行动证明境界，用结果检验效果，争创工作一流业绩的良好局面。

【重点目标任务工作】 全面推进实施科技创新项目，成效显著。市科技局狠抓12项新产品、新技术开发项目，河北银隆新能源有限公司的“纳米级可快速充电钛酸锂锂离子电池开发及产业化”项目被确定为邯郸市重大科技成果转化项目。元宝山工业集团水泥有限公司的“年产60万吨矿渣微粉”项目、康农豆制品有限公司的“营养保健双蛋白肉”项目、科盈连铸型材制造有限公司的“铸铁水平连铸空心型材”项目列入省创新基金项目。文祥合金制造有限公司的“铸造电脉冲孕育装置”项目通过省级验收。市医院的“RDW预测技术对急性心肌梗死价值”“双C疗法联合运动心理干预对高领妊娠期糖尿病孕妇妊娠结局的影响”两个项目获得邯郸市科技进步奖三等奖。通过有重点的研发，促进产业转型升级、节能降耗、循环经济和新兴产业发展。

提升企业技术创新能力。市科技局注重企业研发平台建设和创新能力提升，在全市规模以上企业全部建立起研发机构，年内经邯郸市备案的企业研发中心15家，全市已达121家。培育河北万利新材料科技有限公司、武安永天铸业有限公司、河北银隆新能源有限公司3家高新技术企业，全市高新技术企业达到15家。认定科技型中小企业99家，全市科技型中小企业达到363家。培育建设邯郸市工程技术研究中心2家，分别是邯郸市康农豆制品有限公司和科力型钢有限公司；培育建设武安市汇成创客服务有限公司众创空间1家。

全年共完成专利申请401项，授权专利80项。年内万人发明专利拥有量达到2.33件，比2015年增长0.45件。申报知识产权贯标企业1家，专利保险试点企业2家，专利转化率达到75%，被国家知识产权局评为2015年度国家知识产权试点示范城市工作先进集体荣誉。

【建立产学研平台】 为了提升全市企业创新能力和促进产业转型发展，拉长企业产业链，搭建企业与高校院所产学研合作创新平台，在邯郸市组织召开校企合作项目对接洽谈会。通过高等院校科技人才和科研机构，依托工作站招大引强，开展技术研究和技术推广，为武安市高新技术企业的快速成长提供技术、人才支撑。

【农业科技创新】 加强农业园区建设工作。智寿源农业科技园区顺利通过河北省农业科技园区评估考核工作，正式成为省级农业科技园区。在此基础上，武安智寿源“星创天地”成功列入省首批“星创天地”。加强山区经济技术开发工作。2016年河北省山区太行鸡养殖与蛋品加工技术培训会，以“转型升级、提质增效、环保生态”为主题，在武安市首次举办，进一步推动河北省山区太行鸡产业快速健康发展。

【科技服务平台建设】 完善科技特派员制度。年内，全市科技特派员引进推广新品种、新技术32个，培养示范户45个、培训科技明白人1370人，培训人数达到9200人（次）；发放科技宣传资料9000多份；受益农民人数达5.5万人。完善科技信息服务网络。对市科技信息网、科技频道进行整改，特别是科技信息网，不定期发布科技项目信息，为企业提供方便。

【科学普及及服务调研企业活动】 按照坚持贴近实际、贴近生活、贴近群众的原则，开展一系列内容新颖、富有成效的科普活动。采取下农村、入校园等方式，城乡联动，全民参与，每年均开展“科技活动周”、送科技下乡和科普宣传周活动，普及了科学知识，提高广大人民群众的文化素养。开展“美丽乡村、后进支部、入户、进企业”技术服务活动。领导亲自带队深入农村和企业，尽其所能解决提出的问题和要求，对症解决困扰农民快速致富和企业壮大发展的技术制约瓶颈，自身解决不了的，多方协调解决，尽到服务职能，真正使企业、群众得到满意。

（李正华 段江华）

气象工作

【概况】 武安市气象局位于武安市西环路789号，1958年在骈山村建站，1999年1月迁至现址，占地面积10.3亩，办公楼建筑面积856平方米。下设办公室、业务科、减灾办、人工影响天气办公室、执法大队。主要履行全市气象观测、气象服务及与气象防灾减灾相关的社会管理工作。

【市气象局】

局　长：王　梅

副局长：程振峰

【学习型机关建设】 施行严格的学习制度。制定详细的学习计划，明确学习重点，确保职工队伍学习既有形式，又有内容，进一步激发职工的自觉性与积极性。坚持在工作中学习和在学习中工作，把远程学习与工作岗位相结合，

5～8月获远程学习优秀全省前10名。以科室为单位进行业务学习、排名考试，真正做到学以致用，提高员工业务水平。

【党风建设】 加强学习，规范内部管理。年初修订车辆管理制度、请销假制度、科室上报制度等13项规章制；组织开展各类应急演练28次；举行安全讲座4次，廉政讲座2次，党建讲座12次，提升职工综合素质，提高单位整体精神面貌；坚持周一例会，周五协调会，全年召开全局会16次、局务会23次、专题会18次，任何困难，早提出、早解决。开展好党风廉政建设工作。开展“两学一做”学习教育，每月制定学习计划，通过集中学习和自学的方式学习党的方针政策，并要求党员撰写学习笔记和心得体会；举行手抄党章、手抄习总书记重要讲话活动，抄写同时逐条逐句领会，提高党性觉悟；开展“两学一做”专题研讨会、主题生活会以及“身边的榜样”先进事迹报告会，把“两学一做”切实落实在工作中；全局党员作出公开承诺，向广大群众公示，将“带党徽、亮身份”常态化；做好廉政宣传教育活动，通过集体学、自学，观看教育警示短片、廉政影片，学习警示案例，做好风险防控工作；省级精神文明创建成果显著。优化办公环境，为职工建立车棚、建立业余活动场所篮球场、室内活动室，丰富职工业余生活，争创并获得省、市级精神文明单位、河北省气象局巾帼文明岗。

【基础业务工作】 按照相关业务规范及国家局要求，全面完成了武安国家气象观测站综合性标准化改造工作，使得观测业务工作得到更好的保障，各项观测数据更加准确、及时、稳定。做好气象设备保障工作。对全市43个气象站、及内外网络、气象预报、预警信息发布平台进行排查、维护。全年维护站点共计47个163次，其中更换电池107次，更换设备56个，因7·19暴雨重新建设站点2个。气象服务水平明显提高。在全市重大气象服务过程中，提供精细化服务。“2016邯郸·武安第二届全国划骑跑铁人三项挑战赛”期间，该局24小时严密监视天气变化，研判天气过程，向市委、市政府及组委会报送赛事专题预报共7期210份，近9万余条温馨提示短信，同时派出3组9人对七步沟、京娘湖、朝阳沟景区内的78个空飘气球进行安全监管，确保赛事安全进行，优质的气象服务获得市委、市政府的肯定与表彰。

【公共气象服务】 拓展信息发布渠道，扩大信息传播范围。在传统媒体的基础上，充分利用“两微一端”等新媒体的迅速便捷、个性定制、丰富内容的优势，不断完善服务内容；建立“武安市气象信息员”微信群，及时上传服务产品，做好气象防灾减灾及三农服务。遇天气过程，第一时间发布监测信息，并作出研判，指挥乡镇、部门、农林业大户进行防御。并邀请农、林业专家，实时解决农、林业大户提出的问题，为其提供最新的农业政策与培训信息。决策气象服务备受称赞。全年共发布各类预警信号102份，专题预报及月预报34期816份；雨情公报59期1416份，下发气象灾害防御指挥部重要天气防御通知16期784份；利用短信服务平台向相关部门领导、信息员、农户等发送气象服务短信821.44万人次。“7·19”特大暴雨前后一周内，组织编写发送预报预警短信20次28.8万条，雨情信息45次64.8万条，共计93.6万条；通过“新武安”报“武安电视台”等官方微信公众平台向全市发布暴雨红色预警信号及天气预报，有16.8万人次转发阅读。第 时间通知辖区内厂矿企业全部停产，近千家厂矿企业未发生一起因暴雨洪灾引起的人员伤亡和安全生产事故。在抗洪救灾中，气象局获武安市“7•19”特大洪水灾害抗洪抢险救灾先进集体，以及获模范个人1人、先进个人2人。另有1人获河北省 “7•19”抗洪抢险救灾工作先进个人，1人获邯郸市“7•19”特大洪水灾害抗洪抢险救灾模范个人。人工影响天气能力不断提高。年内人影作业共21次，发射炮弹189发，火箭弹62枚，燃烧烟条35根。通过作业有效地缓解武安市旱情，增加土壤墒性、涵养了水源，对改善武安市空气质量、降低森林火险气象等级发挥积极作用。同时，将作业人员信息在市公安机关登记、备案，进一步消减人工影响天气的风险隐患。气象灾害防御能力不断增强。成立阳邑镇、磁山镇气象灾害防御指挥部，并制定其工作职责，实现气象灾害防御责任的延伸。乡镇气象灾害防御责任落实。各乡镇出台气象灾害防御应急预案及气象防灾减灾工作职责，制定气象信息员工作职责与学习宣传计划，并组织开展培训及宣传工作。做好灾情调查、统计工作，以时间为节点开展全市“7·19”气象重点受灾调查，真实还原受灾情况；协助河北省气象灾害防御中心完成全市502个行政村、434所学校、46家医院、36座水库、32个尾矿库、18个地质隐患点、5条河流等风险普查工作，收集18588条数据，并将信息录入气象灾害防御系统，为建立气象灾害风险数据库提供数据保障。与各乡镇签订气象灾害防御工作目标责任状，制定2016年各乡镇重点工作。并将乡镇气象防灾减灾工作纳入市委组织部年终考核，并制定详细的考核目标。开展气象信息员培训，将其名单与职责公开。不断扩大气象防灾减灾体系，将全部气象信息员相关信息进行核对更新，并且将交通、建设、水利、景区、学校、种养殖大户、重点企业相关人员纳入气象灾害预报预警平台，年底平台总人数为4805人，汛前对信息员进行气象灾害防御培训，并在武安市政府信息公开平台对信息员名单及职责进行公示。发挥指挥部主导作用。市气象灾害防御指挥部先后下发了《关于做好降雪天气防御工作的通知》《关于做好寒潮、雨雪、大风等灾害防御工作的紧急通知》及《关于开展武安市气象灾害防御检查工作的通知 》等文件、通知。科普宣传有声有色。科普宣传以点带面，层层铺开。信息方面：在国家级媒体（中国气象报、中国气象局官网）发表6篇，“7·19”气象服务事迹，有17家媒体转载报道；河北省气象局政务信息网发表信息114篇。接受电视台采访报道8次；围绕2016年“3.23”世界气象日主题“直面更热、更旱、更涝的未来”，局分别在七步沟气象科普馆、西岭湖公园开展多项宣传活动，设置展位，展示展板、向市民发放传单、接受现场咨询等形式，对防雷减灾知识、气象科技服务等内容进行系统的宣传。同时利用“5·12”防灾减灾日、安全生产月及“12·4”法治宣传日作为气象科普宣传的重要机遇，全年累计发放宣传材料1.2万多份。

【计财工作】 在计财工作方面，市气象局现金保管齐全，按照要求按时报账，预算内外每张原始凭证收、支单据全部依照有关规定办理，全年收入、支出、银行存款、现金结余等全都符合要求，没有违法违纪问题发生。

【社会职能】 编制完成局职责清单，并经政府审核公开，进一步促进气象行政审批工作的规范化、标准化、法治化，为气象法制化提供有力依据。全年对所监管企业进行安全检查，排查企业429家次，查出隐患58处，整改到位58处，全年无行政处罚、行政复议、执法投诉发生。及时填报行政审批事项统计报表，全年受理气象行政许可事项9件，局窗口获得“流动红旗”称号。

防震减灾工作

【地震监测台选址成功】 通过勘测选址工作，完成大同镇罗义东庄村的准静电场、管陶乡渠沟村的激光倾斜仪两个地震监测台站建设，提高市地震监测能力，使地震监测水平上一个新台阶。

【防震减灾工作】 地震监测预报、震灾预防和应急救援三大体系不断完善，防震减灾综合防御能力大大提高。对市内新开工的建设项目开展地震安全评估，使建筑物设防率达到90%以上，维护广大人民群众的生命财产安全，防震减灾工作连续多年保持全市地震系统先进位次，并获2016年度省级防震减灾工作先进集体荣誉称号。在广泛开展防震减灾宣传活动。增强全社会的防震减灾意识。利用地震宣传月、科技活动周等时机，组织开展防震减灾科普宣传活动。通过集中学习、举办讲座、张贴科普宣传挂图等形式，大力普及地震科普知识，增强干部、群众的防震减灾意识。开展“防震减灾科普知识讲课堂”活动。利用实际防震减灾科普示范学校，开展“防震减灾科普知识将课堂”活动，利用学生地理课或自习课时间，采用课件播放、专家讲座、防震电影放映等形式，开展宣传活动，达到教育一个学生，带动一个家庭，从而影响整个社会的目的。组织防震减灾应急演练。利用防灾减灾日、地震纪念日，以地震应急疏散演练、地震人防应急演练、地震消防应急演练等多种形式，组织宣传普及活动，取得良好效果。积极开展建设工程抗震设防服务工作。科技局在市行政服务大厅设立服务窗口，对建设工作抗震设防要求审批做好备案工作，按照从快从简减负的原则，进行联合办公，减少相关手续，及时协助建设单位到市科技局（地震局）办公室办理相关审批手续，进一步提高工作效率。

（张泽鉴）

文化

文广新体工作

【概况】 武安市文广新体局是市政府主管文化、体育、广播电视、新闻出版等工作的部门，下设文艺科、体育科、文化市场管理科(广电科)；下属单位有市业余体校、市新华书店、剧场、剧团、文物保管所、文化馆、文化市场执法大队、图书馆、磁山文化博物馆、冶陶晋冀鲁豫边区革命纪念馆。2016年是“十三五”开局之年，文广新体局认真落实市委、市政府提出的“文化强市”战略，加快公共文化服务体系建设，认真实施民生工程，努力繁荣文化市场，挖掘和打造红色文化资源，促进“文化+”产业的发展，努力推进全市文化、体育事业健康协调发展。

【市文广新体局】

党组书记、局长：王慈娴
主任科员：杨建华
副局长：杨江平
　　　　张卫东
副乡科级干部：杨俊燕
文体中心主任：连少波

【思想队伍建设】 年内，文广新体局以解放思想大讨论、“三严三实”“两学一做”“一问责八清理”为抓手，强化队伍思想政治基础，狠抓党风廉政建设。年初制定学习计划，强化组织领导，及时召开各种会议传达市委有关会议精神和要求，完善专项资金、财务、车辆等管理制度，有效促进全系统各方面发展。

【文化服务工作】 紧紧围绕全局中心工作任务，以加快推进全市文化事业、文化产业的繁荣与发展为目标，以落实“美丽乡村”行动为抓手，着力加快社会文化建设，完善公共文化服务体系，繁荣文化精品创作，强化文化遗产保护，推动文化产业发展。全面加速构建现代公共文化服务体系。根据邯郸市委办公厅、邯郸市人民政府办公厅引发的《关于加快构建现代公共文化服务体系的实施意见》精神，结合武安市实际，起草制定《武安市关于加快构建现代公共文化服务体系的实施意见》和《武安市基本公共文化服务实施标准》，确定武安市基本公共文化服务项目、硬件设施和人员配备标准，明确政府保障底线。加大文化惠民工程建设。为进一步提高农家书屋建、管、用，有重点地为农村配发图书书架230套，设备总价值20余万元，为全市502个行政村配发图书10万余册。在美丽乡村建设工作中，为大水峧村争取资金20万元修建文化广场。丰富人民群众文化活动。农历正月十四至正月十六在武安市图书馆门前及西侧举办以“书香武安”为主题的2016年“武安市图书馆优胜杯民俗谜会”灯谜展猜活动，谜会展出灯谜约4000余则；5月组织武安市2016年“彩色周末”系列假日文化活动，在市向阳公园、武安广场举办“彩色周末系列假日”专场演出活动；联合市文联连续举办两次“武安市神钲大讲堂”，两期讲座参加人数达160余人；全年下乡演出220场；以市、乡、村基层文化惠民活动为主要内容，紧扣“彩色周末系列假日”主题，组织文化馆、剧团等单位开展活动，扩大活动的辐射面和影响力，丰富和活跃基层群众的文化生活。

【体育健身工作】 年内，文广新体局在大力开展全民健身宣传，引导广大群众参与体育健身的同时，本着群体与竞技并重的原则，继续推进体育事业的平稳快速发展。体育产业创新“体育+旅游”模式。成功举办了“普阳钢铁杯”2016邯郸·武安第二届全国划骑跑铁人三项挑战赛。参赛的专业运动员人数，由2014年的200名增加至600名，其中既有武安及周边地区的本土运动员，也有来自北京、山东、湖北、新疆等各地区的运动员，还有来自德国、新西兰、摩尔多瓦的外籍运动员。开展奥运冠军公益服务行动，特邀中国奥委会官员和2008年北京奥运会体操冠军何可欣、跳水冠军周吕鑫、赛艇冠军奚爱华与市五中师生亲切互动，向市第五中学捐赠价值100余万元的运动装备，在社会引起强烈反响。打造文体中心品牌化。文体中心深化公共文体服务机制，提升场馆设施品质，因时制宜、因地制宜，开展和举办一系列丰富多彩的文体活动。先后组织举办“决战太行拳王争霸赛”“武安市第一节毽球大赛”“武安市首届业余足球联赛”等体育活动；举办“武安环球美食嘉年华”“百强车展”等活动，均收到良好的社会和经济效益。积极开展群体性体育活动。举行元旦环文体中心长跑比赛；全国业余自行车联赛暨河北捷安特自行车联赛邯邢站环武安洺湖自行车赛；组织武安市“郎牌特曲杯”职工乒乓球锦标赛、武安市第十二届“师德杯”教职工乒乓球赛等8次大型体育活动，参加人数达到3000余人。竞技体育喜获丰收。组队参加邯郸市级以上比赛 3项9次，共获奖牌32枚，其中，金牌15枚，银牌7枚，铜牌10枚，其中国家级金牌5枚，银牌1，铜牌2枚，省级金牌2枚，银牌2枚，铜牌1枚。2016中国体育彩票全国象棋业余棋王赛河北赛区比赛中获得一等奖4个，二等奖6个，有力促进武安市竞技体育的知名度。

【文艺精品战略】 年内，文广新体局继续深入开展创新品、出精品活动，有5幅书画作品参加“2016邯郸市群文美术书法摄影精品展”。李红兵的20幅国画作品参加“遇见·偶像派——当代工笔名家2016长沙展”。为进一步繁荣和发展市文化事业，激励广大文艺工作者的创作热情，促进文艺精品创作生产，起草制定了《武安市“地方文化建设突出贡献奖”评选奖励办法》。

【文物保护工作】 稳步推进两馆免费开放。截至年底，累计接待来自政府机关、部队、企事业单位、学校、社区的团体70余个、各界群众20000多人次。其中，分批接待省委组织部组织村党组织书记“万人示范培训”班成员近3000多人。继续开展第一次可移动文物普查工作。对古代铜钱进行详细的分类，大约5万余枚。普查工作已基本结束。启动一批重点文物的维修工程。完成《晋冀鲁豫中央局和军区旧址》的消防方案设计并上报河北省文物局，城隍庙拜殿修缮方案已批复，城隍庙的其它修缮方案正在紧急制作当中。完成大智寺和东城门立项报告并上报河北省文物局，以上项目待批复。挖掘红色文化，创新“文化+”模式。充分利用武安革命老区优势和特色，创新打造“红色文化+旅游”模式，将全市72处红色文化结合市的山水资源、历史文化、传统古村落文化、农家乐等整合旅游资源，挖掘文化内涵，加大宣传力度，打造精品线路，形成一套集自然山水、红色、历史、古村落、农家乐、休闲诸多文化为一体的新型、独特的旅游线路，打造文化强市，提高城市品位，为经济建设服务。起草制定《关于“十里店”历史文化保护开发实施方案》，通过实施十里店村红色历史文化开发保护项目建设，使十里店村历史风貌得到保护和延续，文化遗产得到有效保护和永续利用。

【文化市场管理工作】 加强宣传教育，提高文化市场经营主体的守法意识。年内，文广新体局以会代训的形式举办“安全生产月”动员会、文化市场技术监管和服务平台培训工作会等法律、法规培训班3期，受训人数达200余人次；充分利用综合治理宣传日、安全生产宣传日，集中组织开展文化市场法制宣传活动。发放宣传品1000份，宣传群众800余人，接受群众咨询400余人次。加强执法监管，规范文化市场经营秩序。积极推行《首问负责制》等机关效能工作制度，转变职能，严把审批关口，加强源头治理。截至年底，受理许可事项10项，其中网吧设立3项，出版物经营许可2项，营业性演出活动审批3项，游艺娱乐场所经营审批1项；电影放映许可1个；积极推进文化市场技术监管和服务平台工作，将全市文化市场经营场所的基本信息录入服务平台，服务群众，实施网上行政审批；检查文化经营单位630多家次，出动人员820余人次，出动车辆220余次，对6家存在违规经营行为的单位进行行政处罚，收缴非法出版物700(盒)册。加强规范力度，认真落实“扫黄打非”工作。根据全市当前“扫黄打非”工作的重要性，及时调整和充实市级“扫黄打非”工作领导小组，建立健全以市四套班子领导为组长、以市文广新体局、公安局、卫生局、工商局等多部门为成员的领导小组，以全市工作开展组织下发相关的文件；先后组织开展“清源·2016”“净网·2016”“秋风·2016”“护苗·2016”打击侵权盗版专项行动等一系列活动，各项行动中，出动人员310余人次，出动车辆100余次，检查经营单位190余家次，非法出版物1000余本，查出无证游商、地摊15家。加强事故防范，开展安全生产大检查。文广新体局以宣贯新《安全生产法》为统领，检查经营单位820家，查出隐患550处，其中当场整改490处，限期整改60处，投入整改资金2515元。

（连彬）

广播电视工作

【概况】 2016年，武安广播电视台有全额事业7人，差额事业68人，自收自支20人，编辑记者21人，具有中级以上职称11人。下设办公室、财务管理部、人力资源部、安全保卫部、总编室、广播中心、电视中心、技术中心、制作播出部、民生综艺频道、对上报道部、专题新闻部、传媒公司、电影公司14个部室。市广播电视台有2套电视节目（武安1套和武安2套）。开办有《武安新闻》《法治武安》《洺河话语》《百姓大舞台》《美丽乡村》等栏目。《武安新闻》电视栏目被评为武安市十佳优秀栏目。

【市广播电视台】

党组书记、台长：田丛书

主任科员：武志荣（5月免）

副台长：李俭

魏祥科

【创新宣传工作】 以中共十八届五中、六中全会精神和习近平总书记系列讲话精神为指导，严格遵守三严三实、八破八立的要求，认真践行“学党章党规、学系列讲话、做合格党员”活动，以改进新闻报道为抓手，开展一系列新闻行动，取得良好的社会反响。截至年底播发新闻稿件2500余篇，制作、播出《武安新闻》栏目260期。《武安新闻》坚持贴紧时政、贴近中心、贴向基层，是该台坚持新闻立台重点打造的品牌节目，全方位报道武安的政治、经济、文化活动，成为干群了解时政的窗口，关心全市经济的平台，为全市经济发展和社会进步创造了良好的舆论环境。圆满完成“两会”报道、两税专项清理、重点项目建设、安全生产、美丽乡村建设、大气污染整治、邯郸·武安第二届划骑跑铁人三项挑战赛专题报道、“两学一做”等重要活动的宣传报道工作。根据全市的安排部署适时在《武安新闻》中开辟《护林防火专题报道》《抗洪救灾生产自救专题报道》《两税督导专题报道》《学党章党规、学系列讲话、做合格党员》等栏目，对全市重大活动、重要事件、重点工作、重大工程等形成强大的舆论声势，做到导向正确、服务有力、推动有声。全年完成各类时政、社会、民生等电视新闻稿件1400余篇，制作领导电视讲话5期，制作通知通告40余条次，播出字幕标语20余条。深入铸造品位外宣。全年先后在上级台播发各类新闻稿件达1173条。其中有66条新闻在中央人民广播电台播出，56条新闻在《河北新闻联播》中播出，300余条新闻在邯郸电台、电视台前三条播出，200余条上了新闻提要，其中《武安钢铁：在瘦身中“嬗变”》在河北新闻联播中分上下两集在新闻头条播出，受到好评。地方台和各大新闻网站转载新闻51条，其中《河北武安七步沟景区中秋举办拜月大典》在中央电视台综合频道、国际频道、农业频道、新闻频道播出后，被北京、上海、黑龙江等11家省级地方电视台转播。全年9篇作品获奖，其中一等奖2篇，二等奖7篇。《武安：电商“创客”让土特产有了私人订制》获邯郸市电视新闻一等奖，《武安驶入“电动新时代”》获邯郸市广播电台新闻一等奖，《风吹花椒别样红》《马海仓种树圆了儿时梦》《气象专家来到俺菜棚》获邯郸市电视新闻二等奖，《武安农民蔬菜贵漂洋过海进欧美》获邯郸市广播新闻二等奖。

【品牌栏目提质创优】 节目是立台之本，为提高节目质量和报道水平，武安广播电视台努力开创优质品牌栏目和提高节目品味，增强节目的吸引力、影响力。《百姓大舞台》全年播出26期，圆满完成《百姓大舞台》第二季度总决赛。年内，《洺河话语》播出52期、121个板块，推出系列专题片《武安古村落》和全方位展示武安文化艺术届优秀人才的系列人物纪录片《洺人名流》，完成18集系列专题片《福彩寻找寒门学子》的拍摄和制作，节目播出后，在社会上引起了强烈反响。 广播电台完成邯郸市《清晨市民热线》的全程转播任务，并顺利完成《武安专场》的直播报道任务。由电台主办的“大手拉小手”“关爱山区儿童”的爱心助学活动，得到社会各界的强烈反响。由电台主办的“志愿服务高考、爱心助力学子”活动，开展“文明劝导”，协助交警为考生提供良好的出行环境，取得良好的社会效益。7·19特大暴雨发生后，广播电台深入灾区一线，对道路交通状况及受灾情况进行报道，并先后两次组织社会爱心人士深入灾区，送去万余元应急物资。一套专题部继续承办好《安全时空》栏目，该栏目全年播出48期（7·9期间停播4期）。深入宣传安全生产政策法规，推广先进安全管理经验，普及安全生产知识，提高全民安全生产意识，营造良好的社会氛围。继续办好《法治武安》栏目，为全市形成“懂法、知法、守法、用法”提供良好的氛围。4月，一套专题部开办《美丽乡村》专题栏目，对17个村庄进行采访，播出完整栏目15期。一套专题部完成专题片制作8部、专题访谈1期、现场演练1场、以及各类宣传短片、公益广告。

【广电事业】 电影放映工程。全面做好农村公益电影放映工作，严格落实“一村一月一场”公益电影目标，先后为全市22个乡镇、502个行政村群众播放电影6024余场次。广电传媒运营。严格按照要求建立广告业务承接登记、审核、档案、合同等基本管理制度并严格执行。严格建立广告审查制度，对所有的广告进行重新审核梳理，对不符合广告法的广告重新编辑、制作。电影频道全年实现安全播出无事故。其中电影播出3015部，电视剧播出5145集，审核电视剧50部共1989集，采集电影128部，电视剧12部共499集。手机台业务拓展，全年发布：武安新闻750余条、新闻下午茶200余条、最新资讯810余条、国内国际新闻480余条，7·19专题报道及灾后重建800余条。教育网运维。全年实现网络平稳运行，无重大事故。全年维修次数1500余次，架设、更换线路8000米。5月对核心交换机及防火墙进行检查，保证6月高考的顺利进行。广播电视无线数字化工程。按计划积极推进中央无线数字覆盖工程建设。升级武安一、二套为数字输出，解决武安台信号传输过程中两头数字中间模拟的瓶颈。安装该台播出机房到发射台的TS流光端机，将武安台节目数字信号传送到发射台。配合安装两部数字发射机及微波收发设备，年底设备安装基本就绪，为中央无线电数字覆盖工程开通奠定基础。

【行业管理】 细化责任，防范安全播出事故发生。把安全防范作为工作的重中之重来抓，先后对电台、电视台的播出机房、发射机房、网站、户外大屏、演播室等重要岗位、敏感区域进行安全专项检查，完善安全播出应急预案。“两会”期间，即时启动安全播出应急预案，关键部位采取增加值班、值机人员，领导带头值班督查等措施，确保播出万无一失。针对演播室蓝色幕布由于超期服役，已经严重褪色，造成非线编抠像不干净等问题，该台成功招标后安装无缝拼接液晶大屏，从而提升后期录制的效果。加强设备管理，提升新闻采、编、制、播质量。年内在资金紧张的情况下购买松下265摄像机3台，松下610摄像机1台，为适应摄像的多元化发展，专门购买1台大疆精灵4无人机。机器设备采取谁领取谁签字，谁损坏谁负责的管理机制，为新闻后期制作提供坚强的后盾。层层把关，保障节目播出有序进行。严把节目审查关。健全广播电视宣传管理、安全播出秩序的长效机制，使广播电视宣传健康发展，结合工作实际，严格实行三级审查责任制，实行谁审查谁签字谁负责的追究制度，严把节目审查关，职责明确到具体办事人员，层层抓落实，完善了节目审查和监测制度，年内，先后审查全台两套节目8个栏目239期，确保全年无播出事故发生。搞好宣传策划，针对全市的重点活动，提前撰写宣传方案，形成浓厚的宣传舆论氛围。全年制作宣传片6部。制作播出公益广告。推出“植树造林、森林防火、文明祭扫、大气污染治理、开口说爱、食品安全、抗洪救灾”等公益广告和公益片作品，起到传承文明、以文化人的作用。年内，广播电视台对上报道新闻稿件在邯郸市各县（区）排名第三。

（申俊涛）

武安市报社

【概况】 武安市报社属差额事业单位（正科级）。2016年，除正常出版《新武安》报外，发展壮大《新武安》微信工作平台。有干部职工22人，其中15人属财政拨款，3人属自收自支，6人属人事代理。下辖4部1室，即：时政部、经济部、社会生活部、照排部、办公室。《新武安》每期发行约9000份。

【武安市报社】

总编辑：高宏伟

副总编辑：张志芳

高树其

【新闻工作】 主动担当作为，凝聚抗洪救灾的强大力量。“7·19”百年不遇洪灾发生后，报社主动出击，充分发挥《新武安》报和《新武安》微信平台的优势，迅速占领舆论宣传的制高点，积极引导舆论，除及时报道市委、市政府抗洪救灾的重大决策部署外，及时挖掘报道来自一线的典型做法、感人事迹，为全市抗洪救灾工作正常有序开展提供强大的精神动力、舆论支持和思想保证。通过《新武安》报刊发抗洪救灾和灾后重建的报道200余篇（幅），策划制作“7·19抗洪救灾重建家园特别报道”专版60余个，通过《新武安》微信平台推送微信300余条。及时刊登抗洪救灾相关通知、通告、倡议书。评论员文章《坚定信心 鼓足勇气 擦干眼泪 昂扬奋起》《克服依赖思想 坚持自强不息》和《不松劲 不懈怠 不动摇》等受到市委、市政府主要领导的高度评价，被市委、市政府评为“抗洪救灾先进单位”，并受到表彰。关注项目建设，激励百姓创业。开设《加快项目建设 推进结构调整》栏目，紧密关注武安市转型发展中涌现的典型。刊发《东太行旅游项目稳步推进》《我市6家企业开展海外投资》等。为鼓励全民创业，经济版相继推出《擎起电商进乡村大旗——访雅园电子商务有限公司董事长张士珍》等一大批反映老百姓创业的稿件。突出阵地职能，助推美丽乡村建设。市报社开设《美丽乡村行》专栏，及时刊发了《茶口村打造两千米绿色走廊》《幸福新泉上》《小屯，美了》《美丽泉上养成记》等30余个村的新变化、新做法、新经验，展示美丽乡村建设取得的成就。精心打造精品栏目。办好“美丽武安人”“追梦”“社会聚焦”“爱心接力”“百姓故事”等精品栏目。刊发大量关注现实生活、服务百姓、弘扬正能量的文章。突出社会担当，当好部门和群众的桥梁和纽带。“Q来Q去·民情互动”继续成为与百姓沟通互动的桥梁和纽带。法制版新开辟“他山之石”“以案说法”等栏目，让广大读者对学法用法有了更为深刻的理解。此外，在环境整治、森林防火、秸秆禁烧等方面及时跟进宣传，解疑释惑推进工作，处处发挥主流媒体的积极作用。

【新媒体工作】 年内，报社把《新武安》微信平台建设放在重要位置来抓，在人员、资金及机制上向微信平台倾斜，充实队伍，健全制度，严格把关。《新武安》微信平台有了质的提升。推送的《妈妈，你快醒醒》一稿，阅读量突破39000余次，分享3800余次，《帮帮上三里王树延一家吧》阅读量达25000余次，分享2300余次。第二届全国铁人三项“划骑跑”赛事中推出的城市宣传片《武安是个好地方》视频点击量则超过15万余次。《新武安》微信平台成为武安有影响力的新媒体。

【党的建设和队伍建设】 深入开展“两学一做”学习教育活动。认真开展“两学一做”学习教育活动。党的建设得到加强和规范。纠正多年来抓党建虚建虚抓的做法，按照规定时间召开“三会一课”。严格控制“三公”经费支出；严格实行婚丧嫁娶报告制度；严格执行民主集中制；严格遵守收支两条线管理规定；严格执行人事制度。

（郝元）

社会文化活动

【神钲书院】 位于中兴路中段，2016年1月17日挂牌成立。自发民间组织，院长安秋生。书院志在弘扬中华传统文化，传承地方文化、助建武安书香城市。年内，书院举办“文化沙龙”16次，“神钲大讲堂”5次，“寻访古村落”7个，以及多次研讨会等多种文化联谊活动。同时，书院积极组织社员捐款捐物投身于7·19抗洪救灾之中。书院实行社员制，由院长邀请社会贤达担任社员，共同完成书院使命。书院期待热心研究和传播传统文化与地方文化，具有一定文化造诣，在文学、艺术、历史研究某一方面有一定成绩，或从事文化传播工作有一定经验和实力的人士参与书院各项活动。

【河北省老年文化促进会武安工作委员会】 成立于2005年12月，地方社会团体，隶属河北省老年文化促进会。该会宗旨是：遵守宪法、法律、法规和国家政策，遵守社会道德风尚；贯彻党的老龄工作方针，维护老年人的合法权益；团结全体会员促进老年文化和老年事业的拓展，促进老龄事业的发展，促进离退休老干部工作的创新、促进社会对老年人和老干部的关爱与支持。该会下设养身保健组、书画组、文艺组、文学创作组。常年分月定期活动，即单月以组活动，双月全体会员活动。创办《夕阳之光》刊物。该会自成立以来，多次代表武安市委老干局参加邯郸市举办的老干部各项文化活动。2016年底，有会员90人，编辑出版《夕阳之光》8期。

教育

综述

【概况】 全市有中小学校406所，在校生13.6万人，教职工9140人，专任教师8880人，其中公办小学128所、教学点239个、初级中学23所、九年一贯制学校4所、完全中学2所、普通高中2所，职业教育学校、特殊教育学校、教师进修学校、业余体育运动学校各1所，民办学校4所；有幼儿园394所，在园幼儿3.1万人，教职工1296人，专任教师1145人，其中公办幼儿园371所，民办幼儿园23所；有乡镇农民文化技术学校22所。

2016年，在市委、市政府的坚强领导下，市教育局紧紧围绕“提高教育质量，建设全国有影响力教育强市”目标，以“教育质量重点突破和顶层设计年”为主题，以推进全年二十项教育重点工作为抓手，咬定提高教育质量第一要务不放松，扭紧“管理创新、科研提升”两条主线，解放思想，实事求是，改革创新，依法治教，持续用力，武安教育跃上新的发展层次。

【市教育局】

局　　　　长：祁有山
副书记、副局长：常富生
副　局　长：李魁林
正乡科级、督学：曹建亮
主　任　科　员：范自田
正乡科级、督学：郭根生
副乡科级、督学：刘入江
副主任科员：郝永强
主　任　科　员：野庆文
副局级干部：杜彦斌
职教中心副主任：刘先辉

【教育优质发展】 围绕优质、均衡“两大主题”，突出重点，补齐短板，提升普及15年教育水平。“7·19”特大洪灾，全市有172所学校受灾。市委、市政府高度重视，教育局以动为先，实行局领导分包项目，责任落实到人，明确时间节点，一天一调度，开展“比比看”，所有重建、维修工程，全部按要求、按规定期限交工，没有一个孩子因学校损毁耽误上学。银河小学等5所标准化学校建成并投用。校安工程扎实推进，52万平方米校舍鉴定检测完成。农村薄弱校改造工作，开工面积、竣工面积，两项指标位居邯郸市第一。为激发办学活力、提升办学效益，对农村初中进行整合优化，组建十二中等5所直属初中，团城等3所农村中学及安庄小学、新华小学直属市教育局领导。实施教育综合巡视工作，全年巡视8个单位，回访6个单位，有力促进学校规范管理。《邯郸日报》头版头条、《河北日报》等报刊媒体专题报道。

【师资队伍建设】 围绕提高教育质量，深入实施名校长、名班主任、名教师“三名工程”，努力建设一支高素质的干部教师队伍。评选表彰第四届“三名人员”291人，以市委、市政府名义召开大会表彰。四届评选“三名人员”895人次。公开招聘教师230人，为一中、三中选聘重点师范院校毕业生30人，招录免费师范生9人。狠抓“关键少数”，召开全市教育干部述职大会，各单位“一把手”逐一述职，起到促进交流、推动工作的良好效果。加大“走出去”步伐，组织校长、教研员到北京、天津、西安、武汉等地学习交流，队伍素质在开放办学中显著提升。

【教育环境建设】 始终把抓好安全稳定作为第一责任，全力以赴，持之以恒，做好群众工作，维护好师生利益。从严从细抓安全。坚决落实“党政同责、一岗双责”责任制，持续开展安全大教育、隐患大排查、大整改，突出抓好校园欺凌、交通安全、食品卫生、流行病、雾霾天气等重点环节、部位的防控，落细、落实安全责任，全系统实现安全生产零事故。尽心竭力保稳定。以解决问题为导向，坚持预防为主、防控结合，经常开展矛盾隐患排查，摸清底数，掌握动态，抓好重点人、重点事的稳控，加强学生安全、法制教育，严防学生伤害事件发生，严格落实学校主体责任，加大问责力度，实现进京、赴省“零入统”。扎实推进依法治教。加强现代学校管理制度建设，坚持民主决策，强化政务、校务公开，规范运行，常态化抓好乱收费、乱办班、乱招生、体罚学生等热难点问题的整治。高度关注特殊教育群体，认真落实国家教育资助政策，协调社会资金150万元，奖励资助优秀贫困大学生400多名。办理人大代表建议4件，政协委员提案8件，办结率、满意度均达100%。

【素质教育】 制定《武安市教研员岗位职责和目标考核方案》，组织开展全市中小学任务型课堂教学说课比赛，小学共同体扎实有效。实施全市中小学“书香悦读”计划，举办读书经验现场观摩经验交流会、图书管理与应用现场会、中小学生读书演讲比赛等，营造了浓厚的读书氛围。举办第二十三届中小学田径运动会、第二十七届中小学艺术节；举办“迎六一”小学生乒乓球、象棋、国际象棋锦标赛；举办第二届“丛台杯”校园足球联赛。富强小学被评为河北省素质教育示范校，全市省级素质教育示范校达到6所，白沙小学、九中被评为省示范性家长学校，武安市被认定为“全国自主教育示范区”。

【教育工作成果】 高标准通过国家级农村职业教育与成人教育示范县复检、河北省中小学校责任督学挂牌督导创新县评估验收，赢得省市领导的高度评价，被评为河北省教育工作成绩突出县。高考实现一本纯文理、名校突破双丰收，创下历史最好成绩。纯文理一本上线1072人，突破千人大关，上线率27.7%；1名学生被清华大学美术学院录取；本科一批、二批上线人数、上线率、增长幅度连续7年稳居邯郸市第一。初中、小学质量稳步增长。中考500分以上2137人，中考优秀率、良好率、合格率分别高出邯郸市2.83个百分点、4.57个百分点、5.73个百分点，平均分比全邯郸平均分高58.86分，各项指标名列邯郸前茅，获“邯郸市中考优秀奖”，邯郸市八年级抽测，五中再次位居邯郸市同类学校第一。职业成人教育持续发展。职教对口升学，本科上线431人，占全邯郸（838人）一半，占河北省十分之一，蝉联全省“十六连冠”。学前教育更加规范普及。第二期《学前三年行动计划》稳步实施，全市省级示范园达到3所，邯郸市城市一类园2所、农村示范园14所，保教水平进一步提高。

【党风廉政建设】 认真抓好系统内的党风廉政建设，促进广大教育干部廉洁奉公、干净干事。认真学习中共十八届六中全会和习近平总书记系列讲话精神，深入贯彻中央、省、市精神要求，扎实开展“两学一做”学习教育和解放思想大讨论活动。认真落实中央“八项规定”，积极开展“一问责八清理”，机关公车全部整改到位，严格遵守《中国共产党廉洁自律准则》，持续改进作风。坚持重大事项和重大活动报告制度，加强对收费、教育民生资金、基建、采购等重点项目、重点环节的管理和监督，公开透明，阳光操作，按照程序，规范运作。严格财务预算约束管理，坚持无预算不列支、不超支。严肃财经纪律，厉行勤俭节约，强化内部控制和审计制度，实行财务审计结果班子会通报制，规范财务管理。领导干部以上率下，率先垂范，严于律己，模范遵守各项纪律要求，营造风清气正的政治生态。

（刘先辉 武安周）

武安市第一中学

【概况】 武安市第一中学始建于1951年，是河北省首批办好的24所重点中学之一，是河北省首批示范性高中。学校占地430亩，拥有教职工近900人，教学班110个，在校学生7000多人。2015年，学校被邯郸市政府、市教育局确定为可以在大邯郸范围跨区县自主招生的县级中学；2016年，因高考成绩优异，学校被邯郸市教育局授予“高考升学名校突破奖、成绩优秀奖、文理科平均分贡献奖”四项殊荣。

【武安市第一中学】

校长、党委副书记：李建平

党委副书记、副校长：王　平（10月任）

秦秀玲

党委委员、副校长：李竹红（10月任副校长）

李献红

【办学成绩】 2016年，武安市第一中学高考成绩实现历史性突破：纯文化一本上线突破千名大关达1008人，比2015年净增406人，增长率67.4%；二本以上2506人；清北班5名学生跻身邯郸市前十名；特长生一本双上线297人，朱璞乾被清华大学录取，实现清（华）北（大）名校突破。年内，全校有500余名同学在CCTV希望之星英语风采大赛、全国中学生语文和英语能力竞赛、全国高中数学联赛、第三十三届全国中学生物理竞赛、中国化学奥林匹克竞赛等活动中摘金夺银获得殊荣。

【师资队伍】 学校按照“加强队伍建设，促进持续发展，成就幸福教师，建设幸福一中”的理念。实施“教师素质提升工程”，抓干部带队伍培养优秀师资。通过青蓝工程、名师工程以老带新跟踪培养；通过结对子、搭台子、压担子等多种方式培养中青年教师；通过请进来走出去，培养教师历练队伍；通过全员竞聘，淘汰落后，形成能上能下，大干实干之风。董艳荣、王博、韩丽的参赛课在教育部“一师一优课”晒课活动中被评为部级优质课。白慧敏、孔延鹏在全国第十四届高中信息技术与教学融合优质课大赛中分获一二等奖；周岩、薛蓓被授予河北省优秀班主任；周洪策、张际国、李颖在中国好教育燕赵联盟第四届同课异构教学比武大赛中摘得三个特等奖。张俊英被评为首届美丽邯郸最美教师称号；邵志强、徐利强、李娟丽、王东田被授予邯郸市教育系统五一劳动和五四青年奖章。36名教师获武安市第四届“三名工程”名教师、名班主任称号。

【教学工作】 学校继续深化教改，打造高效课堂，全面提升核心竞争力。牢牢抓住教学这个中心、高三这个重心。抓实“四备二研一反思”集备集研，完善“两案一餐一件”校本资源，推进“1+1”讲练教学模式和“四环八步”教学流程，向高效课堂迈进；成立学科中心教研室，强化学科建设；精心研究3个轮次备考策略，确保科学备考成功备考。

【德育实践】 学校始终秉承“让学生在体验中快乐成长”的育人理念，始终抓住德育这个灵魂、激情这个动力。创新发展高一军训、环湖行，高二成人礼，高三誓师大会等大型主题德育活动，辅之五个一工程、激情跑操等常规活动，融入操前诵读、激情早读、课前宣誓等微型德育活动，构建成立体德育活动体系，激爆潜能引领发展。

【精细管理】 学校管理逐步向精细化迈进。改革职称评定办法、量化考核办法；建立月考评价机制，调整过程性评价方案，建立成绩倒查帮扶机制，促进后进转化；建立督导评估机制，推进优秀处室考评，推进校长值周制度，促进学校管理提升。升级改造校园环境，打造幸福一中。设置高考功勋教师、最受学生欢迎教师、魅力班主任等各种激励性评选，满足教师获得成功的需求。定期邀请专家来校进行健康讲座。在三八妇女节、五四青年节、教师节等节假日组织多种娱乐活动，丰富校园生活。

【基础设施和后勤保障】 学校立足实际不断改善办学条件。积极争取政府支持，全部更新教师电脑，高标准配备13个集备室，改造高三弱科辅导教室；在家属院安装视频监控高清探头16处；改造暖气加热站；硬化教工家属院停车场，新建两处停车场棚。新购两辆接送教工班车；与信用联社合作引入校园自动柜员机、圈存机，安装磁卡电话，方便师生生活。校园环境整洁美观，育人设施更加完善。

【党建工作】 高度重视党建和思想政治教育，5月启动“两学一做”学习教育活动和“一问责八清理”党员干部专项培训。12月，组织学习贯彻中共十八届六中全会精神专题报告会。特邀河北省党代表、历史教师陈丽娟对省委工作报告精神和如何贯彻落实河北省第九次党代会精神作精彩讲解。面对“7·19”洪灾，学校精心部署统筹谋划，党员干部积极带头，全体教工奋力拼搏，不等不靠，投身救灾和自救。维修加固因洪灾受损的操场看台、篮球场路面、校园围墙和南山供水管路，打造路面2500平方米，重垒围墙320余米，重做楼房防水3000平方米，投资200余万元引进第二水源，解决很多实际问题。积极响应市委市政府号召，成立以党员干部为骨干的帮扶小组，以实际行动帮助马家庄乡石井河村和西土山西街受灾村民重建家园，彰显一中爱心。

（魏明）

武安市第二中学

【概况】 武安市第二中学始建于1983年，学校位于城区中兴路341号。占地45590平方米，建筑总面积26250平方米。学校制订出台《武安市第二中学改革发展纲要》，围绕“3241”的工作思路，坚持顶层设计，规划学校发展。即把“求是、自主、和谐”作为工作的总要求，以队伍建设、班级建设为重点，以课程、课堂、活动、评价为抓手，以“参与、体验、提升”为原则，增强动力、激发活力，推动学校工作上档升级。2016年在编教职工228人，其中专任教师204人，高级教师52人，中级教师97人，研究生学历5人，本科学历184人。有46个教学班，在校生2606人。学校内设办公室、教务处、政教处、教科室、学生处、安保维稳处、体艺处、总务处、膳食处和3个年级部。

【武安市第二中学】

党委书记、校长：魏随安
副　校　长：贾梅生
李海旭
武斌红

【校风建设】 开展主题教育活动。组织开展“文明礼仪教育主题活动”主题教育活动，4月5日，举办“创文明校园，做文明使者”绘画展，10月10日，召开以“和谐校园、文明先行、告别不文明行为”为主题的班会，教育学生讲文明、懂礼仪。10月9日，组织“学会感恩，点亮人生”主题教育活动，10月24日，八年级举办感恩教育优秀征文展，让学生知恩、感恩。强化班级建设活动。全面贯彻落实学校“班级建设实施方案”，提高班级建设质量。继续开展激情教育，组织“特色班级”“激情班级”创建活动。10月开展以“我的班级我的家，我的班级我做主”为主题的班级文化建设活动，落实班级管理制度化、班级文化特色化、自主管理规范化。开展体育活动。积极实施阳光体育运动，2016年体育节于4月2日正式启动。体育节包含晨跑、运动会及各年级中考项目比赛等系列活动，切实保证“中小学生每天一小时校园体育活动”。10月28日，女子足球队、男子足球队在武安市“丛台酒业杯”第二届校园足球联赛中荣获冠军，为学校赢得了荣誉。组织科普教育实践活动。第二届“爱祖国”“爱家乡”东山文化博艺园远足社会实践活动如期举行。5月18日和9月2日，分别组织七年级和八年级500余名学生徒步往返十余千米到东山文化博艺园参观学习，让学生阅历历史、地质、植物知识等，在体验中增长见识，在活动中收获快乐。组织文艺活动，丰富学校内涵。5月18日，二中选送的舞蹈《花腰鼓》参加武安市第27届中小学艺术节文艺展演并获得好评。10月25日下午，二中举办以“长征情·中国梦”为主题的第十三届科技艺术节文艺汇演，百余名师生参与表演，三千多名师生员工参加观看，丰富师生精神生活。

【教研工作】 巡课制度规范教师教学行为。两名副校长分别带队，组织中层、职员，分两组每天对每位上课教师进行抽签听课，现场打分，并查阅备讲辅批5种笔记，打分结果计入量化考核。发现教学问题，提高课堂效率。坚持一课一研抓备课。严格落实集体备课制度，抓实一课一研，坚持个人初备、集体研备、个人复备“三步走”的要求，细化集体备课程序，强化个人复备，加强集体备课督查，实现知识问题化。每周五教务处组织对教师备课进行检查，发现问题及时通报解决。抓好“说观议”，组织学科讲课比赛。坚持教师“说观议”课常态化，实现以观促议、以议促思、以思促教。每周二组织全体教师到多功能厅观摩学科教研活动展示，以学科为单位适时组织讲课比赛活动，推出二中的精品课堂。注重有效的教学检测。做好月调研和单元调研，认真细致地组织好各年级的质量检测。做好各年级期中、期末及月考教学质量分析，认真研究教与学的情况，做出正确的客观评价，开展学生问卷调查，分析教学情况，提出针对性的改进措施，将质量分析落到实处。加强随机视导工作，进一步加强对年级、薄弱学科的视导，认真做好分析。认亲帮扶，转化学困生。制定《教师结对认亲帮扶管理办法》，召开帮扶誓师会，对学困生和问题学生建立档案，包括校长在内的所有教师身份的教职员要在“双困生”中认亲，对他们开展“一对一”帮扶，每周不少于一次谈话和辅导，学校对帮扶工作进行抽查和总结，通过帮扶对象成绩考评检验教职工的帮扶成效。

【学校形象建设】 融入京津冀找定位，外派教师进修。 3月30日，校长魏随安、副校长李海旭率领以教研组长、备课组长、中层领导为主的骨干教师代表团赴石家庄精英中学考察学习。4月20日，以副校长贾梅生、武斌红带领的第二批教师代表团再次前往精英中学学习，为学校深入持续发展寻计问策，借鉴外校经验，改革课堂模式，提高课堂效率。邀请教育专家、名师来校开设讲座，与教师对话交流。8月26日下午及27日上午，市二中教师听取来自保定学院的教育专家王全乐教授题为“好的关系才会有好的教育——良好的师生及家校关系构建策略”的讲座，广大教师对构建良好的师生及家校关系有了更深的认识，为今后的工作提供有力帮助。定期召开家长会及开放日活动，内强素质，外树形象。每位教师努力使课堂“开放”，把学生“放开”。继续开展“父母与子女同上一堂课”活动，邀请家长参加学校举行的表彰会、家长会、百日冲刺誓师大会，让学生家长走进学校、教室，帮助查找学校存在的问题和教学中的问题。

（曹林玲）

武安市第三中学

【概况】 武安市第三中学创建于1998年5月，总占地210亩，总建筑面积6.6万平方米。经过20年的建设和发展，学校建有教学楼、实验楼、图书馆、田径运动场、学生公寓等主要设施及附属用房。建有理、化、生、微机、语音、美术、舞蹈、通用技术等实验（专业）室。拥有覆盖全校的局域网、多媒体教学系统等，教师实现无纸化办公。图书馆有纸制图书9.8万多册、电子图书12万册。2001年12月，学校被评为省级示范性高中。2016年，有教工386名，其中专任教师350名。有81个教学班，5100名在校生。

【武安市第三中学】

党 委 书记、校 长：王陆军
党委副书记、副校长：贾克贤
党委委员、副校长：杨志刚
张彩萍

【教育教学】 针对学生实际，提出“降低难度、适时反复、强力纠错、善于总结”的教学思想；为促进教学思想的落实，增加可操作性，适时提出“课堂教学四原则”，即做足课下功夫、抓实错题回放、强化两个针对（即边缘生和弱科生）、及时总结与检测；为进一步推进“教学四原则”的落实，探索新的课堂教学模式，规范教师的教学行为，实施“强抓集体备课、抓好一课一研、先学后教、自习正课一体化”的教学模式；通过举办示范课、过关课，加强教学督导等形式，全力打造高效课堂，提高教学质量。四者相辅相成，逐步推进、不断完善。坚持“变问题为课题，且行且悟、且悟且得”的教科研理念。教科研工作注重课题小型化、实用化。在教学过程中，狠抓学习小组建设，根据学生的成绩对小组成员及时进行调整，使之发挥最大效能。规范、落实集体备课、标准化教案、一课一研制度。由教研处与各级部全力合作，形成强大合力，全力推动该制度的落实。对集体备课的环节、研究什么、如何研究、如何评价、如何奖惩进行了量化、规范，提高教研工作的实效性。通过与衡水十三中无缝对接，高三实现与衡水十三中实现作息时间统一、进度统一、考试统一，使备考工作更加扎实、精细。以理想信念教育、爱国主义教育、感恩励志教育为主要内容，通过开展班主任月、班主任节活动，以学生良好习惯的养成为抓手，努力营造奋发向上的浓厚氛围，激发师生的潜能。坚持“一诵（操前激情诵读）、一操（激情跑操）、一歌（预备后激情唱歌）、一誓（课前激情宣誓）”，使励志教育常态化，持久激发学生立志成才、发奋学习的热情。继续秉承“反复抓、抓反复，日久成习惯、习惯成素质”的德育理念，使养成教育更加全面深入、扎实有效。2016年高考，学校纯文理一本上线62人，分别超过临漳、成安、肥乡、邱县、广平县的上线人数。本科以上上线851人，比去年净增134人，再创新高，学生成绩实现越级式提高。

【管理纵横】 在整体管理上，坚持“让管理无处不在，让责任无处可逃”的管理理念，以“把每件小事做精细、做到极致”为目标，确立工作新标准、新目标，以“六大管理理念”为依托，完善制度，理顺渠道，明确职责，加强督查，促进整体管理上档升级，实现管理上层次的目标。坚持以德立身、以德立校的德育管理理念。坚持“低重心、扁平化、接地气”的德育工作原则，针对师生的思想实际，从大处着眼，小处着手，抓小、抓实、抓全，不断提高德育工作的实效性。从学生的自习习惯、听课习惯、独立思考的习惯、按时完成作业的习惯、按时休息的习惯、排队打饭的习惯、卫生习惯等一件件小事抓起，通过反复抓、抓反复，促进学生素质、学习成绩的提高。落实“三陪一补”制度。即学生家长“陪读、陪考、陪宿、学生补考”制度，这是学校在学生管理中实施的家校共同教育的创新性举措。对屡次违纪的学生，由级部安排学生家长来校陪读，每周三至五天，每天一节课。对严重违反宿舍纪律的学生，安排专门宿舍，请家长来校陪宿。对于在月考、期中、期末联考等大型考试中补考仍不及格的学生安排家长来校陪考。对实行“三陪一补”的学生，在政教处备案，并记录学生的成长档案。严格落实值周值班制度。由综合督导处牵头，对值周值班制度的加分、扣分、检查、评比等环节进行规范与完善。对管理不严、渎职失职的，严格追究带班领导的责任。由主管业务的领导牵头，对教工职称晋级、绩效工资发放、评优评模、联考高考奖惩等制度进行细化、量化，做到让成绩说话，让数据说话，进一步体现公平、公正的原则。

【师资建设】 在师资队伍建设上下大力度，从陕西师大招聘新教师12名，协调教育局招聘在编教师20名。高度关注教师的思想、心理现状，关心教师生活，加强对教师的教育与引导，教师队伍形成争先创优、钻研业务、比成绩、比贡献的良好氛围。有计划、有步骤地实施“青蓝工程”，对教师进行业务培训，促进青年教师的成长，着力提高教师的整体素质，实施“教师三年规划”，引导教师走专业化成长道路，不断提高师资水平。

【党建工作】 年内，根据上级党委要求，认真部署，有序开展“三严三实”“两学一做”等一系列党员教育活动。增强党组织凝聚力，党员的思想水平得到了提高，在教育教学、一对一帮扶活动、“7·19”抗洪救灾等过程中起到先锋模范作用。

（程序）

武安市综合职业技术教育中心

【概况】 武安市综合职业技术教育中心始建于1992年，学校有两个校区，占地465.5亩，建筑面积127315.2平方米，在校生9030人，有教职工695人，专任教师568人，“双师型”教师达91.8%，268名教师为省、市、县各级中心教研组成员、骨干教师和学科带头人。设有机电、财会、计算机、农林、装备制造、综合、文化艺术7个教学部，开设农林牧、数控、机械、电工电子、会计电算化等全日制专业28个。其中，焊接技术应用、软件与信息服务、社会文化艺术、汽车运用与维修为国家级示范校重点专业，电气运行与控制、汽车运用与维修、会计电算化为省级骨干专业，戏曲表演、钢铁冶炼为省级特色专业。学校坚持一手抓升学，一手抓就业，全面实施校企合作、订单培养、工学结合的办学模式，形成严格的军事化学生管理机制和过硬的培养质量体制。紧紧围绕武安经济、产业、企业和“三农”对职业技术技能人才的需求，不断调整办学理念，明确发展提升的战略目标。2016获全国十佳职业教育学校，京津冀职业教育教学协同发展联盟成员单位。

【市职教中心】

党委书记、第一副主任：冀彦军（6月免）
郝玉华（6月任）
党委副书记、副主任：刘如军
党委副书记：肖军良
党委委员、副主任：齐治学
副主任：刘先辉

【教研教改】 学校努力打造三种“学习成长团队”：教学部团队，教师互助成长团队和教学比赛团队。大力开展外聘专家引领、校内名师引领，各级大赛引领和精神荣誉引领。暑期培训时，聘请中国职教学会数学教研中心主任、“十二五”职业教育国家规划教材《高等数学》主编、国家级专家李广全到校指导，开启校本培训之先河。11月9日，聘请职业教育信息化教育专家李华君教授到校进行专业信息化培训。开辟常年讲座：教育论坛，为名师成长助力，为广大教师业务交流提供平台。积极探索课堂教学的“核心标准教学法”。全面打造“双师型”教师和多面手管理队伍。学校在参加各级各类比赛中，均获得优异的成绩。其中，由中国职业技术教育学会教学工作委员会主办、高等教育出版社承办的2016年全国中等职业学校“创新杯”教师信息化大赛多名教师获一、二等奖。2016年对口升学成绩再次取得骄人的成绩，本科上线431人，上线率高达44.76%，是全省本科率的1.7倍，蝉联全省十六连冠。

【德育管理】 学校一贯的管理特点是三级管理制度。7个教学部的教学和学生管理工作由教务处、德育处进行考评，每周评比一次，利用周一升旗颁发流动红旗。在行政管理方面以看“四能”为原则进行评价考核，包括工作质量看效能、服务保障看功能、纪律作风看本能、学习上进看全能，每月考评一次，月初在中层例会上公布结果，颁发流动奖牌，确保各项工作落实到实处，得到实效。在全校开展校园文明礼仪、演讲报告会、书画展览、歌咏比赛、技能大赛、文艺汇演等校园文化活动。以“丰富学生公寓文化，提升宿舍文化品位”为主题，开展“学生公寓文化长廊建设”活动，由文明宿舍上升为文化宿舍。利用每周一升旗，开设经典诵读活动，举行以“诵读中华经典，传承华夏文明”为主题的国学经典诵读比赛，进一步优化“博学、修身、尚德、多思”的深厚校园文化氛围。

【精细管理】 进一步整合资源、发挥优势、提高效能，深入推进各项工作建设，学校将职能相近、业务相关的科室合署办公，实行人员统一管理、工作统一安排。学校科室合并后出现最佳的协同效应，降低相关部门沟通内耗，提高了工作运作效率。通过精简人员（科室人员轮岗支教、科室人员轮岗到一线任教）等措施，大幅提升工作质量和效率，推动每一项工作快落地、真落实、早见效，形成心无旁骛抓发展、坚持不懈抓落实的新气象。

【校企合作】 学校以服务武安经济为己任，加强校企联合，促进校企合作，对接武安三大园区，为园区企业提供智力支持、人才支撑，为当地企业培训、培养并输送大批技能型人才，成为各类人才培养、培训基地。先后与银隆新能源有限公司、欧希实业集团、万嘉电商创新创业产业园、河北新武安钢铁集团文安钢铁有限公司、河北金鹏牧业有限公司、武安市平调落子剧团、武安市洺湖幼儿园等近 20 个企业建立合作联系。与武安新能源联合开设的“冠名班”，实现专业技术培养与就业的直通车。向行业企业输送人才 7300 多人，毕业生就业率 100%、就业稳固率 95%。严格落实双证书制度，定期对学生进行技能鉴定，让每个学生拿到毕业证书、技能证书，双证书学生人数达到 100%。本着优势互补、互学互访、师资交流、共同发展的原则，7 月 8 日，与天津市仪表无线电工业学校签定联合招生、合作办学协议。开设参加对口升学的计算机网络技术专业（2+1 学制），对口就业的电子技术和机电技术专业（1+2 学制）。学校相关专业所在的教学部与天津仪表无线电工业学校对接教学计划，同步教材内容，统一实习实训装备，使跟踪、交流、衔接工作紧密结合，为更多专业实现与中高职衔接工作迈出新的一步。10 月 26 日，到北京参加京津冀职业教育教学协同发展联盟成立大会暨京津冀职业教育教学协同发展北京论坛首次活动，开启校校合作的新模式。

【教师培养】 通过采取走出去培养、自主培训、课堂上比武、练兵式修养、‘多面手’进修的方式，全校专任教师学历达标率达 95% 以上，“双师型”教师达 91.8% 以上。开展一系列活动提高教师的教学教研水平。开展微课培训，使教师在教学上迈上一个新高度。

【基础设施建设】 暑期，全面整改校园环境，将校园内遗留的平房危房 8 排 128 间全部拆除，并进行平整和绿化；将校园内居住的闲杂人员迁出学校，将老实验楼整改为学生宿舍，改造成宿舍 95 间可容纳 840 名学生，解决住校紧张问题。改造停车场，将校内所停车辆整齐划一。校内有停车场 4 个、车库 5 间，足够教职工使用。将校园内所有地面进行硬化，硬化面积为 8000 平方米。对校园内的所有墙壁进行粉刷，粉刷面积达 2 万余平方米。

（王淑贤）

卫生·计划生育

医疗卫生

【概况】 武安市卫生局下辖医疗卫生机构687个，其中，医院35所（市直公立医院2所，国有厂矿企业医院11所，民营医院22所）；基层医疗机构（乡镇卫生院）23所；社区卫生服务中心、站5个，分别挂靠在武安镇卫生院、祥和康复医院、市第一人民医院南关门诊部、中煤十处医院、平安医院；专业公共卫生机构3所，其中，妇幼保健院1所，疾病预防控制中心1所，卫生监督所1所；卫生进修学校1所；门诊部、诊所、医务室139个；村卫生室481个。

【市卫生局】

党委书记、局长：李温和
主任科员：王如峰
　　　　　李丰年
党委副书记：刘爱民
副局长：高增虎
副主任科员：李贵生
　　　　　刘建华

【抗洪救灾】 7月19日，武安市发生百年不遇的特大暴雨，道路冲毁，桥梁垮塌，电力通讯中断，饮用水遭到严重污染，灾区人民群众生命财产受到重大损失。为保障灾区人民群众生命健康，确保武安大灾之后无大疫，卫生系统全体干部职工在市委、市政府正确领导下，以对党和人民高度负责的态度，迅速开展抗洪救灾和灾后防疫灭病工作，坚决打赢这场防疫灭病攻坚战，确保武安大灾之后无大疫。指挥有序，决策果断得力，卫生系统人员零伤亡。灾情就是命令，7月19日中午特大暴雨猛势不减，局党委审时度势，不等不靠，下达命令，要求全系统各级指挥员保证通讯畅通，各类值班人员加强值守，在保证全市急救系统正常运转，确保各院、站、所平稳安全的前提下，严阵以待，随时做好抗洪救灾、紧急救援准备。下午，接到冶陶镇卫生院的紧急求援后，局领导带队火速赶往冶陶镇卫生院，与消防大队官兵一起成功营救出冶陶镇卫生院被围困的14名职工，确保卫生系统人员零伤亡。成立组织，制订工作方案，迅速作出抗洪救灾工作部署。7月20日上午，在没有接到上级关于灾后防疫的指示下，根据以往“大灾之后必有大疫”的经验教训，局党委未雨绸缪，召开紧急会议，迅速作出抗洪救灾工作部署。第一时间启动公共卫生突发事件应急预案，成立抗洪救灾防疫工作领导小组，制订并印发《抗洪救灾应急防疫工作实施方案》，要求局领导班子成员靠前指挥，深入灾区察看灾情，指导灾后防疫工作，责令疾控中心迅速积极联系防疫药品生产厂家，想方设法尽快把防疫药品、用具等专用物资购置到位。广泛宣传，普及防疫知识，提高受灾群众防病意识和能力。针对灾后防疫灭病形势，为普及防疫知识，提高受灾群众防病意识和能力，广泛宣传。发放防疫知识宣传单达20万份，宣传条幅460条，印制张贴防疫布告1200张，接受群众相关咨询13800人次。迅速出动，开展消毒灭蝇，确保大灾之后无大疫。为防止经水传播疾病，避免因环境污染而发生疫情，防疫工作队有针对性的对饮用水源、农户水柜水窖、垃圾场、厕所、河道等重点区域和重点部位集中消毒杀菌灭蝇。消毒家庭水源25614户，消毒池水132万立方米，消毒井水14443个，消毒水窖52万立方米；消毒26045户，室内消毒510万平方米，室外环境消毒701万平方米；

农田消毒3.5万亩。为密切关注饮水安全，全面掌握疫情动态，各级医疗机构迅速建立肠道门诊，加大监测检查力度，强化疫情监测报告制度。通过上述举措，真正确保全市大灾之后没有发生一例疫情。一方有难，八方支援，积极开展灾后重建。在捐款捐物方面，全系统积极响应市委、市政府号召，市直各单位、民营医院累计捐款达42万余元；捐赠方便面300箱，矿泉水、米面油等生活物资和常用药共计10余吨。在援助帮扶方面，按照市委、市政府统一部署，市卫生局抽调60人组成3支驻村帮扶工作队，重点对大汶岭、后水峪、南小河3个分包村进行定点帮扶，实施援助。在最短时间内使帮扶村人民生产生活秩序恢复了正常。在自身重建方面，完成受灾较轻的20个乡镇卫生院、15个门诊部，以及125个村卫生室的修缮任务的同时，针对受灾严重的冶陶镇卫生院和新庄村等10个卫生室易地新建工作，成立“一院十室”重建领导小组，制定实施方案。截至年底，10个村卫生室易地新建项目完成，冶陶镇卫生院易地新建项目签订占地补偿协议，完成选址、图纸设计和可行性报告，待有关部门正式批复后开工，确保“一院十室”易地新建项目在2017年9月底前全面完成建设任务。在抗洪救灾工作中，市卫生局多次受到武安市委、市政府领导的肯定与邯郸市委、市政府的通报表扬。在邯郸市召开的卫生工作会议上，武安市卫生局就抗洪救灾工作作了典型发言，并获得邯郸市卫计委表彰。

【医药卫生体制改革】 在市第一人民医院、市中医院继续实施县级公立医院改革，全面实行药品零差率销售，同步推进其它综合性改革。至2016年末，两家医院取消药品加成和降低CT、核磁大型医用设备检查费用，共让利于民达8048.01万元。通过公立医院改革，医院内部不断深化绩效分配制度、人事制度改革，全面推行聘用制度、岗位管理制度、公开招聘制度和竞聘上岗制度，充分调动医务人员的工作积极性，医疗服务水平逐步提高。自8月1日起，根据省、市要求，为促进京津冀协同发展，药品采购执行京津挂网价格，药品价格大幅度下降，深受人民群众欢迎。在邯郸市2016年度医改考核中，考核成绩在邯郸市名列前茅。

【分级诊疗】 通过“上联”提升诊疗技术实力。市第一人民医院、市中医院等多家医疗机构通过“走出去、请进来”“合作联姻”等方式，与北京、上海、广州、省级医院等30余家省内外名院建立协作关系。市级医院和民营医院与北京大学人民医院建立医疗卫生服务共同体，加入蓝卫通远程医学服务平台，大大提升医疗技术服务能力。引进87项新技术、新项目，在全国顶级专家指导下成功实施170余例高精尖手术，填补全省县级医院多个手术空白，让群众在家门口享受到全国名医诊疗，减轻患者四处奔波求医的负担。“北京市红十字会999急救中心——武安空中救援绿色通道”在市第一人民医院正式开通，并与北京市红十字会999紧急医疗救援中心联合举行直升机紧急救援演练活动，全面提升医疗保障能力，在日常医疗救护、人道主义救援、自然灾害、突发事件等方面将发挥重要作用。依靠“下托”努力推进实施分级诊疗。充分发挥市级医院示范带动作用，市级医院与乡镇卫生院建立双向转诊制度，通过技术合作、对口支援、资源共享、双向转诊，实现优势互补。市第一人民医院与各乡镇卫生院及两个村卫生所进行网络连接，开展心电远程诊断报告。基本实现“小病不出乡，大病不出市”的目标。

【公共卫生服务】 年内，狠抓健康体检，建档率均达到或超过上级要求标准，推动全市公共卫生服务逐步实现均等化。主要有：建立0—6岁儿童健康档案80488份，建档率达97%；建立孕产妇健康档案12692份，建档率达95%；建立65岁以上老年人健康档案54097份，建档率85%；建立高血压病人健康档案69606份，建档率达69%；建立糖尿病病人健康档案9902份，建档率达49%；建立重性精神病人健康档案3231份，建档率达100%；开展乳腺癌免费检查3679人，宫颈癌免费检查6128人，共查出各类乳腺、宫颈疾病967例；发放叶酸61800瓶，服用人数8304人，服用率98.62%；农村孕产妇住院分娩补助14486人；更新宣传栏3114次；印发健康教育资料50万余份；参加健康教育知识讲座及接受健康教育咨询的人数达45万余人次。

【新农合工作】

2016年，全市参加新农合为645433人，筹集资金36789.6810万元，参合率达到99%以上。在全市上下广泛动员，完成个人缴费筹资，搞好参合信息核对、录入的基础上，根据省、市政策框架，制订武安市新农合补偿方案和年度补偿总额预算，确保新农合工作有序平稳运行。6月1日，按照省市要求，新农合管理职能顺利划转市人社局管理。

【医疗机构服务】 医院管理再上新水平。大同中心卫生院在2016年度被国家卫生计生委授予“群众满意的乡镇卫生院”称号，经济效益社会效益取得“双丰收”；市第一人民医院顺利通过“爱婴医院复审”，获得“2016中国县级医院竞争力100强医院”。中医服务能力取得明显成效。市中医院获得“中国县（市）级优秀中医院”称号，新开设针灸减肥、雷火灸、刺络放血、蜡疗、膏方等中医服务项目；乡镇卫生院在搞好基本医疗服务的基础上，巩固“全国基层中医药工作先进单位”创建成果，推进国医堂建设，充分发挥中医适宜技术作用和效益带动作用，使人民群众享受到“方便、快捷、有效、价廉”的中医服务，武安镇、康二城镇、活水乡三所卫生院实现中医药服务能力和中医药收入“双提升”。高端技术、特色专科建设更加突出。市第一人民医院实施冠状动脉搭桥术、急性脑梗死拉栓术等高端手术，填补多个全省县级医院手术空白；西土山乡卫生院发挥眼科优势，全年实施眼科手术达347例；阳邑中心卫生院外科建设成为该院主力科室，让辖区百姓实现外科常见手术不出乡；邑城镇卫生院产科技术诊治能力不断提升，赢得百姓口碑。城市社区卫生服务中心正式启动运行。重点为城市社区提供基本医疗服务和基本公共卫生服务。

【卫生监督执法】 继续保持打击非法行医高压态势，在全市范围内开展打击非法行医专项行动，出动执法车辆620辆，执法人员1360人，巡回监督检查各级各类医疗机构2200户，立案并实施行政处罚381起，处罚金55万余元，没收药品18箱、器械85台（件），进一步净化医疗市场。同时，开展餐饮具集中消毒单位专项整治和饮用水安全专项检查，让人民群众安全就餐、放心饮水。

【疾病防控工作】 进一步完善预案，搞好排查，为严防严控奠定坚实基础。健全手足口病等传染性疾病长效防治监测网络，辖区内传染病上报率100%，及时率100%；全面做好预防接种工作，巩固计免成果，开展强化免疫，狠抓疫苗的购进、储存、销售等环节管理，确保疫苗安全有效，基础免疫五苗接种率达到99.2%；管理结核病患者（包括耐多药患者）278人，规范管理率100%；地方病发病率控制在规定水平内，艾滋病、结核病和职业病防治工作完成年度工作任务。

【其他卫生工作】 通过开展改厕技术培训和发放宣传资料，并多次对任务乡镇村进行督导，于10月底提前完成涉及全市11个省级重点村的5062座厕所改厕任务。完成“2016邯郸•武安第二届划骑跑越野挑战赛”等一系列重大比赛（活动）的卫生保障工作，受到社会各界好评。圆满完成综合治理、信访稳定、安全生产、征兵体检及原“赤脚医生”养老补助初审复审等工作任务。

（蔡志强 郑云飞）

人口和计划生育工作

【概况】 2016年度，计生局按照市委、市政府和邯郸市卫计委关于做好人口计生工作的决策部署，始终坚持把高质量完成年度人口计划、全面提升人口计生整体工作水平作为主要任务，抓重点、攻难点、创新路，着力推进计生服务管理改革，全面落实计生法律法规，确保全市人口和计划生育整体工作的顺利开展。2016年武安市被国家卫计委授予全国计划生育优质服务先进单位称号。武安市4个计划生育单项工作均获邯郸市卫生计生工作先进单位，受到邯郸市卫计委通报表彰。

【市人口和计划生育局】

局长、副书记：李胜利
副书记、计生协常务副会长：任菊如
副　局　长：刘文学
计生协专职副会长：王旭风（6月免）
计生协秘书长：张晓军
副乡科级干部：尹玉生（7月免）

【人口计划指标】 2016年考核年度全市人口出生率实际完成15.15‰，比邯郸市下达18.5‰的控制目标降低3.35个千分点；出生政策符合率实际完成91.94%，比邯郸市下达90.5%的任务目标提高1.44个百分点；出生统计求实率实际完成99%，比邯郸市下达95%的任务目标提高4个百分点，3项主要指标等均圆满完成上级下达的责任目标。

【计生基层基础工作】 开展全员人口信息核查比对及漏管补录专项活动，全市计生系统全员数据库人口覆盖率、逻辑关系符合率、个案信息准确率均得到大幅度提高。全员人口库主要数据项准确率达到98%以上，生育登记、出生人口、奖励扶助等信息准确率达95%以上。建立计划生育服务回访中心，管理制度全部健全，回访工作有序进行，群众对计划生育工作的满意度达到85%以上。

【计划生育技术服务】 开展以外孕补救为重点的落实四术计划生育服务活动，出台计分办法和奖惩措施，落实计生手术1万余例。大力推进免费孕前优生健康检查，服务率达到100.06%。大力实施民心工程，服务率达到95%以上。避孕药具使用管理规范有序，上传各项药具指标均达到省市要求标准。

【性别比综合治理】 加强出生人口性别比综合治理，围绕B超管理、终止妊娠手术管理、终止妊娠药品管理和重点人群管理等关键环节，狠抓各项制度落实，查处“两非”案件7起，结案7起，行政处罚7家，处罚金额4.95万元。年底全市出生人口性别比基本正常，出现稳步下降的趋势。

【流动人口计生管理】 充分发挥计生市乡村三级网络优势，加大流动人口计生管理力度，建立健全流出地和流入地相互管理工作机制，推动流动人口基本公共卫生计生服务均等化，流动人口系统应用率达到100%，流动人口信息协查反馈与网络化协作率均达到100%。

【计生惠民政策】 切实加强奖励扶助和特别扶助工作管理，确保在认定资格上不出现差错，全市确认计生奖扶对象2450人计生特扶对象142人，全部享受到相应的奖特扶资金，全市法定奖励扶助和特别扶助人员准确率、落实率均达到100%。

【计生宣传工作】 充分利用宣传车、手机短信、微信群、制作计生宣传品等形式，大力宣传计生政策，在全市营造良好的生育环境。邯郸市卫生计生系统首届“天使杯”摄影大赛中，计生局有两幅作品分别获得三等奖和优秀奖。邯郸市卫生计生系统基层健康教育知识竞赛中，计生局荣获健康教育知识竞赛三等奖。

【依法行政工作】 认真贯彻落实中央、省、市全面两孩政策的规定，简化生育审批程序，全面实行网上办事服务，一孩、二孩生育登记全部实行网上办理，提高了服务效率，方便了群众办证。全市受理一孩和二孩办结事项9425件，其中第一个子女生育登记4047件，第二个子女生育登记5378件。坚持依法管理计生信访，全市未出现因计划生育工作方法不当而引发的恶性事件，未发生计划生育违法施政行为，全市计划生育信访案件按期结案率达到100%。

【“健康家庭”创建活动】 年初将创建工作任务层层分解到各乡镇、村，5月底在武安镇店子村组织召开全市创建“健康家庭”工作现场会，全市实行一月一调度，一季一排队，通过督导调度、排队通报，确保创建工作进度，全市有9.12万户达到健康家庭创建标准。

（计生局办公室）

武安市第一人民医院

【概况】 武安市第一人民医院始建于1945年，于2011年整体搬迁至现址，医院占地251.1亩，医疗区面积10万平方米，床位1000张。医院围绕“创建三级甲等医院，打造河北名院、全国一流县级医院、国际技术协作医院”战略总目标，大踏步迈入三级医院评审攻坚时期。

2016年，医院有职工 1614人，卫生技术人员1168 人，临床科室 44个，医技科室15 个。全年门急诊人次410512，出院人次51107，平均住院日7.63天，住院手术9735例，其中三、四级手术4188例，床位使用率92.09%，药占比33.24%，危重病人抢救成功率56.5%。全年完成医保服务34979人次，较去年同期增长26.53%，补偿金额13080.69万元，较去年同期增长66.08%；实行100%回访，成功回访率达89.2%，发放调查问卷1200份，门诊满意度达94.26%，出院患者满意度达98.73%。

【市第一人民医院】

院长、党委副书记：郝保乾（6月任党委副书记）
书　　　　　记：郝中生（6月免）
副书记、副院长：郝中生（6月任）
副　　书　　记：谭雅民（6月免）
副　　院　　长：谭雅民（6月任）
何利兵
郝飞跃
李焕果

【改进医疗质量】 新成立妇女保健科、肿瘤中心，建立看守所社区服务站、西苑学校社区服务站等。加大消化内科、烧伤科、介入科、理疗科、康复科等提高力度。按期超额完成各项医疗、护理指标。全年，门急诊人次410512，出院人次51107，平均住院日7.63天，住院手术9735例，其中三、四级手术4188例，床位使用率92.09%，药占比33.24%，危重病人抢救成功率56.5%，出院病历3日回收率65%，住院抗菌药物使用率54.7%。业务流水42666万元（其中让利于民918.90万元），比上年增长14.63%，圆满实现2016年“实现三突破、三下降、三提高”工作目标。加强药事、院感、输血管理委员会工作，保障规范药品耗材、院感、输血管理。强化药品耗材质量和处方调配管理，做到药品耗材账、物相符，开展临床抗菌药物使用专项整治工作，不断降低抗菌药物使用强度。全年手卫生依从性≥95%，一类切口感染率小于0.5%，一类切口手术患者预防使用抗菌药物比例不超过30%。

【保障医疗安全】 继续坚持运行病历和终末病历同时监管的方式，每天检查、及时反馈、每月汇总通报。全年考核运行病历2524份，平均成绩为94.2分，检查终末病历6627份，平均甲级率为94%。建立院科两级质控体系，明确医疗服务质量管理与控制指标，健全重点环节动态监测和反馈控制机制，核心制度增至18项，定期检查患者身份识别制度、手术安全核查等医疗核心制度的执行情况。按照三级综合医院评审标准及国家卫计委相关要求，结合医院实际情况，为各专业科室制定《医疗质量与安全管理持续改进记录本》，其中包括了各专业医疗质量控制指标、基本运营监测指标、评审要求指标等，各科室每月记录、定期分析，职能科室定期督导检查、反馈，持续提高医疗质量。加强对重点科室、重点环节的督导检查力度，加强对住院时间超过30天患者、非计划再次手术等的管理，要求科室及时上报，定期总结，有效避免过度医疗，确保医疗质量的提高。全年上报单病种质量管理病例199例，通过单病种质控，对疾病诊疗进行过程质量控制及终末质量控制，提高医疗诊治技术。执行临床路径管理的病种总数为28个，入径人数为3248人，入组率为43.47%，完成率为96.55%，达到国家及省卫计委关于三级医院临床路径实施情况的总体要求。

【教学科研建设】 持续加大对重点建设专科和扶持专科的支持力度，规范科室管理，不断完善和优化学科建设体系。继续以微创、介入为突破，提高疑难及危重症的救治能力，顺利开展新技术、新项目40余项。积极发展科研科教，成为石家庄医学高等专科学校附属医院，并于5月28日举行签约仪式。同时成为省第一批“助理全科医师培训基地”。加强“三基”“三严”培训，不断提高医护人员的理论及技术水平，申报省级继续医学教育项目18项，市级继续医学教育项目10项。全年共开展继续医学教育培训30场，其中开展省级继续医学教育项目16项，市级继续医学教育项目8项。加强对实习生共145人管理，安排规培学员临床科室轮转学习、理论上课；积极组织申报各级科研项目，全院申报科研课题共26项，发表论文82篇。开展河北省急诊医学基层行（武安站）机械通气临床应用培训班、“健康中国行·协和大讲堂”健康系列巡讲（武安站）等学术会议160余场。

【深化上联下托】 巩固原协作医院的同时，继续邀请中国人民解放军海军总医院、北医三院、安贞医院、北京大学肿瘤医院、北京阜外医院等知名医院专家定期到院坐诊，开展教学查房、学术讲座、手术带教、病例讨论等一系列工作，全年接待专家150余人次，在逐步增加门诊量的基础上循序渐进地提高医务人员的医疗技术水平。加入中国医疗手牵手工程、召开中华精准健康传播联盟武安基地授牌仪式、“慢病防治健康行”国家示范项目武安站启动仪式暨全国基层医护人员规范化培训武安基地授牌、全国心肺复苏普及进亿家工程武安启动仪式、“中国脑卒中筛查与防治工程中美脑中风协作组武安市基地启动仪式暨中国基层医院卒中防治合作发展计划基地医院授牌仪式”、全国中药材、中药饮片培训与中药质量防控模式论坛等，举办北京999急救中心·武安市第一人民医院直升机急救演练等活动，加强与国内知名医院、组织、机构的联系，使武安百姓享受更多的惠民服务。继续承担对基层卫生院的带教、讲课等任务，免费培训乡村医生，加大对“健康小屋”的建设、市乡村三级“心电网络”项目稳步推进。此外，调派医务人员为市中高考升学考试、第二届划骑跑活动做好健康保障。先后组织临床医技科室医务人员组成义诊团到市孤儿院、医院白求恩广场、河渠村、石洞村、青烟寺村、磁山镇西苑城、贺进镇翟家庄村等地组织一系列活动，开展深入基层为百姓健康服务的义诊活动，免费发放药品，进行血糖、心电图、彩超等筛查，宣传健康知识，给广大村民送去关爱和实惠，切实解决人民群众看病就医的实际问题。

【优化综合管理】 通过引进和培养优化人才队伍。参加2016年卫生系统专业技术人员面试，医院聘用研究生4名，麻醉专业2名，检验专业4人、影像专业2人、药学专业1人，中药学专业1人，本科护理专业11名，总计聘用25人。外出进修97人，其中临床医生35人，护理50人，医技11人，药剂1人；外出参观考察212次，共计473人次。通过信息化建设完善服务流程。完善信息系统的各应用模块，积极开展后期相关软件的调研包括：临床用血系统、决策支持系统、临床药学等共十余个模块。同时充分利用信息化系统服务大众，与中国农业银行邯郸分行和武安支行精诚合作，启动银医通及微信支付平台项目，简化了就诊环节，优化了就诊流程。通过稳定医保与回访巩固患者桥梁。严格执行各项医保政策，加强对医保资金的管理。全心全意服务病人，不断优化服务流程，全年完成医保服务34979人次，比上年增长26.53%，补偿金额13080.69万元，比上年增长66.08%；实行100%回访，成功回访率达89.2%，发放调查问卷1200份，门诊满意度达94.26%，出院患者满意度达98.73%。

【抗洪抢险工作】 全院募集捐款68280元。积极联系农工民主党中央、中国研究型医院学会心肺复苏学专业委员会、中华医学会科学普及分会，组织农工民主党中央“赈灾援助．杏林春雨”医疗设备捐赠仪式，为医院及乡镇卫生院、消防队、看守所医疗室等27家单位无偿捐赠价值200多万元的腹部心肺复苏仪。成立6个抗洪救灾队共30余名队员，每队配备一名医生驻村重点支援。为灾区送去价值5000余元的药品，40袋大米、40袋面粉、40桶食用油。组织上海第五医院、第六医院、仁济医院、华东医院等大院名家专家团队一行25人到后水峪村进行义诊及防疫灭病知识宣教。为村民免费送去常用药品，开展健康检查、心脏病筛查。

【党建工作】 深化党的活动，完善党委框架。召开第一次党员大会，产生新一届院党委委员。落实“两学一做”活动，在全院开展学习后池村精神，进行作风整顿活动，创新性开展评选“白求恩式最暖医生、护士、员工”活动，“做有温度的医护人员”理念深入人心。强化社会监督，营造规范氛围。全院开展“推广文明用语，规范服务行为”活动，经过周周讲、月月说、全院查、严处罚，形成文明规范氛围，查处违纪126人次，全面规范医院文明，严肃纪律，极大的提高整体文明意识和规范服务水平。收到锦旗98面，表扬信142封，退红包289个（共计146060元）。推动医院与群众“零距离”，由邯郸市卫计委、邯郸晚报联合推出“百姓看医院”活动走进武安市第一人民医院，来自邯郸、武安多个行业的30位群众代表与医院“零距离”接触。增强医疗服务质量监管及其他各项工作的透明度，广泛争取社会各界对医院医疗技术服务的监督，向全社会聘请20名同志为医院“社会监督员”，提高医院监管的科学化水平。武装前沿管理思想。针对医疗行业面临的严峻形势和医院发展的现状，围绕树立信心、转变观念、解放思想、积极行动，适时提出“24字要求”（政治、规矩、纪律；激情、责任、品德；忠诚、担当、作为；沟通、团结、收获）；“四要四不要两到位一效果”的工作要求（工作时要稳妥不要急躁，要认真不要麻痹，要重视不要侥幸，要负责不要推诿，做到执行到位，落实到位，最终取得一个满意的效果）；“九个聚焦”（聚焦目标—咬定青山不放松；聚焦差距—对标先进补短板；聚焦办法—提高技术源动力；聚焦节约—挣得没有省的准；聚焦项目—提高技术源动力；聚焦典型—弘扬医院正能量；聚焦纪律—遵纪守法是底线；聚焦人才—提升核心竞争力；聚焦效果—归根结底好效果。）；唱好“严、快、细、实”四字经，落实“五严要求”，保证各项工作争先创优等。

（孙冬辉 王瑞烜）

武安市中医院

【概况】 武安市中医院始建于1981年，地址中兴路1378号，是一所集医疗、教学、科研、预防、保健、康复为一体的国家二级甲等中医医院。占地面积15470平方米，建筑面积30000平方米，干部职工420人，编制床位200张，开设病床350张。2016年门诊量16万人次，住院病人13607例，大中型手术1837例，业务总收入9650万元，比上年增长15.3%。

【市中医院】

院长、书记：李学平

副　院　长：白志华

孔利霞

郭占英

翟利琴

【专科建设】 心脏介入科：于11月30日成立心内科，建成高标准的导管室，购置国际最先进的飞利浦FD20数字化大平板血管造影机。年内共施行冠脉造影10余例，支架置入术8例，急性心肌梗死支架置入3例。填补该院介入治疗的空白，为全市需实施“冠脉造影检查、心脏支架置入、起搏器安放”等心脏介入检查和手术患者带来极大便利。急重症医学科：全年接诊病人8240人。医护人员熟练掌握气管插管、深静脉穿刺置管、各种穿刺等技术操作及床旁血气、急诊快速生化检测，科室功能趋于完善，诊断疑难罕见疾病、抢救猝死病人、治疗危重症患者等有了新突破。肿瘤科：积极开展普查普治工作，全年施行胃癌、直肠癌、乳腺癌、结肠癌等手术95例，在腔镜治疗、适型调强放疗、微波治疗、CT引导肺穿刺活检术等领域有了新进展。同时，充分利用中医药特色优势，开展中药离子导入、中药熏洗、穴位注射等技术，减轻放化疗带来的不良反应，提高增强患者免疫力。检验科：与金域检验集团成功签约，与院共建武安临床医学检验中心。金域检验是我国综合实力最强、规模最大、发展速度最快的第三方医学检验集团，在全国28个省会城市（包括香港）拥有省级中心实验室，可开展2200余项检验项目，每天为18000多家医疗机构提供医学检验外包服务，覆盖全国90%以上人口所在的区域，检验报告可被全世界50多个国家认可。签约后，将于2017年在武安打造设备最好、设施最齐、项目最全、规模最大、质量最高、结果最准、省内一流、能辐射武安及周边地区的区域医学检验中心。康复科：利用多种康复诊疗设备，积极开展冬病夏治“三伏贴”活动，全方位开展中医康复理疗服务，让老百姓享受更加优质、便利的中医药服务。6月，在全院公开竞聘康复科主任，实行竞争上岗。产科：先后开展导乐分娩、开设孕妇学校、建成功能齐全的多元素洗浴室、产后中药发汗排毒等母婴服务项目，全面开展了婴幼儿及产妇系统规范的诊疗服务和专业知识培训。妇科：继续深化与武警总医院、北京妇产医院、北京中医药大学等协作，长期聘请李晓君、赵春艳、闫震等全国著名专家教授来院坐诊、教学查房、开展手术。

【学科发展】 内一科成功开展心脏病介入治疗，即冠脉造影和急性心肌梗死冠脉支架置入术，成为学科发展一大亮点；内二科继续开展脑出血微创术，脑梗塞早期溶栓治疗，并积极推广和开展中医药疗法；急诊科对15例猝死病人心肺复苏成功，开展脑出血微创治疗20例，抢救治愈一例重症高脂血症性急性胰腺炎一例，确诊并成功救治一例经北京权威医院误诊的重症颅内静脉窦血栓；外科开展甲状腺癌改良根治术1例，经尿道前列腺电切术3例，独立开展乳腺微创旋切术40余例；肿瘤科开展肺穿刺活检术4例，心包穿刺置管抽液术1例，肺癌射频消融术1例，导向埋泵置管化疗15例；骨一科开展全髋关节、全膝关节人工假体置换术20例，经皮穿刺椎体成形术治疗骨质疏松型胸腰椎骨折18例，Gamma钉治疗股骨粗隆间骨折25例，首次采用“枕颈固定”技术治疗颈髓损伤高位截瘫3例；骨二科开展高难度关节置换、颈椎、腰椎手术50例，开展颅脑手术15例；妇产科开展腹腔镜下手术50多例，腹腔镜辅助阴式子宫全切+前后壁修补4例，对产后孕妇开展盆腔康复理疗技术；功能科开展胎儿B超筛查，新生儿心脏、头颅超声，上消化道病变镜下治疗；放射科开展食道支架置入术，T管造影及其它特殊造影检查；CT室开展骨组织结构矢状位、冠状位及任意斜位三维立体重建技术。

【提升医护质量】 医院先后制定下发《手术分级分类管理办法》、《提高医疗质量、规范医疗事故预防》《医疗质量管理方案》《临床医技科室质量考核细则》《医疗质量管理实施细则》，医疗质量安全得到有力保障。每周对各病区病历质量、医疗记录本、手术记录等进行检查，聘请邯郸市第一医院病案专家对医院病历进行抽查评分。全年开展护士业务培训，理论操作考核；每周三召开护理质控及护理安全会议，每周进行护理查房，实行优质护理病区9个，占医院病区比例81%，护理质量稳步提升；在全院开展优质护理、亲情护理、温馨服务，护理服务水平明显提高。制定医院感染工作制度、职责、流程，严格控制院内感染发生。

【医院改革】 继续实施药品零差价销售，降低大型医疗设备检查费用，共计让利患者364万元。继续施行参合农民住院吃中药全额报销惠民政策。积极开展上联下拓、双向转诊。继续与中国武警总医院、北京301医院、304医院、309 医院、省二院、省四院、邯郸中心医院、邯郸第一医院、邯郸妇幼医院等十多家医院协作，定期派专家、教授来院查房、教学、坐诊、手术，被老百姓誉为“家门口的北京专家”。与此同时，与市 7 个乡镇卫生院签订“对口帮扶”协议书，免费培训医疗骨干，医院专家下卫生院查房、教学、手术、座诊。免费对全市乡村医生进行农村中医药适宜技术培训。开展远程医疗。继临床远程会诊后，北京“和缓名医”C T 远程会诊平台、“远程病理精准诊断”先后落户中医院，这两个平台，汇集北京及国内名院名家资源，大大提高 CT 和病理诊疗水平，节约医生和患者宝贵时间，降低患者看病就医综合成本。加强人才招聘、培养和梯队建设。年内，引进丰富临床经验的中级职称人才 5 人，招聘硕士研究生 3 名和本科大学毕业生 5 名。投资 100 多万元用于业务培训，参加省级以上学术交流 14 次，院内举办业务讲座 32 次，先后派出 21 名医护骨干外出进修深造。

【社会公益活动】 积极筹备“儿童先天性唇颚裂免费救治”大型公益行动，11 月 31 日与加拿大“手术彩虹组织”达成合作协议，可望为国内贫困家庭儿童先天性唇颚裂患者施行免费治疗。全力做好抗洪救灾。在“7 • 19”洪灾时期，该院对口西竹昌、小洺远、南小河村。先后为西竹昌受灾村民送床、被子、米面油、厨具等生活物品；向重点村受灾村南小河派驻 12 人工作队，捐助救灾资金 4 万多元，修整道路 2300 米，装填扛防洪沙袋 800 多袋，清理村内道路淤泥 1000 多米，清理河道淤泥 700 余立方米，挖建 1500 立方米蓄水池，铺设 500 米线路，受到村民称赞。积极投身扶贫助困活动。投入 5 万元为对口马庄乡路庄村维修剧场、绿化村庄。在“春雨行动”“一帮一”活动中，与北安乐乡近古村 15 个贫困户结对帮扶，受到帮扶户欢迎的感谢。为贫困患者减免医疗费。对贫困住院患者开展“一免四减”活动，所有肿瘤手术患者免手术费，一年来减免 256 人次，减免医疗费达 26 万元。组织外科、康复科、肿瘤科、内科等专家团队深入乡村开展“中医药文化进乡村”大型义诊服务，深受群众欢迎。每月 26 日为市健康保健协会举办“中医养生大讲堂”讲座，为新会员免费体检 200 多人次，为老会员减免体检费用 500 多人次，减免费用 7000 余元。

【其他工作】 农合管理工作。全年参合农民住院 8095 人次，住院总费用 4154 万元，报销总费用 2492 万元。规范医疗垃圾处理，认真开展各类传染病防控和网络上报工作。严格出生医学证明管理。综治和稳定，全院没有火灾、失盗、失密事件发生，全年无违法违纪和刑事案件发生。

（冀会军）

社会

民 政

【概况】 武安市民政局是主管全市社会行政事务的市政府工作部门。民政局内设科室有：办公室（挂计财科牌子）、基层科、社政科、优抚科、安置办。下属单位有：武安市光荣院、武安市烈士陵园、武安市殡仪馆、武安市军队离退休干部休养所、武安市地名办公室、武安市救灾扶贫办公室、武安市婚姻登记处、武安市社会福利生产管理服务中心、武安市社会捐助接收站、武安市民间组织管理登记管理中心。

【市民政局】

局　长、副书记：贾学祥
副局长、副书记：赵耀武
副 局 长：王泽勇
党委委员：连海军
主任科员：武志荣（7 月任）
党委委员：李金文（6 月免）

【救灾工作】 完善救灾、减灾物资储备库建设。租用 773 处仓库一处，储备救灾帐篷、棉衣、棉被、毛巾被、面粉、矿泉水等生活用品。在民政局内设立院内仓库，存放雨伞、雨衣、雨靴、手提灯等救灾服务用品，做好各项灾害应急工作。深入开展防灾减灾宣传。上半年，上报风雹灾情一场（次），受灾面积 32.7 公顷，受灾人口 1050 人，经济损失 66.23 万元；共拨付冬春受灾群众生活救助资金 66 万元，春荒生活救助资金 132 万元。依法科学有序精准开展“7・19”灾害救助。7 月 19 日，武安市遭遇历史罕见的特大暴雨，造成全市所有乡镇不同程度受灾，受灾人口达 486195 人，造成 56 人死亡失联，紧急转移 26093 人；农作物受灾面积达 315918.9 亩，成灾面积 231195.4 亩，绝收面积 76966.24 亩，房屋损毁 3511 户 21066 间，其中倒塌 934 户，5604 间，严重损坏 943 户 5658 间，一般损坏 1634 户 9804 间，全市直接经济损失 98.32 亿元。其中农业损失 4.77 亿元，工矿企业损失 56.5 亿元，基础设施损失 32.9 亿元；家庭财产损失 4.15 亿元。7 月 21 日，民政部救灾司副司长杨晓东、省民政厅厅长赵风楼、副厅长许祯科和邯郸市民政局领导亲临武安了解灾情，及时指导救灾工作。紧急启动应急救助。购置矿泉水、方便面、棉衣、毛巾被、夏凉被、火腿场、面包、面粉、大米、食用油、食盐、蜡烛、雨衣、雨靴、煤气灶等各类生活必需品价值 300 余万元，首批救灾物资于灾后 24 小时即送达受灾严重乡镇；对于道路不通，靠肩扛人抬无法到达的受灾严重的西部山区的 25 个村，历时两天实施空投 13 架次，投放各类生活物资 19.5 吨，确保受灾群众基本生活稳定。积极开展社会募捐，接受社会各界救灾捐助和兄弟县市援助。设立募捐办公室，安排专人接受社会捐赠。“7・19”期间，民政局接收各类善款 1581.5 元，其中含定向捐助 833 万元。接受救灾物资米、面、油、帐篷、衣物、夏凉被、毛巾被、食品、蔬菜等 60 多种 20000 袋（箱、件），全部发到受灾乡镇，发放到受灾群众手中。接受中央、省和邯郸市救灾资金 2345 万元，市级财政安排资金 980 万元，全部用于各阶段救灾工作。

【低保工作】 规范临时救助程序。建成以武安市救助管理站为龙头，以各乡镇临时救助点和各村救助咨询联系点为补充的全覆盖救助网络，加大对流浪乞讨人员的救助力度。统一制作《困难群众临时救助申请表》，下发到各乡镇，由困难群众自行申请，由村委会研究、乡镇府审核。落实临时救助资金配套使用，切实起到兜底作用。救助标准按照实际困难程度相适应。救助资金低于1000元的，由乡镇审核，即时支付；高于1000元的，由民政部门审核，会议研究后评定支付。年内，对于因突发性事故、灾难造成临时困难的14905户群众，实施救助1493.6万元。对申请临时救助226户实施救助521660元。确定大病医疗保障范围及标准。全年资助25937人，资助385万元。审批城乡困难群众医疗救助1435人次630.94万元，其中城乡低保816人次360万元，特困群众619人次272万元，建档立卡243人次。创新“一站式”服务工作机制。一站式救助550人次85万元。全面提升低保救助水平。按照省、市“两线合一”要求，同步增长，按时调标。农村低保提高到每人270元/月。城乡低保提高到每人495元/月。低保救助管理工作日趋规范。全年为城乡低保对象12483户23300人按时、足额发放低保金4733.23万元，为城镇低保对象1274户2548人发放725万元。年内，城镇去除77户164人，新增74户140人。农村去除458户1082人，新增1128户2261人，切实做到“低保对象有进有出，补助水平有升有降”。

【扶贫工作】 出台《中共武安市委武安市人民政府关于进一步加大脱贫攻坚力度打赢脱贫攻坚战的意见》《武安市精准扶贫工作考核办法》《武安市财政专项扶贫资金管理办法》。实施项目扶贫。扶持光伏发电扶贫等扶贫项目27个，总投资787.86万元。其中带动2034建档立卡贫困户开展光伏发电、养殖、种植和手工纺织项目扶贫，其中光伏发电总装机容量527千瓦，年发电量96万度。按国家每度补助1.18元计，收益110余万元，每名贫困人口年增收700元。教育救助。义务教育阶段资助6406人383万元；普通高中资助2425人291万元；中职学校资助865人86.5万元；其中普通高中、中职学校资助建档立卡贫困户94人，享受三免一享受（免学费、书本费、住宿费和享受国家助学金2000元）。民政福彩资助建档立卡贫困户大学生37人，每人资助3000元；福彩资助贫困大学生290人，发放资金90万元。医疗救助。新型农合资助24489人，按每人150元，资助367.335万元。按每人40元标准缴纳大病保险2581.732万元。在市级两家医院开设扶贫病床30张，收治51人，报销费用5.8万元。对建档立卡贫困人口5902人由财政资助88.53万元参加农合，并对195人开展医疗救助，救助资金81.5万元。按照“两线合一”政策要求，对5902低保对象实施兜底脱贫。

【养老工作】 养老服务事业蓬勃发展。全市养老床位数达每千名老人达35张。大力推进农村幸福院建设。全市452个村建立农村幸福院，占全市502个行政村的90%。大力推进“武安市第一养老院”项目建设。1月和2月，省民政厅厅长赵风楼、副厅长许祯科，分别在邯郸市民政局及武安市相关领导的陪同下，先后对武安市民政工作、养老服务事业进行考察和调研，对武安市养老机构建设、机构管理、养老服务等给予充分肯定。大力推进爱心护理工程示范基地建设。老年公寓2013年被民政部授予“全国爱心护理工程建设基地”称号。完善老年福利制度，做好维护老年人权益工作。及时、足额为全市2000余名五保老人发放供养资金649.7万元。为8137名80岁以上高龄老人发放生活补贴385.7万元，为2400名老年人办理“助老健康御险”。全面落实残疾人“两补制度”。为10437名残疾人建立生活补贴、护理补贴信息台帐，制定“两项补贴”资金审议制度、公示制度、审批程序等，确保《实施意见》的全面落实。全年为困难残疾人5660人发放生活补贴373.56万元，重度残疾的4477人发放护理补贴268.62万元，两补共计642.18万元，全部发放到位。做好困境儿童社会福利保障。为全市的153名孤儿建立信息台账，每月按时、足额为发放救助金，确保其健康成长。设立35个农村留守儿童关爱保护服务站，建立困境儿童信息库，为困境儿童发放一次性补助，为5名福利院儿童采集DNA解决其户口问题，全面保障儿童合法权益。

【优抚安置】 全年为全市优抚对象发放抚恤生活补贴2256.2659万元，医疗补助81.35万元；困难补助190.33万元；两参人员养老补贴243.85万元；临时救助108次，10.84万元；发放义务兵家庭优待金1927万元。为1557名优抚对象办理“荣军健康御险”。优抚对象医疗补助实现“一站式”服务。编纂《太行丰碑——武安市烈士纪念设施综览》，成为广大市民进行爱国主义和革命传统教育的好教材。做好涉核部队军人的健康体检，全力做好稳定工作。妥善做好退役士兵阳光安置工作。完成2014、2015年度城镇57名退役士官和转业士官安置工作，办理相关手续。全年培训退役士兵145名。年内，对226名自主就业士兵一次性经济补助予以按时、足额发放。全力做好退役士兵、转业士官信访工作。全力排查1978年以来志愿兵安置台帐。年底，接受报到退役士兵档案161套145名。

【党建工作】 深入“学后池、抓整顿”和“两学一做”主题教育活动，引领各项民生工作深入开展。为引领各项民生工作的开展，确保“十三五”规划开局之年有个良好的开局，局深入开展“学后池、抓整顿”主题教育活动。结合“一问责、八清理”活动，大力开展作风整顿，抓工作纪律、抓工作作风，促进机关作风建设和能力建设，摒弃“消极怠政、不作为、乱作为”等弊病，大力弘扬“新愚公”精神，深入开展“两学一做”教育活动。为每名党员下发《知之深、爱之初》《习近平总书记重要讲话（节录）》和《党章》抄写本，在全局掀起“学党章、学讲话，做合格党员”的热潮，收看“学习李保国同志先进事迹报告会”，争做党的先锋模范。深入开展“民政服务在身边”活动。精心制作办理低保、审批五保、婚姻登记、社会救助工作流程图和明白卡，让群众明白哪项工作该怎样办，如何办，找谁办。贴心的身边服务，拉近与人民群众的距离，赢得广大人心群众的称赞，服务人次达350人次。

【其他工作】 加强社会组织监管。组织全市129个社会组织进行年检。新成立社会组织17个。强力推进地名普查。设置居民地标志78块，建筑物41处，楼牌1644块，单元牌1288块，街巷牌2661块，门户牌28260块。大力推进基层政权和社区建设，维护基层政权安定。全市有498个村进行村委换届选举，换届率达99%，参加的选民有505857人，参加投票的选民有380521人，参投率为75.2%。 认真开展好社会福利事业。对6家社会福利企业进行年审。安排残疾职工116人，占全部人员的25%以上，全部缴纳“四险”。8月19日，在市第一中学举行资助贫困和奖励优秀大学生资金发放仪式。年内，武安福彩中心出资100万元资助290名寒门学子。15年来，福彩中心出资673万元，资助2004名寒门学子，帮助他们顺利跨入大学校门。年内为8118名高龄人按时、足额发放高龄津贴507万元。为全市1.1万名老年人办理“助老健康御险”，投保28.9万元。为1452名五保老人和7934名60周岁以上低保老人办理“助老险”。9月份，出资50万元福彩公益金开展“敬老月”活动，市领导和局领导分别对全市492名90周岁老年人进行走访和慰问并送去福彩慰问金。

（张明霞）

民族宗教工作

【概况】 武安市民族宗教事务局是市政府职能部门，承担着民族、宗教、外事、侨务工作，2016年4月，武安市民族宗教事务局与武安市委统战部、武安市工商业联合会合署办公。民族宗教事务局设综合科一个，年底全局人员编制8名。

【宗教工作】 “四大”活动成效明显。年内，重点在宗教领域开展以“大调研、大检查、大整改、大提升”为主要内容的“四大”活动。成立由单位主要负责人为组长的“四大”活动领导小组，制定《武安市民族宗教事务局关于开展“四大”活动实施方案》，集中3个月的时间，走遍四大宗教团体、231处宗教活动场所。建立宗教团体、宗教教职人员、宗教活动场所、宗教活动情况4本台账。针对“四大”活动中遇到的新情况和新问题，先后组织召开相关宗教团体、宗教活动场所专题调度4次，与民族、宗教界人士座谈40余人次，汇总意见建议60多条。通过在宗教领域大检查，发现宗教活动场所在自身组织建设、财务制度落实、安全隐患防范、民主管理等方面存在问题20多项，其中涉及场所利益而发生的纠纷3项，财务管理不规范5项，制度落实不到位12项，存在安全隐患不具备举行宗教活动的场所1处。年内，成功解决宗教领域突出问题10多件，先后接待来访32余人次，接受电话咨询40多起，妥善处置信访案件4起，查处基督教非法聚会点2处，制止非法宗教活动8起，制止未批先建宗教活动场所2处。通过“四大”活动的大力开展，宗教领域的突出问题得到有效解决，活动成效显著。宗教活动安全有序。重视宣传教育。利用法制宣传日、宗教重要节日和下乡调研检查，以悬挂条幅、发放宣传资料、设置咨询台的形式，加大对宗教政策和法律法规的宣传力度。全年在宗教场所悬挂条幅20余条，印发各类宣传资料5000余份，设置咨询台2次，出动宣传车辆20辆次。通过比较广泛的宣传教育，使广大人民群众对宗教政策法规有了较高的了解与认识，为新修订的《宗教事务条例》的实施奠定良好的思想基础和群众基础。申报审批工作规范。按照“就地、从简、安全、有序”的原则和“事前审批、事中监督、事后总结”的要求，普遍加大对宗教活动的监管力度。全年审批宗教活动17次，其中天主教6次、基督教3次、佛道教8次。经审批的宗教活动安全管理措施得到加强，规模有所压缩，人员有所减少，活动安全有序。宗教活动场所责任落实到位。加强日常监管，加大检查频次，帮助宗教活动场所建立健全治安、消防、食品安全、活动安全等相关配套制度，将各项任务分解到各工作小组，责任落实人头，并按照规定的制式和内容悬挂上墙，理顺管理体制，明确管理责任。宗教团体建设规范向上。加强教职人员管理。严格落实邯郸市人民政府《关于依法加强宗教事务管理的实施意见（试行）》，引入“能者上，庸者下”的竞争上岗机制，完善各宗教活动场所教职人员的管理制度，严格宗教教职人员的请销假制度。宗教教职人员外出，必须到民宗局请假，说明去向、时间和事项。回武安后，第一时间销假，并就外出情况进行专门汇报。加强宗教团体组织建设。加快推进武安市道教协会、基督教三自爱国运动委员会的换届筹备工作，积极筹划武安市佛教协会领导班子人选，调整充实佛协领导班子成员，加快武安佛协正常履职进程。加强教风建设，引导宗教服务社会、奉献社会。组织开展第四次“宗教慈善周”活动，全市宗教团体、重点宗教活动场所根据自身实际积极投身公益慈善活动中，基督教组织开展老年公寓、康二城养老院义工慰问演出，提供理发、身体检查等贴心服务；天主教赴西部山区组织开展义诊活动，共义诊150余人，接受咨询50余人次；佛、道教深入西部山区组织开展“献爱心 送温暖”活动，受到当地群众的热烈欢迎。民族宗教领域和谐稳定。立足实际，通盘考虑，以“六个突出”维护全市民族宗教领域的和谐稳定。“六个突出”即突出抓经常性排查，突出抓重点难点问题，突出抓久拖未决的问题排查，突出抓容易产生问题的领域排查，突出抓责任领导问责制，突出抓机制建设。年内，及时介入，认真调处，先后协调处理涉宗教矛盾纠纷近10起。在4、5、6月宗教敏感期和十一国庆、十八届六中全会、省党代会期间，全员在岗值守，加强各类信息汇总分析，排查矛盾隐患和违法宗教活动线索，及时反馈，妥善处置，未发生一车一人离武外出。6月，及时妥善处置武安市天主教非法声援事件，8月协调解决少数民族群众因清真摊点租赁合同与汉民的矛盾纠纷问题。

【民族工作】 按时完成年度统计。2～4月，对全市23个乡镇（区）、502个行政村少数民族人数、生活状况等基本情况进行拉网式全面摸排统计，并登记造册，上报邯郸市民宗局。推进伊斯兰教组织建设。积极与在武少数民族群众代表接触座谈，谋划建设武安第一座清真寺。并就武安伊斯兰教协会筹建工作深入交换意见，积极推进协会和清真寺筹建工作。加强清真食品安全监管。在春节、五一、十一等重大节假日期间，先后派出10多人次，出动检查车5辆次，对市内主要清真摊点、饮食行业清真食品生产经营场所进行专项检查。6月，在武安广场设置宣传台，印制和发放食品安全宣传资料3000余份，加大对食品安全的宣传力度。开展食品添加剂检查，地沟油排查等工作，保障武安清真食品安全。积极为少数民族服务。加强对到武安经商伊斯兰信教群众的监管，实时掌握最新动态，帮助其排忧解难，维护武安团结稳定；积极帮助办理少数民族子女升学和民族成份更改相关手续，无偿资助特困少数民族返乡2人次，增进民族间的了解，推动民族团结、共同进步。

【外侨工作】 外事工作。积极完成全市年度出访项目呈报；认真开展“一问责八清理”专项行动，按照规定动作，认真清理已出国人员手续，制定相关配套制度，严把因公出国审批审查关，确保全市因公出访清理工作不留死角，清理整改到位；严格出访程序，严明出访纪律，积极协助办理出访程序审查、申报和审批工作。全年审批出国团组一批四人次，取消不必要出国团组一批次；依据《武安市人民政府外事办公室关于为我市外向型企业人员办理APEC商务旅行卡的通知》规定，帮助企业申办使用APEC商旅卡累计12人次，方便企业商务活动，为武安的招商引资、经济交流作出贡献。侨务工作。深入贯彻执行《归侨侨眷权益保护法》，经常走访和看望归侨、侨眷，根据所需认真办实事。教育和引导其加强对境外亲朋好友的联系，使其能够多为家乡经济建设做贡献。

【抗洪救灾】 “7·19”洪灾发生后，积极组织灾情视察和抗洪救灾工作。各宗教团体、宗教活动场所、信教群众及少数民族群众积极投身到抗洪救灾一线。不畏艰险查灾情。7月20日，风雨刚注，单位及时组成抗洪救灾工作队深入一线基层，了解宗教界受灾情况。徒步深入墙倒屋毁，全寺过水，满院淤泥的永和佛光寺查看灾情和毁损情况；在道路不能通行的情况下，泥泞徒步深入康二城镇圣井寺，解救受困人员4人；深入基督教和天主教总堂，与两会主要负责人进行信息交换和灾情询问，向广大受灾教友转达党和政府的亲切问候，勉励大家要积极开展生产自救，相信党和政府一定会给予大家最大的帮助。抗洪救灾显真情。为最大限度地帮助灾区人民，在武安市委、市政府的统一部署下，迅速行动，成立民宗局抗洪救灾工作队。7月22日，抗洪救灾工作队立即开赴磁山镇西苑城村开展抢险救灾工作。工作队冒着酷暑高温，深入田间地头、水毁建筑现场、村建水库等重要场地查看灾情，记录受灾状况。7月26日，抗洪救灾工作队根据市政府临时指令，火速奔赴磁山镇崔炉村开展救灾物资搬卸和发放工作。勇于担当 奉献爱心。及时通过民族宗教事务局官方渠道及微信、短信平台向全市各级宗教团体组织、宗教活动场所、宗教人士、信教群众和社会各界发出倡议，动员和请求广大宗教界友人在各自的团体、场所、民宗局机关等地有钱出钱，有力出力，踊跃捐款捐物，慷慨解囊，奉献爱心，用实际行动践行宗教界服务慈善事业的社会责任和勇于担当的大爱精神，积极响应“一方有难，八方支援”的救助号召，帮助受灾群众战胜洪灾，重建家园。通过倡议和组织，一批批救灾款物支援西部灾区：7月26日，组织武安市道协共同向灾区义捐款8388元；组织武安天主教会捐款款7339元，组织龙泉寺捐款5000员，并全部由民政局接收和发放；7月27日，组织武安市伊斯兰教协会筹备组携在武少数民族群众捐赠灾区紧急物资纯净水、方便食品等价值9800元；7月28日，带领天主教邯郸教区深入马家庄乡慰问，送去米面油、矿泉水等救灾物资总价值3.8万元；7月30日，组织武安市基督教会向阳邑镇捐赠矿泉水、方便面、火腿肠总价值9550元；8月3日，组织武安基督教会携手邯郸县教会向康二城镇、磁山镇捐助方便面等救灾物资总价值3万余元；8月6日，组织武安市佛教报恩讲堂向冶陶镇捐赠生活必需品、米面油、方便食品等总价值11680元；8月8日，携手魏县民宗局和两地天主教会为管陶乡送去总价值1万余元的生活物资和价值9000元的东方医院免费检查救治爱心卡；8月12日，携手大名县民宗局和道教协会向活水乡捐款1万元；9月2日，组织武安天主教会携河北信德公益向马家庄乡捐助棉被棉褥子总价值10万多元。据不全统计，民族宗教界共向灾区累计捐赠救灾物资总价值238757元，为武安灾区人民送去一份温暖、一份关怀。

年内，民族宗教事务局圆满完成年初确定的各项工作任务，被邯郸市评为先进单位。

（魏金海）

乡镇

武安镇

【概况】 武安镇为武安市城区所在地，是武安市政治、经济、文化、商贸中心，总面积41.5平方千米，辖15个街（村、居委会）（2013年5月按市委、市政府相关会议要求东长远村、东竹昌村、东洞村归武安市工业园区托管，之后西长远村也划归武安市工业园区托管），总人口18万人（其中，市区常住人口13.6万人），全镇设基层党总支、支部26个。辖区内交通便利、商贸繁荣、经济发达。全年完成地方固定资产总投资24亿元，完成两税任务3600万元，实现营业收入325亿元，实现企业增加值70万元。

【武安镇】

党委书记：郭利民
党委副书记、镇长：杜风斌
人大主席：王增祥
纪委书记：吴建华
党委委员、副镇长：张海军
党委委员、组织委员：李丽萍
党委委员、副镇长：贺振伟
副镇长：张闫锁
张舒雅

【基层党建工作】 “两学一做”活动有效开展。活动初期，武安镇理论学习中心组、镇直各部门和14个街（村）两委干部集中7天时间进行学习和研讨，从5月开始，镇党委每两个半月围绕一个专题组织讨论，学习讨论坚持“两集中三倡导三促进”原则。活动期间制条幅50余条、明白纸200多份，发放调查问卷1000多份。软弱涣散党组织整改到位。店子村被列为2016年武安镇后进村，为此，镇专门成立帮扶整顿工作小组。积极向上级寻求帮扶，积极配合市包村领导到村调研工作，市领导对店子村支部建设、美丽乡村建设、防汛防疫、经济发展等提出了具体指导意见，并协调相关部门加快美丽乡村建设工作。多干惠民实事，投资10余万元建成村口牌坊、凉亭，在村内增设电子监控摄像头10个，完善天网工程，在店子村东、村西重新铺设引水管道200余米，解决30多户村民饮水困难问题。加强党员信息和档案规范化管理。对全镇26个党总支、支部的党员进行严格地信息核对。主要核查“有人无档”“有档无人”和“档案缺失”等问题，有针对性地及时解决问题，确保党员档案的完整性。深入推进党风廉政建设。认真贯彻落实“八项规定”“六项禁令”，严格遵守武安市委出台的“五项纪律”20条规定。全镇未发生一起违反党风廉政建设事件。

【经济发展态势】 坚持项目发展，做到提质提效。根据市委、市政府的安排部署，镇成立专门班子、队伍，一对一进行服务，对重点项目建设进行集中攻坚。对武安保税物流中心实行跟踪服务、合力攻坚，促进项目建设进程。6月6日，河北武安保税物流中心项目接受石家庄海关、省财政厅、省国税局和国家外汇管理局河北省分局组成的联合预验收组的综合评审，顺利通过预验收。年末该项目已接受中国海关等四部委的正式验收并封关运营。项目建成后，年货物处理量可达到3000万吨，新增就业岗位5000余个，资金周转量将达到1000亿元，年直接上缴税金10亿元，为地方增收进出口商品关税和港口交易税60亿元。发展现代农业，深化科技创新。在确保传统农业稳步增长的同时，坚持把发展现代农业作为产业结构调整的着力点和增加农民收入的落脚点。大力推广优质种植，完成优质玉米种植3165.25亩，优质谷子种植1120亩；建成吨粮田0.4万亩，完成测土配方0.8万亩；完成良种补贴4285.25亩，补贴资金85705元。种植业保险百分之百完成下达指标。创新思路、因地制宜地发展特色农业和农产品深加工，提高农业附加值。积极发展农业品牌化战略，建成无公害农产品和瘦肉型猪养殖两大生产基地，育强晶品果业、龙仓食用油等一批农业产业化龙头企业。坚持农业基础设施建设与农业结构调整并重，加大农田水利基本建设力度，投资401万元，新修防渗渠1.85万米，铺设地下管道2700米。发展现代服务业，进一步繁荣商贸。通过加大小城镇建设力度，进一步优化商贸发展环境，使武安镇商业上档升级，商铺数量逐年增多，镇辖区内共有三产企业摊点近7000家，规模化商场9家，专业市场5家，星级酒店4家，物流企业14家。全镇第三产业从业人员达5万人。

【重点工作】 全力做好“两税”征收工作。2016年武安镇税收任务3600万元，按时完成任务。抗洪救灾全面胜利。在“7·19”特大暴雨中，武安镇降雨量426.4毫米，单日降雨量超过1963年和1996年，加之上游水库多年来首次泄洪，致使全镇辖区内水位猛涨，严重威胁着人民群众的生命财产安全。面对严峻的抗洪抢险形势，武安镇党委、政府把防汛工作作为压倒一切的中心工作来抓，马上组建一支包括镇机关以及各街村和企业在内的抗洪抢险队伍，总人数近500人，投入20多万元，准备抗洪抢险所需的编织带、雨衣、雨靴、铁锨等各类物资和工具。对东关街南瓦窑、大塔根儿、玉带河沿线等14个重点隐患点进行全面布控，第一时间转移东关街南瓦窑被困群众500余人；深入到西竹昌村，排除泥石流隐患，及时将120户600人撤离危险区并妥善安置；同时深入到南小河村、文安钢铁公司、店子砖厂等，解救被困群众450余人。汛期全镇未发生一例人员伤亡，把灾害损失降到最低。生态环境日益改善。减排治污工程进展顺利，年内武安镇累计投入12860万元，完成治理任务78项，污染治理水平明显提升，企业的厂区环境容貌明显改善；面源综合治理成效明显，集中开展主要道路扬尘及沿线企业散装物料货场集中整治和建筑施工扬尘专项治理，推动道路扬尘治理由国、省干线向县乡道路的拓展，建筑工地环境整治由城区向城乡结合部的拓展，取得阶段性明显成效，顺利通过省厅综合督查。开展燃煤锅炉淘汰和餐饮油烟治理“双百攻坚战”，累计淘汰燃煤锅炉13台。

【安全生产工作】 认真落实安全生产“一岗双责”，对重点企业实行镇级领导干部分包，安排专人驻厂督导，进一步完善安全生产问责制度，深入组织开展专项整治，促进了企业主体责任的落实，提高了安全生产的整体水平。邯郸市委、市政府主要领导《致各县（市、区）党委、政府和市直有关部门及重点企业主要负责同志一封信》公布后，武安镇认真贯彻落实主要领导指示精神，持续开展“隐患排查、打非治违、专项整治”三项行动，多次开展安全大排查活动，检查企业643家次，排查出各类隐患533处，全部整改到位，全年实现安全生产零事故，零死亡。

【信访工作】 进一步创新信访工作机制，继续推行领导接待日、领导包案制、初信初访首办责任制。全年排查出各类信访案件48件，其中单访41件，集体访7件，成功化解44件，化解率达90%以上。在十八届六中全会和省、邯郸市重要活动期间全镇信访稳定。

【平安建设工作】 武安镇14个街（村）和镇直各部门、大型企业安装电子监控摄像头达2263个，其中，镇政府、村重点部位等要害部位安装率达100%，主要街道、村出入口、易发案部位安装率达85%以上，有力震慑犯罪，提高破案率。

【美丽乡村建设】 根据镇村实际，将店子、西竹昌村作为“美丽乡村”建设重点村，分别确立滨湖古城和农家垂钓建设主题，整合财力物力，找准发展定位，推进“美丽乡村”建设进程。

【环境卫生】 环境卫生常抓不懈。定期开展由镇领导班子，各村书记现场点评的环境卫生现场观摩活动，主管镇长每周对所辖村进行全面检查，对发现的问题以简报形式发放到村，镇环卫办及时跟进督导整改到位；将卫生综合治理的管理目标纳入到对村级考核当中，实行镇干部包村、村干部包片包段制度，明确分工，责任到人。村镇累计投资达60余万元，出动各类车辆150余车辆次，人员500余人次，清除垃圾2000余立方米。

【社会事业】 统筹社会事业发展，全镇全年人口自然出生率控制在13.11‰以内，符合政策生育率97.62%，人口死亡率7.08‰，人口自然增长率6.03‰。为8023部队涉核人员安排到邯郸体检42人。按规定对符合条件贫困人员，新增农村低保30户。对420名重点优抚对象，录入并核查个人信息。做好残疾人“两补”工作，统计810人。不断加大教育投资力度，进行学校改扩建、修缮和绿化、美化，实现了配套设施建设上档升级。年内完成白鹤观学校、西竹昌学校迁建工程，进一步改善办学条件。人民武装、妇女儿童、民族宗教、精神文明建设、政治文明建设、基层民主法制建设等各项工作取得突出成绩，促进各项社会事业的发展。

（石前）

康二城镇

【概况】 康二城镇地处武安市东部，东与邯郸接壤，北隔北洺河与大同镇、安乐乡相望，是武安的东大门。辖9个行政村，15217人，有耕地1.7万亩。境内大部分属丘陵地带，海拔最高为境内紫金山498米，南北洺河流经境内3个村，在紫泉村交汇。镇政府驻地康西村。镇下设党政综合办公室、社会事务办公室、经济发展办公室、计划生育办公室、社会治安综合治理办公室5个内设机构。另设财政所、农业综合服务中心、计划生育服务中心、文广电服务中心4个事业单位。

【康二城镇】

党委书记：武秀其（5月免）
窦海涛（5月任）
副书记、镇长：窦海涛（5月免）
郝永军（5月任）
人大主席：郭晓华
纪委书记：岳力胜
武装部部长：尹学文
副镇长：马增龙
宣传委员：赵长山
组织委员：崔君亚
人大副主席：马树祥
副镇长：冀便良

【基层党建工作】 坚持党要管党，从严治党的方针。扎实开展“两学一做”教育活动。制定实施方案，明确学习内容。各支部召开动员会、制定实施方，按要求组织党员学习、撰写学习笔记和心得体会，完成党员手抄写党章。把党员身份亮出来。镇党委为各村党员定做、悬挂“党员家庭”标示牌，充分发挥党员带动引领作用，以点带面，每名党员帮带10户群众，既增强了党员的责任心和荣誉感，又规范了党员自身行为。统筹兼顾，务求实效，联系实际、务求学习教育贴近工作实际、贴近干部实际，以教育活动推动工作，用工作成效检验活动开展效果，做到两不误、两促进。后进支部转化工作。兴盛庄在镇党委领导下、市农工委的帮扶下，两委干部逐户走访调研，制定方案，筹集资金，积极开展后进村支部转化工作。硬化广场和街道9500平方米，修缮残垣断壁200米；整修花池1700平方米，并全部种植冬青和花草等花卉；修缮村口的两个牌坊，粉刷村内主要街道房屋外墙8000平方米；新打并配套机井一眼，解决群众的饮水问题。截至10月底，所有承诺全部兑现。强化措施，狠抓基层党建工作。工作中坚持“党要管党”，党委书记负总责，党委成员齐抓共管党建格局。镇党委与各支部签订责任书，形成一级抓一级，真正把党建工作抓在手上，落到实处；年内发展党员8人；共清理不合格党员26名，其中劝退1名，转出2名，限期改正23名。强化责任，着力抓好党风廉政建设。认真贯彻执行中央“八项规定”和省、市系列规定要求，遵守党政机关厉行节约反对浪费实有关规定，坚持从严从简，精简文风会风，勤俭办事。严格按照《中国共产党领导干部廉洁从政若干准则》、“8个禁令、52个不准”行为规范，把握关键环节，强化权责认识，堂堂正正做人，认认真真做事；率先垂范，以身作则，带头执行领导干部个人大事报告制度；认真贯彻落实主要领导“三个不直接分管”制度，研究“三重一大”等事项时执行末位表态制度；带头承诺不插手工程建设项目，不收受“红包”，不出入私人会所，自觉接受组织和人民群众的监督。大力开展廉情预警制度。全年廉情预警12起，通报批评8起，受处分1人，辞退临时工1人。

【三农工作】 巩固农业基础地位，开创三农新局面。投资110万元，在洞上、紫泉、临泉依托北洺河水资源埋设管道1600米，大力改善土地灌溉条件。全镇生猪饲养量5万头，出栏2万头，建成千头猪场一个，百头猪场3个，完成无公害养殖场6个，防疫率达100%。全镇完成造林面积2050亩，经济林1486亩，荒山直播1030亩，四旁植树1.4万株，邯武快速路和永峰路补植270亩，义务植树600亩，封山育林达12000亩。新增造林大户4个，全镇造林大户达16个。投资300万元，平整土地210亩你，荒山修整植树700亩，较好地完成了市下达的造林任务。“7·19”暴雨后，镇受灾人口8543人，重灾户71户273人，转移人口802人；受损房屋185户1485间。为妥善解决好受灾群众的吃、穿、住、行等生活问题，逐户查看受灾情况，及时将救灾物资送到受灾群众手中。向全镇9个村172户受灾群众发放大米390袋、白面500袋、方便面736箱、牛奶200箱、火腿20箱、食用油410桶、矿泉水490箱、棉被320条、毛巾被400条、夏凉被70条等救灾物资，受灾群众基本生活得到保障。7·19全镇受损房屋185户1485间，由武安、邯郸两级专业技术人员组成的房屋鉴定小组，逐一入户，鉴定为房屋受损的42户234间房（其中B级：30户165间，C级：9户43间，D级：3户26间）。镇、村两级干部针对每户的实际情况，一户一策，重点帮扶。截至年末，全镇受损房屋42户全部修建完成。镇组织党员群众对塌方、路基悬空、垮塌等水毁道路进行修复。全镇46条56千米田间道路修复完成；水毁乡间道路9条，康西至车网口、康东至兴盛庄、洞上至永和等8条乡村道路24.3千米，完成修复具备通车条件；修建南、北新庄村两侧水毁河堤2250余米，清理淤泥5万余立方米；水井冲毁17眼，修复13眼；饮水管道冲毁4000米，全部修复，灌溉渠冲毁9800米，基本修复。镇组织群众对部分水毁农田排涝、平整恢复，补种应季农作物46亩，平整恢复水毁农田322亩。7·19中受灾农作物1196亩，每亩理赔320元，核实上报，合计向受灾户理赔38万多元。

【项目建设】 调结构转方式，推动经济稳步发展。经济指标完成情况。固定资产投资任务35000万元，完成35000万元，完成100%；两税任务900万元，完成900万元，完成100%。修建康西灵山风景区。投资600余万元，在灵山新修环山公路3.6千米，植树3万余棵，建造3000平方米游泳池一个，新修上山台阶370阶、护栏1300余米，修建休闲厅3处、休闲走廊100余米，塑造伟人像一座，灵山风景区初具规模。建设康东新民居住宅楼。7月，康东村投资2000万元在邯武快速路南，新建占地面积11000平方米、建筑面积16000平方米新民居住宅楼3栋，年末主体基本完工，占地5000平方米新民居广场即将动工。

【环保工作】 以美丽乡村建设为切入点，推进新农村建设。护林防火工作。在春冬护林防火重点时期，新增防火检查站3个，临时护林员50人，发放宣传单8000份，与9个村4765户村民签订防火责任状；置4台风力灭火机，成立专业防火队120人，半专业扑火队300名；投资12万元、动用铲车2台、钩机2台，新修人工防火隔离带14千米、人工烧除9千米。所有有山场面积的村均采用镇干部包片，村干部包村、包山头责任制度，完成全镇的防火任务。环境卫生整治。每月定期召开卫生主管会，总结上月迎检中存在问题，安排当月卫生工作。按时巡查检查，确保卫生清扫、清运常态化。美丽乡村建设，投资20余万元在康东整修村口12处花池180平方米，重修墙壁150平方米，硬化5个村口道路1374平方米。环境整治工作成效显著。8月卫生联查获武安市第4名、邯郸市第87名；9月卫生联查获武安市第2名、邯郸市第13名。

【开展“打非治违”专项行动】 完善依靠网格化监管、组织联合执法、隐患排查“三位一体”的工作体制，重点打击非法生产、非法经营、非法建设“三非”行为，确保全镇安全生产工作的平稳运行。重点对冶金危化、人员密集场所、非煤矿山、爆炸物品、烟花爆竹、特种设备开展大排查大整治活动，共排查企业380余家，排查隐患275处，当场整改到位244处，限期整改31处。开展安全生产教育培训，强化应急救援演练，6月上旬，在英博化工厂举行安全生产应急演练活动，从根本上提高从业人员的安全意识和自救能力。

【信访工作】 牢固树立“稳定压倒一切，责任重于泰山”的理念，以阳光信访、法制信访、责任信访为重点，不断推进信访稳定工作向纵深发展。严格责任追究，落实稳控措施，全镇信访形势明显好转。全年消除矛盾纠纷70起，化解信访案件45起，化解信访积案17其，化解率100%；，抓牢社会管理综合治理。依托镇新组建的“一委三中心”，以农村警务室为抓手，深入开展“平安创建”活动，充分发挥治安管理员的作用，坚持打防并举，严厉打击各种违法犯罪活动，深入开展反邪教斗争，营造安居乐业的生活环境。

【食品安全工作】 强化食品安全教育宣传，加强排查监管，畅通信息渠道，鼓励监督举报，筑牢安全防线。3月27日、7月11日、9月18日、11月16日分别组织工商、食药监督、卫生院对全镇餐饮行业及食品生产加工经营行业进行检查4次，对存在问题的2家食品经营单位下达限期整改通知书，要求限期整改。全年未发生一起食品安全事件，有效保障群众饮食安全。

（李耀栋　贾利伟）

伯延镇

【概况】 伯延镇位于武安市南部，南依鼓山，北临洺河，镇政府驻地伯延村距城区10千米。伯延历史悠久，建村于北宋元祐年间，因其村形如大雁，故称伯雁，后人将“雁”改为“延”，遂成今名。明、清时发展成为集镇。伯延镇交通方便，青兰高速、武磁公路、武安市南二环公路从镇域内经过。全镇辖15个行政村（街），总面积43平方千米，总人口26000人。2016年完成固定资产投资5亿元，足额完成任务。全镇粮食总产量19722吨，因洪灾影响比2015年略有下降。为中国历史文化名镇、全国重点镇。

【伯延镇】

党委书记：黄利斌（6月免）
宋　杰（6月任）
镇　　长：冯振军
副 书 记：张　伟
副 镇 长：杨亚平
龙祥的
组织委员：张振茹
宣传委员、统战委员：王广维
武装部部长：张治国
纪 委 书 记：马　静
人 大 主 席：张　华（5月任）
人大副主席：王焕荣

【古镇建设】　伯延古镇建设进一步推进。民居宅院是伯延古镇的独特资源，为保护历史建筑，发掘旅游潜力，镇创新农宅合作模式，政府出资进行房屋修缮和装修，户主村民获得租金收益，打造出传统院落30个，统一标示，免费开放，让这些传统院落焕发出生机，其中有徐家大院、房家大院、棋盘院、文化楼、供销社院等。每逢节假日，远近游客慕名前来参观，国庆节假期游客突破1万人次。投资800万元，对伯延古镇旅游整个环线道路进行全方位打造。路面铺设石材，沿街立面改造，打造高质量的步行观光石板路，共计8000平方米；安装仿古路灯300盏，安装霓虹灯饰，装点古镇夜景；新建街边花池60处，栽种花卉300多株，有观赏竹、木槿花、月季等；在伯延大道两边建立绿化带5000米，种植侧柏、格桑花等绿植花卉；精心打造小节点景观，在路口、角落因地制宜，打造小井台、凉亭、观赏影壁、石磨石碾等颇具伯延特色的小景观。

【美丽乡村建设】　下大力气改水、改厕，改善农村人居环境。投资200万元，进行管线入地，改造上下水管道4000米，建设污水处理厂1个。共铺设下水管网达1.5万多米。东万年村全村100%实现管网覆盖，镇区五道街管网覆盖达到35%。农户改厕900多户，由原来旱厕改为水冲式厕所，干净卫生。经过不断治理改造，农村污水乱倒乱流现象得到有效治理，村容村貌大幅度提升，村民生活环境明显改善。轻烃气是一种绿色新能源，清洁环保，安全可靠，可以供居民烹饪，洗浴，采暖。在东万年村试点推广，投资170万元，安装轻烃气设备，全村80%的村民装上轻烃气管道并投入使用。普通村民使用轻烃气做饭每月仅需30元左右，是液化气费用的一半，冬季采暖月费用约800元左右，采暖效果比蜂窝煤、燃煤锅炉都要好，使用方便，干净卫生，村民们普遍反映良好。为进一步扩大推广打下基础。

【“7·19”特大洪灾救灾工作】　在“7·19”特大暴雨侵袭中，伯延镇受灾严重，全镇受灾人口多达21367人，房屋倒塌51间，农田损毁980亩，农作物受灾面积3693.39亩，直接经济损失高达9629.786万元。面对严峻的灾情，镇党委政府始终把抗洪救灾工作当作压倒一切的中心工作，带领全镇干部群众迎难而上，积极抗洪救灾，在暴雨中转移群众1012人，解救被困群众30多人。抗洪抢险工作结束后，全体镇村干部连续作战，立即又投入到灾后重建的新战斗中。妥善做好群众安置工作。对险情没有排除，房屋仍无法居住的群众，采取分散安置的方式，投亲靠友或邻里互助，并及时发放大米、面粉、卫生油、面包、床垫、衣服、雨衣、雨靴等物资，确保受灾群众的生活保障。镇村领导第一时间到受灾群众特别是失联人员家中入户慰问，积极帮助他们解决实际问题。细致做好灾情核查工作。成立资料统计组专门负责灾情统计和上报，各村安排专人逐门逐户对受灾群众的房屋、农田、畜禽、财产的受损情况进行登统。为确保不出现虚登、漏登，从各村统计源头抓起，由包村领导、包村干部、村支部书记、村主任对上报的灾情认真核查，严格把关，确保数据准确。及时抢修基础设施。灾后第一时间对水毁水电路桥等基础设施进行了登记并及时上报相关部门，积极调配人员、大型机械帮助村民抢修水毁道路、桥梁、饮水管道，对危旧房屋、悬空路基、塌方地段进行及时修缮，开展“三清”工作。7月21日全镇所有村均可到达，电力全部恢复。全面做好卫生防疫工作。7月23日镇党委、政府召开机关大会，安排部署全镇的卫生防疫和灾后重建工作，邀请镇卫生院防疫医生，对包村干部进行消毒防疫技术培训，并购置大型汽油喷药器一台、电动喷药器4台、防护服5套，收集村民的小型喷药器多个，包村领导、干部全部下村组织带领村民对所有过水点开展一次横到底、竖到边的全面消毒工作。逐户发放洪涝灾害卫生防病知识、饮用水消毒处置宣传单，并利用村喇叭、微信群、黑板报等多种形式进行防疫知识宣传。大力做好动物尸体掩埋工作。成立专门的动物尸体处理队伍，由镇上1名副职领导带队，结合镇农牧站工作人员及防疫站医生，对各村死亡畜禽尸体进行统一打捞、收集、消毒、深埋，特别是对河道、低洼地、池塘、水渠、淤泥等地重点搜寻，并明确规定各村发现动物尸体后要第一时间报告，禁止村民接触，以防发生疫情。认真做好救灾物资发放。组织专人成立救灾物资发放组，由民政所牵头对每一笔救灾物资的进库、出库认真进行登记造册。严格掌握救灾物资使用原则和范围，要求各村、各部门在物资使用和发放中要严格把关及时公示，并建立救助发放台账。镇纪委牵头结合包村领导、干部负责对各村救灾物资调拨、分配、使用情况的监督检查。全力做好河道管理工作。把好入口关，河道范围内建筑均不予供电，严格禁止在河道范围内原址重建或新建企业，各村派专人负责监管，发现问题立即制止，及时上报，同时在显著位置张贴河道管理通告，并对所有沿河企业、摊点负责人面对面讲解政策，将河道管理通告发放到他们手中。积极做好宣传教育维稳工作。镇村干部逐户发放洪涝灾害卫生防病知识、饮用水消毒处置知识宣传单，并耐心细致讲解国家相关政策，注重对村民做好灾后心理工作，不跟风、不听信谣言，鼓舞村民开展生产自救，营造灾后重建的正能量氛围。

【安全生产】 加强综合监管，持续隐患排查，加强在春节、“两会”“五一”等重点时段，进行全镇范围的安全生产隐患大排查大整治，整改消除安全隐患11处。强力攻坚，专项整治全面推进，非煤矿山方面，严格把关验收，整合全镇矿产资源，加强采石厂及石料加工企业安全监管。强化保证，基层基础全面夯实，积极组织开展2016年“安全生产月”各项宣传活动，营造浓厚的安全生产舆论氛围，达到“以月促年”的目的；开展烟花爆竹安全生产大排查，依法严肃查处两起非法违法生产经营烟花爆竹行为；组织各村街开展消防安全检查，督促完善消防设施，排查治理火灾隐患，落实消防责任和消防预案；组织各重点村街开展森林防火工作，加强防范措施。

（郭晓宇 李沛嘉）

北安庄乡

【概况】 北安庄乡位于武安市东南部，北邻洺湖，南靠鼓山，309国道和206县道穿乡而过，交通便利。辖12个行政村，2.5万亩土地，人口1.68万人，辖区煤炭、山石资源产丰富，工业以石子、水泥等建材为主；田地肥沃，农业主产小麦、玉米。

【北安庄乡】

党委书记：史贵平
副书记、乡长：李志强
副书记：岳树宏
人大主席：赵延平
武装部部长：孙云安
副乡长：师建斌
　　　　崔海峰
组织委员：王巧杰
纪委书记：孟 燕
宣传委员：赵 艳

【基层党建工作】 全面落实党建责任。乡党委书记每月至少主持召开1次专题党建会，听取班子成员的党建汇报，研究党建工作；强化党员干部管理。认真开展“两学一做”教育活动，年内共组织中心理论组学习20次，组织机关大院学习40次，组织村支部书记和其他支委集中学习8次，学习后均能认真撰写学习笔记，强化党员干部的政治意识、大局意识、核心意识、看齐意识和党建履职能力；严格落实“三会一课、两规范五服务”等党建运行机制，加强和规范党内政治生活，加强党内监督，增强党员的自我净化能力和自我完善能力；严格程序发展党员。建立发展党员工作责任制，明确各级党组织主要负责人为党员发展工作“第一责任人”，在发展党员过程中坚持“早教育、早选苗、早培养”加大培养力度，严格按照“积分制”和“双推双评制”进行，年内共发展党员12名；整顿转化后进支部。针对后进村（东大河）村支部书记能力弱，村级各项活动开展不经常问题，党委书记每月到村指导工作5次，组织培训1次，重点对两委开展“两学一做”学教活动，组织支部书记到先进村学习经验，并选派威信较高、有支部书记经历的老同志任第一书记；乡党委结合市帮扶组投资9.5万元，为东大河村安装监控探头5个，路灯40盏，植树200余棵，解决群众关心的热点难点问题。

【经济建设】 全年完成工业生产总值13亿元，完成固定资产投资5.1亿元，均超额完成任务；计划生育出生统计求实率达到100%，符合政策生育率达到95.6%，比上年提高4个百分点，各项工作指标排名在武安市第一；林业工作成效显著，完成南二环路和南鼓山及厂矿企业绿化任务；年内火化尸体93具，完成全年殡葬改革任务；新农合参合人数为5522人，参合率为96.4%；社会治安防控体系进一步完善，年内新增2个村实现技防联网，治安保险覆盖面进一步提升，刑事发案率为0，治安案件发案率平稳下降。

【项目建设】 北安庄乡始终把项目建设作为加快全乡经济发展的突破口。利用紧邻南二环的优势，完善两个市场建设。张粟山服务区钢材市场完成服务区交易工程建设，有50家商户与市场管委会签订入驻经营协议。南安庄服务区与邯郸万合集团签订仓储、物流等合作协议，年内投资120万元，硬化整个服务区路面10000平方米，服务区正常运营。

【美丽乡村建设】 北安庄乡抓住洺湖新区建设机遇，临湖大洺远村、东大河村和西大河村大力进行美丽乡村建设，以洺湖为依托，打造武安后花园。大洺远村投资30万元，建成喷泉广场和村标广场；投资100万元，建成大型羽毛球馆和垃圾中转站；投资40万元，新建楼房式村民活动中心1座；投资15万元，安装花箱400个；投资10万元，建占地1500平方米的停车场1个。西大河村投资30万元，建青石牌坊1座，并栽各种绿化树3000余棵；投资40万元，新建老年活动中心1座，安装监控探头15个，对整体村庄进行美化；投资7万元，配备机井设备2套，整理田间道路3000米。东大河村投资20万元，并轨天网工程，改造全村电网，植树2000余棵，建成环村绿化带。

【基础设施建设】 北安庄乡本着“循序渐进，尽力而为”的原则，积极引导各村加强和改善基础设施建设。南安庄村投资90万元，铺设下水管道1500米，硬化道路20000平方米。北安庄村投资80万元，整修村西大道两旁的便道约11000平方米，新安装路灯40多盏；投资30万元，铺设下水管道200米，投资5万元，新打机井1眼。同会村投资50万元，硬化路面7000平方米；投资20万元，修桥1座；投资15万元，建幼儿园教室8间。魏粟山村投资50余万元，硬化、绿化村北大道两旁便道约3500平方米。东周庄村投资30万元，硬化街道3000平方米；投资15万元，建高4米、长6米花岗岩材质的“红旗”雕像两座；投资5万元，绿化进村道路300米；投资70万元，建56米长塘坝1座。张粟山村投资20万元，对全村所有小巷进行硬化；投资1万元，从南二环至村道路安装路灯20余盏，栽种柏树150棵。杜家庄村投资10万元，铺设饮水管道300米。黄粟山村投资1万元更换饮水管道400米，并配套2眼机井所需的设备和线路。

【大气环境整治】 安全生产不放松。年内共开展企业及岗位巡查248（家）次，排查隐患440个，打击偷排、偷生产现象103（家）次，并督促违规企业限期整改到位，全乡未发生一起安全责任事故；扎实开展禁烧工作。坚持“一手抓宣传引导、一手抓监控打击，两手抓、两手硬”的办法，抓实禁烧工作。根据市政府安排，春、秋禁烧，冬季防火期间，乡成立专门队伍，利用横幅、标语、村广播和宣传车等多种手段，广泛宣传环保知识和禁烧政策，并通过发展养殖业、推广气化炉等加快秸秆回收利用。乡禁烧队结合公安、环保等部门对全乡每一个地块、每一条街都实施巡查和监控，多管齐下，实现全乡域内“不点一把火，不冒一股烟”。

【“7·19”抗洪抢险救灾工作】 讯前，北安庄乡投资10万元对乡域内主要泄洪道进行清淤、清垃圾杂物，保证河道畅通；投资10万元对山场的石子、石粉和陡坡、峭壁进行加固，在保证生产企业的安全同时，对下游村庄起到了保护作用。汛期中，全乡干部坚守在一线，通过广播宣传、路口警戒、连续巡查、排除隐患等方式，将群众人身及财产损失降到最低。汛期过后，投资100余万元，第一时间主动开展防疫，共出动人员1080人次，车辆324车次，清理垃圾杂物20000方；成立防疫队21个，使用复合消毒粉225千克，动物场所消毒液210瓶，水源消毒片30000片，消毒机井12座，处理池水5950立方米，水窖1044立方米，消毒街道面积40万平方米，农田5200亩，深埋动物尸体126个；及时开展恢复生产，其中架线1000余米、打井5眼、修桥3座、修田间路15.25千米、改造农房15户，讯期后2—3天内群众恢复正常生产生活。

（李鑫）

淑村镇

【概况】 淑村镇位于武安市东南鼓山脚下，镇政府驻地淑村距市区17千米。与邯郸县、磁县、峰峰矿区毗邻，属半山区、半丘陵地带，总面积62平方千米，耕地面积32055亩，辖21个行政村，总户数6371户，总人口24700人。2016年，在经济发展等面临多重困难情况下，坚持方向不变、目标不降、措施不减，经过全镇上下共同努力，全镇经济社会实现持续健康发展，保持稳中有进、稳中向好的态势，人民生活持续改善，社会大局持续稳定，实现“十三五”的良好开局。

【淑村镇】

党委书记：邢艮安
镇　　长：张文涛（5月免）
　　　　　李　政（5月任）
人大主席：郭云峰（5月免）
　　　　　朱瑞清（5月任）
宣传委员、统战委员：张忠仁
纪委书记：王宏州
组织委员：张延东
副 镇 长：尹永增
武装部部长：程延敏
副 镇 长：刘江红
　　　　　刘俊伟

【基层党建工作】 坚持以加强党的执政能力建设为主线，以扎实开展“两学一做”活动为重点，进一步强化基层组织建设和“三支队伍”建设，构建适应淑村经济发展需要、群众满意的党建工作新格局。加强党委班子建设，坚持每周理论中心组学习日，认真学习新党章、中共十八届三中、四中、五中全会精神、党风廉政建设有关规定等制度精神，着力打造“学习型、民主型、务实型”班子，进一步增强党委班子的领导力、执行力和号召力；加强村干部队伍建设，强化理论学习培训，提高镇村干部素质。按照“能干事、会干事、干成事”的要求，选优配强村班子，并通过以会代训的方式，先后对全镇140名支村两委干部进行了规范村务运行和财务管理有关知识培训，切实增强村干部队伍的服务能力；加大农村致富带头人培养力度，镇党委选拔一批头脑灵活、有想法、敢干事、能协作、能助人的农村致富带头人担任村、支两委班子成员，并逐步培养成支部带头人，充分发挥示范带动作用；加大后进支部转化力度，对两委班子不全导致工作滞后的村，利用村两委换届时机选强配优村级班子，解决两委班子“无人办事”的问题。对两委班子软弱涣散导致工作滞后的村，有针对性地开展教育培训，让他们开阔眼界，增长见识，增强信心，逐步解决两委班子“无所作为”的问题。对两委干部为政不廉导致工作滞后的村，建立健全约束机制，警告、处分部分村干部，彻底解决了农村干部“为政不廉”的问题。对两委班子党员老化导致工作滞后的村，把一批年轻力壮、思想政治觉悟和文化素质较高、“双带”能力较强的致富能手吸收到党员队伍，解决农村党员队伍“后继乏人”的问题。对村级集体经济薄弱导致工作滞后的村，想法设法帮助村级班子理顺发展思路，选准发展方向和突破口，尽力帮其壮大村级集体经济，解决两委班子“无钱办事”的问题。修缮、翻新3个村的两委办公场所，解决两个村群众饮水、出行等热点、难点问题；全面落实党风廉政建设责任制，健全教育、制度、监督并重的惩治和预防体系，切实做到遵守党的纪律不动摇，执行党的纪律不走样。

【美丽乡村建设】 淑村镇美丽乡村建设首批定为4个村，分别是白沙、白马寺、邵庄和董二庄。白沙村：在村庄绿化上，栽植杨树、松柏及各种绿化树木，具体有环村林植树6743棵，街道绿化10000棵，庭院绿化500棵，空闲地绿化56810棵，沿线景观林2000棵，合计77053棵。成活率98%。在“三清一拆”整治中：规划标准，严格做好“三清一拆”工作，村内没有杂物，没有残垣断壁和路障，小区、庭院均做到美化绿化。白马寺：村投资50多万元，种植国槐、桧杨、高杆女贞等树2000多棵。为了村庄整洁，拆除了四处违章建筑（厕所两处，猪舍三处）。对进村路两侧砌石头墙450平米，平整路面1500平方米，安装道岩砖5000米；清理杂草2000多平方米，撒种花草1500平方米。邵庄：出动人力390人次，拉水670方，平整土地33亩，种植各种树木5100棵。种花8亩，并安排专人定时浇水养护，保证成活率，大大提高村庄绿化率。出动人力660人次，铲车52车次，翻斗车65车次，三马车156车次，拆除违章建筑15处（临街厕所5处，储藏间10处），清理空白地基5处，清理路障16处，清理街道垃圾820方，村庄整体焕然一新。董二庄：总计投资110万元，对环村林带，进村路和街道两侧进行绿化。种植杨树、桐树、核桃树、白蜡树等3000多棵；出动铲车、三马车、电三轮等150多辆次，清理街道长2000多米，清运垃圾200余立方米，清除杂草3000平方米，修缮残垣断壁5处，拆除露天厕所16处、违章建筑8处；对1000多米长主街道进行下水道改造；在村西修建长14米、高5米的文化墙，村容村貌明显改善。

【项目建设】 镇党委、政府高度重视武安市50兆瓦光伏发电项目，成立项目推进组，党委书记任组长，主管领导任副组长，相关人员为推进组成员，负责协调处理跑办项目建设相关事宜。通过前期准备工作，成功协调占地事宜，并与相关村签订2800亩山场占地协议。镇党委政府积极帮企业跑办手续，在市政府的大力协调下，在短时间内国土局出具土地使用说明、电力公司同意并网事宜、林业局通过林业占地、建设局完成选址规划等事宜，最终完成发改局备案手续。截至年底，该项目完成占地、规划、备案等所有手续的审批，将相关手续报送省发改委备案。

【战胜洪灾】 “7·19”洪灾期间，镇在有可能发生河道堵塞的关键位置安排80多人值守，并出动铲车27辆（次）对河道不间断清理，防止山上冲下的杂物堵塞河道，保证河道附近群众及农田的安全。暴雨中转移安置群众40多人。洪灾后，镇组织党员干部群众在21个村进行道路清淤、电力抢修、灾后防疫等工作，第一时间疏通道路，保障21个村电力运转正常，对21个村进行3次全面彻底消毒，切实保证群众出行安全、用电安全、卫生安全。

【大气环境整治】 积极开展秸秆禁烧和护林防火工作。采取镇干部包村、村干部包田间地头的方式，实施无缝隙作业，并利用村委会喇叭广播、宣传车流动宣传等方式宣传上级政策和焚烧秸秆危害，严密监控，有效防范，努力做到“不着一把火，不冒一股烟”。加强对被取缔三小建材企业的巡查。年内，为防止已取缔灰窑出现反弹现象，镇抽调骨干力量组成巡查组，加大巡查力度，每日不定期逐区域开展地毯式排查，累计巡查230余次，确保被取缔企业无反弹。深入开展重污染天气应急响应应对工作。镇制定重污染天气应急预案，积极开展宣传，按照市重污染天气应急指挥部要求，在市发布预警信息后，第一时间通知企业限产停产，并通知各村积极响应应急措施。开展小污染企业取缔工作。结合环保、公安部门对严重污染环境的水洗米石进行专项整治，取缔水洗米石12家，有效治理污染源。

（任俊亮）

午汲镇

【概况】 午汲镇位于武安市城郊西南，紧邻城区，交通便利，309国道、邢都公路、邯长铁路穿境而过，镇域面积72平方千米，辖28个行政村，12153户、43175人，耕地48600亩。镇域经济发达，辖区内有企业2596家，其中规模以上企业9家，东部地势平坦、农业经济发达。镇内设9个办公室。

【午汲镇】

党委书记：刘东方
镇　　长：邢晓飞
人大主席：李向明（6月免）
　　　　　连巨太（6月任）
副 书 记：连巨太（6月免）
副 镇 长：刘　萍
　　　　　连海洲
纪委书记：李　涛（6月免）
组织委员：姚振军
宣传委员：李海玉
武装部部长：苏占华
人大副主席：杨延军

【基层党建工作】 发挥党校的党建阵地作用，年内举行培训班14期，对全镇2000余名党员进行集中轮训，切实提高思想认识、掌握农村工作方法；深入贯彻落实"两学一做"学习教育活动，建立党员学习长效学习机制，下派驻村指导员，通过外请市党校教师等方式，利用党校平台，进行集中教育；进一步充分发挥微信平台作用，并就各重点工作建立单独工作群，弘扬支部书记带头干、党员干部站一线、各村进度比比看，影响和带动镇村干部思想观念和工作作风的转变。恪守有始有终的干事规矩，力戒有始无终、大头小尾，充分发挥镇纪委监督检查职能，对各项任务倒排工期、挂图作战，对各项重点工作一抓到底；树立一面旗帜，在面对百年不遇的特大洪水侵袭，全镇党员干部在镇党委的带领下主动向前，奋战在抗洪抢险第一线，保障全镇无人员伤亡，在灾后重建工作中成立29支党员志愿服务队，党委书记亲自带领机关党员服务队到均河、东河下等村帮助灾后重建工作，保证党旗始终飘扬在最需要的地方；树立激励干事的正确导向。让真干事的村有面子、有荣誉、有回报。在全镇年终总结中，摈弃以往"全员表彰"的惯例，对工作中作出实实在在贡献的个人和集体进行荣誉表彰，用正确的导向树立样板、打造队伍。

【项目建设】 始终坚持优化发展环境、加强招商引资、服务落地项目。年内完成太行钢铁退城进园用地任务，有力保障重点项目开工建设；新峰水泥公司与清华大学合作的城乡生活垃圾无害化水泥窑处置项目投入使用；冀南钢铁集团文丰钢铁公司新建超高温、超高压余热发电项目，年可节约标准煤30000余吨。在支柱产业的带动下，配套产业蓬勃发展，市重点项目华邦物流园的前期备案证等手续已到位，年末办理项目用地等相关手续。2016年，全镇实现增加值73.2亿元，营业收入326亿元；完成固定资产投资24亿元；实现财政收入近4亿元。

【农业发展】 依托优越的农业自然条件，发展田奥现代农业园区，开展特色种养殖产业和农产品加工、仓储一条龙服务。城郊各村依托环城林带开展林下农业项目。温村通过林下有机红薯种植，延伸出淀粉、粉条等产品，注册"温之薯"商标。继续扩大其他养殖基地，午汲、小贺庄肉牛养殖达200余头，上泉肉鸡养殖达130000余羽。全镇在受到"7·19"洪灾巨大创伤的情况下，通过积极抢修农田、进行补植等方式将灾害损失降到最低。小麦总产量达14015吨，谷子总产量达7667吨，玉米总产量12308吨，蔬菜总产量1071吨；生猪出栏40000余头，总产值3000余万元；家禽总产值达60余万元。第一产业总产值达21480余万元。

【美丽乡村建设】 通过抢抓防护林带建设机遇，累计投入绿化资金872万元，植树174440株，绿化土地6500亩，打造“西部绿海”“花海绿廊”，为“美丽乡村”建设奠定生态基础；通过深挖文化资源、发挥区位优势，结合农业园区建设，打造“一村一品”，做强产业支撑。年内全镇各村累计投入建设资金1200余万元，硬化路面近80000平方米，大贺庄、南马庄、玉泉岭、西广村等村全部重新铺设饮水管道，保障群众饮水安全；打造东广村盆景街、籍柏树文化街、温村廉政一条街等样板街道，修建贾庄、温村、上泉、东广村休闲文化广场等标杆工程；培育温村、上泉地膜红薯和温村天庆养鸡场等集体经济项目，特别是温村注册“温之薯”品牌，通过互联网新媒体进行营销，成功吸引邯郸及周边县市区消费者前来参加体验式农业；大贺庄村顺利通过“省级历史文化名村”验收，为研究历史变迁、传承文化传统奠定基础。

【安全生产】 在实际工作中，严格落实安全生产和环境保护“一岗双责”和属地管理制度，牢牢把握两条发展红线，进一步完善“五级五覆盖”监管责任体系，为全镇经济社会安全平稳保驾护航。全年累计清理辖区内非法成品油点12个，取缔非法私采乱挖石灰石点5处，接受群众举报直达现场紧急处置11次，对企业实施开展安全大检查活动8次，检查数量861家次，排查隐患276条，投入整改资金10余万元，按时完成指令要求的隐患整改内容，全镇没有发现和存在大的事故隐患和隐性安全隐患。实现全年安全工作“双零”目标。

【环保工作】 在环保工作中按照“六个一批”的整治违法要求，加大对辖区内小型和违法企业的监管，严格落实好达标排放、膨化、苫盖等工作。构建全镇重污染天气应急响应机制，建立应急响应责任体系，明确村干部、包村干部和安监站工作人员三级责任，确保辖区企业及时限产、减排。整治重点区域道路两侧环境，清理沟渠垃圾，架设防尘网，彻底美化道路环境。镇党委、政府以责任、宣传、措施三到位为方针，对各村秸秆禁烧工作常抓不懈，确保全年禁烧敏感期全镇辖区“没着一把火、没冒一股烟”。

【综治维稳】 将综治维稳和信访工作摆在重要位置，强化综治队伍建设，理顺信访秩序，改善硬件设施。坚持每周信访例会制度，主要领导对各案逐个调度，进一步摸清案情、压死责任；在机关大院设立来访登记处，严格信访属地管理制度，做到来人有接待、问题有人管；投资40余万元建立“一委三中心”，将“两所一厅”、调解中心等整合办公，配备电脑、桌椅、空调、饮水机等办公设施，聘请两名农村退休支部书记担任信访问题调解员，镇领导干部轮流接访，极大提高处理信访矛盾纠纷案件效率，多次接待兄弟乡镇和县区参观学习，获得一致好评；健全民调、治保和治安志愿者队伍组织建设，完善联防队昼夜巡逻值班制度；强化技防手段，各村新增监控摄像头367个，有摄像头900多个，重点要害部位安装电子监控摄像头安装率达98%；为信访办配备“警用执法仪”、录音笔等设备，对接访、化访实行全程录像录音，为化解信访难题、打击缠访闹访人员提供有力证据和震慑作用。年内全镇各村民调组织调处案件50余起，成功率达98%；接待信访案45个，化处理网上信访案件60件，办结率为100%，群众满意度达85%以上。

【抗洪救灾】 面对百年不遇的“7•19”特大洪涝灾害，镇党政班子及早着手，勇于担当，高标重建。及早着手，从4月汛期到来之前，镇党政班子就着手部署防汛工作，完善防汛制度，严密责任体系，制定全镇抗洪抢险应急方案，组织防汛应急演练，做好抗大洪、迎大汛的准备；做好排查工作，领导班子成员分包地段对所有河道、水库进行排查，及时排除了玉带河格村、温村段险情，疏通各村村内外排水渠道，转移危房户和困难群众；临危不乱、勇斗洪魔，从7月18日晚降雨开始后，党政班子成员到分包各村开始巡查，要求各村每一小时上报情况，组织抗洪抢险队伍24小时待命，紧急转移危险群众81人，及时处理险情，实现了大灾中全镇无一人伤亡、失联；保障灾后社会稳定，及时进行灾情汇总，紧急联系救灾物资，保障受灾群众基本生活，开展灭病防疫工作，对辖区内河道、垃圾堆等污染源进行反复消杀，彻底清除河道内动物尸体，及时排除危险点，设立危险警示牌；高标完成灾后重建，成立灾后重建指挥小组，及时补种杂粮、蔬菜等短期农产品，1个月内辖区受损水井、主干道路、电力、通讯等设施基本完成修缮，群众和企业基本恢复生产生活；水毁房屋65户全部完成修复或重建，施工进度和创新做法获得市主要领导高度肯定。

【惠民工程】 全市“精准扶贫”活动开展后，镇完成贫困户建档立卡232户，与帮扶人员结对成功。在第一轮“1+1”帮扶中，结对的15户贫困户已全部完成脱贫。建成午汲镇光伏发电扶贫项目，与20户贫困户签订受益合同，每户每年收益1500元，惠及群众65人。全年新农合统筹人次、补偿费用、住院报销比例等均进一步提高。文化教育工作取得新进展，争取资金30余万元，全面提升辖区各校硬件设施；通过开展“三比三拼”，大力宣传全镇师德标兵和最美教师，全面提高教师整体素质；市电视台“百姓大舞台”栏目组在镇成功录制群众演唱节目，极大丰富群众的文化生活。人口计划责任目标高质量完成，流动人口计生管理服务水平不断提升。

（周宇）

磁山镇

【概况】 磁山镇地处太行山东麓的红山脚下，镇政府驻地磁山村位于武安市西南16千米处。辖23个行政村，总人口8万余人，其中农业人口2.64万人。镇域面积68平方千米，耕地面积2.67万亩。镇内有2672、万年矿等8家省部属企业，与峰峰矿区、磁县接壤。镇内交通便利，邯长铁路、邢都公路、磁阳公路贯穿全镇。是全国文明镇、全国千强镇、全国重点镇、中国文化名镇、中国魅力名镇、河北省十强乡镇、河北省扩权镇。

【磁山镇】

党委书记：孟延荣（6月免）
　　　　　黄利斌（6月任）
镇　　长：王海忠（6月免）
　　　　　赵海生（6月任）
人大主席：孔德顺（6月免）
　　　　　温海平（6月任）
副 书 记：赵海生（6月免）
副 镇 长：连根柱
　　　　　温海平（6月免）
　　　　　杜利锋
　　　　　候志博
纪委书记：江向东
组织委员：程金涛
武装部部长：郭　建
宣传委员：刘　佳

【基层党建工作】 以党建工作统揽全局，通过抓班子、强机制，形成团结干事良好局面。抓实抓好“两学一做”学习教育。抓启动，迅速动员。镇党委选派指导员到各村，印发“两学一做”明白卡1300多份，悬挂条幅120余条，利用有限电视播放专题片学习。抓基础，组织学习。区分层次、区分对象，集中党员学习，对于168名流动党员采取“互联网+”党建平台定期开展微信课堂，对97名老弱病残党员深入家中帮助学习，并坚持边学、边议、边做、边改。抓关键，以做促学。要求党员结合中心工作，从小事做起，当先进、做表率，实现了各项工作的全面推进。创新党建工作思路。建立党总支保稳定，针对上洛阳、下洛阳两委班子不团结，西万年村重点上访户等问题，将此三个村与刘庄村成立北四村党总支，并选派能力强、影响力大、能稳控全局的刘庄村支部书记武志峰担任党总支书记，实现权责统一管理，起到很好的效果。成立临时党支部做好崔炉村灾后工作，崔炉村村情复杂，在“7•19”洪灾后临时成立3个党支部，并选派工作能力强的人员任支书，分包崔炉村南街组、北街组、河沟组，走街串户，了解村情，疏通民意，增进干群感情，稳定灾后情况。创新党建考核机制。坚持每周召开一次党建工作专题会议，并实行“月抽查、季联查、年考核”制度，年终对各项工作全面考核，评出优秀党支部5个，并与绩效挂钩。

【抗洪救灾】 7•19特大洪灾中，磁山镇受灾严重，镇、村干部齐心协力，共度难关。全力抢修。洪灾后，仅用了2天时间，23个村恢复交通，22个村恢复电力，为了顺利解决崔炉村灾后饮水问题，投资20万元，更换500千瓦变压器1台，修复供水管道。拆除违建。镇机关干部联合镇安办、水利、国土、派出所等部门80多人，出动大型勾机1台，对崔炉河道内违章建筑拆除到位。严控疫情。成立3个防疫工作组抓防疫工作，沿河打捞掩埋动物尸体，喷洒农药。联合清淤。联合各村、各企业对重灾村进行联合清淤，利用一周时间将磁山一街、磁山二街、崔炉村大街小巷的淤泥全部清理到位。弘扬正能量。针对洪灾中出现的先进人物和典型事迹，积极主动宣传报道，发表美篇网络40余篇，刊登报纸10余篇。

【灾后重建】 强化党的领导。选派骨干力量成立工作组进驻到重灾村，成立临时党支部开展救灾工作，成立崔炉村北街组、南街组、寻找失踪人员工作组、磁山一、二街工作组，做好灾民的安抚、慰问、救济、物资发放等工作。重灾群体安抚工作。对于死亡家属及沿河受灾严重的住户和门市，积极落实好国家救灾政策，对他们做好心理疏导，并研究好迁建方案。做好稳定工作。安定民心，弘扬正能量，对于散布非法言论、故意阻碍救灾工作的人及时批评警示；磁山二街召开全体村民大会，针对救灾工作存在的各种不文明现象进行了深刻批评；崔炉村就在抗洪救灾过程中出现的模范事迹和负面典型排练出文艺汇演教育群众。灾后房屋重建。经省住建厅鉴定后，按时帮扶重建农房，发放补偿资金；与磁山镇机修厂达成初步意向，将其400亩土地用于住宅建筑，对磁山一、二街沿河岸受灾群众实行整体搬迁。

【美丽乡村建设】 将美丽乡村建设融入武安南部旅游大格局。磁山镇的美丽乡村建设以“磁山文化”为立足点，以“宜游”为切入点，着力建设一批在规划设计、文化内涵、民居建设、景观打造上体现乡村文化特色的美丽乡村，与响堂山、伯延形成“三足鼎立”之势，融入武安南部旅游大格局。构建“三片一线”总框架。依据各村不同村情因村制宜，通过建设城镇文化精品区片、工农共建特色文化区片、自然山水风景区片、境内交通沿线村庄建设，推动全镇美丽乡村建设提档升级。发挥重点村的带动作用。磁山二街以“宜游”为切入点，拟打造红山旅游区、滨河湿地公园风景带、建设仿古建筑群、深度开发磁山文化遗址博物馆及完善社区服务功能5个亮点，其中仿古建筑群完成规划设计，东西长约70米，南北宽约130米，约容纳80余户店面经营，形成集休闲旅游、特色饮食文化为一体的乡村旅游特色；明峪村以“农业学大寨”文化为切入点，整修大窑洞、进村路、主要街道，修建“农业学大寨”展馆，新建停车场、广场、剧场，并启动两排旧窑洞的修复，下一步将进行大队部、民兵连、知青点、农家餐馆、公厕、村口道路绿化等工程；岩山村硬化通村路6000余平方米，筑护坡9000余立方米，整修街道、文化墙及占地4000平方米的广场游园；中孔壁村围绕建设磁中生态园为目标，新建新型住宅小区及集餐饮、住宿为一体的星级宾馆和游泳馆、钓鱼池。

【项目建设】 2016年，全镇生产总值达到66.2亿元，比上年增长10.1%，财政总收入达到4亿元，比上年增长12%，固定资产投资达到25.3亿元，比上年增长20%，工商企业户数达到1000余家，规模以上工业企业增加到13家，科技型中小企业增加到30家，镇域经济实力位居全国千强镇196名、河北前六、邯郸市第一。

完成投资25.3亿元，实施重点项目三个，分别是太行钢铁退城进园（完成土地储备4200多亩）、华丰合成氨、新金万利90万吨涂镀板项目，其中省重点项目一个，邯郸市重点项目两个，工业园区入驻企业13家，主营业务收入突破240亿元。

【文化旅游事业】 借助磁山文化名片，先后投资1.2亿元，重修普陀湖、红山观、广福寺、天青寺、吕祖宝等项目，形成以磁山文化为主，普陀湖、红山寺、天青寺等佛教文化为辅的文化旅游区，并结合伯延古镇、古村落文化旅游，积极互动响堂山旅游开发项目，聘请北京博亚旅游规划设计院对响堂山旅游进行总体规划设计，由清华大学建筑设计院对单体建设进行了规划设计。该项目计划总投资40亿元，截至年底，项目总投资6.5亿元，完成一期工程量的65%，响堂山文化展示中心主体建设基本完工、集贤山庄主题一条街布置基本成型、仙庄湖主体基本完工、集散中心南区地基打桩完成、北区土建开始施工。景区绿化、内部道路及业态布置同步进行，预计2017年10月之前景区一期工程均可完工，可对外正式营业。

【信访工作】 统一思想，加强责任心。通过召开信访稳定专题工作会议，时刻绷紧维稳这根弦，不松懈、不松劲。认真排查，解决信访隐患。同时在全镇范围内全面开展信访隐患拉网式排查，并坚持解决问题和严密防控两手抓。解决 批信访隐患。对不在镇政府解决范围内的案件，包案领导和干部实施信访代办，和信访人一起到有关部门进行协调解决，保证信访人不脱离视线范围。强化责任，确保落实到位。将每个村、每个案件、每个信访人具体落实到每一名干部身上。严格奖惩，使镇村干部人人肩上有担子，个个身上有压力，全镇信访工作开展良好，没有出现大的集体上访事件。

【惠民工程】 投资1200万元，修通北环路铁路桥，解决7个村、5家大中型企业的出行难问题；完成了邯长铁路扩能改造工程，涉及8个村310余户，拆迁房屋1000余间；新建磁山小学，对刘和小学进行整合；新建高标准的磁山二街养老公寓，入住老人80余名；全镇低保户达到应保尽保，新农合参合率达到98%。真正让群众得到实惠。

【综合治理工作】 成立“一委三中心”。投资10万余元，配置三件办公用房，成立“一委三中心”组织机构，健全接访、调解等各项工作制度，抽调5名专职干部负责具体工作，全年调解纠纷、化解矛盾34起。建立组织机构。按照“6有”标准，全镇23个村村村建立治保会、民调会、治安巡防队和农村综治工作站，配备民调干部110余名，为村民化解矛盾、保障村级治安。视频监控全覆盖。年内投资12万元，新增视频监控130个，维修35个，构筑了人防、物防、技防相结合的全时空、全方位社会治安防范体系。

【小城镇建设】 磁山镇镇区规模小，人口增长缓慢，按照宜居宜业宜游标准，着力提高城镇化发展能力，补齐农村发展短板，加快推动磁山镇的城镇化建设。加快人口集聚。将磁山一街、磁山二街、岩山、西苑城、念头纳入镇区进行总体规划，以灾后重建为契机，以发展企业住户为突破点，将移交的机修厂400亩地及将来闭坑后的万年煤矿矿区占地作为建设用地，加快推进房地产开发，集聚人口。完善城市功能。从和人民群生产生活息息相关的生活就业、公共服务、市场建设规划、教育教学、文化旅游、社会治安、镇区管理等各方面入手，借助河北省扩权镇的优势，完善磁山镇的城市功能。建设商贸区，发展磁山二街东面的万年市场，以市场方式招商，建成大型商贸中心；加强文化教育，努力提高磁山小学、刘和小学、市六中的教学质量；增强社区服务功能，从提供餐饮、休闲、娱乐、养老、医疗等方面入手完善配套设施；旅游资源同步发展，结合美丽乡村建设，充分发挥磁山二街的带动作用，在规划设计、文化内涵、民居建设、景观打造上下功夫，发展乡村游，以旅游促消费。

（王咄咄）

上团城乡

【概况】 上团城乡地处武安市西部丘陵地带，乡政府驻地上团城村距市区6千米，辖18个行政村，总面积51.36平方千米，耕地面积32895亩，8922户，36363人。区位交通优势明显，省道邯沙公路横贯全乡，西三环、园区路互联互通，环乡公路连接全乡各村。群众生活富裕，社会治安稳定，党建、精神文明、基层民主政治建设、社会稳定等各项工作始终位居全市前列，先后获邯郸市先进基层党组织、武安市五强乡镇等称号。

【上团城乡】

党委书记：郝玉华（5月免）
　　　　　武秀其（5月任）
乡　　长：靳增山
人大主席：任瑞明（6月任）
副 书 记：刘彦斌
副 乡 长：朱海峰
　　　　　赵　涛
　　　　　武　波（6月免）
纪委书记：王彩霞
组织委员：朱丽英
宣传委员：李建国
武装部部长：焦江伟（6月免）

【基层党建工作】 乡党委牢固树立"党要管党、从严治党"的理念，以"执政能力建设"为主线，按照"日常工作不放松，重点工作有创新，整体工作上台阶"的工作要求，强化党委班子建设，推进基层组织建设。深入开展"两学一做"学习教育活动。4月25日，全乡"两学一做"工作召开动员会后，在乡村两级25个党支部分别召开动员会，把党的声音传送到每个党员手中。5、6月进行集中学习和分散自学的课程安排，6月下旬进行大讨论。全乡制做固定标语20条，悬挂条幅80条，全乡手抄党章1277本，各支部班子成员撰写心得体会文章250篇，制做展板23块，学习园地25个。全乡26个支部分别建立档案室档案柜。抓好基层组织建设。把强班子作为做好一切工作的基础和前提，坚决执行市委决策部署，严格按照权限和程序行使权力，坚持民主集中制，重大问题集体研究决定。乡领导班子坚持集中学习与自学相结合，做到经常深入村、农户解决实际问题，狠抓干部联系群众、服务群众最后一公里的整治。严格执行民主集中制，建立民主议事制度，遇重大事项、重要财政开支等都经乡领导班子会议讨论，集体协商决定；制定《领导班子成员分工和分站包村责任制》《农村工作百分考核办法》《信访稳定工作考核办法》《安全生产管理组织机构及监管职责分工》等一系列规章制度，使乡党委各项工作做到了制度化、规范化。全年培养入党积极分子13名，争取发展党员工作按时保质保量地完成；接转组织关系、收党费、慰问老党员、困难党员及1+1帮扶工作、以及党统、党员档案管理工作都按时按量完成；认真加强和改进党的基层组织党内生活，"三会一课""民主生活会"制度严格按规定进行。夯实基层基础建设。积极组织召开全乡组织党建工作会议，对全乡支村两委干部全部轮训一遍。深入推行"两规范五服务"工作机制，村务管理不断规范。党员发展管理上，全面推行"票决制"，最大限度地防止发展党员的随意性和暗箱操作问题，提高发展党员质量。调整团城三街、崇义三街的班子成员，优化两委干部结构，积极帮助村干部制定村级经济发展规划和壮大集体经济发展规划。始终将财务公开作为村务公开的重点，每季度公布财务收支情况。软弱涣散党支部共3个村，南西庄村帮扶部门市总工会出资2万元，乡政府出资2万元，整修街道下水道和路面；小北庄村乡政府出资5万元，帮扶部门市水利局出部分物资整修街道下水道和路面；水利局出资5万元帮助北西庄村解决村民饮水困难问题。

【经济和社会发展情况】 2016年固定资产投资任务23亿元，完成23.7亿元。总产值任务298亿元，完成299亿元。入统工业企业产值全年任务220亿元，完成220.5亿元。增加值任务65.5亿元，完成65.8亿元。煤炭消费量全年控制目标为59.4万吨标煤，未超过控制目标。能耗全年控制目标为224万吨标煤，未超过控制目标。

【重点项目建设情况】 冀南钢铁集团退城进园项目。建设年限：2016年～2018年，总投资134亿元。主要建设内容为：依托金鼎重工原厂区承接扩建220万吨钢铁项目。年底项目已完成备案和环评手续，土地收储和基础设施正在按计划分步实施。

【其它重点工作】 旅游专线征迁。武安市旅游专线道路工程建设征地拆迁涉及上团城乡高村一个村，占地任务数33.44亩，涉及养殖场简易棚570平方米，涉及坟47座。按时完成全部任务。两税清理工作。任务3600万元。乡主要领导高度重视此项工作，通过亲自抓、抓大户，上门走访、约谈企业责任人，抓重点，攻难点。乡村干部分片包村包企业，采取宣传约谈、下达限缴通知单、协调督办、打击反面典型等措施，按时间进度要求完成了3603.68万元。

【节能减排和大气污染治理工作】 乡党委、政府高度重视环保工作，把该项工作列入党委、政府重要工作议程。制定环保工作目标规划，充实调整乡级、村级环保工作机构，配齐人员、细化责任，制定环保工作网格化实施意见，对乡机关干部按照“一岗双责”要求，明确分包企业和分包区域责任。利用悬挂条幅、书写标语、喇叭广播、发放宣传资料等形式，广泛宣传环保工作的重要性，普及环保知识，引导群众转变观念。开展环保检查和重污染企业取缔活动、石灰企业专项整治行动，并取得良好效果。全年共检查企业698家次，发现问题16处，全部现场整改到位。开展巡查118次，取缔无证小企业摊点3家。在上年取缔26座石砌式土窑基础上，对26座铁皮式土窑采取停产取缔措施。组织5家选矿厂和1家采石场按照标准开展除尘、棚化、封闭等环保整治。

【安全生产】 健全“打非治违”协调联动机制，逐村、逐区域、逐企业（摊点）明确巡查、报告、取缔和监控责任。加大对非法违法生产经营建设行为的打击力度。巡查无证易反弹非法摊点484处次，取缔非法摊点3家，有力震慑非法违法生产经营建设行为。扎实开展隐患排查治理行动。完善企业自查、乡安监站普查工作措施，继续实行“台账式”管理，实现隐患排查全覆盖、无遗漏。在全乡范围内不间断地开展人员密集场所大检查、消防大检查、安全生产大检查、地质灾害防治等一系列安全生产隐患大排查大整治活动。累计检查企业709家（次），查出隐患141处，全部整改到位，实现隐患整改“动态归零”。突出重点，加强重点行业、领域安全监管。做好非煤矿山企业春节期间放假停产工作，对铁矿、采石场、选厂等企业逐一落实停产措施，并派驻人员实行驻企监控，停产期间未发生违规生产现象。严把节后复工验收关，对照验收标准逐项逐条进行检查核对，各非煤矿山企业未出现“带病”复工。深入开展煤气安全专项整治和冶金危化标准化建设，全面开展“两气一水”和八项危险作业专项整治，逐村、逐经营门店开展烟花爆竹安全大检查，督促学校、医院、网吧等人员密集场所完善消防设施，落实消防责任和消防预案。对各村街新民居建设、企业内部施工建设等建筑施工开展专项检查。认真开展“安全生产月”活动。统一制作并悬挂标语条幅100余条，印制宣传材料3000份。各村街和企事业单位在明显位置悬挂安全生产标语条幅至少5条。积极开展地质灾害防治工作。对本辖区扎实开展全方位、无遗漏的地质灾害隐患排查治理活动。按照要求治理团城东铁矿塌陷区。严格整治成品油市场秩序。成立乡专项整治活动领导小组。制定专项整治活动方案，明确各村街支部书记为工作第一责任人，派出所、供电所、国土所等乡直有关部门按照各自职责严厉打击非法加油站点。取缔无证加油站点11家。

【信访工作】 调整充实乡、村综合治理委员会队伍，其中乡综治中心主任由乡主要领导兼任，设专职副主任1名，专职干部4名。全乡成立治保组织18个，民调组织20个，综治小区136个，巡防队25个。各村选聘2～3名公证联络员。与各村街签订平安建设责任状，将综治维稳工作纳入全乡目标管理进行考核，对考核成绩差的实行一票否决。定期召开专门会议部署开展综治维稳和平安建设工作，对综治维稳干部进行定期培训。将矛盾纠纷排查与信访排查结合起来，完善“三位一体”大调解工作格局。健全工作台账，做到日排查、周调度、月总结。建立联合调处中心，5月建成投入使用。乡党委坚持每月召开一次专题会，每季度召开一次信访维稳党政联席会，部署隐患排查调处工作。制作全年党政领导成员接访时间表并上墙公示，落实“一岗双责”和“五包一”责任。建立三早、三移的矛盾纠纷调处新机制，使许多“村组管不了，乡管不好，政法管不着”的矛盾纠纷有人抓、有人管。健全风险评估体系，龙凤山高纯生铁及精密铸件项目召开两次协调会，制做评估报告。出台《上团城乡关于加强农村技防建设的实施方案》，年底全乡有9个村、3个钢厂及乡直部门安装监控摄像设施1200个。全乡排查各类纠纷32件，村级调委会调解成功24件，乡矛盾排查调处中心调解成功6件，矛盾排查率达99%，调解率100%，成功率95%以上，防止集体、个人上访8起，避免民转刑案件2起。接待上访群众68起，107人次，化解矛盾纠纷17起。网上受理5件，受理率达到100%，答复案件2件，年内市信访局交办的7件攻坚战案件3件办结并上报市信访局，积极调处化解剩下的4件老案。

【美丽乡村建设】 以8个重点村的巩固提升为突破口，继续抓好基础设施建设、两改三清一拆、农村环境卫生公司化、造林绿化等工作，“美丽乡村”建设水平得到全面提升，大大加快新农村建设步伐。全面推行农村环境卫生公司化运作，与天津领军保洁公司合作，18个行政村全部实行了公司化运作，效果良好。大力推进“两改三清一拆”行动，全乡8个省重点村已全部完成清垃圾杂物任务，其他村也在推进进行中。8个省重点村已提出了验收申请。造林绿化工作。乡党委、政府拿出数万元资金完成人工造林1300亩，封山育林1500亩，全乡完成绿色通道补植树苗3500棵，邯沙线补植树苗7000棵。西三环绿化带涉及6个村，完成征地580亩，种植树苗21000余棵。

（周成柱 李洋）

大同镇

【概况】 大同镇位于武安市城北，镇政府驻地大同村距城区10千米。镇域面积74平方千米，东临永峰线。南与武安市工业园区毗邻，北与冀中能源郭二庄煤矿相接。辖21个行政村，有11212户，45560人，耕地57797亩，主要以丘陵和旱地为主，2016年全镇农民人均纯收入7912元。2016年，紧紧围绕市委、市政府重大决策部署，按照年初既定目标任务，深入解放思想、深化作风转变、矢志干事创业，统筹推进经济建设、农业农村、信访维稳、美丽乡村、安全生产、党的建设等各项事业，进一步开创经济社会发展的新局面。

【大同镇】

党委书记：张风兵
党委副书记、镇长：郑文
党委副书记：彭龙山
人大主席：韩辉
纪委书记：李继兴
宣传委员：董晓波
副镇长：高栋
任永利
人大副主席：袁淑华
武装部部长：冯帅

【基层党建工作】 深入开展“两学一做”学习教育。组织全体党员认真学习党章党规和习近平总书记系列重要讲话；组织各村支部书记到武安“后池村”徘徊镇桃花山村学习“新愚公”艰苦创业、无私奉献精神；组织全体党员学习李保国先进事迹，同时挖掘身边的先进典型，党员干部干事创业热情进一步提高。大力开展“三带三区”示范村建设。高标准打造兰村、小屯两个党建示范点。兰村投资20多万元对村民服务中心办公楼、兰村文化广场进行全面装修改造。建设高标准“兰村便民服务站”，完善配套设施，为群众提供一站式全程代办服务。兰村代表武安接受全省支部书记培训班学员的学习观摩，全年接受观摩7期2000多人次。小屯村以“美丽乡村”建设为契机，对两委办公楼进行改造装修，完善规章制度，配套办公设施，大力改善办公条件，提升党建水平。按期完成后进村转化。年内大同村、新里店村、张里店村被列为后进村。在帮扶单位的大力支持下，镇村投入大量人力、物力、财力，高标准完成转化任务。其中，大同村重新装修两委办公室，改造振兴大街，铺设便道砖4000多平方米，安装路灯140多盏，村剧场主体工程完工；新里店村重修装修两委阵地，安装路灯36盏，监控摄像头24个。投资100多万元，为全村群众通上自来水，完成本村电网改造；张里店村提升两室阵地，安装路灯40多盏。

【经济建设】 主要经济指标超额完成。全镇固定资产投资任务目标68000万元，实际完成72626万元，占任务目标值的106.8%；入统工业企业总产值任务目标377117万元，实际完成410036万元，占任务目标值的108.7%；民营企业增加值任务目标105000万元，实际完成 109367万元，占任务目标值的104.1%；民营企业税金目标值7800万元，实际上交税金8006万元，占任务目标值的102.6%，营业额收入488831万元，超额完成年度任务目标。 去产能成效显著。镇广耀铸业有限公司率先完成2016年市政府下达的化解钢铁产能指标置换交易金2454万元，受到市政府报表扬。重点项目建设加快推进。省重点工程邯沙旅游专线项目，途径镇贾里店、儒教、兰村、小屯4个村，需征地284.48亩，拆迁房屋4656.76平方米，迁移坟墓145座。年底全部完成土地征收，清表250亩，迁移坟墓145座，拆迁房屋12户，共计1026.53平方米。

【美丽乡村建设】 年内兰村、小屯被市列为美丽乡村建设示范村，经过精心打造，成效显著，得到邯郸和武安市领导的一致肯定。兰村建8800多平方米的10层住宅楼，建成5000平方米的综合服务中心楼。总投资5000万元，完成祺祥路西延工程，打造成长1500米、宽20米的景观大道。拆迁道路两侧民居60户，新建二层别墅式住宅楼26幢。同步完成街道地下管网建设，实现祺祥路两侧民居水电、暖气、沼气、下水道全通。配套建设标准化幼儿园，祺祥路建成高标准景观大道。小屯村投资1000多万元打造“教育小镇”。一期工程完工。改造长安街、礼成路、先峰路三条大街2000多米，重新硬化路面，铺设便道砖和下水管道，安装太阳路灯140多盏，对临街围墙进行仿古式改造。村东新建占地5余亩的防洪池。建成200余亩的环村林带，栽植垂柳、桃树、梨树、柏树1.5万余棵。高标准打造村民服务中心，装修配套党员活动室、会议室、图书室、老年活室等。新建“普善源”街心文化广场，成为群众休闲娱乐的好去处。

【抗洪救灾】 “7·19”特大暴雨洪灾给该镇工业、农业、养殖业造成巨大损失。8家铸造企业被淹，6600多亩耕地被冲毁，因灾死亡牲畜11063头（只），冲毁桥梁19座，乡间道路9715米，损毁机井33眼，电机13台，变压器5台，电线杆140根，线路6620米，受灾人口8900多人，直接经济损失达1.7亿多元。

在镇党委、政府坚强领导下，全镇人民众志成城投身到抢险救灾及灾后重建中。紧急转移群众980人，妥善安置受灾群众855人，成功解救被洪水围困群众26名。向群众发放消毒片100千克，消毒粉250千克，防疫消毒液120瓶，水窖消毒345户，室内消毒69000平方米，室外消毒17250平方米，农田消毒12000亩。发动群众2000多人次，清理淤泥垃圾9000多立方米，打捞动物死尸1827头（只），确保大灾之后无大疫。镇村筹措资金150多万元，动员党员干部群众抢修乡间道路68.9千米，桥涵14座，饮水管道3600多米。党支部、村委会帮助受灾群众修缮、重建住房51户、480多间，指导群众补种秋后农作物700多亩，帮助受灾企业清理场房，检修设备，尽快恢复生产。

【保障和改善民生】 基础设施建设更加完善。马会村自行筹措资金600多万元，征地20多亩，修建了马会村至武邑路出村路，总长3.6千米，路面由原来4米拓宽致6米。完善社会保障兜底网络体系。翻建大同镇敬老院，健全配套服务设施；发放救济金8.8万元，救助困难群众176户，特困群众2000余人次。救助水毁农房重建户55户，其中D级户7户、B级户8户、C级户40户。全面落实“1+1”精准扶贫举措，全镇22名中层以上干部对口帮扶22个困难户，开展“送技术、送信息、送政策、送资金”，助力群众脱贫。做好计生服务保障。开展孕前优生健康免费体检，全年免费为新婚夫妻一胎体检296对，免费为育龄妇女提供生殖健康服检查1200人次。按政策办理一胎证194个、二胎证399个，落实计划生育奖励扶助政策18户，完成计生局部署的人口信息比对及漏管补录工作。

【综治维稳】 加强治安防控体系建设。健全农村“两所一室”和“两会一队一站”综治组织建设，动员群众参与平安创建工作，全镇平安保险参保9491户，参保率达95%。抓好信访案件化解工作。落实信访案件“一岗双责”责任制，充分调动起包片领导、包村干部和支部书记化解信访案件的积极性和主动性，全年化解信访矛盾42起。主动出击社会治安综合治理。对重点区域和重点人员实行综合治理，严格遏制治安、刑事案件发生。依法严厉打击“非访”滋事行为。抓住典型、精准打击，全年配合司法机关对一名多次喝农药出丑滋事的非法上访人员依法给予刑事处罚，有效地维护了全国“两会”等敏感时期的社会和谐稳定。

【安全生产】 依法加强对全镇各行各业安全工作的监管力度，安监执法实现常态化，全覆盖。全年检查企业246家，排查隐患254处，挂牌督办隐患23处。继续保持“打非治违”高压态势，取缔非法加油摊点29家，查封加油机10台，吊离储油罐9个，取缔非法选厂1家、非法售沙点2处，取缔土砖窑2处，土石灰窑2处。加强对烟花爆竹生产经营监管，密集巡查烟花爆竹经销门市41余次，查处安全隐患9处，并监督整治到位。深刻汲取广耀“7·9”氨气泄露重大事故教训，坚持安全生产警钟长鸣，认识安全生产的重要性，做到守土有责、举一反三，严查企业、单位、学校、居民等各类市场主体的安全隐患，特别是署期学生安全问题、孤寡老人居住安全问题、行洪河道通畅问题，做到不留死角、不留隐患，确保群众生命财产安全。

（胡世超）

北安乐乡

【概况】 北安乐乡位于武安市东北部，乡政府驻地北安乐村距市区20千米，南、北洺河与马会河在此汇流。东接永年县，南连邯郸县，省道永峰线、武新线分别从东西部穿境而过。全乡总面积43.9平方千米，耕地面积30585亩。辖11个行政村，8301户，32228人。

【北安乐乡】

党委书记：杨彦江（5月免）
　　　　　王海忠（5月任）
乡　　长：王宏杰
人大主席：裴延恒
副 乡 长：王增有
　　　　　庞利峰
　　　　　贾川玉
纪委书记：王志红
组织委员：李金宝
武装部部长：陈广学
宣传委员：袁秀其

【基层党建工作】 把“两学一做”与党建七项任务集中攻坚活动有机结合，完成规定任务并积极创新。坚持“从严治党”，严格排查处置不合格党员；大力落实“两个覆盖”，其中紫金山和保事达两家水泥企业实现单独建立支部，其他企业分别设为两个党支部；针对治难转后重点北田村，乡党委先调整村两委班子，后协调各方面关系。通过办实事解难题，凝聚民心，先后硬化主街道，实施农网改造，修建两委办公场所等，化解矛盾，扭转乱局，依法选举出支委班子，推动村务正常运转；贾家庄村小干部少，缺乏干劲。乡党委鼓励村两委增强信心，大胆工作。该村被申报为美丽乡村示范点之后，投资大，动作快，村容村貌发生很大的变化；上三里村积极学后池，铺路修桥搞清拆，有效改善村容村貌，各乡镇干部现场观摩给予充分肯定；迁城村对党员义务出工情况进行量化，形成制度，建成小广场和老年活动中心，节省劳务费3万元。积极树立上三里和迁城先进支部典型，号召各村学习，推进全乡干部作风大转变。

【抗洪救灾】 “7·19”洪灾中，北安乐乡作为全市出水口，灾情惨重，全乡党员干部积极开展抗洪救灾和灾后重建。7月19日，转移群众2800多人，成功营救52人；至8月中旬，7条过河简易路、桥全部修通，并修复田间道路7000余米；配合开展防疫千人大会战，打捞深埋禽畜3000多只，完成多遍消毒喷药，杜绝灾后疫病发生。各村两委干部及时慰问和安抚受灾群众，党员义务出工大力开展“七清”，发动群众参与修渠筑坝、农田补植，掀起重建热潮，尽最大努力减少灾害损失。

【产业发展】 大力发展农牧产业。争取到国家级高标准农田建设示范项目，主要涉及8个村，计划建设“田成方、地平整、土肥沃、旱能灌、涝能排、路相通、树成行”的旱涝保收标准农田2万亩。年底，田间路硬化全部完成，共计63000米，新建防渗管道48580米，滴灌工程1900亩，包括修复配套机井50眼；“墒、病、虫、安全”四情监测点全部完成。迁城村润泽农业开发公司先后流转土地2300亩，优质小麦、谷子和胡萝卜获丰收。经过近两年持续建设，该项目被农业部认定为武安市级现代农业园区。康宿村东山种植核桃、大枣、山杏等林果600亩；迁城村葡萄园持续流转土地300亩，优质葡萄效益良好。北安乐、康宿、南安乐、南田村等村积极发展无公害蔬菜规模种植，温室大棚、错季凉棚和小拱棚因地制宜，全乡种植面积由2015年的300亩扩展至500亩。鼓励养殖大户搞青贮，建草场，持续推进肉驴、肉牛、蛋鸡、瘦肉型猪、仔猪繁育等特色养殖项目发展，养殖业年总收入约3000万元，促进农业增效和农民增收。积极转型增强实力。全乡工业营业收入137766万元，增加值20159万元，实现利润5829万元，上交税金2100万元；全乡固定资产投资完成46210万元，占年任务的100%，圆满完成全年任务指标。积极落实国家环保政策，努力降耗减排，推进企业转型升级。紫峰、保事达等5个较大型水泥生产企业，在技改升级的基础上，年总产值达到3亿元；众昊新型墙材企业，年产值达到600万元。大力取缔实心土窑后，保留下来的制砖企业积极整改，多数通过相关部门核查验收。红山寺景区经过持续投资开发，成为“集自然风光、佛教文化与古建筑艺术与一体”的旅游胜地。年内新打机井2眼，保障春冬干旱季节浇树用水；新开辟东沟景区，种植果树500棵；组织闲散劳力到景区开展商贸服务，增加群众收入；加强人员管理，提高服务水平，年旅游收入突破200万元。

【综合治理】 夯实综治基础。乡级“两所一庭一室”、各村“两会一队一站”，从办公场所到人员配备，逐步建立健全；积极开展网格化管理服务，全乡划分77个网格，160名党员群众参与管理。全乡7875户参加社会治安保险，占年任务100%。加强“天网”建设。各村、各单位持续加大技防投入，重点部位新增电子探头135个，累计安装305个。其中康宿村累计投资8万元，安装探头25个；贾庄村一次性投资5万多元，完成视频监控平台建设，安装探头16个，继迁城村之后实现电子监控全覆盖。力保信访稳定。不断改进信访工作机制，形成矛盾纠纷、信访隐患周排查、月调度、季分析方式，确保早发现、早介入、早解决。领导干部积极下访，敏感期轮流值班接访，对重点人员落实“五包一”措施，维护信访稳定。年内接待群众来访25件，及时调处结案22件。认真办理网上信访事项，及时受理率和按期答复率均达100%。

【美丽乡村建设】 上三里村学习“后池精神”，多方筹资70万元，累计出动义务工3500个，铺路修桥搞清拆，有效改善村容村貌，由于成绩突出，市领导带领各乡镇党委书记到上三里村观摩学习。贾庄村被列为全市美丽乡村示范点后，全面拆除违章建筑，建成大枣采摘园30亩，主要包括仿古门楼、景观墙、葡萄长廊，凉亭等；新建村委会办公楼、贯通全村的供水管道和污水管网，修复禹王庙和小广场，硬化街道、增设路灯、修整学校等，累计投资400多万元。北安乐村投资约300万元，修复和改建主街道、地下排水管道、村内墙体和村外景观墙。全乡新建无害化大型垃圾填埋场1处，垃圾池16个，维修破损垃圾池54个，新购铲车1部，垃圾清运车3辆。积极完善卫生长效机制，实施“每人每月一元钱”制度。各村逐步落实“公司负责清洁，村级负责检查，乡镇负责督导”的农村环卫管理新模式。年内“三清一拆”深入推进，清理垃圾杂物16300立方米，清理残垣断壁20处，拆除违章建筑20处，治理空闲宅基地36处，改造危旧住宅7处。修复武新线至北安乐村道路2.2千米；迁城村内南北主街道1.6千米；上三里村内街道2.02千米；北安乐至南田村3.47千米；南田村至永峰线0.9千米。“7·19”洪灾中，以上道路与北安乐村通永峰线公路一并被冲毁，除南田通永峰线道路外，均重新修复。贾庄和康宿的新民居小区进一步完善，入住率达50%以上；徐家坡村建成单元楼3栋，上三里村建成小住宅楼35套，近古村平整村南废弃砖厂，设计楼盘。

【推进安全环保】 大力“打非治违”。年内取缔小采石场6处，并对进场道路采取封堵措施，设立固定警示牌和标语。彻底清理3家选场、两个晒渣场。认真贯彻省、市安全生产工作会议精神，严格落实各项安全防范措施。年内排查并整治隐患31处。重点时期组织多部门开展拉网式安全大检查，查出的隐患及时整改到位，实现生产安全无事故目标。抓实环保整治企业。全乡入统企业综合能耗严格控制在指标范围内，二氧化硫、氨氮等排放量同比减小3.4%；乡安办结合国土、电力等部门，对16家制砖企业全部落实停产、停建措施，倒排工期，压死责任，严格按照上级要求开展环保集中整治。各企业在环保整治方面的总投入达1450万元以上，对厂区棚化、绿化和硬化，大为改观。

【基础工作】 清理两税。通过大力宣传，积极征缴，对个别不配合征收的企业，组织电力、公安、税务部门一起上，做到底数清、措施硬，于9月底在全市率先完成耕地占用税100.9万元，占全年任务的100.9%，被市政府树立为先进典型。防火禁烧。通过大力宣传，提高群众禁烧意识；乡成立督查队，配备专车每天巡查；划分防火责任区，干部分包地块死看死守。在林区、山口设立检查站，在山场制高点设立瞭望哨，给护林员配备望远镜，严密观测火情。对放火者严格执行罚款或拘留规定，效果良好。计划生育。全乡符合政策生育率达到91.12%，出生统计求实率保持100%。针对新婚夫妇开展免费孕前优生健康检查活动，年底完成检查221对。积极推进“健康家庭”创建工作，完成510户。教育卫生。近古、上三里等学校修缮教室、更换桌椅，实施校园绿化美化，积极改善办学条件。上三里、徐家坡、南田村3所小学受灾，在市教育局支持下投资300万元完成重建。全乡新农合参合率达到98%，在全市率先完成任务。扶贫济困。乡机关干部积极开展“一帮一”对口扶贫活动，捐赠棉衣棉裤100多件，帮扶资金累计6000多元。6月中旬，乡干部慰问一家三口重病家庭，当场捐款3000多元。

（苗志刚）

邑城镇

【概况】 邑城镇位于武安市东北，镇政府驻地邑城村距城区17千米，素有“武安北大门”之称，是武安八大古镇之一。全镇总面积67平方千米，耕地面积5.477万亩，辖25个村，总人口4.26万人。

【邑城镇】

书　　记：尹正书（6月免）
　　　　　王玉金（6月任）
镇　　长：杨　博（兼副书记）
副 书 记：史志红
人大主席：张　华
副 镇 长：刘淑丽
副 镇 长：李良全
纪委书记：胡志民
组织委员：焦树其
宣传委员：贾　辉
武装部部长：霍夏鹏

【基层党建工作】　村两委干部管理教育。针对部分两委干部政治意识、规矩意识欠缺的实际，先后举办两期素质教育培训班，邀请有农村工作经验的老同志进行专题授课。对于失去群众基础，各项工作难以推动的问题支部，坚持早发现早动手早根治，绝不回避矛盾，推诿敷衍，先后充实调整白府、邑城二街、东三里3个支部班子。党员队伍建设情况。根据市委组织部关于发展党员工作要求，镇党委高度重视，积极在全镇推行实行无记名票决制度和发展党员评议积分制度，严格按照程序接收党员，对不合格党员细致排查，严肃处置。制定农村党员管理台账，进一步规范农村党员管理。现有党支部31个，其中农村党支部25个、机关事业单位6个，全镇有党员1454人，年内发展党员17名，预备党员转正12名。对预备党员严格考察，制定“预备党员考察表”：把好支部大会讨论关，把好镇党委审批关。在党委审批前，组织员办公室对《入党志愿书》和有关材料进行全面审查，广泛听取党内外群众的意见，同申请人进行谈话、考察，然后审议通过。开展“两学一做”学习教育活动。根据省委、邯郸市委、武安市委统一部署，开展“学党章党规、学系列讲话，做合格党员”学习教育活动，及时制定活动实施方案，开展动员会，营造人人参与、个个争先的浓厚氛围。通过开展专题学习讨论、专题党课，认真学习党章党规、系列讲话，使全镇党员干部深刻领会活动精神，进一步坚定理想信念，提高党性觉悟；进一步增强政治意识、大局意识、核心意识、看齐意识，坚定正确政治方向；进一步树立清风正气，严守政治纪律、政治规矩。通过召开专题组织生活会、深入推进4个专项整治行动，结合自身工作和生活实际，查摆自身存在的问题，开展严肃认真的批评与自我批评，撰写发言提纲和对照检查材料，提出整改措施进行实际整改。通过扎实开展3个主题教育实践活动，进一步强化宗旨观念，勇于担当作为，以实际行动把党员的先锋形象树起来，时时处处体现信仰信念的力量。大学生村官管理情况。有大学生村官7名，纳入镇机关干部正规化管理，实行大学生村官包村职责制。按照市党建办公室要求，在有大学生村官的村，让大学生村官担当村级便民服务站代理员职责，认真履行“两规范五服务”的代办工作，严格管理，制定细化考核办法，保证全员在岗。为大学生村官创造条件，发挥各自所长，先后组织开展普法宣讲、科技惠民等专题活动10余次，在各项工作中都表现出色。后进村整顿转化情况。根据上级关于后进支部整顿转化要求，一街村、白府村、韩二庄村被列入后进支部，存在的主要问题是两室问题、村党支部书记不胜任存在信访隐患。镇、村两级积极沟通交流研究方案，制定党组织整顿转化实施方案，经过多方努力，年末各项任务全部完成，并验收通过。其中，一街装修两室，花费8.6万元，年末入住办公；韩二庄村两层楼建成且已经入住，两委办公室室内面积72平方米，室外面积120平方米，总投资26万元；白府村任命朱永朝为支部书记，主持白府村支部委员会和村务全面工作。

【经济发展】　2016年镇工业农业发展齐头并进，鼓励农业承包，用政策规范土地流转，促进农田高产、高收益，推进农业现代化发展；

围绕“二次创业”大力支持民营经济迅速发展。实现固定资产投资（全年任务5.2亿元）全部完成。

【重点项目建设】 西万善龙头养殖基地项目建设。西万善与山东投资商合资投资3000多万元的养殖项目，建成后将成为镇集养殖、屠宰、深加工、精包装、销售一体化龙头养殖企业，年底完成厂房、电力、道路等第一期工程基础设施建设。传统小手工业发展迅速。近年来手工刺绣、门帘、床罩、丝络子等家庭用品手工业，辐射带动邑城四道街、赵店、丰里、白府、阳苑等村3000多人参与，年末在丰里、赵店、邑城建成3家电脑自动化刺绣厂，产品销售市场触及武安、沙河、永年等地。农村商贸经济逐渐成型。在武邑路和武新道路沿线逐渐发展起：商贸走廊、步行街、商贸城、建材门市、汽修行业、百货、蔬菜批零市场，通过规范市场，发展势头良好，为打造武安市北部商贸重镇奠定基础。

【生态农业发展】 “旱作节水农业示范基地”建设项目。省立“白府旱作节水农业示范基地”建设项目，完成田、林、路、水规划建设，改善农业基础设施条件，进一步强化以白府为中心的万亩优质谷子基地。邑城二街桃坡山土地开发项目。经过紧张施工，逐步实现田、林、路科学规范化。全部建成后将成为镇农业龙头企业，实行订单农业，引领农业向规模化、现代化发展。加快林果园区建设。通过开发荒山、荒滩，植树造林，在白府、邑城一街、赵店凤凰山开展造林绿化；在杨屯、北常顺、东三里、紫罗、赵店、得义进行林果栽植，基本形成柿子园区、核桃园区，使群众收入逐步增加。

【基础设施建设】 武新线竣工后，积极做好县道刘西线赵店段、得义段升级改造工程所涉及的排水、占地、废料倾倒等各类实际问题。得义至邑城段、赵店至邑城段、邑骈线（邑城二街至白府段）、丰里至赵店田间道路段、赵店村内南北大街、赵店至迁城、溪家庄至北常顺新建道路段，全线通车，路两侧绿化完工。投资20万元对涉及得义、丰里、杨屯、西万山等5个村的河道进行清淤和堰坝维修，疏通沟渠8000余米，完成黑龙翁水库除险加固工程；先后对邑城三街、一街、二街、白府、东万山、北峭河、赵店等村实施人饮解困工程，使群众喝上放心水。对丰里、溪家庄、东万善、西阳苑4个村进行低压电网改造升级，更换低压智能表、变压器和电线杆；西万善、曹湾、东三里、杨屯等村更换智能电表，实现电费预付使用办法。年底全面完成近25个村的线路改造，在全镇架设输变电线路11千米。

【社会事业】 在财力紧张的情况下，保障民生力度继续加大，积极应对自然灾害和突发事件。尤其是在全力应对“7·19”洪涝灾害中，全镇干部全员在岗，积极应对，成功解救16名被洪水围困的群众16名，确保全镇人员零伤亡，圆满完成救灾物资发放、防疫灭病和灾后重建等工作。为解决困难户住房问题，对全镇范围内困难户进行摸底，年内涉及5户危房改造完成。年底，全镇有低保户460户，930人，80岁以上老人220人，五保户71人，均做到证件齐全，账目、款项发放规范。大力度治理违法小煤场、小石子厂、加油站（点）、粘土砖瓦窑，严格关停取缔“十五小”“新六小”企业，认真开展“打非治违”与“节能减排”并举，取缔违法小炼油16家，关闭5家小镀锌和5家小选硫企业；狠抓禁烧，采取堵疏结合，完成禁烧任务；邑城三街、四街、得义、东万善、西万善、中阳苑、白府等村分别拓展街道硬化面积，并实施绿化、美化工程。各村普遍建立卫生长效机制，使全镇农村面貌得到全面改造提升。积极改善办学条件，推进学校标准化建设。隆基泰和为白府村小学捐资助学20万元，不仅为学生提供学习用品，新建卫生间，使教学环境大为改善。白府村2012年被批准为国家级传统村落，拥有深厚的传统文化底蕴，每年正月举行古老民俗拉死鬼，是白府村所独有的傩仪，吸引各地群众参观、祈福。为保护旧居原貌，对10座保存相对完整的小院进行规划整理。东阳苑村借助黑龙翁水库优越的自然条件，修建大型水上游乐场，并于5月顺利开业，成为集自然公园、文化走廊、汽艇、游船、儿童娱乐设施等多功能的休闲旅游胜地。

（崔科峰）

矿山镇

【概况】 矿山镇位于武安市最北部，镇政府驻地矿山村距市区13.5千米，总面积99.5平方千米，辖30个行政村。11084户，47365人。耕地面积2199公顷。褡链铁路和邢都公路过境。镇机关所设行政办公室5个科室：党政综合办公室、综合治理办公室、经济发展办公室、社会事务办公室、计划生育办公室，事业办公室4个：财政所、农业综合服务中心、计划生育服务中心、文化广播服务中心。

【矿山镇】

党委书记：王海斌（5月免）
杨彦江（5月任）
镇长：温金良
党委副书记：王海明（6月免）
人大主席：陈风斌
副镇长：王勤淑
武装部部长：胡建生
组织委员：张晓非
副镇长：韩鑫伟
纪委书记：杜树峰
宣传委员、统战委员：白雪飞
副镇长：李和峰

【基层党建工作】 严格落实党委主体责任，召开全镇加强纪律作风建设会议2次，制定《矿山镇机关机关管理制度》，切实把作风建设各项措施落到实处，完善党委中心组理论学习制度，全体领导干部撰写学习笔记人均12000字，观看反腐败电教片4次，班子成员的理论水平、业务素质和拒腐防变能力得到显著提高。加强思想教育，《党建专刊》编写24期，刊载党建理论文章及优秀支部、优秀党员先进事迹，在全镇党员干部中营造“争先进，创一流”的良好氛围。制定《矿山镇农村“两委”干部实绩考核兑现绩效补贴发放的管理办法》（试行），按照千分制对农村两委干部进行考核。令公村、南山底村、上焦寺一街、上焦寺二街、上焦寺四街5个后进支部如期转化。深入开展 “两学一做”学习教育活动，镇领导班子及班子成员制定整改清单及措施，学习效果显著。

【经济转型】 发展新型农业项目，矿山镇辖区有百头猪场28个，千头猪场4个，万头猪场4个，年出栏3万头，规模牛场3家，年末存栏600余头，全镇有养鸡场26个，其中万只鸡场4个，新增尖山村佰信养殖场，一期养羊2000只，牛100头，同时总投资100余万元新建2个高标准秸秆青储池，总面积达200立方米。特色养殖业向“科技化、规模化、标准化、自动化”方向发展，西寨坡村投资1500万元的香猪养殖场，年出栏香猪上万头，西石门村梅花鹿、鸵鸟等特色养殖规模不断扩大，年产值达2000万元，畜禽养殖企业污染治理效果显著，全镇有4家企业列入治理范围，经邯郸市有关部门验收全部合格。

【环境整治】 镇政府成立环境卫生综合整治领导小组，指派两名副职具体负责，将全镇30个村分为4个区域，每个区域指定一名副职直接管理，各包村干部协同管理，实行半月一检查、一月一评比工作机制，建保洁员队伍242名，实行统一管理，每天8—18时负责辖区内的卫生清理工作，做到日产日清，每个村新建10到30个不等的垃圾池，同时充分利用废弃矿坑、洼地等自然条件，在每个村均确定1个垃圾填埋场，统一倾倒，投资150万元按大村2辆三马车、小村1辆三马车，保洁员人手1辆小推车的标准配齐环卫设备，全镇环境卫生综合整治形成长效机制。

【安全生产】 排查企业406家次，查出隐患201处，全部整改到位。开展打非治违，巡查重点区域230处，对下水头大坑等14处存在非法生产经营建设现象摊点进行取缔，暂扣钩机6台次，没收钩机电瓶4组，协调矿山供电所和沙河市源泰电站对11家非法摊点落实断电措施。制定并印发《矿山镇安全监管规范化建设推进方案》，明确淮河沟村、矿山村、尖山村、白入寺村、西石门村5个村为全镇安全监管规范化建设标杆村，并指导其完善成立安全生产组织机构，建立村互查自律小组、生产经营单位档案管理、安全信息员、安全信息公示等制度。按照全省安全生产承诺制度要求，组织所辖43家企业签订安全生产承诺书，其中，铁矿14家、选厂尾矿库9家、冶金企业1家、机械企业2家、其他企业17家。开展人员密集场所排查，先后组织对两家饭店进行检查，对排查发现的灭火器配备不足等问题，督促企业及时进行整改。开展安全生产月活动，组织开展挂条幅、应急救援演练、安全生产咨询等一系列活动。开展成品油市场秩序专项整治“回头看”，对6家无证加油点进行取缔；对52家企业摊点供电情况进行摸底；对9家生产经营企业开展粉尘涉爆安全专项检查；对12家企业开展防范机械伤害专项检查。

【信访工作】 完善一岗双责，双向责任，排查调处、下访化访、代办解决、听证会、打击非正常访等制度，充分发挥信访协调中心和包村人员、村干部的积极性，形成上访有人接待、有人管，无理访举行听证会，非正常访依法处置，全镇所有干部抓信访的工作机制。积极化解信访案件，接待来信来访41件，包括实体访23起、网上信访18起，全部妥善解决，有效处理。建立信访台账，限期化解。网上信访工作受理率和及时化解率和满意率分别为100%和70%。

【综合治理】 深入开展“平安镇、村”创建活动，实现“六无”目标。构建立体化治安防控体系，创建良好社会环境。镇派出所对辖区厂矿企业、交通路线、商业场所等重点部位实行24小时常态化巡防。镇机关及国土所、卫生院等8个镇直部门屋外院内，门前墙后全部安装视频监控，全镇30个村现有22个村普及视频监控系统，全镇探头总数达264个。各村确定5—12名矛盾纠纷调解员、2—4名法制宣传员，各村根据村民居住情况，以道路，街巷，方位等易于识别的边界为分线规划出4—7个数量不等的网格，每个网格分别由1名村两委干部任网格长，并推选出2名网格管理员，实现服务管理全覆盖。

【民生工作】 美丽乡村建设稳步推进，李石门村75%的村民搬进新民居，增加绿化树木3500棵，种花7000平方米，投资100余万元硬化街道面积5000平方米，铺设下水管道2000余米，新增墙体彩绘文化一条街，完成“四区一街”及医养院建设规划。西石门村投资300余万元，拆除旧街墙和断垣残壁共计300多米、新建文化长廊、就地取材，制作巨石村标、清理污水管道2000余米；清理沿街杂物1000余立方米、建太阳能浴池一座、安装LED电子屏，和教育局协调，新建幼儿园。“7·19”特大暴雨中未出现一例人员伤亡，灾后清理河道34.1千米，清理河道内淤泥杂物23.02万立方米，修复河堤6.35千米，修复水毁农村公路64条段，累计33.2千米，修复水源井18眼，饮水管网23790米，水泵1台，修复扬水点2座，泵站1座，渠道2.67千米，闸涵1座，坑塘3处，机电井4眼，通过排水、垒堰等措施恢复农田1938亩，全镇9户D级危房户全部修复或重建，党委书记杨彦江获武安市抗洪救灾先进个人，李石门党支部、支部书记李子林被评为河北省抗洪救灾先进支部和先进个人，西石门党支部、支部书记郝海炜被评为邯郸市抗洪救灾先进支部和先进个人。太行山高速公路拆迁征地圆满完成，征地606亩、迁坟350座、拆迁2个鸡场、2个猪场、2座灰窑和1个果园。全年未发生一起秸焚烧和森林火灾事件。镇中心校先后荣获教育技术装备管理应用先进单位、2015年学校安全工作优秀集体、2015年化访工作先进单位、2015年度教育信息宣传工作先进单位、第二十三届田径运动会体育道德风尚奖、第十二届“师德杯”乒乓球比赛道德风尚奖、武安市汉字听写比赛乡镇学校系列第一名、小学生讲故事比赛第三名等。镇卫生院全面落实公共卫生工作，参合农民的住院费用报销比例由原来的85%提高到90%，门诊统筹报销比例由原来的每人40元增加到60元，全年开展健康讲座20次，发放宣传资料6000余份，下乡义诊12次，受益群众3600余人次。民政工作求实效，全年救助贫困户及受灾户资金3万余元，各村“三留守”人员实行建档开展救助，对六户特大病户进行二次救助。新增低保32户，五保户3人，对重度残疾享受低保的联系人开展生活护理补贴48人。计生工作有新提高，一胎生育全部实行生育报告制度，全面落实二孩政策，制定风险防控预案，人口出生预警报告制度，严格落实社会托养费征收管理有关要求，规范征费程序，全年出生政策符合率为91%，出生统计求实率为99%，流动人口计划生育覆盖率为90%。食品药品监管不留死角，全镇30个村全部设立食品安全协管员，张贴食品安全宣传标语300余张，悬挂条幅标语30条，30个村全部建立食品药品组织机构工作站，对全镇食品安全进行拉网式排查，结合工商部门检查240户，清理违法经营食品15户，督促办证9户，下架问题食品13余种，有效保障全镇群众食品安全。

（刘志英）

西土山乡

【概况】 西土山乡位于武安市城北，辖区面积82.34平方千米，19个行政村，14258户，61342人。309国道、邢都公路和邯沙线在境内穿过，境内煤、铁矿资源和地下水资源丰富，具有区位、交通、资源三大优势。

【西土山乡】

党委书记：王　曼
乡　　长：王海涛（6月免）
　　　　　周志伟（6月任）
人大主席：王国宝（8月免）
　　　　　李　涛（8月任）
副 乡 长：王志方
　　　　　谢军昌
　　　　　张　鹏
纪委书记：乔秘叶
组织委员：任保平
宣传委员：孔峰杰
武装部部长：张天有

【基础设施建设】 东土山村投资20万元，硬化路面6400平方米。骈山村投资20余万元，在村北新建垃圾填埋场。投资800万元铺设下水管道，年底项目完成三分之二。河渠村预计投资200万元对村内饮水管道进行整改修缮，可达到24小时自来水供应，年底项目完成三分之二；东马庄投资100万元铺设饮水管道；八里湾投资3万元，铺设下水管道1000余米；西窑投资7万元铺设饮水管道1500米；西寨子投资6万元，铺设下水管道3000余米；东湖村投资3万元、东街投资8万元、西街村投资6万元、北街投资2万元，维修配套机井。河渠、东马庄村筹划新建幼儿园，可达到全市一流幼儿园水平。西马庄、东湖、东寨子、东土山、富润庄等村完成小学专用教室的新建和仪器设备的配备。东寨子、东土山村，动用钩机、铲车，清理生活生产垃圾及尾矿砂1200余立方米、80余车，对辖区内河道进行全面治理，确保度汛安全。云驾岭新城筹备建设住宅楼16栋，15栋住宅楼主体建成，小学教学楼、音体馆和综合楼初具规模，16幢楼建成后，可入住800户，3200人，年底样板房完成，新村整村配套及装修逐步推进。西街投资80万元新安装变压器3台，将全村线路进行整改。西湖村新民居二期工程5栋12层住宅楼封顶。

【美丽乡村建设】 为切实改善农村人居环境，加快建设环境美、生态美、产业美和精神美的美丽乡村，年初在全乡开展以东马庄、西马庄和骈山3个村为重点美丽乡村建设，并以样板带全局，梯次推进、分步实施，19个村顺利完成“三清一拆”和村庄绿化工作，实现美丽乡村全覆盖。东马庄村斥资200万元，将传统儒家学说与美丽乡村有机结合，在绿化、美化上大力塑造东马庄特色，打造环村林带620米、打造慧灵广场和慧心广场，占地600平方米，广场路西设计为宣扬儒家学说的二十四孝图、增广贤文、幼学琼林、千字文等文化墙，并新建文化室1处，垃圾中转站2处；西马庄村围绕西马庄村特有的“郭资文化”，重点实施治污、拆违、绿化、美化等工程，打造太师广场，对全村大街小巷全部进行硬化亮化，对西马庄东大路两侧进行全部绿化，拟建郭资历史文化一条街，年底规划建设信访工作；骈山村见缝插绿对全村大街小巷进行绿化、美化，对同心广场、同德花园进行花草补种、树木补栽、修整，在村北新建乡级垃圾填埋场，总容量3万立方米，日处理生活垃圾6吨，使用年限15年，年底主体工程完成。同时全乡出动钩机、铲车60余台次，出动车辆2400余车次，人员1980余人次，清理垃圾杂物8000余方，残垣断壁和路障20余处，3000余米，拆除违章建筑20余处、400平方米，全乡美丽乡村建设取得初步成效。

【安全生产】 为切实抓好全乡安全生产工作，坚持“安全第一、预防为主、综合治理”的方针，按照乡党委、政府统一安排部署，扎实推进、深化落实，严格监管，确保全乡“双节”及“两会”期间安全稳定，促进“打非治违”和隐患排查治理和“安全生产月”深入扎实开展，有效做好各个重点行业领域的安全专项整治工作。贯彻落实“党政同责、一岗双责”，明确安全责任。与辖区内19个行政村、乡直部门和企业签订2016年度安全生产目标管理责任状，落实行政村、属地监管职责，强化企业主体责任。健全培训制度，提高全民安全素质，自1月起组织宣传8次，发放新安全宣传资料1000余份，出动宣传车10辆，张贴宣传标语、悬挂宣传条幅50余条。各部门协调联动，集中开展“打非治违”专项行动，排查非法摊点98家，未发现反弹迹象。整治冶金危化，全面确保高危行业安全稳定，每月最少两次对企业进行督查检查，全力配合上级部门协同专家组对新金开展的隐患排查专线会诊，对隐患进行挂牌督办逐项销号。延续“三项行动”，全面开展隐患排查整治行动，深刻汲取全国各类安全生产事故教训，继续督促企业全面开展隐患排查，排查企业210余家次，排查隐患198处，全部责任到人，整改到位，确保安全生产持续稳定。

【信访工作】 运用法治思维，不断规范信访工作秩序，建立信访维稳长效机制，及时摸清各类矛盾纠纷隐患，真正做到源头防控。乡党委、政府以“两学一做”为契机，在全乡开展积案化解“百日攻坚”活动，引导党员干部深入基层，听取群众诉求，年内，累计办结群众诉求18起，调解各类纠纷23起，成功化解云驾岭村部分村民反映的民房扒裂问题、杨某某涉法问题、苗某某医患纠纷问题。全国两会、十八届六中全会、省党代会等敏感时期无一人外出上访，社会和谐稳定。

【重点项目建设】 促进经济发展是党建工作的第一要务，及时调整完善工作思路，以为经济发展服务作为谋划党建、推动党建、检验党建的前提和目标，全力推进重点项目建设。新金钢铁投资18870万元，新建1×80兆瓦高温超高压煤气发电项目于5月完成项目建设，可提高煤气利用率，增加发电量，优化产能，提高企业效益。

【其他工作】 严格落实计生政策，确保计生工作目标高标到位。上半年人口出生率7.79‰；符合政策生育率95.18%；出生统计求实率达到100%；群众对计划生育满意率达到100%，稳定全乡的低生育水平。抓好农林牧水等各业全面发展，圆满完成各项任务目标，切实提高了农民收入。积极推进旅游专线道路建设工程。顺利完成890亩征地任务，迁坟259个，清表500余亩，迁出大小苗木19000余棵，拆除厂房62平方米，年底该工作正在扫尾阶段。民政、社保、土地、节能减排、防汛、禁烧、食品药品安全等其它各项工作，取得新成绩。

（李标）

西寺庄乡

【概况】 西寺庄乡位于武安市西北，北洺河沿岸，半丘陵地区。全乡21个行政村，人口4.2万人，耕地面积4.1万亩，乡域面积66.5平方千米。乡域交通便利，四通八达，地上地下资源丰富，区位优势明显。

【西寺庄乡】

党委书记：韩学亮
乡　　长：杜立新
人大主席：张振豪（6月免）
　　　　　史志红（6月任）
副 书 记：郝永军（6月免）
副 乡 长：任建国
　　　　　李亚楠
　　　　　杜　鑫
纪委书记：韩　佩（6月免）
组织委员：张作民
宣传委员：刘丽芳
武装部部长：李旭东

【基层党建工作】 抓好党委班子自身建设。把党委班子建设作为党建工作的首要任务来抓，强化班子的政治理论学习，有效提高班子成员的政治思想素质；健全完善各项规章制度，严格执行民主集中制，调动班子成员的能动性和积极性。在班子建设中，形成党委统一领导、包片领导各司其职、一级抓一级层层抓落实的党建工作格局。强化支部建设。进一步落实党建工作责任制，完善制度，创新机制，强化党员经常性教育和监督管理，通过建强班子、带强队伍、铸强阵地，提高农村干部带领群众发展农业产业化，带领群众维护稳定，带领群众建设新农村能力。抓实后进村转化。年内乡三个后进村，在上级对口帮扶单位及驻村工作组的帮助下，先后整治环境卫生，解决饮水难，提高村干部办公条件，改善支部两室办公环境，硬化主街道，安装路灯等，为群众承诺兑现一大批实事惠民工程，增进群众信任，密切干群关系，为后进变先进奠定了坚实的基础。

【经济建设】 2016年，全乡完成固定资产投资7.05亿元，超额完成任务；民营经济实缴税金8722万元，增加值完成81207万元；上级交办的“两税”清收任务200万元全部完成；承担市旅游专线、太行高速寺庄段修路征地拆迁工作，基本结束。全年完成工业投资4.4亿元，技改投资3.52亿元，完成重点项目投资2亿元。宏程铸造、凤岐化肥等工业项目发展稳中有升，继续巩固扩大农业优势产业，金泉牧业、金鼎林木、万乐蔬菜园等一批农业项目蓬勃发展，全年完成蔬菜种植面积400多亩，培育养猪企业3家，新建肉牛养殖场1处，发展养牛专业户120多户，养鸡场等，年出栏生猪30000头，年出栏肉牛2000头，柴鸡2.5万只、果树种植1100亩，食用菌种植200亩，年产食用菌17000吨。新注册的林泽食用菌有限公司，一期工程已投资5000万元，是低耗、高效、生态的循环经济产业典范，生产规模位居河北省第一。

【新农村建设】 根据村庄绿化示范行动“五个一”工作标准，着力打造东寺庄、小汪、常寨、东高壁、中万安、北梁庄6个绿化示范村，在进村口路基本绿化的基础上，又栽植柳树、杨树2200余棵，发展成片林280亩；强势推进“两清一拆一改”工作，开展摸排整改，加强督导检查，严格落实奖惩，年内全乡投入专项资金50万元，6个村完成村庄改造，13个村完成了危旧房改造。清理垃圾杂物1.2万立方米，清理庭院600户，清理残垣断壁和路障300处，拆除各类违章建筑2000平方米；年内，成立乡保洁公司，健全环卫队伍管理机制、环卫动态保洁机制、环境卫生督查整改制度、环境卫生考核四项长效机制，并与各村负责人签订环卫责任状，完善21个村垃圾点建设，做好各村垃圾中转站的选址工作。面对年内“7·19”特大洪灾，团结带领广大干部群众冲锋在前，积极开展抗洪抢险、指导群众生产自救，扎实开展灾后重建，有力保证群众的生命财产安全，确保全乡没有发生重大险情。

【惠民工程】 高度关注和改善民生工作，年内，紧紧围绕水利建设、公共设施建设、文化建设等方面，积极开展为民解难题办实事，普惠民生。东梁庄村修建村中饮水池，贺赵村打机井1眼，并进行自来水管道铺设，西寺庄村铺设村饮水管道1000余米，小汪村新修饮水渠3000米，积极解决群众饮水难、用水不方便问题，东高壁村，硬化大街小巷，并建成污水排出地下网络管道，北高壁村，新建了国学幼儿园，硬化街道5000平方米，实施空心村改造工程，顿井村铺垫出村路4000平方米。全乡21个村在“7•19”洪灾后，修复田间路，方便群众农业生产。

【社会事业】 坚持“上为政府分忧，下为百姓解愁”的指导思想，坚持“以民为本，为民解困”的作风。促进全乡中小学校规范化建设，师资力量不断增强，全乡学龄儿童入学率达到100%。建成21个村级标准化卫生室，完成乡卫生院升级改造，常见疾病和流行病得到有效防治。认真做好五保、低保、特困户、残疾人的救助工作，做到动态管理，逐年提高救助标准，仅2016年为750名低保户发放低保金120多万元，为受灾户、特困户发放面粉60多吨。农村居民养老保险参保率达98%以上，城乡居民基本医疗保险实现全覆盖。严格执行人口计划生育政策，实施全面“两孩”政策，做好流动人口管理，搞好育龄妇女生殖保健，人口自然增长率等硬性指标完成较好。

【信访工作】 按照“以解决问题为根本，以依法治访为手段”的原则，合力攻坚抓信访，全员一线保稳定，将存在的信访隐患化解在基层、消灭在萌芽。搞好隐患排查。坚持日常排查与重点排查相结合，开展拉网式排查，并进行梳理汇总，分析研究，摸清底数。对排查出的隐患分类造册，建立信访隐患排查台帐，逐一落实领导干部和具体办案人员，明确化解方案、时限。化解矛盾纠纷。坚持“一案一策一队伍”的原则，由包案领导牵头，相关责任人配合。领导干部实行“四包”，即包协调、包督办、包落实、包稳控；要求做到“六亲自”，即亲自听取信访人申诉、亲自调查、亲自分析处理意见、亲自过问信访人的生产生活并帮助其解决实际困难、亲自抓好对信访人的稳控工作。抓好稳控。在关键敏感期，根据信访案件状况，抽调得力人员，成立专项稳控小组，在做好思想疏导工作的同时，针对信访老户、难缠户，重点采取“几包一”“人盯人”等办法进行死看死守，因案制宜，制定控访预案应急措施。全年接待信访案32件，结案率达90%以上；在打击非访中，行政拘留1人，警告5人。

【安全生产】 进一步深化“一岗双责”制。继续实行领导干部包片、一般干部包企业，矿管人员驻矿监控的分包责任制，乡主要领导坚持每月至少召开安全生产调度会两次，亲自安排部署安全生产工作，对安全生产形势进行分析研究；加大监管力度，落实企业主体责任，加强对员工的安全知识教育培训；强化安全检查，狠抓隐患排查整治。年内，开展“两节两会”期间、五一期间、夏季消防、烟花爆竹危化行业、重点行业企业5次安全生产大检查、大排查活动，累计检查排查各类企业120家次，排查隐患60余处，全部治理到位。大力治理“三小企业”，对严重影响环境的企业坚决停产整治到位，对重点企业的污染项目，该停产的停产，该整改提升的整改提升，限期整治到位14家，取缔无证非法企业3家。

（柳宁）

徘徊镇

【概况】 徘徊镇位于武安市西南，镇政府驻地徘徊村距市区18.5千米，总面积106平方千米，山场12万亩，耕地面积4.2万亩，属山区乡镇。青兰高速、309国道、磁阳公路、邯长铁路横穿东西，县道矿宋线纵贯南北。辖29个行政村，9256户，31954人，2016年人均纯收入5628元．全镇有初级中学1所，完全小学10所，教学点15个，幼儿园21所，有教师178人，学生3250人。有中心医院1所，村级卫生室29个。2016年，镇党委、政府立足自身实际，围绕全市大局，强化争先晋位，务实创新，狠抓落实，依法行政，实现全镇经济和社会各项事业稳步发展。

【徘徊镇】

党委书记：王培
党委副书记、镇长：高维江
党委副书记：白建国
纪委书记：李巧霞
宣传委员、统战委员：王树斌
副镇长：万新行
李志东
张钊
武装部部长：武海军

【项目建设】 经济总量持续增长，综合实力逐步提升。年内，徘徊镇紧紧把握发展第一要务，始终把经济发展作为政府工作的第一重点来抓，紧紧围绕经济建设这个中心，积极调整优化产业结构，努力开拓经济发展空间，着力提高经济整体素质，开创了经济发展新局面。截至年底，全镇完成“两税”收缴200.01万元，增加值完成68750万元，固定资产投资32750万元。太行钢铁退城进园和西三环南延工程项目进展顺利。工作中主要领导亲自挂帅，亲自上手，领导班子全员参与，尤其是涉及到五个村的两委干部，不等不靠，主动上前，遇到矛盾亲自调处，每天工作结束及时研究工作中存在的问题，紧锣密鼓安排第二天工作，保障了征地工作的顺利开展。截至年底，征地4000余亩，迁坟1300余个，地上附着物统计补偿工作基本就绪，进入攻坚扫尾阶段。

【新农村建设】 环境卫生。镇把农村环境卫生整治工作作为一件民心大事来抓，突出国道、省道两侧等重点部位，加大投入力度，建立健全完善激励机制，按照“巩固、提升、长效”的要求，全镇29个村的卫生状况得到明显改善。镇共投入资金60余万元，出动人员4000余人次，车辆500余辆次，铲车80余台次；清理各类垃圾9000余吨，清理杂草800余吨，清理残垣断壁300余立方米，清理路障18处。同时制定施行“三挂钩”和每周摄像督查、10日一调度曝光点评工作机制，全面巩固整治效果和推动美丽乡村建设。尤其在全市美丽乡村动员会后，镇按照“三清一拆”工作安排部署，明确重点，全力投入，倾力保障，努力打造宜居美好家园。生态治理。突出青兰高速绿色通道，309国道、磁阳公路沿线村庄等部位，重点做好廊道绿化和新农村绿化两项工作，先后投入资金30余万元，完成廊道绿化（309国道、磁阳路两侧补植补造）8000棵（杨树），荒山造林1500亩，生态环境有效改善。防火禁烧工作实现零失火、零通报、零处罚目标。实行领导包片、两委干部包户、护林员包山头地块的“三包”责任制，切实加强野外用火巡查、打击力度，对野外用火人员，坚持“宁拘不罚”的原则，依法拘留5人，起到震慑作用。由于工作措施得力，上半年全镇在天气干燥气候环境下，尤其是在清明节期间及防火禁烧关键期，未发生一起火灾事故。平安徘徊建设扎实推进。立足实现“五个延伸”和“四个覆盖”，在健全完善镇村两级综治维稳中心（站）建设的基础上，不断加强治安专业人员培训，在主要路段及治安重点区域实施“天网”工程，安装摄像头300多个，并开展治安巡查，严厉打击各类违法犯罪活动；推进“一村一法律顾问”工作，组织法律服务工作者入村开展法律咨询、普法宣传、人民调解、法律援助等工作；加强“两委一中心”“两会一队一站”等阵地建设，整合各村治保、民调、治安管理员和法律顾问等资源力量，努力打造农村群防群治大格局。

【关注民生】 精准扶贫成效明显。1、关注弱势群体。严格按照低保办理流程为58户困难群众办理入保，争取资金3万余元实施敬老院配套升级工程，改善了院民的生活条件。2、加强基础设施建设。庙庄村铺设饮水管道2000多米，新修水塔1座；西交村投资11.5万元，铺设饮水管道1000米，硬化道路486平方米，建骨灰堂1座，疏理河道1500米；南坡村新建100立方米水池1座，铺设自来水管道2000米，新建水窖1座，改善了群众的生产生活条件。社会大局和谐稳定。把维护稳定工作列入重要议事日程，进一步落实镇领导干部接访（下访、约访）和镇村两级干部信访工作“一岗双责”制度，加大打击非访、依法治访法制宣传力度，组织成立支部书记任组长的村级信访稳定领导组织，加大矛盾纠纷排查调解工作力度，努力化解矛盾纠纷，维护社会和谐稳定。在化解信访积案工作中，书记、镇长亲自上手，全镇23件信访积案化解14件。全年化解各类矛盾纠纷65例，消除上访隐患58例，实现全国“两会”、9•3阅兵、重大会议和节假日期间进京、赴省零上访、零登统的工作目标。取得“7•19”抗洪救灾、灾后重建的决定性胜利。“7•19”特大洪灾发生后，徘徊镇镇、村两级坚决扛起灾后重建的主体责任，全党发动，全民动员，从保障受灾和特困群众基本生活、水毁农房重建、饮水、公共设施修复、田间道路抢修、灾后环境卫生集中整治六方面入手，扎实推进灾后重建各项工作开展。全镇218户水毁农房除3户异地迁建春节后动工外，其余全部完工；抢修田间路431.6千米，修复塌堰1万余处；维修机井3眼、水池16个，修复无塔供水设备1套，铺设饮水管道13180米；修复进出村道路41.09公里，加固河坝4500米，维修桥梁7座，硬化农村街道50多条7万余平方米，清理整修小广场13处1200平方米。全镇未发生一起因灾引发的不稳定事件。深入开展党风廉政建设和反腐败工作。以落实惩治和预防腐败体系为重点加强反腐倡廉建设，重点开展对基层党员干部违纪违法行为进行大排查大整治，严肃处理侵害农村群众合法权益的案件，督促完善农村集体“三资”、扶贫救济惠农补贴等方面的管理制度，减少诱发腐败问题的发生，维护农民群众利益、推动农村基层治理、维护全镇社会和谐稳定。

【社会事业】 突出青兰高速绿色通道、309国道、磁阳公路沿线村庄等部位，先后投入资金30余万元，完成廊道绿化20亩，荒山造林2000亩的任务。认真宣传贯彻计划生育政策、法律、法规，积极开展规范生育秩序治理。截至11月底，全镇出生人口402人，出生政策符合率90.8%，出生统计求实率100%，出生率为12.21‰，人口自然增长率5.19‰，综合避孕率90.35%，优化出生结构，提高人口素质，提升计划生育工作水平。安全生产常抓不懈。每月召开安全生产例会进行宣传发动，制定工作措施，明确目标任务。成立安全生产活动领导小组，讲求实际，注重实效，真抓实干，抓出成效，严禁形式主义，严禁走过场。在安全生产活动月工作开展中，党政领导亲自抓，做到一级抓一级，一级对一级负责。年内全镇没有发生安全生产事故。食品药品安全工作。认真贯彻市食品药品安全工作会议精神，履行政府职能，扎实开展食品安全监察、宣传活动，在春节、清明、五一、端午、十一等重大节假日期间，对全镇辖区内的食品安全经营企业（超市、豆腐坊、蔬菜门市、肉制品店等）、餐饮服务单位监察整改隐患8处，全年未发生一例食品药品安全事故。各项服务工作成效显著。武装、“两税”征收、文化卫生、教育、共青团、妇联、工会等各项工作取得明显成效。

（陈国华）

马家庄乡

【概况】 马家庄乡位于武安市西南部山区，总面积83.4平方千米，耕地28662亩。全乡辖28个行政村，总户数6100户，总人口20056人。全乡以农业生产为主，远离工业污染，安装山场面积广阔，具有丰富的石灰石和黄连木资源，具有发展林业、养殖业、石材开发等自然优势。始终以科学发展观统揽全局，克服基础薄弱，经济落后等不利因素，做了大量卓有成效的工作：坚持全面发展，突出山区特色。围绕“巩固旱作农业，发展现代林业，壮大畜牧产业，彰显山区特色”的总体思路，全面实施山区综合开发。重点做强小米产业，加速林业发展，扶持畜牧养殖，扩大劳务输出，增加百姓非农收入。坚持统筹发展，夯实基层基础。党建、稳定、安全、计生、殡改、卫生、护林防火、应急救灾等日常性基础工作长抓不懈、常抓常新。坚持协调发展，关注公益事业。根据乡情、村情、民情谋划项目，安排工作，一保运转，二保建设，优先解决水、电、路、医、学、保等方面难题。坚持民本发展，情系弱势群体。切实把安居工程、卫生室建设、环境卫生整治、农村面貌提升做成民心工程、良心工程、放心工程。

【马家庄乡】

党委书记：谷改兰
乡　　长：任鸿雁
人大主席：孔银林
副 乡 长：程向伟
　　　　　张　杰
　　　　　李伟东
纪委书记：林　慧
组织委员：穆华东
宣传委员：甄彦洪
武装部长：赵俊峰

【基层党建工作】 党的执政能力建设全面加强，干部队伍素质不断提高。在市委的正确领导下，乡党委紧紧围绕加强党的执政能力建设这条主线，深入学习贯彻落实十八届五中、六中全会精神及习近平总书记系列重要讲话精神，深入开展“学党章党规、学系列讲话，做合格党员”学习教育，抓住关键、把握核心，抓好、抓实、抓到位，做到知行合一，突出整改提高，为打牢夯实党的基层组织建设打下坚实的基础。加强理论学习，提高党员干部思想政治水平。乡党委始终把党员干部的学习、教育摆在重要位置，组织党员干部深入学习习近平总书记系列重要讲话精神及中共十八届五中、六中全会精神，不断提高自身的党性修养。特别是在理论联系实际、指导实践上下真功夫，不断提高理论学习的效果，实现理论与实践相统一。深入开展“两学一做”学习教育。按照市委的统一安排部署，在全乡党员中开展“学党章党规、学系列讲话，做合格党员”学习教育。抓住关键，把握核心，把握一条主线，“学”是基础、“做”是关键。“学”要带着问题学，在读原著、学原文上下功夫。集中组织学习《党章》《中国共产党廉洁自律准则》《中国共产党纪律处分条例》《中国共产党员权利保障条例》《习近平总书记重要讲话文章选编》及习近平总书记在庆祝中国共产党成立90周年大会上的重要讲话等，提高党员干部的党性修养。“做”要针对问题改，突出问题导向，强化问题整改。深入开展学习李保国先进事迹、涉县后池新愚公精神活动，对照先进找差距，对照标杆，制定整改措施。开展“戴党徽，亮身份”活动，时时处处严格要求自己。深入挖掘王庄村支部书记王李存、武庄村支部书记武满狗、万庄村村主任王堂柱等一批在抗洪抢险救灾中涌现出的优秀共产党员先进事迹，广泛进行宣传、报道。机关党员干部统一佩戴党徽上岗，农村党员统一制作亮身份、明职责党员示范牌，接受群众监督。后进村整顿工作稳步推进。年内乡后进村整顿涉及新庄、北窑、南窑、前龙、路庄5个村。乡党委早动手，早谋划，成立由乡党委书记任组长的后进村整顿工作领导小组，相关村也制定工作机构，形成一级抓一级、层层抓落实的工作机制。每个后进村明确1名领导干部分包，定责任、定目标、包转化，强化各项整顿措施的落实；同时市、乡两级派驻工作组，通过召开座谈会，走访党员、群众，制定整改方案。抓党务、村务日常管理入手，从抓党员干部教育入手，完善各项规章制度，严格按照“两规范五服务、四议两公开、四双机制”等制度开展工作。基础性建设稳步推进。新庄、前龙村高标准对“两室”进行修缮，粉刷墙壁、吊顶、更换门窗、购置办公桌椅，硬化村委会大院，办公条件得到改善；北窑村对街道进行整治，砌起造型墙，两旁种植侧柏300多棵、冬青1000多株，硬化广场300多平方米；南窑、路庄村对过村河道进行治理，新建村内桥，新庄村硬化村后街道1000米，修排水设施500多米，方便了群众出行；前龙、路庄村新建剧场，为群众文化娱乐活动提供场所。坚持惩防结合，不断推进党风廉政建设深入开展。始终把严肃党的纪律摆在更加突出的位置。首先从党政领导干部作起，带头执行廉洁自律各项规定，大兴为民、务实、清廉之风，主动接受群众监督，推动了全乡党风廉政建设的深入展开。其次从抓好两委干部管理培训，通过以会代训、警示教育、诫勉谈话等形式，牢固树立“立党为公、执政为民”的思想观念，增强廉政意识和拒腐防变的能力，切实把心思凝聚到干事业上，把精力集中到办实事上，把功夫下在抓落实上，把本领用在促发展上。认真开展“一问责八清理”专项活动，对懒政、怠政、不作为、乱作为的人和事一抓到底，绝不姑息迁就。

【项目建设】 经济发展态势持续良好。1—11月固定资产投资完成1.5亿元，占全年目标任务的84%，12月底全部完成。“两税”任务20万元，10月底完成21.98万元，占全年任务的109.9%。无公害谷子生产基地示范点，春季种植优质谷子1.2万亩、优质杂交玉米1.3万亩。春季全乡猪饲养量达到1.2万头，牛存栏达530头，蛋鸡存栏4.5万只左右。

【新农村建设】 农村环境面貌逐步提升。认真开展农村环境综合整治“突击月”活动。在全市农村环境综合整治“突击月”活动中，全乡将“突击月”活动与党的群众路线教育实践活动相结合，采取有效措施，狠抓“老大难”村的整改推进，有效推动农村环境综合整治活动的扎实开展，再次掀起农村环境综合整治活动高潮。村庄美化、亮化、绿化建设进展顺利。粉刷墙体3万多平方米，完成11个村的亮化任务；种植树木25000株，绿化乡间道路5000米，20个村的绿化率达到30%。建立农村环境卫生整治巡查制度。乡成立专门的巡查队伍，坚持每周对各村巡查一遍，对发现的问题现场指出并限期整改到位，巩固整治成果。

【落实惠民政策】 坚持以人为本的原则，高度关注民生工作，紧紧围绕教育、医疗卫生、公共设施建设、弱势群体救助等方面，为群众办好事、办实事。学有所教。对全乡中心小学的硬件管理、校园周边环境、校园文化的建设等方面进行改造提升，重点在山区的教学管理、重点学科上下功夫。“7·19”洪灾造成刘庄、马庄、没梁殿等7所学校不同受损。9月1日前6所小学修复完成，保证学生按时入学。武庄小学于11月初搬进新的教学楼。困有所助。认真落实最低生活保障制度，抓好弱势群体帮扶救助工作。低保实行动态化、规范化管理，实现“应保尽保，应退尽退”。“一帮一”扶贫结对工作开展良好，帮扶人员针对被帮扶户的情况，制定脱贫计划，帮扶措施。全年重大疾病二次救助31人次。全乡受灾群众过渡安置涉及14个村，78户、204口，过渡安置安置生活费按照每人每月600元的标准，在每月的月初统一上卡。过冬生活物品按照每人100千克大米、100千克面粉、3桶食用油的标准全部发放到安置群众手中。乡敬老院入住院民12人。进入10月，及早安排人员对用电线路进、电器进行排查，检修取暖锅炉，更换1000多米的暖气管道，每人发放棉衣、棉被、棉鞋等过冬院物品，确保老人过一个温暖的冬天。住有所居。继续开展农村贫困危房户改造，纳入危房改造的4户，涉及马甲、石井河、南果、井湾4个村，全部验收。“7·19”洪灾造成355户群众民房不同程度受损。乡党委、政府始终把受损房屋重建作为重中之重来抓，时刻抓在手上，放在心上，确保受灾群众安全过冬。年底B级房屋109户全部完成修复；C级房屋137户（其中放弃的3户，集中易址迁建1户），133户全部完工；D级房屋109户，完工84户，在建11户；没梁殿易址重建开工建设。食有所安。与各村签订食品药品安全目标责任书，落实监管责任。乡食安办不定期组织工商、卫生、派出所等相关人员深入到食品经营点、菜市场、学校食堂、小超市、小饭店等进行食品安全生产大检查。截至年底全乡未发生食品安全事故。路有所畅。“7·19”特大洪灾造成全乡道路、桥梁等基础设施损毁严重，冲毁道路47.3千米，田间道路128.13千米，桥涵45座，其中村内桥梁20多座。年底水毁村内道路33310平方米全部平整到位，神南峪、马甲、王庄、刘庄、前龙、韩马、南坪等村硬化街道8000多平方米；修复村内桥梁15座，在建4座；田间道路全部修复完成，共175条128.13千米；张刘线、矿宋线水毁道路紧张施工。病有所医。严格执行新医改政策，落实药品零差价销售。全面提高农村卫生服务水平，基本建立起功能完善、管理规范、服务便捷与市社会主义新农村建设相适应的新型农村医疗卫生服务体系、公共卫生服务体系，缓解农民“看病难、看病贵”的问题。没口峪、王庄村水毁卫生室建成，没梁殿卫生室完成选址。

（孔增喜）

冶陶镇

【概况】　冶陶镇位于河北省武安市西南部，镇政府驻地冶陶村距城区25公里，总面积74平方千米。辖21个行政村，人口2.41万人。东半部属丘陵地带，西半部群山环绕，海拔700多米，有耕地30491亩，全部为旱地，人均占地1.26亩。全年完成固定资产投资176018万元，实现产值102.75亿元，完成国税4469万元，地税1140万元。

【冶陶镇】

党委书记：李学良（5月免）
　　　　　王江卫（5月任）
镇　　长：王江卫（5月免）
　　　　　王海明（5月任）
人大主席：王贵明（6月免）
　　　　　武　波（6月任）
副 镇 长：李建国（6月免）
　　　　　周占军
　　　　　刘　峰
纪委书记：韩天晓
武装部长：李宏伟
组织委员：何　亮
宣传委员、统战委员：周利红
主任科员：王贵明（6月任）
　　　　　张振豪（6月任）

【基层党建工作】　强核心，抓班子队伍。“增进团结、提高水平、做好表率”，强化基层党委的核心作用，扎实搞好“两学一做”专题教育活动，结合镇实际，坚持做到“六个不”：不让一天闲过，不让一事拖拉，不让一样恶习上身，不让一笔赃款进家，不让一个同自己接触过的群众不满，不让一个亲属和身边工作人员惹出闲话，在市委、市政府的正确领导和大力支持下，始终保持共产党人的蓬勃朝气、昂扬锐气、浩然正气，充满信心，迎接挑战，求真务实，扎实工作，做到让党和人民群众满意。聚人心，抓干部队伍。着力提高干部队伍素质，强化干部的政治理论学习，践行“三严三实”，认真开展“ 四个一”等活动，进一步规范有关规章制度，凝聚干部干事创业的决心和信心。认真贯彻落实市委、市政府党风廉政建设会议精神，调整充实党风廉政建设工作领导小组，充分发挥党委主体责任，按照“四个亲自”要求，做到经济、业务工作管到哪里，党风廉政建设就抓到哪里，进一步提高全镇党员干部廉洁自律意识。进一步加强对廉政准则“8个方面52个不准”的监督检查，进一步规范全镇党员干部从政行为，进一步遏制奢侈浪费现象发生，大力实施“四双”机制、“百村”创建工程，使全镇党员干部党风廉政自律意识和党风廉政建设水平不断提高。从监督检查入手，促进干部作风大改观。全镇党员干部认真遵守履行“八项规定”，党委加强对省委“约法八章”和市委“八个必须”贯彻执行情况的监督和检查，在全镇营造出风清气正，心齐劲足、创业干事的浓厚氛围。加大惩防建设力度，切实维护群众利益。一切工作要以群众利益为出发点，加大涉纪信访工作力度，认真处理受理群众来信来访，对信访隐患开展拉网式排查，切实解决信访问题，凡是涉及侵犯群众利益的问题，不论大事小事，都一查到底，以切实维护群众利益。

【项目建设】　以冶陶、固义、安子岭等古村落为重点，打造独具特色的旅游区，年末，3个村进行基础设施建设工作。七水岭玉阳山风景区、琅矿花果山风景区基本完成建设，并对游客开放，接待游客上万人次。计划5年总投资2亿多元，建设宇绿源农业生态园。规划建设生态果园3000亩、生态景观林7000亩、生态养殖、休闲采摘、观光度假、养生农家小院及其他配套设施等。年底，完成投资5000多万元，种植果树20万棵，生态林木70万棵，果树产果70吨，销售额约30万元。经济建设大发展。通过项目建设，壮大镇经济，弘扬红色传统文化打造绿色生态。全年完成固定资产投资176018万元，实现产值102.75亿元，完成国税4469万元，地税1140万元。年底，全镇紧张开展“两税”征收工作，力争尽早完成征收任务。

【农林牧工作】 完成测土配方施肥耕地39000亩，健全农业技术体系，成立镇村两级农业技术服务组织机构，开展春季动物防疫，做好夏季禁烧工作。完成春季造林绿化1000亩，抓好护林防火、封山禁牧、秸秆禁烧等工作，巩固造林成果。落实防汛安全工作，镇村两级成立防汛抗洪组织和抢险队，制定防汛预案，备足防汛物资，搞好隐患排查和治理，明确责任、分工到人，确保实现安全度汛期无事故。根据市委、市政府加快建设环境美、生态美、产业美、生活美“四美”乡村的要求，结合镇实际情况，美丽乡村建设工作有序开展。坚持进行不定期的抽查、调度，督促各村将会议决定落到实处，特别是5个重点村的三清一拆、绿化美化工作进展情况。与天津领军保洁有限公司达成一致意见，由该公司承接全镇21个村环卫保洁工作。4月15日，该公司召集全镇保洁员进行岗前业务培训，就作业安全、工作要点等方面进行业务指导和培训，并发放统一制服和保洁工具。结合农技专家指导，通过对磁阳线两侧空地进行土地旋耕、垫土施肥等，栽植波斯菊、二月兰等花木300余亩，针对天气干旱的情况，通过洒水车进行全面浇灌，确保成活率。

【落实惠民政策】 实施“天网工程”加强“探头工程”建设，重点企业、村庄、路段全部安装联网探头，提升科技创安水平，截止年底，全镇投入7万多元，在镇机关、21个村重点部位安装探头，综治保险收缴工作完成80%以上。根据全市《2016年全市安全生产工作要点》，结合本镇实际，综合全镇安全工作，编制《冶陶镇2016年全镇安全生产工作要点》。加大隐患排查力度，特别是在重大节假日或者重要时段组织人员开展全行业、全领域的安全生产隐患大排查大整治工作，严格按照“三个一律”，坚决打击私挖滥采。完善各类培训教育。按照“扩大培训面，提高培训量，确保应培尽培”的原则，着力提高培训工作的针对性、操作性和到位率。共组织完成消防安全、道路交通安全、新安法警示教育、企业从业人员等专场培训，培训人数5千余人次。镇食安办与各村、各镇直职能部门签订《2016年度食品安全工作责任状》，落实食品安全监管主体责任，镇村“两级”食品安全监管网络得到完善。并对较有规模区域内的农贸市场、小作坊、小卖店等单位，定期进行安全检查，各项措施确保全镇安全事故零发生，为农村发展稳定提供保障。进一步推进计划生育的内部管理，全面提高人民群众的素质，使育龄人群在计划生育优质服务下健康发展。切实搞好“两税”征缴工作，充分宣传“两税”征缴工作的重要性和必要性，通过多种形式，营造浓厚的征缴氛围，提高每位公民的纳税意识，坚决依法打击偷逃抗欠等违法犯罪行为，力争早日完成任务目标。截至年底，完成两税征缴1140万元，占任务数的87.7%。抓好大气环境治理工作。根据《武安市大气环境综合整治实施方案》精神，有效改善大气环境质量，组织对全镇工业企业开展环保专项整治行动，全面提升企业环保治理水平，持续改善环境质量。抓好人大换届选举工作。认真学习换届选举工作有关规章制度，确保按时保质完成相关工作任务。做好太行高速占地征迁工作。太行高速建设工作功在当代、利在千秋，为确保项目尽早开工建设，镇组织精干队伍，分组对涉及的村、户进行征迁。涉及征地1008亩，房屋拆迁11户，全部征拆到位。武装、工会、妇联、团委、劳动保障、科教、卫生等方面取得好成绩。

【“7·19”灾后重建工作】 7·19洪灾使冶陶镇饱受巨大损失，造成231户2000余间房屋不同程度受损，冲毁道路100多千米，河道

60多千米，桥梁29座，涵洞28处，农作物受灾面积1176.87公顷，毁坏耕地210公顷，树木2万余株，车辆100余台部，牲畜1100头，鸡 5000多只，机电井5座，直接经济损失1.15亿元。灾害发生后，冶陶镇党委、政府不等不靠，立即举全镇之力投入到抗洪救灾道路抢修，人员安置上，通过各种途径组织全体机关干部深入村，调查灾情，对因灾受损的房屋等做好统计、上报工作，全力组织全镇干部群众开展灾后自救、恢复生产。截至年底，全镇村庄内水毁道路100多千米，4万多平方米路基全部平整到位。岭底硬化路面2000多平方米。安子岭、偏亮等村投资200多万元修复、修建桥梁3座；修复田间道路291条128.1千米，修砌路堰22处，回填石方1300立方米；交通局重建固义、牛头通村道路。全镇受洪水污染的844个水窖全部消毒清洗，换上机井水。洪灾造成新庄小学坍塌，完成学校选址重建工程，10月底学生搬进宽敞明亮的教室。完成绝收耕地改种386亩。全镇因灾损毁农房231户，其中B级房屋60户，已全部完成修复；C级房屋86户，全部修建完成；D级85户，完工61户，未完成24户，其中红门村21户由村集体建房，年末地基完成；原临河道3户不允许重建。

（王晓佳）

贺进镇

【概况】 贺进镇地处武安市西部山区，镇政府驻地贺进村距市区20千米，辖32个行政村，8227户，2.89万人，区域面积120平方千米，耕地面积1.7308万亩，山场面积13.826万亩，2016年人均收入3550元。

【贺进镇】

党委书记：石书军
镇　　长：孟入召
副 书 记：王振川
纪委书记：申伟然
组织委员：郝如燕
武装部长：李晓亮
常务副镇长：马海书
副 镇 长：张永景
人大副主席：吕生有

【基层党建工作】 “两学一做”学习教育活动。4月30日镇召开“两学一做”教育学习活动动员会，全镇所辖32个村级党支部和12个镇直党支部，按照上级要求，完成一系列规定任务，包括会议记录、党章手抄本、心得体会、上专题党课等任务，各支部制定活动条幅，并在显著位置悬挂。后进村整顿工作。本年度后进村4个，分别是东街、豹子峪、西梁庄和后临河。贺进镇结合上级帮扶单位和驻村工作组，立足各村实际制定后进村专项整治实施方案，完成工作整体规划和进度实时掌控系统，东街村整修下水管道300米，并硬化水泥路面；豹子峪村金银花项目进展顺利；西梁庄完成两室整修；后临河完成活动场所建设。发展党员工作。年内全镇培训入党积极分子23名，上报发展对象11名，根据组织部要求，严格落实党员评分制原则，规范步骤、统一表格、严格审核入党积极分子资格，做到“成熟一个，发展一个，高标准、严要求”，全力把控发展党员关口，为基层组织建设提供良好的人才支持。两大系统的完善。年内，更新党员干部管理系统和党费收缴系统，并专人专责，细化档案资料、细化上报数据、加强日常维护，做到数据实时掌控，随时更新调整，全程把控全镇党员的最新动态和党费收缴一手资料。做到信息化、网络化、一体化、自动化。大学生村官管理工作。全镇有大学生村官9名，全部纳入乡镇统一管理、统一考勤，参加包村的日常工作，负责整理档案资料，参加抗洪抢险、防火禁烧和旅游专线征地拆迁工作。

【项目建设】 贺进镇谋划的分布式20兆光伏电站位于贺进西街象鼻山一带，2014年11月1日举行开工仪式。截至2016的3月29日18时，武安市贺进圣莹光伏电站在完成反、正送电和各项调试之后，正式并网发电。贺进圣莹光伏电站占地800多亩，总投资1.8亿元，年发电量2600万度，年收入近3000万元，年可节约标准煤8900吨，减排二氧化碳4.3万吨。贺进镇温泉城项目在武安市政府的大力支持下，经中国地质大学地热开发研究所专家实地考察，通过近一年的紧张钻井阶段，于8月成功出水，水温达43℃。该项目将成为武安市服务业的新亮点，对促进旅游业发展、加快全市经济结构战略性调整起到关键性作用。定晋岩佛教文化旅游综合体，景区内各项基础设施完善，修建长达10千米的辅游道路，种植各种果树10万棵，常绿树5万棵，景区内供水管道施工2000多米，电力设施筹建实际投资2000多万元，监控设施安装投资30万元，对寺庙古碑刻的维护投资达50多万元。

【美丽乡村建设】 大力开展“三清一拆”行动。建立健全长效管理机制，严防反弹，持续保持农村环境整洁优美，为美丽乡村建设奠定坚实基础。实施范围包含32个所辖村，对重点村贺进镇东街、南街、西街、北街、北继城进行严格督导，对村内环境卫生实行公司化运营，定人、定岗、定时、定任务、定阶段的“五定责任制”，确保村庄环境卫生治理制度化、规范化、长效化。大力推进贺进古镇建设。3月邀请“中国古村之友”华北片区会长奚雪松教授和华东片区会长郑芬兰女士一行12人到贺进镇对古镇建设进行考察研究，并提出建设性意见和规划，贺进镇党委、政府对此一致认可。镇根据实际情况“以点带面”进行开展，具体先从北街布艺手工体验坊和南街豆腐坊尝试。加大贺进古镇的宣传力度。通过报刊、电视、网络以及微信平台积极宣传旅游小镇、贺进古镇。6月由市网信办组织开展“文化旅游”主题一线采风活动，一行30余人走进贺进古镇，加大对古镇的宣传力度，为镇古镇建设奠定基础。

【旅游专线征迁】 武安市旅游专线自4月启动征地拆迁工作以来，贺进镇党委、政府高度重视，举全镇之力全身心投入到征地拆迁工作中，党政领导和机关全体工作人员发扬“白+黑”“5+2”的精神，全力奋战在征迁一线。截至6月14日，420亩土地，12座坟头的征迁任务全部完成，房屋拆迁任务完成2120平方米，占总任务6300平方米的三分之一；拆除鸡舍1462平方米、猪圈272平方米、围墙2889.75平方米、简易棚102平方米、移树200棵。

【“7·19”抗洪抢险】 “7·19”洪灾过后，贺进损失惨重。据统计，贺进受灾人口2万人，紧急转移安置人口1088人，农作物受灾11527亩，因灾死亡畜禽1214只，倒塌房屋44户，直接经济损失7190万元。由于反应迅速，组织得力，贺进镇未发生重大人员伤亡及灾后疫情事件，灾后重建工作有序进行，全镇受灾群众得到妥善安置。

【落实惠民政策】 民政工作进一步夯实。镇对五保、低保、建档立卡户真正做到底数清、情况明、全覆盖、不遗漏，切实建立起“应保尽保，杜绝漏保、骗保，有进有出”的动态工作机制。实施精准扶贫，年内项目扶贫村将完成3个，农业企业1个，争取资金90000元，对全镇358户(692人)贫困户建档立卡，实施“一帮一”扶持。年内，镇民政所实施特困家庭社会救助119人，救助资金达50000元；办理低保525户（993人）、80周岁老人补贴306人、重点优抚对象31人，加大特困群体临时救助，对因天灾、人祸、大病造成生活困难及时救助，使困难群众的基本生活得到基本保障。计划生育工作见成效。镇紧紧围绕“强基础、升质量、抓落实、上台阶”的工作思路，认真宣传贯彻计划生育法律法规，计生各项工作取得卓越成绩，连年符合政策生育率均达标，人口出生率均控制在上级交办的任务范围内，群众满意率达到99%。同时认真开展孕前优生健康体检工作，以全镇符合条件的已婚育龄妇女为开展对象，全面完成计生局下达的工作指标。此外，各村计生干部积极配合，保证育龄妇女的妇检率；加强孕情随访工作。计生信息系统进一步完善，群众生育观念发生转变，人口整体素质得到进一步提高。水利、防汛工作力度加强。汛前在原有基础设施基础上，新建饮水管道和引水渠道达 12000 余米，新建蓄水池 3 个，水坝 2 个；积极做好防汛物资储备工作，其中纺织袋 2000 条，便携式工作灯 5 只，铁锨 30 把，铁镐 20 把，铅丝 50 公斤，桩木 2 立方米，片石 500 立方米，挖掘机 2 辆，运输车 3 辆，并对水库移民涉及村、户进行核查。7·19 洪灾后，镇组织各相关村动用铲车、钩机对河道进行疏浚，对护村堤坝进行加固，为群众生命财产安全筑牢防线。

（王广军）

活水乡

【概况】 活水乡位于武安市区西北深山区，与山西、邢台接壤，由白云川、门道川、常社川三道山川组成。三条山川汇合于活水村东，是北洺河的源头。境内公路四通八达，平涉公路沿门道川纵观全乡，旅游公路贯穿全境。总面积 224 平方千米，人口 2.7 万人，有宜林荒山 22 万亩，耕地 14198 亩。辖 36 个行政村，46 个基层党支部（其中农村党支部 36 个），党员 995 名，农村两委干部 198 名。境内旅游资源丰富，有洺河源森林公园、国家地质公园、国家水利风景区等。有 4 个 AAAA 级景区，1 个 AAA 级景区。青崖寨、马武寨、白菜垴、古武当山、十八盘、摩天岭等诸多名山均在境内。“八百里太行，美在武安”主要指活水乡。

【活水乡】

党委书记：宋　杰（5 月免）
　　　　　王旭东（5 月任）
乡　　长：李　政（6 月免）
　　　　　董秀斌（6 月任）
人大主席：梁秀斌（6 月免）
　　　　　郝政亮（6 月任）
副 乡 长：高旭生
　　　　　郭红波
宣传委员：王祥君
纪委书记：李　伟
组织委员：郭日学
武装部长：张占恩
副 乡 长：邓海拴

【基层党建工作】 加强党委自身建设。把加强理论学习、提高班子整体素质摆在自身建设的首位。进一步建立健全以民主集中制为核心的议事规则和决策程序，充分调动班子成员的积极性和创造性，努力做到使每个成员都能自觉维护班子团结和协调运转，密切配合，互相支持，在重大问题上都由集体讨论决定。坚持理论中心组学习，不断提高班子成员的理论水平和工作能力。强化“两委”队伍建设。实行信访稳定、景区发展、私搭乱建、护林防火等重点工作一票否决制，打造一支敢干敢当的村干部队伍。评选 7 个优秀村班子，得到全乡 36 个村的一致认可。扎实推进“治难转后”。帮扶工作组与帮扶村通力合作，理清经济发展思路，解决一些群众关心的热难点问题。大会庄村投资 7 万元，新建街心广场 1 个，村内桥梁 1 座，停车场 1 处；后柏山、后渠等村投资 6 万元对活动场所室内外进行粉刷，添置新的办公桌椅等，取得明显成效。深入开展“两学一做”学习教育活动。围绕专题学习讨论，坚持个人自学和集体学习相结合，积极开展学习交流、培训考试等形式多样的活动。召开专题民主生活会，开展民主评议党员，教育引导党员立足本职岗位积极为建设“生态活水、美丽活水、幸福活水”做贡献。有效提升农村党员的党性修养，进一步密切党群干群关系，增强党组织的凝聚力和影响力，提高党员干部的威信。加强党员队伍建设。严把入党关，对入党积极分子、党员发展对象按照组织程序严格培养，将致富能手、未就业的大学生、退伍军人等优秀的青年充实到党员队伍中来，坚决反对发展党员宗族化，或者常年不发展党员。年内，发展党员 11 名，党员转正 10 名，全部实行票决制，严格表决程序，并全部录入数据库建档。以党支部为单位，对全乡党员逐个排查登记，将不合格党员清理出党员队伍。排查出问题党员 8 人，2 人给予开除党籍处分，6 人经过考察恢复组织生活，保持党员队伍的先进性和纯洁性。加强乡直部门及景区党支部管理。完成乡直部门及景区党支部换届，配强班子。创建党员义务咨询室、党员示范岗、党员责任区等工作平台，扎实开展“亮身份、亮形象、亮承诺、创岗位奉献先锋、创优质服务品牌、创平安满意景区”等活动，充分发挥党员在工作岗位上密切联系群众、真情服务游客的先锋模范作用，提升景区的服务质量。

【项目建设】 七步沟景区重点建设的马武寨景点、楼上服务区等项目投入运营；京娘湖景区投资400万元，建成300米玻璃栈道，蹦极项目主体完成；聚仙山景区投资1000万元，建成6千米景区道路；由中信产业投资基金旗下中景信旅游公司开发的东太行旅游项目顺利完成征地工作，并修建游步道6800米，游客中心开工建设。

【新农村建设】 加大农村环境卫生整治力度，增强对垃圾定点存放和垃圾分类的宣传。对清洁工作实行动态抽查管理，按月考核奖补。加大对卫生整治不力村的问责和批评力度；对在建的后柏山，长寿村等11个美丽乡村建设加强工程进度和质量的监督，确保美丽乡村建设工程按时按质完成。以点带面推进旧村改造工程，不断改善村容村貌，提高广大群众生活质量。

【落实惠民政策】 关注弱势群体，保障“三大群体”生活权益。按照“一提两议一公示”的程序，进一步规范低保办理工作。年内，办理低保39户，五保3户，启动办理程序的25户，取消不符合条件低保户44户。全乡贫困户建档立卡工作进展顺利，给贫困户建档立卡373户、593口人，为下一阶段开展精准扶贫打下基础。关心优扶对象，优扶金、五保金发放全部到位。计划生育工作成效明显，出生统计求实率完成98%，符合政策生育率完成90 %，为育龄妇女提供免费生殖健康检查服务率达100%，奖励扶助政策落实率达100%，独生子女奖励兑现落实率达100%。加强医疗卫生资源的投入，完成辖区内36个村的乡村卫生一体化工作，落实药品零差价补贴工作，进一步做好新农合门诊统筹工作。10月，全乡圆满完成“三小食品”登记备案，全乡66名小摊点业主都已办理健康证。乡中心学校进一步促进教育均衡发展，依托市内名校提升薄弱学科，荣获“体育道德风尚奖”“全市五年级英语教学质量比赛第七名”等荣誉称号。

【其他工作】 发展壮大林果业。年内，发展经济林0.8万亩，荒山绿化1600亩，圆满完成了市下达的造林绿化任务。抓好安全生产工作。在全乡集中开展成品油市场秩序专项整治行动，取缔活水村、口上村、马店头村超范围经营加油点3处，规范柴油加油点3处，有效规范全乡成品油市场秩序，消除安全生产隐患。做好护林防火工作。在四里岩至京娘湖路段集中安放高标准森林防火宣传牌60块，对过往村民和进山游客起到很好的宣传警示效果。乡政府通过与各村签订护林防火责任状，与各户签订防火承诺书，特殊人群分包到人，山场管护责任到人，并以广播、明白纸、小学生上防火课等形式广泛宣传护林防火工作，确保防火期不发生火情。做好抗洪救灾工作。“7·19”特大洪灾致使全乡2.7万人受灾，7427亩农作物冲毁，41户民房损坏、61千米道路水毁，直接经济损失1.12亿元。此次洪灾，活水乡辖区群众2.7万人、游客3000人没有失联1人、重伤1人、死亡1人。灾后重建，41户水毁房屋全部竣工，可以入住。搞好第二届“划骑跑”赛事。10月，武安市第二届划骑跑赛事在活水乡举办。活水乡出动2.8万多人次，动用钩机、铲车等大型机械2500多车次，对沿线50千米的650处主要环境整治问题进行彻底清理，高标准完成划骑跑比赛沿线环境整治工作和赛事的后勤保障工作，受到上级领导的一致好评。

（梁平）

阳邑镇

【概况】 阳邑镇地处武安西部山区，位于两省三县交界处，镇政府驻地阳邑村距武安市区35千米。辖24个行政村，12174户，45000人，总面积107平方千米，其中镇区面积794公顷，镇区人口15000余人，共有耕地60045亩，山场68378亩，是武安西部经济、商贸、文化中心，先后被评为中国经济文化名镇、河北省历史文化名镇、河北省重点建设镇、全国重点镇，是武安城镇建设“一主两副”两个重点建设镇之一。

【阳邑镇】

党委书记：王建青
镇长：周现伟
人大主席：杨海刚（6月任）
副书记：杨海刚（6月免）
副镇长：贾建伟
郝政亮（6月免）
纪委书记：刘伟钢
组织委员：郭元平
宣传委员：裴乃平
武装部长：杨贵宝
人大副主席：郭雷军

【基层党建工作】 大力整治后进村。4个后进村全部完成整顿转化任务，其中经济村完成场所建设、尖山村完成场所装修配套，杏花村硬化街道3000多平方米、新建600立方米饮水池，阳邑东街完成支部换届任务。扎实开展“两学一做”学习教育。镇党委及时召开班子专题会议、班子扩大会议，要求班子成员要走在前面、深学一层，并充分利用周一学习例会、观看晚间新闻、远程教育、微信群聊互动等形式，组织党员干部学习党章党规和系列重要讲话，并扎实发挥好党员干部先锋模范作用，从实际出发谋划发展、推动工作，使每名党员都能依托活动载体发挥自身作用，从眼前的、点滴的、具体的事情抓起，更好地服务民生、服务群众，增强学习教育的针对性和实效性。同时，要求和引导广大党员主动对照问题清单，着力解决部分党员宗旨观念淡薄、工作消极懈怠，不作为、不会为、不善为、逃避责任等问题，边学边改、即知即改，以问题整改成效检验学习教育实效，努力推动全镇经济社会发展。抓好党建组织常规工作。利用远程网络、党员电教等方式，加强对广大党员干部教育培训，切实提高党员干部致富带富本领、增强群众基本素质。

【项目建设】 光伏发电项目取得实质性进展，先后引进武安市经润新能源科技有限公司，武安市洁缘光伏发电公司到镇考察，并已经达成合作意向。同时盯紧春节期间招商引资洽谈的15家项目，积极推进武安市圣正肉牛养殖有限公司养殖、众伏新能源公司光伏发电以及阳邑西街生态农业等一系列招商项目，争取项目早日落地。

【美丽乡村建设】 美丽乡村建设如火如荼。全镇上半年植树155790 棵，其中阳邑西街投资30万元，种植5000棵雪松和20000棵杨树，并修建150个花池种植冬青、格桑花等花草；北丛井投资18万元，在进村路、环村路种植600棵松柏树进行绿化；阳邑北街投资10万元在进村道路与环村林带上种植4900棵柳树和松柏，在村内修建50余个花池用于环境美化；南丛井村购进1200棵树苗绿化西进村路；大井村在新修路的两旁种植6000棵法国梧桐。土岭、龙务等村也都进行道路和荒山绿化工程。在村庄美化工程上，各村在村内修建美化墙，其中北丛井投资5万元，垒砌长300米的花墙，并投资12万元将街面的墙壁全部统一粉刷，村庄面貌焕然一新；东井村和阳邑西街也分别投资10万元修建文化墙，改善村内环境。在村庄亮化上，邑东、邑西、北丛井等村共安装、更换路灯550盏，方便群众夜间出行。农村基础设施不断完善。永安村更换低压线4000余米，更换电线杆38根，新增变压器1台，南丛井完成农网改造3条街，变压器增容3台，东山、龙务等村新增变压器，完成农网改造。阳邑北街和杏花村分别投资30万元用于硬化村内的大街小巷，经济村投资20万元修通郭口至经济村长1500米路，北华村投资8万元拓宽南阳邑主街道，大井村投资18万元完善新修路段的沿砖工程、排水工程和绿化工程。另外，柏林东街、柏林寨上、阳邑东街等村进行街道新建和修缮。7·19暴雨灾害发生后，各村积极投身丁灾后重建、恢复基础设施，全镇因灾受损乡间道路、田间道路和桥梁涵洞基本修复。经济、永安两个村不等不靠，自己投资8万余元，用短短8

天时间，将一座整体路基几乎掏空的连村桥修整完毕，保证南阳邑4个村群众出行；南丛井投资20余万元修复冲毁道路65处，共2500余米；柏林寨上村投资6.5万元完成道路重建3.5千米；东山村自力更生，修通东山到东柏林的道路。农村卫生整治实现常态化。按照因村制宜的原则，9个村实行公司化运作，15个村实行自我管理，卫生整治效果明显，在武安和邯郸环卫检查评比中位次均大幅前移。投资20万元，新购铲车1台、小推车30辆、铁锹和扫帚84把，新建和维修垃圾池67个。落实卫生巡查制度，抽调3名工作人员成立阳邑镇环卫办，每周巡回检查1次，发现问题及时整改，使环卫工作有安排、有落实、有督导，实现卫生清理常态化。

【和谐社会建设】 接收网上、国家、省、邯郸市、武安市信访交办案件52件，接上级要求在信访系统补录信访案件18件，及时受理、按期答复率均为100%，群众满意率达到83%。年内，制定完善《阳邑镇关于切实做好信访稳定的暂行办法》，进一步明确镇村干部的信访稳定工作职责、考核奖惩及工作机制，进一步调动镇村干部抓信访稳定工作的积极性和交账意识，充分发挥村级第一道防线作用。通过“定目标、严奖惩、周调度、月通报”等一系列行之有效的工作措施，扎实开展“化积案、攻难案、防新案”活动，镇村干部积极工作，合力攻坚，解决大量的信访案件，年内排查各类信访隐患69件，化解56件（其中疑难积案23起）。邯郸市、武安市交办的信访积案共20件处理15起。年底全镇信访稳定工作走入正常轨道，全镇到武安及以上信访总量大幅下降。因工矿企业多，压力大、任务重，按照市委、市政府安排部署，突出隐患排查、打非治违、专项整治等工作重点，狠抓行业领域安全监管，使全镇安全生产形势持续平稳向好。1—5月，累计排查企业216处，限期整改39处，督促企业投入整改资金75万余元，累计巡查非法企业（摊点）458处次。镇联合国土、电管、工商、环保、派出所和刑警等部门，对辖区内的非法采石场进行彻底的摸排，并在所有无证采石场的采面上，采取刷漆和书写固定标语的措施，锁定现状，固定证据，并拍照或录像留档备查。从6月开始，加大巡查和监管力度，一旦发现无证采场现状发生改变，就视为业主再次从事非法采石行为，阳邑镇政府责成国土所、派出所、刑警中队、阳邑工商分局、阳邑环保所等部门根据自身的职责和权限，依法依规严厉查处，加大打击力度，绝不姑息迁就，辖区内非法采石情况得到有效遏制。

【灾后重建】 面对百年不遇的特大暴雨，全镇1600多名五保、低保、孤寡老人等贫困户无一伤亡，未发生一起因房屋倒塌引起的伤亡事故。受灾群众没有因灾到市级以上上访。对北丛井村村北约500余万立方米堰塞湖成功排险泄洪，无一人员伤亡，未带来任何经济损失。灾后重建过程中，积极倡导开展“学后池，学东山，发扬愚公精神，自力更生，重建家园”活动，号召全镇各村党支部组织开展募捐自救，有钱出钱、有物出物、有人出人，全镇募集救灾款物折合人民币120多万元，不但有效解决灾后重建资金难题，而且凝聚党心民心，凸显党组织在灾难面前的领导核心作用，在全社会形成“自力更生，重建家园”的浓厚氛围，弘扬正能量，匡正社会风气。全镇160公里农村田间道路全部修通，137户危房户房屋修缮和重建进展顺利，救灾物资按程序公开发放，受灾群众得到及时有效救助，全镇灾后重建工作有条不紊，社会大局稳定。

（贾丰宇）

石洞乡

【概况】 石洞乡位于武安市西部，东与午汲镇搭界，南与冶陶镇、徘徊镇相连，西与阳邑镇接壤，北与西寺庄乡和上团城乡毗邻。磁左公路、邯长铁路穿越乡境，309国道擦肩而过。乡政府驻地石洞村距城区约22千米。全乡总面积72平方千米，全乡辖15个行政村，6476户，22844人，耕地面积39774亩。内设党政综合办公室（社会治安综合治理办公室）、经济发展办公室（城镇乡村建设办公室）、社会事务办公室（计划生育办公室）3个行政内设机构和财政所、农村综合服务中心（文化宣传服务中心）、计划生育服务中心3个事业机构；按照有关法律、章程和规定，设立乡人大、纪检监察、武装、工会、共青团、妇联等组织。

【石洞乡】

党委书记：杨建刚
乡　　长：李永强
人大主席：赵国河（6月免）
　　　　　赵秀芳（6月任）
副 书 记：赵秀芳（6月免）
副 乡 长：周红强
　　　　　李永兵
纪委书记：牛京保
组织委员：李　辉
宣传委员、统战委员：焦建强
武装部长：张鹏举
人大副主席：刘为平

【基层党建工作】 始终坚持党要管党、从严治党的方针，认真落实市委关于农村基层组织建设工作要求，制定详细的党建工作计划，落实好基层组织建设各项管理制度；认真落实党委中心组理论学习制度，不断提高领导班子成员的政策水平和理论水平。在全乡广大党员中扎实开展“两学一做”教育，使党员干部的观念不断更新，思路不断开阔，素质不断提高。始终坚持民主集中制原则，重大事情全部经党政班子联席会议研究决定。党政班子团结务实、勤奋工作，机关内部风清气正，作风良好。在农村班子建设方面，狠抓农村班子集中整顿，圆满完成石洞、青烟寺两个后进支部整顿转化任务，班子精神状态和工作劲头发生了明显变化。结合村财乡管的要求，在乡会计委托代理中心统一开设银行账户，对村上的大额开支提前把关，村务运行严格按照“四议两公开”要求规范运作。在乡党委、人大、政府换届工作中，认真执行换届纪律，保持良好的换届风气，按时完成选民登记、代表选举、候选人推荐等各项工作，为圆满完成换届任务奠定基础；在干部教育管理工作中，采取宽严相济、情法并存的方式，在工作中高标准、严要求，对涉及“红线”的工作，提警示，强监督，使广大干部养成守规矩的自觉习惯。对涉及干部个人工作和生活的问题，尽最大能力提供关心、爱护和帮助，极大地提高了乡村干部的战斗力。在党风廉政建设方面，认真组织学习《中国共产党廉洁自律准则》《中国共产党纪律处分条例》和中纪委有关会议精神以及习近平总书记系列讲话精神，严格执行中央关于“改进工作作风，密切联系群众”的八项规定，乡党政领导班子从自身做起，积极组织开展领导干部警示教育活动，定期召开专题民主生活会，开展批评与自我批评，认真剖析存在的问题。严格落实党风廉政建设责任制，促进全乡党风、政风的进一步好转，为全乡经济社会事业的健康、协调发展提供坚强的组织保证。

【项目建设】 面对经济下行的压力，石洞乡党委、政府不等不靠，奋发作为，紧盯节能环保和新能源项目，积极谋划，多方沟通，数次协调，引进华源电力股份有限公司，总投资2亿元的武安安源新能源开发有限公司光伏发电第一期工程20兆瓦项目，在遭受特大洪灾带来的巨大损失的情况下，于11月底成功并网发电，运行正常。赵庄优质苹果基地项目进展顺利，势头良好，不但得到邯郸市委、市政府主要领导的充分肯定，还顺利通过国家级水果标准园验收，成为石洞乡乃至全市第一家获得国家级殊荣的现代农业企业。

【大气污染整治】 继续把节能减排作为调结构、转方式的重要抓手，整合一切行政力量强势推进，监控重点企业工业污染物和污水排放以及二次扬尘污染。全乡完成主要道路沿线环境整治任务7个，农业污染源减排治理任务5个，按照市政府下达万元生产总值能耗降低率7%的要求，实现综合能耗降低目标。切实抓好护林防火及秸秆禁烧工作。乡村成立监管组织和扑火队，严格目标管理，层层落实责任，大力宣传防火及秸秆禁烧相关政策和要求，使防火和禁烧工作成为广大村民的自觉行动。全乡没有发生大的火情，保持并巩固护林防火和禁烧工作的监管成果。

【美丽乡村建设】 农村环境卫生整治与美丽乡村建设相结合，规范运行长效管理机制，及时拔付环境卫生管理补贴资金，有效维护了全乡各村环境卫生整洁，武安市的多次联查中均取得较好成绩，邯郸市6月联查名列前茅，8月联查位列邯郸市第48位，受到市委的充分肯定。列入全市美丽乡村建设的3个重点村，按照市委、市政府的统一部署，集中力量、集中财力、集中时间，积极推进美丽乡村建设工程。石洞村投资74万元，安装太阳能路灯60盏，对全村的大街小巷进行水泥硬化。赵庄村投资410余万新建仿古戏楼、养老院，对破损街道重新进行硬化， 疏浚行洪河道。青烟寺村投资110余万对街道进行硬化，新建沿街长廊，扩建青烟寺杏苑街心公园，安装太阳能路灯。在市委、市政府组织的现场观摩中给予较高评价。

【安全稳定】 在安全生产工作中，进一步强化“党政同责”“党管安全”意识，以维护广大人民群众生命财产安全为己任，加强安全生产教育培训和宣传工作，认真落实市委、市政府以及市安委会关于安全生产的各种会议和文件精神，积极开展安全生产大检查和隐患大排查，认真开展打非治违行动，切实加强监管监控，进一步完善动态巡查、联合执法、源头治理等无证矿管理长效机制，始终保持露头就打、违法就抓的高压态势，有效遏制非法生产经营行为，确保全乡安全生产工作的有序稳定，实现全年无事故的目标。在信访稳定工作中，按照市委、市政府安排，进一步完善群众工作站和群众工作室建设，强化服务意识和责任意识，突出抓好隐患排查，扎实解决群众反映的问题。特别是在多起非法集资案先后暴露后，及时掌握各类苗头性、突发性重大隐患以及各类人员动向，为上级领导提供准确信息，做到有备无患，有效控制重大突发事件的发生。在各级“两会”召开期间以及“五一”“六四”、国庆等重大敏感期，充分发挥协调联动的综合治理网络作用，全力化解各类矛盾隐患，确保全乡持续稳定的良好局面。

【应对突发洪灾】 7月19日，武安市石洞乡遭遇特大暴雨。从19日凌晨1时起，到20日5时本轮降雨过程基本结束，石洞乡降雨量达到425.8毫米，雨量之大居全市第三位。单日降雨量超过1963年286.3毫米和1996年161.1毫米的最大降雨量，实属历史罕见。石洞乡境内多山、沟壑纵横、源短流急。“7·19”特大暴雨时间短、雨量大、来势猛，加上入汛以来多次连续降雨，地表蓄水基本饱和，19日的强降雨后，各个支流短时汇集，形成洪峰，境内两大主要河流——南洺河和南河底“干河沟”水位全部越过河槽，电力、通讯中断，道路冲毁，民房倒塌，三王村、坦岭两个村与外界隔绝，沿河的什里店、三王村、南河底、北河底、石洞等村民房进水1米多深，其它村的民房也不同程度进水。“7·19”洪灾，殃及乡域内全部15个村。有3人死亡（其中2人在乡域外被洪水冲走），87户有人居住的民房倒塌、受损，冲毁道路61785米，其中乡间路7480米，街道4355米，田间路49950米。冲毁河道9250米，损毁桥梁17座，涵洞16孔，冲毁渠道20600米，引水管道14120米，泵房7个，机井16个，农田561亩，直接经济损失达2357.691万元。域内24家企业被淹，工矿企业经济损失达7800多万元。面对突如其来的特大洪灾，乡村干部身先士卒，冲锋陷阵，冒雨串巷入户，先后转移受灾群众62人，解救尔丰洗煤厂、大鹏特种养殖厂职工51人，分组对沿河及重点危险点值班值守，保护人民群众生命财产安全。灾情发生后，乡村干部1个多月时间全天候24小时在岗在位，主动承担救灾救援、重建家园和生产自救的重任。党政主要领导亲自调集车辆修通通往坦岭的简易道路，机关干部绕经309国道马村段，采取人背肩扛措施徒步到三王村送达救灾物资，第一时间解决两个村的救灾救援问题。及时修复并恢复电力、通讯设施，保障村民正常生活。集中一周时间清理各村街道。截至年底，全乡完成85户危房的修复重建任务并顺利通过验收，修复田间道路5万余米，修复乡村道路及街道8500余米，修复、加固桥梁8座，涵洞11孔，修复机井4眼，恢复农田450亩，疏浚河道5300米，保障全乡群众的正常生产生活秩序。

【落实惠民政策】 进一步推进民主政治建设，规范村民会议、村民代表会议、村务公开、财务公开等各项制度；加强对人大工作的领导，确保人大主席团履职到位；认真贯彻落实中央惠农政策，各项惠农资金全部实行“一折通”，由信用社直接发放到农户手中；积极推进农村新型合作医疗制度的实施，基本实现医疗保险全覆盖；实施人口和计划生育责任追究制度，完善奖励扶助措施，符合政策生育率、出生统计求实率等各项指标全部完成；切实加强劳动和社会保障工作，全面完成养老保险和新农保扩面等任务；加大食品市场监管监控力度，全年无发生食品安全事故。

（路玉芳）

管陶乡

【概况】 管陶乡地处河北省武安市西部山区，乡政府驻地馆陶村距武安市区33.5千米。全乡面积188平方千米，辖38个行政村，有6012户，18800人，山场面积23.7万亩，耕地面积15477亩。

【管陶乡】

党委书记：王增平
乡　　长：王日田
人大主席：任瑞明（6月免）
　　　　　李建国（6月任）
副 乡 长：郭军旗
　　　　　温彦博
　　　　　贺振伟（6月免）
　　　　　邓旭峰
组织委员：袁同山
宣传委员：郭军旗（兼）
武装部长：苗军锐

【基层党建工作】 “两学一做”学习教育，结合实际贯彻落实。抓好“学”习这个基础，党员学习实现全覆盖。为提高学习效果，对各基层党组织的学习档案资料实行一支部一档严格把关。根据各个党组织和党员的不同特点，区分对象，区分层次，分类指导，增强学习的针对性和时效性。抓住“做”这个关键，发挥党员模范带头作用。以“四讲四有”为标杆，教育引导党员发扬以“扎根山区、艰苦奋斗、改变家乡落后面貌”为核心的朝阳沟文化精神。立足岗位做贡献，从自身做起，从小事做起，当先锋，做表率，树形象发挥作用。为切实增强党员意识，向全乡825名党员发放共产党员徽章，并为750名农村党员统一制作共产党员牌，悬钉在大门上，让每名党员时刻牢记自己的党员身份，自觉进行自我约束，自觉履行党员职责，自觉维护党的形象，自觉接受群众的监督。推进以先进典型为引领，促进学习教育。乡党委抓住纪念中国共产党成立95周年的机会，在“七一”前夕组织全乡500余名党员进行集中学习。通过表彰10个先进基层党组织、13名优秀基层党组织书记、60名优秀共产党员，树立典型和标杆。弘扬“苦干实干，开拓创新”的当代朝阳沟精神，深化“两学一做”学习教育，积极投身美丽乡村建设，激发全乡党员干部攻坚克难、拼搏进取的干事创业热情。车谷、磨盘峧、陆渠、大水交、寺峪沟5个后进支部全部按期转化。

【抗洪救灾】 7月19日特大暴雨，全乡1.9万群众的生命财产面临巨大威胁，乡党委、政府，面对突发的灾情，沉重冷静、统筹安排、科学决策、积极应对，指导38个村和乡直单位立即启动防汛应急预案，累计组织各村转移群众463户，1761人，由于转移及时，确保了全乡没有发生一例人员伤亡，同时把财产损失降到了最低。同时，以村为单位搞好受灾群众生活保障，解决群众吃饭、穿衣困难，保证了全乡社会稳定。“7·19”洪灾造成全乡境内发生水毁公路22段，累计33.9千米，路面损坏45520平方米，路基损毁10460立方米，冲毁桥梁21座；冲毁涵洞6道；断交点77处。从7月20日开始，乡党委、政府把每日的工作列出清单，形成工作指导意见，使纷繁复杂的抗洪救灾工作在有条不紊的指挥中扎实推进。灾情统计、卫生防疫消毒、动物死亡无害化处理、救灾物资发放、水毁道路抢通和修复、河道清障、街道清理、灾后群众思想引导等等，每一项工作都按步骤进行，全面完成各项灾后重建任务。全乡22段水毁公路，累计33.9千米，全部修复。组织各村对农民生产道路进行整修，累计修复80余千米。水毁严重的房屋，组织乡村干部帮助修复，年底B、C、D级房屋主体全部修复完毕。38个村的基础设施基本得到修复。饮水受影响的龙井、小店等村全部修复；寺峪沟村、朝阳沟村、脑沟等村饮水工程正在施工。

【美丽乡村建设】 38个村全部建设由书法名家书写的具有山区特色的石头村标，形成一村一景的良好效果。全乡有市美丽乡村重点建设村9个。下站村打造花卉绿色主题村。在进村口沿路两边种植柏树100棵，沿村种植花卉600平方米，进村主街道道路两边种植木槿、海棠花树260棵。禅房村打造梅花谷为主题的特色村。利用村后荒山资源种植梅花20000株，后山西山种植梅花10000棵，在进村路道路两边田地进行绿化美化植树。在进村口拓宽道路，由原来的4米小道扩宽到10米大道。寺峪沟村打造太行山区江南小镇。在进村口道路两边种植柏树600棵，村庄坐落在山沟中，山泉水储备量大，水质量达到饮用的标准。村庄整体发展农家乐，利用村前小型水库水资源，开展休闲垂钓。车谷村打造观光采摘特色村。硬化美化打造一条迎宾大道，种植松、竹、梅观赏树。兴建30亩观光采摘葡萄园，年底已初成规模。改良嫁接核桃460亩18600棵核桃树。大水交村打造红色文化主题村。建8处红色文化牌坊匾牌。主街道种植冬青绿化带500米长。开发富民产业集体果园100亩，种植苹果树、葡萄树。柏草坪村（武安第一党支部）打造管陶乡第一党支部主题村，准备建设管陶乡第一党支部文化广场，充分利用本村名人事迹、名人故居资源打造陈列展览馆。柏草坪村在进村口路道路两边砌花池50米，种植木槿花树100棵。木作村打造太行山石文化长廊。道路两旁竖立170块造型石，每块石头都雕刻有名人书法作品。朝阳沟村（传统古村落）按符合山区农村生活实际，打造看得见山水，留得住乡愁，保持原汁原味风貌的思路，墙体立面改造1000平方米，村庄绿化1000平方米。荒庄村打造太行自然风景村。在道路两边种植杨树400棵，沿村种植花卉600平方米。农村环境卫生工作有新进展，管陶乡内有安全饮水水源地东风水库，为了防止水源地污染，乡实行城乡一体化垃圾处理模式，在饮用水源地下段，管陶村建立垃圾中转站一处，经验收投入使用。全乡38村全面启动“两改一清一拆”任务，清理垃圾6890立方米，清理庭院3241户，拆除断壁、路障50余处。

【保护生态环境】 保护生态环境、保护森林资源、发展大旅游业。护林防火工作常抓不懈。为确保不失一把火，不烧一棵树，不冒一股烟，在成立组织、强化宣传、落实责任的基础上，加大人员和资金投入力度，在道路旁、入山口书写护林防火宣传标语500余条，设立警示标牌200余处，悬挂防火条幅300余条，发放明白纸20000余份、保证书10000余份；给护林防火人员170余人配备护林防火专用服装、袖标、灭火工具和手电筒；组织人员和使用专业设备打造隔离带15公里，购置二号防火工具1000把，每天出动汽车7辆不间断进行宣传巡逻，确保护林防火重点期间没有发生重大火灾。为保护树木，大力做好封山禁牧。把封山禁牧放在加快全乡绿化进而促进旅游开发和全乡大发展的高度，下大力抓禁牧。为把这项硬任务做到位，采取多措并施的办法。党员干部带头封山禁牧。先后有6个村的支部书记、村主任及8名村干部带头把养的羊提前处理，发挥农村党支部带头作用。实行包片领导、包村干部深入到村，对重点养羊户登门入户教育引导。乡每月召开全乡封山禁牧工作大会，交流经验、了解情况、完善下步工作措施。用各项工作与禁牧挂钩考评。对工作积极走在前面的村，乡党委、政府从政策、物资等多方面给予倾斜支持，在全乡形成以禁牧为统领影响对其他工作评价的联动机制，形成禁牧工作比比看氛围，促进禁牧工作扎实开展。年底，全乡1.2万只羊，处理1万只余羊。针对全乡43家养鸡场畜禽粪便处理不到位，严重污染大气环境和水源地的问题。乡党委、政府从春季开始，下大力整治鸡场污染问题。向每个鸡场下发《关于全乡鸡场粪便污染整治工作的通告》，书面讲明鸡场粪便的危害性和工作具体要求。通过引导养殖户建设储粪池，及时将粪便覆盖、处理、清运、销售等，减少粪便污染。截至年底，43家养鸡场粪便处理得到规范，畜禽源污染整治收到阶段性成效。

圆满完成精准扶贫、信访稳定和平安建设、安全生产、食品安全、计生生育、教育、农网改造、农村合作医疗、划骑跑赛事服务、“两税”征缴等多项工作任务，各项工作均名列全市前茅。

（刘琦）

特辑 I （政府办公室提供）

“7 · 19”特大暴雨洪灾（1）

武安市防汛抗旱指挥部
关于“7•19”特大暴雨抢险救灾情况的
通 报

7 月 19 日凌晨 1 时起，武安遭遇历史罕见特大暴雨，截至 20 日 5 时本轮降雨过程基本结束时，武安市气象局的雨量监测点，有 19 个达到特大暴雨（250 毫米以上），其中 7 个超过 400 毫米，马家庄 438. 5 毫米、西土山 431. 9 毫米、石洞 425. 8 毫米、主城区 426. 4 毫米、冶陶 423. 6 毫米、洺湖 412. 1 毫米、西寺庄 401. 9 毫米，其他均在 200 毫米以上。据武安国家气象观测站 1959 年 5 月建站以来气象记录，这次降雨已超 1963 年 286. 3 毫米、1996 年 161. 1 毫米的 24 小时最大降雨量。

武安市境内多山、沟壑纵横、河道源短流急。6 月 1 日入汛以来，多次连续降雨，地表蓄水基本饱和。19 日强降雨后，各个支流短时汇集、形成洪峰，与 1996 年洪峰数据对比：1996 年 8 月 4 日南洺河磁山大桥最大洪峰流量 740 立方米 / 秒，今年 7 月 19 日 18 时实测流量 1900 立方米 / 秒；1996 年 8 月 4 日大洺远水库处最大洪峰流量 1110 立方米 / 秒，今年 7 月 19 日 20 时 27 分实测最大入库流量 4639. 7 立方米 / 秒，20 日公布的 3700 立方米 / 秒是 19 日 19 时 50 分的实测流量，南洺河全段超保证水位。北洺河 19 日 20 时寺庄铁路桥段洪峰流量 1300 立方米 / 秒，19 日 20 时 30 分下游 10 公里土山大桥段洪峰流量 2659 立方米 / 秒。19 日 19 时马会河上游李石门段实测流量 1500 立方米 / 秒，到下游与洺河汇合处洪峰流量 3510 立方米 / 秒。

武安市近几年持续干旱，“7•19”特大暴雨前，车谷、大洺远、口上、四里岩四座中型水库蓄水不足、“空库”迎汛。车谷水库总库容 3315 万立方米、汛限水位 696. 8 米，7 月 18 日蓄水 310. 35 万立方米，水位高程 681. 65 米，上游来水 1. 9 立方米 / 秒；19 日 18 时 30 分上游来水 678 立方米 / 秒。大洺远水库总库容 3299 万立方米，汛限水位 180 米，7 月 18 日蓄水 417. 1 万立方米，水位高程 175. 16 米，上游没有来水。7 月 19 日 14 时 40 分之前上游来水 1. 2 立方米 / 秒，14 时 40 分至 18 时上游平均来水 10 立方米 / 秒，18 时 32 分上游来水暴涨到 1935 立方米 / 秒，19 时 26 分上游来水涨到 4298. 1 立方米 / 秒，20 时 27 分上游来水量达到最大 4639. 7 立方米 / 秒。口上水库总库容 3208 万立方米，汛限水位 600. 1 米，7 月 18 日蓄水 583 万立方米，水位高程 582. 8 米，上游来水 4. 86 立方米 / 秒；19 日 19 时 50 分上游来水 985 立方米 / 秒。四里岩水库总库容 1144. 4 万立方米，汛限水位 490 米，7 月 18 日蓄水 347. 59 万立方米，水位高程 484. 64 米，上游来水 3. 16 立方米 / 秒。7 月 19 日 8 时，上游来水 2.77 立方米 / 秒，13 时上游来水 53 立方米 / 秒，14 时 30 分上游来水 230.97 立方米 / 秒，20 时 20 分上游来水 701.19 立方米 / 秒。

雨情就是命令、汛情就是战场。19 日上午，市防汛抗旱指挥部立即启动汛期指挥应急预案。下午，市委及市防汛抗旱指挥部主要领导到重点乡镇和水库现场调度指导防汛抢险工作；市长、市防汛抗旱指挥部指挥长魏雪生，市委副书记、市防汛抗旱指挥部副指挥长杨万春召开紧急会议，严明纪律和职责，全面部署防汛抢险工作，坐镇防汛抗旱指挥部，连夜调度指挥全市防汛抢险救援工作；分包乡镇市级领导分赴各乡镇带领群众防洪抢险。从 19 日汛情灾情发生到现在，省委、省政府和邯郸市委、市政府高度重视，省政府副省长姜德果到武安市重灾区指导防洪救灾工作，并对灾后重建等作出重要讲话；邯郸市委书记高宏志、市长王会勇到武安市现场指导抢险救灾和灾后重建工作，协调兄弟县区给予支持援助，协调武警官兵、解放军直升机提供支援；国家民政部救灾司和省民政厅、省教育厅、省工信厅等有关部委、厅局到武安市了解受灾情况，指导帮助救灾和灾后重建工作。在市防汛抗旱指挥部的具体部署下，武安市防汛抢险救灾工作夜以继日地紧张有序推进：

一、启动应急预案，把准着力重点，调动一切力量开展抢险救援救灾。19 日突降特大暴雨后，全市立即进入“非常工作状态”，自下午起动公安干警、武警消防、驻武部队等一切力量，通宵抢险排险、搜寻失联人员；20 日凌晨，安排部署全力抢修路、电、讯设施，凌晨 3 时分派 6 个小分队徒步赶赴消息失联的活水乡、马家庄乡；下午召开全市领导干部会议，全民动员开展防洪救灾，当晚首批物资送达 11 个受灾乡镇；21 日早 6 时，8 名县级领导分别带领 300 多和 500 多人救援队伍，徒步进入马家庄、活水两个乡送去救灾物资；中午 106 个单位 1100 余名干部职工，分成 23 个组援助分包乡镇；下午组织活水、马家庄、贺进、徘徊、冶陶等重点乡镇工作人员徒步进入路、电、讯中断的村庄；连夜下发打捞淹死畜禽的紧急通知；22 日上午，安排卫生、农牧系统近千人、510 多部机械，进驻各乡镇开展畜禽卫生防疫工作；同时成立失联人员核查工作领导小组，建立失联人员核查平台，向社会发布失联人员核查渠道，组织力量开展失联人员搜寻和遇难者遗体打捞、安放、DNA 比对、认领等工作；23 日上午，召集各乡镇党委书记和有关部门主要负责同志，结合进展调整工作重心。连日来，对灾后畜禽卫生防疫、路电讯设施抢修、失联人员核查、库区漂浮物打捞、救灾物资筹集发放等各项重点工作，坚持交叉进行、统筹推进、全面展开，分包乡镇市级领导深入乡镇、街村，组织群众开展生产生活自救。

二、建立失联人员核查平台，全面开展失联人员搜寻和遇难者身份确认工作。由于特大暴雨造成 170 多个村庄道路、通讯中断、信息不畅，20 日凌晨 5 时，武安市共接报失联人员 20 人；20 日晚接报失联 20 人中生还 1 人、确认死亡 2 人、失联 17 人。22 日建立失联人员核查平台以来，共接到并核查失联人员线索 4 条、接到发现遇难者遗体线索 13 条，采集无名尸 DNA 样本 11 份、上门采集 22 名失联人员的血缘亲属 DNA 样本 41 份，将 21 份血样送往邯郸市公安局入库比对。随着失联乡镇、村庄的道路、通讯恢复，截至 26 日 18 时，接报失联人数共计 56 人，其中确认死亡 27 人、失联 29 人。

三、全力以赴抢修，尽快通路通电通讯。道路方面，全市公路损毁 600 余公里，桥梁涵洞垮塌、损毁 70 余座，道路两侧山体坍塌、滑坡 300 余处。20 日凌晨起，先行对 309 国道、平涉线、邯沙线、磁左线等 6 条国省干线，实施清淤、排水、临时断交；21 日开始，组织 20 多个施工队伍，重点转向马家庄、活水、冶陶、徘徊等受灾严重乡镇，截至 26 日晚，全市各乡镇和工业园区基本恢复通行，受灾严重区域通过打通临时道路、绕道行驶等措施具备简易通行条件。电力方面，共导致 5 条 35 千伏线路、2 座 35 千伏变电站、34 条 10 千伏线路停运，363 个村、13.9 万用户供电中断，特别是西部山区及南、北洺河沿岸乡镇大面积停电。灾情发生后，组织抢修人员 5900 余人次、车辆 1850 余台次分片包乡，截至 26 日晚，累计恢复 2 座 35 千伏变电站、1 条 35 千伏线路、31 条 10 千伏线路供电，目前除马家庄 1 个乡镇 5 个村 800 多户外，其他 21 个乡镇恢复供电，预计 29 日前全部恢复。通讯方面，移动公司共有450座基站，受灾损坏150座，目前已恢复基站通信136座；联通公司共有392座基站，损毁178座，目前已恢复通信154座；电信公司383个基站全部断站，目前已恢复通信350座，预计29日前移动、联通、电信通信基本恢复。

四、组织队伍徒步进山，打通道路、通讯中断的两个“孤岛乡”。活水、马家庄是受灾最重的两个乡，曾因交通、通讯中断失联。在20日凌晨派出小分队徒步进入取得联系后，21日，分别组织数百人救援队伍徒步送去急用救援物资。在活水乡，21日当天转移蒙牛集团员工、邯郸夏令营学生等1000余名被困游客，目前包括长寿村2335名的西部景区游客已安全转移。在马家庄乡，救援队伍面对桥梁全部坍塌、汽车无法通行、电力通讯中断等情况，徒步3个多小时将物资送达受灾最重村庄，及时保障了群众生活所需。

五、全面核实灾情、及时发放救灾物资。“7·19”特大暴雨造成全市22个乡镇和工业园区、主城区全部不同程度受灾，截至7月26日，武安市受灾人口46.3万人，农作物受灾面积1.6万公顷，倒塌房屋2.3万多间5399户，普阳、天煜、新金万利、华丰、文安等骨干钢铁、焦化企业停产或部分停产，135家中小企业遭受灾害，全市工农业、基础设施及家庭经济损失超百亿元，目前灾害损失仍在继续核实中。灾情发生后，24小时内将首批生活保障物资发到各乡镇，针对交通中断的部分山区，协调解放军救援直升机出动飞机13架次、空运救灾物资20余吨，截止26日累计发放矿泉水9100多件、方便面8400多箱、火腿370多箱、面粉和大米3000多袋、食用油950多桶、食盐9100多袋、蔬菜440多包，毛巾被、棉大衣等4400多件，蜡烛3.1万支、手电筒1200多个等，目前部分区域第二批、第三批救灾物资先后送达，受灾群众生活得到了初步保障。

六、及时开展畜禽卫生防疫工作，坚决杜绝灾后疫情发生。在抢险救援同时，把灾后卫生防疫摆上要位。在畜禽防疫上，迅速下发打捞淹死畜禽紧急通知，除水库外，两天时间完成各乡镇淹死畜禽的打捞和统一处理，截至26日累计出动大型机械480多台次、人员6200多人次，打捞动物尸体7.3万多头（只），全部无害化处理到位。针对大洺远水库打捞工作，在紧急调用大型机械设施、专业打捞设备的同时，向社会发布求助通告，目前每日出动4支专业打捞队、动用打捞船只12艘、大型吊车4台、运输车辆12辆昼夜不停打捞作业，安排16人对水库水面和库区周边消毒防疫，出动武警官兵和消防车对湖面漂浮物进行消毒防疫。同时正在加紧联系其他专业打捞队，全面加快打捞进度。在卫生防疫上，迅速下发《紧急通知》和《实施方案》，成立五支防疫应急队，逐乡镇、街村对饮用水源、厕所、水柜水窖、河道等重点疫点集中消杀。截至26日，累计消毒室内环境151.4万平方米、室外环境190.1万平方米、池水70.6万立方米、水井1590个、水窖16.3万立方米、家供水13873户，发放瓶装消毒片剂9460瓶、桶装109桶和消毒粉剂9.525吨。目前武安市城市供水使用南鼓山深井水，经过严格净化处理，出厂水质合格达标。

七、社会各界纷纷捐款捐物支援灾区建设，受灾群众不等不靠积极开展生产生活自救。灾情发生后，上级部门、兄弟县（区）及社会各界纷纷伸出援手、积极捐款捐物，截至26日下午，省民政厅、馆陶县、广平县、邯郸县、成安县、肥乡县、魏县、邱县、临漳县、丛台区、曲周县、大名县、邯郸市经济开发区、邯郸市驻上海办事处等送来400多万元慰问金和救灾物资，武安市申海平捐助100万元、磁山镇磁山二街村委会、银隆新能源分别捐助50万元，东河湾铁矿、万腾集团、银达地产分别捐助25万元等，此外还有很多企业和社会爱心人士自发组织向灾区送去救灾物资或现金，都在用实际行动弘扬社会正能量。面对突如其来的特大暴雨灾害，全市受灾乡镇带领群众不等不靠、自力更生、迅速行动，积极开展生产生活自救，有的全力转移被困人员，有的自发组织抢通冲毁道路，有的自觉开展淤泥清理，有的提前做好卫生畜禽防疫工作等，涌现出了马家庄乡马家庄村、武家庄村，活水乡长寿村、井峪村，徘徊镇徘徊村、茶口村，贺进镇梁市村、北继城村，冶陶镇安子岭村、南杨庄村，管陶乡朝阳沟村、车谷村，北安乐乡北安乐村、近古村，石洞乡坦岭村、三王村，阳邑镇龙务村、北华村，康二城镇南新庄村、北新庄村，伯延镇罗峪村、庄晏村，磁山镇磁山二街、牛洼堡村，矿山镇西石门村、李石门村等一批先进事迹。

“7•19”特大暴雨灾害发生到现在，在历史罕见的洪灾面前，坚强的武安人民风雨同舟、和衷共济，不屈不挠、共渡难关，涌现出许多可歌可泣的典型事迹，凝聚和传递出强大的社会正能量。一方有难、八方支援，兄弟县和社会各界纷纷向武安市伸出援助之手，极大鼓舞了我们战胜困难的信心决心。目前，抢险救灾工作正在紧张有序推进，但灾后重建任务异常艰巨繁重。面对百年不遇的洪水，我们无法选择，但灾后自救重建、恢复家园，我们可以选择。市防汛抗旱指挥部号召全市上下要坚定信心、提振精神，以更加过硬的作风、更加务实的举措，积极投身抢险救灾工作一线；要严阵以待、周密防范，进一步牢树“防大汛、抗大灾”思想，时刻高度警惕，扎实做好主汛期防范工作；要自力更生、积极自救，用我们勤劳的双手，重建武安美好的家园！

武安市防汛抗旱指挥部
2016 年 7 月 27 日

“7・19”特大暴雨洪灾（2）

武安市“7・19”特大暴雨灾害有关情况

一、雨情。7 月 19 日凌晨 1 时起，武安遭遇历史罕见特大暴雨，截至 20 日 5 时本轮降雨过程基本结束时，武安市气象局的雨量监测点，有 19 个达到特大暴雨（250 毫米以上），其中 7 个超过 400 毫米，马家庄 438.5 毫米、西土山 431.9 毫米、石洞 425.8 毫米、主城区 426.4 毫米、冶陶 423.6 毫米、洺湖 412.1 毫米、西寺庄 401.9 毫米，其他均在 200 毫米以上。据武安国家气象观测站 1959 年 5 月建站以来气象记录，这次降雨已超 1963 年 286.3 毫米、1996 年 161.1 毫米的 24 小时最大降雨量。

二、水情。武安市境内多山、沟壑纵横、河道源短流急。6 月 1 日入汛以来，多次连续降雨，地表蓄水基本饱和。19 日强降雨后，各个支流短时汇集、形成洪峰，与 1996 年洪峰数据对比：1996 年 8 月 4 日南洺河磁山大桥最大洪峰流量 740 立方米 / 秒，今年 7 月 19 日 18 时实测流量 1900 立方米 / 秒；1996 年 8 月 4 日大洺远水库处最大洪峰流量 1110 立方米 / 秒，今年 7 月 19 日 20 时 27 分实测最大入库流量 4639.7 立方米 / 秒，20 日公布的 3700 立方米 / 秒是 19 日 19 时 50 分的实测流量，南洺河全段超保证水位。北洺河 19 日 20 时寺庄铁路桥段洪峰流量 1300 立方米 / 秒，19 日 20 时 30 分下游 10 公里土山大桥段洪峰流量 2659 立方米 / 秒。19 日 19 时马会河上游李石门段实测流量 1500 立方米 / 秒，到下游与洺河汇合处洪峰流量 3510 立方米 / 秒。

武安市近几年持续干旱，此次特大暴雨前，车谷、大洺远、口上、四里岩四座中型水库蓄水不足、“空库”迎汛。车谷水库总库容3315万立方米、汛限水位696.8米，7月18日蓄水310.35万立方米，水位高程681.65米，上游来水1.9立方米/秒；19日18时30分上游来水678立方米/秒。大洺远水库总库容3299万立方米，汛限水位180米，7月18日蓄水417.1万立方米，水位高程175.16米，上游没有来水。7月19日14时40分之前上游来水1.2立方米/秒，14时40分至18时上游平均来水10立方米/秒，18时32分上游来水暴涨到1935立方米/秒，19时26分上游来水涨到4298.1立方米/秒，20时27分上游来水量达到最大4639.7立方米/秒。口上水库总库容3208万立方米，汛限水位600.1米，7月18日蓄水583万立方米，水位高程582.8米，上游来水4.86立方米/秒；19日19时50分上游来水985立方米/秒。四里岩水库总库容1144.4万立方米，汛限水位490米，7月18日蓄水347.59万立方米，水位高程484.64米，上游来水3.16立方米/秒。7月19日8时，上游来水2.77立方米/秒，13时上游来水53立方米/秒，14时30分上游来水230.97立方米/秒，20时20分上游来水701.19立方米/秒。

三、灾情。此次特大暴雨造成全市22个乡镇和工业园区、主城区全部不同程度受灾，①受灾人口方面，受灾人数达486195人，死亡27人、失踪29人，紧急转移24969人，返回16749人，现在分散安置共8220人，集中安置人员已全部消化。②倒塌损坏房屋方面，涉及3511户、21066间，其中倒塌5604间、934户，严重损坏5658间、943户，一般损坏9804间、1634户。③道路方面，水毁235条段636.6公里，冲毁路基449万方，冲毁路面364万平米，损毁桥梁10368.1延米（其中需要重建59道，加固53道），两侧山体坍塌、滑坡82万方，累计损失约29.7亿元。④电力方面，共导致5条35千伏线路、2座35千伏变电站、34条10千伏线路停运，损毁供电台区214个、杆塔2033基、供电线路288.6千米，全市22个乡镇均有停电情况，363个村、13.9万用户供电中断，损失约1.03亿元。⑤通讯方面，移动公司共有450座基站、受损150座、涉及150个村；联通公司共有392座基站、受损178座、涉及140个村；电信公司383个基站全部受损、涉及全市所有乡镇。⑥企业受灾方面，91家入统工业企业中有55家不同程度受灾、占比60%，其中全部停产44家、半停产11家，造成直接经济损失24.4亿元，预计影响全市工业总产值42亿元，减少利润5.2亿元、减少税收10.3亿元（国税8亿、地税2.3亿元）、减少财政收入3.8亿元、减少一般公共预算收入8.5亿元。⑦农作物受灾方面，受灾面积达315918.9亩，成灾面积231195.4亩，绝收面积76966.24亩，全市直接经济损失98.32亿元，其中农业损失4.77亿元，工矿企业损失56.5亿元，基础设施损失32.9亿元，家庭财产损失4.15亿元。

“7·19”特大暴雨洪灾(3)

“7·19”特大暴雨洪灾抢险救灾和灾后重建大事记

(7月18日~12月31日)

7月18日

8时30分,接河北省防汛抗旱指挥部《关于进一步做好7月19日~20日强降雨防范工作的紧急通知》后,武安市防汛抗旱指挥部立即对全市7月19日~20日强降雨防范应对工作进行研究部署。

9时,收听收看邯郸市主汛期防汛工作电视电话会,会后立即就主汛期防汛工作和19日~20日强降雨防范工作进行具体安排。

17时~18时,通过短信平台、网络、微信微博、电子显示屏、大喇叭等方式,发布19~20日天气预报数万条,提醒各乡镇、街村和工矿企事业单位提前做好强降雨防范应对工作。

21时20分,通过国家突发事件预警信息发布系统平台向社会发布雷电黄色预警信号。

7月19日

1时,受副高热带高压及低涡系统影响,武安市开始出现持续强降雨。

组织公安系统启动处置自然灾害应急预案,第一时间抢险救人。

4时,康二城镇降雨量即将达到50毫米(达到50毫米为暴雨量级),市防汛抗旱指挥部向康二城镇发出预警。

4时26分,向全市发布暴雨蓝色预警信号(12小时内降雨量达50毫米)。

7时,有6个雨量站降水超50毫米,主要分布在东部及南部区域,最大为康二城镇82.4毫米。

7时25分,人武部协调863库、武警四中队、武警消防大队、午汲兵营迅速奔赴一线,开展抗洪抢险救援。

8时20分,向全市发布暴雨红色预警信号(3小时内降雨量达100毫米)。

8时30分,通知电视台、报社、新媒体等播报天气情况及预警信息。

8时30分,组织分包乡镇市级领导和部门赴赴乡镇街村一线开展抗洪抢险。

8时45分,康二城镇降雨量达96.3毫米(达到100毫米为大暴雨量级),市防汛抗旱指挥部要求康二城镇密切防范、严阵以待,并通知各乡镇进入战备状态。

9时,市防汛抗旱指挥部启动应急预警预案。

9时17分,磁山镇吕天井雨量站降雨量达到93毫米,市防汛抗旱指挥部山洪灾害监测预警系统发出二级预警,要求磁山镇紧急动员、全力以赴,紧急开展群众转移。

10时10分,康二城镇、北安庄乡、伯延镇、磁山镇、马家庄乡降雨量超过100毫米,最大马家庄乡131.7毫米,市防汛抗旱指挥部紧急通知有关乡镇全力转移群众。

11时,印发《关于做好防汛防洪工作的紧急通知》,要求各乡镇、市直部门做好防汛防洪紧急应对措施。

13时,贺进派出所将沙洺村东100余名围困游客安全转移至沙洺村委会。

13时,青兰高速龙虎高架桥下3名放羊老人被成功营救。

13时12分，全市大部分地区降雨量超过100毫米。

14时，冶陶镇降雨量达到200毫米，市防汛抗旱指挥部进一步紧急安排部署抗洪抢险救援工作，要求各乡镇采取一切措施，确保群众生命安全。

15时30分，四里岩水库水量达到汛限水位，经请示邯郸防汛抗旱指挥部、并提前通知沿岸乡镇后，按照水库调度运行方案泄洪。

16时43分，冶陶镇降雨量达到281.6毫米，达到特大暴雨量级（24小时降雨量大于250毫米）。

16时50分，营救沙洺路口被困外地游客105名。

17时，邯郸消防支队出动4个消防中队、52名消防官兵、8部消防车、4部橡皮艇支援武安市抗洪抢险工作。

18时许，伯延派出所成功营救龙泉村南洺河旁4名被困的养殖场员工。

电力公司员工在施工途中救出1名围困老人和1名落水群众。冶陶供电所刘晓强成功救出冶陶村被洪水围困的30余名村民。

18时30分，邯郸市副市长孟广军冒雨到武安市大洺远水库察看汛情、水情。

18时30分，车谷水库最大入库流量678立方米/秒。

19时15分，公安巡特警大队救出南环路被困车内的一个大人、一个孩子。民政局紧急赶赴上泉村转移安置爱心村孤儿。

19时30分，大洺远水库达到汛限水位，经请示邯郸防汛抗旱指挥部、并提前通知沿岸乡镇后，按照水库调度运行方案泄洪。

19时30分，市长、市防汛抗旱指挥部指挥长魏雪生主持召开全市防汛紧急会，听取各单位有关情况汇报，进一步全面安排部署防汛抢险工作，要求务必把群众生命安全放在第一位。

会后，市长、市防汛抗旱指挥部指挥长魏雪生到市防汛抗旱指挥部指挥中心坐镇指挥，要求各乡镇、各部门调动一切力量，连夜开展被困人员营救、受灾群众转移、通讯设施抢修等工作，同时做好雨情汛情实时监测、水库泄洪、河道清淤、城区排涝等防范措施，尽最大努力将灾情损失降到最低，最大限度保障群众生命财产安全。

19时30分～23时，市委主要领导到大洺远水库、城区汽车站、徘徊镇徘徊村等地现场调度指导防汛抗洪工作，要求各地各有关部门要把群众生命安全放在第一位，牢牢把握主动权，打好抗洪抢险主动仗。

20时20分，口上水库最大入库流量985立方米/秒，四里岩水库最大入库流量701.19立方米/秒。

20时27分，大洺远水库最大入库流量4639.7立方米/秒。

20时30分，冶陶卫生院14名被困人员被顺利营救。

20时30分，口上水库达到汛限水位，经请示邯郸防汛抗旱指挥部、并提前通知沿岸乡镇后，按照水库调度运行方案泄洪。

21时许，全市通讯基本中断，邯郸市书记高宏志通过防汛紧急电台听取武安情况汇报，并下达指令：要竭尽全力保障广大人民群众生命安全。

21时30分，公安巡特警大队分别救出西土山乡七里河村13名被困群众和云驾岭煤矿俱乐部20名被困群众。

22时30分，消防大队已累计营救被困群众460余人。

22时45分，向邯郸市委、市政府、防汛抗旱指挥部上报《武安市关于“7·19”特大暴雨灾害的紧急报告》，经武安市水利、气象等专家研判，武安市遭受大灾情况不可避免。

23时10分，营救近古村24名被困群众。

23时30分，中兴路路北二中附近南瓦窑处包括1名儿童在内的7人被安全救出。

自19日强降雨开始，市四套班子领导深入全市各个乡镇和受灾严重地区，指导抗洪救灾工作：

市委主要领导到大洺远水库、城区汽车站、徘徊镇徘徊村等地现场调度指导防汛抗洪工作；

市委副书记、市长魏雪生到新金万利车间察看灾情，指导抢险自救；

市人大常委会主任齐林顺到淑村镇白沙村指导防洪蓄水情况；

市政协主席路铭到伯延镇察看灾情，指导抢险自救；

市委常委、政法委书记、群工部部长、统战部部长韩保魁到阳邑镇北丛井村指导堰塞湖疏浚排险工作；

市委常委、市政府常务副市长强延峰到主城区指导防汛抢险工作；

市委常委、市委秘书长李树明到活水乡察看灾情，指导抢险救灾工作；

市委常委、宣传部长王建霞到马家庄乡指导抗洪救灾工作；

市委常委、组织部长董江力到大同镇马会河沿岸视察灾情，指导抢险救灾工作；

市人大常委会副主任姬转如到石洞乡指导抗洪救灾工作；

市人大常委会副主任张增祥到矿山镇指导防汛工作；

市人大常委会副主任李卫峰到管陶乡召开防汛救灾紧急会，指导抢险救灾工作；

市政府副市长郝维斌到贺进镇指导抢险救灾工作；

市政府副市长张江海到冶陶镇督导防汛救灾工作；

市政府副市长马晓斌到上团城乡察看灾情，指导抢险救灾工作；

市政府副市长孟延荣到北安庄乡近古村解救受困群众，指导抢险救灾工作；

市政协副主席孟庆宇到邑城镇南峭河村现场指挥抗洪救灾工作；

市法院院长杨维华到午汲镇上泉村铁矿察看地质受灾情况。

截至当日，据不完全统计，累计营救落水等被困情况十分危险群众1000余人。

7月20日

0时，据各乡镇上报，全市出现许多房屋坍塌、桥梁冲毁、交通中断、人员被困、企业进水、山体滑坡等严重灾情，有的群众被洪水冲走失联。

0时10分，火车站地道桥开始抽水。

0时30分，活水派出所转移西部山区被困群众1800余名。徘徊派出所营救被困群众70余人。冶陶派出所营救被困群众40余人。工业园区派出所转移被困群众40余人。消防大队、城关派出所营救太行煤矿200多名围困职工。

1时，邯郸市委书记高宏志通过电话听取武安灾情汇报。

1时，6个乡镇失联。

2时，3个乡镇失联。

2时30分，活水乡、马家庄乡仍然失联。

3时，供电公司启动红色应急响应，组织9个抢修小组、60支抢险队伍、580台车辆全力开展供电抢险。

3时，邯武快速路下穿铁路桥开泵抽取积水。

3时10分，市防汛抗旱指挥部派出6个救援小分队，连夜徒步赶往活水乡和马家庄乡。

5时，市长、市防汛抗旱指挥部指挥长魏雪生召开紧急会，安排部署抢险救灾工作，要求各级各部门把群众生命安全放在第一位，动员一切力量救人，要求交运、电力、移动、联通、电信等单位争分夺秒、不惜一切代价加快抢通路、电、讯。

5时，贺进镇政府、派出所民警、消防官兵用铲车、吊车清理沙洺河道桥洞。随后营救被困天慈峰林景区80多名夏令营学生和老师。

5时，降水过程基本结束。

自19日凌晨～20日5时降水基本结束：

全市29个雨量监测点平均降雨量达319.4毫米，有19个达到特大暴雨（马家庄438.5毫米、西土山431.9毫米、市区426.4毫米、石洞425.8毫米、冶陶423.6毫米、洺湖412.1毫米、西寺庄401.9毫米、阳邑391.5毫米、午汲383.7毫米、伯延380毫米、淑村371毫米、管陶312.5毫米、贺进312毫米、徘徊311.9毫米、团城311.9毫米、阳鄄311.9毫米、康二城311.4毫米、安乐276.9毫米、七步沟261毫米），其中7个超400毫米，最大马家庄乡438.5毫米。据武安国家气象观测站1959年5月建站以来的气象记录，这次降雨已超过1963年286.3毫米、1996年161.1毫米的24小时最大降雨量。

全市4座中型水库：大洺远水库18日上游没有来水，19日14时40分之前上游来水1.2立方米/秒，14时40分至18时上游平均来水10立方米/秒，18时32分上游来水1935立方米/秒，19时26分涨至4298.1立方米/秒，20时27分实测最大入库流量达4639.7立方米/秒；四里岩水库18日上游来水3.16立方米/秒，19日8时为2.77立方米/秒，13时达到53立方米/秒，14时30分涨至230.97立方米/秒，20时20分最大入库流量为701.19立方米/秒；车谷水库18日上游来水1.9立方米/秒，19日14时40分达126立方米/秒，16时50分涨至319立方米/秒，18时30分最大入库流量678立方米/秒；口上水库18日上游来水4.86立方米/秒，19日13时为101.1立方米/秒，15时50分涨至515立方米/秒，17时50分为716立方米/秒，20时20分最大入库流量为985立方米/秒。

南洺河磁山大桥19日18时实测流量1900立方米/秒（1996年南洺河磁山大桥最大洪峰流量740立方米/秒）。北洺河寺庄铁路桥段19日20时洪峰流量1300立方米/秒，半小时后下游10公里土山大桥段洪峰流量2659立方米/秒（1996年最大洪峰流量1408立方米/秒）。19日19时马会河上游李石门段实测流量1500立方米/秒，到下游与洺河汇合处洪峰流量3510立方米/秒。

全市22个乡镇和工业园区、主城区全部不同程度受灾，据最后统计，武安有13个乡镇61个村严重受灾：

冲毁公路636.6公里、桥梁216座、涵洞112道。

停运35千伏线路5条、35千伏变电站2座、10千伏线路34条，363个村13.9万户供电中断。

移动450座基站损坏150座，联通392座基站损坏178座，电信383个基站全部断站。

冲毁堤防102公里、供水管网52.5万米、泵站89座、塘坝178处、农田水利渠道162公里。

省住建厅共鉴定受损房屋2137户（不含闲置房屋），其中B级（结构完整、存在裂缝）750户、C级（修缮加固）857户、D级（房屋倒塌、整栋危险、场地危险）530户。

农田受灾33.6万亩、成灾21.6万亩、绝收9.3万亩，冲毁耕地8.3万亩，冲毁田间道路2000多公里。

177所学校不同程度受损，其中81所一般受损，83所严重受损、12所需原址部分重建、1所需迁建重建。

20个乡镇卫生院、15个门诊部、125个村卫生室需维修加固，1个乡镇卫生院、10个村卫生室需异地新建。

91家入统工业企业有55家受灾，初步测算共造成直接经济损失24.4亿元。

5时30分，营救文安钢铁公司6名工人。

6时，救援分队与活水乡和马家庄乡党委书记、乡长取得联系。

6时30分，邯郸市副市长孟广军到武安市察看灾情，指导抢险救灾工作。

6时50分，营救文安钢铁公司砖瓦窑3名被困群众。

7时，民政局紧急安排车辆、调拨救灾物资。

8 时，桃源沟十六个村断电、北继城村断电，石井沟进村路被毁，翟家庄路口漫水桥、北继城进村口漫水桥、苏庄进村口漫水桥水毁。

8 时，市长、市防汛抗旱指挥部指挥长魏雪生召开指挥部全体会议，通报“7·19”特大暴雨灾害情况，对抗洪抢险和救灾工作进行具体安排部署。

8 时～16 时，市委主要领导赴冶陶、阳邑、磁山、北安乐、矿山、贺进、活水等 20 个乡镇和工业园区，了解受灾情况，指导开展抗洪救灾和生产自救。

9 时～10 时，申海平、磁山二街率先捐款 100 万元、50 万元。

10 时，邯郸市防汛抗旱指挥部召开视频会，高宏志书记、王会勇市长调度武安市抢险救灾工作。

11 时，电信修复 204 个基站，武安城区信号全部抢通。

11 时 30 分，邯沙线固山下穿铁路桥排水和顿井口淤泥全部清理完毕、恢复通行。

11 时 30 分，十八盘一带因山体滑坡 5 辆车被埋，被埋处位于山西省左权县羊角乡，经主动对接，山西当地警方已出警处置。

12 时，市长、市防汛抗旱指挥部指挥长魏雪生召集组织部、民政局等单位负责同志，研究从市直部门抽调人员下乡镇参与抢险救灾工作。

12 时 20 分，营救大同镇张里店“永天铸造厂”2 名被困群众。

14 时，民政局抽调 35 名成员组成“应急救灾小分队”，将第一批救灾物资紧急运往管陶、阳邑、石洞、贺进、午汲、徘徊、武安镇等 7 个重灾乡镇。

14 时 36 分，民政局向各受灾乡镇拨付应急救灾款。

17 时，通过报纸、电台、网络向社会公布“7·19”特大暴雨灾害有关情况。

17 时 30 分，9 个乡镇 125 个村、6.3 万户用户恢复供电；联通修复 110 个基站，阳邑镇、康二城镇、徘徊镇、石洞乡部分信号恢复。

18 时，市委主要领导召开市四套班子和各乡镇、市直部门主要负责同志参加的抗洪救灾紧急工作会，印发《武安市“7·19”特大暴雨灾害应急抢险救援方案》，成立由相关县级领导同志任组长的交通、电力、通讯保障组和灾后救援保障组、应急保障大队三个专项工作组，全力开展抢险救灾工作。

20 时，研究部署第二天徒步前往活水、马家庄送救灾物资具体事宜。

22 时，磁左线十八盘塌方段完成清理，搭建完成简易通行道路。

22 时 30 分，收听收看全省防汛救灾工作视频会，河北省委书记赵克志、省长张庆伟分别作重要讲话。会后，市长、市防汛抗旱指挥部指挥长魏雪生，在防汛抗旱指挥部连夜对“7·19”特大暴雨灾害抢险救援工作进行再安排、再部署。向卫生系统财政拨款 196.575 万元，用于灾后防疫、消毒工作；向农牧系统财政拨款 56.1 万元，用于动物尸体打捞、尸体无害化处理等工作。

当日，邯郸市下拨武安市 200 万元，用于受灾群众生活救助和灾后重建，及时发放至各乡镇。

截至当日：

接报失联 20 人中生还 1 人、确认死亡 2 人、失联 17 人。

共及时转移群众 2.8 万多人，解救被困群众 3100 多人，营救落水群众 650 多人。

7 月 21 日

6 时，市委领导带领 300 多人救援队伍，徒步向活水乡进发，送去卫星电话、矿泉水、方便面、火腿、棉被、毛巾被等救援物资。在活水乡，市委主要领导现场指挥安排被困游客安置、救援和转移工作，通过车辆接力形式，将被困武当山的 13 名游客、被困京娘湖蒙牛集团的 179 名员工、被困前渠村苗玉闯邯郸夏令营的 51 名学生、被困七步沟的 58 名游客、120 名学生和被困长寿村的 600 多名游客安全送达武安市区，西部景区被困游客基本转移完毕。

6 时，市委常委、武装部部长张亚明，市政协副主席郝伟，市政协副主席、市政府秘书长郭全生带领500多人救援队伍，徒步向马家庄乡进发，送去卫星电话、矿泉水、方便面、火腿、棉被、毛巾被等救援物资。

8时30分，向全市下发《关于进一步明确防汛救灾市直单位分包乡镇的通知》，抽调全市106个单位1100余名干部职工，于当日进驻分包乡镇，全力帮助乡镇开展群众转移、抢险救援等工作。

9时40分～16时30分，组织水利、安全技术专家科学安全处置了阳邑镇北丛井村北堰塞湖险情。

11时，全市106个单位共计1100余名干部职工，分成23个救援组，到分包乡镇参与抢险救援。

12时，平涉线活水段第一个被冲毁的行人便道完成开挖回填。

15时～18时，国家民政部救灾司副司长杨晓东、河北省民政厅副厅长许祯科一行到武安市冶陶镇琅矿村察看灾情，指导灾后重建工作。

河北省民政厅厅长赵风楼到武安市察看灾情。

邯郸市委书记高宏志到新金万利察看灾情。

邯郸市副市长孟广军到东竹昌冀中能源邯矿太行矿业公司指导抢险救灾工作。

17时，市长魏雪生先后到崔炉村、新金万利、崔炉村至磁阳路段、磁山镇南岗至牛洼堡大桥路段进行实地察看，并与乡镇、企业负责人共同研究灾后重建工作。

17时30分，县道刘西线罗峪村桥抢通，邯武快速路地道桥完成清淤、恢复通车。

18时，13个乡镇、230个村、10.34万用户恢复用电；移动修复29个基站、6个乡镇基本恢复正常；联通修复12个基站、活水乡大部分恢复信号；电信修复40个基站、抢通3个乡镇信号。

19时30分，市长、市防汛抗旱指挥部指挥长魏雪生在市防汛抗旱指挥中心，对失联人员搜救核查、被困人员转移、灾后疫情防控、通讯电力道路抢修、救灾物资发放、社会舆论引导等工作进行逐一调度研究，进一步细化工作措施、增派工作力量、严肃工作纪律，及时将工作重心由防汛抗洪转向救灾防疫。

21时，成立受灾企业救助领导小组，由三名县级领导同志带领发改、工信、财政等相关部门，到受灾企业帮助指导救灾。

21时15分，主要景区全部恢复送电。

22时，旅游环线京娘湖至武当山道路打通。

23时30分，印发《关于进一步做好救灾工作的紧急通知》，要求各乡镇务必于次日中午12时前进入路、讯、电中断村庄；下发《关于打捞水淹猪、羊、鸡、牛等动物尸体的紧急通知》，要求各乡镇迅速组织力量，打捞淹死禽畜，统一进行无害化处理。

当日，河北省下拨武安市300万元，用于因灾导致特别困难农村居民生活补助、伤病治疗、紧急转移安置、损毁房屋恢复重建和因灾死亡人员家属抚慰，及时发放至各乡镇。

截至当日：

接报的19名失联人员中确认死亡5人、失联14人。

7月22日

0时，平涉线沙洺至京娘湖段道路打通，京娘湖至武当山实现通车。

6时，安排卫生防疫系统700多人、112部机械，进入各乡镇进行畜禽防疫技术指导。

8时，四套班子及市委全体干部向灾区捐款。市人大、市政府、市政协机关全体干部职工向灾区捐款。

8时30分，市长魏雪生和有关领导同志、有关部门负责同志，研究建立失联人员核查平台相关事宜。

8时～11时，市委主要领导到管陶乡朝阳沟村和普阳钢铁公司督导救灾工作。

市长魏雪生到徘徊镇茶口村、石洞乡三王村、冶陶镇卫生院、阳邑镇普阳钢铁等实地察看灾情。

9时，邯郸市副市长孟广军到普阳钢铁、新金万利指导灾后恢复生产工作。

10时，沙洺漫水桥可通行、邯沙线全线通车。

11 时 40 分，通往活水乡后掌村道路抢通。

12 时，指挥部慎重研究并经上级同意后，车谷水库在坚持 3 天不泄洪、以“自身承受重压”为“下游尽量减压”后放闸泄洪。

12 时，市长魏雪生到车谷水库查看泄洪情况。

12 时 45 分，向各乡镇印发《关于打捞水淹猪、羊、鸡、牛等动物尸体的紧急通知》。

14 时，活水乡通往七步沟段抢通。

16 时 30 分，收听收看全省安全生产和防汛抗洪工作电视电话会。会后立即召开会议，贯彻落实省和邯郸市会议精神，安排部署当前及下一步安全生产和抗洪救灾工作。市长魏雪生强调，要全力以赴迅速组织开展好一系列抢险和灾后救助工作，加快抢修路、电、讯等基础设施。

17 时，市长魏雪生赴北安乐乡康宿村、近古村察看灾情。

17 时 15 分，市防汛抗旱指挥部成立“7·19”特大暴雨失联人员核查工作领导小组，建立失联人员核查平台，向社会发布失联人员核查渠道，全面开展失联人员身份核实、搜寻和遇难者遗体打捞、安放、DNA 比对及认领等工作。

18 时，14 个乡镇、251 个村、11.55 万用户恢复用电；移动修复 36 个基站、7 个乡镇基本恢复正常；联通修复 5 个基站、6 个乡镇大部分恢复信号；电信修复 64 个基站、14 个乡镇大部分恢复信号。

20 时，抢通活水乡后渠桥道路，平涉线实现基本通行。

21 时，贺进镇桃源沟内搭建完成临时通行道路，恢复通车。

21 时，全省县委书记交流会后，市长魏雪生主持召开会议，专题调度灾后卫生防疫等工作。

21 时 30 分，刘西线崔炉至马家庄桥段恢复通车。

截至当日：

接报 19 名失联人员中确认死亡 7 人、失联 12 人。

打捞水淹猪、羊、鸡、牛等动物尸体 1100 具，通过深埋方式处置到位。

7 月 23 日

3 时，开始组织人员、船只和吊车对大洺远水库漂浮物进行打捞。

8 时 30 分，向全市公布救灾捐款点、捐赠账号。

9 时～16 时，市委主要领导到马家庄乡没梁殿村、徘徊镇蟒当村等，协调指导抗灾救灾工作。

9 时，市长魏雪生主持召开各乡镇党委书记和有关部门一把手参加的调度会，对灾后畜禽防疫、卫生防疫、失联人员核查、信访稳定等工作进行重点安排部署，会议印发了《关于做好灾后防疫灭病工作的紧急通知》，要求各乡镇迅速对所辖范围饮用水源进行污染确认，及时上报市防汛抗旱指挥部，确保饮用水安全。

10 时，向社会发布《收集上缴畜禽尸体有奖公告》，凡收集并运输到指定地点的，每头大猪奖励 100 元、小猪 80 元，每只羊奖励 80 元，牛及其他大牲畜每头奖励 200 元。

11 时 30 分，马家庄连三桥通车。

14 时，白云川主线道路打通。

14 时 30 分，市疾控中心出动车辆 20 余次、人员 95 人次，分赴各乡镇进行环境消杀、卫生防疫知识宣传，当天累计消毒 21040 平方米，发放消毒片剂 1500 瓶、消毒粉剂 4 吨。

14 时～17 时，邯郸市长王会勇到马家庄乡没梁殿村和徘徊镇茶口村指导防汛救灾，赴新金万利公司协调电力短缺问题。

16 时 15 分，发布雷电黄色预警信号。

18 时，16 个乡镇、281 个村、11.97 万用户恢复用电；移动修复 31 个基站、10 个乡镇基本恢复正常；联通修复 2 个基站、马家庄乡政府恢复信号；电信修复 23 个基站、20 个乡镇大部分村恢复信号。

20时，冶陶至牛头村、南岗至马家庄道路抢通，桃源沟环线恢复通行。

20时30分，馆陶县委、县政府向武安市捐赠方便面、食用油、矿泉水、火腿等救灾物资。

21时，广平县委、县政府向武安市捐赠矿泉水、方便面等价值30万元的救灾物资。

截至当日：

接报失联人数增加到31人，其中确认死亡12人、失联19人。

累计打捞处理溺亡畜禽尸体17839头，发放消毒药品306瓶。

7月24日

5时，伯延镇庄晏桥抢通，刘西线伯延至磁山段道路恢复通行。

7时，向各乡镇印发《关于做好“七下八上”强降雨天气应对工作的通知》。

8时30分，邯郸县委、县政府向武安市捐赠慰问金100万元。

9时，国道309线保税物流园区段恢复通车。活水乡宅清沟支线抢通、白云川道路全部打通。管陶乡柏草坪至朝阳沟道路通车。

9时～16时，市委主要领导到长寿村、东太行、七步沟、朝阳沟等景区，指导旅游景区抢险救灾工作，看望被困游客和受灾群众。

10时30分，市长魏雪生到大洺远水库察看漂浮物打捞情况，并主持召开现场办公会，对下步卫生防疫和漂浮物打捞等工作进行安排部署。

11时，市防汛抗旱指挥部召开专题调度会，研究加快大洺远水库漂浮物打捞工作。

13时46分，向社会发布《关于求助社会力量参与水面打捞的通告》，寻求专业打捞公司打捞，确保水库生态环境。

15时，河北省动物疫病预防控制中心、河北农业大学有关专家到武安市指导灾后防疫和无害化处理工作。

16时30分，邯郸市召开紧急调度会，传达贯彻国务委员、国家减灾委主任王勇来邯视察指示精神，对全市现阶段防汛抗洪抢险救灾工作进行再部署。

17时，市长魏雪生先后到市工业园区东洞村南洺河段、市工业园区曹公泉园区通达机械有限公司、金翅鸟木业、大同镇新里店村永天铸业、西土山乡郭家岭村七里河支流段察看灾情。

17时～19时，肥乡县委、县政府向武安市捐赠50万元慰问金和救灾物资。

成安县委、县政府向武安市捐赠30万元慰问金和救灾物资。

魏县县委、县政府向武安市捐赠10万元救灾慰问金和救灾物资。

邱县县委、县政府向武安市捐赠30万元慰问金和价值15万元的救灾物资。

18时，刘西线（马家庄乡中沟道路）搭建完成临时道路，实现基本通行。

18时30分，18个乡镇、314个村、12.96万用户恢复用电；移动修复18个基站、15个乡镇基本恢复正常；联通修复6个基站、管陶乡恢复信号；电信修复20个基站、308个村恢复信号。

20时，市长魏雪生再次到大洺远水库察看漂浮物打捞情况，现场调度指导加快清理进度。

22时，阳邑至南阳邑4村道路抢通。

当日，邯郸市下拨武安市800万元，主要用于抢通完全断交的乡村道路修复补助；武安市财政向各乡镇下拨500万元，用于受灾群众基本生活保障。

截至当日：

接报31人失联人员中确认死亡15人、失联16人。

累计打捞及无害化处理畜禽62015头（只），重点疫点实施消毒面积21040平方米，发放消毒片剂1500瓶、消毒粉剂4吨。

累计收到社会捐款520余万元。

7月25日

9时，市委主要领导主持召开市四套班子会，要求从抗洪抢险全面转向抗洪救灾，重点做好群众基本生活保障、组织群众生产自救、灾后防疫、舆情应对等六项工作，组织成立应急救援、路电讯恢复、企业帮扶、卫生防疫、宣传、治安稳定、灾后重建、违纪处理、景区工作、安全生产、综合协调11个工作组，分别由市级领导同志任组长，动员全市力量做好抢险救灾各项工作。

10时，白洋淀和岳城水库专业打捞队先后赶到武安市大洺远水库开始打捞作业。

10时20分，多方协调54军直升机空运作业，连续两天先后出动13架次，向马家庄乡、徘徊镇投运物资20余吨。

14时～18时，邯郸市委书记高宏志到马家庄乡山根村指导抢险救灾和灾后重建工作。

河北省教育厅副厅长王延山到冶陶镇新庄学校指导灾后重建工作。

市委主要领导赴徘徊镇后崄岭村，指导抢险和生产自救工作。

16时，管陶川修建完成临时通行道路。

16时50分，对口援建武安市的肥乡县县长赵洪山、常委副县长任高发，带领肥乡县民政、交通、住建、财政、电力等有关单位负责同志，到徘徊镇西峧沟、茶口村开展灾后对口援建工作。

16时～18时，曲周县委、县政府向武安市捐赠30万元慰问金和救灾物资。

临漳县委、县政府向武安市捐赠60万元慰问金和价值10万元的救灾物资。

从台区委、区政府向武安市捐赠50万元慰问金。

18时，马家庄乡南沟临时道路修建完成，基本实现通车。

18时30分，19个乡镇、350个村、13.71万用户恢复用电；移动修复15个基站、20个乡镇基本恢复正常；联通修复14个基站、18个乡镇大部分恢复信号；电信修复53个基站、312个村恢复信号。

19时，管陶乡马渠水至长亭至万谷城道路抢修恢复通车，冶陶抢通至七水岭道路，冶陶琅矿沟全部恢复通车。

19时30分，邯郸市召开灾后防疫工作电视电话会议，市领导张亚明、董江力、郝维斌、张江海在分会场收听收看。

20时，马家庄乡道路全部抢通。

20时，市委主要领导召开全市灾后恢复重建工作紧急会，40个包村市直部门，马家庄乡、徘徊镇领导班子全体成员，40个灾后重建村村主任及水利、交运、民政、财政、发改等单位主要负责同志参加会议，会议决定抽调40个市直部门分包受灾村庄，全力做好受灾群众转移安置工作，加快受灾地区生产恢复和灾后重建。

22时，市委主要领导主持召开紧急协调会议，研究灾后重建、灾后防疫等工作。

截至当日：

接报失联人数增加到56人，其中确认死亡22人、失联34人。

累计收到捐款733万元。

7月26日

8时，市长魏雪生到大洺远水库、团城乡现场察看指导抢险救灾、卫生防疫等工作。

8时～11时，市委主要领导先后到南北洺河、马会河、大洺远水库沿岸查看河道抢险及卫生防疫工作。

9时，召开全市抗洪救灾期间安全生产特别行动专题会，对全市抗洪救灾期间安全生产工作再安排、再部署。

9时～12时，河北省工业和信息化厅副厅长郝莉笑一行到武安市中普钢铁、新金万利等企业指导生产自救。

邯郸市人大常委会主任彭学增、副主任李士海，到马家庄乡指导救灾和灾后重建工作，向马家庄乡捐赠被子、食用油等救灾物资。

邯郸市委常委、邯郸军分区司令员刘新泉，邯郸市委常委、组织部长李志刚，邯郸市副市长侯华梅到武安指导灾后防疫和溺死畜禽无害化处理工作。

14 时，召开邯郸市对口帮扶武安对接会，邯郸市委常委、秘书长刘德明带领邯郸市发改、水利、卫计委、农牧、商务、旅发委、民政、工信、交通、审计、供电公司、新兴铸管、农村信用社、河北银行、沧州银行、肥乡县、广平县相关负责同志参加会议，会议明确了部门对口帮扶机制，共同开展灾后重建各项工作。会后刘德明到新金万利察看了企业受灾情况。

15 时，河北省副省长姜德果到马家庄乡没梁殿、山根、没口峪等村指导抢险救灾和灾后重建工作，随后在武安市召开专题座谈会。

17 时，徘徊镇西峧沟后李甲至前李甲的最后 1 公里道路贯通，徘徊镇西峧沟内道路全线恢复通车，武安市所有国省干线和通村简易公路全线贯通。

18 时，21 个乡镇、358 个村、13.71 万用户恢复用电。移动修复 12 个基站、21 个乡镇基本恢复正常。联通修复 4 个基站、20 个乡镇大部分恢复信号。电信修复 4 个基站、315 个村恢复信号。

20 时，邯郸市专题调度各受灾重点县区抢险救灾工作。会后，市委及市防汛抗旱指挥部主要领导调度有关部门救灾和灾后重建工作。

21 时，市委主要领导召开市四套班子和各乡镇党委书记、市直各单位一把手参加的抢险救灾和灾后重建工作会，会议进一步调整充实了抢险救灾指挥部成员力量，由民政局负责同志解读了自然灾害救助有关政策，要求市级领导带头到分包乡镇、村，组织带领群众开展生产自救，全力做好群众基本生活保障、卫生防疫、路电讯抢修等工作。

当日，邯郸市下拨武安市中央财政资金 1020 万元，用于受灾群众紧急转移安置、过渡性生活救助、因灾倒损房屋恢复重建和因灾死亡人员家属抚慰。

截至当日：

累计打捞动物尸体 67871 头（只），无害化处理到位。累计消毒室内环境 118 万平米、室外环境 137 万平米、发放瓶装消毒片剂 8980 瓶、桶装 92 桶和消毒粉剂 8.525 吨。

累计收到捐款 898 万元。

口上灌区主干渠完成抢修疏通。

7 月 27 日

9 时，邯郸市委常委、秘书长刘德明到刘西线、平涉线等实地察看道路损毁情况。

8 时～ 17 时，市委主要领导到康二城、邑城、矿山、上团城、贺进等乡镇和大洺远水库，指导救灾和防疫工作。

9 时，通过报纸、电视台、微信公众号等媒体，向社会发布《关于“7·19”特大暴雨抢险救灾情况的通报》。

10 时～ 12 时，肥乡县委书记殷立君到徘徊镇夏庄村、茶口村进行慰问，并察看派驻工作队工作开展情况。

魏县农牧局 160 余名干部职工到武安市帮扶灾后防疫工作。

10 时，市长魏雪生赴大洺远水库察看打捞进度，随后安排工作人员到车谷、四里岩、口上三座中型水库，督导检查漂浮物打捞工作。

10 时 30 分，河北省民政厅副厅长许祯科到武安市伯延镇、磁山镇指导灾后重建工作。

11 时，组织刑侦系统共查处网上散布不实信息、发表影响抗洪救灾言论案件 13 起，治安拘留违法行为人 1 名、警告 5 名、教育训诫 12 名。

18 时，全市电力、通讯全部抢通。

20 时，邯郸市防汛抗旱指挥部专题调度重点受灾县市区抗洪抢险救灾工作，邯郸市委书记高宏志就下一步救灾工作进行具体安排部署，邯郸市长王会勇主持会议。会后，市长、市防汛抗旱指挥部指挥长魏雪生对救灾重建工作进行调度。

截至当日：

失联人员核查平台接到并核查失联人员线索 4 条、接到发现遇难者遗体线索 14 条，采集无名尸 DNA 样本 12 份、上门采集 41 名失联人员的血缘亲属 DNA 样本 79 份，将 79 份血样送往邯郸市公安局入库比对。

累计收集溺死禽畜 23.7 万头（只），发放消毒药品 33490 瓶，消毒面积 660 万平米，发放瓶装消毒片剂 9670 瓶、桶装 192 桶和消毒粉剂 12.6 吨，车谷、四里岩 2 座水库完成打捞。

累计收到捐款 948 万余元。

7 月 28 日

6 时，市长魏雪生带队，在北安乐乡开展灾后畜禽集中攻坚行动“千人大会战”，“大会战”在南洺河、北洺河和马会河三条主要河道同时开展，农牧、安监、林业等部门专业消杀力量及企业员工、部队官兵等近千人三路出击：一路行至洺河与永年交界处后折返沿马会河向西至矿山大桥；一路沿洺河至西岸南行至北洺河口，再沿北洺河上行至土山大桥；一路沿洺河至东岸南行，再沿南洺河上行至伯延镇与磁山镇交界处。通过全覆盖防疫消杀与地毯式搜寻相结合，对沿岸河床、过水河道、农田等进行消毒，对发现的动物尸体进行无害化处理。

9 时～ 12 时，河北省委常委、组织部长梁田庚赴马家庄乡没梁殿村察看灾情和灾后重建工作。

河北省纪委党风政风监督室主任张文秀赴马家庄乡没梁殿村察看灾情、指导灾后重建工作。

邯郸市委常委、秘书长刘德明带领市发改局、水利局、卫计委等单位及肥乡县、广平县有关负责人到武安市就灾后重建工作进行对接。随后，刘德明一行到大洺远水库察看漂浮物打捞情况和河道受灾情况。

14 时～ 17 时，市委主要领导到石洞、阳邑、徘徊、伯延等乡镇，察看指导灾后卫生防疫、群众安抚、社会稳定、灾后重建等工作。

15 时，广平县委书记李增良再次到马家庄乡没口峪村，看望慰问受灾群众，捐赠价值 10 万余元的面粉、食用油、消毒液等救灾物资。

20 时 30 分，组织收听收看邯郸市抗洪抢险救灾视频调度会。会后，市委主要领导就下一步抢险救灾和灾后重建工作进行了具体部署。

截至当日：

接报的 56 名失联人员中确认死亡 27 人、失联 29 人。

紧急拨付“7·19”特大洪涝灾害紧急转移安置群众基本生活救助和遇难人员抚恤金 391.3 万元。

累计打捞收集无害化处理动物尸体 1953 头（只）；室内环境消毒 11.2 万平方米，室外环境居住面积消毒 17.7 万平方米；大洺远水库打捞动物尸体 189 头，全部进行消毒深埋处理。

累计收到捐款 1127 余万元。

7 月 29 日

9 时～ 12 时，河北省交通运输厅厅长高金浩、邯郸市市长王会勇到武安市马家庄乡没梁殿村、山根村、没口峪村调研指导灾后道路重建工作。

邯郸市委书记高宏志到普阳钢铁、天煜煤化、新金万利指导灾后恢复生产工作。

市长魏雪生到磁山一街、二街察看指导卫生防疫、群众安置、社会稳定及灾后重建等工作。

河北省住建厅有关专家会同市、县两级建设局，组成 25 个工作小组，启动开展受灾农户住房的调查核实和安全鉴定工作。

河北省交通运输厅水毁道路评估调查组到达武安市，开始进行水毁道路现场评估调查。

14时～18时，邯郸市委常委、组织部长李志刚到洺湖溺死畜禽尸体无害化处理点、奔发奶牛养殖场等实地察看卫生防疫工作。

邯郸市委常委、秘书长刘德明到冶陶镇新庄村指导救灾和灾后重建工作。

市委主要领导到冶陶镇琅矿村和南杨庄村察看灾后重建工作。

市长魏雪生到徘徊镇慰问肥乡县对口援建帮扶工作组人员。

20时，收听收看邯郸市防汛救灾工作专题调度视频会，会后市长魏雪生调度全市救灾、卫生防疫等工作。

当日，邯郸市下拨武安市中央财政资金825万元，用于受灾群众紧急转移安置、过渡性生活救助、因灾倒损房屋恢复重建和因灾死亡人员家属抚慰。

截至当日：

武安市重新安排的58个驻村工作队全部由部门一把手带队到位。

邯郸市17个援建工作队进驻武安市展开工作。

打捞收集无害化处理动物尸体28641头（只）。

室内环境消毒819户、34.3万平方米，室外环境居住面积消毒52.4万平方米。

大洺远水库累计打捞动物尸体222头，进行消毒深埋处理。

累计收到捐款1184余万元。

7月30日

8时～11时，市长魏雪生到人武部、午汲兵营、消防大队、武警中队、武警四中队等地，对驻武部队官兵进行慰问。

14时～18时，市委主要领导到马家庄乡马家庄村、韩马村、神南裕村、南果村、大汶岭村指导救灾和灾后重建工作。

市长魏雪生到四里岩水库、口上水库、贺进镇、矿山镇以及京娘湖景区、七步沟景区、朝阳沟景区，察看指导灾后重建和水库防汛工作。

20时，邯郸市召开抗洪抢险救灾调度会。会后，武安市继续召开调度会，市长魏雪生分别就抢险救灾、稳定工作等讲了重要意见。

晚上，全市迎来较强降雨，全市平均降水量37.2毫米，10个站点达到暴雨（50毫米），最大京娘湖87.7毫米。

截至当日：

累计评估水毁道路17.5公里、桥梁4座、涵洞1道。

累计入户调查损毁农民住房765户，评定435户，其中B级138户（结构完整、存在裂缝）、C级176户（修缮加固）、D级121户（新建重建）。

人保财险公司完成马家庄、冶陶、活水、磁山等14个乡镇损毁农民住房的基本评估。

55家受灾企业有37家已复产。

大洺远水库累计打捞动物尸体234头，并消毒深埋处理。

累计收到捐款1365万余元。

7月31日

9时，组织收听收看邯郸市抗洪救灾及灾后重建工作视频调度会。会后，市长魏雪生对灾后重建工作作了具体安排部署。

9时～12时，市委主要领导到徘徊镇茶口、天桥、前水峪、后水峪等受灾村察看灾情，指导灾后重建工作。

10时，市长魏雪生主持召开市长办公会，听取各分管口工作汇报，就做好灾后重建及各项工作进行安排部署。

肥乡县县长赵洪山到徘徊镇察看灾情，督导肥乡县对口援建工作。

10时30分，打捆包装总投资45.9亿元的水毁道路、水利、农田和市政设施等131个重建项目，上报邯郸市。

11时，下发市政府《关于进一步加强河道管理的通告》，将“7·19”河道过水范围全部暂列为河道管理范围，进一步明确了管理职责，建立了举报奖励制度，对侵占河道的一律坚决查处。

15时，邯郸市委书记高宏志到马家庄乡马家庄村调研指导灾后重建工作。

20时，市委主要领导组织召开防汛抗洪信访稳定工作会。

截至当日：

累计入户调查损毁农房1741户，评定835户，其中B级270户（结构完整、存在裂缝）、C级346户（修缮加固）、D级219户（新建重建）。

大洺远水库累计打捞动物尸体246头，并消毒深埋处理。

累计收到捐款1385万元。

8月1日

9时，河北省副省长姜德果再次赴武安市徘徊镇察看道路桥梁受毁情况。

河北省水利厅巡视员刘凯军到武安市察看水利设施受损情况。

9时30分，国家交通运输部总工程师周伟到武安市马家庄乡没梁殿、山根等村察看水毁道路及抢修进展情况。

13时，全市迎来较强降雨过程，主要分布在西部山区与东南部地区，平均降水量29.3毫米，5个站点达到50毫米，最大洺湖69.4毫米。

15时，市长魏雪生赶赴华丰煤化察看企业受损情况。

20时，组织收听收看邯郸市灾后重建视频调度会。会后，市长、市防汛抗旱指挥部指挥长魏雪生调度部署全市灾后重建工作，对保障群众基本生活、修复农村道路、强化河道治理、实现安全度汛、抓好饮水安全、加大卫生防疫、浓厚灾后重建氛围等十方面提出具体要求。

截至当日：

累计打捞收集无害化处理动物尸体31.5707万头（只），溺死畜禽打捞基本结束，大洺远水库累计打捞动物尸体250头，并消毒深埋处理。

累计评估水毁道路36条段17.5公里、路基15.8公里、路面31公里、桥梁涵洞25座。

人保财险公司累计核查20个乡镇、1065户农房毁损情况。

累计收到捐款1424.5万元。

8月2日

7时30分，组织交运部门人员力量，实施永峰线北安乐2号桥改河道抢修，修复平涉线活水—后渠、朝阳沟段柏草坪—荒庄段道路，排险加固矿宋线路庄南平村挡墙，填筑新庄段、琅矿细平道路、前崄岭和后崄岭路基。

8时30分，市委、市政府印发《关于全力做好“7·19”洪涝灾害受灾群众安置救助的实施方案》，要求全市上下全力做好“7·19”洪涝灾害受灾群众安置救助工作。

9时，河北省长张庆伟到武安市马家庄乡没梁殿村和山根村调研指导灾后重建工作，听取基层干部和群众对灾后重建的意见和建议。

12时40分，省长张庆伟在邯郸市政府听取有关情况汇报，市长魏雪生等领导、马家庄乡山根村书记王军祥参加。

15 时，失联人员核查平台新增采集 5 名失联人员血缘亲属 DNA 样本 10 份，累计将 49 名失联人员血缘亲属 DNA 样本 95 份全部送往邯郸市公安局入库比对。

截至当日：

累计评估水毁道路 203 条段，路基 57.39 公里、路面 104.8 公里、桥梁涵洞 108 座。

累计入户调查损毁农民住房 3466 户，评定 1604 户，其中 B 级 540 户（结构完整、存在裂缝）、C 级 659 户（修缮加固）、D 级 405 户（新建重建）。

人保财险公司累计核查 21 个乡镇、217 个村、1182 户农房毁损情况，15 个乡镇已勘察完毕。

累计收到捐款 1444.5 万元。

8月3日

9 时～17 时，市委主要领导到徘徊、康二城、西土山、武安镇等十几个受灾村，督导灾后重建工作。

9 时～11 时，邯郸市人大常委会副主任、总工会主席李永科到武安市新金万利、天煜煤电 2 家企业察看企业受灾情况，随后到马家庄乡没梁殿村、山根村了解受灾及灾民安置情况。

邯郸市委常委、秘书长刘德明再次到马家庄乡山根村慰问市、县驻村工作队，指导灾后重建和生产自救工作。

15 时～18 时，邯郸市副市长孟广军一行到武安市华丰焦化指导危化企业安全生产工作。

邯郸市副市长武金良到马家庄乡没梁殿村、山根村察看房屋受损情况。

15 时，市长魏雪生到大同镇、北安乐乡、邑城镇察看道路水毁情况，要求乡、村两级认真抓好灾后重建和生产自救，提早做好基础设施修缮工作。

截至当日：

累计评估水毁道路 36 条段 17.5 公里、路基 15.8 公里、路面 31 公里、桥梁涵洞 25 座。

累计入户调查农房损毁 4427 户，评定 2045 户，其中 B 级 724 户（结构完整、存在裂缝）、C 级 818 户（修缮加固）、D 级 503 户（新建重建）。

人保财险累计核查 21 个乡镇、249 个村、1282 户农房毁损情况，17 个乡镇已勘察完毕。

累计收到捐款 1604.7 万元。

8月4日

9 时～11 时，邯郸市委书记高宏志到活水乡、管陶乡、冶陶镇察看道路受损情况。随后，到朝阳沟景区察看灾区受损情况。

邯郸市副市长侯华梅到冶陶镇新庄小学、冶陶中心小学察看学校房屋损毁情况。

16 时，组织收听收看邯郸市防汛紧急部署工作电视电话会。会后，武安市立即召开防汛工作紧急调度会，全面安排部署强降雨防御工作。市长魏雪生分别讲了重要意见，要求分包乡镇市级领导吃住在乡镇、靠前指挥，全力帮助指导乡镇开展抢险救灾和灾后重建。

会后，市长魏雪生到城东护城河与玉带河交汇处、南小河村、西苑森林公园察看城区防汛情况。

当日，全市再次迎来暴雨，截至下午 17 时，全市降水基本停止，主要集中在南部和东北部，全市平均降水量 28.5 毫米，5 个站点达到暴雨（50 毫米以上），其中 3 个站点达到大暴雨（100 毫米以上），最大邑城 124.9 毫米。

受暴雨影响，马家庄乡连三桥段、韩马村出村道路、大北沟 2 号桥段简易路、南山沟张新庄简易路、没梁殿村简易路等约 47 公里简易道路全部冲毁，徘徊镇西峧村周边部分简易道路冲毁，邑城镇紧急转移群众 22 人，淑村镇、康二城镇、大同镇未发生新的灾情，其他乡镇平稳正常。

17 时 30 分，武安市防办报邯郸市防办批准，并提前通知沿线各乡镇后，大洺远水库开闸泄洪。

组织交运部门紧急对马家庄乡、徘徊冲毁道路进行抢修。

晚18时至次日凌晨1时，市委主要领导到大同、北安乐、邑城、工业园区、康二城、淑村、磁山、伯延、北安庄、午汲等乡镇，督导检查防汛和强降雨防御工作。

截至当日：

累计入户调查农房损毁4533户，评定2078户，其中B级734户（结构完整、存在裂缝）、C级838户（修缮加固）、D级506户（新建重建）。

累计评估水毁道路93条254条段、路基88.42公里、路面163.462公里、塌方98处、护坡104处、挡墙103处、桥梁涵洞140座。

人保财险公司累计核查22个乡镇、259个村、1290户损毁农房，21个乡镇已勘察完毕。

55家受灾企业中49家已恢复生产，复产率达89%。

累计收到捐款1612.9万元。

8月5日

9时，邯郸市委常委、秘书长刘德明到武安市督导防汛救灾工作。

市长魏雪生到伯延镇、淑村镇察看灾情，指导灾后重建和生产自救工作。

10时，磁山派出所查处一起利用手机微信圈发布涉灾谣言案件，以涉嫌虚构事实扰乱公共秩序依法对2名违法行为人治安拘留。

15时，组织收听收看省"7·19"特大洪水灾害灾后重建工作动员电视电话会。会后，市长魏雪生分别讲了重要意见。

当日，武安市再次遭遇强降雨过程，从凌晨3时至15时，全市有3个站点超过100毫米，最大磁山152.1毫米。

截至当日：

累计入户调查损毁农房4549户，评定2087户，其中B级738户（结构完整、存在裂缝）、C级840户（修缮加固）、D级509户（新建重建）。

人保财险公司累计核查22个乡镇和1个工业园区、261个村、1301户损毁农房，21个乡镇已勘察完毕。

55家受灾企业中50家恢复生产，复产率达91%。

累计收到捐款1660.5万元。

8月6日

9时，邯郸市委书记高宏志到冶陶镇琅矿沟、徘徊镇西峧沟察看村庄受灾及沿途道路损毁情况。

14时，市长魏雪生到康二城镇北新庄、南新庄沿岸群众家中察看灾情。

截至当日：

口上、大洺远2个水库已累计清理漂浮物133750立方米，大洺远水库累计打捞动物尸体254头，并消毒深埋处理。

完成室内环境消毒1340户、44.9万平方米，室外环境居住面积消毒41.8万平方米。

累计收到捐款1661.6万元。

8月7日

9时30分，河北省港航局书记唐建新到马家庄乡实地察看道路水毁情况。

10时，河北省副省长王晓东到活水乡京娘湖景区、七步沟景区察看景区灾后重建工作。

截至当日：

累计评估水毁道路369条段、路基120.48公里、路面235.3公里、塌方120处、护坡106处、挡墙172处、桥梁涵洞200座。

全市21个乡镇1个工业园区、324个行政村损毁农房全部核查完毕，累计入户调查4506户，鉴定户数 2137 户，其中 B 级 749 户（结构完整、存在裂缝）、C 级 858 户（修缮加固）、D 级 530 户（倒塌 309 户、整栋房屋危险 194 户、场地危险 27 户）。

四里岩、车谷 2 个水库基本清理完毕，口上、大洺远 2 个水库累计清理漂浮物 138250 立方米，大洺远水库累计打捞动物尸体 256 头，并消毒深埋处理。

8 月 8 日

9 时，收听收看邯郸市"7·19"洪灾灾后重建工作动员大会，邯郸市委书记高宏志、市长王会勇作了重要讲话。

8 月 9 日

14 时 30 分，市长魏雪生到冶陶镇新庄学校、磁山镇第六中学指导灾后学校重建工作。

19 时 30 分，市长魏雪生主持召开市政府第 32 次常务会议，讨论研究《武安市"7·19"特大洪水灾害灾后重建工作总体实施方案》，并逐一讨论研究了《受灾群众安置救助指挥部工作方案》《学校恢复重建指挥部工作方案》《农村住房重建指挥部工作方案》《农村饮水、水利设施重建及河道违法建设整治指挥部工作方案》《公路重建指挥部工作方案》《医疗卫生计生机构重建指挥部工作方案》《工业企业恢复生产指挥部工作方案》《农牧业恢复生产指挥部工作方案》《旅游景区恢复重建指挥部工作方案》9 个分指挥部专项实施方案。

20 时，成立"7·19"特大洪水灾害灾后农房重建工作领导小组和办公室，设立综合资料组、规划选址组、重建监管组、技术指导组、资金监管组、协调推进组，把受灾乡镇按照地域位置变成 6 个小组，进一步规范了认定程序、完善了农户台账。

8 月 10 日

9 时，召开"7·19"特大洪水灾害灾后重建工作"三干会"，市长魏雪生出席会议并分别作重要讲话。会上印发《7·19 特大洪水灾害灾后重建总体实施方案》，决定分战线成立受灾群众安置救助、学校恢复重建、农村住房重建、农村饮水水利设施重建及河道违法建设整治、公路重建、医疗卫生计生机构重建、工业企业恢复生产、农牧业恢复生产、旅游景区恢复重建 9 个指挥部，重点实施好 13 个领域重建工作。

14 时 30 分，市长魏雪生再次到大洺远水库督导漂浮物清理扫尾工作。

15 时，河北省委组织部副部长、省委老干局局长、省关工委常务副主任兼秘书长张增良到武安市马家庄乡没梁殿村和没口峪村慰问灾区群众。

8 月 11 日

9 时，邯郸市水利水电勘察设计院进驻武安市，启动编制武安市农村饮水灾后重建实施方案工作。

10 时，河北省审计厅党组成员、省经济责任审计局局长赵建护一行到武安市督导检查"7·19"洪水灾害灾后重建跟踪审计工作。

14 时，邯郸市防汛抗旱指挥部召开电视电话会议，对全市畜禽尸体无害化处理和灾区群众基本生活保障工作进行再安排、再部署。会后，武安市立即对畜禽卫生防疫和受灾群众基本生活保障工作再安排、再部署。市长、市防汛抗旱指挥部指挥长魏雪生讲了重要意见。

16 时～18 时，市长魏雪生到冶陶镇卫生院、晋冀鲁豫边区革命纪念馆、徘徊镇夏庄卫生室实地察看灾情、指导灾后重建工作，并实地慰问肥乡县对口援建工作队。

20 时 30 分，受连日降雨影响，旅游环线京娘湖至武当山段仙灵 2 号隧洞发生二次山体塌方，导致交通中断。

8 月 12 日

5 时 30 分，京娘湖至武当山段仙灵 2 号隧洞塌方中断路段抢通，恢复通行。

9 时～13 时，市长魏雪生到阳邑镇北街、西街和徘徊镇徘徊村共 10 户农户家中实地察看房屋水毁情况，研究完善修复重建有关举措。

15时，邯郸市副市长宋仁堂到武安市刘家庄村、崔炉村水源地检查指导水利设施灾后重建工作。

市长魏雪生到市电视台、报社看望慰问工作人员。

8月13日

9时～18时，市长魏雪生到冶陶镇冶陶、牛头、固义、琅矿、安子岭5个街村17户农户家中察看房屋损毁情况；到武安涉县交界处了解河道流向走势、地质水文特点等情况，现场协调解决通讯基站铁塔距群众住房过近等安全隐患。

8月14日

9时～19时，市长魏雪生到马家庄乡张新庄、石井河、南坪、南果、神南峪、韩马、井家峧、马家庄、没梁殿、山根、大水、王家庄、武家庄、刘家庄、万家庄15个街村34户农户家中实地察看农户受灾和房屋受损情况，在南坪村重点察看了河道清理、路桥修复等工作，在没梁殿村和乡、村同志共同研究水毁房屋迁建重建选址事宜，在刘家庄村现场协调解决刘润海夫妇女儿上学问题等。

8月15日

10时～13时，市长魏雪生到徘徊镇夏庄村、午汲镇上泉村共12户农户家中实地察看农户受灾和房屋损坏倒塌情况。

19时，收听收看邯郸市防汛抗旱指挥部防汛紧急部署工作电视电话会。会后，市委及市防汛抗旱指挥部主要领导讲了重要意见。

当日，河北省下拨武安市中央财政资金1812万元，用于灾后重建。

截至当日：

第一个月救助金56.8万元下拨各乡镇，每人每月600元，特别困难的每人每月1200元。

鉴定受损房屋2137户，其中B级750户、C级857户、D级530户。

55家因灾停产半停产企业已复产50家。

修复田间道路2411条段、1941.85公里。

2.35万亩农田改种任务全部完成。

81所一般性受损学校修复66所，83所严重受损学校整修加固59所，12所原址部分校舍重建学校开工9所，迁址重建的新庄学校完成设计选址、开挖基础。

需异地新建的冶陶镇卫生院完成选址。

8月16日

9时～11时30分，邯郸市长王会勇到武安市磁山镇、徘徊镇、冶陶镇受灾街村，实地察看水毁房屋情况，看望慰问干部群众，指导灾后重建工作。

14时，市委主要领导到邑城镇西三里村、黑龙滃水库、东万善村等地察看指导灾后重建工作。

8月17日

9时～18时，市长魏雪生到西土山、西寺庄、活水、贺进4个乡镇10个街村35户农户家中实地察看农户受灾和房屋受损情况，指导乡镇、街村河道治理工作。

截至当日：

全市受灾农房恢复重建补助公示工作完成，累计修复156户489间房屋，其中B级113户，C级43户。

8月18日

6时～10时，市长魏雪生到贺进镇梁市、豹子峪、东街、西街4个街村16户农户家中实地察看农户受灾和房屋受损情况，调研防护大堰、穿村河道受损及治理工作，了解村上田间道路、农田梯田、防护坝等修复情况。到省级文物保护单位贺进镇十字阁察看受灾及修缮工作。

截至当日：

中华联合财险支付27家养殖户共计27笔理赔款，赔付金额136万元。

8月19日

14时30分，河北省住建厅村镇建设处副处长吴永强、河北省规划设计研究院院长杨文立等8名专家一行到受灾村庄调研指导村庄规划编制及灾后恢复重建规划选址工作。

截至当日：

累计修复179户533间房屋，其中B级136户，C级43户。

8月22日

16时～19时，市长魏雪生到上团城乡大南庄村、邑城镇二街共7户农户家中实地察看农户受灾和房屋受损情况。

当日，中国人保财险邯郸市分公司先行预付普阳、新金保险赔款各300万元。

8月23日

9时～13时，市长魏雪生到阳邑镇前柏林、东柏林、上柏林、龙务、南西井5个街村16户农户家中实地察看农户受灾和房屋受损情况，调研柏林四道街穿村河道清淤疏浚工作，研究水毁人饮管道修复、孤的山战役烈士公墓水毁道路修建等问题。

截至当日：

累计修复232户662间房屋，其中B级180户，C级45户，D级开工7户。

水库漂浮物基本打捞完毕，累计打捞水面垃圾15万立方米。

京娘湖、朝阳沟、七步沟、长寿村、古武当山、东山文化博艺园、天慈峰林、盛名度假村、莲花洞、十六沟景区全部对外开放营业。

累计下拨水泥7340吨，下拨52种（类）生活物资11.4万件（箱）。

完成水毁严重的15条县乡主干道共计124公里测量，对水毁需修复工程和重建工程开展踏勘线路。

8月25日

15时，邯郸市委办公厅在武安市召开灾后重建调度会，调度17个对口援建单位工作情况。

截至当日：

完成武安市农村饮水灾后重建实施方案编制工作。

8月28日

9时，河北省教育厅副厅长王延山一行到武安市冶陶镇新庄小学、马家庄乡没梁殿村小学、磁山六中、市第一中学等，就水毁学校重建工作进行专项督导检查。

截至当日：

省道永峰线安乐2号桥水毁修复工程开始清挖基础，完成活水、石洞、徘徊、管陶、马家庄、磁山等22个乡镇181座水毁桥梁调查并确定方案。

8月30日

截至当日：

累计修复卫生院20所、门诊部15所，卫生室65所。

累计河道清淤6.97万立方米，修复机井121眼，修复管道17.55万米，完成161个村19.85万口人饮水工程修复。

8月31日

9时，市长魏雪生到石洞乡赵庄村3户农户家中实地察看农户受灾和房屋受损情况。

10时，市长魏雪生到石洞乡河西村，先后到人民日报社和新华社晋冀鲁豫总分社旧址、新华社晋冀鲁豫总分社负责人办公旧址逐院落察看红色遗址受灾及修缮情况。

11时，市长魏雪生到磁山镇磁山文化遗址博物馆和第六中学实地察看受灾及灾后重建情况。

15 时，收看收听邯郸市抗洪救灾总结表彰大会。

截至当日：

完成 309 线涵洞清理，完成活水、贺进、西寺庄、阳邑、管陶、马家庄、午汲、冶陶等 248 条段水毁路段调查。

9 月 1 日

截至当日：

累计修复 B 级农户住房 366 户、C 级农户住房 173 户，D 级开工 117 户。

累计清淤河道 7.2 万立方米，修复机井 124 眼，修复管道 18.3 万米，完成 192 个村 23.45 万口人饮水工程修复。

20 所卫生院、15 所门诊部、125 所卫生室修缮工作全面完成。

南洺河三王村和茶口村、北洺河苏庄村、沙洺村、兰村等 5 个村水毁的护村坝工程正式开工。

177 所受灾学校中，165 所已完工投用，剩余 11 所为部分校舍重建，不影响学校正常开学；1 所（冶陶镇新庄学校）为迁址重建，租用民房改建的临时学校已装修完毕。

全市 15 万多名中小学、幼儿园学生未受“7・19 洪灾”影响，9 月份全部正常入学。

9 月 3 日

9 时，309 国道至赵峪、张新庄至王家庄、没口峪至大水灾后重建道路和旅游环线排险工程开工。

9 月 4 日

9 时，王家庄至刘庄、徘徊至七水岭、西峧至前岩、西峧至后李甲灾后重建道路开工。

9 月 5 日

9 时，市长魏雪生主持召开灾后重建工作调度会。听取 9 个分指挥部、5 个重点乡镇的灾后重建工作进展情况汇报，对受灾群众基本生活保障、各项基础设施修复、河道治理、医院和学校修复重建、项目建设、经济运行、环境保护、城乡发展、安全稳定等各项工作再安排、再部署。

截至当日：

全市 210 个村、25.6 万人的临时饮水问题基本恢复。

决定将没梁殿村河道内 13 户受灾、5 户未受灾、28 户宅基地未建房用户迁至村口高处集中重建。

与邯邢矿山管理局机修总厂协调 400 亩占地，拟建设高层楼房，解决磁山一街、二街 126 户受灾群众住房问题。

9 月 6 日

9 时，冶陶至固镇灾后重建道路开工。

当日，河北省交通运输厅下拨“7・19”特大洪水灾害农村公路恢复重建补助资金 2000 万元。

河北省财政厅、河北省交通运输厅联合下发文件，向武安市拨付“7・19”洪灾农村公路恢复重建资金 4700 万元。

9 月 7 日

15 时～ 22 时 30 分，市长魏雪生带队沿西部旅游环线，到道路塌方排险的每个断点，到京娘湖、七步沟、东太行、朝阳沟等主要景区，实地察看指导景区灾后重建工作。

9 月 8 日

截至当日：

累计修复 B 级农户住房 408 户、C 级农户住房 259 户，D 级开工 123 户。

55 家受灾企业中已复产 53 家。

9 月 12 日

截至当日：

累计修复B级农户住房500户、C级农户住房323户，D级开工128户。

冶陶镇新庄村卫生室开始新建。

口上灌区南干渠除两处特别地段外基本疏通。

9月14日

10时～13时，邯郸市委书记高宏志到冶陶镇苑府村和安子岭村、徘徊镇上庄村实地察看灾后重建工作进展情况，看望慰问受灾群众。

14时，市委主要领导到武安镇宋二庄村慰问受灾困难户。

当日，第二个月救助金发放至各乡镇。

按照D级每户5000元、C级每户2000元标准设立启动资金，下发至各乡镇。

9月16日

19时，“丛台酒·中秋夜”大型慈善晚会在武安市文体中心成功举办，向灾区捐款50万元以上的丛台区、邯郸县、临漳县、肥乡县等兄弟县区和申海平、磁山二街、邯郸丛台酒业、冀南钢铁等13家爱心企业、单位及个人参与晚会。

9月19日

截至当日：

55家受灾企业中54家恢复生产，复产率达98%。

9月22日

截至当日：

已修复1479户，B级750户全部完成，C级完成681户，D级完成48户。

177所学校中完成修复166所，10所部分校舍需重建学校6所主体完工，迁址重建的新庄学校完成主体。

9月27日

9时，市长魏雪生带队到西部景区察看道路修复、排险工作。

截至当日：

武安市2016年国家水土保持重点综合治理工程——武安井家峧小流域综合治理工程动工，先行建设护村坝工程。

9月29日

截至当日：

完成口上、车谷2个灌区修复实施方案编制。

完成全市乡村支河主河段、门道三川、北洺河水毁测量。

马家庄乡马家村段河道治理开始施工。

旅游环线排险工程完工，完成西部景区40余公里旅游环线的安全防护、山体排险、道路保畅等工作。

9月30日

9时，召开全市“7·19”抗洪救灾总结表彰大会，对“7·19”特大洪水灾害抗洪抢险救灾先进集体和先进个人进行了表彰，对当前及今后一段时期的群众基本生活保障、水毁房屋修复重建、公共基础设施修复等工作进行了详细安排部署。

10月19日

14时，市委主要领导到市工业园区和贺进镇、徘徊镇、马家庄乡，调研指导灾后重建工作。

10月20日

9时，市长魏雪生到午汲镇上泉村、徘徊镇夏庄村2个乡镇5个街村10户农户家中，对水毁农房重建进展情况进行调研回访。

10月24日

9时，市长魏雪生到马家庄乡没梁殿村、山根村、大水村、王家庄村4个街村11户农户家中察看房屋重建情况；并实地察看了4个街村受损的道路、水利、小学等基础设施修复重建情况。

11月1日

活水乡41户水毁房屋（D级23户、C级11户、B级7户）通过邯郸和武安住建部门的验收；

民政局向灾民发放过冬物资，保证受灾群众温暖过冬。

11月3日

9时，市长魏雪生到徘徊镇徘徊村、夏庄村、冶陶镇冶陶村、安子岭村2个乡镇4个街村8户农户家中察看房屋重建情况，第三次到王增用老人家中探望慰问；在红门村察看集中迁建选址建设情况，在回访中就古村落保护开发、美丽乡村建设、出村路桥修复重建等工作进行调研指导。

11月7日

14时，市长魏雪生到石洞乡赵庄村、阳邑镇西街、上柏林、前柏林、东柏林和龙务村2个乡镇6个街村的D级户和受灾严重的农户家中察看房屋重建情况，现场协调解决灾后田间道路、出村道路及桥涵修复、村级支流河道治理、人饮问题解决等方面的问题；到太行高速武安段石洞乡什里店互通控制性工程现场查看建设进度。

11月8日

徘徊镇水毁房屋总计222户（D级28户、C级76户、B级118户），B、C级水毁房屋全部完成重建工作，D级水毁已完成23户，剩余5户，有2户动工修建中，其余3户春节后动工。

管陶乡D级户18户有16户重建房屋主体完工。

11月15日

15时，省重建办和省重建指挥部有关成员单位组成的联合督查组到马家庄乡和泉上农贸市场，对入冬前灾后重建各项目标任务完成情况进行专项检查，对武安市灾后重建工作给予充分肯定。

11月16日

14时，市长魏雪生到西土山乡东湖村、北街村、东寨子村、东土山村、上团城乡大南庄村2个乡镇5个街村16户农户家中察看房屋重建情况。

11月18日

西土山乡25户D级户，17户主体完工，3户在建，其余5户搬至子女家中不再重建。

马家庄乡倒塌房屋重建开工率达93.8%，竣工率87.6%，B级户109户全部修复完成，C级户137户完工131户，在建1户，D级户109户完工71户，在建21户，没梁殿村集中异址重建已完成征地工作。

截至目前，武安市水利工程恢复情况：

人饮方面，270个行政村的人饮修复重建工程完成210个村的应急饮水；

河道方面，南洺河三王村、茶口村，北洺河苏庄村、沙洺村、兰村5个村的堤坝已修复完成，养护完成总工程量的85%；

水库方面，编制完成沙洺、八一、马会3座小水库和口上、车谷、四里岩、大洺远4座中型水库水毁工程实施方案。

11月25日

9时至中午14时，市长魏雪生到西寺庄乡南井村、南高壁、顿井村、贺进镇豹子峪村、梁市村、东街村、西街村、沙洺村2个乡镇8个街村19户农户家中察看房屋重建进展，现场协调解决农村灾后田间道路、出村道路及桥涵修复、村级支流河道治理、人饮问题解决等方面问题。

截至目前，81条段共75.3公里的水毁道路修复工程，已完成38公里，桥涵修复加固20座。

12月7日

15时，市长魏雪生主持召开灾后重建工作调度会。听取水利、交运、住建、民政、国土、旅游和财政7个部门的灾后重建工作进展情况汇报，对农村饮水工程、河道恢复治理、农村公路修复、房屋修复重建、群众基本生活保障和旅游景区提升等各项工作进行了安排部署。

截至目前，全市水毁房屋B级户735户、C级户820户全部修缮到位，D级户466户有360户已完成重建，106户正在进行施工，灾后重建补助资金已有50%发放到位。

12月10日

新庄小学落成。

12月15日

截至目前，民政局累计接收邯郸市救助棉衣裤、被褥资金32.028万元和取暖资金12.731万元；为灾民购买面粉400吨，棉衣5000套、棉被5000床；为五保对象和孤儿购置棉衣裤、外套42套，秋衣秋裤210套，棉鞋210双，取暖煤250吨；提前购置棉大衣50件、棉衣裤50套、棉鞋60双、棉被50条、外套60套以及方便面、饮用水、火腿等救助物资，为受灾群众提供充足的物资保障。

12月16日

15时，武安市召开“7·19”抗洪救灾见义勇为先进个人表彰大会。对在“7·19”抗洪救灾中涌现出的刘小强、魏占兵、李忠武、吕鸿彬、李建为5名见义勇为先进个人进行表彰，每人颁发慰问金10000元，并对不幸遇难的李建为同志表示深切缅怀。

12月23日

10时，在磁山举行五矿邯邢矿业4家企业厂区整体移交暨武安市灾后重建磁山镇居民集中安置项目开工仪式。集中安置项目一期计划建设面积2.6万平方米，占地150余亩。

截至目前，20所卫生院、15所门诊部和125所卫生室修缮工作全部完工，并通过验收；10个异地新建卫生室工程主体已完工，冶陶卫生院异地重建项目有序推进。

特辑 II（政府办公室提供）

“普阳钢铁杯”2016 邯郸 · 武安第二届全国划骑跑铁人三项挑战赛事工作方案

市委、市政府定于 2016 年 10 月 15 日—16 日举办“2016 邯郸 · 武安第二届全国划骑跑铁人三项挑战赛”，现制定工作方案如下：

一、总体安排

（一）赛事名称：2016 邯郸 · 武安第二届全国划骑跑铁人三项挑战赛。

（二）赛事时间：2016 年 10 月 15 日—16 日，赛制 2 天。

（三）赛事内容：

10 月 15 日。（1）跑步：七步沟——京娘湖，8 公里；（2）皮划艇：京娘湖水域，8 公里；（3）骑车：京娘湖——古武当山——七步沟，28 公里。第一天比赛结束。

10 月 16 日。（1）皮划艇：京娘湖水域，6 公里；（2）骑车：京娘湖——七步沟——朝阳沟，32 公里；（3）跑步：朝阳沟景区，6 公里。第二天比赛结束。

为增加活动内涵，赛事期间还将同时举办“无人机航拍邀请赛”“奥运健儿公益服务大行动携精英足球教练进校园暨安踏爱心桥公益活动”和“国家部委机关越野跑邀请赛”。通过系列活动，让更多的人走进、了解武安，全方位、多角度展现我市的美丽山水风光、深厚文化底蕴和良好发展形象。

（四）举办单位：

主办单位：中共武安市委、武安市人民政府，中国民族报社。

协办单位：中国体育报社、邯郸市体育局、邯郸市旅游发展委员会、邯郸市文广新局。

赛事推广：北京中民艺苑文化传媒有限公司、凯步锐石国际体育（北京）有限公司。

（五）推介媒体：将由专业公司通过电视媒体、网络媒体、平面媒体、制作宣传片、建立微信平台、召开新闻发布会等途径，全方位推介宣传赛事。届时人民日报、新华社、中央电视台体育频道、中央电视台新闻频道、中央人民广播电台、北京电视台、河北电视台、人民网、新华网、央视网、央广网、乐视网、国家体育总局官网以及中国体育报、工人日报、科技日报、中国青年报、中国妇女报、解放军报、中国民族报、北京日报、北京晚报、北京青年报、河北日报等 40 余家中央及地方主流媒体将进行宣传报道。

（六）工作经费：由主办单位前期引导与推广、通过多种方式筹集落实。

二、组织机构

为切实加强对 2016 邯郸 · 武安第二届全国划骑跑铁人三项挑战赛事的组织领导，成立赛事组织委员会（简称组委会），组成人员如下：

名 誉 主 任：崔永斌 邯郸市委副书记

武十周 邯郸市人大副主任

李惠玲 邯郸市人大副主任

侯华梅 邯郸市政府副市长

贾宝仓 邯郸市政协副主席

名誉副主任：曹淑霞 邯郸市体育局局长

苑清民 邯郸市旅游发展委员会主任

郝文明 邯郸市文广新局局长

主　　　任：魏雪生 武安市委副书记、市政府市长

副　主　任：杨万春 武安市委副书记、农工委书记

路　铭 武安市政协主席

张亚明 武安市委常委、武装部部长

王　伟 武安市委常委、纪委书记

韩保魁 武安市委常委、政法委书记、统战部部长、群工部部长

强延峰 武安市委常委、市政府常务副市长

麻增礼 武安市委常委、市政府副市长

李树明 武安市委常委、秘书长

王建霞 武安市委常委、宣传部部长

董江力 武安市委常委、组织部部长

姬转如 武安市人大副主任

张增祥 武安市人大副主任

李卫峰 武安市人大副主任

梁考绩 武安市人大副县级干部、国土资源局局长

郝维斌 武安市政府副市长

张江海 武安市政府副市长

马晓斌 武安市政府副市长

孟延荣 武安市政府副市长

郝　伟 武安市政协副主席

孟庆宇 武安市政协副主席

祁有山 武安市政协副主席、教育局局长

郭全生 武安市政协副主席、市政府秘书长

韩俊义 武安市政协党组成员

杨维华 武安市法院院长

黄亚军 武安市检察院检察长

李海顺 武安市政府党组成员，工业园区党工委书记兼管委会主任

黄玉凯 武安市政府党组成员、公安局局长

成　　　员：李江云 武安市委副秘书长、办公室主任

田爱平 武安市政府副秘书长、办公室主任

郭向军 武安市政府副秘书长

胡存喜 武安市政府副秘书长

马军旺 武安市委防范办主任

王学刚 武安市委研究室主任
杨爱国 武安市委督查室主任
王清峰 武安市委办公室副主任
邢拴柱 武安市政府办公室副主任
吕现生 武安市政府办公室副主任、督查室主任
王铁军 武安市政府办公室主任科员
张海俊 武安市政府应急办主任
李建新 武安市政府督查室副主任
张艳芳 武安市政府经研室副主任
温海涛 武安市政府督查室副主任
李学军 武安市政府办公室副主任科员
魏永利 武安市政府办公室副主任科员
王慈娴 武安市文广新体局局长
程延军 武安市旅游局局长
袁占魁 武安市委群工部常务副部长、信访局局长
袁鸿亮 武安市纪委副书记、监察局局长
郭宇晓 武安市委宣传部常务副部长
冀彦军 武安市委政法委常务副书记
王来斌 武安市委农工委常务副书记
高宏伟 武安报社总编辑
田丛书 武安广播电视台台长
郝晓敏 共青团武安市委书记
孟天增 武安市发展改革局局长
武建生 武安市财政局局长
马　雨 武安市审计局局长
连海良 武安市安全监管局局长
霍俊勇 武安市住房和城乡规划建设局局长
白学昌 武安市交通运输局局长
申立保 武安市环境保护局局长
张宏海 武安市林业局局长
李景宪 武安市水利局局长
李钢成 武安市商务局局长
常富生 武安市教育局副局长
李温和 武安市卫生和计生局副局长
董俊林 武安市工商行政和食药监局副局长
张建军 武安市工商行政和食药监局副局长
赵朝良 武安市国税局局长
王振英 武安市地税局局长
张志强 武安市供电公司经理
吴志杰 武安市公安局副局长
魏红太 武安市交警大队大队长

王　梅　武安市气象局局长
王洪斌　武安市消防大队教导员
李金栋　武安市联通公司经理
菊延廷　武安市移动公司经理
张　新　武安市电信公司经理
李国强　武安市政府驻上海办事处副主任
郭士涛　邯郸仲裁委武安办事处主任
范占宏　武安市区划办副主任
裴维宪　武安市志办副主任
韩志华　武安市国土资源局副主任科员
石书军　贺进镇党委书记
窦海涛　康二城镇党委书记
王旭东　活水乡党委书记
王增平　管陶乡党委书记
王　曼　西土山乡党委书记
韩学亮　西寺庄乡党委书记
武秀奇　上团城乡党委书记
王建青　阳邑镇党委书记
王江卫　冶陶镇党委书记
杨建刚　石洞乡党委书记
王　培　徘徊镇党委书记
邢银安　淑村镇党委书记
黄利斌　磁山镇党委书记
郭利民　武安镇党委书记
刘东方　午汲镇党委书记
王向荣　武安工业园区管委会常务副主任

组委会内设赛事综合组、体育竞赛组、宣传资料组、后勤保障组、信访维稳组、交通秩序应急救援组、环境整治组和招商推介、筹集资金组等8个工作机构。同时，组委会下设办公室，主任由孟延荣同志兼任，副主任由郭全生同志兼任，具体负责组委会各项日常推进工作。

（一）赛事综合组。

组　　　长：李树明
常务副组长：孟延荣　郭全生
副　组　长：李江云　郭向军　胡存喜　吕现生　张艳芳　李学军　魏永利　王慈娴　程延军
七步沟景区现场负责人：郭向军
京娘湖景区现场负责人：胡存喜
朝阳沟景区现场负责人：吕现生
成　　员：市委办、市政府办、市文广新体局、市旅游局等单位有关人员。
职　　责：
1. 负责制定本组工作方案；
2. 负责牵头做好上下沟通联系，及时协调有关问题；
3. 负责组织承办组委会会务工作；

4. 负责督导组委会各组工作推进，做好信息反馈；

5. 负责新闻发布会、开幕式、闭幕式和国家部委机关越野跑邀请赛、无人机航拍以及奥运冠军捐赠仪式等组织筹备工作；

6. 负责完成组委会交办的其它工作。

（二）体育竞赛组。

组　　长：郝维斌

副 组 长：赵银成 王慈娴 常富生 李温和 张建军 郝晓敏 王 梅 范占宏

成　　员：市政府办、市文广新体局、市教育局、市卫生和计生局、市工商行政和食药监局、团市委、市气象局等单位有关人员。

职　　责：

1. 负责制定本组工作方案；

2. 负责做好竞赛印刷品（秩序册）等制作、发放；

3. 负责做好参赛选手身体素质资格审查和遴选，统筹做好参赛选手、裁判、志愿者等招募管理；

4. 负责做好赛事场地布置和比赛线路、竞赛规程、成绩统计等赛事服务；

5. 负责做好比赛期间的医疗救护、饮食安全保障等工作；

6. 负责完成组委会交办的其它工作。

（三）宣传资料组。

组　　长：王建霞

副 组 长：郭宇晓 王学刚 张海俊 高宏伟 田丛书

成　　员：市委办、市政府办、市委宣传部、市报社、市广播电视台等单位有关人员。

职　　责：

1. 负责制定本组工作方案；

2. 负责新闻发布会和赛事所需各类方案、领导讲话、宣传资料等文字材料的起草报审，做好赛后档案资料整理收集；

3. 负责统筹做好宣传册、宣传片等宣传物品的设计制作；

4. 负责邯郸至武安主要道路沿线氛围营造和邯郸、武安电视台、报社宣传造势工作。

5. 负责做好新闻媒体的沟通协调工作；

6. 负责完成组委会交办的其它工作。

（四）后勤保障组。

组　　长：马晓斌

副 组 长：高更月 张志强 程延军 温海涛 李金栋 菊延廷 张 新

成　　员：市政府办、市供电公司、市旅游局、市联通公司、市移动公司、市电信公司等单位有关人员。

职　　责：

1. 负责制定本组工作方案；

2. 负责所有应邀来武人员接送站、食宿接待和比赛期间的路餐、饮水等补给保障；

3. 负责活动用车的组织、调度、管理和安全保障工作，做好体育器材装卸、搬运、管理；

4. 负责赛事期间特别是七步沟、京娘湖、朝阳沟3家景区的电力和通讯保障；

5. 负责赛事期间所需车辆通行证、工作人员证件等制作、发放、管理；

6、负责完成组委会交办的其它工作。

（五）信访维稳组。

组　　长：韩保魁
常务副组长：黄玉凯
副 组 长：田爱平 马军旺 宋聪慧 袁占魁 冀彦军 王旭东 王增平 吴志杰
成　　员：市政府办、市委政法委、市公安局、市信访局、活水乡、管陶乡等单位有关人员。
职　　责：
1. 负责制定本组工作方案；
2. 负责做好参赛人员、工作人员（志愿者）的政审工作；
3. 负责做好比赛期间的安全保卫和信访维稳等工作；
4. 负责完成组委会交办的其它工作。
（六）交通秩序应急救援组。
组　　长：麻增礼
副 组 长：田爱平 连海良 白学昌 魏红太 王洪斌 裴维宪
成　　员：市政府办、市安全监管局、市交通运输局、市交警大队、市消防大队等单位有关人员。
职　　责：
1. 负责制定本组工作方案；
2. 负责做好比赛期间交通指挥、道路管制工作；
3. 负责赛事沿线道路标识划线工作；
4. 负责提前对赛事沿线道路排险，保障安全通行；
5. 负责做好赛事期间的应急救援工作；
6. 负责完成组委会交办的其它工作。
（七）环境整治组。
组　　长：张江海
副 组 长：杨爱国 邢拴柱 王铁军 李建新 王来斌 申立保 霍俊勇 张宏海 李景宪 董俊林 白学昌 石书军 窦海涛 王旭东 王增平 王　曼 韩学亮 武秀奇 王建青 王江卫 杨建刚 王　培 邢银安 黄利斌 郭利民 刘东方 王向荣 吴志杰 韩志华 郭士涛
成　　员：市委办、市政府办、市委农工委、市住房和城乡规划建设局、市环境保护局、市国土资源局、市交通运输局、市林业局、市水利局、市工商行政和食药监局、市公安局、市旅游局、市工业园区及有关乡镇人员。
职　　责：
1. 负责制定本组工作方案；
2. 负责比赛期间沿线道路的环境卫生整治，确保洁、净、绿、亮、美；
3. 负责赛事通行道路修整；
4. 负责赛事沿途可视范围内违法建筑的制止、拆除；
5. 负责城区、运动员驻地周边环境卫生及企业排放治理；
6. 负责完成组委会交办的其它工作。
（八）招商推介、筹集资金组。
组　　长：强延峰
常务副组长：郭全生 李海顺
副 组 长：胡存喜 袁鸿亮 武建生 马 雨 孟天增 李钢成 赵朝良 王振英 李国强
成　　员：市政府办、市监察局、市财政局、市审计局、市发展改革局、市商务局、市国税局、市地税局等单位有关人员。

职　责：

1. 负责制定本组工作方案；
2. 负责做好资金的筹集管理工作；
3. 负责按程序审批各项经费开支，采购必需大宗物品；
4. 负责完成组委会交办的其它工作。

三、日程安排

日期（2016）	内　容
9月20日	在北京召开新闻发布会，邀请国家体育总局、邯郸市委和市政府领导及有关方面嘉宾，40余家主流媒体有关人员参加。
9月底	制定竞赛、安保、医疗、宣传等方面具体工作方案。
10月初	运动员报名结束
10月13日前	竞赛、宣传、安保、医疗、后勤、场地搭建、竞赛器材落实完毕。做好当地裁判、志愿者培训。
10月14日	嘉宾、媒体、裁判、运动员陆续报到，媒体实地考察。
10月15-16日	比赛
10月17日	离会
10月-11月	后续资料整理，媒体汇总宣传。

四、赛事安排

日期（2016）	内　容
10月13日	
14:00—17:30	武安地区运动爱好者（业余选手）皮划艇、山地车、跑步培训
10月14日	
08:00—22:00	报到
09:00—16:30	运动员培训，装备检查。
12:00	午餐
16:00	武安市领导看望慰问运动员代表
17:30	专业运动员技术会，媒体记者工作会
18:00	晚餐
10月15日	
07:00	早餐
08:30	开幕式

日期（2016）	内　　容
09:00	比赛开始
10:00	无人机航拍展播
14:00	专业组第一天分站颁奖仪式
07:00	早餐
09:00	发枪仪式（简约仪式），比赛开始
10:00	举行奥运冠军捐赠仪式
14:00	总成绩颁奖仪式暨闭幕式
15:00—次日	离会送站

“普阳钢铁杯”2016邯郸·武安
第二届全国划骑跑铁人三项挑战赛开幕式
工作方案（草案）

（2016年10月11日）

一、时间：2016年10月15日（农历九月十五）

二、地点：武安市七步沟景区山门广场

三、日程安排

10月14日		
时间	活动内容	地　　点
17:30	看望运动员	游客中心
18:30	欢迎晚宴	天门湖酒店
10月15日		
时间	活动内容	地　　点
06:30	迎接当天来武领导	邯武快速路交界处
	叫醒服务	天门湖酒店
07:00	早　餐	天门湖酒店
08:00	开幕式文艺演出	开幕式现场
08:20	开幕式	

<table>
<tr><td>08:38</td><td>鸣　枪</td><td>起点门前</td></tr>
<tr><td>08:50</td><td>乘车赴京娘湖</td><td>游客中心门前</td></tr>
<tr><td>10:30</td><td>越野跑比赛颁奖</td><td>开幕式现场</td></tr>
<tr><td>10:40</td><td>乘车返七步沟</td><td>京娘湖乘车点</td></tr>
<tr><td>11:10</td><td>航拍影片评选</td><td>游客中心</td></tr>
<tr><td>12:00</td><td>就　餐</td><td rowspan="2">天门湖酒店</td></tr>
<tr><td>13:00</td><td>休息或欢送</td></tr>
</table>

四、活动规模

开幕式现场共计 1000 余人（不含公安、交警等工作人员）。

1. 国家部委领导嘉宾，省厅、邯郸市有关领导，约 40 人；
2. 武安市四套班子 30 余人；
3. 河北省诗词采风活动嘉宾约 120 人；
4. 新闻媒体记者约 50 人；
5. 武安市直部门、乡镇党政主要负责人 140 余人；
6. 赞助企业、各景区负责人约 30 人；
7. 市直部门参加越野跑人员，约 200 人；
8. 划骑跑运动员约 400 人；
9. 拉拉队员约 100 人。（七步沟景区 50 人，赞助企业 50 人）

五、邀请嘉宾

负责人：冯海峰　张艳芳

1. 国家部委及国家、省媒体（李晓东）

（1）国家部委 40 人，开幕式结束后全部参加越野跑活动，不参加京娘湖相关活动；

（2）国家、省媒体记者 50 人。

2. 省厅（3 人）：

省体育局局长何江海、文化厅书记王离湘。（王慈娴）

省旅发委主任那书晨。（程延军）

3. 邯郸市（24 人）：

市　委：高宏志、崔永斌、范国珍、刘德明、陈希斌、王　林（冯海峰）

市人大：彭学增、武十周、李惠玲、王书生（赵国华）

市政府：王会勇、侯华梅、刘弘瑛、魏彦君、丁向平（张艳芳）

市政协：冯连生、贾宝仓、崔玉章（石树民）

宣传部潘璐、电视台王合章、报社陈邢魁（郭宇晓）

体育局曹淑霞、文广新局郝文明（王慈娴）旅发委苑清民（程延军）

4. 河北省诗词采风活动嘉宾（约 120 人）。（刘丰生）

要求：

A. 起草请示文件，并履行签批程序，10 月 6 日前完成；（吕培）

B. 呈送请示文件，10 月 7 日前完成，跟进领导批示结果；（张艳芳）

C. 制作邀请函，交张艳芳分配上述承办人，10 月 7 日前完成；（李王生）

D. 邀请函 10 月 9 日前呈送到位；（各承办人）

E. 12 日前确定应邀北京、省厅局委、邯郸领导嘉宾能否出席，并向综合组、后勤组反馈；（张艳芳）

F. 河北省诗词采风活动方案把关；（李王生）

G. 制作领导嘉宾活动日程明白纸，及时呈送至领导嘉宾手中，13 日前完成。（白茶娇）

H. 统计所有嘉宾电话号码信息，12 日前交付到振华。（王欣荣）

I. 统计所有参赛运动员、裁判员身份证号、电话号码信息，10 日前交付资料组郅振华、公安局吴志杰。（孙海滨）

六、引领接待

负责人：冯海峰　张艳芳

1. 13 日前，白茶娇，负责确定入驻领导嘉宾，制作房间安排表，贾佳负责提前领取房卡，并在房间摆放小星星欢迎语、水果、5L 矿泉水、茶叶、浴包、赛事指南、纪念品、本地报纸等；（后勤对接人：孙国栋）

2. 13 日前，对抽调的礼仪、服务生等服务人员进行统一培训，现场演练，熟练掌握活动流程和各自岗位要求；（贾佳）

3. 14 日上午 9 时前，到后勤组（苗明亮），领取嘉宾证、媒体证等，并及时发放到位；对 15 日来武嘉宾，及时领取、发放相应的证件和纪念品；（王星楠，王欣荣）

4. 抽调 15 名礼仪，全程做好领导嘉宾的住宿、就餐、参加开幕式、鸣枪、乘车等引领工作；（张艳芳）

5. 开幕式现场布置 2 个贵宾休息室，备足沙发、小瓶矿泉水、湿巾、纸巾、茶叶、热水，4 名服务人员（武安宾馆抽调）做好相关服务，14 日完成；（李晓芳）

6. 做好 14 日下午市领导看望嘉宾、裁判员、运动员的组织引领及会议室准备工作；（张艳芳）

7. 做好 14 日欢迎晚宴的组织引领；（张艳芳）

8、人员组织：

1 号大巴（55 座）：国家部委、邯郸市四套班子等领导、嘉宾乘坐，我市市委、市政府主要领导陪同。（冯海峰，张艳芳）

2 号大巴（55 座）：省、市部门嘉宾乘坐，我市四套班子其他领导陪同。（郝海超、杜跃江、贾佳）

3 号大巴：国家、省、邯郸市新闻媒体乘坐。（郭宇晓）

4 ～ 6 号大巴："河北省诗词采风活动"嘉宾乘坐。（刘丰生）

7 号、8 号、9 号大巴：武安市直部门、乡镇党政主要负责人，工业园区常务副主任乘坐。（郝海超、杜跃江）

10 号大巴：各赞助企业、景区负责人乘坐。（工信局高继斌，负责赞助企业；旅游局翟计平，负责景区）

11 ～ 15 号大巴：参加五部委越野赛的武安对口部门人员乘坐。（范占宏）

拉拉队员运送及午餐由赞助企业自行解决，15 日早 7：30 前到指定位置。（范占宏）

要求：

A. 各承办人全程负责以上人员通知、组织、服务等工作。

B. 1 号和 3 号大巴车 15 日早 7：30 前停放在游客中心指定位置。（张艳芳，郭宇晓）

C. 2 号和 7 ～ 15 号共 10 辆大巴车，各承办人负责组织相关人员，6：30 准时从武安宾馆集中出发赴七步沟参加开幕式。

D. 4 ～ 6 号共 3 辆大巴车，由刘丰生负责组织诗词活动人员在宇宙宾馆集中乘车后 6：30 到武安宾馆，统一出发。

E. 所有大巴车全部备足小瓶矿泉水、湿巾、纸巾、雨伞等，14 日前到位。（刘龙）

七、现场布置

负责人：孙海滨　李王生

10月15日七步沟比赛会场平面图

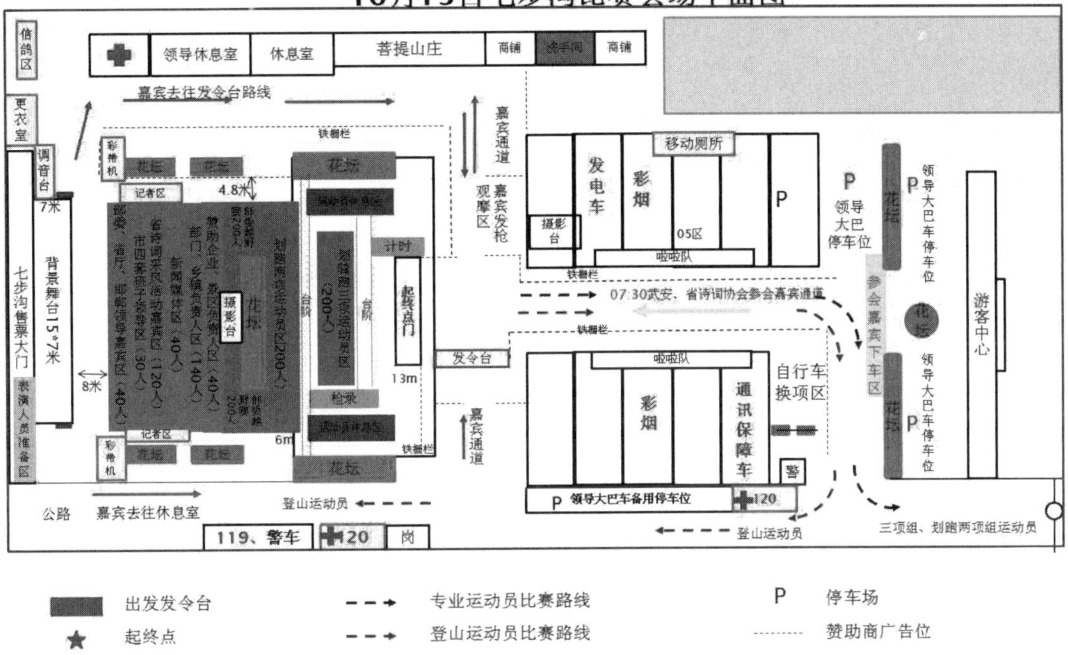

大巴车统一停放游客接待中心楼前。

1. 舞台搭建

（1）舞台 7×15 米，LED 屏 4×9 米，喷绘背景 2 块（4×3 米），安装调试；（孙海滨，袁江红）

（2）音响、话筒等设备安装调试；（孙海滨，袁江红）

（3）舞台安全检查。（安监局马亮）

要求：

A、核实舞台尺寸、LED 屏幕分辨率是否适合白天使用；（袁江红）

B、核实音响是否适合会场使用，包括杂音、使用效果等；（袁江红）

C、及时关注天气变化，如下雨及时通知各组、各点准备雨具，做好应对。（李王生）

D、10 月 13 日前完成。

2. 嘉宾通道

开幕式现场用护栏设置嘉宾通道，确保领导嘉宾从下车点到休息室、休息室到方阵、方阵到鸣枪点通行顺畅。（孙海滨）

要求：10 月 13 日前完成。

3. 氛围营造

（1）天门湖（含 D 座）、菩提山庄、游客中心等宾馆悬挂条幅；（郅振华）

（2）开幕式现场两侧各 10 个大型带条幅空飘（共 20 个）；（谢楠）

（3）调试天门湖酒店门头、游客中心大厅电子屏，播放宣传口号；（谢楠，七步沟赵风锁）

要求：10月13日前布置安装完成。

（4）布置彩烟、彩带、礼炮、和平鸽等；（孙海滨，袁江红）

（5）演出前、领导移步鸣枪途中循环播放迎宾曲（注意与赛事主持对接，一是不要影响赛事主持工作，二是注意何时停止迎宾曲）；（袁江红；音响师：李树增）

要求：10月14日中午12时前完成。

4. 人员方队

（1）设计人员方队分布图，张贴标识，摆放标识牌；（袁江红）

（2）提前与各群体负责人对接，发放现场方阵图，当天引导各类人群进入指定方阵。（冯海峰；张艳芳）

（3）张贴领导、嘉宾舞台及场地站位序号。（李王生）

要求：10月14日18时前完成。

5. 环境卫生

（1）七步沟外牌坊附近损毁道路修缮。（七步沟：赵风锁，温海涛盯办）

（2）重新粉刷景区内道路标识、标线；（交运局李海生）

（3）景区环境卫生清扫、保洁，保持干净；（七步沟：赵风锁）

要求：10月13日前完成。

八、食宿保障

负责人：温海涛

负责天门湖酒店领导嘉宾、媒体记者接待工作；（孙国栋）

1. 与天门湖酒店、赛事综合组搞好对接联系，各楼层安排人员日夜值守；（孙国栋）

2. 领导、嘉宾就餐摆放桌签。（温海涛）

3. 与秘书科贾佳对接，协助制作领导嘉宾房间分配表，收集房卡交付贾佳，13日前到位；（孙国栋）

4. 在各楼层服务台准备便签纸、笔、雨伞、茶叶、开水、毛巾、针线、剃须刀、充电器等常用物品，13日前到位；（孙国栋）

5. 提前对各个房间电灯、电视、网络、卫浴、电梯、应急照明设备、安全通道等各项设备进行检查，确保正常使用，13日前到位；（孙国栋）

6. 做好14日欢迎晚宴的现场布置；（温海涛）

7. 负责天门山庄入住人员接待食宿工作，主要入住裁判员、工作人员、志愿者；（祁永红）

8. 负责游客接待中心入住接待工作，主要入住运动员；（马季）

9. 对景区宾馆餐厅、超市的食品安全检查；（食药监局李军）

10. 电力、安监、通讯、医疗、食药监、公安、消防、应急救援、氛围布置等工作人员食宿由温海涛负责，车辆停放位置由赵利的负责；

11. 协助孙海滨做好开幕式现场临时厕所安装；（李旭东）

12. 统计审定各组入驻七步沟工作人员名单；（赵利的）

13.15日中午安排河北省诗词采风活动嘉宾午餐。（马季）

要求：

A. 餐具和饭菜备足，不能断档；

B. 天门湖酒店房间提前预定、备足；

C. 预留开幕式当天来武领导休息房间，房卡统一交贾佳负责。

九、车辆安排

负责人：赵利的

1. 租赁 16 辆（1 辆备用）大巴车（4 号、5 号、6 号由文联租赁，后勤车辆组要主动对接，统一贴号、指挥、管理）供接送参加开幕式领导嘉宾使用，至少 2 辆为 55 座，车体内外干净整洁无异味，车载电视循环播放赛事宣传片，车身张贴宣传标语，内容由郅振华提供，12 日前全部完成。（赵利的）

2. 15 日 7：30 前，1 号、3 号大巴车抵达七步沟游客中心；2 号，7 号～ 15 号大巴车 15 日早 6:00 到武安宾馆接我市参加开幕式人员（郝海超、杜跃江、贾佳、范占宏）；4 号、5 号、6 号大巴车 15 日早 5:30 到宇宙宾馆接河北省诗词采风活动嘉宾，随后到武安宾馆统一出发（刘丰生）。

3. 落实车辆接送 14 日彩排、15 日演出的演职人员；（赵利的）

4. 确定嘉宾证、工作证、通行证发放范围，统计所需各类工作证和通行证数量，交孙海滨制作，9 号前完成，并统一管理发放；（温海涛）

5. 预留领导、嘉宾的接送站车辆；（赵利的）

6. 交警大队（杨树江）安排引领车，及时向引领车人员（刘龙）发放行车路线路和上下车、停车、掉头等位置图， 14 日前准备到位，15 日早 6：00 前到武安宾馆，全程做好大巴车的引领，并协助交通秩序组做好车辆的停放、调头等管理；（交警队刘洋）

7. 文联租赁的 3 辆大巴车所需序号 12 日前交给刘丰生。（赵利的）

十、市领导看望运动员

负责人：张艳芳

1. 请示确定出席活动领导，并及时邀请领导出席；（贾佳）

2. 与孙海滨对接，做好看望活动组织引领；（张艳芳）

3. 提前准备调试 2 个无线话筒。（李晓芳）

4. 准备活动所需讲话，并及时呈送。（郅振华）

十一、欢迎晚宴

负责人：高更月

1. 做好欢迎晚宴话筒、音响、条幅、座位等现场布置，13 日前完成；（温海涛）

2. 领导、嘉宾就餐座位牌摆放，14 日中午 12 时前完成；（温海涛）

3. 组织应缴嘉宾（李晓东、张艳芳），武安市领导（冯海峰，张艳芳），运动员代表（孙海滨）准时参加活动；

4. 准备活动所需主持词、讲话，并及时呈送。（郅振华）

十二、开幕式

负责人：郭向军

（一）节目表演，约 25 分钟。（承办：杨江平）

（1）歌伴舞《武安是个好地方》（5 分钟）；

（2）九月女子乐坊演奏《辉煌》（5 分钟）；

（3）歌曲《心心相连》（5 分钟）；

（4）歌曲《超越梦想》（5 分钟）。

要求：

A. 所有节目 LED 屏显内容 10 月 10 日前审定；（杨江平）

B. 歌曲《武安是个好地方》歌词、LED 屏显内容传送北京（李晓东），盯办编舞，并舞蹈视频传回审定，10 月 9 日前完成；（杨江平）

C. 主持人串场词审定，10 月 14 日完成；（郅振华，孙海滨）

D. 组织全体演职人员及演出道具 14 日 12 时前到七步沟，下午彩排，交通、食宿与后勤组对接；（杨江平）

E. 设计制作主持人串场 LED 显示内容，做到前后节目衔接顺畅，并调试好，杜绝黑屏、播放不同步等问题，确保零失误；（杨江平）

（二）议程环节，约 15 分钟。（吕培）

武安市市长、组委会主任魏雪生同志主持。

第一项：主持人介绍出席领导、嘉宾；（约 3 分钟）

第二项：武安市委主要领导致欢迎词；（约 5 分钟）

第三项：邯郸市领导致辞；（约 5 分钟）

第四项：由国家体育总局或国家民委领导宣布比赛开幕；（约 1 分钟）

第五项：主持人宣布："开幕式到此结束，有请发令领导、嘉宾移步至出发区发令。"（约 5 分钟）

要求：

A. 根据出席领导嘉宾，及时调整议程安排；（吕培）

B. 盯办宣传组稿件及时呈送，统一发言稿用纸颜色；（申晓磊）

C. 与孙海滨对接鸣枪环节主持人事宜，向鸣枪领导提示鸣枪信号，把握好节奏；（高伟杰）

D. 与孙海滨对接鸣枪礼仪事宜，礼仪、托盘、枪支提前到位；（张建民）

E. 维持鸣枪点秩序，保障鸣枪点入口畅通；（公安吴志杰）

F. 告知礼仪鸣枪领导站位，由礼仪提示鸣枪领导站位排序。（张艳芳）

G. 鸣枪结束后，礼仪引领领导嘉宾乘坐大巴车；（贾佳）

H. 发令台大小符合人数要求。（张艳芳，孙海滨）

十三、五部委越野跑

负责人：孙海滨　王慈娴　范占宏

与孙海滨对接 5 个参赛国家部委名单，组织我市 5 个对口部门参赛，每单位 40 人，主管局长带队，并收集参赛人员姓名、电话、身份证号等信息，统一交付孙海滨制作号码布、购买保险等，10 月 8 日前完成。（李晓霞）

1. 与后勤组联系 5 辆大巴车，15 日 7：30 前运送参赛人员到七步沟，并有序进入指定方阵；（张杰、李晓亮）

2. 全程组织好比赛起跑、线路、成绩统计、补给、医疗、颁奖返程等有关事宜，开赛时间与划骑跑鸣枪时间一致；（孙海滨；范占宏）

3. 提前与孙海滨对接领取服装、号码布，14 日前分发给参赛单位；（张杰、李晓亮）

4. 路餐领取时间、份数与后勤组联系。（张杰、李晓亮）

5. 规定时间，武安参赛人员统一离开七步沟（考虑受奖人员返回）。

十四、航拍宣传片展播比赛

负责人：孙海滨　祁少鹏

1. 布置会场，门口摆放指引牌，会议室安装 LED 屏，由孙海滨负责；

2. 调试安装播放设备，包括 LED 屏、音响、电脑等，确保不出问题；（祁少鹏；音响师：李树增）

3.8 个宣传片 10 月 11 日收集到位并审定；（祁少鹏）

4. 做好会议室布局设计，座位数量与参会人数一致；（祁少鹏）

5. 与李晓东对接，安排3～5名评委评奖和1名主持人；（祁少鹏）

6. 告知领导嘉宾（不包括市直部门和各乡镇人员）京娘湖活动结束后，到游客中心观看航拍比赛。（冯海峰、张艳芳）

7. 合理设置评委席，张艳芳负责打印座次牌，李晓东、祁少鹏负责摆放。

8. 活动结束后，引领领导嘉宾乘车到天门湖用餐；（冯海峰、张艳芳）

9. 市直部门和各乡镇人员京娘湖活动结束后在京娘湖就餐，餐后返武，不再参加航拍比赛活动。（郝海超；杜跃江）

要求：10月13日前完成布置，展播的8个宣传片14日全部调试到位。

十五、颁奖仪式

负责人：孙海滨　范占宏

包括航拍比赛和五部委越野跑两项颁奖。

1. 布置颁奖仪式现场，准备背景板、领奖台、礼仪、托盘、奖杯等，13日前到位。（孙海滨、张建民、李晓霞）

2. 15日颁奖前，及时通知主持人、受奖运动员、摄影人员提前到场；（孙海滨、张建民、李晓霞）

3. 与综合组联系确定颁奖嘉宾，及时邀请参加颁奖仪式；（高伟杰）

4. 每组颁奖后，获奖选手手捧奖杯与颁奖嘉宾合影留念。（孙海滨、张建民、李晓霞）

十六、新闻宣传

负责人：郭宇晓　王学刚　郅振华

1、. 协助李晓东做好省级以上媒体的接待、服务工作；（宋明玉）

2. 联系李晓东与国家、省、市级记者沟通，获取拍摄资料，当天在邯郸、武安新闻播出；（宋明玉）

3. 主动与后勤组、接待引领组对接，领取媒体证、通行证、纪念品等，在媒体记者驻地大厅安排人员值守，搞好服务；（郭宇晓）

4. 统计我市记者和摄影人员人数，分组拍摄，搞好资料留存；

（1）安排记者全程跟随领导、嘉宾做好拍摄工作。（宋明玉）

（2）安排记者做好赛事全程跟拍工作。（宋明玉）

（3）安排摄影人员在七步沟等候，应急拍摄等工作。（江芳延、司建平、刘向）

5. 开幕式文艺节目串词；看望运动员和欢迎晚宴主持词、讲话起草、呈送；开幕式领导主持词、致辞、讲话等起草、呈送；（郅振华）

6. 编写、发送欢迎短信、赛事信息和温馨提示；与张艳芳、孙海滨、范占宏对接，统计来武领导、嘉宾、运动员手机号码，核实无误后联系王梅发送；（郅振华）

7. 编写提供开幕式现场宣传条幅内容；（郅振华）

8. 与李晓东对接采访市委、市政府主要领导有关事宜。（郭宇晓、郅振华）

十七、应急保障

公安（吴志杰）要在景区设立治安值班室，安排执勤民警，全天候做好治安保障工作。尤其开幕式现场，要维持秩序，保障活动有序进行。

电力（杨晓明）、通讯（联通闫强、移动刘晓亮、电信程疆）、消防（王晓东）食药监（王寨华）、医疗（李丰年）、安监（马亮），要安排应急车辆和人员进驻，做好突发问题处置，13日前入住，食宿和车辆停放位置，由温海涛提前安排并告知。

十八、工作要求

（一）开幕式涉及的赛事综合、体育竞赛、应急救援等工作组所有具体负责同志必须在岗在位，履职尽责。

（二）各组负责人、工作人员要服从指挥、逐级负责，确保政令畅通。

（三）各组之间、同志之间要相互配合、密切协作，无缝对接、高效运转。

（四）所有参加人员非特殊情况一律不准请假，要求全天候吃住在岗，24 小时通讯畅通。

“普阳钢铁杯”2016 邯郸·武安第二届全国划骑跑铁人三项挑战赛宣传片脚本

在中国南北纵列的三大山系中，太行山脉巍然屹立；在中国绵延千里的四大平原中，华北平原安卧其中。在这大山与平原之间，有方神奇的土地——

武安——光辉灿烂的文明热土、底蕴深厚的文化名地。一万年前，磁山文化开启农耕文明曙光，是世界粟的最早种植地、家禽的最早养殖地；战国时期，武安冶铁炉火熊熊燃起，两千多年生生不息；明清之际，武安商帮以县立帮，写就中国商界传奇；千百年来，武安傩戏传承遗风古韵，平调落子演绎人间天地；革命战争年代，刘伯承、邓小平等老一辈无产阶级革命家在这里运筹帷幄、决胜千里。

武安——自然造化的神奇热土、山清水秀的旅游胜地。八百里太行山水奔来眼底，洺河畔壮丽山川美景云集。西部五百平方公里“太行三峡”，6 家 4A 级景区、5 个“国字头”公园星罗棋布、璀璨夺目，共同扮靓“中国优秀旅游城市”，春赏花、夏避暑、秋观叶、冬滑雪，三川竞秀、四季有景，国家园林城市宜居宜业宜游，传统历史村落承载无限记忆，每年数百万国内外游客慕名而来、流连忘返。

武安——蒸蒸日上的创业热土、欣欣向荣的发展高地。区位之通达、产业之完备、民营之发展，共同孕育了这座产业新城：钢铁、焦化、建材传统产业加快升级，新能源、新材料、装备制造、现代物流新兴产业风生水起，一县拥有 6 家“中国 500 强”、9 家“中国制造业 500 强”、8 家“中国民营 500 强”，在全国县域百强最高排名第 50 位，现位列“全国工业百强县”第 89 位，在中原经济区 5 省 30 市 276 县强势领跑。万人规模职教中心竖起全国一面旗帜，市第一中学华北地区首屈一指，河北最大的县办医院纳入三级医院管理，县级一流的文体中心引领全民健身时尚，到处洋溢着群众幸福笑脸。

武安——再创新业的活力热土、前景无限的投资宝地。随着供给侧结构性改革深入推进、京津冀协同发展大潮涌起，武安百尺竿头、勇立潮头，积极抢抓新一轮发展机遇，通过建立县级产能交易平台，在全国率先趟出一条民营钢铁企业大县（市）的去产能新路，中国二十冶、中国十三冶、中冶国际、中景信、葛洲坝、碧桂园、盾安、颐高、格力等大集团、大企业都在牵手武安、共创未来，一个更富朝气、更加开放、更具魅力的新武安，正向我们昂首走来！

在加快建设活力武安、美丽武安、幸福武安的关键时期，2016 年 10 月 15 ～ 16 日，一场大型体育赛事如约而至：

【字幕：2016 邯郸·武安第二届全国划骑跑铁人三项挑战赛】

在武安，一场最美太行的视觉盛宴即将盛大开幕。运动员将在悠悠古韵七步沟起跑，在赵匡胤千里送京娘的“情湖爱岛”京娘湖挥桨竞渡，在戏曲原型地朝阳沟、道教圣地古武当等众多景区之间的太行生态山道骑车穿行，将带您领略一步一景、如诗如画的壮美太行。

在武安，一场全民参加的年度盛会即将激情上演。近两年通过市场化运作，武安连续举办全国划骑跑、全民马拉松，“太行三峡”赛事品牌已成为万众期待、一年一度的全民盛会。今年将有全国300多名运动员竞技角逐，3000多名体育爱好者和志愿者踊跃参与、乐在其中。

在武安，一场丰富多彩的体育盛事即将精彩呈现。政府搭台、社会出资、市场运作、内容多元，“无人机航拍邀请赛”“奥运健儿公益服务大行动暨安踏爱心桥项目”和“国家部委机关越野跑邀请赛”等活动同步上演，40多家主流媒体和众多摄影家、艺术家共襄盛举，全方位展示武安发展的时代风貌和崭新形象。

武安是个好地方，有山有水有文化。2016邯郸·武安第二届全国划骑跑铁人三项挑战赛，有你更精彩！

看武安资源型城市的转型实践

——专访武安市委副书记、市长魏雪生

编者按：在国家推进供给侧结构性改革的大背景下，资源型城市如何适应新常态、实现可持续发展？武安作为河北省的传统老工业和基础原材料基地，相比其他地区，对转型升级不仅有着更为强烈的追求和意愿，更为之付出艰辛的努力与实践，近几年举全市之力深入解放思想、深化二次创业，正在走出一条资源型城市转型发展路子。近日，《人民论坛》记者专门对武安市委副书记、市长魏雪生进行了专访。

人民论坛：武安作为一个钢铁大市（县），承担着艰巨的去产能任务，今年5月23日，《焦点访谈》专题报道了武安去产能工作。请介绍一下武安去产能的主要做法？

魏雪生：武安去产能和其他地方不同：从基数看产能较大，从企业看数量较多，从性质看都是民营，2012年时一县（市）之内集聚了18家民营钢铁企业，且发展方向、规模装备、经营水平等各不相同，情况非常复杂，不是某一家或某几家的“个别企业去产能”，而是需全域统筹、通盘考量、系统推进的“区域性去产能”。

推进去产能工作，不仅要有壮士断腕、破釜沉舟的决心和勇气，更要有符合实际、管用有效的思路与办法。今年以来，我们立足过来多年实践，结合上级政策和武安实际，按照“一个全面（每年按比例向各企业全面分配压减任务）、两个突破（围城企业退城进园、企业整合重组）”的总体思路加快推进：

——全面分解压减任务，让企业共担责任。凡是武安市的钢铁企业，都有责任和义务承担去产能任务。具体每家企业任务，我们始终按照国家发改委批复的《河北省钢铁产业结构调整方案》确定的截止2012年底的装备和产能，每年根据压减任务计算出压减比例，按比例将任务全面分配至所有钢铁企业，让企业“人人有份、共担责任”。

——建立县级产能交易平台，构建民营钢铁企业之间的去产能互助平台。我市民营钢铁企业在去产能中损失巨大，建1座450立方米高炉需2亿多元，建1座40吨转炉需1.5-2亿元，去产能对企业不仅是压减了一座高炉、一座转炉，更为严重的是影响了整个产业链，到2017年完成931万吨铁、836万吨钢压减任务，我市将有13家企业产能严重不匹配，有的企业生产链条甚至被“拦腰斩断”，同时直接造成企业资产损失90多亿元，加之企业退城进园损失86亿元，企业资产损失共计约176亿元。此外去产能还将引发银行抽贷、联保联贷、内部集资、职工安置等一系列问题，企业损失会更大，而且按照所有企业承担压减任务原则，实际中企业不可能将高炉、转炉“拆一个边、去一个角”。在这种情况下，为调动企业积极性，积极稳妥推进去产能，我们参照上级政策精神，本着“政府引导、企业配合、市场运作”，建起县级钢铁产能指标交易平台，结合国家、省奖补标准和专家意见，按每万吨铁、钢产能各100万元标准，组织所有企业按照承担任务，缴纳产能指标置换交易金、互助金，在县级层面探索建起民营钢铁企业之间的产能交易平台和互助平台，让没有压减装备的企业以出资交易形式完成任务，让压减装备的企业在砍炉子的同时得到经济补偿，从而实现所有企业之间的相对公平。

——设立化解钢铁过剩产能调剂金，实施优势产能奖补政策。在2005-2015年11年中，全市钢铁企业上缴税金257.62亿元，占全部财政收入的46.5%，鉴于长期以来钢铁企业做出的巨大贡献，在企业去产能遇到困难时候，尽管财政很紧张，我们还是拿出资金予以支持。设立调剂金和实施优势产能奖补政策，重点解决两个问题：一是交不起交易金的企业，要对应压减自己的装备，财政动用调剂金补齐“缺口”，确保将压减装备的企业应补资金兑现到位；二是对压减优势产能给予政策性奖补，考虑到钢铁企业当前面临的巨大压力，考虑到有的企业压减的是优势产能，考虑到钢铁企业长期以来的贡献，决定对压减450立方米以上高炉、40吨以上转炉的，除享受交易金补偿外，在国家、省奖补基础上，我市再按每万吨铁、钢产能各50万元标准奖补。在设置调剂金、出台优势产能奖补政策上，上级没有明确政策依据，且年初未列入财政预算，我们严格依法行政，提交市人大常委会按法定程序决定通过。

——成立16个工作组分包钢铁企业，形成同心齐抓的工作合力。考虑到企业“一家一个情况”，专门成立16个工作组分包，每个工作组由1-2名市级领导同志任组长，由企业所在乡镇和2个市直部门一把手为成员，实行市级领导分包责任、部门监管责任、乡镇属地责任、企业主体责任“四位一体”，从确定压减装备、缴纳交易金、执行差别水电价、企业退城进园、已封存装备监管和安全生产、职工安置、社会稳定等八方面一包到底。

在推进去产能过程中，我们尤其注重解决好职工安置问题。本着政府主导、企业主体，此前对2013-2015年压减产能直接影响的7100多工人，通过内部转岗、再培训上岗、发放稳岗补贴等多措并举，使工人得到了妥善安置，没有推向社会，没有出现因去产能的规模性下岗，没有引起信访不稳定问题。对今年完成去产能任务直接影响的1.6万多工人，正通过建立职工安置协调机制、指导企业制定落实职工安置方案、指导企业安置职工转岗、实施援企稳岗补贴等办法，多管齐下确保做好安置工作。

人民论坛：8月27日一则新闻在钢铁业引起了广泛关注——新武安钢铁集团文安钢铁有限公司、中冶海外工程有限公司和马来西亚沙捞越州政府签署合作备忘录，将在沙捞越州建设综合钢铁厂，成为河北省首家落地“一带一路”的民营钢铁企业。这是否是武安去产能一种新的探索和尝试？

魏雪生：确实如此。武安去产能的复杂性，决定了不是“就去产能而去产能”，不是简单“量的压减”，而是一套把去产能与整合重组、退城进园、走出去结合起来统筹推进的“组合拳”。这是我们对武安去产能、乃至整个县域钢铁产业的“顶层设计”：

——加快围城企业退城进园。武安30平方公里的城区生活着25万群众，相当于一个小县总人口，城区周围分布着5家钢铁企业，造成了企业围城、国道穿城、大车进城等一系列问题，不论经济发展、结构调整，还是城市建设、保障民生，退城进园都势在必行。民营钢铁企业搬迁在世界上没有成功先例，其中涉及很多难题，我们结合武安实际，谋划了四个钢铁企业退城进园项目，先期启动冀南、太行两个项目，专门从项目用地、土地收益、税费减免、职工安置等方面明确了31条优惠政策，积极创设各方面条件，力促冀南钢铁环评获批，与意大利达涅利、中国二十冶签订合作协议；推动太行钢铁与中冶南方、西安陕鼓等签订合作协议，加快跑办环评手续，正在迈出武安解决企业围城问题的关键一步。

——“走出去”参与国际产能合作。这既符合“一带一路”国家战略要求，也是武安去产能的现实选择。从去年开始，我们积极支持帮助文安公司与中冶集团进行合作，先后到巴基斯坦、斯里兰卡、马来西亚等国考察，通过对投资环境、基础条件、市场前景等生产要素综合比选，经过多次对接沟通，最终选择到马来西亚沙捞越州投资30亿美元建设年产500万吨的综合性钢铁厂。

——引导倒逼企业兼并重组。武安十几家钢铁企业去产能面临的情况各不相同，我们正对优势企业引导兼并重组其他企业，对经营困难企业综合运用多种手段倒逼其整体退出，原来18家钢铁企业目前已整合重组为15家。

人民论坛：产业转型升级可以说是资源型城市面临的最主要考验。请问对武安而言，转型升级的关键在哪里？

魏雪生：这几年，武安正处在负重爬坡、转型升级的关键时期，大事难事集中涌现，矛盾问题交织叠加，解决一系列问题的“总钥匙”就在于转型升级，其中关键是项目——因为调整产业结构、降低钢铁比重、增强发展活力，办法不是做小“分子”，而是做大“分母”。从2014年起，围绕转型升级，锁定“三年固定资产投资超1000亿元”目标，我们举全市之力深入开展“三年项目年”，经过几年持续努力取得可喜变化，武安三次产业比重由2012年的3.1:66.9:30调整优化为2015年的3.6:62.5:33.9；钢铁增加值占GDP比重由2012年的45.3%降至2015年的37%；新能源、装备制造、现代物流、电子商务、旅游等新兴产业投资2015年达到80亿元，比2012年翻了两番，今年将达160亿，比去年翻一番。

人民论坛：今年以来，格力集团收购珠海银隆公司引起了社会各界高度关注。武安作为银隆公司三大生产基地之一，格力集团董事长董明珠多次实地考察，在发展新兴产业上，武安有哪些亮点？

魏雪生：武安能够有幸牵手格力这样的大集团，得益于近几年来对新兴产业的持续探索和不懈努力。特别是2013年以来，我们本着内外并举、大小齐抓，以新能源、新材料、装备制造、现代物流为主攻方向，多方加快发展新兴产业，总投资300亿元的新能源产业园就是其中的领头羊、代表作。在政策导向、上级支持、地方努力、市场需求的综合作用下，该产业园从无到有、从小到大、快速发展，已形成东部厂区汽车制造和西部厂区材料、电池、储能装备制造的整体布局，是全国第一家“从材料到电池、再到整车装配”的新能源汽车生产基地，现正建设年产7000吨钛酸锂材料、6亿安时钛酸锂电池的三期工程。2015年银隆集团销售电动客车5000辆、覆盖20多个省市，已与北京、石家庄、沈阳等城市签订了超200亿元1.1万多辆电动客车订单，预计今年销售各类电动汽车2.6万辆，有望跻身新能源汽车行业全国三甲。格力集团募资100亿元投入武安新能源产业园，主要建设三个项目：一是年产14.62亿安时锂电池项目，二是年产3.5万辆新能源汽车项目，三是200兆瓦时储能模组项目，全部建成后将形成6条生产线3万吨钛酸锂材料、50条生产线18.62亿安时电池、3.5万辆新能源电动车及专用车改装、800兆瓦储能系统和200兆瓦时储能模组生产能力，年产值可达1000亿元以上、就业2万余人，将成为世界重要的钛酸锂材料研发生产基地和我国北方最大的新能源电动车生产基地。

与此同时，我们还在加快实施一批非资源依赖新兴项目：比如国家863计划技术成果——竞和高速列车受电弓滑板项目，填补了我国新一代高速列车弓滑板和制动闸片产业的空白，已完成京沪、京广线60万公里载客运行考核，已同中国铁路总公司签订2.1万条弓滑板订单。比如全省唯一的B型保税物流中心——河北武安保税物流中心，利用武安四省交界的区位条件、巨大工业吞吐量等优势，打造区域唯一的内陆港和最大的一站式混合性物流集散基地，已通过预验收、即将封关运行，将采取大宗贸易、冷链物流、汽车前后期市场＋跨境电商“3+1”的运营模式，特别是跨境电商业务，已与阿里巴巴、颐高、中国五矿、河南保税物流中心、天津港等建立了战略合作关系。此外还谋划了格力千亿精密铸造产业园、杭萧钢构武安生产基地等一批先进装备制造项目。

谋转型既需要“顶天立地”的大项目，还需要“铺天盖地”的小项目。为提供更优质的服务，我们专门在市工业园区建成了占地170多亩的中小企业“孵化基地”一期工程，提供8万平米多层复式厂房，企业不仅可直接拎包入住，而且我们还全程代办各种手续，为企业节省了大量人力物力财力，目前已吸引一大批科技型中小企业入驻，我市中小科技型企业已达到320家，仅今年上半年就新增51家，规上企业高新技术产业增加值同比增长5倍以上，远高于GDP的增速。

人民论坛：当前，京津冀协同发展战略正在深入实施，请问武安打算如何搭上这趟“快车”？

魏雪生：审视京津冀协同发展空间格局，武安虽不“紧靠京津”，但凭借比较优势完全能够“靠紧京津”、搭上京津冀协同发展“快车”：一方面武安经济基础好、承接产业优势明显。精品钢材、精细煤化工、新型建材“三大传统产业”与新能源、新材料、先进装备制造“三大新兴产业”相互支撑、竞相发展，每年600多亿的生产总值、60多亿的财政收入、1000多亿的社会存款，一县（市）拥有6家“中国500强”、9家“中国制造业500强”、8家“中国民营500强”企业，各占河北省的1/4、1/2和1/5，在“全国百强县”排名最高时位列50位，在中原经济区5省30市276个县（市、区）长期领跑，是“中国民营经济最具活力县（市）”和“全国工业百强县”。完备的产业体系、较大的经济体量、集群的企业规模，是京津生产要素选择往哪转的“重要考量”。另一方面武安协作基础好、协同发展优势明显。上世纪八、九十年代，武安就和首钢、天铁等联合创办企业，长期以来中国五矿、冀中能源、新兴铸管、大唐发电等央企驻武都有重要企业，北京首个央企外迁项目——新兴际华凌云食用碳酸氢钠生产线就整体搬至武安，现在武安有很多企业与京津大型国企、高校院所建起了密切联系，特别是去年以来，积极探索寻求“武安既有优势”与“京津生产要素”的契合点，与一批世界500强、中国500强企业开展合作，先后引进中国二十冶、中国十三冶、中景信、葛洲坝、碧桂园、中冶、格力、杭萧、颐高、盾安等一批大企业、大集团，随着合作的不断深入，必将对武安经济社会发展产生重大深远影响。

人民论坛：武安既是矿产资源大市（县），也是旅游资源大市（县），请问在产业转型中是如何打好“旅游牌”的？

魏雪生：如您所说，武安不仅有丰富的矿产资源，同样有得天独厚的文化旅游资源。关于怎样打好“旅游牌”，变旅游资源大市（县）为旅游发展强市（县），我们正在积极探索：

——强化顶层设计，抓好“面”的提升。从创新管理体制机制入手，将西部500平方公里作为一个大景区，统一规划保护、开发管理，今年起组建“太行三峡”旅游管委会，借鉴国内一流景区运行模式，规划建设大型进、出口山门和游客集散中心，进景区统一换乘电动公交大巴，景区内实行联票制、“一卡通”管理，变“景区各自为战”为“捆绑整体发展”，加快打造峰谷沟湖风光各异、春夏秋冬四季有景、自然人文深度融合的“太行三峡”特色游。

——加强景区建设，抓好“点”的打造。突出壮美太行、坚持差异发展，打造出“冬季滑雪”七步沟、“情湖爱岛”京娘湖、“道教圣地”古武当山、“戏曲和知青文化”朝阳沟等一批知名景区，特别是从去年开始，与中景信公司合作开发“东太行”景区，以创建国家5A级景区为目标，引进黄山、武夷山、云台山、白石山等景区管理团队打造“壮美天下脊、中原第一山”，努力构建“龙头引领、整体提升、众星拱月、雁阵发展”的旅游格局。

——实施道路提升，抓好“线”的改善。针对道路这一武安旅游发展的最大“短板”，通过创新投融资机制采用PPP模式，加快建设总投资32亿元的旅游专线、旅游环线等道路工程，力争用2-3年实现“高速联络线连通域外、旅游快速线直达景区、内部小环线串联景点”。

——多措并举推介，抓好“牌”的宣传。为解决“酒香也怕巷子深”问题，我们在努力打好“壮美太行山水牌”“各个景区节庆牌”的同时，积极谋求新的竞争优势，现正努力打好“体育牌”，争取划骑跑、马拉松每两年一届、交叉进行、长期举办，把“太行三峡”赛事打造成具有全国影响力的品牌，利用报纸、电视、网络等多种宣传平台，把宝贵的文化旅游资源宣传推介出去，把“武安旅游”喊响叫亮。

人民论坛：“环保”是近年来的一个热词。武安的这种重型产业结构，势必会带来巨大的环保压力，请问武安对此是怎么看的？又取得了哪些成效？

魏雪生：作为重化企业比较集中的区域，武安有责任、有义务担起改善生态环境的重任，这不仅是政治任务、法定职责，更是民心所向、发展所需，特别是2013年“国十条”颁布实施以来，我们把大气污染防治作为事关经济安全、事关群众健康的大事要事，突出“大行业、小企业、建机制、增绿量”四方面重点，以前所未有的力度持续几年攻坚，取得了阶段性成效：

——蓝天白云比以前明显多了。今年1-8月份全市PM2.5浓度同比下降37.2%，重度以上污染天气同比减少32天，二级以上优良天气同比增加83天。

——环保意识比以前明显强了。大多数企业都把环保作为降成本、提效益、实现持续发展的重要举措，最主要体现就是环保投入的积极性普遍提高，2013年以来重点行业投入41.4亿元完成减排工程1277项，不仅有效改善了区域生态环境，而且为2014年APEC会议“北京蓝”，2015年“阅兵蓝”做出了应有贡献。

——工作氛围比以前明显好了。这是近几年抓环保的最大感受，比如在取缔污染小企业上，2013年“撕口子”时非常难，尽管制定了奖补政策，但业主很抵触、阻力大，后来没有奖补政策了，反而比以前好抓，就是因为浓厚的社会氛围已经形成。

人民论坛：这其中一定付出了艰辛的努力，请问武安环保工作从哪里打开局面的？

魏雪生：我们的“突破口”就是刚提到的“小企业”。武安以钢铁为主导的产业结构，衍生了一大批与之关联的小企业。从2013年起，我们从小白灰、小石子、小储煤“三小”企业治理入手坚决撕开口子，当年取缔290多家，取缔县域交界插花地小炼油、小化工等50多家。推进过程中不是没有阻力和困难：武安石灰石资源丰富，烧制的白灰品质高、销路好，我们算过一笔账，一个窑口除掉人工、电力等支出，每天可净挣8千到1万元，如果一家小企业有4个窑口，一天至少收入3万元，当地很多群众都以此为生。后在广泛征求乡村意见、多方争取理解支持基础上，找到了一个疏堵结合的办法，既对不达标的坚决取缔，又引导达标企业规范发展，群众从开始不理解逐渐转变为支持配合，就这样打开了环保治理突破口，在全市掀起了“抓大环保、大抓环保”的攻坚热潮。

到2014年，我们把污染小企业整治取缔扩展至全市，共梳理出18个行业1300多家企业，逐一分门别类，不符合政策的坚决取缔、符合政策的严格整治，有的行业没有明确规定和标准，我们结合产业政策和武安实际有的放矢制定了整治标准，得到环保部的认可，近三年我市累计取缔污染小企业1000多家。在整治过程中我们有一个深刻体会：环保和很多工作一样，不能头痛医头、脚痛医脚，不能单靠“人治”抓促，不能搞休克式疗法、一刀切整治，而是要像拧螺丝那样，一环比一环紧，建立长效监管机制。本着抓当前、促长远，我们建立完善了“党政同责、一岗双责”“属地监管”“管行业、管环保”“谁污染、谁治理”的环保工作体系，变过去的“短期强抓”为现在的“常态抓促”。

人民论坛：除环保工作外，近年武安在生态环境修复方面都采取了哪些措施？

魏雪生：近年我们在全面开展环保治理“不欠新账”的同时，还在大力推进生态修复“快还旧账”。从2013年起，本着在太行山绿化当先锋，锁定“5年时间造林50万亩，使森林覆盖率提高10个百分点”，每年根据实际实施造林工程，从去年起计划用3年时间建设一条长45公里、总面积3.5万亩的环城防护林带，率先探索建立了“一企绿化一荒山”、大户包山等市场化造林模式，近三年累计造林36万亩，相当于2008-2012年5年总和，在全省率先实现“一人一亩林”，特别是从2014年起，为提高管护成效，连续三年清明节期间从市直80个单位抽调2500多人，结合镇村8000多名同志驻村包山、联防联控，不仅连续三年确保高火险期零火情，更使广大干部职工得到了作风锤炼。同时我们还着眼全域生态修复，积极开展工矿废弃地复垦、河道综合治理、小流域综合治理、“山水林田湖”系统治理等工作，努力走出一条生态改善、宜业宜居的绿色发展之路。